W. Söllner W. Wesiack B. Wurm (Hrsg.)

Sozio-psycho-somatik

Gesellschaftliche Entwicklungen und psychosomatische Medizin

Mit 38 Abbildungen und 47 Tabellen

Springer-Verlag Berlin Heidelberg New York
London Paris Tokyo Hong Kong

Dr. Wolfgang Söllner
Prof. Dr. Wolfgang Wesiack
Dr. Brunhilde Wurm

Institut für Medizinische Psychologie
und Psychotherapie
Universitätskliniken Innsbruck
Sonnenburgstr. 16/III
A-6020 Innsbruck

ISBN-13:978-3-540-51404-6 e-ISBN-13:978-3-642-74930-8
DOI: 10.1007/978-3-642-74930-8

CIP-Titelaufnahme der Deutschen Bibliothek
Sozio-psycho-somatik: gesellschaftliche Entwicklungen
und psychosomatische Medizin / Wolfgang Söllner ... (Hrsg.). —
Berlin; Heidelberg; New York; London; Paris; Tokyo;
Hong Kong: Springer, 1989
ISBN-13:978-3-540-51404-6 (Berlin ...) brosch.

NE: Söllner, Wolfgang [Hrsg.]

Satz: Fotosatz & Design, Berchtesgaden

2119/3130 — Gedruckt auf säurefreiem Papier

Die Herausgeber widmen dieses Buch
Herrn Professor Thure von Uexküll

Vorwort

Dieser Sammelband beinhaltet ausgewählte Beiträge der „Internationalen Arbeitstagung des Deutschen Kollegiums für Psychosomatische Medizin und der Österreichischen Gesellschaft für klinische Psychosomatik", die vom 10.–13. März 1988 in Innsbruck stattfand. Die Tagung, die zeitlich mit dem 50. Jahrestag der Machtergreifung des Nationalsozialismus in Österreich zusammenfiel, stand unter dem Motto „Gesellschaftliche Entwicklungen und psychosomatische Medizin".

Gleichzeitig galt es, zwei Jubiläen zu begehen: Das erste, *75 Jahre psychosomatische Medizin in Österreich,* erinnert an den 8. Jänner 1913, als Paul Federn in der Psychoanalytischen Mittwoch-Gesellschaft bei Freud erstmals über ein explizit psychosomatisches Thema, die Behandlung eines an Asthma bronchiale erkrankten Patienten, referierte. Dieses Datum kann als Geburtsstunde der wissenschaftlichen Psychosomatik angesehen werden. Ernst Federn, der Sohn Paul Federns, hielt dazu das Einleitungsreferat.

Das zweite Jubiläum, der *80. Geburtstag Thure von Uexkülls,* des Mentors der psychosomatischen Medizin in Deutschland und Initiators des Deutschen Kollegiums für Psychosomatische Medizin, war Anlaß, Person und Werk von Uexkülls besonders zu würdigen. Sein Beitrag zu diesem Band „Vom Funktionskreis- zum Situationskreiskonzept" faßt die Weiterentwicklung des systemtheoretischen Funktionskreismodells Jacob von Uexkülls in der Biologie zu einem neuen theoretischen Konzept der Medizin zusammen (s. auch von Uexküll u. Wesiack 1988), das die biologischen, psychischen und sozialen Realitäten des kranken Menschen und seiner Umwelt als zirkuläre Prozesse beschreibt. Gemeinsam mit Viktor von Weizsäckers „Einführung des Subjekts in die Medizin" (1947) und George Engels Weiterentwicklung des psychosomatischen Denkens zu einem somatopsychisch-psychosomatischen Modell (Engel 1969) bildete das Situationskreiskonzept das theoretische Fundament für praktische Ansätze einer integrativen Psychosomatik, die nicht zuletzt auf das Engagement des Klinikers T. von Uexküll zurückzuführen sind.

In dieser Tradition haben wir versucht, die sozialen Bedingungen menschlichen Krankseins, die gesellschaftlichen Einflüsse auf die psychosomatische Medizin und die Verantwortung des psychosomatisch tätigen Klinikers und Forschers in den Mittelpunkt der wissenschaftlichen Auseinandersetzung dieser Arbeitstagung zu rücken. Der Titel des daraus entstandenen vorliegenden Bandes ist Ausdruck dieses Bemühens. Der Begriff *„Soziopsychosomatik"* wurde unseres Wissens nach zum ersten Mal von Gerd Overbeck in seiner psychoanalytischen Reflexion psychosomatischen Krankseins (1984) geprägt und von Thea Bauriedl aufgegriffen, um auf die politische Dimension der Psychosomatik hinzuweisen (s. dazu den Beitrag von Thea Bauriedl in diesem Buch).

Das Zusammentreffen der Arbeitstagung mit dem 50. Jahrestag der mit dem Einmarsch der Hitler-Truppen verbundenen Machtergreifung des Nationalsozialismus in Österreich unterstreicht, daß Psychosomatik nicht im luftleeren gesellschaftlichen Raum stattfindet. Wir haben versucht, diesen Anlaß zu nützen: nicht um nach einer Schweigeminute zum Gedenken an die Opfer des Nationalsozialismus und die Vertreibung der Psychoanalyse und der im Entstehen begriffenen psychosomatischen Medizin zur Tagesordnung überzugehen, wie es gerade in Österreich Tradition der *Vergangenheitsbewältigung* ist, sondern um uns verstärkt die Frage nach den gesellschaftlichen Bedingungen menschlichen Gesund- und Krankseins zu stellen. Das Symposion „Psychosomatische Reaktionen auf Ausgrenzung, Diskriminierung und Unterdrückung" stellt den Versuch dar, Krankheit auch als Reaktion auf die Anpassung an gesellschaftliche Bedingungen, denen man sich ohnmächtig ausgeliefert fühlt, bzw. mißlungene individuelle Krankheitsbewältigung auch als Ausdruck gesellschaftlicher Verdrängung zu verstehen.

Wie die Medizin im Großen, so hat auch die psychosomatische Medizin im Kleinen ihre blinden Flecken. Gesellschaftliche Bewegungen wie die Frauen- und die Selbsthilfebewegung sind an ihr bisher fast spurlos vorbeigegangen.

Auch in der psychosomatischen Medizin findet die Kategorie des männlichen oder weiblichen Geschlechts innerhalb der sozialen Dimension und in ihrer Bedeutung für Entstehung, Entwicklung und Bewältigung von Krankheit kaum Beachtung. Gesundheit und Krankheit der Frau wird meist immer noch geschlechtsunabhängig gesehen, Psychosomatik der Frau lediglich als gynäkologische Psychosomatik wahrgenommen. So war das Anliegen des Symposions „Die Frau in der psychosomatischen Medizin" nicht, die gesundheitliche Situation von Männern und Frauen zu vergleichen, sondern Gesundheit und Krankheit von Frauen in ihrem Anderssein zu erkennen und die geschlechtsbesondere Entwicklung, Ausformung und Bedeutung psychosomatischer Störungsbilder zu verstehen.

Die psychosomatische Medizin kommt in der klinischen Praxis v.a. dort zum Zug, wo der rein organisch orientierten Heilkunde offensichtliche Grenzen gesetzt sind: in der Behandlung von Krankheiten mit besonders schlechter Prognose oder in der Behandlung von besonders *schwierigen* Patienten. Obwohl wir als Psychosomatiker Kritiker einer *Machbarkeitsideologie* in der Medizin sind, wird unsere Kompetenz häufig daran gemessen, inwieweit wir die therapeutischen Grenzen der Heilkunde erweitern können. Um in dieser Double-bind-Situation weder in Resignation noch in Allmachtsgefühle zu verfallen, ist es nötig, die Relativität und Begrenztheit unseres Tuns zu erkennen. Dabei können uns *Selbsthilfeansätze* der Patienten helfen, die vom Psychotherapeuten oft noch als Konkurrenz oder „Behandlung zweiter Wahl" angesehen werden und bislang kaum Gegenstand kritischer Reflexion in der Psychosomatik waren.

Alles in allem bleibt diese Tagung und dieser Band ein Versuch, Mosaiksteine für eine soziopsychosomatische Betrachtungsweise der Medizin zu sammeln und den heutigen Stand dieser Sicht im wissenschaftlichen Denken und in der klinischen Praxis der deutschsprachigen Psychosomatik widerzuspiegeln.

Innsbruck, Herbst 1989

W. Söllner
W. Wesiack
B. Wurm

Literatur

Uexküll T von, Wesiack W (1988) Theorie der Humanmedizin. Grundlagen ärztlichen Denkens und Handelns. Urban & Schwarzenberg, München Wien Baltimore

Weizsäcker V von (1947) Der Gestaltkreis. Thieme, Stuttgart

Engel G (1969) Psychisches Verhalten in Gesundheit und Krankheit. Huber, Bern

Overbeck G (1984) Krankheit als Anpassung. Der soziopsychosomatische Zirkel. Suhrkamp, Frankfurt am Main

Inhaltsverzeichnis

Psychosomatik und Selbsthilfe

Verzeichnis der erstgenannten Autoren

Bauriedl, Thea, Priv.-Doz., Dr. phil. Dipl.-Psych., Lützowstr. 27, D-8000 München 60

Benzer, Werner, Dr. med., Abteilung für Innere Medizin, Landeskrankenhaus Feldkirch, A-6807 Feldkirch

Daum, K. Werner, Dr. med., Klinikum der Johann-Wolfgang-Goethe-Universität, Abteilung für Medizinische Psychologie, Theodor-Stern-Kai 7, D-6000 Frankfurt am Main 70

Drees, Alfred, Prof. Dr. med., Klinik für Psychiatrie und Psychosomatik, Städtische Kliniken Duisburg, Bertha-Krankenhaus, Maiblumenstr. 3–7, D-4100 Duisburg 14

Essen, Cornelia von, Dipl.-Psych., Universitätsklinikum Rudolf Virchow, Standort Charlottenburg, Freie Universität Berlin, Platanenallee 23, D-1000 Berlin 19

Federn, Ernst, Prof. Dr. phil., Kolingasse 20/11, A-1019 Wien

Geyer, Michael, Prof. Dr. sc. med., Karl-Marx-Universität Leipzig, Klinik für Psychiatrie, Abteilung für Pychotherapie, Karl-Tauschnitz-Str. 25, DDR-7010 Leipzig

Grünberg, Kurt, Dipl.-Psych., Dipl.-Päd., Ockershäuser Allee 3, D-3550 Marburg

Haag, Antje, Dr. med., Psychosomatische Abteilung, II. Medizinische Universitätsklinik, Martinistr. 52, D-2000 Hamburg 20

Haslinger, Erich, Dipl.-Psych., Österreichische AIDS-Hilfe, Bozner Platz 1, A-6020 Innsbruck

Hontschik, Bernd, Dr. med., Facharzt für Chirurgie, Chirurgische Klinik im Städtischen Krankenhaus, Gotenstr. 6–8, D-6230 Frankfurt am Main-Höchst

Jandl-Jager, Elisabeth, Mag., Dr. phil., Institut für Tiefenpsychologie und Psychotherapie, Währinger Gürtel 18–20, A-1090 Wien

Jansen, Birgit, Dr., Fachbereich Sozialwesen, Gesamthochschule Kassel, Arnold-Bode-Str. 10, D-3500 Kassel

Janssen, Paul L., Prof. Dr. med., Westfälische Klinik für Psychiatrie der Universität Bochum, Marsbruchstr. 179, D-4600 Dortmund 41

Janus, Ludwig, Dr. med., Psychotherapie und Psychoanalyse, Köpfelweg 52, D-6900 Heidelberg

Jürgensen, Ortrun, Dr. med., Abteilung für gynäkologische Endokrinologie, Zentrum für Geburtshilfe und Frauenheilkunde, Theodor-Stern-Kai 7/6, D-6000 Frankfurt am Main 70

Kluitmann, Annette, Dipl.-Psych., Klinik Wittgenstein, Fachkrankenhaus, für psychosomatische, psychoanalytische und sozialpsychiatrische Medizin, Sählingstr. 60, D-5920 Bad Berleburg

Kutter, Peter, Prof. Dr. med., Johann-Wolfgang-Goethe-Universität, Postfach 111932, D-6000 Frankfurt am Main 11

Langer, Martin, Dr. med., I. Universitäts-Frauenklinik Wien, Spitalgasse 23, A-1090 Wien

Leyer, Emanuela M., Dipl.-Psych., Klinikum der Johann-Wolfgang-Goethe-Universität, Zentrum der Psychiatrie, Abteilung für Psychotherapie und Psychosomatik, Heinrich-Hoffmann-Str. 10, D-6000 Frankfurt am Main 71

Matzat, Jürgen, Dipl.-Psych., Zentrum für Psychosomatische Medizin, Friedrichstr. 33, D-6300 Gießen

Oppolzer, Alfred, Dr., Universitätsklinik für Neuropsychiatrie des Kindes- und Jugendalters, Währinger Gürtel 18–20, A-1090 Wien

Pfäfflin, Friedemann, Dr. med., Abteilung für Sexualforschung, Psychiatrische und Nervenklinik, Universitäts-Krankenhaus Hamburg-Eppendorf, Martinistr. 52, D-2000 Hamburg 20

Rathner, Günther, Dr. phil., Psychotherapeutische Abteilung, Universitätsklinik für Kinderheilkunde Innsbruck, Anichstr. 35, A-6020 Innsbruck

Siegrist, Karin, Priv.-Doz., Dr. phil., Herz-Kreislauf-Klinik, D-5920 Bad Berleburg

Söllner, Wolfgang, Dr. med., Institut für Medizinische Psychologie und Psychotherapie, Universitätskliniken Innsbruck, Sonnenburgstr. 16/III, A-6020 Innsbruck

Spangenberg, Norbert, Dr. med., Klinikum der Justus-Liebig-Universität Gießen, Zentrum für Psychosomatische Medizin, Friedrichstr. 33, D-6300 Gießen

Speidel, Hubert, Prof. Dr. med., Abteilung Psychotherapie und Psychosomatik, Zentrum Nervenheilkunde der Universität Kiel, Niemannsweg 147, D-2300 Kiel

Springer-Kremser, Marianne, Univ.-Doz. Dr. med., Institut für Tiefenpsychologie und Psychotherapie der Universität Wien, Währinger Gürtel 18–20, A-1090 Wien

Teichmann, A. T., Priv.-Doz. Dr. med., Universitäts-Frauenklinik Göttingen, Robert-Koch-Str. 4, D-3400 Göttingen

Tilli, Karin, Dipl.-Psych., Frauentherapiezentrum, Alicenstr. 34, D-6300 Gießen

Uexküll, Thure von, Prof. Dr. med., Sonnhalde 15, D-7800 Freiburg

Valach, Ladislav, Dr. phil., Psychiatrische Universitäts-Poliklinik, Murtenstr. 21, CH-3010 Bern

Weinel, Elke, Dr. med., Klinikum der Johann-Wolfgang-Goethe-Universität, Zentrum für Psychiatrie, Abteilung für Psychotherapie und Psychosomatik, Heinrich-Hoffmann-Str. 10, D-6000 Frankfurt am Main 71

Wesiack, Wolfgang, Prof. Dr. med., Institut für Medizinische Psychologie und Psychotherapie, Universitätskliniken Innsbruck, Sonnenburgstr. 16, A-6020 Innsbruck

Willenberg, Hans, Dipl.-Psych., Dr. phil., Klinik für Psychosomatische Medizin, Johannes-Gutenberg-Universität Mainz, Untere Zahlbacher Str. 8, D-6500 Mainz

Woidera, Regina, Dr., Zentrum für Psychosomatische Medizin der Justus-Liebig-Universität, Ludwigstr. 76, D-6300 Gießen

Wurm, Brunhilde, Dr. med., Institut für Medizinische Psychologie und Psychotherapie, Universitätskliniken Innsbruck, Sonnenburgstr. 16/II, A-6020 Innsbruck

Zeillinger, Gunther F., Dr. phil., Fachpsychologe für klinische Psychologie, Arbeitskreis für Psychoanalyse, Colingasse 2, A-6020 Innsbruck

Zintl-Wiegand, Almut, Dr. med., Zentralinstitut für Seelische Gesundheit, I 5, D-6800 Mannheim 1

Einführung

Eröffnung der Internationalen Arbeitstagung des Deutschen Kollegiums für psychosomatische Medizin und der Österreichischen Gesellschaft für klinische Psychosomatik

W. Wesiack

Dem Beobachter bietet die Medizin der Gegenwart ein zwiespältiges Bild: Noch niemals in ihrer Geschichte war die Heilkunde so erfolgreich und effizient, und noch niemals wurde sie wegen ihrer Mängel so heftig attackiert. Dies sollte uns nachdenklich stimmen.

Die Ursachen dieser paradoxen Situation sind nicht schwer auszumachen: In den letzten 100–150 Jahren hat die Medizin mit Hilfe der Naturwissenschaften und der Technik großartige Erfolge bei der Behandlung organischer Erkrankungen erzielt. Dabei wurde zwangsläufig der psychosoziale und eigentlich humane Bereich des Menschen vernachlässigt, ja ausgeklammert. Daher die vehemente, nicht unberechtigte Kritik.

Als Antithese zur reinen Organmedizin hat sich inzwischen, initiiert durch die Psychoanalyse, eine psychotherapeutische Bewegung entwickelt, die in Österreich schwerpunktmäßig von Nichtärzten getragen wird.

Die gegenwärtige Heilkunde bietet uns also ein *gespaltenes Bild:* einerseits eine hochtechnisierte Medizin für „Körper ohne Seelen" und andererseits eine Heilkunde für „Seelen ohne Körper". Diesen höchst unerfreulichen und auch nicht ungefährlichen und für den Kranken auch im höchsten Maße verwirrenden Zustand versucht die *psychosomatische Medizin* zu überwinden, indem sie sich zum Ziel setzt, integrativ die biologischen, die psychologischen und die sozialen Aspekte menschlichen Krankseins sowie ihre gegenseitige Abhängigkeit zu erforschen und zu behandeln.

So ergeben sich zwangsläufig – und jeder psychosomatisch tätige Arzt hat hier eigene Erfahrungen sammeln können – nicht nur Berührungs- sondern auch Reibungsflächen einerseits mit der institutionalisierten Organmedizin, andererseits aber auch mit der sog. Psychotherapieszene.

Meine Erfahrungen seit dem Antritt als Ordinarius für Medizinische Psychologie und Psychotherapie in Innsbruck waren folgende: Bei den „Organmedizinern" fand ich nach einigen Anfangsschwierigkeiten mehr oder weniger interessierte, z. T. auch zur intensiven Zusammenarbeit bereite Gesprächspartner. Ich möchte daher diesen Kongreß als Gelegenheit nutzen, um mich stellvertretend für die anderen Kollegen beim Präsidenten der Ärztekammer, Herrn OMR Dr. Kapferer und bei den Dekanen der Medizinischen Fakultät, den Herren Professoren Dr. Dapunt und Dr. Gschnitzer, recht herzlich zu bedanken. Ohne ihr Verständnis und ihre Hilfe wären wir nicht da, wo wir heute stehen. Aber auch mit jenen ärztlichen Kollegen, die unserer Arbeit skeptisch oder gar ablehnend gegenüberstehen, war es meist möglich, sachlich und in gegenseitigem Respekt unterschiedliche Standpunkte zu diskutieren.

Söllner et al. (Hrsg.) Sozio-psycho-somatik

Ganz anders und für mich neu waren meine Erfahrungen mit den Vertretern der Psychotherapie. Sie waren und sind sehr unterschiedlich bis ausgesprochen schlecht. Es ist hier nicht der Ort, auf diese Schwierigkeiten im Detail einzugehen. Festhalten möchte ich allerdings die Tatsache, daß es mir lediglich gelungen ist, zu einzelnen z. T. hochqualifizierten Vertretern der österreichischen Psychotherapie ein offenes, kollegiales Verhältnis herzustellen. Eine Welle der Ablehnung schlug mir aber von seiten der Funktionäre entgegen, weil ich der Meinung bin, daß Psychotherapie ein integrierender Bestandteil der Heilkunde ist, daß noch sehr vieles innerhalb der psychotherapeutischen Bewegung wissenschaftlich ungeklärt und daher fragwürdig ist und daß die Aus- und Weiterbildung zum Psychotherapeuten an sehr hohe Qualitätsmerkmale gebunden werden muß.

Wenn offene Fragen nicht mehr sachlich diskutiert und unangenehme Argumente einfach unterdrückt werden, dann sind wir auf einen gefährlichen Weg geraten. Die verhängnisvollen Ereignisse, deren Höhepunkte sich gerade in diesen Tagen zum 50. Mal jähren, sind eine unübersehbare und unüberhörbare Mahnung.

Es fällt mir nicht leicht, in unserer an Skandalen wahrlich nicht armen Republik auf einen weiteren hinzuweisen: Auf die Tatsache nämlich, daß wir so ziemlich der einzige Industriestaat dieser Erde sein dürften, in dem psychotherapeutische Tätigkeit völlig ungeregelt und qualifizierte Psychotherapie für den Durchschnittsbürger unerschwinglich ist. Eine Regelung dieser komplizierten Materie wird nur möglich sein, wenn wir von den Interessen der Patienten ausgehen und sowohl Gruppeninteressen als auch Profilierungsbedürfnisse einzelner hintanstellen. Intoleranz und das Stellen von utopischen Maximalforderungen können diesen Prozeß nur weiterhin behindern.

Erlauben Sie mir, nach diesen Abschweifungen noch einige Worte zu unserem Kongreß zu sagen. Wir hatten ursprünglich die Absicht, einen kleinen Kongreß für „Insider“ zu veranstalten, um die Lage der psychosomatischen Medizin zu diskutieren sowie Werk und Persönlichkeit Thure von Uexkülls zu würdigen. Das überraschende Interesse an unserem Kongreß und die Flut von Vortragsanmeldungen ermöglichte uns eine Erweiterung des ursprünglichen Konzepts: Gesundheitserziehung und Krankheitsvorsorge, die psychosomatische Situation der Frau und die Einflüsse von Gesellschaft und Politik auf die Heilkunde wurden zu weiteren Schwerpunktthemen.

Eingedenk der Tatsache, daß psychosomatische Medizin vor allem eine integrative Funktion hat, haben wir auch Vortragende eingeladen, die nicht zum engeren Kreis der Psychosomatiker gehören.

Abschließend möchte ich noch allen Persönlichkeiten und Institutionen herzlich danken, die den Kongreß unterstützt und dadurch überhaupt möglich gemacht haben.

75 Jahre psychosomatische Medizin in Österreich

E. Federn

Zusammenfassung

Es wird versucht, die Auffassung zu begründen, daß der Vortrag von Paul Federn am 18. Jänner 1913 über die Behandlung eines Falles von bronchialem Asthma als die Geburtsstunde der Psychosomatik angesehen werden kann. Frühere Versuche psychosomatischer Erwägungen werden erwähnt und die Entwicklung der Psychosomatik in Österreich skizziert. Auch die Verbindung zur deutschen Forschung auf diesem Gebiet wird beleuchtet. Ein Unterschied zu einer „somapsychischen" Auffassung von Alfred Adler wird gemacht. Ein Hinweis auf die Ichpsychologischen Auffassungen von Paul Federn bringt den Vortrag wieder zum Ausgangspunkt der Darlegungen.

Schlüsselbegriffe: Psychosomatik, Psychoanalyse, Ich-Psychologie.

Meine sehr geehrten Damen und Herren,

gestatten Sie mir zuerst eine kurze persönliche Bemerkung: Als Nicht-Arzt eingeladen worden zu sein, diesen Eröffnungsvortrag zu halten, ist für mich eine Ehre und Anerkennung. Nun bin ich selbst vollkommen davon überzeugt, daß die Psychosomatik ein Spezialgebiet der Medizin ist, zu dem der Sozialpsychologe nur tangentiell etwas beitragen kann. Ihre Abgrenzung von der Therapie der Neurosen oder der Sozialerkrankungen ist offensichtlich. Ihre Symptomatik liegt so eindeutig im Körperlichen, daß nur ein Arzt für ihre Behandlung zuständig sein kann.

Wenn ich also heute zu Ihnen spreche, so im vollen Bewußtsein dessen, daß ich das als Historiker der Psychoanalyse tue. Damit ist auch bereits die Einschränkung auf Österreich erklärt, die im Titel meines Vortrags aufscheint. Daß die Psychoanalyse in Wien entstanden ist, kann ja nicht bestritten werden, und wenn des Jahres 1913 als Geburtsjahr der Psychosomatik heute gedacht werden soll, dann ist auch die Psychosomatik eine Österreicherin. Diese Behauptung stammt von mir in einer Fußnote zu dem 184. Protokoll der Sitzung vom 8. Jänner 1913 der Wiener Psychoanalytischen Vereinigung (Nunberg u. Federn 1976–1981). In dieser Sitzung hielt Paul Federn einen Vortrag mit dem Titel „Beispiel von Libidoverschiebung in der Kur", der in gekürzter Fassung veröffentlicht wurde (Federn 1913). Er handelt von einem Fall von Asthma bronchiale, das bis zum 7. Lebensjahr

Söllner et al. (Hrsg.) Sozio-psycho-somatik

des Patienten zurückgeführt werden konnte. Die Grundidee des Vortrags ist die Heilung des Asthmas durch Bewußtmachung sexueller Wünsche des Kindes und deren Verschiebung auf den organischen Bereich des Rachens. Paul Federn war damals praktischer Arzt, Lieblingsschüler von Hermann Nothnagel, 42 Jahre alt und seit 1902 Mitglied des Kreises um Sigmund Freud. Gemäß Protokoll machte Freud in der Diskussion zwei Bemerkungen, die mich als Herausgeber der Protokolle veranlaßt haben, die erwähnte Fußnote zu verfassen. Freud spricht von einer „konstitutionellen Verdrängung", die Herman Nunberg in derselben Fußnote als „Entziehung genitaler Libido bei gleichzeitiger Fixierung an ein Organ" erklärt. Freud setzte dann fort:

> Federns Fall ist eigentlich streng nicht zur Hysterie zu rechnen. Diese Organneurosen reihen sich zwar der Hysterie an, müssen aber von ihr getrennt werden. Die erogenen Organbetonungen überwältigen den psychischen Mechanismus und zwingen die Neurose, sich in organischen Formen zu zeigen (Nunberg u. Federn 1976–1981, IV. 137).

Diese Formulierungen Freuds, von Rank stenographisch aufgezeichnet, veranlaßten mich, in der Anmerkung zur deutschen Ausgabe zu schreiben:

> Wir finden in diesem Protokoll den ersten Versuch, eine psychosomatische Erkrankung von einer hysterischen zu trennen (IV. 137).

Dieser Satz ist der Grund für meinen heutigen Vortrag.

Über Asthma bronchiale wurde allerdings bereits am 11. Mai 1910 von Dr. I. Sadger ein Vortrag mit dem Titel „Ist das Asthma bronchiale eine Sexualneurose?" gehalten (Nunberg u. Federn 1976–1981; Sadger 1911). Freud sagte damals in der Diskussion zu diesem Vortrag:

> Das sind lauter Syndrome, in denen neben organischen Bedingungen auch das Psychische einen großen Anteil hat; die Frage ist, wie sich diese beiden Faktoren in der Verursachung teilen, eine Frage, die mit großer Vorsicht aufgefaßt werden muß (Nunberg u. Federn 1976–1981, II. 486).

Ein weiterer Vorläufer war Wilhelm Stekel mit einem Vortrag vom 9. Oktober 1907 über „Die somatischen Äquivalente der Angst und ihrer Differentialdiagnose", zu der Freud den Kommentar machte:

> Die Frage sei nur, woher es komme, daß die Leute statt des Angstanfalles die somatischen Erscheinungen haben, die sie selbst nicht als Angst anerkennen und über die sich auch der Arzt täuscht (Nunberg u. Federn 1976–1981, I. 196).

Es sei gleich hier festgehalten, daß Freud von dieser Vorsicht gegenüber psychosomatischen Krankheiten niemals abgegangen ist und Psychoanalytiker davor gewarnt hat, sich mit körperlichen Krankheiten abzugeben. Daher sind die Vorträge von 1907 und 1910 meiner Meinung nach noch nicht der Beginn der Psychosomatik, sondern nur Beiträge unter anderen zu ihrer Vorgeschichte.

Im folgenden möchte ich noch zwei weitere Gedanken skizzieren: 1) Wie ging es in Österreich mit der Psychosomatik weiter? 2) Welche Rolle spielte darin Paul Federn?

Es hängt davon ab, was unter Psychosomatik verstanden wird, ob z. B. Alfred Adlers Beiträge dazu zu zählen sind: Am 7. November 1906 hielt er seinen Vortrag „Über die organischen Grundlagen der Neurosen"; es ist das 5. Protokoll (Nunberg u. Federn 1976–1981). Für Adler erzeugt das Organische psychische Erkrankungen, es ist also „somapsychisch". Aber erwähnen möchte ich es doch, ebenso wie Adlers Arbeit über „Die psychische Behandlung der Trigeminusneuralgie" (Adler 1911). Er stellt die Frage, ob die Trigeminusneuralgie eine psychogene Erkrankung ist und bejaht diese. Allerdings macht Adler nicht die klare Unterscheidung zwischen organischen Erkrankungen mit und ohne psychische Ursache, sondern er sieht in der Erkrankung nur den Neurosenersatz. Mit Berücksichtigung dieser theoretischen Überlegungen gehörte auch Alfred Adler und mancher seiner Schüler und Anhänger bis zu Erwin Ringel zu den österreichischen Psychosomatikern. Auf der psychoanalytischen Seite waren es v. a. Felix Deutsch und Max Schur. Erwähnt werden muß auch Oswald Schwartz, der eine eklektische Auffassung verfolgte und verschiedene Theorien für seine klinischen Betrachtungen benutzte. Da er Urologe war, gaben ihm seine Wiener Kollegen u. a. den Spitznamen „Urosoph". Freud hat, wie ich schon erwähnte, diese psychosomatischen Arbeiten seiner Schüler nicht unterstützt. Paul Federn wiederum richtete in seinen letzten 25 Lebensjahren das Augenmerk auf die Behandlung der Geisteskrankheiten, behielt aber immer ein großes Interesse an der Interaktion von Körper und Geist. Er publizierte auch eine große Arbeit mit dem Titel „Die leitungslose Funktion im Zentralnervensystem. Eine Frage der Psychologie an die Physiologie" (Federn 1937). Für die Psychosomatik bedeutend war seine enge Freundschaft mit Heinrich Meng. Dessen Zusammenarbeit mit Georg Groddeck, dem Begründer der Psychosomatik in Deutschland, bestand in der gemeinsamen Behandlung von Patienten und einem regen Gedankenaustausch. Von Arbeiten, die während der Augustwochen 1923 im Salzkammergut, also in Österreich, geleistet wurden, muß ebenfalls berichtet werden. Sie begannen mit der Herausgabe des *Ärztlichen Volksbuches* (Meng etal. 1924), dessen erster Band 1924 erschien, zwei weitere folgten. 1926 übernahm der mit dem Geld von Robert Bosch gegründete Hippokrates-Verlag dieses Werk; im selben Jahr wurde die Zeitschrift *Hippokrates* gegründet. Das *Ärztliche Volksbuch* und diese Zeitschrift waren auf der Idee einer Ganzheitsmedizin aufgebaut, die Heinrich Meng und durch ihn auch Paul Federn in Verbindung mit Viktor von Weizsäcker brachte. Meng hatte ihn bereits 1909 kennengelernt und traf ihn später auf Kongressen. Er schreibt:

> Unsere Besprechungen behandelten vorwiegend die Frage des Einbaues der Psychoanalyse in die Innere Medizin und in die Therapie des Organpsychotikers, des Unfall- und des Rentenneurotikers (Meng 1971, S. 75).

In diesem Zusammenhang darf auch der Wiener Gynäkologe Bernhard Aschner genannt werden, der heute völlig in Vergessenheit geraten ist.

Damit konnte ich den Beitrag Österreichs zur Psychosomatik in Umrissen nachzeichnen, die es den Medizinhistorikern ermöglicht, detaillierter weiterzuforschen.

Hier müßte auch den Wurzeln der Psychosomatik in den USA nachgegangen werden, wo wir so bedeutende Vertreter wie Franz Alexander, Flanders Dunbar, Edward Weiss und Hilde Bruch finden.

Es scheint mir noch nötig, Paul Federns weiteren theoretischen Beitrag zur Psychosomatik zu erwähnen, wenn er auch nicht für diese gedacht war. In seiner Ich-Psychologie unterscheidet er zwischen einem körperlichen und seelischen Ich-Gefühl, wobei er dieses folgendermaßen beschreibt:

> Das Ich ist die dauernde oder sich immer wiederherstellende psychische Kontinuität von Körper und Seele in bezug auf Raum, Zeit und Kausalität (Federn 1978, S. 87).

Diese Kontinuität des körperlichen Ich-Gefühls wird durch jegliche Erkrankung gestört und erzeugt Unbehagen und Leiden. Es ist einleuchtend, daß umgekehrt diese über das körperliche Ich-Gefühl zur organischen Erkrankung führen können. Das geschieht nach Federns Auffassung an den Ich-Grenzen des Körper-Ich-Gefühls. Ob also physische Erkrankungen seelisch erzeugt werden oder umgekehrt, wird von dem Zustand der Besetzung durch seelische Energien an den Ich-Grenzen bestimmt werden. Darin folgt Federn voll und ganz Freuds Trieblehre, worin die historische Bedeutung seiner Auffassungen besteht, da die meisten anderen Ich-psychologischen Schulen der Psychoanalyse diesen entscheidenden Bestandteil von Freuds Psychoanalyse verlassen haben.

Ich bin damit wieder zur Triebverschiebung des Jahres 1913 zurückgekehrt. Meine notwendigerweise sehr kurze Rundreise hat aber, so hoffe ich, Möglichkeiten und Ansatzpunkte für die Weiterentwicklung von verschiedenen Ideen in verschiedene Richtungen aufgezeigt.

Literatur

Adler A (1911) Die psychische Behandlung der Trigeminusneuralgie. Zentralbl Psychoanal 1:10–29

Federn P (1913) Beispiel von Libidoverschiebung in der Kur. Int Z Arztl Psychoanal 1:303–306

Federn P (1937) Die leitungslose Funktion im Zentralnervensystem. Eine Frage der Psychologie an die Physiologie. Int Z Psychoanal 23:250–274

Federn P (1978) Ich-Psychologie und die Psychosen. Suhrkamp, Frankfurt am Main

Meng H (1971) Leben als Begegnung. Hippokrates, Stuttgart

Meng H, Fießler A (Hrsg) (1924) Das ärztliche Volksbuch. Wagnersche Verlagsanstalt, Anton Bippi, Stuttgart

Nunberg H, Federn E (Hrsg) (1976–1981) Protokolle der Wiener Psychoanalytischen Vereinigung, 1906–1918, Bd 1,2,4. Fischer, Frankfurt am Main

Sadger I (1911) Ist das Asthma bronchiale eine Sexualneurose? Zentralbl Psychoanal 1:200–213

Soziopsychosomatik

Vom Funktionskreis- zum Situationskreiskonzept

T. von Uexküll

Zusammenfassung

Es wird die These vertreten, daß Ethik in der Medizin bei ihren Modellen für den gesunden und kranken Menschen beginnt, die das Handeln der Ärzte leiten. Dann wird die Entstehungsgeschichte des Situationskreismodells aus dem Modell des Funktionskreises der Biologie Jakob von Uexkülls (1864–1944) skizziert. Am Schluß werden das Mechanismusmodell der biotechnischen Medizin und das Modell des lebenden Systems einer biopsychosozialen Medizin einander unter dem Aspekt ihrer politischen Konsequenzen gegenübergestellt.

Schlüsselbegriffe: psychosomatische Medizin, Funktionskreis, Situationskreis, biotechnische Medizin, biopsychosoziale Medizin.

Vorüberlegung

„Vom Funktionskreis zum Situationskreis", das ist ein Thema der Entwicklung von Theorien und Modellen, das recht abstrakt klingt und langweilig zu werden verspricht. Aber eine These, die ich leidenschaftlich verfechte, besagt, daß die Theorien und Modelle, mit denen wir die Welt erklären, auch die Wirklichkeit formen, in der wir leben, und daß sie daher nicht nur unser Wahrnehmen, sondern auch unser Handeln bestimmen. Damit ist ein konkretes – und aktuelles Problem angesprochen: das Problem der Verantwortung für unser Handeln. Wir sind den Normen verpflichtet, die in unserer Wirklichkeit gelten – und so definiert man gewöhnlich Verantwortung und leitet von diesen Normen auch die Antworten ab, die man auf die Fragen einer Ethik des ärztlichen Handelns gibt. Aber wir sind auch für die Normen verantwortlich; denn sie stammen von den Theorien und Modellen, die Menschen entwickelt haben und Menschen ändern können.

Wenn wir diesen Standpunkt vertreten, ist es nur legitim, auch nach den Menschen und ihrer Geschichte zu fragen, die mit der Entwicklung von Theorien und Modellen zur Deutung unserer Welt befaßt sind. Dann ist auch das Thema „Vom Funktionskreis zum Situationskreis" nicht nur ein wissenschaftstheoretisches Problem, sondern auch ein Problem der Geschichte der Menschen, die bei der Entwicklung eine Rolle gespielt haben.

Ich greife aus der Vielzahl der Personen und Ereignisse dieser Geschichte zwei Personen und ein Ereignis heraus und damit aus der Zeit, die weit in die Vergangen-

Söllner et al. (Hrsg.) Sozio-psycho-somatik

heit zurückreicht, ein Kapitel, an dem ich beteiligt war. Ein für mich wichtiger Abschnitt dieses Kapitels spielte von 1933 bis 1945, zwischen meinem 25. und 37. Lebensjahr, im „Dritten Reich" des nationalsozialistischen Deutschland.

Der Funktionskreis

Ich beginne mit einer Episode aus dem Jahr 1932. Damals hatte mein Vater, Jakob v. Uexküll, der als Biologe das Institut für Umweltforschung in Hamburg gegründet hatte, eine Untersuchung über „die Umwelt des Hundes" abgeschlossen. Sie sollte eine Antwort auf die Frage geben, wie Hunde die Welt erleben, wie ihre Umwelt aussieht, aus der die Motive für ihr Verhalten kommen. Es war eine der ersten Arbeiten, in denen beschrieben wurde, wie Tiere ein Revier in Besitz nehmen, indem sie dessen Grenzen markieren, die sie dann gegen Eindringlinge der gleichen Art verteidigen. Es wurde genau registriert, wie die Hunde, die durch den Park des damaligen Aquariums geführt wurden, in dem das Institut untergebracht war, bestimmte Bäume, Steine, Bänke und Pfosten mit einer Duftmarke ihres Urins versahen und wie andere Hunde auf diese Marken reagierten.

In einer Diskussion nach dem Referat in der Universität über die Resultate dieser Versuchsreihe sagte der Philosoph Ernst Cassierer (der wenig später in die USA emigrieren mußte), man müsse jetzt Rousseau korrigieren, der gefordert hatte, den ersten Menschen zu erschlagen, der in grauer Vorzeit einen Grenzstein aufgestellt hätte, um sich ein Eigentum anzumaßen. Cassierer meinte, die Untersuchungen zeigten, daß Rousseau mit seinem Vorhaben viel zu spät gekommen wäre, er hätte schon den ersten Hund erschlagen müssen, der an einem Stein sein Bein gehoben hat.

Anders reagierte Göbbels: Ein empörter Leitartikel des *„Völkischen Beobachters"* hatte die Überschrift „Kötereien eines deutschen Professors". Damit zeichneten sich die ersten Umrisse für das Szenario ab, das in den folgenden Jahren den düsteren Hintergrund auch für die Wissenschaften und die Medizin in Deutschland bilden sollte.

Aber der Bericht über die Umwelt des Hundes ist noch nicht zu Ende: Der Hund pflegte zur Krönung seines Werks auch die Hose seines Begleiters zu markieren. Für die meisten Menschen hätte ein solcher Zwischenfall eine üble Unart des Hundes bedeutet, die entsprechende Repressalien erfordert. Aber das bedeutete der Zwischenfall nur für das Wert- und Zeichensystem des Menschen. Für den Umweltforscher, den das Wertsystem und die „Sprache" des Hundes interessierte, war die Markierung der Hose ein sichtbares und reproduzierbares Zeichen, aus dem sich die Bedeutung dekodieren ließ, die der Begleiter in der Umwelt des Hundes hatte. Das Zeichen war ein Schlüssel zur Umwelt des Hundes. Man mußte nur das Schema kennen, nach dem die Umwelten von Tieren gebaut sind, um das Schloß zu finden, das dem Eingeweihten den Zugang eröffnet.

Dieses Schema war das Modell des Funktionskreises. Nach ihm reagieren Lebewesen nicht wie Maschinen auf mechanische Einwirkungen, sondern auf Zeichen, „Merkzeichen", zu denen ihre Rezeptoren Einwirkungen der Umgebung kodieren und ihnen eine Bedeutung erteilen, die sie als „Merkmale" auf die

Gegenstände ihrer Umgebung übertragen, um sie damit in „Objekte“ ihrer subjektiven Umwelt zu verwandeln. Die Bedeutungserteilung induziert eine „Bedeutungsverwertung“, d. h. eine Antwort auf das Zeichen aus der Umgebung. Nach diesem Modell ist das Verhalten eines Lebewesens ein Schlüssel zu der Bedeutung der Objekte in seiner subjektiven Umwelt.

Die Markierung der Hose erteilte dem Begleiter des Hundes ein Merkmal – eine Duftfahne, die als Merkzeichen nach dem Kode „Revierverteidigung“ jedem anderen Hund mitteilte, daß der Träger der Hose zu dem Revier des Hundes gehörte und von diesem unter seinen Schutz gestellt war. – Soviel zu dieser ersten Episode.

Ich studierte damals Medizin und hatte von Anfang an das sichere, aber unklare Gefühl, daß die Umweltlehre und das Modell des Funktionskreises wichtige Botschaften für die Medizin enthielten.

Bennhold und der „schwäbelnde Psychopath“

Ich famulierte damals in einer Gruppe von 4 Studenten auf der Aufnahmestation eines großen Hamburger Krankenhauses. Als Abschluß wurden wir von dem Oberarzt der inneren Abteilung, es war der spätere Ordinarius für innere Medizin in Tübingen, Bennhold, geprüft. Jeder von uns mußte bei einem Patienten die Anamnese erheben, eine internistische und neurologische Untersuchung durchführen, die Befunde zu einer vorläufigen Diagnose zusammenfassen und die differentialdiagnostischen Fragen diskutieren. Wir waren am Ende des Examens der Überzeugung, ein zutreffendes Bild von unseren Patienten entworfen zu haben.

Als die Prüfung abgeschlossen war, sagte Bennhold: „Sie haben gezeigt, daß Sie eine Vorgeschichte unter differentialdiagnostischen Gesichtspunkten erheben, eine körperliche Untersuchung durchführen und die Befunde diagnostisch einordnen können. Sie sind jetzt überzeugt, sich auf diese Weise ein zutreffendes Bild von dem kranken Menschen gemacht zu haben, das Ihnen auch erlaubt, eine kurze Beschreibung seiner Persönlichkeit in das Krankenblatt einzutragen. Jetzt stellen Sie sich vor, der Kranke, den Sie eben untersucht haben, sei Friedrich Schiller. Was würden Sie als kurze Beschreibung seiner Persönlichkeit in das Krankenblatt schreiben?“ Als niemand von uns eine Antwort gab, meinte er: „Sie würden hineinschreiben: ‚Ein schwäbelnder Psychopath‘!“

Meine Mitstudenten faßten die Bemerkung als Witz auf und lachten. Ich war betroffen; denn plötzlich kam mir in den Sinn, daß wir mit unseren Patienten im Prinzip das gleiche machten wie der Hund, der seinen Begleiter zu einem Objekt seiner Umwelt gemacht hatte. Das war vielleicht eine absurde Parallele, aber der Gedanke ließ mich nicht mehr los. Daran war möglicherweise eine anschließende Erfahrung schuld, die man als „entwicklungspsychologisches Praktikum“ bezeichnen könnte.

Typhus und posttyphöse Psychose

Ich hatte mich in der pathologischen Abteilung des Krankenhauses bei der Obduktion eines an Typhus gestorbenen Patienten infiziert. Es wurde eine schwere Erkrankung mit einem Rezidiv und tagelangem Koma. Daran schloß sich eine postinfektiöse Psychose mit einer Regression auf frühkindliche Erlebnismuster an, die mir eine hochinteressante und äußerst euphorisch getönte Wirklichkeit eröffnete. Ich machte eine Phase ungetrübten Omnipotenzerlebens durch. Es geschah nichts, was ich nicht ausdrücklich gewünscht hätte, und was ich wollte, passierte sofort.

Da man in meinem Urinsediment Erythrozyten gefunden und eine Glomerulonephritis als Komplikation diagnostiziert hatte, ließ man mich hungern und dursten und setzte mich dann auf eine abscheuliche salz- und eiweißfreie Diät. Das war damals die neueste Therapie für diese Krankheit. In meiner glücklichen Welt waren diese barbarischen Vorschriften aber irrelevant. Ich brauchte mir nur die köstlichsten Speisen und Getränke zu wünschen, und schon standen sie im Überfluß vor mir. War eine Speise nicht genügend gewürzt, so griff ich in die Luft und holte mir dort das Salz, mit dem ich meine Diät bestreute.

Diese glückliche Zeit endete – leider – schon nach wenigen Wochen. Auf die traurige Epoche, die dann folgte, will ich nur kurz eingehen, obgleich sie als entwicklungspsychologisches Praktikum weitere außerordentlich interessante Erfahrungen vermittelte: Ich mußte wieder lernen, meine Wirklichkeit an die anderer Menschen und an die Gegenstände in meinem Krankenzimmer anzupassen, z. B. an die Uhr, die ihre Zeiger auch ohne meine Erlaubnis zu bewegen schien.

In der Terminologie Piagets war es harte Akkomodationsarbeit mit karg bemessenen Assimilationsmöglichkeiten für ein wenig Funktionslust. Psychoanalytisch formuliert, waren es schmerzliche Erfahrungen der Ablösung aus einer primären dyadischen Einheit. Subjektiv erlebte ich die Entwicklung meiner Phantasie als Organ der Bedeutungserteilung für eine Umgebung, die ich dann als meine Wirklichkeit erlebte. Dabei wurde zunehmend die wechselnde Bereitschaft der Umgebung wichtig, die ihr erteilten Bedeutungen auch zu „erdulden", wie es im Funktionskreismodell heißt. Winnikott (1973) spricht von einer „genügend guten Umgebung", um deren Bereitschaft zu Bedeutungserduldung zu definieren, und betont ihre Wichtigkeit für die Entwicklung der Phantasie des Menschen.

Was ich in diesen Wochen erfuhr, waren die unter Frustrationen erlebten Wachstums- und Differenzierungsschritte der Einheit aus Organismus und Umgebung nach den ökologischen Gesetzen, die bestimmen, daß die Umgebung eine „ökologische Nische" bereitstellen muß, die sich in unsere subjektive Umwelt verwandeln läßt. Ich mußte wieder die mühsame „Eroberungsarbeit" lernen, um eine widerstrebende Umgebung an ihre Verpflichtung zu erinnern, auch „Nische" zu sein.

Nach solchen Erfahrungen ist die Wirklichkeit eines Kranken hellsichtig und verletzlich. Er erfährt Empathie als einen Zustand, in dem man seine Mitmenschen noch ohne die Hornhaut erlebt, die wir dann durch Erziehung und den täglichen Umgang mit den Mitmenschen erwerben. In diesen Wochen mußte ich oft an Bennholds Metapher von Schiller als Patient der Aufnahmestation eines städtischen Krankenhauses und an meine Assoziation des Umweltforschers als Objekt der Hundeumwelt denken, wenn ich erlebte, wie Patienten in Objekte der Medizin verwandelt wurden, die aus einer Liste defekter Organe bestanden. Ich selbst war damals ein Objekt, das aus einem toxisch geschädigten Gehirn, einer Glomerulonephritis und einem postinfektiösen Herzschaden bestand.

Aber der Mensch ist zäh. Wo bliebe sonst die Medizin? Ich wurde gesund und beendete mit der Entlassung aus der Klinik eine etwas ungewöhnliche und ungewöhnlich lange Famulatur, in der ein Student aber in 12 Wochen mehr über Krankheit, Patienten, Ärzte und Medizin lernen kann als in 12 Semestern eines angestrengten Medizinstudiums. Ich machte das Staatsexamen und arbeitete als Medizinalassistent, wie das damals hieß, zunächst in Hamburg und dann an einer gynäkologischen Klinik in Berlin.

Gustav von Bergmann

In Berlin besuchte ich die Vorlesungen aller Koryphäen auf der Suche nach einer Medizin, die nicht nur für kranke Organe sondern auch für kranke Menschen zuständig war. Beides war notwendig zu lernen, aber wie ging es zusammen?

Eine Vorlesung Gustav von Bergmanns über essentielle Hypertonie wurde für mich zum Schlüsselerlebnis. Die Vorlesung begann nicht mit einer Projektion von Tabellen und Kurven, sondern mit einem Gespräch. Bergmann demonstrierte seine Form der Anamnese, die er ein „Auszisellieren der Symptomatik" nannte. Im Verlauf dieser Demonstration geschah etwas Unerwartetes: Bergmann fragte, wie der Patient seine Symptome erlebte, ob sie in bestimmten Situationen auftreten würden, welche Bedeutung bestimmte Personen seiner Umgebung – darunter auch die behandelnden Ärzte – für den Patienten und evtl. auch für die Symptome hätten und wie er die Klinik und jetzt die Demonstration vor den Studenten erleben würde. Dann kam die körperliche Untersuchung und danach die Besprechung der Diagnose, ihrer Ätiologie und Pathogenese. Alles geschah in Gegenwart des Kranken. Von dem Gefäßsystem war die Rede und davon, daß Krankheiten nicht mit einem anatomischen Organschaden, sondern mit einer Funktionsänderung, einer Betriebsstörung, beginnen würden. In diesem Falle sei die „Enge der terminalen Strombahn" der kleinen Blutgefäße der Anfang und der gemeinsame Nenner für die somatischen Symptome.

Die Enge und Weite der kleinen Blutgefäße habe eine Funktion in dem Umgang eines Menschen mit sich selbst und seinen Mitmenschen. Wenn man immer wieder die Faust in der Tasche ballen müsse, könnten auch Blutgefäße eng werden. Dann wandte sich v. Bergmann an den Patienten und meinte, er könne bei der Demonstration im Hörsaal vielleicht etwas Ähnliches erlebt haben. Der antwortete prompt in unverfälschtem Berlinerisch etwa folgendes: „Bei meinen Arbeitskollegen – und bei den anderen Doktors kann det schon passieren. Aber bei Ihnen brauch ik keene Faust machen und da kneift mir auch det Blutjefäß nich!"

Zwischen v. Bergmann und dem Patienten war so etwas wie eine gemeinsame Wirklichkeit entstanden. Keiner hatte den anderen zu einem verstümmelten Objekt der eigenen Wirklichkeit verfremdet. Zwischen dem kranken Organ, dem Kreislaufsystem, und dem Kranken wurde ein Verbindungsglied sichtbar: Die Bedeutung, die der Patient den Ereignissen seiner Umgebung erteilen mußte, selbst wenn es gelang, ihn rational von der Unsinnigkeit seiner Bedeutungserteilung zu überzeugen. Sein affektives Erleben ist von einem Funktionskreis beherrscht, auf den rationales Denken und Urteilen keinen Einfluß haben.

Aber die Vorlesung war noch aus einem anderen Grund ein Schlüsselerlebnis für mich: Sie wäre – wie ich vermute – auch heute noch eine ungewöhnliche Erfahrung für einen Medizinstudenten. In der damaligen Zeit der nicht nur geduldeten und geförderten, sondern politisch verordneten Menschenverachtung, der Ausgliederung der von der Natur Benachteiligten, der Schwachen und der chronisch Kranken als lebensunwertes Leben aus der Gemeinschaft der Gesunden, war die Vorlesung eine Kunde aus einer Oase der Menschlichkeit in dem Meer der um sich greifenden Massenpsychose. Dort herrschte noch eine Atmosphäre, in der man atmen und wissenschaftlich denken und arbeiten konnte!

Rückblick auf den Weg zum Situationskreis

Rückblickend sieht der Weg von den ersten Überlegungen über die Brauchbarkeit des Funktionskreismodells zur Deutung klinischer Erfahrungen zum Modell des Situationskreises ziemlich geradlinig und folgerichtig aus. Er scheint fast vorgezeichnet als Konsequenz, die von der biologischen Eindeutigkeit der Tierumwelt zu der entwicklungspsychologisch geprägten Tiefendimension und Vieldeutigkeit menschlicher Situationen führt, zu ihrer Innenwelt einer Phantasie, die nicht nur zu Bedeutungserteilung, sondern zunächst zu Bedeutungsunterstellung und Probehandeln in der Lage ist, zu der hierarchischen Systemstruktur mit den Integrationsebenen des Biologischen, Psychischen und Sozialen und den Bedeutungskoppelungen als Verbindung.

Ich will zum Abschluß auf das eingangs formulierte Problem zurückkommen: Die Frage nach unserer Verantwortung für die Theorien und Modelle, die wir zur Deutung unserer Wirklichkeit – und der Wirklichkeiten unserer Patienten – entwerfen. Diese Frage ist nicht nur auf dem düsteren Hintergrund der Erfahrungen mit dem Nationalsozialismus keine nur theoretische Angelegenheit. Sie hat – unter anderen Aspekten – auch heute wieder eminente politische Bedeutung.

Bei einigen Wissenschaftlern stehen die sog. holistischen Theorien und Modelle im Verdacht, rassistischen und nazistischen Ideologien den Weg zu bereiten. Man macht ihnen den Vorwurf, sie verführten zu unklaren mystizistischen Gedankengängen. Nur die klare Rationalität kausalanalytischen Denkens und überschau- und beherrschbarer mechanischer Modelle könne die Menschheit vor gefährlichen Irrlehren bewahren.

Die Analyse wissenschaftlicher Theorien unter dem Aspekt ihrer politischen Konsequenzen hat noch kaum begonnen. Sie ist seit langem überfällig. Ich kann ihr natürlich nicht vorgreifen. Aber ich möchte zwei Gedanken formulieren, die mir für das Problem bedeutsam zu sein scheinen:

1) Für holistische Modelle, wie den Funktionskreis, den Gestaltkreis, die sensomotorische Zirkulärreaktion, den Situationskreis und auch für den Regelkreis, ist

die Umgebung als genügend oder nicht genügend gute Nische unverzichtbarer Teil des gedeuteten Systems. Als Teil der Umgebung gehört auch der Beobachter dazu. Auch er hat für das beobachtete Subjekt positive oder negative Nischenqualitäten.

Für mechanische Modelle, auch für kybernetische Maschinenmodelle, bleibt der Beobachter als eine neutrale und objektive Instanz des Registrierens außerhalb des beobachteten Systems. Er ist nur einer „wissenschaftlichen Wahrheit" verpflichtet, die moralisch zu nichts verpflichtet.

2) Konzepte wie „Volk", „Rasse", „Art" waren bestenfalls pseudoholistische Modelle und sind es zum großen Teil bis heute geblieben. Sie sondern Teile der Natur an falschen Stellen von anderen ab und degradieren die übrige Natur zu bloßen Objekten der Ausbeutung. Konzepte dieser Art waren das „deutsche Volk" und die „germanische Rasse" der Nationalsozialisten, aber auch die biologischen Arten der darwinistischen Selektions- und Evolutionslehre.

Für Bateson gehören alle diese Konzepte zu gefährlichen Trugschlüssen der abendländischen Zivilisation. Er schreibt:

> Heute ist es offenkundig, daß sie nicht die Einheiten des Überlebens in der realen biologischen Welt sind. Die Einheit des Überlebens besteht aus Umwelt plus Organismus. Wir lernen durch bittere Erfahrung, daß der Organismus, der seine Umwelt zerstört, sich selbst zerstört (Bateson 1985, S. 620).

Betrachten wir das Modell des Mechanismus und das holistische Modell unter dem Aspekt der Verantwortung ärztlichen Handelns, so zeigt sich eine klare Alternative:

Für das Mechanismusmodell der biotechnischen Medizin beschränkt sich der ärztliche Auftrag auf kurative Maßnahmen, und ärztliche Ethik auf eine Ethik zur Vermeidung von Fehldiagnosen. Der Arzt ist unphilosophisch: denn die Entwicklung von Theorien und Modellen überläßt er den „Grundlagenwissenschaftlern". Er ist nur deren Ausführungsorgan. Er ist unpolitisch: denn die Verantwortung für die Resultate der Theorien und Modelle, mit denen wir die Natur interpretieren, ist Sache der Politiker. Alles in allem: Das Modell ist bequem. Es entspricht der Wahlkampfparole: „Weiter so wie bisher!"

Die Konsequenzen, die sich aus dem holistischen Modell ergeben, sind unbequem. Es verlangt eine Überprüfung und Neudefinition vieler medizinischen Errungenschaften unter dem Aspekt einer ökologischen Ordnung in der Natur, der auch der Mensch untersteht. Der ärztliche Auftrag beschränkt sich nicht auf kurative Maßnahmen. Er umfaßt auch, und sogar vorrangig, Prophylaxe, d. h. Sorge um die Nischenbedingungen unserer Umgebung, die Leben und Gesundheit ermöglichen. Ärztliche Ethik ist eine ökologische Ethik der Verantwortung für eine Hierarchie von Einheiten: der Gene im Organismus, der Organismen in ihre Umwelten, der Gesellschaft in der Natur. Der Arzt ist philosophisch wachsam und verfolgt die Theorien und Modelle der Grundlagenwissenschaftler kritisch unter dem Aspekt ihrer Folgen für eine humane und ökologisch verantwortungsbewußte Medizin. Er ist politisch, d. h. er nimmt Stellung zu den Entwicklungen und den Entscheidungen der Politiker, die Leben und Gesundheit tangieren.

Das Modell ist, wie ich sagte, unbequem. Wir können nicht so weitermachen wie bisher. Es verpflichtet den Arzt wieder auf die Maxime Rudolph Virchows:

„Politik ist Medizin im Großen.“

Literatur

Bateson G (1985) Ökologie des Geistes. Suhrkamp, Frankfurt/Main
Uexküll J von (1920) Theoretische Biologie. Springer, Berlin
Winnicott DW (1973) Vom Spiel zur Kreativität. Klett, Stuttgart, S 20

Soziopsychosomatik: die Erweiterung der Psychosomatik um ihre politische Dimension

T. Bauriedl

Zusammenfassung

Die Psychosomatik stellt eine Grenzüberschreitung dar, die Vereinigung der somatischen mit der psychologischen Perspektive. In unserer gegenwärtigen Situation sind wir von einer teilweise irreversiblen „Krankheit" befallen, die sich in Gestalt der Kriegsgefahr und der Umweltzerstörung ausdrückt. Für die Psychosomatik wie für jede andere Wissenschaft stellt sich die Frage, ob sie diese Situation emotional wahrnimmt und darauf reagiert oder ob sie ihre Beziehung zur „Umwelt" (J. von Uexküll) auf eine „rein sachliche" reduziert, vergleichbar dem unter der Bezeichnung Alexithymie beschriebenen Syndrom der Gefühl- und Phantasielosigkeit, das sie selbst in den letzten beiden Jahrzehnten intensiv erforscht hat. Die Alternative ist nicht ein blinder politischer Aktionismus, sondern ein Bewußtwerden der eigenen (auch der wissenschaftlichen) Position als einer politisch bedeutsamen, was. z. B. die Sorge um *eine* Ursache von Krankheiten, die zunehmende Umweltverschmutzung und die kollektive Angst vor der Zerstörung einschließt.

Schlüsselbegriffe: Psychosomatik, Soziopsychosomatik, unbewußte Selbstzerstörungstendenzen, soziopsychosomatische Widerstandsfähigkeit, Alexithymie, politische Bewußtheit.

Jede Wissenschaft stellt nur einen Ausschnitt aus den vielfältigen Möglichkeiten dar, wie die Welt gesehen werden kann. Dieser Ausschnitt wird bestimmt durch die angewandte Methode, und diese Methode wiederum folgt aus dem Erkenntnisinteresse des Forschers oder der Forschergemeinschaft. Wir sehen, was wir sehen wollen, und wir sehen nicht, was uns entweder nicht interessiert oder was uns zuviel Angst macht.

Dabei scheint mir beides wichtig zu sein: einerseits die klare Umschreibung des wissenschaftlichen Gegenstands, also die Bestimmung von Grenzen, innerhalb derer man sich dann relativ sicher bewegen kann, und andererseits die Erkenntnis der Relativität der jeweils eigenen Betrachtungsweise, die dadurch möglich wird, daß eine weitere Perspektive zur eigenen dazukommt, die sie ergänzt. Fortschritte der Wissenschaft bestehen in Grenzüberschreitungen, in der Verbindung einer bisher allein gültigen Perspektive mit einer neuen Sichtweise. So betrachtet sind diese Fortschritte dem Entwicklungsprozeß von Individuen, aber auch von Beziehungen vergleichbar, der durch das kontinuierliche Auftauchen bisher unbewußter,

Söllner et al. (Hrsg.) Sozio-psycho-somatik

unbekannter Realitätsanteile gekennzeichnet ist. Und in dem Zusammentreffen zweier bisher voneinander getrennter Perspektiven spiegelt sich die Vereinigung zwischen Mann und Frau wider, aus der das Kind als das Neue, das gemeinsame Dritte entsteht.

Wir sind Vertreter der Psychosomatik, Vertreter einer Wissenschaft, die durch die Überschreitung von wissenschaftlichen Grenzen und durch die Verbindung zweier Perspektiven entstand. Die Fruchtbarkeit dieser Verschmelzung bestand und besteht darin, daß sie aus der reduktionistischen Betrachtung des menschlichen Körpers als einer komplizierten biochemischen Maschine herausführt. Das Erleben des Patienten, seine unbewußten Phantasien und die Art seiner Objektbeziehungen werden in das Verständnis des Krankheitsgeschehens einbezogen. Die Chance dieses Ansatzes bestand und besteht darin, daß der Patient vom Objekt wissenschaftlicher Diagnostik und Therapie zu einem mitsprechenden Subjekt wird, das *selbstverantwortlich* an der Entstehung und am Verlauf seiner Krankheit beteiligt ist.

Dieser Ansatz bringt im weiten Sinn des Wortes eine Politisierung des Individuums mit sich, da auch körperliche Erkrankungen nicht mehr nur an schicksalhafte Ereignisse, sondern als innere, zum größten Teil unbewußte *Entscheidungen* des Patienten verstanden werden. Die Einbeziehung des psychischen und des sozialen Umfelds in das Verständnis der Pathologie entsprach einem Demokratisierungsprozeß im kollektiven Bewußtsein: Der einzelne wird nach diesem neuen Verständnis nicht mehr „von Krankheit geschlagen", womöglich noch als Strafe für ein unbotmäßiges Verhalten; seine Krankheit ist vielmehr die jeweils optimale Konfliktlösung in der jeweils gegebenen Lebenssituation. Auch wenn er diese Konfliktlösung nicht verändern kann, wenn er sich schon in einem irreversiblen Krankheitsprozeß befindet, wird er doch als selbstverantwortliche Person verstanden, die – notgedrungen – diese Konfliktlösung gewählt hat und deren Chance u. U. nur noch darin besteht, daß sie die innere Entscheidung zur Krankheit als eine zu ihrer Person gehörende begreift und die Unabänderlichkeit ihres Krankseins und Sterbens betrauert.

Dieser „Demokratisierungsprozeß" im Bewußtsein derer, die sich psychosomatischem Denken zuwenden, ist immer wieder in Gefahr, mißverstanden zu werden. Die in der Psychosomatik erkannte Selbstverantwortlichkeit des Individuums wird immer wieder mit einer Schuldzuschreibung verwechselt. Ein großer Teil der Angst vor der Psychosomatik beruht auf diesem Mißverständnis: Der Kranke sei an seiner Krankheit „selbst schuld", er wolle ja krank sein, und er wolle womöglich mit seiner Krankheit „nur" seine Umgebung erpressen. Er sei gar nicht wirklich krank, sondern eigentlich nur „verrückt"; wenn er nur wolle, oder wenn er seine Verrücktheit bzw. die Erpressung aufgebe, könne er leicht wieder gesund werden. Zur Hilflosigkeit der Krankheit gegenüber kommt dann für den Patienten noch die Ohnmacht dieser neuen Diffamierung gegenüber. So verstandene Psychosomatik ist nicht emanzipatorisch, sondern repressiv; sie setzt das positivistische Mißverständnis des menschlichen Körpers mit anderen, subtileren Mitteln fort.

Aber was bringt uns immer wieder in die Gefahr der positivistischen Reduktion? Ist es die Angst vor dem Leiden, vor dem Sterben, die uns den kranken Menschen entweder als eine „dysfunktionale" Maschine oder als schuldig bzw. als verrückt sehen läßt? Oder haben wir soviel Angst vor der Selbstverantwortlichkeit, vor dem Erkennen unserer Sterblichkeit und Abhängigkeit, daß wir immer wieder nach einer „Schuld“, nach einem „Fehler“ suchen, sozusagen nach dem „eigentlich vermeidbaren Störfall“, nach der Ausnahme, die die Regel, nämlich unsere Unfehlbarkeit, unsere Unsterblichkeit und unsere Allmacht bestätigt?

Wir befinden uns derzeit als Kollektiv in einem teilweise schon jetzt irreversiblen Krankheitsprozeß, der sich in der Symptomatik der Kriegsgefahr und der fortschreitenden Umweltzerstörung ausdrückt. In dieser Situation stellt sich die Frage, ob wir heute fähig sind zur Trauerarbeit, zur Erkenntis der Realität, oder ob wir – wie manche Krebskranke – versuchen, diese gefährliche Realität durch weitere Fortschritts- und Wachstumsmythen zu skotomisieren. Sind wir im Sinne der Psychosomatik *selbstverantwortliche* Personen, die die gewählten Konfliktlösungen in unserer gesellschaftlichen und politischen Symptomatik als die eigenen erkennen, oder versuchen wir, mit unserer Angst dadurch fertigzuwerden, daß wir nur andere beschuldigen, für verrückt erklären oder immer wieder an „eigentlich vermeidbare Störfälle“ glauben, um der Kränkung zu entgehen, die mit der Erkenntnis unserer Abhängigkeit verbunden wäre? Ich meine, daß sich in dieser Situation nicht nur für jeden einzelnen als Privatperson, sondern auch für jede Wissenschaft und für jeden Wissenschaftler neue Fragen ergeben, die die bisherigen Grenzen des jeweiligen Forschungsgebiets überschreiten. In der Psychosomatik führt allein schon die Erkenntnis, daß allergische Erkrankungen nicht nur durch ungelöste intrapsychische Konflikte zu verstehen sind, sondern eindeutig auch durch Umweltgifte verschiedener Art ausgelöst werden, zwangsläufig zu einer wissenschaftlichen Neuorientierung. Wenn wir hier nicht auf Ursachenforschung verzichten wollen, wenn wir uns nicht auf die Position von symptombeseitigenden Mechanikern zurückziehen bzw. beschränken lassen wollen, dann müssen wir die Frage der Selbstschädigung auch im gesellschaftlichen und politischen Zusammenhang in unser Forschungsgebiet aufnehmen.

Die sog. psychosomatischen Erkrankungen wurden schon bisher als Ausdruck unbewußter Selbstzerstörungstendenzen verstanden. Aber die manifeste Suizidalität oder auch die latente Suizidalität bei Suchterkrankungen wurde bisher der Psychiatrie bzw. der Psychotherapie überlassen. Und alle diese Disziplinen kümmerten sich bisher kaum um die kollektive Selbstzerstörung, an der jeder von uns auf seine Weise beteiligt ist. Die Grenzen unseres Fachgebiets schützen uns vor dem Erkennbarwerden als politische und politisch verantwortliche Personen und vor den Konflikten, die mit diesem Erkennbarwerden verbunden wären. Innerhalb der Fachgebiete folgen wir revolutionären Theorien wie z. B. der Psychoanalyse, außerhalb verleugnen wir einen Teil unserer Beziehung zu unserer Umwelt. In den letzten beiden Jahrzehnten wurden die Begriffe „pensée opératoire“ bzw. Alexithymie in der psychosomatischen Forschung immer wichtiger. Die Unfähigkeit, Gefühle wahrzunehmen und in Worten mitzuteilen, ein auffälliger Mangel an Phantasie und eine stets „sachbezogene“ Art zu denken, die sich ausschließlich an Fakten orientiert, wurden als psychische Grundlage psychosomatischer Erkrankungen angesehen. In der Diskussion dieser Begriffe und Konzepte trat immer wieder das Problem auf, daß diese psychische Grundstruktur zwar häufig, aber durchaus nicht nur und nicht immer bei sog. Psychosomatikern zu erkennen ist.

Man hatte meiner Ansicht nach die kulturkritische Perspektive außer acht gelassen, aus der die beschriebene Alexithymie auch als Ursache und Ausdruck unserer gesamtgesellschaftlichen Hilflosigkeit zu erkennen wäre. Das mechanistische Welt- und Menschenbild, der auf Fakten und objektive Daten reduzierte Umweltbezug ist nicht nur Ursache und Ausdruck der Beziehungsstörung weniger „Kranker", er ist z. B. Voraussetzung für das erfolgreiche Funktionieren von Politikern, Juristen, Wissenschaftlern, Technikern, ja selbst von Ärzten in unserer Gesellschaft. Die Hilflosigkeit dieser scheinbaren „Normalität" beruht auf unserem reduzierten Umweltbezug, auf unserer Selbstdefinition als funktionierende und zum Funktionieren verurteilte Maschinen, die nichts fühlen, die ihre Betroffenheit von Ereignissen in der Umwelt scheinbar nicht wahrnehmen und diese Betroffenheit vor allem nicht auszudrücken wagen.

So könnte man in diesem Gesamtzusammenhang auch für die psychosomatische Medizin selbst, wie für fast alle anderen Wissenschaften auch, eine „Alexithymie" diagnostizieren, jedenfalls soweit sie sich in ihrer „Merk- und Wirkwelt", wie Jakob von Uexküll (1902) sagen würde, von den gesellschaftlichen und politischen Vorgängen in ihrer Umwelt abzuschotten versucht. Die Psychosomatik ist angetreten als eine systemtheoretische Wissenschaft, die die Zusammenhänge zwischen körperlichen, psychischen und sozialen Vorgängen untersucht. Aus unserem psychodynamischen Verständnis der Alexithymie wissen wir, daß ein Mensch seine Beziehungen nach innen, zu seinen Gefühlen, und nach außen, zu seinen Bezugspersonen, dann auf die „reine Sachlichkeit" reduziert, wenn er sich in Gefahr fühlt, wenn er fürchtet, daß er in der Gefahr psychisch oder physisch umkommen könnte, und wenn er keine andere Lösung seiner Konflikte sehen kann als den „emotionalen Totstellreflex". Daß dieser Totstellreflex sehr gefährlich ist, wissen wir auch, und trotzdem wagen wir es nur selten, uns als von der Kriegsgefahr und von der zunehmenden Umweltzerstörung emotional Betroffene zu erkennen und zu erkennen zu geben.

Würden wir diese unsere „Alexithymie" schrittweise verlassen, dann müßten wir uns persönlich und wissenschaftlich und v. a. auch emotional in einer Gesellschaft erleben, die medikamentöse, psychosoziale und propagandistische Antidepressiva braucht, in einer Szene, in der immer wieder und allerorten versucht wird, durch Rüstungsanstrengungen im direkten und im übertragenen Sinn und durch Festhalten an einer Fortschritts- und Wachstumsideologie die Angst unter Kontrolle zu halten. Wir müßten sehen, daß wir selbst und jeder unserer Patienten Teile dieses gesamtgesellschaftlichen Systems sind, zugleich Produkte und Produzenten der in ihm wirksamen Abwehrstrukturen. Wir könnten uns nicht mehr darauf beschränken, abweichendes Verhalten oder „dysfunktionale" Zustände als krank und heilungsbedürftig anzusehen. Wir müßten das „Normale", das „Selbstverständliche", als eine Form der kollektiven Resignation und der Selbstzerstörung in Frage stellen.

Auch für die psychosomatische Medizin selbst ergeben sich aus dieser Grenzüberschreitung neue Definitionen für zentrale Begriffe dieser Wissenschaft, für den Gesundheitsbegriff, für die Vorstellungen über psychische Widerstandsfähigkeit und über den Prozeß der therapeutischen Veränderung. Ich kann diese aus meiner Sicht sehr wichtigen Erweiterungen der bisherigen Grenzen dieser Wissenschaft hier nur andeuten (Bauriedl 1988). Schon J. von Uexküll betonte zu Beginn unseres Jahrhunderts in seiner Umweltlehre, daß *Gesundheit* von der Art der *Beziehungen* des Individuums in und zu seiner „Umwelt“ her zu verstehen ist. Als „Umwelt“ beschrieb er das, was das jeweilige Lebewesen von seiner Umgebung wahrnimmt und worauf es zur Erfüllung seiner Bedürfnisse reagiert (J. von Uexküll 1909). Wenn wir dieses Bild auf unsere heutige Situation übertragen, so kann heute Gesundheit nicht mehr „normale“ Funktionsfähigkeit bedeuten; der Gesundheitsbegriff muß sich auf eine den menschlichen Lebensbedürfnissen angemessene Wahrnehmung der Umgebung beziehen, darauf, was wir als Kollektiv und als einzelne von der uns umgebenden gesellschaftlichen und politischen Realität wahrnehmen und worauf wir reagieren. Der selbstzerstörerische „Totstellreflex“, das automatische Unbewußtwerden, z. B. von ökologischen Gefahren, muß als Symptom inadäquater Abwehr verstanden werden.

Aber nicht nur die Frage, *ob* wir die Gefahren in unserer Umwelt überhaupt wahrnehmen, ist eine Frage nach unserer (soziopsychosomatischen) Gesundheit, auch die *Art unserer Beziehung* zur jeweiligen Umwelt ist danach zu unterscheiden, ob die anderen Menschen und die sonstige belebte und unbelebte Umgebung (auch in der Wissenschaft!) nur mit dem Erkenntnisinteresse des Verfügbarmachens und der Verwertbarkeit gesehen werden, oder ob unsere Beziehungen vom Interesse an einem befriedigenden Miteinander geprägt sind. Wenn wir unsere Innenwelt nicht wahrnehmen und sie vergewaltigen, dann ist das ebenso gefährlich wie das Nichtsehen und Vergewaltigen unserer Umwelt.

In den letzten Jahren gewann in der Medizin die Erforschung des menschlichen Immunsystems große Bedeutung. Die Forschung konzentrierte sich aber v. a. auf die körperliche Widerstandsfähigkeit; Vorstellungen über die *psychische Widerstandsfähigkeit* im sozialen und politischen Zusammenhang wurden bisher kaum entwickelt (Bauriedl 1988). Was bedeutet psychische Widerstandsfähigkeit, und zwar nicht nur im Sinn der Unterstützung von körperlichen Abwehr- oder Gesundungsprozessen, sondern auch als Überlebensfähigkeit des einzelnen und der menschlichen Gemeinschaft insgesamt? Die körperliche Gesundheit von Mensch, Tier und Pflanze hängt einerseits ab von der Quantität und der Qualität der Krankheitserreger, Schadstoffe und anderer Umweltbedingungen, denen diese Organismen ausgesetzt sind. Andererseits hängt die Entscheidung, ob wir erkranken, auch von unserer inneren Widerstandsfähigkeit oder Lebensfähigkeit ab. Beim Menschen gibt es, anders als beim Tier und bei der Pflanze, eine zusätzliche Verbindung zwischen Umweltbedingungen und seiner Erkrankung, weil er sich die schlechten Umweltbedingungen zum größten Teil selbst schafft. Dieses Erzeugen krankmachender Umweltbedingungen selbst ist also wieder ein Ausdruck von (psychischer) Krankheit. Denn nur psychisch kranke Menschen sorgen nicht dafür, daß sie die Umweltbedingungen haben und behalten, die sie brauchen. Nur psychisch kranke Menschen schädigen sich selbst in manifest oder latent suizidaler Absicht.

Eine Definition von soziopsychosomatischer Widerstandsfähigkeit müßte also die Frage umfassen, inwieweit jeder von uns an der Umweltzerstörung, an der Zerstörung unserer eigenen Lebensgrundlagen und der Lebensgrundlagen unserer Nachkommen beteiligt ist. Vor dieser Fragestellung müssen wir uns alle als

„Kranke" erkennen, als Individuen, die – notgedrungen – an dem kollektiven Selbstzerstörungsprozeß mehr oder weniger aktiv, auf jeden Fall aber durch Passivität und Gleichgültigkeit beteiligt sind. Gerade die „Aufarbeitung" der nationalsozialistischen Vergangenheit, die heute[1] in Österreich besonders aktuell ist, läßt uns erkennen, daß jeder, auch der Passive und der Gleichgültige, mitverantwortlich ist für das, was in einer Gesellschaft geschieht und was nicht geschieht.

Vor dem Erkennen dieser Mitverantwortlichkeit bzw. der eigenen Abwehrschwäche im soziopsychosomatischen Sinn fürchten wir uns alle. Aber hier könnte der emanzipatorische Ansatz der Psychosomatik weiterhelfen, der, wie oben beschrieben, Krankheit und Abwehrschwäche nicht als Ausdruck von Minderwertigkeit oder Bösartigkeit begreift, sondern das Leiden und die Not, ja oft die Ausweglosigkeit des Krankheitsgeschehens aufzeigt. Trauerarbeit in z. T. aussichtsloser Lage ist dann möglich, wenn derjenige, der sich in diese Lage unbewußt hineinmanövriert hat, dafür nicht beschuldigt oder entwertet wird. Nur dann hat er eine Chance, die vielleicht nur noch geringen Möglichkeiten zu entdecken, wieder gesund zu werden, sich *für* und nicht mehr *gegen* sein Leben einzusetzen oder wenigstens den Rest seines Lebens (und darum handelt es sich für jeden von uns) in möglichst lebendiger Weise zu verbringen. Der Gesundungsprozeß in diesem ganzheitlichen Sinn betrifft nicht nur die Rückkehr zur „Normalität", sondern auch das Lebendigwerden unserer Beziehungen nach innen und außen.

Bei der Erweiterung der Psychosomatik um ihre politische Dimension geht es also nicht um blinden politischen Aktionismus, auch nicht um Anklage oder Selbstanklage, sondern um eine Aktivierung des soziopsychosomatischen Immunsystems, das entsprechend den neuesten Forschungen in der Immunologie am besten dadurch anzuregen ist, daß man den Körper durch einen *geeigneten* Reiz auf seine Krankheit aufmerksam macht.

Die psychische Widerstandskraft und die Gesundungsfähigkeit des einzelnen wie der Gesellschaft hängen von der Fähigkeit ab, Konflikte in adäquater Weise aufzunehmen und auszutragen. Ich habe in den letzten Jahren von sehr vielen Menschen gehört, daß sie sich psychisch und somatisch gesünder fühlen, seitdem sie versuchen, das politische Geschehen nicht mehr scheinbar unbeeindruckt an sich vorübergehen zu lassen, sondern in einer der eigenen Person angemessenen Weise eine Beziehung dazu aufzunehmen. Sie fühlen sich weniger ausgeliefert, sie wagen es, sich selbst und ihre Überlebenswünsche der Umgebung zuzumuten. Hier sehe ich hoffnungsvolle Ansätze der wachsenden soziopsychosomatischen Widerstandsfähigkeit, die sich auf unsere allgemeine Gesundung auswirken könnten, auch wenn der Krankheitszustand schon sehr weit fortgeschritten ist.

[1] Die Tagung fand am 12. März 1988 statt. An diesem Tag jährte sich zum 50. Mal der „Anschluß" Österreichs an Hitler-Deutschland.

Literatur

Bauriedl T (1988) Das Leben riskieren. Psychoanalytische Perspektiven des politischen Widerstands. Piper, München

Uexküll J von (1902) Im Kampf um die Tierseele. Wiesbaden

Uexküll J von (1909) Umwelt und Innenwelt der Tiere. Berlin

Uexküll J von (1920) Theoretische Biologie. Berlin

Uexküll J von (1936) Streifzüge durch die Umwelten von Tieren und Menschen. Berlin

1.–4. zitiert in:

Uexküll J von (Hrsg) (1979) Lehrbuch der psychosomatischen Medizin, 2. Aufl. Urban & Schwarzenberg. München

Selbst- und Fremdbestimmung bei psychosomatischen Störungen

P. Kutter

Zusammenfassung

In der Psychodynamik psychosomatischer Störungen spielt die abgewehrte Phantasie der Bedrohung durch ein malignes Introjekt eine große Rolle. Sie ist weniger die Folge früher Sozialisationsdefizite (Grundstörung) als massiver Überstimulierung durch hochgradig aggressiv besetzte Interaktionsformen zwischen Mutter und Kind, die nach Internalisierung zu einem anhaltenden Kampf zwischen Introjekt und existentiell bedrohtem Selbst führen (Basiskonflikt). Der Körper ist daher durch das Introjekt total oder partiell in Beschlag genommen und damit fremdbestimmt. Im Laufe der Therapie psychosomatischer Störungen geht es darum, die desolate Fremdbestimmung des Körpers über eine Konsolidierung des Selbst durch eine zunehmende Selbstbestimmung zu ersetzen, bei der der Körper neben Selbst- und Objektrepräsentanz in einer eigenständigen Körperrepräsentanz repräsentiert ist (psychosomatische Triangulation). Die genannten Begriffe werden entwickelt, definiert und an einem Fallbeispiel eines Patienten mit Migräne und Herzarrhythmie illustriert. Die Rolle der Aggressivität und pathogener Objektbeziehungen wird dabei nicht übergangen.

Schlüsselbegriffe: psychosomatische Störung, Psychoanalyse, Körperrepräsentanz, Aggressivität, Fremdbestimmung, Selbstbestimmung.

Definitionen

Die Frage der Selbst- oder Fremdbestimmung bezieht sich auf die Beziehung des Menschen zu seinem Körper: Werden die Signale des Körpers wahrgenommen, z. B. wenn die Grenzen der Leistungsfähigkeit erreicht sind oder nicht? Inwieweit steht der Körper für Körperausdruck in Mimik, Gestik und Haltung zur Verfügung? Reagiert der Körper bei affektiven Zuständen angemessen, z. B. bei notwendiger Bereitstellung zu Kampf oder Flucht, bei Bedürfnissen nach Rückzug oder Regression?

Das Fremde ist uns nicht vertraut, gehört uns nicht, ist nicht frei verfügbar. Bei Marx (1844) sind es die Arbeitsmittel und Produkte, die dem Arbeiter nicht gehören, die ihm fremd sind, die er verliert, aber auch die Tätigkeit selbst, die Arbeit, die ihm entfremdet ist (entfremdete, entäußerte Arbeit), während der Eigentümer nicht nur über die Arbeitsmittel und Produkte, sondern auch über den

Söllner et al. (Hrsg.) Sozio-psycho-somatik

Arbeiter verfügt, der somit fremdbestimmt ist. Bei Freud (1930) sind die Übermacht der Natur, die Hilflosigkeit des Menschen und die Unvollkommenheit der gesellschaftlichen Institutionen die Gründe für das „Unbehagen in der Kultur". Bei Mitscherlich (1946) ist die Frage der Selbst- oder Fremdbestimmung im Hinblick auf den Körper als „Freiheit oder Unfreiheit in der Krankheit" definiert.

Auch ohne Marxist zu sein, müssen wir zugeben, daß die jeweils vorherrschenden ökonomischen, politischen und sozialen Verhältnisse die Beziehung zu unserem Körper stark beeinflussen. Insofern ist die Leistungsgesellschaft ein „pathogenes Feld" (Mitscherlich et al. 1967).

Ich möchte mich aber nicht länger mit Gesellschaftstheorie befassen, sondern auf biologische Grundtatsachen aufmerksam machen, die uns nicht immer bewußt zu sein scheinen, die Tatsache nämlich, daß wir alle im Leib der Mutter herangewachsen, von der Mutter geboren, in der Regel auch gestillt, und – mehr oder weniger von den Vätern unterstützt – aufgezogen wurden. Diese Prozesse liefen alle fremdbestimmt, besser: naturbestimmt ab, nicht selbstbestimmt. Wir waren alle körperlich und seelisch von der Mutter abhängig; eine anfangs absolute, später relative Abhängigkeit (Winnicott 1974), wenn sich das Selbst entwickelt und zunehmend über sich selbst, einschließlich des Körpers, verfügt. Die sich entwikkelnden psychischen Strukturen sind dabei „Niederschläge der aufgegebenen Objektbeziehungen" (Freud 1923); d. h. ohne Objektbeziehungen keine psychischen Strukturen.

Entwicklungspsychologische Aspekte

In der *normalen* Entwicklung geht zunächst die Mutter mit dem Körper des Kindes um, behandelt ihn liebevoll oder weniger liebevoll, entspricht den kindlichen Bedürfnissen mehr oder weniger, mit dem Kind eine Symbiose bildend. Das sich entwickelnde Selbst erlebt sich, so können wir annehmen, in Symbiose mit der Mutter. Es bildet unter Einschluß des Körpers „einen Körper für zwei" (McDougall 1987). Mit weiterer Entwicklung des Selbst kommt es zu einer Ablösung aus der Symbiose mit zunehmender Abgrenzung, Autonomie und Selbstbestimmung. Die wachsende Selbstbestimmung schließt dabei den Körper mit ein, der nunmehr zunehmend vom Selbst in Besitz genommen wird; Fremdbestimmung wird durch Selbstbestimmung ersetzt.

In *pathologischen* Entwicklungen, die zu psychosomatischen Störungen prädisponieren, kommt es nicht zu der beschriebenen Distanzierung des Selbst von der Mutter, verbunden mit zunehmender Aneignung des Körpers; die Fremdbestimmung des Körpers durch die Mutter bleibt vielmehr erhalten: zunächst auf der Ebene der realen Beziehung zwischen Mutter und Kind, später, nach Verinnerlichung, in der Beziehung zwischen einem beherrschenden „malignen" Introjekt einerseits und einem dadurch bedrohten Selbst andererseits. Dies nenne ich den *„Basiskonflikt"* (Kutter 1981). Der Körper bleibt damit im Besitz der Mutter, der damit dem Selbst vorenthalten wird und fremdbestimmt bleibt – Verhältnisse, wie wir sie besonders ausgeprägt bei der Magersucht finden, wie sie sich aber in Analysen von Patienten mit psychosomatischen Störungen immer wieder feststellen lassen.

In der Sprache der Repräsentanzenlehre kommt es häufig zu einem *„Kampf um den Körper"* zwischen einem „malignen" Introjekt, das seine Macht nicht aufgeben will, einerseits und einem erstarkenden Selbst andererseits. In diesem Kampf um den Körper kann dieser dem Introjekt geopfert werden, total wie bei der Magersucht oder partiell wie bei psychosomatischen Störungen mit Erkrankung eines Organs. Einschlägig erkrankte Patienten empfinden ihren Körper als „veräußert", „enteignet", „entfremdet". Sie wünschen, daß er ihnen „geschenkt", „zugeeignet" oder selbst verfügbar werde. Statt dessen erleben sie immer wieder, wie der Körper vom Introjekt „in Beschlag genommen" wird, wie das Introjekt in den Körper „eindringt" oder wie der Körper vom Introjekt „verachtet", zumindest „nicht beachtet" wird.

Überwiegen mangelnde Einfühlung und Zuwendung dem Körper gegenüber, dann sprechen wir mit Balint (1968) von „Grundstörung". Herrscht eine massive Überstimulierung in Form von „Inbeschlagnehmen", „Eindringen" oder gar „Mißhandeln" vor, dann scheint mir der Ausdruck „Basiskonflikt" angemessener, da es sich um einen fundamentalen, die Existenz unmittelbar bedrohenden Konflikt handelt, in dem es um Sein oder Nichtsein geht. Das Konzept vom „Basiskonflikt" steht in völligem Einklang mit der Traumatheorie, nach der es zunächst *reale* Ereignisse sind, die das Selbst überwältigen, gefolgt vom psychischen Trauma als Folge dieser Ereignisse, wenn das *Erlebnis* des Traumas nicht bewältigt werden kann (Sandler etal. 1987).

Fallbeispiel

Die körperlichen Symptome des Patienten sind Herzarrhythmien und Migräne, verbunden mit Todesangst. In Träumen erlebt er sich von mächtigen Gestalten, die ihn erschießen, erdrücken oder sonstwie umbringen wollen, existentiell bedroht. Er erlebt seinen Körper durch magische Mächte beeinflußt, seiner Verfügung total entzogen. Es besteht eine totale Abhängigkeit zum behandelnden Internisten, später zur hinzugezogenen Psychotherapeutin. Nach Überweisung zu mir kommt es zu einer massiven Verschlechterung der Symptomatik. Später verstehe ich die sich regelmäßig nach Unterbrechungen der Behandlungen einstellenden Verschlimmerungen als über die Körpersprache vermittelte Vorwürfe und Anlagen gegenüber dem Objekt, das ihn in seinem Erleben im Stich läßt, nicht für ihn da ist, nicht für ihn sorgt. Ich soll ständig für ihn dasein, ihm zu einem gesunden Körper verhelfen, ihm ein lebenswertes Leben ermöglichen. Ich bestätige ihm die Berechtigung seiner Wünsche und Bedürfnisse, zeige Interesse für seinen Körper, für sein Erleben und räume ein, daß es nicht richtig war, ihn in seiner Not im Stich zu lassen.

In der Beziehung zu mir hatten sich folgende pathogene Beziehungsmuster reaktiviert: 1) die ihn einschränkende, bedrückende, bedrohende, nicht zu sich selbst kommende zweite Frau, 2) die ihn verlassende, kranke und sterbende erste Frau, 3) die fehlende Anerkennung durch den Stiefvater, 4) die Vernachlässigung durch die depressiv erlebte Mutter, die ihn zur Großmutter „abschiebt" und 5) die gar nicht richtig zustandegekommene bzw. sehr früh abgebrochene Beziehung zum Vater, der durch einen leichtsinnig herbeigeführten Autounfall starb, als das Kind 9 Monate alt war.

Schlußfolgerungen

Wenn wir die Beziehungen *zwischen Mutter und Kind* ebenso in den Kategorien der „Selbst- oder Fremdbestimmung" betrachten wie die Interaktionen *zwischen Arzt und Patient,* ergeben sich interessante Aspekte für das Verständnis psychosomatischer Erkrankungen, die m. E. in der psychosomatischen Medizin zu wenig beachtet werden. Die ursprünglich biologisch vorgegebenen Abhängigkeiten reproduzieren sich allzuleicht durch die gesellschaftlich vermittelten Rollenschemata zwischen Arzt und Patient. Damit wird die Wahrscheinlichkeit der Wiederbelebung traumatischer Interaktionsmuster erhöht. Das bedeutet gleichermaßen eine *Gefahr,* wenn die gegebenen Machtverhältnisse perpetuiert werden, aber auch eine *Chance,* wenn sie analysiert und damit überwunden werden können. Auf seiten der Ärzte ist Respekt vor der Integrität des Patienten, vor seiner Selbstbestimmung gerade im Hinblick auf seinen Körper notwendig. In psychoanalytischen Behandlungen können darüber hinaus die Phantasien über die Fremdheit des eigenen Körpers, seine Fremdbestimmung, die Verlustgefühle und die Phantasien über die Entäußerung, Enteignung oder Aufopferung des Körpers bewußt gemacht und durchgearbeitet werden.

Literatur

Balint M (1968) The basic fault. Therapeutic aspects of regression. Tavistock, London

Freud S (1923) Das Ich und das Es. (Gesammelte Werke Bd 13, S 235–289; Imago, London, 1940)

Freud S (1930) Das Unbehagen in der Kultur. GW Bd 14, S 419–506; Imago, London, 1948

Kutter P (1981) Der Basiskonflikt in der Psychosomatose und seine therapeutischen Implikationen. Frommann-Holzboog, Stuttgart-Bad Canstatt (Jahrbuch der Psychoanalyse Bd 13, S 93–114

Marx K (1844) Zur Kritik der Nationalökonomie. Erstes Manuskript. In: Goldenberg B (Hrsg) Karl Marx, ausgewählte Schriften. München, Kindler, S 110–126

McDougall J (1987) Ein Körper für zwei. Forum der Psychoanalyse 3: 265–287

Mitscherlich A (1946) Freiheit und Unfreiheit in der Krankheit. Claassen & Goverts, Hamburg

Mitscherlich A, Brocher T, Mering O von, Horn K (1967) Der Kranke in der modernen Gesellschaft. Kiepenheuer & Witsch, Köln Berlin

Sandler J, Dreher U, Drews S et al. (1987) Psychisches Trauma. Ein psychoanalytisches Konzept im Theorie-Praxis-Zusammenhang. (Materialien aus dem Sigmund-Freud-Institut, Nr 5, Frankfurt)

Winnicott DW (1974) From dependence towards independence in the development of the self. In: Winnicott DW (Hrsg) Reifungsprozesse und fördernde Umwelt. München Kindler, München, S 106–119

Autodestruktive Erkrankungen – klinisches Spiegelbild einer autodestruktiven Kultur?

H. Willenberg

Zusammenfassung

Autodestruktive Erkrankungen (Artefakterkrankungen, artifizielle Syndrome, Magersucht) könnten allmählich für das Verständnis psychosomatischer Erkrankungen eine ähnlich paradigmatische Funktion bekommen, wie es die Hysterie um die Jahrhundertwende für die Entdeckung der Dynamik intrapsychischer Prozesse und das Verständnis psychischer Erkrankungen hatte. So wie die Hysterie seinerzeit auch Ausdruck des Zustands gesellschaftlicher Verhältnisse war, treten autodestruktive Erkrankungen gehäuft in einer Zeit auf, in der es neben rapiden gesellschaftlichen Wandlungen zu einer radikalen Umgestaltung bzw. Entstellung der vertrauten Umgebung und einer möglicherweise irreversiblen Zerstörung der Lebensgrundlagen kommt. Die Tabuierung der Sexualität und ihre kulturprägende Bedeutung wird der späteren Tabuierung des Todes und deren Folgen gegenübergestellt. Die autodestruktiven Erkrankungen werden als Wiederkehr des auch kollektiv Verdrängten im Symptom und damit als Spiegelbild einer sich selbst destruierenden Kultur diskutiert.

Schlüsselbegriffe: Psychosomatik, Autodestruktivität, autodestruktive Kultur, Artefaktpatienten, Anorexia nervosa.

Unter autodestruktiven Erkrankungen sollen hier solche pathologischen Erscheinungen verstanden werden, bei denen durch Aktionen des Patienten körperliche Erkrankungen oder Verletzungen hervorgerufen werden oder bei denen durch das Vortäuschen körperlicher Erkrankungen und Verletzungen ärztliche Eingriffe provoziert werden, die wiederum reale Schäden setzen. Neben diesen als Artefakterkrankung, artifizielle Syndrome, „polysurgical addiction" oder Münchhausen-Syndrom bekannten Erscheinungen gehören hierzu auch die Eßstörungen aus dem Formenkreis der Magersucht. Auch sie sind – wenigstens hinsichtlich ihrer körperlichen Manifestationen – artifizielle, also selbstgemachte Krankheiten.

Jede Kultur hat ihre eigenen Formen, das Unbehagen in ihr und das Leiden an ihren inneren Widersprüchen auszudrücken. Selvini-Palazzoli schreibt:

> It is evident to those who use a systemic model that the culture in which a symptom develops has a determining effect upon the symptom itself (1985, S. 204).

Söllner et al. (Hrsg.) Sozio-psycho-somatik

Nach Cassidy (1982) und Ritenbaugh (1982) kann von einem „culture bound syndrome" gesprochen werden, wenn eine Störung oder Krankheit entweder

- grundlegende kulturelle Auffassungen oder Verhaltensnormen symbolisiert oder wenn sie weder
- diagnostiziert,
- verstanden oder
- unabhängig vom kulturellen Kontext behandelt werden kann.

Als typisches Beispiel eines „Culture-bound-Syndroms" kann, so Swartz (1985, S. 207), die Anorexia nervosa angesehen werden.

Erscheinungen, die dem heutigen klinischen Bild der Anorexia nervosa entsprechen, werden seit mehr als 300 Jahren beschrieben. Größeres wissenschaftliches Interesse wird diesem Syndrom aber erst aufgrund seines bisher ungekannt häufigen Auftretens in der Blüte der Wirtschaftswunderjahre geschenkt.

Zur Zeit des noch recht bescheidenen Beginns des „Wirtschaftswunders", nämlich 1951, fand das sog. Münchhausen-Syndrom eine erste nachhaltig beachtete Erwähnung (Asher 1951).

Der Zusammenhang von psychogenen Eßstörungen und der „Überflußgesellschaft" wird auch von Selvini-Palazzoli hervorgehoben:

> ... the anorexic skeleton is the living image of an unfortunate encounter between economic well-being and relational malaise (1985, S. 204).

Der materielle Überfluß ist zugleich Auswirkung und Hintergrund einer sicher nicht neuen Einstellung zum Leben und zur Natur, die sich jedoch erst nach dem Krieg in bisher ungeahnten wissenschaftlichen und ökonomischen Errungenschaften und sozialen Umwälzungen manifestierte.

Was zunächst als die Erfüllung uralter Menschheitsträume und die Bestätigung des Positivismus und des Fortschrittsglaubens erschien, wird nun, bis vor kurzem weitgehend unbemerkt, zu einem Fortschritt in die Regression. Durch den Einfluß des Menschen, den Freud (1930) als eine „Art Prothesen-Gott" bezeichnete, wurde innerhalb eines Menschenalters das massenhafte und sich weiter beschleunigende Aussterben von Arten in Flora und Fauna besorgt, die Ergebnis einer Jahrmillionen dauernden Evolution waren. Zur Sicherung der Befriedigung kurzfristiger, oft künstlich geschaffener Bedürfnisse werden Lebensgrundlagen zerstört und unter dem euphemistischen Etikett der „Entsorgung" Zeitbomben gelegt, die noch in Jahrtausenden evtl. verbliebene Reste von Leben zu vernichten drohen. Zudem wird ganz unabhängig vom jeweiligen ökonomischen und ideologischen System der vielfache „overkill" als Garant von Sicherheit und Freiheit verkauft.

Sollte diese Bedrohung überhaupt, und wenn, dann mit gehöriger Verspätung, an höchster Stelle realisiert werden, wird existentielle Besorgtheit mit selbstsicherer, siegesgewisser, einerseits realitätsverleugnender, andererseits versehentlich realistischer Attitüde weggewischt:

> Mit der Umwelt werden wir auch noch fertig (H. Kohl, Bundeskanzler).

Auch dies bringt wieder Freud in Erinnerung, der in „Das Unbehagen in der Kultur“ eine besondere Bedeutung dem Fall zumaß,

> ... daß eine größere Anzahl von Menschen gemeinsam den Versuch unternimmt, sich Glücksversicherung und Lebensschutz durch wahnhafte Umbildungen der Wirklichkeit zu schaffen (1930, S. 213).

Ohne wahnhafte Umbildung der Wirklichkeit und die Verleugnung, daß jeder einzelne handelndes Glied einer sich selbst und ihre Grundlagen zerstörenden Kultur ist, wäre es auch sehr schwer, die Segnungen der letzten fetten Jahre in Ruhe zu genießen. Was Stanislaw Lem (1977) in seinem Science-fiction-Roman *Der futurologische Kongreß* beschrieb, ist innerhalb von 15 Jahren der Wirklichkeit deutlich näher gekommen.

Daß die Rede von der „autodestruktiven Kultur“ keine modische Formel einer sich in apokalyptischen Parolen gefallenden Minderheit ist, mag durch das unterstrichen werden, was Mergen bereits 1975 unter kriminologischem Aspekt über die Umweltvergiftung schrieb:

> Im Gift lebt man sterbend; der Tod paßt sich lautlos an. Lautloses Sterben, ohne spektakuläres Blutvergießen, ohne Erregungen von Gemüt oder Phantasie, Sterben, das, um an ein Ende zu kommen, andauern muß, Sterben, das zum Leben sich gesellt hat und das lebensnotwendig hingenommen wird – solches Sterben ist akzeptierter Selbstmord durch fremde Hand. Opfer ist der Mörder, und Mörder ist das Opfer ...
>
> Menschen sitzen über sich selbst zu Gericht. Alle über alle. Sie sind zugleich Richter und Gerichtete. Zum Todesurteil gibt es keine Alternative ... Jeder ist sein eigener Henker. Und alles erfolgt lautlos, allmählich und sicher, mit der Zeit als regelndem Schiedsrichter. Kein Selbstmord, keine gewaltsame Tötung, aber eine sachte, einlullende Hinüberführung in die Stille des Nichts hat der Mensch für sich, für seine eigene Zerstörung ausgedacht. In diesen Plan mochte er die Gewalt nicht einbauen. Was Kriege nur bedingt vermochten, wird in absehbarer Zeit der umweltvergiftete Frieden perfekter vollbringen (S. 69).

Die Tabuierung der Sterblichkeit

Nicht nur die Folgen des „Fortschritts“, sondern der ihn tragende Fortschrittsglaube beruht, so meine ich, auf einer Tabuierung der Endlichkeit und Begrenztheit des Menschen, letztlich auf der Tabuierung des Todes.

Auch der inzwischen schon wieder abebbende Jugendkult könnte ebenso in diesem Zusammenhang gesehen werden wie der Euphemismus, statt von alten Menschen von Senioren zu sprechen.

Daß an die Stelle des „Trau keinem über 30“, nun die Parole „Endlich über 40“ getreten ist und das Selbstbewußtsein der Frührentner in Werbung und Seifenopern hofiert wird, liegt sicher auch an demographischen Verschiebungen und der – im Vergleich zu den um ihre Arbeitsplätze bangenden Jungen, – relativ gewachsenen Kaufkraft der älteren Bevölkerung. Andererseits wird auch der nahende Tod möglichst ausgeklammert und suggeriert, daß es „mit 66 Jahren erst richtig losgeht“, wie ein österreichischer Musikprofessor formulierte.

Obwohl trotz enormer Forschungsanstrengungen im Kampf gegen den Krebs keine berauschenden Erfolge zu verzeichnen sind und bisher wenig bekannte

Erkrankungen, wie z. B. der M. Crohn, sich epidemisch ausbreiten und darüber hinaus bislang völlig unbekannte, unheilbare Krankheiten hinzukommen, wird in Gremien der WHO ernsthaft über das Thema „Gesundheit im Jahre 2000“ beraten und beschlossen, welchen Krankheiten in welcher Reihenfolge noch endgültig der Garaus bereitet werden muß.

Neben der öffentlich verlautbarten Hybris zeigt sich die Verdrängung des Todes im Stillen.

> Eine Gesellschaft ..., die auf Leistung erpicht ist, kann sich durch Gedanken an den Tod, geschweige denn durch den Tod selbst nicht stören lassen ... Der Mensch in der Leistungsgesellschaft stirbt nicht, er scheidet aus (Härtling 1976).

Auch die Wissenschaft, die angetreten war, krankmachende Tabus aufzudecken – die Psychoanalyse –, blieb nach dem Kriege vom Zeitgeist nicht unberührt. Es wirkte bis vor kurzem in Psychoanalytikerkreisen noch sehr anstößig, sich überhaupt mit dem theoretisch zugegebenermaßen problematischen Todestriebkonzept Freuds überhaupt auseinanderzusetzen (vgl. Willenberg 1986).

Im klinischen Bereich ist es bemerkenswert, daß selbst Patienten, die ihre autodestruktiven Manipulationen nur unvollkommen tarnen, bei Ärzten und Pflegepersonal lange keinerlei Argwohn wecken. Manchmal weigern sich Ärzte – auch wider besseres Wissen–, überhaupt die Möglichkeit anzuerkennen, daß es Menschen gibt, zumal solche, die sonst völlig unauffällig wirken, die der allgemeinen Grundüberzeugung, daß jeder Mensch leben und gesund werden will, zuwiderhandeln (vgl. auch Lyell 1972).

Um so größer ist das ungläubige Erstaunen und die Verärgerung, wenn der autodestruktive Hintergrund einer Erkrankung schließlich unabweisbar wird. Der Arzt fühlt sich in seinen Grundüberzeugungen erschüttert und empfindet eine unerträgliche Machtlosigkeit.

Der sich selbst krankmachende und beschädigende Patient stellt in der auf den Kampf gegen Krankheit und Tod eingestellten Klinik ein ebenso großes Skandalon dar wie die zum Skelett abgemagerte Anorektikerin bei einem Festbankett.

Beide rufen heftige Reaktionen dadurch hervor, daß sie das selbst herbeiführen, was sonst Gegenstand der elementaren Befürchtungen der Menschheit ist, nämlich Hunger, Krankheit und gewaltsame Verletzung der leiblichen Integrität.

Es stehen sich zwei radikal verschiedene Wertsysteme gegenüber; eine weitere Verständigung und die Aufrechterhaltung der Arzt-Patient-Beziehung scheinen nicht mehr möglich.

Im Zusammenhang mit der Sucht meint Passet (1983), daß die Therapie so schwierig sei,

> ... weil sich der Therapeut mit der Un-Logik der Gesellschaft gegen die Logik des „Kranken“ verbinden muß. Im Grunde muß hier das Über-Ich gegen das Ich mobilisiert werden (S. 182).

Im Umgang mit Süchtigen bemerkt wohl fast jeder gelegentlich zumindest den Impuls, mit sonst nicht üblicher Strenge, erhobener Stimme und dem Brustton der Überzeugung, gegenüber dem Patienten die eigene moralische Überlegenheit zur Geltung bringen zu wollen. Der andere, der Süchtige, hilft einem, die eigene

Welt wieder in Ordnung zu bringen, weil er die Projektion eigener Verwahrlosung und deren Bekämpfung ermöglicht.

Auch der Umgang mit Suizidalen scheint das ärztliche Selbstverständnis weniger zu erschüttern, als dies durch die Magersüchtigen und Artefaktpatienten geschieht. Man kann die Suizidhandlung als Verzweiflungstat verstehen, von der sich der Patient, falls er überlebt hat, wieder distanziert. Der Hintergrund kann auch in einer Psychose liegen, die dann entsprechend zu behandeln ist. Ferner mag auch die mögliche Anwendung kodifizierter Zwangsmaßnahmen die eigene Distanzierung von der Konfrontation mit dem Tod, zumal dem erwünschten, erleichtern.

Diese emotionale Distanzierung scheint im Umgang mit Magersüchtigen und Artefaktpatienten oft nicht zu gelingen. Sie führen dem Arzt wohl zu deutlich die eigene Machtlosigkeit vor Augen. Konnte er sich mit seinem Wissen, seiner Kunstfertigkeit und seinen technischen Möglichkeiten, also solange er seine „Hilfsorgane angelegt hatte ... noch recht großartig fühlen" (Freud 1930, S. 222), so hat er es nun völlig unvorbereitet mit dem „human factor" zu tun und muß die Erfahrung machen, daß die Menschen gar nicht so gesund werden wollen, wie sie vorgeben (Menninger 1978). Ein Zugang wird erst möglich, wenn der Therapeut bereit und in der Lage ist, sich mit der „Logik des Kranken" zu verbünden, was nicht zwangsläufig mit einer Verbündung gegen die Unlogik der Gesellschaft (Passet 1985) gleichbedeutend zu sein braucht.

Es muß jedoch an einem Tabu gerührt werden; und das ist nicht nur eines der „Gesellschaft", sondern vermutlich ein im Untersucher selbst liegendes Problem.

Zur Problematik des Zusammenhanges zwischen kultureller Situation und individuellem Kranksein

Derartige Untersuchungen, besonders wenn sie von weltanschaulichem Elan getrieben sind, laufen Gefahr, zu plakativen Deklamationen zu werden, ohne daß grobe Denkfehler oder unkorrekte Begrifflichkeiten überhaupt bemerkt werden.

Dieser Gefahr ist Susie Orbach in ihrem 1986 erschienenen Buch mit dem programmatischen Titel *Hunger-strike: The anorectic's struggle as a metaphor for our age* erlegen. Orbach postuliert die Anorexie als Metapher unserer Zeit und stilisiert die Krankheit nicht nur zur Ausdrucksform der Gesellschaft, sondern die Gesellschaft zur Ursache der Krankheit, diese wiederum zum heroischen Kampf gegen die Gesellschaft. DiNicola (1988) weist in seiner Kritik an Orbach nach, daß sie Eigenschaften der Krankheit (the sign) nimmt, um die (von ihr unter ihren eigenen sozialkritischen Prämissen so gesehene) soziale Situation der Frau (the signified) zu beschreiben. Hieraus ergibt sich, so DiNicola, daß Metapher gleichbedeutend mit Realität wird.

Als problematisch erscheint es mir auch, wenn eine hochkomplexe psychopathologische, physiologische und soziale Erscheinung wie die Sucht als Beleg für eine ideologisch voreingenommene Weltsicht genommen wird. So hält Passet (1983) die Sucht in unserer Gesellschaftsordnung für so normal,

... weil sie eine der notwendigen inneren Bedingungen darstellt, unter denen allein es möglich ist, die Individuen unter der Fuchtel der kapitalistischen Produktionsverhältnisse geknebelt zu halten (S. 183).

Die Frage, warum Sucht auch in kommunistischen Ländern ein immenses Problem darstellt, bleibt ebenso unbeantwortet wie feministische Autorinnen die Erklärung der Tatsache schuldig bleiben, daß in den patriarchalischen islamischen Gesellschaften die Anorexie unbekannt zu sein scheint, während sie in den westlichen Nachkriegsgesellschaften, die sich nach Mitscherlich (1963) „auf dem Weg zur vaterlosen Gesellschaft" befanden, häufiger auftrat. Dies wird jedoch ausgeklammert, da nach dem feministischen Dogma feststeht, daß die Anorexie mit patriarchalisch-gesellschaftlichen Strukturzusammenhängen „zumindest in einem dialektischen Verhältnis steht" (Gast 1984).

Der angedeuteten Risiken eingedenk, möchte ich versuchen, meine eigenen Überlegungen zum gesetzten Thema zusammenfassend darzulegen:

Autodestruktive Kultur und autodestruktive Krankheit werden als unterschiedlich umfassende Erscheinungen nebeneinander gestellt. Demnach stehe autodestruktive Kultur für eine Massenerscheinung. Autodestruktive Erkrankung soll bedeuten: das in ähnlicher Weise sich zeigende Kranksein einer relativ kleinen Zahl einzelner Menschen. Demnach geht es um Kranksein der Gruppe als solcher und um Kranksein des einzelnen.

Autodestruktion beim einzelnen und Autodestruktion in Gruppen, Gesellschaften und Kulturen, haben eine gemeinsame Wurzel in einer Ungleichgewichtigkeit polarer triebhafter Strömungen, zwischen Selbsterhaltung und Selbstdestruktion bzw. zwischen Selbsterhaltung und Arterhaltung, die auf Dauer ohne Zerstörung der Individuen nicht möglich ist.

Krankheit manifestiert sich im Individuum; Kranksein kann Gruppen erfassen, deren Glieder ohne den Verbund der Gruppe ohne Störung wären.

Kranksein einer Gruppe kann sich z. B. als kollektive, autoplastische Selbstzerstörung äußern, es kann sich aber auch zerstörend auf die soziale Umgebung auswirken, wobei sich die Mitglieder der destruktiven Gruppe größten Wohlbefindens erfreuen.

Für die Sozietäten unserer Kultur scheint insgesamt zu gelten, daß sie bei großenteils erhaltenem Wohlgefühl im allumfassendsten Sinne alloplastisch wirken, indem sie zugunsten der unmittelbaren Selbsterhaltung die Erhaltung der eigenen sowie aller anderen Arten durch Vernichtung der gemeinsamen Lebensgrundlagen gefährden.

Jeder einzelne Mensch ist an der kollektiven Selbstzerstörung beteiligt, als Opfer und als Täter. Nicht erkennbar ist, daß klinisch auffallende, in einem individuellen pathologischen Sinne autodestruktiv agierende Personen in besonderer Weise Opfer der kollektiven Autodestruktion sind (quasi als deren individuelle Manifestation) oder daß sie in besonders prägnanter Weise an der kollektiven Selbstzerstörung mitbeteiligt sind.

Andererseits sprechen die bisherigen Forschungsergebnisse dafür, daß autodestruktiv agierende Patienten an ihrer sozialen Umwelt gelitten haben und hiervon in besonderer Weise geprägt wurden. Nicht erkennbar ist jedoch ein spezifischer

Zusammenhang. Sicherlich richten artifizielle Erkrankungen sozial schweren Schaden an, der jedoch, gemessen am Ausmaß der sonstigen sozialen Kosten und erst recht am Ausmaß der Folgen des kollektiven destruierenden Verhaltens völlig zu vernachlässigen ist.

Nicht alle Menschen leiden an sich und ihrer Umgebung, nicht alle werden Künstler oder Verbrecher, nicht alle werden krank, die allerwenigsten werden magersüchtig oder fügen sich im geheimen Verletzungen zu oder führen manipulativ Krankheiten herbei. Neben der individuellen biologischen Disposition bedarf es noch spezieller interaktioneller Muster, die derartige Verhaltensweisen begünstigen.

Das Risiko, sich derart ausdrücken zu müssen, scheint bei denen größer zu sein, deren früheste Erfahrungen mit Unerwünschtheit, Unsicherheit, Mißhandlungen und Mißbrauch zu tun hatten und die dadurch eine frühe Ahnung vom Tode bekamen.

Derartige ungünstige frühe Einflüsse sind heute nicht zahlreicher als je zuvor, es wird ihnen nur mehr Aufmerksamkeit gewidmet; vielleicht weil sie nicht in das schöngefärbte, aufgeklärte, humanistische, moderne Weltbild passen möchten. Erlebte Todeserfahrung (im Gegensatz zu der imaginierten auf dem Bildschirm) stößt in der übrigen Gesellschaft an ein Tabu.

So wie erfolgreiche Modeschöpfer, Geschäftsleute, Forscher, Künstler und Verbrecher von Marktlücken Gebrauch machen, scheint es auch bei der Ausdruckpalette der menschlichen Not zu sein, von denen autodestruktive Erkrankungen lediglich ein kleines Segment darstellen.

Die „Marktlücke“ scheint u. a. von der kulturellen Stimmung (Tabuierung des Endlichen, Hybris des naturwissenschaftlichen Denkens) und den materiellen Möglichkeiten, z. B. alimentärer Überfluß, ein hochentwickeltes Gesundheits- und Versicherungswesen) bestimmt zu werden.

So mag es auch die quälende Überzeugung, im Körper des falschen Geschlechts zu sein, zu allen Zeiten und in allen Kulturen gegeben haben. Der Versuch, durch Selbstverletzungen eine geschlechtsumwandelnde Operation zu erzwingen, ist aber nur dort denkbar, wo dies überhaupt technisch möglich und bezahlbar ist. Ebenso ist Hyperphagie mit willkürlichem Erbrechen dort undenkbar, wo der Erwerb des Nahrungsminimums die Arbeitszeit des ganzen Tages erfordert. Ohne flächendekkende medizinische Versorgung und den Anspruch auf medizinische Behandlung kann es kein „Münchhausen-Syndrom“ geben.

Ergebnis

Autodestruktive Erkrankungen können als Spiegelbild gesellschaftlicher Verhältnisse verstanden werden. Eine ihren Lebensgrundlagen entfremdete Kultur, die an dem Ast sägt, auf dem sie sitzt, scheint es zu begünstigen, daß gerade die Menschen, die weder dem Ast noch der Säge besonderes Vertrauen entgegenbringen und das Tabu der Endlichkeit und Sterblichkeit nicht mittragen, Symptome entwickeln, die auf individueller Ebene eine gewisse phänomenologische Ähnlichkeit mit den destruktiven Erscheinungen auf kollektiver Ebene zeigen.

Das Spiegelbild ist eine Karikatur kollektiver Widersprüche, auch insofern, als die eigentlich destruierende Handlung als solche unerkannt und im Verborgenen geschieht, wenn der Patient sich womöglich nach außen hin lebenszugewandt und an die äußere Umgebung angepaßt zeigt.

Was ist zu tun?

Ich glaube, daß Albert Camus (Ausg. 1966) recht hat, wenn er sein Buch *„Der Mythos von Sisyphus"* mit dem Satz beginnt:

Es gibt nur ein wirklich ernstes philosophisches Problem: Den Selbstmord. Die Entscheidung, ob das Leben sich lohne oder nicht, beantwortet die Grundfrage der Philosophie (S. 9).

Es ist auch die gleiche Frage, die ich sehr schnell in dem ersten Kontakt mit autodestruktiv agierenden Patienten zur Sprache bringe. Die allermeisten scheinen hierüber sehr erleichtert zu sein, vielleicht weil ich, je mehr ich von dem jeweiligen Patienten weiß, um so weniger eine Antwort habe, mir es jedenfalls nicht von vornherein klar ist, ob das Leben sich tatsächlich für ihn lohne.

Sollte es überhaupt noch möglich sein, die kollektive Katastrophe wenigstens merklich zu verlangsamen, so ist der Weg hierfür gewiesen:

Si vis vitam para mortem (Freud 1915, S. 60).

Literatur

Asher R (1951) Münchhausen's syndrome. Lancet I:339–341

Camus A (Ausg 1966, 1842) Der Mythos von Sisyphus – Ein Versuch über das Absurde, Rowohlt, Hamburg

Cassidy CM (1982) Protein-energy malnutrition as a culture-bound-syndrome. Cult Med Psychiatry 6:325–345

DiNicola VF (1988) Review of S. Orbach: „Hunger-strike: The anorectic's struggle as a metapher for our age". Transcult Psych Res Rev 25/1:1–10

Freud S (1915) Zeitgemäßes über Krieg und Tod (Studienausgabe Bd IX, S 33–60; Fischer, Frankfurt/Main, 1969–1975)

Freud S (1930) Das Unbehagen in der Kultur. Studienausgabe Bd IX, S 193–270

Gast L (1984) Der Gang durch den Spiegel – Zur Dialektik der individuellen Magersuchtsentwicklung und patriarchal. gesellschaftlicher Strukturzusammenhänge. Centaurus, Pfaffenweiler

Härtling P (1976) Vorwort in: Baum S: Der verborgene Tod – Auskünfte über ein Tabu. Fischer, Frankfurt am Main, S 10

Lem S (1977, 1972) Der futurologische Kongreß. Suhrkamp, Frankfurt am Main

Lyell K (1972) Dermatitis artefacta and self-inflicted disease. Scot Med J 17:187–196

Menninger K (1978, 1938) Selbstzerstörung – Psychoanalyse des Selbstmords. Suhrkamp, Frankfurt am Main

Mergen A (1975) Verunsicherte Kriminologie. Kriminalistik-Verlag, Hamburg (Kriminologische Schriftenreihe Bd 59)

Mitscherlich A (1963) Auf dem Weg zur vaterlosen Gesellschaft – Ideen zur Sozial-Psychologie. Piper, München

Orbach S (1986) Hunger-strike: The anorectic's struggle as a metapher for our age. Norton, New York

Passet P (1983) Gedanken zur Narzißmuskritik: Die Gefahr, das Kind mit dem Bade auszuschütten. In: Psychoanalytisches Seminar Zürich (Hrsg) Die neuen Narzißmustheorien: zurück ins Paradies. Syndikat, Frankfurt am Main, S 165–194

Ritenbaugh C (1982) Obesity as a culture-bound syndrome. Cult Med Psychiatry 6:347–361

Selvini-Palazzoli M (1985) Anorexia nervosa: A syndrome of the affluent society. Transcult Psych Res Rev 22/3:199–214
Swartz L (1985) Anorexia nervosa as a culture bound syndrome. Transcult Psych Res Rev 22/3:205–207 (Abstract)
Willenberg H (1986) Die Polarität von Selbsterhaltung und Selbstdestruktion – Das Symptom des willkürlichen Erbrechens unter dem Aspekt des Todestriebes. Forum Psychoanal 2:28–43

Häufigkeit der Anorexia nervosa und Bulimia nervosa

G. Rathner

Zusammenfassung

Ist die Zunahme von Eßstörungen ein Mythos, oder nehmen sie tatsächlich zu? Bisher vorliegende Fallregister- und Feldstudien über Anorexia nervosa deuten eher auf eine Zunahme der Prävalenz und Inzidenz hin, wobei sich dieser Trend in den letzten Jahren abschwächt. Epidemiologische Studien über Bulimia nervosa sind noch selten und führen aufgrund methodologischer Mängel zu überhöhten Prävalenzraten.

Nach einem Überblick über die vorliegenden Studien werden einige Ergebnisse einer eigenen epidemiologischen Feldstudie berichtet. Es wurden 517 Schülerinnen im Alter von 11–20 Jahren mit einem dreistufigen Design untersucht: Screeningstufe, Interviewstufe und eine Fallregisterstufe, d. h. die Untersuchung von Krankenhausarchiven zur Kontrolle der beiden vorhergehenden Stufen. Die Diagnose wurde gemäß DSM-III-R erstellt. Bei der jüngeren Altersgruppe der 11- bis 14,9jährigen Schülerinnen wurden keine Eßstörungen gefunden; bei den 15- bis 20jährigen Schülerinnen ergab sich eine Prävalenz von 1,3% Anorexia nervosa, 0% Bulimia nervosa, 1,3% subklinischer Anorexia und 0,87% subklinischer Bulimia nervosa. Diese Ergebnisse sprechen, insbesondere im Literaturvergleich, für eine Zunahme der Prävalenz der Anorexia nervosa, möglicherweise bedingt durch eine stärkere Diffusion in untere soziale Schichten und in den ländlichen Bereich, und für ein sehr seltenes Auftreten der Bulimia nervosa (im klinischen Vollbild) in der untersuchten Altersgruppe.

Schlüsselbegriffe: Anorexia nervosa, Bulimia nervosa, Epidemiologie, soziokulturelle Faktoren, Schlankheitsideal, Diätverhalten.

Einleitung

In den letzten 3 Jahrzehnten wird eine sprunghafte Zunahme der Behandlungen von eßgestörten Frauen berichtet. Während in den 70er Jahren die Anorexia nervosa im Vordergrund stand, wird in den 80er Jahren von einer zunehmenden Häufigkeit der Bulimia nervosa gesprochen. Das vermehrte Auftreten von Eßstörungen und das große Interesse, das sie in der Wissenschaft hervorrufen, werden mit ähnlichen Tendenzen in der Hysterie und der Hysterieforschung gegen Ende des vorigen Jahrhunderts verglichen (Shorter 1987).

Söllner et al. (Hrsg.) Sozio-psycho-somatik

Auch in unserer Klinik wurden in den letzten Jahren zunehmend mehr Patientinnen mit Anorexia nervosa aufgenommen, während aufgrund des von uns behandelten Altersbereichs (bis zum Alter von 18 Jahren) die Bulimia nervosa eher selten ist (Rathner 1985). Steigende Aufnahmezahlen können aber, da sie nur die behandelte Prävalenz widerspiegeln, ein epidemiologisches Artefakt darstellen, z. B. ein leichteres Krankheitsbild, ein adäquateres Patientenverhalten (diese gehen früher zum Arzt), eine Selektion durch eine Institution aufgrund ihrer Behandlungsinteressen oder eine gesteigerte Aufmerksamkeit für diese Erkrankungen (d. h. also eine wissenschaftliche Mode).

Nehmen Eßstörungen also tatsächlich zu oder ist die Zunahme ein Mythos (Andersen 1988, Williams u. King 1987)? Zur Beantwortung dieser Frage kennt die Epidemiologie Fallregisterstudien und Feldstudien.

Bei *Fallregisterstudien* werden retrospektiv die Archive von Kliniken einer bestimmten Region auf Patientinnen untersucht. Die Erkrankungshäufigkeit der Anorexia nervosa ist – bezogen auf die gesamte Bevölkerung – sehr niedrig. Wenn man aber die Häufigkeit für die weibliche Risikopopulation berechnet, zeigt sich in allen Studien (s. Tabelle 1) ein deutliches Ansteigen der Häufigkeit, besonders in der Züricher Studie (bei 15- bis 24jährigen Frauen Inzidenz 1973–1975 1:6000). Nur die Studie von Lucas et al. (1988) ergab *keinen Anstieg* der Inzidenz der Anorexia nervosa in Rochester/USA von 1935 bis 1979. In ihrer neuesten Studie fanden Willi et al. (to be published), daß in den letzten 10 Jahren im Gegensatz zu den beiden vorherigen Dekaden keine Zunahme der Anorexie mehr erfolgte. Die erste uns bekannte populationsgestützte Fallregisterstudie über Bulimie (DSM III) in Schweden (Cullberg u. Engström-Lindberg 1988) ergab, daß die Inzidenz der Bulimia nervosa um die Hälfte höher ist als die der Anorexia nervosa.

Fallregisterstudien haben aber verschiedene Mängel:

- Gerade bei der Anorexia nervosa besteht ein Mangel an Krankheitseinsicht und eine starke Krankheitsverleugnung, die zu einem Widerstand gegen eine Behandlung führt, so daß die ermittelten Zahlen eine Unterschätzung der wahren Häufigkeit darstellen; nicht jeder Fall wird einem Arzt oder Therapeuten vorgestellt (Theander 1970).
- Erst in den letzten Jahren wurden mit den DSM-III-Diagnosekriterien (American Psychiatric Association 1984) für die Anorexia nervosa und mit den DSM-III-R-Diagnosekriterien (American Psychiatric Association 1984) für die Bulimia nervosa die Basis für eine internationale Übereinkunft über die Diagnosekriterien gelegt.
- Teilweise werden nur die psychiatrischen Patienten, nicht aber die Aufnahmen von internen, gynäkologischen oder pädiatrischen Kliniken einbezogen, die z. B. in einer Studie 80% betragen (Willi u. Grossmann 1983). Das führt wiederum zu einer Erhöhung der Dunkelziffer.
- Retrospektive Fallregisterstudien haben einen prinzipiellen wunden Punkt: Die Kriterien des betreffenden Arztes für die Diagnosestellung sind dem Untersucher meist nicht bekannt. Diagnosen, Etiketten und wissenschaftliche Moden ändern sich bekanntlich. Diesem Faktum muß auch die ausgezeichnete Untersuchung

Autor	Region	Zeitraum	Methode	Inzidenz pro 100000 Einwohner	Inzidenz in der weiblichen Risikopopulation pro 100000
Theander 1970	Schweden	1930–1960	alle stationären Aufnahmen	0,24 (1931–60) 0,45 (1951–60)	—
Kendell et al. 1973	Schottland	1966–1969	psychiatrisches Register (ambulant und stationär)	1,6	10,8 (15–34 Jahre)
	Monroe County/USA	1960–1969		0,37	0,8 (15–34 Jahre)
	Camberwell/Großbritannien	1965–1971		0,66	4,1 (15–34 Jahre)
Jones et al. 1980	Monroe County/USA	1960–1969	psychiatrisches Register (ambulant und stationär) und Allgemeines Krankenhaus (nur stationär)	0,35	0,55 (15–24 Jahre)
		1970–1976		0,64	3,26
Willi u. Grossmann 1983 Willi et al. 1989	Kanton Zürich/Schweiz	1956–1958	alle stationären Aufnahmen	0,38	3,98 (12–25 Jahre)
		1963–1965		0,55	6,79 (12–25 Jahre)
		1973–1975		1,12	16,76 (12–25 Jahre)
		1983–1985		1,43	16,40 (12–25 Jahre)
Hoek u. Brook 1985	Groningen/Niederlande	1974–1982	psychiatrisches Register (ambulant und stationär)	5,0	37,1 (15–24 Jahre)
Leighton u. Millar 1985	Glasgow/Schottland	1979–1983	psychiatrisches Register (ambulant und stationär)	0,8[a] (1979) 4,0[a] (1983)	—
Szmukler et al. 1986	Aberdeen/Schottland	1978–1982	psychiatrisches Register (ambulant und stationär)	4,06	30,0 (16–25 Jahre)
			inklusive Allgemeines Krankenhaus (nur stationär)	4,68	—
Lukas et al. 1988	Rochester/USA	1935–1979	Archive Mayo-Klinik	8,2	13,5 (10–65 Jahre) 56,7 (15–19 Jahre)
Cullberg u. Engström-Lindberg 1988	Schweden	1984–1985	Register der öffentlichen Gesundheitsversorgung und Sozialdienste	2,6 AN 3,9 Bulimie	43,0 (16–24 Jahre) 64,5 (16–24 Jahre)

Tabelle 2. Studien zur wahren Prävalenz der Anorexia nervosa (AN)/Bulimia nervosa (BN) (Screening *und* persönliche Untersuchung der Risikofälle)

Autor	Stichprobe				Diagnosekriterien	Prävalenz
	Land	n	Alter (Jahre)	Beruf		
Crisp et al. 1976	GB	mehrere 1000	11–21	Schülerinnen	Crisp	1,0% AN Privatschulen (16–18 Jahre) 0,2% AN staatliche Schulen (16–18 Jahre) 0,4% AN insgesamt 16–18 Jahre)
Nylander 1971	Schweden	1241	14–19	Schülerinnen	—	0,7% AN 8,6% anorektische Symptome
Schleimer 1983	Schweden	111	24–29	Studentinnen/ Berufstätig	Crisp/Russel	1,2% AN 3,8% anorektisches Verhalten
Morgan u. Sylvester 1974[a]	GB	728	18	Studentinnen	—	2,1% AN
Button u. Whitehouse 1981, Whitehouse u. Button 1988	GB	446	16–23	Studentinnen	DSM-III	0,2% AN (1-Jahr-Prävalenz) 1,6% Bulimia 1,1% Atypische Eßstörung
Azuma u. Henmi 1982	Japan	6767	ca. 12–25	Schülerinnen/ Studenten	mod. Feighner	0,2% AN städtische High-School (Inzidenz) 0,09% AN Universität (Inzidenz)
Suematsu et al. 1985	Japan	—	14–19	Schülerinnen	mod. Feighner	0,05% AN ländliche High-School
Fichter et al. 1983	BRD Griechenland Türkei	4030	13–19	Schülerinnen	mod. Feighner	1,1% AN Griechinnen in der BRD 0,4% AN Griechinnen in Griechenland
Szmukler 1983	GB	1551	14–18	Schülerinnen	—	0,83% AN 4,0% partielles AN-Syndrom

Clarke u. Palmer 1983	GB	156	19	Studentinnen	Feighner	0 % 3,2%	AN Eßstörungen von klinischer Bedeutung
Mann et al. 1983	GB	262	15	Schülerinnen	—	0 % 4,0%	AN Teilsyndrom AN
Carter u. Moss 1984	USA	162	18–39	Studentinnen	DSM-III	1,2% 2,5%	AN Bulimia
Schotte u. Stunkard 1987	USA	1965	21,8±4,5	Studentinnen/ Studenten	DSM-III/DSM-III-R	1,3% 0,7% 0,1%	Bulimia (DSM-III) BN (DSM-III-R) BN (DSM-III-R) bei Männern
Johnson-Sabine et al. 1988	GB	1010	14–16	Schülerinnen (staatliche Schulen)	—	0,99% 1,78%	BN partial syndrome AN

[a] Zitiert nach Hill (1977).

von Lucas etal. (1988) anhand der Mayo-Archive Rechnung tragen, indem sie die Unterscheidung in „unzweifelhafte", „wahrscheinliche" und „mögliche" Anorexia nervosa einführt.

Um Aussagen über die *wahre Inzidenz und Prävalenz in der Allgemeinpopulation* zu machen, sind *Feldstudien* nötig.

Üblicherweise ist das *Design zweistufig:* In einer möglichst repräsentativen Bevölkerungsstichprobe wird zunächst eine Screeninguntersuchung durchgeführt; die Risikofälle werden dann persönlich nachuntersucht (s. Tabelle 2).

Über die zitierten Studien hinaus wurden viele andere epidemiologische Studien durchgeführt, die wichtige methodologische Grundsätze ignorieren; das gilt speziell für die Studien über Bulimie.

Die wesentlichen methodologischen Schwachpunkte sind:
- Der Großteil unseres epidemiologischen Wissens stammt aus Fragebogenstudien; einige der verwendeten Fragebögen wurden nicht einmal in einer klinischen Stichprobe standardisiert. Da aber – wie allgemein in der psychiatrischen Epidemiologie – valide Tests nicht zur Verfügung stehen, ist eine Diagnosestellung aufgrund eines Fragebogens unmöglich.
- In Fragebögen gibt es ein Problem der Wortwahl, d. h. es bestehen zwischen der Bedeutungsauffassung des Untersuchers und der des Untersuchten oft Unterschiede. Das trifft speziell für den Begriff „Freßattacke" zu. Deshalb scheinen *die meisten Untersuchungen, die die Prävalenz der Bulimie betreffen, übereinschließliche, d. h. aufgeblähte Kriterien zu verwenden.*
- In den meisten Stichproben sind Absolventinnen höherer Schulen und Studentinnen (oft von Privatschulen, die als Stichproben mit höherem Risiko bekannt sind) überrepräsentiert. Nur wenige Studien ziehen eine repräsentative Stichprobe aus der allgemeinen Population und erlauben daher eine Generalisierung der Ergebnisse.

Ausgehend von dieser Kritik müßte eine *„ideale" Prävalenzstudie* folgende Kriterien erfüllen:

- repräsentative Stichprobe,
- informierte Einverständniserklärung,
- Screeningstufe mit standardisierten Fragebögen,
- definierte Risiko- und Subrisikogruppe,
- semistrukturiertes Interview der Risiko-, Subrisiko- und Kontrollgruppe,
- hohe Partizipationsrate in beiden Stufen,
- anerkannte Diagnosekriterien.

Fragestellung

Wir haben versucht, die oben genannten methodologischen Schwachpunkte zu vermeiden, und eine Studie mit folgenden Zielen durchgeführt:

- Untersuchung der wahren Prävalenz, also der Erkrankungshäufigkeit der Anorexia bzw. Bulimia nervosa;

- Untersuchung von Figurbewußtein, Schlankheitsideal, Diätverhalten und damit zusammenhängenden Fragen in einer Zufallsstichprobe weiblicher Jugendlicher;
- Identifikation von Risikofaktoren, um eine Früherkennung und evtl. eine Frühbehandlung zu ermöglichen;
- Sensibilisierung der Öffentlichkeit, der Schulen und v. a. der Eltern.

Das Ziel dieser Studie war es, reliable Daten über die Prävalenz von Eßstörungen in einer bisher nicht untersuchten Stichprobe, nämlich einer kleinen Stadt mit starkem ländlichen Einfluß zu untersuchen. Wir beschränkten uns ausschließlich auf Schülerinnen von staatlichen Schulen. Männliche Jugendliche wurden nicht einbezogen, da wegen der mindestens um eine Zehnerpotenz geringeren Prävalenz beim männlichen Geschlecht eine unrealistisch große Stichprobe von Schülern hätte untersucht werden müssen (theoretisch mindestens 1000, um *einen* Fall zu entdecken).

Unsere Studie war als longitudinale und prospektive Studie geplant, um die natürliche Entwicklung von möglicherweise betroffenen Mädchen über eine bestimmte Zeitspanne zu untersuchen; dies ist ein Kontrast zu vielen statischen epidemiologischen Studien.

Material und Methodik

Wir haben unsere Untersuchungen in 3 Stufen durchgeführt:

1. Screeningstufe:
- EAT-40,
- ANIS,
- Fragebogen zu Figurbewußtsein, Wunschgewicht, Diätverhalten und Menstruation,
- Größen- und Gewichtsbestimmung.
2. Interviewstufe:
- Screeninginstrumentarium,
- semistrukturiertes Interview.
3. Fallregisterstufe:
- Archive von 4 Kliniken.

1. Screeningstufe

Die Studie wurde in Brixen/Bressanone, einer zweisprachigen ländlichen Kleinstadt in Italien (mit den umliegenden Gemeinden ca. 20 000 Einwohner) durchgeführt. Zwei Drittel der Einwohner dieser Stadt sind deutschsprachig. Die Stichprobe umfaßte die 11- bis 20jährigen deutschsprachigen Schülerinnen. Ausgewählt wurden 2 der 3 staatlichen Mittelschulen, das sind Pflichtschulen und unseren Hauptschulen vergleichbar, sowie die beiden höheren Schulen (Gymnasien). 19,2% der Eltern verweigerten die informierte Einverständniserklärung. Insgesamt umfaßte unsere Stichprobe 517 Schülerinnen: 75,6% der eingeschriebenen und 79,8% der anwesenden Schülerinnen (s. Tabelle 3).

Tabelle 3. Charakteristika der Stichprobe (n = 517)

	$\bar{x}$	s	Bereich
Alter (Jahre)	14,8	2,2	11,4 – 20,4
Größe [cm]	160,4	8,2	136,5 – 183,5
Gewicht [kg]	50,7	9,8	26,6 – 97,5
Gewicht (in % Referenzgewicht[a])	104,4	12,7	74,6 – 164,5
Wunschgesicht [kg]	48,2	7,5	28,0 – 80,0
Wunschgesicht (in % Referenzgewicht[a])	99,5	8,6	60,6 – 131,8

[a] Das Referenzgewicht wurde nach Schlaf u. Pudel (1983) bestimmt

Die Schichtzugehörigkeit unserer Stichprobe entspricht der Population dieser Kleinstadt mit einem gleichen Anteil von Unter- und Mittelschicht und nur 5% Oberschicht. Was die gesamte Population betrifft, konnten wir jedes zweite Mädchen in unsere Studie einschließen (ca. 60% im Alter von 11–14,9 und 40% im Alter von 15–18 Jahre). Die jüngere Gruppe erscheint uns deshalb sehr repräsentativ, die ältere Gruppe etwas weniger, da keine werktätigen Jugendlichen (Berufsschule) untersucht wurden.

In epidemiologischen Studien ist die *Falldefinition* entscheidend, aber schwierig, da klinische Kriterien für die allgemeine Population modifiziert werden müssen und man auch die Forschungsökonomie berücksichtigen muß. Eine zu enge Definition erspart vielleicht Zeit in der Interviewstufe, hat aber u. U. wenig Sinn für die Fallentdeckung. Eine zu vage Definition ist zeitintensiv und wirft Probleme der Interpretation der Assoziationen auf.

Im Gegensatz zu den meisten Studien, die nur ein Meßinstrument, meist den EAT (Eating Attitudes Test; Garner u. Garfinkel 1979), für die Definition eines Risikofalls benutzen, definierten wir *4 Risikoindizes:* einen hohen Testwert im EAT oder ANIS (Anorexia-nervosa-Inventar zur Selbstbeurteilung; Fichter u. Keeser 1980), Untergewicht und Amenorrhöe. Eine kürzere Dauer der Amenorrhöe als 6 Monate schien uns wenig vorhersagekräftig aufgrund des Alters der Stichprobe. Zusätzlich zur notwendigen Kontrollgruppe definierten wir eine *Subrisikogruppe* (Tabelle 4).

2. *Interviewstufe*

Alle Risikofälle und eine Zufallsstichprobe der Subrisiko- und Kontrollgruppe wurden für die intensive Untersuchung ein Jahr später ausgewählt. Wir verwendeten dieselben Instrumente wie in der Screeningstufe, maßen nochmals Gewicht und Größe und führten ein Interview (Dauer ca. 1 Stunde) mittels einer modifizierten Version des Strukturierten Interviews zur Anorexia nervosa (SIAN-EX) von Fichter (1985) durch.

Jedes untersuchte Mädchen wurde dann in Kategorien klassifiziert, die den Vorschlägen von Fries (1977) und Mann et al. (1983) folgen. *„Nicht-Faster“*

Tabelle 4. Risikofälle und Teilnahmerate in der Interviewstufe

	n	Davon ausgewählt	Partizipationsrate
Risikogruppe: < 85% Referenzgewicht oder EAT-40 > 30 Pkte oder ANIS > 65 Pkte oder Amenorrhö > 6 Monate	50	50	88%
Subrisikogruppe: EAT-40 (20–29 Pkte) ANIS (46–64 Pkte)	55	25	100%
Kontrollgruppe:	412	32	100%
Gesamt	517	107	94,4%

zeigen kein Diätverhalten oder irgendeine auffällige Beschäftigung mit Gewicht und Figur. *„Normale Faster"* sind auf Diät, um ihr Gewicht zu kontrollieren, aber ihre Nahrungsaufnahme hat vernünftige Ausmaße. Es besteht eine Beschäftigung mit Gewicht, Essen und Figur, aber weder eine Präokkupation mit diesen Themen noch ein deutlicher Gewichtsverlust. Wir haben diese Gruppe der "normalen Faster" zusätzlich aufgeteilt in *„übergewichtige Faster"* (Gewicht > 110% Referenzgewicht) und in *„normalgewichtige Faster"* (Gewicht < 110% Referenzgewicht), da normales Diätverhalten auch abhängig vom Gewicht gesehen werden muß.

Für die Einstufung als *subklinische Anorexia nervosa* müssen die zentralen psychopathologischen Charakteristika des klinischen Vollbildes (allerdings in einem geringeren Grad) vorhanden sein, es fehlt jedoch ein extremer Gewichtsverlust; die Menstruation ist evtl. vorhanden, aber unregelmäßig.

Diagnosekategorien für Interviewstufe

Normal

Normale Faster:
- Übergewichtige Faster (> 110% Referenzgewicht)
- Normalgewichtige Faster (< 110% Referenzgewicht)

Subklinische Anorexia nervosa
Subklinische Bulimia nervosa

Anorexia nervosa DSM-III-R
Bulimia nervosa DSM-III-R

Die Diagnose *subklinische Bulimia nervosa* wurde von den Kriterien von Russel (1979) und vom DSM-III-R (American Psychiatric Association 1987) abgeleitet; die hier eingeordneten Mädchen erfüllen das Frequenzkriterium für Freßattacken im DSM-III-R nicht, haben also z. B. nur 1mal/Woche über einen Zeitraum von 3 Monaten eine Freßattacke. Zusätzlich führten wir noch ein Frequenzkriterium für Erbrechen ein, da uns die alleinige Berücksichtigung der Frequenz von Freßattacken wie im DSM-III-R zu unpräzise und vage scheint: Bei subklinischer Bulimia nervosa tritt Erbrechen seltener als 1mal/Woche auf. Im Zweifelsfall wurden die Mädchen in die weniger gestörte Kategorie eingestuft. *Anorexia nervosa* und *Bulimia nervosa* wurden nach DSM-III-R diagnostiziert.

3. Fallregisterstufe

Diese Stufe war zur Kontrolle der beiden vorhergehenden Stufen gedacht. Wir untersuchten die Fallregister von 4 Krankenhäusern in der Nähe dieser Stadt (Kinderabteilung des Krankenhauses Brixen/Bressanone, Universitätsklinik für Kinderheilkunde/Psychiatrie/Interne Medizin in Innsbruck), um herauszufinden, ob irgendein Mädchen unserer Stichprobe wegen einer Eßstörung in stationärer Behandlung war. Diese Untersuchungsperiode umfaßte 3 Jahre.

Ergebnisse

1. Screening Stufe

2,7% unserer Stichprobe liegen bei EAT über dem Cut-off-Wert, beim ANIS sind es 4,1%. *Figurbewußtsein* (durchschnittlich 39,5% fühlen sich zu dick) und *Diätverhalten* (durchschnittlich 28,1% haben schon mindestens eine Diät gemacht; bei den 17jährigen sind es 56,1%) sind weit verbreitet und steigen mit dem Alter an. Unsere Ergebnisse, die im Detail anderweitig publiziert werden, zeigen das modische Schlankheitsideal von jungen Mädchen und Frauen.

2. Interviewstufe

Zwei Fälle von Anorexia nervosa wurden entdeckt. Ein Mädchen erkrankte zum Zeitpunkt des Screenings und befand sich zur Zeit der Interviewstufe in Psychotherapie, das andere Mädchen wurde bisher nie behandelt; 3 Mädchen mit subklinischer Anorexie und 2 mit subklinischer Bulimie (davon eine mit einer vorherigen anorektischen Episode) wurden entdeckt. Alle Fälle waren 15 Jahre und älter und wurden in der Risikogruppe entdeckt.

3. Fallregisterstudie

Die Untersuchung der Krankenhausarchive ergab, daß insgesamt 2 Fälle von Anorexia nervosa und kein Fall von Bulimia nervosa aus unserer Stichprobe stationär behandelt wurden. Alle anderen in den Archiven gefundenen Fälle stammten nicht aus Brixen/Bressanone. Einer der Fälle von Anorexia nervosa wurde bereits in der Interviewstufe entdeckt, das andere Mädchen befand sich zum Zeitpunkt der Screeningstufe in der Subrisikogruppe und entwickelte das klinische Vollbild 15 Monate später. Da wir nur eine Zufallsstichprobe unserer Subrisikogruppe interviewten und sie sich nicht unter den ausgewählten Schülerinnen befand, konnte sie in der Interviewstufe nicht entdeckt werden. Tabelle 5 zeigt die Prävalenz zum Untersuchungszeitpunkt („*point prevalence*“).

Tabelle 5. Prävalenz von Eßstörungen („point prevalence") in Prozent

	Gesamt	11–14,9 Jahre	15–20 Jahre
Anorexia nervosa	0,58	0	1,30
Bulimia nervosa	0	0	0
Subklinische Anorexia nervosa	0,58	0	1,30
Subklinische Bulimia nervosa	0,39	0	0,87

Vorhersagewert der Risikoindizes

Wir wendeten in unserer Studie den *kategorialen Ansatz* für eine Diagnose an, trotz der *Kontinuumhypothese für Eßstörungen.* Tatsächlich erwies es sich als sehr schwierig, speziell die jüngeren Mädchen (unter 15 Jahre) in der Interviewstufe korrekt einzustufen. Aber auch der Kontinuumansatz (wie in den ziemlich willkürlichen Cut-off-Werten eines Tests) kann das *„Cut-off-Problem"* nicht lösen. Ein möglicher Neuansatz ist vielleicht die in dieser Studie vorgestellte simultane Anwendung von verschiedenen Risikoindizes, die sich insbesondere für die Fallentdeckung als essentiell herausstellte. Der *niedrige positive Vorhersagewert (PPV) des EAT* ist schon von Williams et al. (1982) aufgezeigt worden und bestätigte sich in Studien von Eisler & Szmukler (1985) und Szmukler (1985), die einen PPV von nur 0,25 bis 0,58 für das partielle Syndrom fanden. In unserer Studie ist der PPV (für Fälle und subklinische Fälle) der einzelnen Risikoindizes sogar noch niedriger (s. Tabelle 6).

Dies ist schon ausgehend von einer theoretischen Überlegung verständlich: Die Interviewstufe der Risikofälle dient ja der Entdeckung von positiven und falsch-positiven Fällen. Interviews der Kontrollgruppe dienen der Entdeckung von falsch-negativen Fällen. Die Größe der Kontrollgruppe und die statistische Wahrscheinlichkeit, einen falsch-negativen Fall zu entdecken, sind direkt proportional. Da man aber (aus forschungsökonomischen Gründen) nur einen kleineren Teil der Kontrollgruppe interviewen kann, wird die statistische Chance, einen falsch-negativen Fall zu entdecken, sehr gering. Daher muß auf die Risikoindizes größtes Augenmerk gelegt werden. Hier ist die *Chance, einen positiven Fall zu übersehen, sicher größer, wenn wir nur einen einzelnen Risikoindex verwenden, als dann, wenn wir mehrere Risikoindizes verwenden.*

Tabelle 6. Vorhersagewerte der Risikofaktoren (für klinische und subklinische Fälle)

	EAT	ANIS	Untergewicht	Amenorrhöe
Sensitivität [%]	28,6	42,9	51,1	14,3
Spezifität [%]	89,4	84,0	83,0	97,9
PPV [%]	16,7	16,7	20,0	33,3

In der Fallentdeckung überlappen sich die 4 Risikofaktoren. Untergewicht und ANIS-Score erwiesen sich als die effektivsten Indizes, in Kombination würden allein dadurch alle Fälle entdeckt werden. Der Vorteil des ANIS besteht darin, daß er ein detaillierteres Bild liefert als der EAT, der sich nur auf krude Einstellungen zum Essen stützt.

Diskussion

Die Einschränkungen unserer Untersuchung sind folgende:

1) 19,2% der Eltern verweigerten die informierte Einverständniserklärung. Wie wir aus unserer klinischen Erfahrung wissen, gesellt sich zur Verleugnung des Patienten oft ein Familienwiderstand (vgl. Rathner et al. 1987), der möglicherweise die Verweigerung bedingt.

2) Die Hälfte unserer Stichprobe (50,3%) stammt aus staatlichen Pflichtschulen. Allerdings besteht eine gewisse Selektion im Altersbereich über 15 Jahre, da in diesem Altersbereich auch in unserer Stichprobe wiederum nur Schülerinnen höherer Schulbildung (wenn auch keine Privatschulen) und keine berufsschulpflichtigen jugendlichen Werktätigen erfaßt wurden.

3) In der Fallregisterstufe wurden keine Register von ambulanten Patienten untersucht, d. h. ambulant oder in einem nicht nachuntersuchten (weiter entfernten) Krankenhaus behandelte Patientinnen aus unserer Stichprobe konnten in unserer Fallregisterstufe nicht entdeckt werden. Dies bedingt möglicherweise eine Unterschätzung der wirklichen Prävalenzrate.

4) Studien dieser Art haben einen grundsätzlichen Schwachpunkt: Selbstbeschreibungsfragebögen können leicht verfälscht werden, z. B. wegen Verleugnung oder aus Angst vor Entdeckung (Vandereycken u. Vanderlinden 1983).

Allgemein sprechen die Ergebnisse unserer Studie gegen übersteigerte Prävalenzraten für Eßstörungen, die oft nur aufgrund von Screeningstudien behauptet werden und die eine unerwünschte Unterstützung für den Modeeffekt dieser Erkrankung (Bruch 1985) sind.

Trotz der oben genannten Einschränkungen sind die von uns gefundenen Prävalenzraten relativ hoch: *Im Alter von 15 bis 20 Jahren ist 1 von 77 Mädchen anorektisch, und 1 von 50 Mädchen zeigt eine subklinische Eßstörung (Anorexie oder Bulimie).* Diese Prävalenz ist genauso hoch wie in einer früheren Studie (Crisp etal. 1976) an Privatschulen einer Großstadt (London) und ergibt im Vergleich zur damaligen Häufigkeit der Anorexia nervosa in staatlichen Schulen eine Verdreifachung in ca. 15 Jahren.

Fundierte Aussagen über eine Häufigkeitszunahme von Eßstörungen zu treffen ist schwer. Obwohl Fallregisterstudien eine unübersehbare Häufigkeitszunahme in der gesamten westlichen industrialisierten Welt ergeben (behandelte Prävalenz), sind „harte" epidemiologische Daten selten und schwer zu vergleichen.

Ausgehend von unserer Studie, die zu den seltenen gehört, die in einer ländlichen Gegend durchgeführt wurden, haben wir den Eindruck, daß es in den gut bekannten Risikogruppen weiblicher Jugendlicher der Mittel- und Oberschicht mit höherer Schulbildung im städtischen Bereich keine wirkliche Häufigkeitszunahme gibt, sondern nur eine stärkere Diffusion von oberen und mittleren Schichten zu unteren Schichten einerseits und vom städtischen zum ländlichen Bereich andererseits. Daraus würde *insgesamt eine Zunahme der Anorexia nervosa* resultieren. Dies entspricht unserer Arbeitshypothese, die sich aus unserem klinischen Eindruck ergab.

Bei der Bulimia nervosa wollten wir den realen Kern der unserem Eindruck nach überhöhen Prävalenzraten herausfinden (Johnson u. Connors 1987 nennen 5–20% für die „amerikanische" DSM-III-Bulimie). Wir nehmen zwar im Vergleich zur Anorexie eine höhere Prävalenz an, vermuten aber ausgehend von der Kontinuumhypothese bei Eßstörungen (Nylander 1971; Fries 1977), daß die *Bulimie mit einer bestimmten Phase des Lebenszyklus assoziiert ist* (vgl. Rathner et al. 1987). *Eßstörungen sind ebenso wie andere Krankheiten keine statischen Entitäten, sondern entwickeln sich in der Zeit: Unsere Hypothese ist, daß eine (vielleicht unerkannte) anorektische Episode die erste Phase darstellt, während sich erst in einer zeitlich späteren Phase* (vgl. das im Durchschnitt höhere Erkrankungsalter der Bulimia nervosa von ca. 18 Jahren) *eine Bulimie entwickelt.*

Indizien für diese Hypothese sind das offenbar physiologisch bedingte Reboundphänomen, auf Hungern (z. B. bei Diät) mit einem gesteigerten Nahrungsbedürfnis (-drang), d. h. mit Freßattacken zu antworten, und nach Diäten ein gleiches Nahrungsangebot anders, d. h. besser zu verwerten. Geschlechtsspezifische physiologische Reaktionen (Goodwin et al. 1987) scheinen dabei eine Rolle zu spielen. Allerdings dürften ebenso interfamiliäre Faktoren, nämlich die Reaktion der Bezugspersonen auf sog. Symptome einen Einfluß darauf haben, ob sich überhaupt eine Bulimie entwickelt und wie sie verläuft.

Die von uns gefundene Prävalenzrate von 0% Bulimia nervosa und 0,87% subklinischer Bulimia nervosa bei den 15- bis 20jährigen Schülerinnen, die deutlich niedriger als die Prävalenz der Anorexia nervosa in dieser Altersgruppe ist, stützt die Hypothese einer phasenhaften Entwicklung mit steigendem Alter. Überhaupt stellt sich uns die Frage, ob nicht die Bulimia nervosa per se als *ein* möglicher „Residualzustand" (aber nicht Endpunkt!) einer Anorexia nervosa anzusehen ist. Insgesamt bleibt aber die Beziehung zwischen Anorexia nervosa und Bulimia nervosa noch zu klären.

Über eine steigende Prävalenz der Bulimia nervosa ist derzeit, da noch zu wenig epidemiologische Studien vorliegen, keine gesicherte Aussage möglich. Sicher ist nur, daß die *bisher genannten Zahlen eindeutig zu hoch sind und bei den 20- bis 30jährigen Frauen maximal eine gegenüber der Anorexie verdoppelte Prävalenz (also maximal 2%) vorhanden sein dürfte.*

Für weitere epidemiologische Studien scheint uns die Anwendung von verschiedenen und voneinander unabhängigen Risikoindizes in der Screeningstufe sehr vorteilhaft zu sein. Das ist eine Konsequenz des niedrigen positiven Vorhersagewerts jedes einzelnen Index, wie es sich in unserer Interviewstufe herausstellte. Darüber hinaus sind epidemiologische Studien unter weiblichen jugendlichen Werktätigen dringend notwendig.

Eine *dritte Stufe, d. h. die Kontrolle der Resultate der Interviewstufe durch die Untersuchung von Fallregistern,* wurde in früheren epidemiologischen Studien *bisher noch nie angewendet*. In unserer Studie führte das zur Entdeckung eines neuen Falls und zeigt, daß sogar mit einem rigorosen zweistufigen Vorgehen unter Anwendung von verschiedenen Indizes Fälle übersehen werden können. Als sinnvoll und notwendig erwies es sich, neben den Interviews möglichst aller Risikofälle auch Mädchen der Subrisikogruppe zu interviewen und eine dritte Fallregisterstufe zur Kontrolle der beiden vorangehenden Stufen einzuführen.

Danksagung

Ich bedanke mich bei Frau Dr. K. Meßner, Innsbruck für die Mitarbeit in der Interviewstufe, ebenso bei den Schuldirektoren (Dejori/Mittelschule A. March, Tomaser/Staatl. Lehrerbildungsanstalt, Tomaseth/Lyzeum F. Fallmerayer und Wiesthaler/Mittelschule M. Pacher), den Turnlehrerinnen, den Eltern und v. a. den Schülerinnen aus Brixen/Bressanone, die diese Untersuchung ermöglicht haben. Ebenso danke ich Doz. W. Biebl, Dr. M. Harrer, Dr. K. Grünewald (Universitätskliniken Innsbruck) und Frau Dr. A. Schwingshackl (Krankenhaus Brixen) für ihre Hilfe in der Fallregisterstufe. Die statistische Auswertung erfolgte durch Dr. Lochs, EDV-Zentrum der Universität Innsbruck. W. Vandereycken, Kortenberg/Belgien und H. Feichtinger, Innsbruck danke ich für ihre hilfreiche Kritik.

Literatur

American Psychiatric Association (1984) Diagnostisches und Statistisches Manual Psychischer Störungen. DSM-III. Beltz, Weinheim Basel

American Psychiatric Association (1987) Diagnostic and statistical manual of mental disorders, 3rd edn rev. Washington DC, APA

Andersen AE (1988) Anorexia nervosa: Who are you? Where are you? Mayo Clin Proc 63:511–513

Azuma Y, Henmi M (1982) A study on the incidence of anorexia nervosa in school girls. (Annual report of the research group into eating disorders. Japan) pp 30–34

Bruch H (1985) Four decades of eating disorders. In: Garner DM, Garfinkel PE (eds) Handbook of psychotherapy for Anorexia nervosa and Bulimia. Guilford, New York London, pp 7–18

Button EJ, Whitehouse A (1981) Subclinical anorexia nervosa. Psychol Med 11:509–516

Carter PI, Moss RA (1984) Screening for anorexia and bulimia nervosa in a college population: Problems and limitations. Addict Behav 9:417–419

Clarke MG, Palmer RL (1983) Eating attitudes and neurotic symptoms in university students. Br J Psychiatry 142:299–304

Crisp AH, Palmer RL, Kalucy RS (1976) How common is anorexia nervosa? A prevalence study. Br J Psychiatry 128:549–554

Cullberg J, Engström-Lindberg M (1988) Prevalence and incidence of eating disorders in a suburban area. Acata Psychiatr Scand 78:314–319

Eisler I, Szmukler GI (1985) Social class as a confounding variable in the Eating Attitudes test. J Pschiatr Res 19:171–176

Feighner JP, Robins E, Guze SB, Woodruff RS, Winokur G, Munoz R (1972) Diagnostic criteria for use in psychiatric research. Arch Gen Psychiatry 26:57–63

Fichter MM (1985) Strukturiertes Interview zur Anorexia nervosa (SIAN-EX). (University of Munich, Internal Technical Report)

Fichter MM, Keeser W (1980) Das Anorexia-nervosa-Inventar zur Selbstbeurteilung (ANIS). Arch Psychiatr Nervenkr 228:67–89

Fichter MM, Wegerer S, Sourdi L, Sourdi Z (1983) The epidemiology of anorexia nervosa: A comparison of greek adolescents living in Germany and greek adolescents living in Greece.

In: Darby PL, Garfinkel PE, Garner DM, Coscina DV (eds) Anorexia nervosa: recent developments in research. Liss, New York, pp 95–105

Fries H (1977) Studies on secondary amenorrhea, anorectic behavior and body-image perception: Importance for the early recognition of Anorexia nervosa. In: Vigersky RA (ed) Anorexia nervosa. Raven, New York, pp 163–176

Garner DM, Garfinkel PE (1979) The Eating Attitudes Test: An index of the symptoms of anorexia nervosa. Psychol Med 9:273–279

Goodwin GM, Fairburn CG, Cowen PJ (1987) Dieting changes seretonergic function in women, not men: implications for the etiology of anorexia nervosa? Psychol Med 17:839–842

Hill OW (1977) Epidemiologic aspects of anorexia nervosa. Adv Psychosom Med 9:48–62

Hoek HW, Brook FG (1985) Patterns of care of anorexia nervosa. J Psychiatr Res 19:155–160

Johnson C, Connors ME (1987) The etiology and treatment of Bulimia nervosa. A biopsychological perspective. Basic Books, New York

Johnson-Sabine E, Wood K, Patton G, Mann A, Wakeling A (1988) Abnormal eating attitudes in London schoolgirls – a prospective epidemiological study: factors associated with abnormal response on screening questionnaires. Psychol Med 18:615–622

Jones DJ, Fox MM, Babigian HM, Hutton HE (1980) Epidemiology of Anorexia nervosa in Monroe Country, New York: 1960–1976. Psychosom Med 42:551–558

Kendell RE, Hall DJ, Hailey A, Babigian HM (1973) The epidemiology of anorexia nervosa. Psychol Med 3:200–203

Leighton KM, Millar HR (1985) Anorexia nervosa in Glasgow. J Psychiatr Res 19:167–170

Lucas AR, Beard CM, O'Fallon WM, Kurland LT (1988) Anorexia nervosa in Rochester, Minnesota: A 45-Year Study. Mayo Clin Proc 63:433–442

Mann AH, Wakeling A, Wood K, Monck E, Dobbs R, Szmukler G (1983) Screening for abnormal eating attitudes and psychiatric morbidity in an unselected population of 15-year-old school girls. Psychol Med 13:573–580

Nylander I (1971) The feeling of being fat and dieting in a school girl population. An epidemiologic interview investigation. Acta Sociomedica Scand 1:17–26

Rathner G (1985) Charakteristika der Anorexia nervosa mit frühem Erkrankungsbeginn. Psychother Med Psychol 35:78–85

Rathner G, Mangold B, Smrekar U (1987) Familientherapeutische Aspekte in der Behandlung der Anorexia nervosa. Neuropsychiatrie 1:111–117

Russel GFM (1979) Bulimia nervosa: an ominous variant of anorexia nervosa. Psychol Med 9:429–448

Schlaf G, Pudel V (1983) Referenzgewichte für deutsche Kinder und Jugendliche. Mit einer Darstellung für den praktischen Gebrauch. Aktuel Ernähr 8:235–240

Schleimer K (1983) Dieting in teenage schoolgirls. A longitudinal prospective study. Acta Paediatr Scand [Suppl] 312

Schotte DE, Stunkard AJ (1987) Bulimia vs Bulimic Behaviors on a College Campus. JAMA 258:1213–1215

Shorter E (1987) The first great increase in anorexia nervosa. J Soc History 21:69–96

Suematsu H, Ishikawa H, Kuboki T, Ito T (1985) Statistical studies on Anorexia nervosa in Japan: Detailed clinical data on 1011 patients. Psychother Psychosom 43:96–103

Szmukler GI (1983) Weight and food preoccupation in a population of English school girls. In: Understanding Anorexia nervosa & Bulimia. Reprint of the 4th Ross Conference on Medical Research. Ross Laboratories, Columbus/OH

Szmukler GI (1985) The epidemiology of anorexia and bulimia. J Psychiatr Res 19:143–153

Szmukler GI, Mc Cance C, Mc Crone L, Hunter D (1986) Anorexia nervosa: A psychiatric case register study from Aberdeen. Psychol Med 16:49–58

Theander S (1970) A psychiatric investigation of 94 female patients. Acta Psychiatr Scand [Suppl] 214

Vandereycken W, Vanderlinden J (1983) Denial of illness and the use of self-reporting measures in anorexia nervosa patients. Int J Eat Disorders 2:101–107

Whitehouse AM, Button EJ (1988) The prevalence of eating disorders in a U.K. College population: A Reclassification of an earlier study. Int J Eat Disorders 7:393–397

Willi J, Grossmann S (1983) Epidemiology of Anorexia nervosa in a defined region of Switzerland. Am J Psychiatry 140:564–567
Willi J, Giacometti G, Limacher B (to be published) Anorexia nervosa in a defined region of Switzerland over thirty years (1956–1985). Am J Psychiatry
Williams P, King M (1987) The „epidemic" of Anorexia nervosa: Another medical myth? Lancet I:205–207
Williams P, Hand D, Tarnopolsky A (1982) The problem of screening for uncommon disorders – a comment on the Eating Attitudes Test. Psychol Med 12:431–434

Entwicklungsgeschichte einer psychosomatischen Diagnosekategorie: der Begriff der „Anorexia nervosa" an der Wiener Kinder- und Jugendpsychiatrie 1970–1987

A. Oppolzer und G. Steinhardt

Zusammenfassung

Anhand der Anorexia nervosa wird in diesem Beitrag die Entwicklungsgeschichte einer psychosomatischen Diagnosekategorie exemplarisch untersucht und zur parallel dazu verlaufenden gesellschaftlichen Entwicklung in Beziehung gesetzt. Diese Problemstellung wird bearbeitet entlang der Frage nach den Zusammenhängen zwischen den ersten Erwähnungen des Syndroms der Anorexie in der wissenschaftlichen Literatur und seiner Relevanz für Diagnose und Therapie sowie seiner Bedeutung in der Wahrnehmung der Patienten. In der Folge werden die unterschiedlichen Strategien der Betreuung stationärer Anorexiepatienten in ihrer zeitlichen Veränderung dargestellt sowie der Wandel der – in der klinischen Praxis handlungsrelevanten – ätiologischen Konzepte, die diesem Prozeß entsprechend gestaltet wurden, dokumentiert. Als Material für diese Untersuchung dienen vorwiegend Anamnesen, Epikrisen und psychologische Befunde aus den Krankengeschichten der Wiener Universitätsklinik für Neuropsychiatrie des Kinder- und Jugendalters der Jahre 1970 bis 1987.

Schlüsselbegriffe: Anorexia nervosa, Kinder- und Jugendpsychiatrie, Diagnosekriterien, Hypothesenentwicklung, Behandlungsstrategien.

Einleitung

Sich ständig wiederholende Tätigkeiten bewirken eine Zunahme der subjektiven Gewißheit bis zu dem Punkt, daß etwas als objektiv wahr und gegeben erscheint. Dabei wird über den Mechanismus der Habituation das, was vorher interessant und reflexionsanstoßend war, vom Bereich der bewußten Tätigkeit in jenen der automatisierten Operation verschoben.

Das ist ein Stück Alltagspragmatik – in diesem Beitrag aber mit der Frage aufgegriffen, ob und wie diese Pragmatik im Feld der medizinischen Tätigkeiten anzutreffen ist. Anders gesagt: Haben diagnostische und prozedurale Kategorien jenen unberührbaren, objektiven Anschein zu Recht? Oder stellen sie nur die jeweilige Momentaufnahme einer besonderen Entwicklungsgeschichte dar – wobei in der Wissenschaftssoziologie das Phänomen des Paradigmenwechsels von Kuhn (1976) in allgemeiner Form bereits beschrieben wurde. Und wenn das so wäre, wie sind Gestalt und Wesen derartiger Kategorien zu definieren?

Söllner et al. (Hrsg.) Sozio-psycho-somatik

Im folgenden wird dieser Frage anhand einer relativ „jungen“ Diagnosekategorie – nämlich der „Anorexia nervosa“ – nachgegangen. Sie wurde deshalb ausgewählt, weil sie erst seit einer überschaubaren Zahl von Jahren eine zunehmend bedeutsame Rolle im Gesamt der Psychosomatosen spielt, weil sie doch so eindeutig definiert scheint – quasi eine Art „Blickdiagnose“ – und gleichzeitig einen starken Anreiz für Hypothesenbildungen und Behandlungsansätze darstellt.

Aber nicht nur die Abgrenzbarkeit der diagnostischen Kategorie ist ein Anliegen, sondern auch die Faßbarkeit der Geschehnisse in einer Behandlungsentität. Bezüglich Inzidenz und Teilaspekte der Diagnosestellung liegen Studien bereits vor (z. B. Szmukler et al. 1986). In der hier vorgestellten Studie steht der spezielle Entwicklungsverlauf in einer einzigen Klinik im Vordergrund. Konkret ist das die Wiener Universitätsklinik für Neuropsychiatrie des Kindes- und Jugendalters, die als solche seit 1975 besteht, die aber schon in Form von Kinderzimmern seit 1956 an der Erwachsenenpsychiatrie als eigene Einheit etabliert war. Bereits ab diesem Zeitpunkt wurden Diagnostik und Therapie von einem multiprofessionellen Team getragen.

Material für unsere Erwägungen waren jene 115 Krankengeschichten, die bei den stationären Betreuungen anorektischer Patienten angelegt wurden, darunter auch 5 Patientinnen mit bulimischer Symptomatik. Dieses Material wurde nach Zufallskriterien verteilt und von den beiden Autoren unter Berücksichtigung jener Items, die im folgenden dargestellt werden, unabhängig voneinander beurteilt. Dabei wurde durchaus bedacht, daß Krankengeschichten – eben weil sie bestenfalls die Quintessenz der verbalen Interaktion in einem Team darstellen – nur dürftig die vitale Auseinandersetzung wiedergeben, die sich um jeden Patienten herum ereignet. Krankengeschichten sind aber das wesentliche, verbindliche Werkstück medizinischer Tätigkeit, sind Dokument im strengen Sinn des Wortes und dienen als Beleg für die Nachvollziehbarkeit und Begründbarkeit der Behandlung. Schließlich stellen sie explizit oder implizit die momentan relevanten Diagnose- und Behandlungsmaximen dar. Somit kann aus diesem kargen Gerüst – ähnlich archäologischen Funden – zulässig auf Stil und Haltung der jeweils Beteiligten geschlossen werden.

Die Diagnose „Anorexia nervosa“ und ihre begriffliche Erweiterung im Laufe der Zeit

Folgendes sei gleich vorweggenommen: Auch bei dieser als so eindeutig imponierenden Diagnose „Anorexia nervosa“ wird verwirrende Diagnosenvielfalt deutlich. Verläßt man nämlich den Rahmen der allgemeinverbindlichen Scheinübereinkunft und spürt der historischen Wurzel dieses Krankheitsbegriffes nach, so wird man überrascht zur Kenntnis nehmen, daß die erste Beschreibung aus dem 17. Jahrhundert stammt und daß es – je nach wissenschaftlichem Hintergrund und daraus resultierender Wahrnehmungsfähigkeit – bereits „Diagnosebooms“ bezüglich der Anorexia nervosa gegeben hat. In den letzten Jahren hat Selvini-Palazzoli (1986) das beispielsweise in 4 Phasen gefaßt; Minuchin et al. (1981) versuchten eine

Gliederung in Stilelemente. Und das schlägt sich auch in der Synonymasammlung von Thomä (1961) nieder, die Fichter (1985) ergänzt hat.

Verschiedene Bezeichnungen für das Krankheitsbild der Anorexia nervosa (nach Fichter 1985) (die Namen in Klammern geben an, wer den jeweiligen Begriff geprägt hat)

„nervous consumption“ (Morton),
Anorexia hysterica (Lasegue),
Anorexia nervosa (Gull),
Parthenoanorexie (Babinski),
Juvenile Magersucht (Bansi),
Psychogene Magersucht (v. Bergmann),
Schizose (Carrier),
Psychoendokrine Kachexie der Reifungszeit (Decourt),
„compulsion neurosis with cachexia“ (Dubois),
Endogene Magerkeit(-sucht) (Falta),
Primäre psychogene Magersucht (Heni),
Puberal-Dystrophie (Kretschmer),
Hypophysäre Magerkeit (Kunstädter),
Magersucht in der weiblichen Spätpubertät (Kylin),
Psychogene Anorexie (Lafora),
Pubertätsneurose (Leichtentritt),
„prepsychotic anorexia“ (Nicolle),
Kachexia nervosa (Pardee),
Sitieirgie (Sollier),
Zentrale Nutritionsneurose (Soltmann),
„primary anorexia nervosa“ (Bruch),
„weight phobia“ (Crisp).

Man könnte meinen, einer derartigen Auflistung fehle die nötige Relevanz zur modernen Medizin, die sich immer mehr an vermeintlich klare und eindeutige naturwissenschaftliche Methodik anlehnt. Aber auch auf das spezielle Krankheitsbild der Anorexia nervosa bezogen, belegt Rathner in einer retrospektiven Studie die Diagnoseunsicherheit recht eindrucksvoll (Rathner 1985).

Aus dem Material der oben beschriebenen Klinik wird deutlich, daß die scheinbare Klarheit nur für kurze Zeitsegmente gelten kann. Denn die Synonyma und begrifflichen Erweiterungen zur Benennung dieses einen Syndroms, die das Team der Klinik ungewollt beigetragen hat, sind zahlreich (s. folgende Übersicht).

Aufnahme- und Entlassungsdiagnosen, wobei die hervorgehobene „Basisdiagnose“ mit ihren Spezifizierungen dargestellt wird (1965–1987)

Anorexia nervosa
Anorexia mentalis
Anorexia nervosa – hysteriformer Typ
infantile Anorexia nervosa
Anorexia nervosa atypica
Anorexie (hormonell) – Reifungskrise
Anorexia nervosa und pathologische Erlebnisverarbeitung
Anorexia nervosa; latente Hyperthyreose
Anorexia nervosa; endoreaktive Depression
Anorexia mentalis; beginnende Psychose
Anorexia nervosa; „battered child“
Anorexia nervosa – M. Simmonds

Anorexia nervosa – Anorexie und Pubertätskrise
Anorexia nervosa; pathologische Familienkonstellation; Adoleszenzkrise
Anorexia nervosa; Mutter-Kind-Symbiose

Kachexia Nervosa
hysterische Kachexie
Kachexia nervosa (Zustand nach anaklitischer Depression)

Pubertätsmagersucht

Anorektische Symptomatik
anorektische Reaktion

Nahrungsverweigerung
hysterische Eßverweigerung
Nahrungsverweigerung; depressive Verstimmung
Eßstörung
abnorme Eßgewohnheiten
Gewichtsreduktion verselbständigt

Neurotische Depression mit anorektischer Symptomatik
Anankastisch-neurotische Persönlichkeitsentwicklung
psychogene Depression
Depression und Anorexia nervosa (leicht)
depressives Zustandsbild
kindliche Melancholie
depressives Zustandsbild; fraglich juvenile Psychose
Psychose
endogen psychotisches Syndrom – Prozeßverlauf; anorektische Episoden; Zwangssymptomatik; Eltern-Kind-Symbiose
Persönlichkeitsentwicklungsstörung; anorektische Symptomatik
akute Reifungskrise; Magersucht
phasenspezifische Störung und anorektische Symptomatik

Bulimie
psychogenes Erbrechen
Anorexia nervosa und Erbrechen (Bulimorexie)
bulimische Symptomatik
Pubertätskrise mit bulimischer Symptomatik

Alle diese diagnostischen Bezeichnungen stammen aus dem kurzen Zeitraum von 1965 bis 1987, wobei erst 1971 die Aufnahmefrequenz von anorektischen Patienten zu steigen begann (Abb. 1). Die Altersverteilung wird in Abb. 2 dargestellt.

Als Beleg dafür, daß es sich dabei weitgehend um Anorexiepatienten im Sinne der üblichen Diagnoseraster handelt, zeigt Tabelle 1 eine Auflistung der jeweils erhobenen Symptome.

Prozeß der Diagnosefindung

Beim Lesen der Krankengeschichten wurde der Versuch unternommen, den diagnostischen Prozeß nachzuvollziehen und ihn in prototypischen Mustern der Diagnosefindung zu kategorisieren. Dabei ergibt sich, daß (1) in einem Teil der Krankengeschichten diese Diagnosefindung nicht nachvolllziehbar ist, (2) in einem weiteren Teil der Prozeß karg bleibt und bisweilen nur durch Zuweisungsdiagnosen

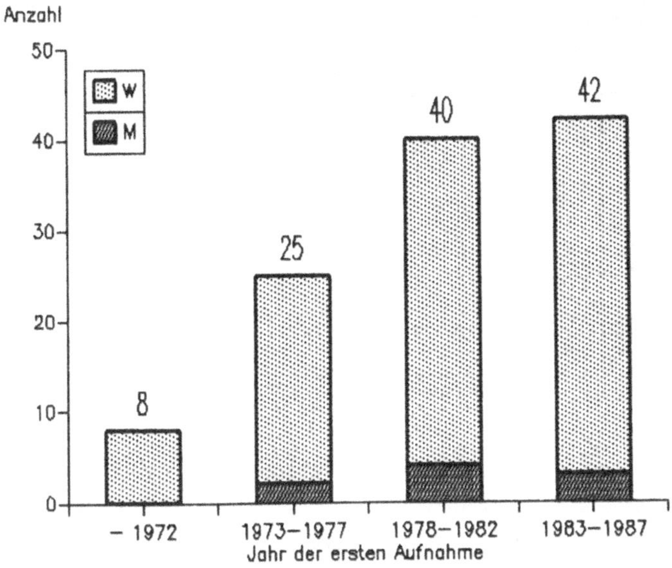

Abb. 1. Anzahl und Geschlecht

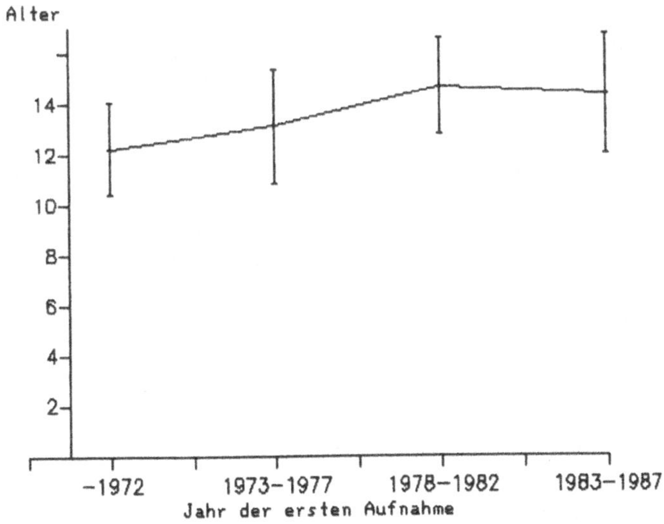

Abb. 2. Alter der Patient(inn)en (Mittelwert und Standardabweichung)

Tabelle 1. Symptome und ihr prozentualer Anteil bei den in dieser Studie erfaßten Patient(inn)en (n = 115)

Symptom	[%]
Gewichtsreduktion:	99
Diät	53
Hyperaktivität	17
Laxanzienabusus	13
Erbrechen	18
Kalorienkontrolle	10
Essensverweigerung	25
Essensreduktion	66
anderes	5
Auffälliges Eßverhalten:	47
Freßattacken	11
Bekochen	14
Horten von Speisen	4
anderes	24
Amenorrhoe:	
primär	11
sekundär	47
keine	4
nicht erwähnt	29
männliche Patienten	8
Probleme mit Sexualität	26
Unzufriedenheit mit Körper	50
Körperschemastörungen	18
Auffällige Leistungsorientierung	44
Familiäre Interaktionsprobleme	72

erhellt wird; (3) konnte ein häufiger Modus der Diagnosefindung als psychopathologisch orientiert, statisch und distanziert beschreibend definiert werden; (4) stellt sich eine dynamische Diagnosefindung dar – hier wird die Momentaufnahme des psychopathologischen Status durch das Mithereinnehmen von relevanten Items der Lebensgeschichte und der momentan bestehenden Gesamtsituation in wesentlichen Zügen erweitert (s. Legende zu Abb. 3).

Abbildung 3 zeigt, daß die statisch-beschreibende und damit traditionelle Art der Diagnosefindung von Anfang an im Vordergrund steht.

Und dennoch ist das Resultat dieser eher monotonen Vorgangsweise erstaunlich differenziert (Abb. 4).

Versucht man nämlich, die gewonnenen Diagnosen zu typisieren – was eine gewisse Paradoxie darstellt –, kann man einen eindeutigen Entwicklungsverlauf erkennen. Kolumne A steht für jene Diagnosen, die noch im Fluß befindlich sind und als offene Kategorien imponieren. Kolumne B stellt die bereits fixierten Diagnosen dar; dabei wird das „Typische" in den Vordergrund gerückt. Kolumne C entspricht der differenzierten Diagnose; schließlich stellt Kolumne D die Abgrenzung eines völlig neuen Diagnosetyps dar – nämlich der Bulimie.

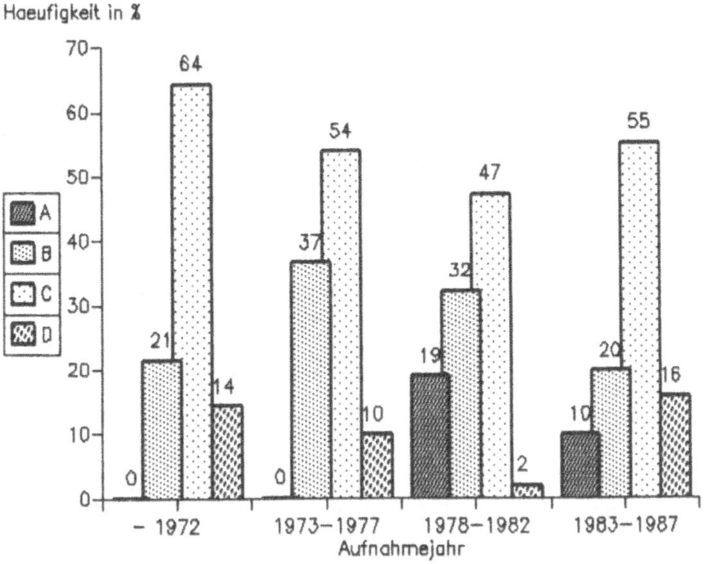

Abb. 3. Diagnosekategorien (aus Anamnese, Decurs, Epikrise). *A* nicht nachvollziehbar; *B* karg, evtl. durch Zuweisung ergänzt; *C* statisch, beschreibend, psychopathologisch; *D* dynamisch

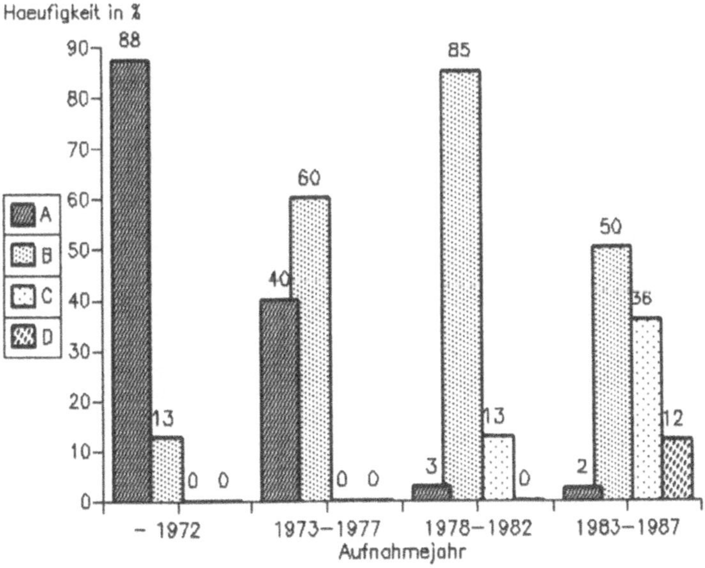

Abb. 4. Art der Diagnose. *A* fließend/offen; *B* fixiert/typisch; *C* kritische Auseinandersetzung/ Differenzierung; *D* neue Kategorien beinhaltend

Gerade anhand der Abb. 4 ist zu sehen, daß bis 1982 der Wandel von einer Diagnoseunsicherheit zu einer Fixierung der Diagnose stattgefunden hat. Es konnte sich ein zentrales Klischee etablieren, das in den Krankengeschichten oft als Sprachschablone aufscheint: als „typisch anorektisches Bild", „wie alle kachektischen Mädchen", oder als „typische Anorexiemutter".

Erst ab 1982 kommt es zu einer vermehrten kritischen Auseinandersetzung. Sie wird signalisiert durch den Gebrauch von Termini wie „anorektische Symptomatik" oder, beschreibend, „Essensverweigerung" oder „phasenspezifische Störung mit anorektischer Symptomatik".

Diese Entwicklung kulminiert in der Abspaltung einer neuen Diagnosekategorie, der Bulimie, und in der Infragestellung der klassischen Diagnose.

Anhand der Auflistung der Anorexieliteratur in der Medline-Datenbank ist nachvollziehbar, daß dieser Prozeß keine klinische Wiener „Monokultur" darstellt (Abb. 5). Vielmehr ist er die Widerspiegelung einer allgemeinen wissenschaftlichen Bewegung. So ist die Abspaltung der Bulimie in der Literatur durch langdauernde Auseinandersetzungen mit dem Erbrechen bei Anorexie vorbereitet und bewirkt durch ihre explizite und akzeptierte Definition einen drastischen Abfall der herkömmlichen Anorexiepublikationen.

Wiederum in diesem Trend liegen die Veröffentlichungen der untersuchten Klinik, die in die Hochblüte der Anorexiebearbeitung fallen.

Nur als Nebenbemerkung sei angefügt: Der Diskurs wurde vom angloamerikanischen Raum angeregt und wird in englischer Sprache geführt. Die bewegungsarme Linie stellt die deutschsprachigen Publikationen dar.

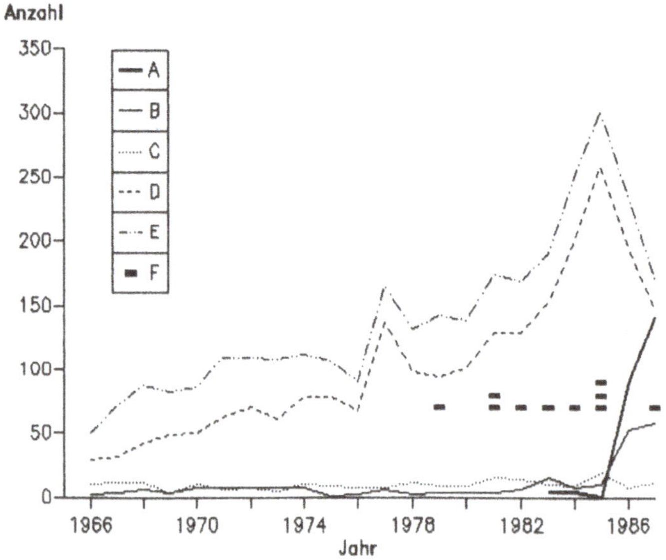

Abb. 5. Literatur über Anorexia nervosa (Medline-Datenbank). *A* Bulimie, gesamt; *B* Anorexia nervosa und Erbrechen; *C* Anorexia nervosa, deutschsprachige Literatur; *D* Anorexia nervosa, englischsprachige Literatur; *E* Anorexia nervosa, gesamt; *F* Publikationen von Mitarbeitern der untersuchten Klinik (jede Markierung entspricht einer Publikation)

Inhaltliche Auseinandersetzung

Erst mit zunehmender diagnostischer Sicherheit kam es zu einer inhaltlichen Auseinandersetzung. Diese war und ist sicherlich abhängig von der therapeutisch-wissenschaftlichen Ausrichtung der Teammitglieder und läuft in der ersten Hälfte des Beobachtungszeitraums auf 2 Schienen:

Die 1. Zugangsschiene bemüht sich um eine kausale Verbindung zu psychodynamischen Modellen, wobei hier intrapsychische Prozesse im Zentrum der Beobachtung stehen.

Dies wurde anhand der explizit geäußerten Hypothesen zur Entstehung der Symptomatik überprüft (Abb. 6). Dabei haben wir folgende Zuordnungen vorgenommen: Kolumne N steht für jene Krankengeschichten, in denen keine explizite Hypothese ermittelt werden konnte. Der undifferenzierten, oberflächlichen Hypothesenbildung entspricht Kolumne A. In Kolumne B sind alle jene Hypothesen zusammengefaßt, die sich inhaltlich an psychodynamischen Vorstellungen oder an rein tiefenpsychologischen Theorien orientieren – dabei aber auch durchaus reaktiven Momenten auf Umweltgeschehnisse Rechnung tragen. Insgesamt wird in diesem Hypothesenkomplex das Krankheitsgeschehen auf den Patienten als Individuum bezogen. Schließlich beinhaltet Kolumne C Hypothesen, die den Patienten in seiner Wechselbeziehung zu seinem Umfeld wahrnehmen – also interaktionistische, familiendynamische oder systemische Sichtweisen und explizite Einbeziehung des sozialen Kontexts.

Auch hier ist ein eindeutiger Wandel erkennbar. Bereits in der zweiten Phase, bis 1977, dominieren Erklärungsversuche über intrapsychische und reaktive

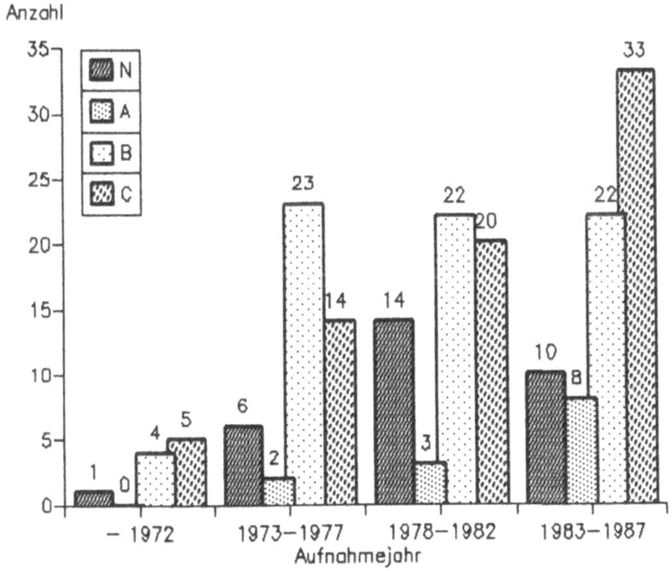

Abb. 6. Explizite Hypothesen (Mehrfachnennungen möglich; Erläuterungen s. Text)

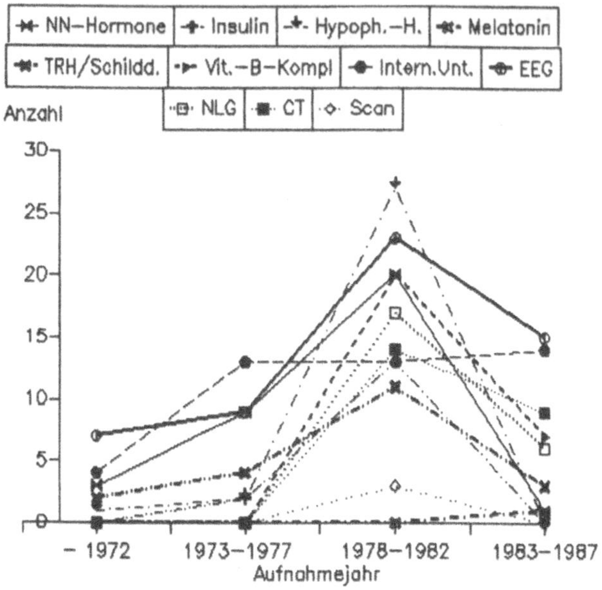

Abb. 7. Erhobene organmedizinische Befunde (Mehrfachnennungen möglich)

Mechanismen, die dann aber stagnieren. Eine stetige Aufwärtsentwicklung ist bei der interaktionistischen Interpretation zu verzeichnen. Diese Entwicklung steht zumindest teilweise mit dem neuen Paradigma der systemischen Sichtweise in Zusammenhang.

In der 2. Zugangsschiene setzt das organmedizinische Interesse im Vergleich dazu etwas verzögert ein; es führt aber dann rapide zu einer derartigen Kulmination, daß manche Patienten nur zur organischen Durchuntersuchung stationär aufgenommen werden (Abb. 7).

Bis 1982 scheint hier der Sättigungspunkt erreicht, und zwar durch die gelungene Publikation und durch die platzgreifende Erkenntnis, daß der organzentrierte Ansatz in der bisherigen Form großenteils irrelevante Resultate erzielt.

Entwicklung der Behandlungskonzepte

Wie wirken sich nun Diagnosen- und Hypothesenentwicklung auf das Prozedere aus?

Die Behandlungsstrategie emanzipiert sich nur zögernd von den „üblichen“ psychiatrischen Zugriffen. So finden sich in den ersten Jahren eine Insulinschock- und eine Elektroschockbehandlung. Die Gabe von Psychopharmaka zieht sich quer durch den Beobachtungszeitraum.

Wiederum mit dem Bisherigen gut in Beziehung zu setzen ist, daß sich bis zur endgültigen Fixierung der typischen Diagnose kein konkretes Behandlungskonzept ermitteln läßt (Abb. 8, Kolumne D).

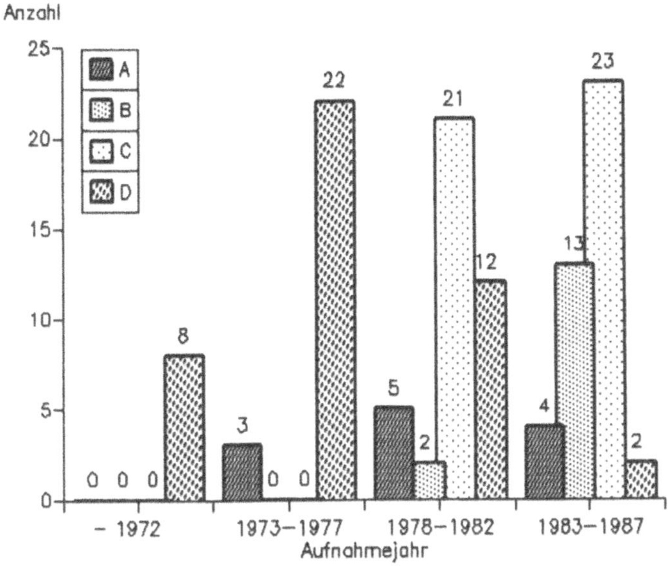

Abb. 8. Behandlungskonzepte. *A* flexibles, patientenorientiertes Programm; *B* gemäßigtes, verhaltensmodifizierendes Programm; *C* strenges, verhaltenstherapeutisch orientiertes Programm; *D* ohne konkretes Behandlungskonzept

Im Zeitraum 1973–1977 werden dann vereinzelt flexible, patientenorientierte Behandlungskonzepte angeboten. Danach kommt es an der relativ kleinen Klinik (36 Betten) zu einer Aufspaltung: eine Station entwickelt ein verhaltenstherapeutisch orientiertes, strenges Anorexieprogramm (gekennzeichnet beispielsweise durch Interaktionsrestriktionen oder die Ernährung per Sonde als Sanktion im Rahmen dieses Programms). Die andere Station versucht, die flexible, patientenorientierte Betreuung fortzuführen. Im Zeitraum der vergangenen fünf Jahre stellt diese Station aber schließlich auch auf ein gemäßigtes, verhaltensmodifizierendes Programm um.

Somit setzt sich die kritische Auseinandersetzung, die in der Hypothesenbildung vorzufinden war, nicht eindeutig im stationären Behandlungskonzept um, sondern spiegelt sich eher im differenzierten psychotherapeutischen Angebot, das hier jedoch nicht näher dargestellt wird.

Schlußfolgerung

Aufgrund dieser exemplarischen Beobachtungen kann man schließen, daß die Etablierung der Diagnosekategorie „Anorexia nervosa" und der damit verbundenen Handlungsmaximen eine phasenhaft ablaufende Entwicklung ergibt, daß es sich also weder um ein „fait accomplit" handelt, noch um den Ausdruck einer stabilen wissenschaftlichen Objektivität.

Zu Beginn steht der aus dem wissenschaftlichen Raum gesetzte Impuls – quasi ein „Marker", der die Anorexie zur besonderen Kategorie erhebt: Es setzt das

Training der diagnostischen Wahrnehmungsfähigkeit ein. Dabei steht im Vordergrund ein suchender Klassifizierungsprozeß, der sich an die Vorgaben der Literatur hält. Es bleibt bei eher unstrukturierten Behandlungsversuchen.

Dann – mit dem Fixieren der Diagnose und deren Allgemeinverbindlichkeit – wächst das erkenntnistheoretische Interesse, das aber wiederum von den dogmatischen Vorgaben der Institution begleitet wird. An der beschriebenen Klinik sind das individualpsychologische Ansätze. Die zweite Zugangsdimension ist in dieser Phase die organmedizinische Befundgewinnung.

Mit der Absättigung dieser Interessen und der endgültigen Etablierung der Diagnose werden in der dritten Phase die vorher spärlich konturierten Behandlungsansätze zu Routineprogrammen. Der Aufwand organmedizinischer Untersuchungen trägt literarische Früchte, das Erkenntnisinteresse stagniert.

In der letzten Phase gerät durch eine zunehmend kritische Auseinandersetzung und die Einführung eines neuen Paradigmas (die systemische Sichtweise) die Hypothesenbildung in Fluß. Eine neue diagnostische Kategorie – die Bulimie – tritt unter ähnlichen Anzeichen wie zuvor die Anorexie ins Blickfeld. Die Umsetzung der Hypothesen in den Behandlungsalltag ist allerdings gering.

Gerade in dieser gerafften und pointierten Darstellung zeichnet sich ein Muster ab, das bereits mit der diagnostischen Erfassung der Bulimie seine Fortsetzung in eine benachbarte Diagnosekategorie findet. Obwohl es sich dabei nur um einen kleinen Ausschnitt des medizinischen Feldes handelt, scheint doch der Ansatz zulässig – zumindestens für den Bereich der Psychiatrie –, diesen speziellen Modus der Diagnosegewinnung, der Hypothesenbildung und des darauffolgenden Behandlungsangebots als Ausdruck eines allgemeineren medizinisch-wissenschaftlichen Geschehens zu sehen. Die Verstrickung des einzelnen in der momentanen medizinischen Tätigkeit läßt kaum einen derartigen Einblick zu; und gerade dadurch wird ein Objektivitätsanspruch gewisser medizinischer Sichtweisen suggeriert. Dadurch wird Kritikfähigkeit, Kreativität und der Mut zur patientenbezogenen Umgestaltung von Behandlungsangeboten manchmal stark behindert.

Somit war das Anliegen dieser Darstellung einerseits der Hinweis auf ein wissenschaftstheoretisch relevantes Muster, das gerade im psychiatrischen Bereich Automatismen bewirken kann; andererseits sollte gerade durch das konkrete Beispiel die Möglichkeit angeboten werden, eine Standortbestimmung der eigenen Tätigkeit in diesem Entwicklungsprozeß vornehmen zu können – und das ist ja u. a. eine Voraussetzung für reflektiertes, patientenbezogenes Handeln.

Literatur

Fichter MM (1985) Magersucht und Bulimia. Springer, Berlin Heidelberg New York Tokyo

Kuhn TS (1976) Die Struktur wissenschaftlicher Revolutionen. Suhrkamp, Frankfurt am Main

Minuchin S, Rosman BL, Backer L (1981) Psychosomatische Krankheiten in der Familie. Klett-Cotta, Stuttgart

Rathner G (1985) Anorexia nervosa: Diagnose, Früherkennung und Behandlungskonzept. Padiatr Padol 20:135–142

Selvini-Palazzoli M (1986) Magersucht. Klett-Cotta, Stuttgart

Szmukler G, McCance C, McCrone L, Hunter D (1986) Anorexia nervosa: a psychiatric case register study from Aberdeen. Psychol Med 16:49–58

Thomä H (1961) Anorexia nervosa – Geschichte, Klinik und Theorien der Pubertätsmagersucht. Huber/Klett, Bern/Stuttgart

Die Bulimie vor ihrem Boom: empirische Befunde zur Entwicklung des Bulimiesyndroms

C. von Essen und J.B. Gutmann

Zusammenfassung

Anhand von 82 Bulimiefällen aus den vergangenen 2 Jahrzehnten wird gezeigt, daß das Symptom des selbst herbeigeführten Erbrechens im genannten Zeitraum in seiner Häufigkeit signifikant zugenommen, während gleichzeitig das Körpergewicht der Patientinnen abgenommen hat. Beide Veränderungen werden im Zusammenhang mit dem seit Ende der 60er Jahre sich wandelnden weiblichen Körperideal interpretiert, das zum kulturellen Hintergrund der bulimischen Eßstörung in ihrer heutigen Form gehört.

Schlüsselbegriffe: Bulimie, weibliches Körperideal, Geschlechtsspezifität, Kulturspezifität.

Ebenso wie die Magersucht, die seit Mitte des 19. Jahrhunderts beschrieben wird, ist die Bulimie offenbar eine kultur- und geschlechtsspezifische Störung, die überwiegend bei jungen Frauen im Alter zwischen 15 und 25 Jahren auftritt.

Bei der Vielzahl heute gängiger und diskutierter nosologischer wie syndromatischer Bestimmungen haben wir uns dafür entschieden, das Bulimiesyndrom in Anlehnung an das DSM-III-R (1989) auf der Verhaltensebene folgendermaßen zu definieren: Häufige, zeitlich begrenzte, nicht kontrollierbare Freßanfälle, wobei große Mengen hochkalorischer Nahrung aufgenommen werden, bei dem gleichzeitigen Bestreben, das Körpergewicht im Normalbereich konstant zu halten. Dies geschieht mittels selbst herbeigeführten Erbrechens, Einnahme von Laxanzien, Appetitzüglern oder Diuretika sowie durch restriktives Essen im Intervall.

Das Syndrom scheint, ähnlich wie die bulimische Form der Magersucht, ein neuartiges Phänomen zu sein. Während bis zur Mitte der 70er Jahre nur relativ wenige Fachveröffentlichungen über diese Eßstörung erschienen sind, stieg seitdem die Anzahl der wissenschaftlichen wie der journalistischen Publikationen sprunghaft an – ein Trend, der die Prävalenz der Erkrankung sowohl widerspiegelt als vermutlich auch beeinflußt.

Auf individueller Ebene lassen die Alters- und Geschlechtsspezifität der Bulimie vermuten, daß ihr u. a. Konflikte des Übergangs von der Adoleszenz zur weiblichen Erwachsenenrolle zugrunde liegen. Aus historischer Perspektive legt die Häufigkeitszunahme seit Beginn der 70er Jahre zudem einen Zusammenhang mit dem veränderten weiblichen Körperideal in unserer Kultur nahe. Seit dem Ende der 60er Jahre propagieren Sozial- und Präventivmediziner ebenso wie

Söllner et al. (Hrsg.) Sozio-psycho-somatik

Ernährungswissenschaftler den schlanken, „idealgewichtigen" Körper, der uns vor Herz- und Kreislauferkrankungen ebenso zu schützen verspricht, wie er nach außen Leistungsfähigkeit und Fitneß, Autonomie und Selbstkontrolle signalisiert. Eine parallele Entwicklung vollzieht sich in der Mode, die dabei auch den veränderten sozialen Anforderungen an die Frauen klischeehaften Ausdruck verleiht.

In den USA fanden Garner etal. (1980) bei der Untersuchung der Körpermaße von Fotomodellen im *Playboy*, von Schönheitsköniginnen und von Frauenzeitschriften aus den Jahren zwischen 1959 und 1979 einen signifikanten Trend zur schlanken, eher knabenhaften weiblichen Figur und eine gleichzeitige Zunahme von Diätvorschlägen.

Eine vergleichbare Untersuchung für die Bundesrepublik Deutschland bzw. Westeuropa liegt bislang nicht vor. Mit einiger Sicherheit können wir aber davon ausgehen, daß der von Garner etal. nachgewiesene Trend auch bei uns Gültigkeit besitzt. Im Bereich der medizinischen Gesundheitsfürsorge läßt sich dies beispielsweise an den alle 4 Jahre erscheinenden Ernährungsberichten der Deutschen Gesellschaft für Ernährung (1972, 1976, 1980, 1984) beobachten. Seit 1972 wird darin konstant zu Aufklärungskampagnen gegen das gefürchtete, weit verbreitete und gefährliche Übergewicht aufgerufen. Daß das durch Medizin, Medien und Mode propagierte Schlankheitsideal inzwischen eine sicher lukrative „Diätindustrie" hervorgebracht hat, ist evident.

Aus den Ernährungsberichten geht ebenfalls hervor, daß diese öffentliche Präokkupation mit Körpergewicht und Ernährung seit Ende der 60er Jahre Wissens-, Einstellungs- und Gewichtsveränderungen in der Bevölkerung tatsächlich auch bewirkt hat. Immer mehr Menschen wissen heute, was „Ernährungssünden" sind und wie man für sie büßen muß. Immer mehr Menschen lehnen Dicke und Dicksein nicht bloß aus gesundheitlichen oder ästhetischen Gründen ab. Immer mehr weibliche Jugendliche zwischen 14 und 17 Jahren sind untergewichtig (Deutsche Gesellschaft für Ernährung 1972, 1976, 1980, 1984). Wenn heute Frauen wie Männer, Kinder wie Greise der allgemeinen Schlankheitsforderung unterliegen, so sind es v. a. weibliche Jugendliche und junge Frauen, also die „Risikopopulation für Bulimie und Magersucht", die das schlanke Mode-, Gesundheits- und Fitneßideal so gründlich internalisiert haben, daß es infolgedessen auch handlungswirksam wird (Reinberg u. Baumann 1986; Rodin etal. 1985).

Die Bulimie gibt es aber bekanntlich nicht erst seit dem Beginn der Schlankheitswelle. Dies haben Ziolko u. Schrader (1985) ausführlich dokumentiert. Unter dem Namen „Kynorexie" war schon seit der Antike ein Krankheitsbild bekannt, das von abnorm starkem Nahrungsverlangen und folgendem Erbrechen gekennzeichnet war. Im Unterschied zum heutigen Bulimiesyndrom verlief diese Störung aber ohne aktive Gewichtskontrolle und betraf offenbar v. a. Männer. 1932 hat Wulff über Patientinnen berichtet, deren Freßanfälle hinsichtlich Ausprägung und psychischer Dynamik den heute zu beobachtenden gleichen (vgl. auch Ziolko 1966). Die entscheidende Veränderung betrifft neben der quantitativen Zunahme der früher eher selten beobachteten bulimischen Symptomatik also v. a. das intensive Bestreben, trotz der Freßanfälle schlank zu bleiben. Zwar geht aus Wulffs Krankengeschichten hervor, daß die Patientinnen ihr Dickwerden ablehnten, jedoch verfielen sie nicht auf die Methode des Erbrechens. Insbesondere das selbstinduzierte Erbrechen ist heute aber in den allermeisten Fällen Bestandteil des Krankheitsbildes und unterhält den bulimischen Teufelskreis. Die vom kulturellen Schlankheitsideal geforderte verstärkte Selbstkontrolle beim Essen provoziert im Gegenzug unkontrollierte Durchbrüche, die wiederum durch effektive Gegenmaßnahmen korrigiert werden müssen.

Wir vermuten daher, daß das Erbrechen – eine zugleich hocheffiziente, jederzeit verfügbare und keine Abstinenz erfordernde Methode – auch als Antwort auf die erhöhten Idealforderungen anzusehen ist und somit die jüngere Entwicklung des Syndroms kennzeichnet.

Mit dieser Idee untersuchten wir eine Stichprobe von 82 Patientinnen anhand ihrer Krankenakten.[1] Sie waren in der Zeit von 1966 bis 1987 stationär psychotherapeutisch behandelt worden und wiesen das Symptom der typischen bulimischen Freßanfälle auf. Aus der ursprünglichen Stichprobe von 99 Patientinnen haben wir 13 ausgeschlossen, die die von uns gesetzte Gewichtsgrenze von 75% des Broca-Referenzgewichts (Körpergröße - 100 = kg KG) unterschritten. Obwohl die Grenze zwischen Bulimie und bulimischer Magersucht klinisch bekanntlich fließend ist, wollten wir Patientinnen, die bei Behandlungsbeginn anorektisch waren, nicht miteinbeziehen. Weitere 4 Patientinnen wurden ausgeschlossen, da deren Krankenblätter eine gesicherte Bulimiediagnose nach DSM III nicht zuließen.

Das durchschnittliche Alter bei Behandlungsbeginn liegt in der Stichprobe bei 22,9 (SD = 3,66), bei Krankheitsbeginn bei 18,2 Jahren (SD = 3,7). Die mittlere Erkrankungsdauer liegt bei 4,7 Jahren (SD = 3,3), die Gewichtsschwankungen im Mittel bei 15,7 kg (SD = 6,8). Der Mittelwert des Broca-Referenzgewichts beträgt 91,2% (SD = 12,3). 68,3% der Stichprobe erbrachen regelmäßig, 49,4% verwendeten Laxanzien, 22% Appetitzügler, 74,4% versuchten zu fasten. Die Stichprobe umfaßt die Geburtsjahrgänge zwischen 1933 und 1968.

An diesem Datenmaterial überprüften wir folgende Hypothesen:

1) Selbstinduziertes Erbrechen als gewichtskontrollierende Maßnahme und Teil des Bulimiesyndroms nimmt im Zeitraum zwischen 1966 und 1987 bei den Patientinnen in seiner Häufigkeit signifikant zu.
2) Das Körpergewicht der Patientinnen bei Behandlungsbeginn, gemessen am Broca-Referenzgewicht, nimmt im selben Zeitraum signifikant ab.

Bei der Überprüfung der 1. Hypothese zeigte sich ein deutlicher Zusammenhang sowohl zwischen dem Geburts- als auch dem Behandlungsjahr und der Praxis des Erbrechens, das im Beobachtungszeitraum in seiner Häufigkeit signifikant zunahm (r = 0,53 bzw. r = 0,55, p = 0,0001). Zusätzlich teilten wir die Stichprobe in 3 Kohorten: 1. die Geburtsjahrgänge zwischen 1933 und 1950, 2. die Geburtsjahrgänge zwischen 1951 und 1959, 3. die Geburtsjahrgänge zwischen 1960 und 1968. Es ergaben sich dann varianzanalytisch signifikante Unterschiede (p = 0,05) zwischen Kohorte 1 mit 31,8% „Erbrechern" und Kohorte 2 mit 72,7% sowie Kohorte 3 mit 92,6% (Abb. 1). Alle Patientinnen der Stichprobe lehnten ihr reales

[1] Der größte Teil der Krankenakten stammt aus dem Archiv der Psychiatrischen und Neurologischen Klinik am Universitätsklinikum Charlottenburg, Berlin, aus den Jahren, als Prof. Dr. H. U. Ziolko Leiter der Station und der Psychotherapeutischen Studentenberatungsstelle war.

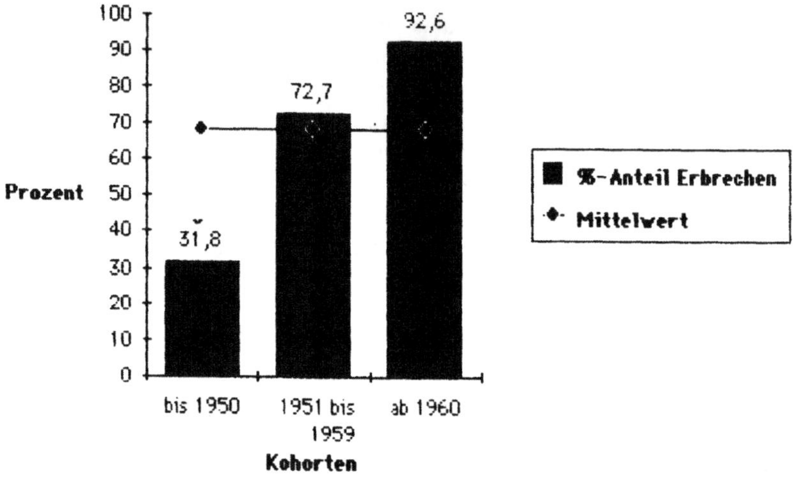

Abb. 1. Prozentualer Anteil „Erbrechen" in den 3 Kohorten

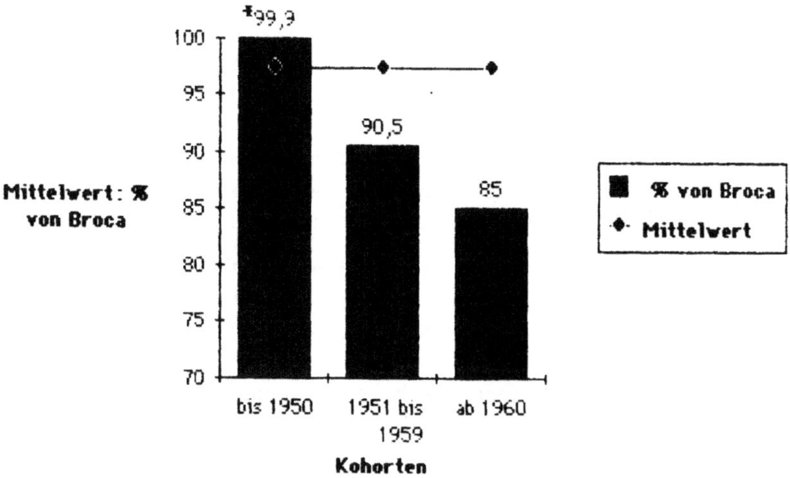

Abb. 2. Broca-Gewicht in den 3 Kohorten

oder bloß befürchtetes Dicksein ab. Keine signifikanten Kohortenunterschiede bestanden hinsichtlich des Ausmaßes der Gewichtsschwankungen, der Krankheitsdauer, der Einnahme von Laxanzien und Appetitzüglern sowie des Fastens.

Bei der Überprüfung der 2. Hypothese zeigte sich ebenfalls ein deutlicher, und zwar negativer korrelativer Zusammenhang zwischen dem Geburts- bzw. Behandlungsjahr und dem Körpergewicht, gemessen am Broca-Index ($r = -0{,}54$ bzw. $r = -0{,}53$, $p = 0{,}0001$). Da Patientinnen früherer Jahrgänge sowohl bei Erkrankungs- als auch bei Behandlungsbeginn durchschnittlich etwas älter waren, rechneten wir zusätzlich Partialkorrelationen, bei denen das Alter konstant gehalten wurde.

Die Partialkorrelationen zwischen Geburts- bzw. Behandlungsjahr und Körpergewicht betragen r = –0,43 bzw. r = –0,53, p = 0,0001. Der Mittelwert der 1. Kohorte liegt bei 99,9% von Broca, der Mittelwert der 2. Gruppe bei 90,5% und der der 3. Gruppe bei 85%. Varianzanalytisch ergeben sich signifikante Unterschiede zwischen Kohorte 1 und 2 und zwischen 1 und 3 (p = 0,05) (Abb. 2).

Die Befunde bestätigen unsere Hypothesen. Sie zeigen eine deutliche Zunahme des selbstinduzierten Erbrechens in Kombination mit bulimischen Anfällen in den vergangenen 2 Jahrzehnten, während das Körpergewicht der Patientinnen sich signifikant vom Broca-„Normalgewicht" auf das Broca-„Idealgewicht" reduziert. Beide Entwicklungen stützen die Annahme, daß sich das Bulimiesyndrom in seiner heutigen Form erst in den letzten Jahrzehnten entwickelt und verbreitet hat und in seiner Erscheinung und Dynamik die kulturelle Präokkupation mit Ernährung und Schlanksein aufgreift.

Um Mißverständnissen vorzubeugen, möchten wir hinzufügen, daß das Erbrechen allen Patientinnen intrapsychisch wie interpersonell mehr bedeutet als eine effektive Methode zur Gewichtskontrolle. Das englische Wort „purging" als Oberbegriff für künstliches Erbrechen und Abführen läßt anklingen, worum es den Patientinnen – bewußt und unbewußt motiviert – noch geht: die schmerzhafte Reinigung und manchmal lustvolle Bestrafung des verachteten bulimischen Selbst durch die gewaltsame Wiederausstoßung der bösen Speisen. Auch damit sind sicher nur die obersten Schichten der zugrundeliegenden Dynamik angedeutet, die allerdings nicht Gegenstand dieses Beitrags sein sollte. Ebensowenig sollen die vorliegenden empirischen Befunde dazu dienen, das Bulimiesyndrom im Sinne direkter Kausalität als Folge der Schlankheitswelle zu verstehen, da wir hier nur einen Aspekt eines viel komplexeren Zusammenhangs beleuchtet haben.

Fragt man die Patientinnen, so fürchten sie überraschenderweise nicht so sehr den Verlust ihrer körperlichen Attraktivität. Vielmehr ist Dickersein für sie ein Zeichen von Schwäche, Kontrollverlust und Triebhaftigkeit sowie einer Form von Weiblichkeit, die sie fürchten und ablehnen.

Literatur

Deutsche Gesellschaft für Ernährung (Hrsg) (1972, 1976, 1980, 1984) Ernährungsbericht 1972, 1976, 1980, 1984. Henrich, Frankfurt am Main

DSM-III-R (APA) (1989) Diagnostisches und statistisches Manual psychischer Störungen DSM-III-R. Beltz, Weinheim Basel (dt. Bearbeitung und Einführung von H.-U. Wittchen et al.)

Garner DM, Garfinkel PE, Schwartz D, Thompson M (1980) Cultural expectations of thinness in women. Psychol Rep 47:483–491

Reinberg K, Baumann U (1986) Gewichtskontrolle und Gewichtsregulation: eine empirische Studie über die Häufigkeit einzelner Methoden. Psychother Med Psychol 36:392–398

Rodin J, Silberstein L, Striegel-Moore R (1985) Women and weight: a normative discontent. In: Nebraska Symposium on Motivation 1984, vol 32. Nebraska Univ Press, Lincoln, London, pp 267–307

Wulff M (1932) Über einen interessanten oralen Symptomenkomplex und seine Beziehung zur Sucht. Int J Psychoanal 28:281–302

Ziolko HU (1966) Hyperphagie und Anorexie. Nervenarzt 37:400–406

Ziolko HU, Schrader HC (1985) Bulimie. Fortschr Neurol Psychiatr 231–258

Soziale Adaptivität von Coping bei Rückenoperierten

L. Valach, K. F. Augustiny, A. Blaser, J. Dvorak, P. Fuhrimann, W. Tschaggelar und E. Heim

Zusammenfassung

Ein Teil der Rückenoperierten weist soziale Probleme auf. Andere Patienten berichten, trotz gleicher Rückenbeschwerden, über eine gute soziale Anpassung. Es wird postuliert, daß gewisse Bewältigungsformen sozial adaptiv und andere sozial maladaptiv sind. Eine Stichprobe (n = 135) wurde aus einer Patientenpopulation, die einen Fragebogen beantwortet hat (n = 435), gezogen. Es wurden 3 Gruppen gebildet: 1. ohne Schmerzen (n = 51), 2. mit Schmerzen, ohne Invalidenrente (n = 40), 3. mit Schmerzen und Invalidenrente (n = 44). 8–18 Jahre postoperativ wurde ein halbstrukturiertes Interview über die Bewältigung der rückenschmerzbezogenen Probleme vor und nach der Operation und über soziale Anpassung durchgeführt. Es zeigte sich, daß je nach dem Ausmaß der Beschwerden unterschiedliche Bewältigungsformen als sozial adaptiv bzw. als maladaptiv bezeichnet werden können, z. B. nichtberentete Patienten mit Beschwerden, die gute soziale Anpassung aufweisen, beschrieben oft „Akzeptieren“, „Optimismus“ und „Zuwendung“, sehr selten oder nie „passive Kooperation“ und „sozialen Rückzug“. Letztere wurden oft von Patienten beschrieben, die schlechte soziale Anpassung aufweisen. Die Resultate dieser korrelationalen Studie wurden als Differenzierung der Hypothese über die Adaptivität des Copings interpretiert.

Schlüsselbegriffe: chronische Rückenschmerzen, Coping.

Einleitung

In der psychosomatischen Medizin wurde die einfache Vorstellung überwunden, daß eine Person mit bestimmten psychologischen Charakteristika oder spezifischen Konflikten und Problemen prädisponiert ist, bestimmte Krankheiten zu entwickeln.

Unified medico-psycho-social or multifactorial concept of all diseases are now preferred (Crown 1978).

Dennoch bilden die Forschungsarbeiten, in welchen die Autoren versuchen, anhand von Persönlichkeitstests – in der Mehrheit des MMPI – die Voraussage des Operationserfolgs zu verbessern, den größten Teil der psychosozialen Studien zu Rückenbeschwerden (Garron u. Leavitt 1983; Herron u. Pheasant 1982; Bradley u. van der Heide 1984; Naliboff et al. 1982).

Söllner et al. (Hrsg.) Sozio-psycho-somatik

Die Untersuchungen, in denen die sozialen Aspekte der Patienten mit Rükkenbeschwerden erfaßt wurden, sind weit weniger häufig. Dabei stellen die Rükkenerkrankungen v. a. ein soziales Problem dar (Schuler 1981). Soziale Aspekte als Bedingungen von Rückenschmerzen werden meistens, wenn auch mit gemischtem Erfolg, als „life events" (Holmes u. Rahe 1967) konzeptualisiert (Leavitt etal. 1978; Feuerstein etal. 1985; Krüskemper etal. 1986).

Andere Autoren versuchen, die psychologischen und sozialen Aspekte der Rückenschmerzen zusammen zu erfassen (Singer u. Oellinger 1983). Alternativ werden die psychosozialen Aspekte bereits in die Definition der Rückenschmerzen integriert (Turk u. Rudy 1987) oder als „quality of life" konzeptualisiert (Chambers etal. 1982). Nun erlaubt aber die Gegenüberstellung der Rückenbeschwerden und der persönlichkeitspsychologischen und sozialen Aspekte keine dynamische Konzeptualisierung dieser Prozesse. Dafür sind eher Ansätze und Untersuchungen geeignet, deren Autoren sich für Skills, Strategien und v. a. für Bewältigungsprozesse im Verlaufe einer Krankheitskarriere interessieren. Die Auseinandersetzung um das Copingkonzept ist heute weit über das nichtempirische Stadium hinaus. Aber auch in der Mehrheit dieser Studien wurde die Zielvariable, auf die das Coping hin betrachtet wurde, eng auf die Beschwerden selbst beschränkt. Coping mit Schmerz, Streß, Depression, Angst und Aggression (Schmermelleh-Engel u. Kies 1986) und Coping mit Schmerz (Rosenbaum 1980) sind nur einige Beispiele dafür.

Den Grundprinzipien der biopsychosozialen Betrachtungsweise folgend, sind jedoch die Prozesse einer Krankheit viel umfassender zu betrachten. Copingprozesse werden auf verschiedene Aspekte im Krankheitsprozeß gerichtet und beeinflussen auch verschiedene Teile in diesem Geschehen. So kann die Bewältigung einer Erkrankung auch dann als sehr erfolgreich betrachtet werden, wenn sie z. B. die sozialen Aspekte des Patienten wesentlich verbessert.

Wir sind überzeugt, daß es ein geeignetes Coping gibt, das bei gleichen Beschwerden mit besserer sozialer Anpassung zusammenhängt. Wir wollen aufzeigen, welche Copingformen als sozial adaptiv und welche als sozial maladaptiv bezeichnet werden können.

Methodik

Unsere Studie wurde als Teil einer großen Katamnesestudie der Neurologischen Universitätsklinik Bern durchgeführt. Es wurden Krankengeschichten aller Patienten (n = 672), die sich an der Neurochirurgischen Klinik der Universität Bern in den Jahren 1965, 1970, 1974 und 1975 einer Diskushernienoperation unterzogen haben, analysiert (Dvorak etal. 1988). 423 (63%) Patienten beantworteten im Jahre 1983 einen Fragebogen über ihre momentane berufliche Situation, Arbeitsunfähigkeit und Schmerzen. Diese Patienten unterschieden sich von der gesamten Patientenpopulation weder in ihren soziodemographischen Merkmalen (Geschlecht, Alter zur Zeit der Operation, Alter zur Zeit der Untersuchung, Ausmaß der physischen Anstrengung im Beruf präoperativ) noch in ihrem Krankheitsverlauf (Dauer der Beschwerden, Hospitalisationsdauer) oder ihren prä- und postoperativen Befunden (antalgische Haltung, Niveau der Hypästhesie, Hartspann, Parese, Operationsbefund und dem abschließenden neurologischen Befund) (mehr über den Vergleich dieser beiden Gruppen s. Valach et al. 1988).

Auf die postalische Anfrage haben auch 68 Invalidenrentner reagiert, die alle um Teilnahme an der Untersuchung ersucht wurden. 44 von ihnen nahmen auch teil. Aus den 355 restlichen Patienten wurden zufällig, jedoch hinsichtlich Alter, Geschlecht, Sprache und Jahr der Operation mit den Rentnern vergleichbar, 51 Patienten ohne Beschwerden und 40 Patienten mit Beschwerden, aber ohne eine Invalidenrente, ausgewählt. Diese 3 Gruppen von Patienten wurden weiter untersucht. Gruppe 1: Patienten ohne Beschwerden (n = 51), Gruppe 2: Patienten mit Beschwerden, ohne Rente (n = 40), Gruppe 3: Patienten mit Beschwerden und Rente (n = 44).

Wir konnten keine Unterschiede zwischen den 3 Gruppen feststellen, weder hinsichtlich Geschlecht, Alter zur Zeit der Operation, Alter zur Zeit der Untersuchung noch hinsichtlich der Dauer der präoperativen Beschwerden, der Hospitalisationsdauer, dem Operationsbefund, dem Operationsniveau oder dem unmittelbar postoperativen neurologischen Befund. Hervorzuheben ist nur, daß sich die 3 Gruppen in einigen relevanten somatischen Aspekten zur Zeit der Untersuchung unterschieden haben (z. B. Hartspann, Laseque) und daß dementsprechend ihr Schmerzerleben auch somatisch eruiert werden konnte, wenn auch nicht in dem erwarteten Ausmaß (vgl. Valach et al. 1988).

Die psychosoziale Untersuchung wurde zum Zeitpunkt der katamnestischen Abklärung in der neurologischen Universitätsklinik Bern in den Jahren 1983–84 durchgeführt. In einem semistrukturierten Interview wurden die Bewältigungsformen (BEFO; Heim et al. 1986) und das Ausmaß der sozialen Anpassung (SAS = Soziale Anpassungsskala; Heim et al. 1982) eingeschätzt. Es wurden 25 unterschiedliche Bewältigungsformen formuliert (Heim et al. 1986) und in ihrem Vorkommen und evtl. auch in ihrer Relevanz eingeschätzt. Die soziale Anpassung wurde nach dem modifizierten Konzept von Barrabee et al. (1955; Heim et al. 1982) erfaßt. In 5 Lebensbereichen wurden 14 Aspekte detailliert eingeschätzt.

Ergebnisse

Soziale Anpassung

Die Patienten mit Beschwerden, v. a. solche mit Rente, beschrieben ihre berufliche und finanzielle Situation negativer als die Patienten ohne Beschwerden. Sie berichteten auch über schlechtere partnerschaftliche und eheliche Beziehungen als die beschwerdefreien Patienten. Ihr soziales Leben (Ausgehen, mit anderen Kontakte pflegen) schien ebenfalls weniger befriedigend zu sein (vgl. Valach et al. 1988). Daran zeigt sich u. a., daß durch die Berentung nicht alle sozialen Schwierigkeiten aufgehoben werden und daß es neben den finanziellen Problemen auch eine Reihe von Schwierigkeiten gibt, an die mit anderen Mitteln herangegangen werden muß.

Es wird postuliert, daß ein wichtiger Zugang zu diesen Problemen die Bewältigungsformen der Patienten sein könnten. Die Funktionalität des Copings für verschiedene Krankheiten wird gegenwärtig intensiv untersucht (vgl. Heim etal. 1988). Auf der anderen Seite gibt es eine Anzahl von Forschungsresultaten, die darauf hinweisen, daß das soziale Leben und die soziale Unterstützung im besonderen einen Einfluß auf die Entstehung, den Verlauf und die Überwindung verschiedener Erkrankungen haben. Aus der Sichtweise der psychosozialen Medizin ist es wenig sinnvoll, die Forschungsansätze des „social support" und „coping" gegenseitig auszuspielen. Wir haben es hier mit komplexen systemischen Zusammenhängen zu tun, auf deren Beschreibung wir noch warten.

Coping

Wir fanden z. T. Unterschiede zwischen den einzelnen Gruppen der Patienten in der Art und Weise, wie sie ihre präoperativen und postoperativen Beschwerden und Schmerzen zu bewältigen versuchen.

Die Beschwerdenfreien (Gruppe 1) unterschieden sich von den Patienten mit Beschwerden und ohne Rente (Gruppe 2) in ihrem häufigeren Gebrauch von „ablenkendem Anpacken" und „Akzeptieren" und in ihrem selteneren Gebrauch von „Problemanalyse", „Rückzug", „Rumifizieren" und „Wut ausleben". Schließlich unterschieden sich auch die Patienten mit Beschwerden voneinander – je nachdem, ob sie eine Rente beziehen oder nicht. Die Berenteten (Gruppe 3) verwendeten häufiger „Kompensation", „Selbstbeschuldigung" und die Patienten mit Beschwerden, jedoch ohne Rente (Gruppe 2), dagegen „emotionale Entlastung" und „Wut ausleben".

Soziale Adaptivität von Coping

Innerhalb jeder Gruppe der Rückenoperierten gibt es Patienten, die eine schlechtere und andere, die eine bessere soziale Anpassung aufweisen.

Wie unterscheiden sich die Bewältigungsformen der Patienten innerhalb einer Gruppe, die schlechte soziale Anpassung aufweisen, von solchen, die über keine sozialen Probleme berichten und ihr soziales Leben als befriedigend beschreiben?

Das Instrument „Soziale Anpassungsskala" erlaubt uns, zwischen Patienten mit besserer und Patienten mit schlechterer sozialer Anpassung zu unterscheiden. Wenn wir die Einteilung in bessere und schlechtere soziale Anpassung durch den Punktemedian aller Patienten vornehmen, entfallen auf die Gruppe der Beschwerdefreien 8 Patienten mit schlechterer und 43 Patienten mit besserer sozialer Anpassung. In der Gruppe der Berenteten gibt es nur 4 Patienten mit besserer und 40 Patienten mit schlechterer sozialer Anpassung (Tabelle 1).

Ein Vergleich der Zusammenhänge zwischen sozialer Anpassung und den Bewältigungsformen in einzelnen Gruppen zeigt, daß viele der Bewältigungsformen in beiden Gruppen der sozialen Anpassung ähnlich sind. Wenn wir nur solche Bewältigungsformen berücksichtigen, die sich deutlich hinsichtlich der sozialen Anpassung unterscheiden, finden wir, daß der Zusammenhang zwischen den Bewältigungsformen und der sozialen Anpassung gruppenspezifisch ist. Die

Tabelle 1. Bewältigungsformen (*BEFO*) und soziale Anpassung (*SAS*) der Rückenoperierten (n = 135); (*SAS*–: schlechte, *SAS*+: gute soziale Anpassung)

BEFO	Gruppe 1 (Beschwerdefrei)				Gruppe 2 (Schmerzen, ohne Rente)				Gruppe 3 (Rente)			
	SAS– [%] n = 8	SAS+ [%] n = 43	Tau b	p	SAS– [%] n = 20	SAS+ [%] n = 20	Tau b	p	SAS– [%] n = 40	SAS+ [%] n = 4	Tau b	p
1 Ablenkendes Anpacken	75	63			35	35			33	25		
2 Ablenken	25	63	0,28	0,025	60	60			45	50		
3 Aktives Vermeiden	0	2			5	5			5	0		
4 Akzeptieren	63	58			20	45	0,27	0,048	43	75		
5 Altruismus	25	14			20	20			23	50		
6 Auflehnen	0	7			15	20			15	0		
7 Dissimulieren	0	12			5	5			10	0		
8 Emotionale Entlastung	50	44			60	50			40	25		
9 Haltung bewahren	63	33	–0,23	0,056	25	40			13	75	0,47	0,001
10 Isolieren	0	0			0	0			3	0		
11 Kompensation	25	14			25	10			40	0		
12 Konstruktive Aktivität	0	5			5	5			10	25		
13 Optimismus	25	21			0	25	0,38	0,009	5	25		
14 Passive Kooperation	0	5			15	0	–0,28	0,038	23	25		
15 Problemanalyse	0	5			0	5			8	0		
16 Religiosität	0	12			15	10			28	50		
17 Resignation	0	0			10	0			8	0		
18 Rückzug	25	2	–0,35	0,007	50	5	–0,50	0,001	18	0		
19 Rumifizieren	13	7			33	15			28	25		
20 Sinngebung	0	9			0	0			3	0		
21 Selbstbeschuldigung	0	0			0	10			23	25		
22 Valorisieren	13	0	–0,33	0,010	0	0			10	0		
23 Wut ausleben	25	7			20	35			8	0		
24 Zupacken	25	16			20	20			30	25		
25 Zuwendung	25	65	0,30	0,018	35	70	0,35	0,014	35	0		

Beschwerdefreien mit *guter* sozialer Anpassung berichteten öfter über „Ablenken“ und „Zuwendung“, die Patienten mit Beschwerden ohne Rente beschrieben eher „Akzeptieren“, „Optimismus“ und auch „Zuwendung“ und die Berenteten nur „Haltung bewahren“.

Die Beschwerdefreien mit *schlechter* sozialer Anpassung gebrauchten mehr „Haltung bewahren“, „sozialen Rückzug“, „Valorisieren“, die Patienten mit Beschwerden ohne Rente „passive Kooperation“, „sozialen Rückzug, und die Berenteten verwendeten weniger „Haltung bewahren“ als die Patienten mit besserer sozialer Anpassung. Zu betonen ist, daß der Gruppenmedian bei 55 Punkten liegt und bereits eine gute soziale Anpassung bedeutet.

Im nächsten Auswertungsschritt soll geprüft werden, ob Patienten, die mehrere solche adaptive Bewältigungsformen aufweisen, bessere soziale Anpassung zeigen als Patienten mit mehreren maladaptiven Bewältigungsformen. Anhand der Korrelation der Bewältigungsformen aller Patienten mit der sozialen Anpassung (geteilt in 2 Gruppen über den Median aller Patienten) bezeichnen wir „Zupacken“,

Tabelle 2. Patienten mit sozial adaptiven und/oder sozial maladaptiven Bewältigungsformen

		Anzahl der maladaptiven Bewältigungsformen						
	Anzahl % Zeile % Kolonne	0	1	2	3	4	Zeile Gesamt	
Anzahl der adaptiven BEFO	0		2 25% 4%	5 62% 33%		1 13% 33%	8 6%	
	1	4 16% 6%	9 36% 20%	4 16% 27%	7 28% 79%	1 4% 33%	25 18%	sozial maladaptive
	2	13 36% 21%	14 39% 30%	6 17% 40%	2 5% 22%	1 3% 33%	36 27%	Bewältigungsstrategie (n = 38)
Sozial adaptive	3	29 66% 47%	15 34% 33%				44 33%	
Bewältigungsstrategie (n = 66)	4	13 72% 21%	5 28% 11%				18 13%	
	5	3 75% 5%	1 25% 2%				4 3%	
	Kolonne Gesamt	62 46%	46 34%	15 11%	9 7%	3 2%	135 100%	

„Optimismus“, „Haltung bewahren“, „Akzeptieren“, „Ablenken“, „ablenkendes Anpacken“ als *adaptive* und „Kompensation“, „passive Kooperation“, „Resignation“, „sozialer Rückzug“, „rumifizieren“, „Selbstbeschuldigung“ und „valorisieren“ als *maladaptive* Bewältigungsformen.

66 Patienten (49%) beschrieben 3–5 adaptive und höchstens 1 maladaptive Bewältigungsform. Die Bewältigungsformen dieser Patienten bezeichnen wir als sozial *adaptive Bewältigungsstrategie.* Von einer sozial *maladaptiven Bewältigungsstrategie* sprechen wir dann, wenn die Patienten mehr maladaptive als adaptive Bewältigungsformen verwenden (n = 38). Wir wählen diese Umschreibung, da es nur wenige Patienten gibt, die ausschließlich sozial maladaptive Bewältigungsformen beschreiben (Tabelle 2).

Die Patienten aller 3 Gruppen, die die sozial adaptive Bewältigungsstrategie verwenden, unterscheiden sich in ihren soziodemographischen Charakteristika nicht von Patienten, welche sozial maladaptive Bewältigungsstrategie beschrieben: weder hinsichtlich Geschlecht, Arbeit, Alter zur Zeit der Untersuchung noch hinsichtlich Zivilstand. Dies trifft für das Gesamt aller Rückenoperierten zu (n = 135) wie auch für die Patienten innerhalb jeder einzelnen Gruppe.

Von den Beschwerdefreien (Gruppe 1) zeigen 37 Patienten adaptive und 1 Patient eine maladaptive Bewältigungsstrategie.

In Gruppe 2 (Patienten mit Beschwerden, die keine Rente beziehen, n = 40) verwenden 15 Patienten eine sozial adaptive und 13 Patienten eine maladaptive Bewältigungsstrategie. Folgende Bewältigungsformen korrelieren mit der sozial *adaptiven* Bewältigungsstrategie: „ablenkendes Anpacken“, „Ablenken“, „Akzeptieren“, „Haltung bewahren“, „Optimismus“, „Zuwendung“ (Kendalls Tau b, $p < 0{,}05$). Mit sozial *maladaptiver* Bewältigungsstrategie korreliert: „auflehnen“, „passive Kooperation“, „Problemanalyse“, „sozialer Rückzug“, „rumifizieren“.

In Gruppe 3 (Berentete) gibt es 14 Patienten, die eine sozial adaptive, und 24 Patienten, die eine sozial maladaptive Bewältigungsstrategie verwenden. In dieser

Tabelle 3. Sozial adaptive und maladaptive Bewältigungsstrategien

	Adaptive Bewältigungsstrategie (nur adaptive Bewältigungsformen)	Maladaptive Bewältigungsstrategie (überwiegend maladaptive Bewältigungsformen)
Gruppe 2:	n = 15	n = 13
Beschwerden, ohne Rente	Ablenkendes Anpacken	Auflehnen
	Ablenken	passive Kooperation
	Akzeptieren	Problemanalyse
	Haltung bewahren	sozialer Rückzug
	Optimismus	Rumifizieren
	Zuwendung	
Gruppe 3:	n = 14	n = 24
Berentete	Ablenken	Kompensation
	Akzeptieren	Rumifizieren
	Haltung bewahren	Selbstbeschuldigung
	Zuwendung	

Gruppe hängt die *adaptive* Bewältigungsstrategie mit folgenden Bewältigungsformen zusammen: „Ablenken", „Akzeptieren", „Haltung bewahren" und „Zuwendung". Die *maladaptive* Bewältigungsstrategie korreliert mit: „Kompensation", „rumifizieren" und „Selbstbeschuldigung" (Tabelle 3).

Wenn wir uns noch genauer fragen, wie die einzelnen Dimensionen der sozialen Anpassung mit Bewältigung zusammenhängen, können wir folgendes feststellen: In der Gruppe 2 (Patienten mit Beschwerden, ohne Rente) korrelieren diese Bewältigungsstrategien v. a. mit (Kendalls Tau b, $p < 0,05$):
zwischenmenschlichen Beziehungen am Arbeitsplatz, affektiver Einstellung zur Arbeit, affektiver Einstellung zur finanziellen Situation, partnerschaftlichen Beziehungen, Beziehungen zu Geschwistern, sozialem Umgang, sozialen Aktivitäten. Bei der Zusammenfassung der Dimensionen in einzelne Bereiche (Arbeit, Finanzen, eigene Familie, Herkunftsfamilie, soziales Leben) zeigt sich der Zusammenhang zwischen Bewältigungsstrategien und sozialer Anpassung v. a. im Bereich „Familie" und „soziales Leben". Dies trifft für beide Gruppen der Patienten mit Beschwerden zu (mit und ohne Rente). Wir konnten diese Zusammenhänge nicht für die Gruppe der Beschwerdefreien prüfen, da wir nur einen Patienten ohne Schmerzen mit der maladaptiven Bewältigungsstrategie fanden.

Diskussion

Wir haben gezeigt, daß die Patienten mit Beschwerden eine Reihe von sozialen Problemen haben und daß diese durch finanzielle Zuwendung (in Form von Renten) allein nicht beseitigt werden können. Unsere Auswertung hatte zum Ziel, 1. die Hypothese zu untersuchen, daß es gewisse sozial adaptive und maladaptive Bewältigungsstrategien gibt, und 2. Material für eine prospektive Untersuchung bereitzustellen. In einer korrelativen Auswertung konnten wir diese Hypothese detaillierter ausarbeiten.

Das Resultat, eine Interdependenz zwischen Bewältigungsformen und allgemeiner sozialer Anpassung mag nicht überraschend sein. Von Interesse ist jedoch eine gewisse Gruppenspezifität dieses Zusammenhangs wie auch die Plausibilität der sozial adaptiven und maladaptiven Bewältigungsformen. Unsere Daten über Bewältigungsformen wie auch über die soziale Anpassung stammen aus halbstrukturierten Interviews. Dadurch bietet sich auch eine Interpretation des Zusammenhangs zwischen Bewältigung und sozialer Anpassung an, in der beide Datensätze als eine konsistente Interpretation oder Rekonstruktion der Beschwerdenlaufbahn betrachtet werden. Sozial adaptive wie auch maladaptive Bewältigungsformen müssen im entsprechenden sozialen Kontext interpretiert werden. Sie könnten somit das gleiche Phänomen (gelungene vs. mißlungene Anpassung) einfach in einer anderen Dimension erfassen.

Dies würde zwar gegen die Annahme eines kausalen Zusammenhangs zwischen Bewältigungsformen und sozialer Anpassung sprechen, für interventionistische Bemühungen wäre dies jedoch kaum einschränkend; denn bereits die sprachliche Umsetzung der sozialen Probleme in Bewältigungsformen ist ein aktiver Modus, der wesentliche Möglichkeiten für unterstützende Interventionen bietet.

Heim (1988) befaßte sich sehr ausführlich mit der Frage der Adaptivität von Coping bei Krebspatienten. Aus einer Anzahl von Studien konnte er 15 auswählen, die den geforderten Kriterien entsprachen. Er fand, daß es eine Reihe von Bewältigungsformen gibt, die immer wieder als adaptive, und andere, die wiederholt als maladaptive bezeichnet wurden. Heim betont, daß es erforderlich ist, Copingprozesse in einem finalen Zusammenhang zu interpretieren: „Was ist das zu erreichende Ergebnis des Copingprozesses?“ (Heim 1988, S. 8). Da an einer Krankheitskarriere mehrere Handelnde beteiligt sind, kommen wohl auch mehrere Standpunkte zum Tragen (Valach u. Kalbermatten 1987). Auf diese unterschiedlichen Zielsetzungen muß die Copingforschung Rücksicht nehmen (Heim 1988). Eine weitere Differenzierung wird hinsichtlich der Situationsspezifität gemacht. Einige der Copingformen werden in vielen Untersuchungen als adaptiv genannt und stellen ein allgemeines und umfassendes Coping dar, andere scheinen mehr situationsspezifisch zu sein.

Ein Vergleich verschiedener Copingprozesse muß die unterschiedlichen Perspektiven, die unterschiedlichen Zielsetzungen, Situationen, Phasen im Krankheitsverlauf und schließlich evtl. auch die Tatsache, inwieweit die einzelnen Erkrankungen ihre eigenen Eigentümlichkeiten haben, berücksichtigen. Viele dieser Ansprüche kann unsere Querschnittuntersuchung nicht erfüllen. Wir können jedoch darauf hinweisen, daß es einige Bewältigungsformen gibt, die sowohl krankheitsadaptiv als auch sozial adaptiv sind. Dies gilt für so wesentliche und ubiquitäre Bewältigungsformen wie „Zuwendung“ und „akzeptieren“, die auch in vielen Studien herausgearbeitet werden konnten. Um die Frage zu klären, wie die systemischen Zusammenhänge zwischen Coping und dem Krankheitsverlauf, dem sozialen Leben und dem subjektiven Erleben aussehen, wie konkret in bestimmten Situationen die Bewältigungsformen eingesetzt werden, wie sie die zukünftigen Pläne und Erwartungen, das Handeln und Erleben beeinflussen und schließlich wie sie auch selbst entstehen, müssen andere methodische Wege gesucht werden. Ein mehr hermeneutisches Vorgehen am Einzelfall wird den traditionellen kausalanalytischen Gruppenvergleichen überlegen sein.

Literatur

Barrabee P, Barrabee EL, Finnesinger JE (1955) A normative social adjustment scale. Am J Pschiatry 112/1:252–259

Bradley LA, Heide LH van der (1984) Pain-related correlates of MMPI profile subgroups among back pain patients. Health Pschol 3/2:157–174

Chambers LW, MacDonald LA, Tugwell P, Buchanan WW (1982) The McMaster Health Index Questionnaire as a measure of quality of life for patients with rheumatoid disease. J Rheumatol 9/5:780–784

Crown S (1978) Psychological aspects of low back pain. Rheumatol Rehabil 17:114–124

Dvorak J, Gauchat M, Valach L (1988) The outcome of operation for lumbar disc herniation. Spine

Feuerstein M, Sult S, Houle M (1985) Environmental stressors and chronic low back pain: life events, family and work environment. Pain 22/14:295–307

Garron DC, Leavitt F (1983) Chronic low back pain and depression. J Clin Psychol 39/4:486–493

Heim E (1988) Coping and Adaptivität: gibt es geeignetes oder ungeeignetes Coping? Psychother Psychosom Med Psychol 38/1:8–18

Heim E, Adler R, Moser A (1982) Beeinträchtigung der psychosozialen Anpassung durch terminale Krankheit. Z Psychosom Med 28:347–362
Heim E, Augustiny FK, Blaser A (1985) Krankheitsbewältigung (Coping) – ein integriertes Modell. Psychother Med Psychol 33:35–40 (Sonderheft)
Heim E, Augustiny FK, Blaser A, Bürki C, Schaffner L, Valach L (1986) Manual zur Erfassung der Krankheitsbewältigung: Die Berner Bewältigungsformen (BEFO). Psychiatrische Universitätspoliklinik, Bern
Heim E, Augustiny FK, Blaser A, Bürki C, Kühne D, Rothenbühler M, Schaffner L, Valach L (1988): Bewältigung von Brustkrebs – eine longitudinale Studie. In: Steffens W, Kächele H (Hrsg) Abwehr und Bewältigung – zur Psychologie und Psychotherapie schwerer körperlicher Krankheiten. Springer, Berlin Heidelberg New York Tokyo
Herron LD, Pheasant HC (1982) Changes in MMPI profiles after low back surgery. Spine 7:591
Holmes TH, Rahe RH (1967) The social readjustment rating scale. J Psychosom Res 11:213–218
Krüskemper GM, Degner FL, Krämer J, Wilcke A (1986) Chronische Rückenschmerzen, life events und Verhaltensmodifikation. In: Schorr A (Hrsg) Bericht über den 13. Kongreß für angewandte Psychologie, Bd II. Deutscher Psychologen Verlag, Bonn, S 213–215
Leavitt F, Garron DC, Bieliauskas LA (1978) Stressing life events and the experience of low back pain. J Psychosom Res 23:49–55
Naliboff BD, Cohen MJ, Yellen AN (1982) Does the MMPI differentiate chronic illness from chronic pain? Pain 13:333–341
Rosenbaum M (1980) Individual differences in self-control behaviors and tolerance of painful stimulation. J Abnorm Psychol 89:581–590
Schmermelleh-Engel K, Kies N (1986) Copingstrategien von Patienten mit chronischen Rükkenschmerzen. In: Schorr A (Hrsg) Bericht über den 13. Kongreß für angewandte Psychologie, Bd II. Deutscher Psychologen Verlag, Bonn, S 216–222
Schuler C (1981) Aspekte der Rückenerkrankungen. Therapeutische Umschau 38/7:681–685
Singer F, Oellinger H (1983) Psychosoziale Untersuchung bei Patienten mit einem Zustand nach Bandscheibenoperation. Rheumatol 42:115–120
Turk DC, Rudy TE (1987) Towards a comprehensive assessment of chronic pain patients. Behav Res Ther 25/4:237–249
Valach L, Kalbermatten U (1987) Some conceptual issues of coping processes. In: Dauwalder JP, Perrez M, Hobi V (eds) Controversial issues in behavior modification. Swets & Zeitlinger, Amsterdam
Valach L, Augustiny KF, Dvorak J, Blaser A, Fuhrimann P, Tschaggelar W, Heim E (1988) Coping von rückenoperierten Patienten. Psychother Psychosom Psychol 38/1:28–36

Berufliche Unterscheidungsmerkmale zwischen Grenzgängern und im Inland Berufstätigen als Risikofaktor für koronare Herzkrankheit

W. Benzer, W. Metzler, L. Simma, I. Kitzelmann und G. Mähr

Zusammenfassung

Psychosoziale Belastungen am Arbeitsplatz sind ein anerkannter Risikofaktor für koronare Herzkrankheit. In einer retrospektiven Studie über 10 Jahre konnten wir nachweisen, daß Grenzgänger – im Inland wohnhafte Personen, die ihren Arbeitsplatz im Ausland haben –, hochsignifikant häufiger an Herzinfarkt erkranken als im Inland Berufstätige ($p < 0{,}001$). Die Analyse des Standardrisikoprofils zeigte für beide Gruppen annähernd identische Werte von Körpergewicht, Blutdruck, Blutfetten, Blutzucker und Nikotin. Somit ergab sich die Frage, ob das erhöhte koronare Risiko der Grenzgänger in einem unterschiedlichen psychosozialen Verhalten gegenüber der im Inland Berufstätigen begründet ist. Zu diesem Zweck wurde das Verhaltensmuster von 15 an Herzinfarkt erkrankten Grenzgängern und 15 an Herzinfarkt erkrankten im Inland Berufstätigen mit dem „Jenkins Activity Survey" erhoben. Es zeigte sich ein signifikanter Unterschied im Faktor H („Hard-driving and Competitive") zuungunsten der Grenzgänger. Des weiteren boten die Grenzgänger ein permanent koronargefährdendes Verhalten vom Typ A 1, während die im Inland Berufstätigen ein nicht permanent koronargefährdendes Verhalten vom Typ A 2 aufwiesen. Die spezielle Analyse der psychischen Belastungsmerkmale und der psychosozialen Situation am Arbeitsplatz ergab unterschiedliche Angaben hinsichtlich beruflichem Aufstieg, sozialer Sicherheit und Arbeitsüberforderung. Die Untersuchung zeigt, daß Grenzgänger unter einem besonderen Druck stehen, beruflichen Aufstieg und soziale Sicherheit zu erlangen und ihrer Arbeitsanforderung gerecht zu werden.

Schlüsselbegriffe: koronare Herzkrankheit, Risikofaktoren, Grenzgänger, Typ-A-Verhalten, psychosoziale Belastung am Arbeitsplatz.

Einleitung

Psychosoziale Belastungen am Arbeitsplatz sind ein anerkannter Risikofaktor für koronare Herzkrankheit. Arbeitsüberforderung infolge starken Zeit- und Termindrucks und Verantwortung für die Arbeit anderer erhöhen das Erkrankungsrisiko (House 1974; Langosch et al. 1983). Als zusätzliches Risiko ist ein zugrundeliegendes koronargefährdendes Verhalten im Sinne des von Friedman u. Rosenman (1974) beschriebenen Typ-A-Verhaltensmusters anzusehen.

Söllner et al. (Hrsg.) Sozio-psycho-somatik

Besonderen psychosozialen Anforderungen am Arbeitsplatz unterliegen Grenzgänger, das sind im Inland wohnhafte Personen, die ihren Arbeitsplatz im Ausland haben und täglich zwischen Arbeitsplatz und Wohnort pendeln. Es erscheint naheliegend, daß solche Personen einerseits ein besonderes Verhaltensmuster besitzen, da sie einen Arbeitsplatz im Ausland suchen, obwohl sie einen ebenso sicheren Tätigkeitsbereich im Inland finden könnten. Andererseits unterliegen sie durch die Tatsache, an ihrer Arbeitsstätte Ausländer zu sein, einem besonderen psychosozialen Druck.

In unserer täglichen Arbeit auf der Herzstation eines Krankenhauses mit einem Einzugsgebiet in Grenznähe ist uns seit längerer Zeit aufgefallen, daß im Durchschnitt ein unverhältnismäßig großer Anteil von Grenzgängern mit Herzinfarkt zur Aufnahme gelangte. Dies veranlaßte uns zu einer retrospektiven Studie, die zum Ziel hatte, einerseits diesen subjektiven Eindruck statistisch zu bestätigen und andererseits nach Ursachen für die auffällige Häufung von Grenzgängern mit Herzinfarkt zu suchen.

Methodik

Um zu einer statistisch verwertbaren Aussage zu gelangen, wurde im Einzugsgebiet unseres Krankenhauses die Zahl aller in einem Arbeitnehmerverhältnis stehenden Berufstätigen erhoben. Die Arbeitnehmer wurden 2 Gruppen zugewiesen: 1. Gruppe der im Inland Berufstätigen und 2. Gruppe der im Ausland Berufstätigen, sog. Grenzgänger. Dem Kollektiv beider Gruppen wurde nun die der jeweiligen Gruppe angehörige Zahl der Patienten mit während des aktiven Berufslebens erlittenem Herzinfarkt über die letzten 10 Jahre gegenübergestellt.

In der Folge wurde unter der Annahme, die Ursache müsse in unterschiedlichen Risikofaktoren zwischen im Inland Berufstätigen und Grenzgängern liegen, das Risikoprofil am Beispiel von 15 an Herzinfarkt erkrankten im Inland Berufstätigen mit 15 an Herzinfarkt erkrankten Grenzgängern verglichen. Dabei wurden die Mittelwerte der klassischen Risikofaktoren – Körpergewicht, Blutdruck, Cholesterin, Triglyzeride, Blutzucker, Zigarettenrauchen und familiäre Disposition – verglichen und auf einen eventuellen statistisch signifikanten Unterschied überprüft.

Der Risikofaktor „psychosoziales Verhalten" wurde gesondert betrachtet und eingehend studiert. Zur Ermittlung eines grundsätzlich koronargefährdenden Verhaltens nach dem Typ-A-Muster wurden die jeweils 15 Patienten beider Gruppen mit dem „Jenkins Activity Survey" befragt (Jenkins et al. 1971, 1979). Darüber hinaus wurden in einem speziell auf die berufliche Situation ausgerichteten Fragebogen in Anlehnung an Siegrist die psychischen Belastungsmerkmale und die psychosoziale Situation am Arbeitsplatz erhoben (Siegrist et al. 1981). Sowohl die Auswertung des „Jenkins Activity Survey" als auch jene des speziellen Fragebogens wurde doppelblind vorgenommen.

Zur statistischen Analyse wurde der X^2-Test, der F-Test und der t-Test für unabhängige Stichproben verwendet. Das Signifikanzniveau wurde bei $p < 0{,}05$ festgelegt.

Ergebnisse

Die statistische Auswertung der unselbständig berufstätigen Bevölkerung in unserem Einzugsgebiet, aufgeschlüsselt in im Inland Berufstätige und Grenzgänger, ergab in einer retrospektiven Untersuchung über 10 Jahre eine hochsignifikante Häufung von Erkrankungen an Herzinfarkt zuungunsten der Grenzgänger ($p < 0{,}001$) (Tabelle 1).

Die nach dem Zufallsprinzip ausgewählten 15 Patienten nach Herzinfarkt aus der Gruppe der im Inland Berufstätigen und der 15 an Herzinfarkt erkrankten Grenzgänger hatten im Vergleich der Mittelwerte keinen signifikanten Unterschied im klassischen Risikoprofil (Tabelle 2).

Dies ließ den Verdacht aufkommen, daß das höhere Risiko der Grenzgänger, an einem Herzinfarkt zu erkranken, in psychosozialen Faktoren und hierbei wieder besonders in der Arbeitsplatzsituation liegen müsse. Dieser Schluß ist naheliegend, da der einzig faßbare, aber auch deutliche Unterschied der beiden Gruppen der des Arbeitsplatzes ist.

Die Analyse des möglicherweise zugrundeliegenden stärkeren koronargefährdenden Verhaltens der Grenzgänger mit dem „Jenkins Activity Survey" ergab tatsächlich eine signifikante Ausprägung in Faktor H („Hard-driving and Competitive") bei den als Grenzgänger beschäftigten Infarktpatienten ($p < 0{,}05$); dagegen gab es im Koronar-A-Gesamtverhalten und in den Faktoren S (Speed and Impatience) and J (Job Involvement) keine signifikanten Unterschiede zwischen Grenzgängern und im Inland Berufstätigen (Tabelle 3).

Bei der Analyse des „Jenkins Activity Survey" wurde nicht nur zwischen Koronar-A- und Koronar-B-Verhalten differenziert, sondern auch eine Einteilung in Koronar-A 1-/A 2- sowie Koronar-B 1-/B 2-Verhalten getroffen, wobei A 1 als permanent und A 2 als nicht-permanent koronargefährdendes Verhalten klassifiziert wurde (Rüddel etal. 1985). Bei der näheren Beleuchtung des Faktors H unter diesem speziellen Gesichtspunkt zeigte sich eine signifikante Tendenz der an Herzinfarkt erkrankten Grenzgänger zu einem permanent koronargefährdenden Typ-A 1-Verhalten ($p < 0{,}05$), während die im Inland berufstätigen Infarktpatienten gehäuft ein Koronar-A 2-Verhalten aufwiesen, das einem nicht-permanent koronargefährdenden Verhalten entspricht (Tabelle 4).

Der Versuch, die Ursache des permanent koronargefährdenden Verhaltensmusters der an Herzinfarkt erkrankten Grenzgänger mittels eines speziell auf die berufliche Situation ausgerichteten Fragebogens zu ergründen, ergab breitgestreute Angaben. Trotzdem zeigte sich eine Häufung von Antworten, die den Schluß zulassen, daß Grenzgänger mehr als im Inland Berufstätige unter einem besonderen Druck stehen, beruflichen Aufstieg und soziale Sicherheit zu erlangen, und daß sie ihren Arbeitsanforderungen in hohem Maße gerecht werden wollen.

Die Analyse der psychischen Belastungsmerkmale am Arbeitsplatz zeigte, daß Grenzgänger und im Inland Berufstätige etwa in gleichem Maß zu Überstunden herangezogen werden, daß aber Grenzgänger unter einem deutlich höheren Zeitdruck stehen. Auch fühlen sich Grenzgänger mehr Störungen am Arbeitsplatz ausgesetzt und geben weit häufiger als im Inland Berufstätige an, zu wenig Anerkennung am Arbeitsplatz zu bekommen (Abb. 1).

Tabelle 1. Vergleich der Erkrankungen an Herzinfarkt zwischen Grenzgängern und im Inland Berufstätigen in bezug auf das jeweilige Gesamtkollektiv

Kollektiv	Grenzgänger	Im Inland Berufstätige
Gesamt	3316	32733
Herzinfarkt	15*	46

* $p < 0{,}001$ gegenüber den im Inland Berufstätigen.

Tabelle 2. Vergleich der Standardrisikofaktoren zwischen der ausgewählten Gruppe der an Herzinfarkt erkrankten Grenzgänger und der ausgewählten Gruppe der an Herzinfarkt erkrankten im Inland Berufstätigen

Mittelwert	Grenzgänger	Im Inland Berufstätige	Unterschied
Alter	50 ± 6	48 ± 6	n.s.
Gewicht	74 ± 7	78 ± 6	n.s.
Größe	172 ± 7	174 ± 4	n.s.
RR (systolisch)	128 ± 13	130 ± 17	n.s.
Cholesterin	229 ± 40	227 ± 55	n.s.
HDL-Cholesterin	40 ± 8	42 ± 13	n.s.
Triglyzeride	170 ± 66	165 ± 83	n.s.
Blutzucker	98 ± 10	103 ± 11	n.s.
Zigarettenrauchen	12 ± 12	15 ± 11	n.s.
Familie	0,2 ± 0,4	0,3 ± 0,4	n.s.

Tabelle 3. Ergebnis der Befragung der 15 an Herzinfarkt erkrankten Grenzgänger und der 15 an Herzinfarkt erkrankten im Inland Berufstätigen mit dem „Jenkins Activity Survey" zur Analyse des Koronarverhaltens. *A* Koronar-A-Gesamtverhalten; *S* „Speed and Impatience"; *J* „Job Involvement"; *H* „Hard-driving and Competitive"

Faktor/Mw.	Grenzgänger	Im Inland Berufstätige	Unterschied
A	– 1,8 ± 11,61	– 0,1 ± 11,17	n.s.
S	– 2,9 ± 12,28	– 3,6 ± 10,49	n.s.
J	– 13,1 ± 7,27	– 11,9 ± 8,37	n.s.
H	+ 10,4 ± 10,82	+ 1,8 ± 9,13	$p < 0{,}05$

Tabelle 4. Analyse des Faktors H im Koronarverhalten der 15 an Herzinfarkt erkrankten Grenzgänger und der 15 an Herzinfarkt erkrankten im Inland Berufstätigen

Gruppe	Mittelwert	Prozentrang	Koronarverhalten
Grenzgänger	+ 10,4 ± 10,82*	85%	A 1
Im Inland Berufstätige	+ 1,8 ± 9,13	60%	A 2

* $p < 0{,}05$ gegenüber den im Inland Berufstätigen.

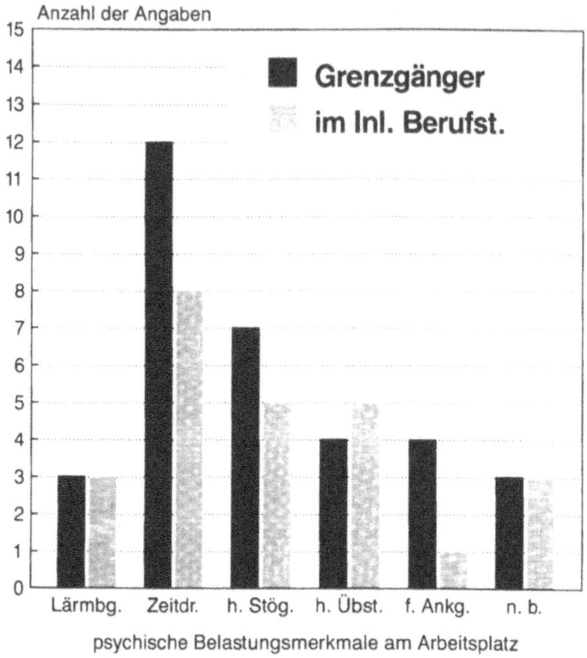

Abb. 1. Analyse der psychischen Belastungsmerkmale am Arbeitsplatz mittels speziellem Fragebogen. (*Lärmbg.* häufige, starke Lärmbelästigung; *Zeitdr.* Zeitdruck, Hektik; *h. Stög.* häufige Störungen; *h. Übst.* häufige Überstunden; *f. Ankg.* fehlende Anerkennung durch Vorgesetzte; *n. b.* Frage nicht beantwortet)

Die Analyse der psychosozialen Situation am Arbeitsplatz zeigte, daß Grenzgänger zwar etwas weniger häufig ihr Berufsziel erreichen als im Inland Berufstätige, daß sie ihren Arbeitsplatz aber für ebenso gesichert halten. Sie geben auch etwa gleich häufig an, mit ihrem Gehalt zufrieden zu sein, unterscheiden sich aber von den im Inland Berufstätigen durch eine in den letzten Jahren vor dem Herzinfarkt deutlich stärkere Zunahme der Verantwortung am Arbeitsplatz (Abb. 2).

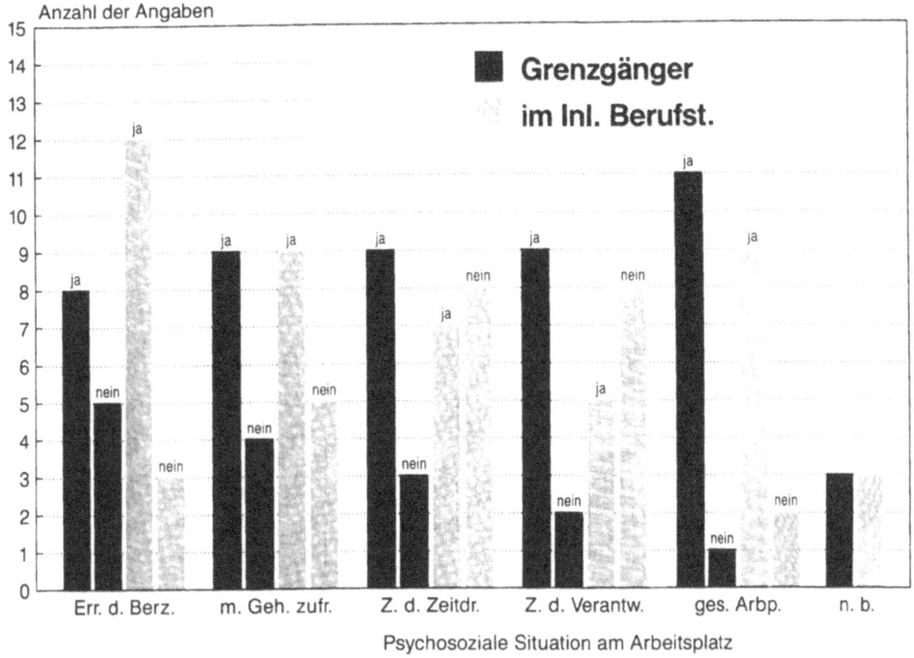

Abb. 2. Analyse der psychosozialen Situation am Arbeitsplatz mittels speziellem Fragebogen. (*Err. d. Berz.* angestrebtes Berufsziel erreicht; *m. Geh. zufr.* mit Gehalt zufrieden; *Z. d. Zeitdr.* Zunahme des Zeitdrucks in den letzten Jahren; *Z. d. Verantw.* Zunahme der Verantwortung in den letzten Jahren; *Ges. Arbp.* gleichbleibend oder zunehmend gesicherter Arbeitsplatz; *n. b.* Frage nicht beantwortet)

Diskussion

Es gilt seit langer Zeit als gesichert, daß die Summe der Risikofaktoren für die Entstehung und den Verlauf der koronaren Herzkrankheit und somit für das Auftreten eines Herzinfarkts verantwortlich ist (Kannel u. Eaker 1986). Wenn auch die psychosozialen Faktoren als alleinige Ursache dafür noch Gegenstand der Diskussion sind, so können sie zumindest als auslösender Faktor bei gleichzeitig bestehendem klassischen Risikoprofil in Erscheinung treten (Friedman etal. 1986). Dies trifft offensichtlich auch auf die in unsere Untersuchung aufgenommenen Patienten zu. Während sich die weit häufiger von einem Herzinfarkt betroffenen Grenzgänger in den klassischen Risikofaktoren nicht von den im Inland Berufstätigen unterscheiden, scheint vielmehr das psychosoziale Risikoprofil für die signifikante Häufung an Erkrankungsfällen in dieser Gruppe verantwortlich zu sein.

Bei der Betrachtung der Ergebnisse des „Jenkins Activity Survey" fällt zunächst auf, daß im Koronar-A-Gesamtverhalten und im Faktor S Grenzgänger und im Inland Berufstätige gleichermaßen ein Koronar-A 2-Verhalten, also lediglich ein nicht permanent koronargefährdendes Verhalten, zeigen, während wiederum beide

Gruppen im Faktor J ein Koronar-A 1-Verhalten, also ein permanent koronargefährdendes Verhalten, aufweisen. Dies scheint auf eine besondere Bedeutung des Berufs der Bevölkerung in unserem Lebensraum hinzuweisen.

Der auffällige Unterschied zwischen Grenzgängern und im Inland Berufstätigen hinsichtlich des Faktors H kann ein besonderer Hinweis auf die spezielle berufliche Situation der Grenzgänger sein. Berücksichtigt man zusätzlich die Ergebnisse aus der Analyse der psychischen Belastungsmerkmale und der psychosozialen Situation am Arbeitsplatz, so deutet dies darauf hin, daß Grenzgänger zu einer Überanpassung in ihrem beruflichen Umfeld neigen. Nur durch diese besonderen Bemühungen erreichen sie den angestrebten Gehalt, den beruflichen Aufstieg sowie die Sicherheit des Arbeitsplatzes. Um diese Überanpassung zu erlangen, scheinen sie Verhaltensweisen, wie sie der Faktor H beschreibt, d. h. Strebsamkeit, Verläßlichkeit, Gewissenhaftigkeit und Tendenz zum Wetteifern, entweder von vornherein in einem erhöhten Ausmaß gegenüber im Inland Berufstätigen mitzubringen oder am Arbeitsplatz zu entwickeln.

Dies steht allerdings im Gegensatz zu anderen Untersuchungen, wonach eine höhere Infarktgefährdung von Ausländern durch einen Mangel an sozialer Anpassung mitbedingt zu sein scheint (Bloch u. Bersier 1979). Dieser Gegensatz könnte dadurch zu erklären sein, daß die Anpassung unseres Kollektivs der Grenzgänger, die sich im Gegensatz zu den Patienten der zitierten Untersuchungen in einer soziokulturellen Verwandtschaft mit dem unmittelbar benachbarten Ausland befinden, nur im Arbeitsverhältnis zu suchen ist.

Auffällig ist auch die Angabe der Grenzgänger, gegenüber den im Inland Berufstätigen weit weniger Anerkennung am Arbeitsplatz zu erhalten, obwohl sie ihren Mitarbeitern zumindest im Gehalt gleichgestellt sind und ihr angestrebtes Berufsziel zu erreichen glauben. Was auch immer der Grund für die fehlende Anerkennung sein mag, so scheint gerade dieses auffallende Merkmal besonders bedeutungsvoll für die gehäuft auftretende koronare Herzkrankheit bei Grenzgängern, da sie auf eine überdurchschnittlich nach Anerkennung und Lob suchende Persönlichkeitsstruktur dieses Kollektivs trifft.

Unsere Untersuchungsergebnisse spiegeln eine spezifische Situation der Grenzgänger an ihrem Arbeitsplatz im benachbarten Ausland wider und machen nach unserer Ansicht ganz spezielle therapeutische Konzepte im psychosozialen Bereich notwendig. In einer früheren Untersuchung konnten wir zeigen, daß autogenes Training im Rahmen der ambulanten Langzeitrehabilitation nach Herzinfarkt in der Lage ist, Änderungen im Allgemeinverhalten der Patienten zu erreichen. Dies trifft jedoch nicht auf das spezifische Verhaltensmuster, welches durch die Unterskala H des „Jenkins Activity Survey" beschrieben ist, zu (Simma u. Benzer 1985). Wahrscheinlich kann erst eine intensive Gesprächsgruppenpsychotherapie Verhaltensweisen wie übermäßige Strebsamkeit, zwanghafte Verläßlichkeit, Gewissenhaftigkeit, Genauigkeit sowie übermäßigen Wettbewerbssinn korrigieren.

Aus den Ergebnissen unsere Untersuchung geht hervor, daß bei Grenzgängern aufgrund des besonderen psychosozialen Risikoprofils psychotherapeutische Interventionen großzügig angewandt werden sollten.

Literatur

Bloch A, Bersier AL (1979) Die Psychologie des Koronarpatienten. Folia Psychopractica 3:7–9

Friedman M, Rosenman RH (1974) Type A behavior and your heart. Knopf, New York

Friedman M, Thoresen CE, Gill JJ (1986) Alteration of type A behavior and its effect on cardiac recurrences in post myocardial infarction patients: Summary results of the recurrent coronary provention project. Am Heart J 112/4:653–665

House J (1974) Occupational stress and coronary heart disease: a review and theoretical integration. J Health Soc Behav 15:12–27

Jenkins CD, Zyzanski SJ, Rosenman RH (1971) Progress toward validation of a computer-scored test for the type A coronary-prone behavior pattern. Psychosom Med 33:193–202

Jenkins CD, Zyzanski SJ, Rosenman RH (1979) Jenkins Activity Survey Manual, Form C. Psychological Corporation, New York

Kannel WB, Eaker ED (1986) Psychosocial and other features of coronary heart disease: insights from the Framingham Study. Am Heart J 112/5:1066–1073

Langosch W, Brodner G, Borcherding H (1983) Psychological and vocational long-term outcomes of cardiac rehabilitation with postinfarction patients under the age of 40. Psychother Psychosom 40:115–128

Rüddel H, Langosch W, Schmidt T, Brodner G, Neus H (1985) Ist das Typ-A-Verhalten spezifisch für den Herzinfarkt? In: Langosch W (Hrsg) Psychische Bewältigung der chronischen Herzerkrankung. Springer, Berlin Heidelberg New York Tokyo, S 73–78

Siegrist J, Dittmann K, Rittner K, Weber I (1981) Psychosocial risk constellations and first myocardial infarction. In: Siegrist I, Halhuber MJ (eds) Myocardial infarction and psychosocial risk. Springer, Berlin Heidelberg New York Tokyo, pp 41–57

Simma L, Benzer W (1985) Rehabilitation nach Herzinfarkt: Autogenes Training in der ambulanten Koronarsportgruppe. Wien Med Wochenschr 21:527–531

Als klinische Soziologin in einer Herz-Kreislauf-Klinik*

K. Siegrist

Zusammenfassung

Medizinsoziologie hat bisher Verdienste in Forschung und Lehre erworben. Wie wird sie klinisch? Die hier vorgestellte Antwort geht von einem medizinsoziologisch inspirierten biopsychosozialen Modell der Ätiologie der koronaren Herzkrankheit aus. Dieses empirisch bewährte Modell wird in einer klinisch-sozialepidemiologischen Verlaufsstudie erneut überprüft. Seine Relevanz für Diagnostik und Therapie wird untersucht. Eine Fallgeschichte demonstriert, wie ein psychomentaler Streßtest (Stroop-Farbwort-Konflikt-Aufgabe) in den soziologischen Kontext einzubetten ist. Sozialanamnestische Informationen und Daten zur Wahrnehmung der Beziehung zwischen Test- und Alltagssituationen definieren die ökologische Validität des Tests. Psychologische (Ärger, Anspannung, Unsicherheit) und physiologische Parameter (Herzfrequenz, Blutdruck) charakterisieren die Reaktivität der untersuchten Patienten. Therapeutische Implikationen werden angesprochen. Abschließend werden erste vorläufige Ergebnisse der Berleburger Verlaufsstudie zur Bedeutung der Sozialanamnese für die Indikation zu einer Intervention auf Verhaltensebene vorgestellt: Eine starke soziale Bedrohung, so scheint es, bedeutet eine eigenständige Indikation zur Zuweisung zum Streßbewältigungstraining. Das gilt unabhängig vom Ausmaß des subjektiven Distresses und der Streßreaktivität.

Schlüsselbegriffe: Medizinsoziologie – koronare Herzkrankheit – Streßreaktivität – Streßbewältigungstraining.

Klinische Soziologie und ätiologische Modelle

Die klinische Soziologin findet in der Soziologie kaum Rollenmodelle vor, an denen sie sich orientieren könnte. Den Medizinsoziologen, der gelegentlich sein theoretisches Institut verläßt, um in der Klinik Arzt-Patient-Interaktionen zu analysieren, hat Elmar Weingarten mit einem Raben verglichen, der dem Arzt weise über die Schulter blickt. Der Rat des Raben ist zurückhaltend und kommt aus der Distanz. Ganz anders verhält es sich, wenn der Medizinsoziologie auf Dauer die Institution wechselt und sich in die Rolle des Klinikers begibt. Raspe (1987)

* Ich danke den Wittgensteiner Kuranstalten für ihre großzügige Unterstützung der Studie.

Söllner et al. (Hrsg.) Sozio-psycho-somatik

beschreibt, wie er diesen radikalen Wechsel mit Hilfe der Formel „klinische Medizinsoziologie“ für sich biographisch erträglich gemacht hat. Die Perspektive der Klinik sich zu eigen machen, bedeutet dabei zu allererst, den Handlungsimperativ der Klinik zu übernehmen.

Welches Wissen hilft den Soziologen dabei? In dem Maße, wie Medizinsoziologie mit biopsychosozialen Modellen arbeitet, führt sie an die Psychosomatik heran.

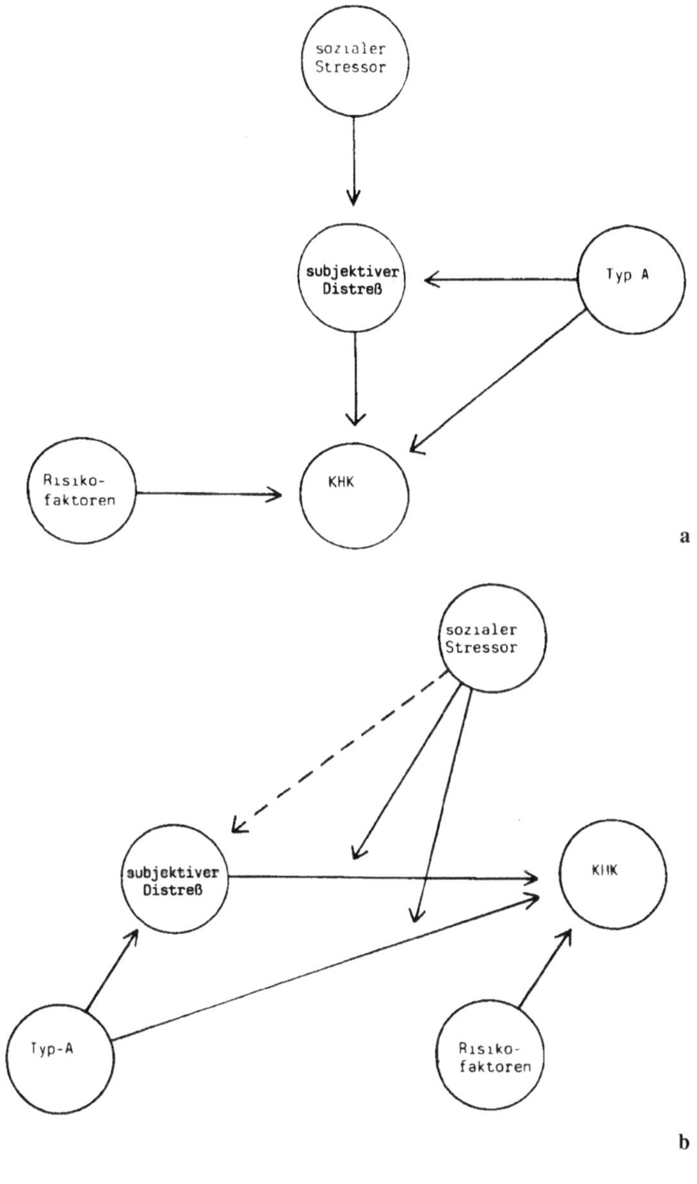

Abb. 1. a 1. ätiologisches Modell, **b** 2. ätiologisches Modell

T. von Uexküll hat eine besondere Möglichkeit von Medizinsoziologie darin gesehen, den Medizinern die Erfahrung der Fremdheit des Bekannten zu vermitteln (von Uexküll 1987). *Klinische* Soziologie muß auch das Gegenteil versuchen, das Fremde, das sie von außen mitbringt, den anderen, in der Klinik Tätigen, vertraut zu machen. Dabei scheint mir die Beschäftigung mit ätiologischer Forschung eine entschieden günstige Vorbedingung.

Dies möchte ich im folgenden verdeutlichen, indem ich zunächst ein ätiologisches Modell der koronaren Herzkrankheit (KHK), welches auch für den weiteren Verlauf der Erkrankung relevant ist, grob skizziere und dann am Beispiel eines soziopsychologischen Streßtests die Verklammerung von Forschung, Diagnostik und Therapie darstelle.

In der Marburger medizinsoziologischen Forschungsgruppe, in der meine berufliche Sozialisation stattgefunden hat, stellten wir 2 Modelle der Krankheitsentstehung einander gegenüber (Abb. 1). Das 1. Modell (Abb. 1a) behauptet eine Kausalkette, die bei den sozialen Stressoren, die als extern und objektiv erfaßbar gedacht sind, beginnt und die – vermittelt über subjektive Belastungswahrnehmung, die von Verhaltensmustern mitbeeinflußt wird – zu verschiedenen Risikofaktoren der Erkrankung bzw. zur Erkrankung selbst führt. Anders im Alternativmodell (Abb. 1b). Hier nehmen wir an, daß soziale Stressoren nicht nur vermittelt über subjektiven Distreß das Erkrankungsrisiko erhöhen, sondern daß sie auch als Moderator wirken. Für das zweite, das eigentlich soziologische Modell, sprechen

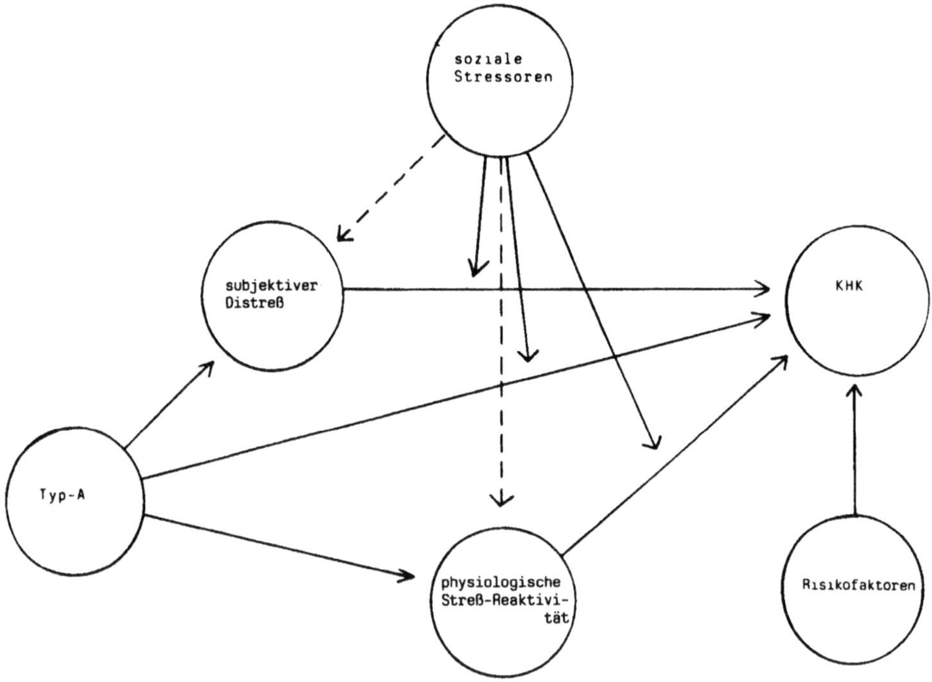

Abb. 2. Erweiterte Fassung des 2. ätiologischen Modells

einige theoretische Vorüberlegungen. Soziale Tatbestände bedeuten eine Realität sui generis, die sich im Bewußtsein häufig nicht adäquat abbildet. Wo sie sich abbildet, geschieht dies nicht unbedingt in Form einer sprachlich verfügbaren Erfahrung. Das zweite, das soziologische Modell, erwies sich unserer Erwartung entsprechend dem ersten empirisch überlegen. In einer Längsschnittstudie an 416 initial herzkreislaufgesunden männlichen Industriearbeitern vermochte es die Ausprägung von Blutdruck und Cholesterin [Low-density-Lipoprotein; Quotient aus Low- (LDL) und High-density-Lipoprotein (HDL)] besser zu erklären als das erste (Siegrist J. etal. 1988).

Den Nutzen einer soziologischen Orientierung möchte ich im folgenden an einem wichtigen Baustein eines etwas komplexeren Verlaufsmodells verdeutlichen, an der Stroop-Farbwort-Konflikt-Aufgabe (Abb. 2).

Der Stroop-Test als Stressor im ökologischen Kontext Forschung

Im Rahmen einer in Gang befindlichen Verlaufsstudie an Männern mit erstem Herzinfarkt (Höchstalter 55 Jahre), die sich zur Anschlußheilbehandlung in der Herz-Kreislauf-Klinik aufhalten, untersuchen wir die Reaktivität auf einen Standardlaborstressor (Siegrist K. etal. 1988). Als soziale Prädiktoren erfassen wir verschiedene Arbeitsplatzmerkmale sowie berufsbiographische Parameter. Der stärkste Stressor ist dabei nach unserer Erwartung die wahrgenommene Unsicherheit des Arbeitsplatzes.

Zu den Verlaufsindikatoren gehören u. a. Planung und tatsächliche Wiederaufnahme sozialer Rollen, Angst und Niedergeschlagenheit als Reaktionen auf die Erkrankung, Typ-A-Verhalten und Typ-A-bezogene Verhaltensänderungspläne, ebenso wie Standardrisikofaktoren und schließlich Morbidität und Mortalität. Der Streßtest mit den entsprechenden psychischen (Ärger, Unsicherheit) und physiologischen Reaktionen (Herzfrequenz, Blutdruck, Rhythmusstörungen, ST-Streckensenkung, Angina pectoris) stellt eine Schaltstelle zwischen den psychosozialen Prädiktoren, von denen unterstellt wird, daß sie langfristig zu einer pathogenetisch wirksamen Überaktivierung des Herz-Kreislauf-Systems führen, und den „harten" Endpunkten des Krankheitsverlaufs, dar. Wir nehmen an, daß jene Patienten, die auf die Zeit- und Entscheidungsdruck simulierende Aufgabe extrem und überschießend reagieren, besonders gefährdet sind, im Zeitraum von 12–18 Monaten Rezidive zu erleben bzw. zu sterben.

Unserem ätiologischen Modell entsprechend nehmen wir weiter an, daß extreme psychophysiologische Reaktivität in jener Subgruppe ein stärkerer Prädiktor des Krankheitsverlaufs ist, die unter besonderem sozialen Druck steht.

Um die Angemessenheit des Stressors „Stroop-Test" im Einzelfall zu prüfen, d. h. um seine ökologische Validität zu erhellen, führen wir unmittelbar im Anschluß an den Test ein kurzes strukturiertes Interview durch, in dem wir nach der wahrgenommenen Beziehung zwischen Testerleben und Alltagsstressoren des Probanden fragen.

Diagnostik

Eine Fallgeschichte mag die diagnostischen Möglichkeiten des Stroop-Tests verdeutlichen:
Herr Z. kam im Dezember 1986, unmittelbar nach der Akutbehandlung seines 1. Herzinfarkts, zur Anschlußbehandlung in die Herz-Kreislauf-Klinik. Er war eben 40 Jahre alt geworden, war normalgewichtig, lebenslang Nichtraucher und zeigte nur leicht erhöhte Cholesterinwerte. Sein Ruheblutdruck war grenzwertig erhöht und labil. Herr Z. hatte sich bis zuletzt gesund gefühlt. Einziges Warnzeichen: eine immer stärker werdende innere Anspannung. Die Sozialanamnese ergab, daß sich Herr Z. als leitender Angestellter einer ausländischen Firma zunehmend in eine Alleinverantwortung für Mißstände hineingedrängt sah, deren Zustandekommen außerhalb seiner Reichweite lag. Im Streßtest ohne Medikation erreichte Herr Z. Blutdruckwerte von 185:115 mm Hg und eine Herzfrequenz von maximal 106 Schlägen pro Minute. Systolischer und diastolischer Maximalwert liegen mehr als 2 Standardabweichungen über dem Mittelwert der Subpopulation der Normotoniker aus der bereits erwähnen Marburger Längsschnittstudie (n = 77) (Siegrist et al. 1986). Nach Testende gelang die Entspannung nur verzögert. Es dauerte 3 min, bis Herr Z. seinen Ruhewert von 130:95 mm Hg erreichte.

Wie zu erwarten, erlebte Herr Z. die Testsituation als weitaus harmloser als seinen beruflichen Alltag. Das Einbeziehen sozialer Stressoren bei der diagnostischen Beurteilung bedeutet in diesem Fall:

1) Es ist wahrscheinlich, daß die wesentlich bedrohlicheren beruflichen Belastungssituationen bei Herrn Z. stärkere und v. a. länger anhaltende Blutdruckanstiege auszulösen vermögen.

2) Angesichts der anhaltenden sozialen Stressoren „hohe Verantwortung", „Zeitdruck" und „ständige Überstunden" besteht eine erhöhte Wahrscheinlichkeit dafür, daß auch abends und nachts Erholung des Organismus mit tiefer Entspannung des Herz-Kreislauf-Systems nur unvollkommen gelingt. Damit erscheint die Streßgefährdung größer, als es die Betrachtung der isolierten akuten Streßreaktion anzeigt.

3) Es kann für den Verlauf der Erkrankung bedeutsam sein, nicht nur die physiologische Streßreaktivität des Patienten zu dämpfen (pharmakologisch durch β-Rezeptoren-Blocker; Entspannungstraining), sondern auch bei jenen sozialen Stressoren anzusetzen, die im Alltag solche Reaktionen auslösen.

Therapie

Ausgehend von einem längeren Gespräch über mögliche Zusammenhänge zwischen sozialer Situation (Stressoren), Verhalten (ausgeprägte Kontrollbedürfnisse im Sinne von Typ-A-Verhalten) und physiologischer Reaktivität (Herzfrequenz; Blutdruck) und deren möglicher Bedeutung für den Krankheitsverlauf, verständigten wir uns mit der Stationsärztin über ein Behandlungskonzept. Es schien angezeigt, eine pharmakologische Therapie mit verschiedenen Ansätzen auf der Verhaltensebene, z. B. autogenes Training, Streßbewältigungstraining und Einzelgespräche, zu kombinieren. Da Stationsärztin, klinische Soziologin und Patient zu einer ähnlichen Sicht der Dinge gelangten, traten kaum Complianceprobleme auf. Es hatte im Gegenteil den Anschein, daß die Beschäftigung mit den Ergebnissen des Streßtests die Bereitschaft des Patienten deutlich erhöhte, etwas für seine Herz-Kreislauf-Gesundheit zu tun.

Sozialanamnese und Streßbewältigungstraining: erste Hinweise zur Indikationsstellung

Inwiefern kann sich aus einer ausführlichen Sozialanamnese eine Indikation zum Streßbewältigungstraining (SBT) ergeben? Im Rahmen der Berleburger Verlaufsstudie (Siegrist K et al. 1988) überprüften wir die Hypothese, daß jene Herzinfarktpatienten, die in der Präinfarktphase starkem sozialem Druck ausgesetzt waren, in besonderem Maß vom SBT profitieren würden. Dieses sollte sowohl in bezug auf psychische als auch auf somatische Indikatoren des Krankheitsverlaufs gelten.

Im Streßbewältigungstraining geht es um jene Kombination von Belastungen und ungünstigem Bewältigungsverhalten, die zu „Anstrengung und Distress" führt. Wenn ein solcher Zustand, der sich auf den Ebenen von Verhalten, Emotionen, Neuroendokrinium und Physiologie beschreiben läßt, nicht mehr durch Entspannung kompensierbar ist, dann erhöht sich das Risiko der Entwicklung einer KHK und ihrer Manifestation im akuten Herzinfarkt (Siegrist 1988). Im SBT soll Streßreduktion dadurch möglich werden, daß ein unrealistisches Verhalten (unökonomische, übertriebene Verausgabung; mangelhafte Distanzierung) erkannt wird und Entspannungsbedürfnisse zunehmend beachtet werden.

Unser vorläufiges Ergebnis: Wir fanden in einer Stichprobe von 45 männlichen Herzinfarktpatienten (Alter: $\bar{x} = 46 \pm 5{,}6$ Jahre), von denen etwa die Hälfte nach einem Zufallsprinzip dem SBT zugewiesen wurde, während die andere Hälfte auf Alternativen hingewiesen wurde (insbesondere Tiefenmuskelentspannung), daß bei jenen, die in der Präinfarktphase befürchten mußten, den Arbeitsplatz zu verlieren, sich das SBT besonders deutlich auf ausgewählte Indikatoren des Krankheitsverlaufs auswirkte. Sowohl die Entwicklung von Angst als auch die des LDL wurde in der sozial bedrohten Gruppe signifikant günstig von der Teilnahme am SBT beeinflußt. Dieses Ergebnis, das wir an anderer Stelle ausführlich diskutieren (Siegrist K et al. 1988), ist angesichts der kleinen Fallzahlen mit Vorsicht zu interpretieren. Es unterstützt aber zunächst das eingangs skizzierte ätiologische Modell und legt die Konsequenz nahe, in starkem sozialem Druck eine eigenständige Indikation für die Zuweisung zum SBT zu sehen.

Literatur

Raspe H (1987) Klinische Medizinsoziologie und klinische Praxis. Hannover (unveröffentlichtes Manuskript)

Siegrist J, Klein D, Grünewald R, Matschinger H (1986) Pressure response and heart rate reaction to a mental stress test in a blue-collar population at cardiovascular risk. J Hypertension [Suppl] 4/6:260–262

Siegrist J, Matschinger H, Cremer P, Seidel D (1988) Atherogenic risk in men suffering from occupational stress. Atherosclerosis 69:211–218

Siegrist K (1988) Effort and Distress in coronary patients – show to modify? In: Elbert T, Langosch W, Steptoe A, Vaitl D (eds) Behavioral medicine in cardiovascular disorders. New York, Wiley & Sons

Siegrist K, Jürgensen R, Bieber G, Halhuber C (1988) Zur Bedeutung der Sozialanamnese bei der Rehabilitation von Koronarkranken. Z Sozial Präventivmed

Uexküll T von (1987) Medizin und Soziologie – Interdisziplinarität als Tranquilizer oder als Problem. In: Dieckmann W (Hrsg) Medizinsoziologie in der Bundesrepublik Deutschland – eine Zwischenbilanz. Express Edition, Berlin S 9–22

Zur Entwicklung von Psychotherapie und Psychosomatik in der DDR

M. Geyer

Zusammenfassung

Es wird versucht, einige Entwicklungslinien von Psychotherapie und Psychosomatik in der DDR zu zeichnen. Es wird deutlich, wie nach einer Etappe der Institutionalisierung der Psychotherapie als Spezialdisziplin, die zum Aufbau von ca. 40 Abteilungen mit 800 Behandlungsplätzen geführt hat, eine integrative Orientierung seit etwa 10–15 Jahren bestimmend wurde. Probleme bestehen in der nicht vollzogenen Etablierung von Psychotherapie und Psychosomatik in der prägradualen Ausbildung der Ärzte. Insgesamt wurde auf den praxisbedeutsamen Feldern der Psychotherapie und Psychosomatik in der DDR enger Anschluß an die internationalen Entwicklungen gefunden.

Schlüsselbegriffe: Psychotherapie, Psychosomatik, Institutionalisierung, Spezialisierung, Weiterbildung, Deutsche Demokratische Republik.

Einleitung

Die Entwicklung der Psychotherpaie und Psychosomatik verlief in der DDR bis zur Gründung der Gesellschaft für Ärztliche Psychotherapie im Jahre 1960 eher sporadisch und war bestimmt von den Aktivitäten einiger weniger Zentren in Berlin, Leipzig und Jena. Danach lassen sich im Rückblick 2 Entwicklungsetappen abgrenzen. Die erste umfaßt einen Zeitraum von ca. 15 Jahren (1960–1975) und läßt sich als *Etappe der Institutionalisierung und Spezialisierung* charakterisieren. Die zweite ist gekennzeichnet durch eine zunehmende Integration der psychosozialen Dimension in die Breite der klinischen Medizin und wird daher als *Integrationsetappe* bezeichnet.

Ich möchte in meinem Beitrag zunächst diese Entwicklung beschreiben und dann zu einigen Aspekten der gegenwärtigen Situation der psychosozialen Medizin in der DDR kommen.

Söllner et al. (Hrsg.) Sozio-psycho-somatik

Etappe des Aufbaus der speziellen Psychotherapie (Institutionalisierungs- und Spezialisierungsetappe)

Die sich nach 1961 zunehmend bessernde medizinische Versorgungslage war eine Vorbedingung für die weitere Differenzierung der klinischen Medizin. Dieser Differenzierungs- und Spezialisierungsprozeß erzwang geradezu eine integrative Gegenbewegung in Theorie und Praxis. In der Medizintheorie setzte sich zwar das marxistische Postulat einer dialektischen biosozialen Betrachtungsweise menschlicher Krankheit durch. Im Gegensatz dazu wurde die Hilflosigkeit der Ärzte gegenüber steigenden psychosozialen Anforderungen immer offensichtlicher. Das in der medizinischen Praxis tatsächlich praktizierte Objektverständnis des Arztes geriet in die öffentliche Kritik. Die Fähigkeit der Vertreter einer psychosozialen Medizin, mit tragfähigen integrativen Konzepten diesem Dilemma zu begegnen, war damals außerordentlich begrenzt. Häufig wurde der Maß- und Grenzenlosigkeit der somatischen Medizin der ebenso maßlose Anspruch entgegengesetzt, in psychosozialen Maßnahmen ein Allheilmittel zu besitzen. Folgerichtig bekam die Psychotherapie eine methodologische und methodische Entwicklungschance als ein neues Spezialgebiet der Medizin. In einem permissiven Klima entwickelte sich nun eine Vielzahl stationärer und ambulanter Abteilungen, die zwar nicht in der Lage waren, die somatische Medizin wesentlich zu beeinflussen, die diese jedoch von einem lästigen Zweifel an ihrer Kompetenz befreite, dem neurotisch Kranken. Mit welchen Methoden und unter welchen theoretischen Prämissen dies geschah, spielte nur noch eine geringe Rolle. Eine eklektizistisch-pragmatische Periode begann. Gefragt waren Handlungsanleitungen. Theoretische Modelle wurden nur als relativ unverbindliche, das Vorgehen allenfalls locker begründende oder rechtfertigende Rahmenkonzepte benötigt. 1968 erschien das erste moderne Psychotherapielehrbuch (von meiner Amtsvorgängerin in Leipzig, Christa Kohler) unter dem Titel *Kommunikative Psychotherapie,* in dem allen Methoden ihre Daseinsberechtigung innerhalb eines kommunikationstheoretischen Rahmens zuerkannt wurde. 1969 etablierten sich in der damals nur wenige hundert Mitglieder zählenden Gesellschaft für Ärztliche Psychotherapie folgende Methodensektionen: autogenes Training und Hypnose, Gruppenpsychotherapie, Musiktherapie. In den folgenden Jahren wuchs die Mitgliederzahl beträchtlich auf heute über 1700. In jedem der 15 Bezirke der DDR entstand eine eigene regionale Psychotherapiegesellschaft. Die Anzahl der in der DDR gelehrten Methoden stieg ebenfalls: Verhaltenstherapie, klientzentrierte Gesprächstherapie und dynamische Einzeltherapie entwickelten sich vehement. Von psychosomatischer Medizin war in dieser Phase wenig zu hören. Die Mehrzahl der inzwischen entstandenen ca. 40 stationären Psychotherapieabteilungen mit ca. 800 Behandlungsplätzen widmete sich ausschließlich der Therapie von Neurosen und Persönlichkeitsstörungen.

Psychotherapie wurde 1978 eine klinische Facharztdisziplin. Mit dieser Geste staatlicher Akzeptanz eines eigenständigen therapeutischen Fachgebiets „Psychotherapie“ wurde der bisherige Höhepunkt ihrer disziplinären Entwicklung erreicht (Geyer etal. 1985).

Die Psychosomatik richtet sich in der klinischen Medizin ein (Integrationsetappe)

Der geschilderte Institutionalisierungsschub der Neurosenpsychotherapie blieb nicht ohne Folgen für die gesamte Medizin. Denn interdisziplinär angelegte Disziplinen genügen sich nur über einen bestimmten Zeitraum selbst. Dann ziehen sie unweigerlich zusätzliches spezielles Wissen an sich und stellen ihr spezifisches Wissen anderen Fachrichtungen zur Verfügung (Parthey 1983).

Den zunehmenden Anforderungen der Grundbetreuung insbesondere in den Fächern Allgemeinmedizin, innere Medizin, Psychiatrie und Pädiatrie entsprechend, begann seit etwa 1973 eine intensivere Breitenarbeit, die wesentlich von der Gesellschaft für Ärztliche Psychotherapie in der DDR und ihren regionalen Gliederungen ausging. Die Fortbildungsaktivitäten dieser Gesellschaft hatten zu Beginn der 80er Jahre in Zusammenarbeit mit der Akademie für Ärztliche Fortbildung bereits etwa 5000 Ärzte und in der Medizin tätige Psychologen erreicht. 15 Regionalgesellschaften vermittelten weitgehend über die bezirklichen Bildungseinrichtungen des Gesundheits- und Sozialwesens in Grundkursen einem zunehmend aufgeschlosseneren Kreis von Ärzten aller Fachrichtungen allgemeinpsychotherapeutisches Basiswissen.

Seit 1978 besteht ein mit einer Dozentur ausgestatteter Lehrbereich an der Akademie für Ärztliche Fortbildung der DDR. Dort hat sich seit 1985 neben der Facharztweiterbildung eine weitere Spezialisierungsmöglichkeit in fachspezifischer Psychotherapie (besonders für die Allgemeinmedizin, Psychiatrie, innere Medizin, Pädiatrie, Gynäkologie u. a.) als Qualifizierung für die psychosomatische Grundbetreuung etabliert.

Spätestens Anfang der 80er Jahre erkannte der Vorstand der Gesellschaft für Ärztliche Psychotherapie der DDR, daß die weitere Entwicklung der Disziplin für eine gewisse Zeit vorrangig in den großen klinischen Fächern zu erfolgen habe und daß dabei ein festes Bündnis zwischen medizinischer Psychologie, Psychosomatik und Psychotherapie notwendig sei. Es bildeten sich interdisziplinäre Arbeitsgemeinschaften zwischen der Gesellschaft für Ärztliche Psychotherapie der DDR und den Gesellschaften für innere Medizin, Allgemeinmedizin, Gynäkologie, Psychiatrie und Pädiatrie.

Im Gefolge dieser Entwicklung haben zumindest auf den großen Kongressen der Gesellschaften für Allgemeinmedizin und innere Medizin die Themen Psychotherapie und Psychosomatik einen festen Platz. Als Beispiel mag der 15. Internistenkongreß mit internationaler Beteiligung 1988 in Leipzig dienen. Dort waren allein 3 Symposien und Rundtischgespräche sowie 40 einzelne Präsentationen diesen Themen gewidmet.

Die disziplinäre Gliederung der sog. psychosozialen Medizin

Legt man der sog. psychosozialen Medizin die wissenschaftstheoretisch gebräuchlichen Maßstäbe für den Entwicklungsstand einer wissenschaftlichen Disziplin – die Formen ihrer Institutionalisierung – an, ergibt sich folgendes Bild:

In der DDR existieren inzwischen 3 disziplinär relativ eigenständige Gebiete mit jeweils unterschiedlichen Institutionalisierungs- und Professionalisierungsschwerpunkten, (1) die spezielle Psychotherapie, (2) die Psychotherapie im Sinne der psychosomatischen Grundbetreuung und (3) die medizinische Psychologie. Die sog. spezielle, von professionellen Psychotherapeuten durchgeführte Psychotherapie, die einen eigenen disziplinären Status erfordert und ihn auch anstrebt, erfüllt bislang erst ansatzweise die Kriterien einer vollentwickelten medizinischen Disziplin. Sie besitzt zwar ausgereifte kommunikative und kollektionierende Institutionalisierungen in Form differenzierter wissenschaftlicher Gesellschaften, Bildungspläne und -programme. Die Träger dieser Aktivitäten verfügen auch über ein ausgeprägtes professionelles Selbstverständnis, das durch einen staatlich anerkannten postgradualen Ausbildungsgang zum Facharzt und im Falle des Psychologen zum Fachpsychologen mit Zusatzqualifikation gestützt wird. Die Tätigkeit dieser Spezialisten findet in Spezialabteilungen statt, die entweder völlig eigenständig neben den anderen Disziplinen oder im Verbund mit innerer Medizin, Psychiatrie, Pädiatrie, Gynäkologie und anderen existieren. Die prägraduale psychotherapeutische Ausbildung des ärztlichen Nachwuchses ist jedoch bisher nicht institutionalisiert. An den Universitäten hat der in der medizinischen Forschung und Praxis längst vollzogene Prozeß der Ausgliederung von medizinischer Psychologie und Psychotherapie aus dem in der DDR noch bestehenden Superfachgebiet Neurologie/Psychiatrie nicht stattgefunden. Formal sind die durch Medizinpsychologen und Psychotherapeuten besetzten Lehrstühle solche für Neurologie und Psychiatrie. Die hier enstandene Schere zwischen prä- und postgradualer Institutionalisierung wirkt sich entwicklungshemmend aus (Geyer et al. 1986).

Die Psychotherapie im Rahmen der psychosomatischen Grundbetreuung, also die von Fachärzten einer klinischen Disziplin in ihrem jeweiligen Tätigkeitsfeld praktizierte Behandlung mit Psychotherapie neben anderen therapeutischen Methoden, repräsentiert die integrative Komponente der Psychotherapie. Dies impliziert andere Institutionalisierungsformen und Professionalisierungsgrade. Ein eigener disziplinärer Status neben dem Fachgebiet, in dem fachspezifisch mit Psychotherapie betreut wird, ist nicht erforderlich. Es sind hier jedoch als Basis der Integration Forschungsabteilungen im Sinne von Spezialabteilungen der jeweiligen Fächer nötig, die die Spezifik des betreffenden Faches in der psychosomatischen Forschung und in der psychotherapeutischen Methodenentwicklung und der ärztlichen Bildung ausreichend berücksichtigen können. Diese – bislang nur vereinzelt in Psychiatrie, innerer Medizin, Gynäkologie und Pädiatrie mit psychosomatischen Forschern und hochspezialisierten Psychotherapeuten besetzten Abteilungen – schlagen die Brücke von der speziellen zur Psychotherapie im Sinne der psychosomatischen Grundbetreuung.

Die in der psychosomatischen Grundbetreuung engagierten Kollegen aus der Allgemein- und inneren Medizin, der Psychiatrie und Gynäkologie verstehen sich selbst primär als Fachärzte dieser Disziplinen, die *auch* psychotherapeutisch arbeiten. Ihre Ausbildung entspricht etwa derjenigen, die in der BRD zum Zusatztitel (z. B. Arzt für Allgemeinmedizin – Psychotherapie) führt. Diese Gruppe wächst in der DDR z. Z. so rapide an, daß die Ausbildungskapazität praktisch erschöpft ist und den begrenzenden Faktor der weiteren Entwicklung darstellt.

Kommen wir zum 3. Gebiet, zur medizinischen Psychologie. Nach dem Verständnis eines größeren Teils ihrer Vertreter in der DDR ist medizinische Psychologie eine angewandte psychologische Disziplin, die die psychosoziale Dimension menschlicher Lebenstätigkeit unter den Aspekten „Krankheit" und „Kranksein", neuerdings auch „Gesundheit" und „Gesundsein", in die Medizin einzubringen hat. Es handelt sich um eine interdisziplinär ausgerichtete Disziplin, die ein „Grundlagengebiet der Medizin mit integrativer Funktion" darstellt. Ihre Forschungsarbeit zielt in erster Linie auf eine Verbesserung ärztlicher Tätigkeit. Von der Gegenstands- und Aufgabenbestimmung her ist die medizinische Psychologie somit eine Disziplin, die in allen Etappen der ärztlichen Aus-, Weiter- und Fortbildung institutionalisiert sein sollte. Zur Psychotherapie gibt es da Überschneidungen, wo medizinische Psychologie Interventionsziele auf der psychologischen Ebene konzipiert, beispielsweise in der Operationsvorbereitung oder zur Unterstützung der Krankheitsbewältigung. Ansonsten ist die medizinische Psychologie auch für die Psychotherapie ein Grundlagengebiet.

Dieses Gebiet wird in der DDR sowohl von Psychologen als auch von Ärzten vertreten. Die Lehrbereiche an den medizinischen Hochschulen sind bis auf wenige Ausnahmen mit Psychologen und Ärzten besetzt.

Eine zunehmend größere Gruppe von Fachpsychologen wirkt innerhalb von Kliniken für innere Medizin, Pädiatrie, Gynäkologie, Dermatologie u. a. als Mediatoren entsprechender Bildungsinhalte im postgradualen Bereich. Eine Neuordnung der psychologischen Ausbildung auf diesem Sektor ist z. Z. ebenso im Gespräch wie die Überlegung eines gemeinsamen Basisfacharztes für Psychotherapie und medizinische Psychologie.

Angewandte psychotherapeutische Methoden

In der DDR werden im wesentlichen die Verfahren der 3 großen, um wissenschaftliche Fundierung ihrer Methoden bemühten Schulrichtungen Psychoanalyse, Gesprächstherapie und Verhaltenstherapie angewandt. Bezüglich der von der Psychoanalyse abgeleiteten Verfahren besteht ein gravierender Unterschied zur Situation in den westeuropäischen Ländern, insbesondere in der Ausbildung. Aufgrund des Fehlens von Lehranalytikern spielt die Lehranalyse keine Rolle. Die Ausbildung konzentriert sich auf systematische Selbsterfahrung außerhalb und Supervision innerhalb der Weiterbildungseinrichtungen. Der größte Teil der Ausbildung erfolgt nicht an speziellen Bildungsinstituten, sondern in ausgewählten stationären und poliklinischen Einrichtungen. Das hat zur Folge, daß Behandlungen über 80 Stunden weder als Einzel- noch als Gruppentherapie vorkommen. Die psychodynamischen einzeltherapeutischen Verfahren sind in der Praxis vergleichbar mit psychodynamischer Kurz- bzw. Fokaltherapie (etwa der von Luborsky, 1984, kreierten supportiv-expressiven Therapie). Die in meiner Einrichtung gelehrte Methode nennt sich dynamisch-interaktionelle Psychotherapie (Geyer 1989). Als Gruppenbehandlung ist ein Verfahren verbreitet, das von Höck in Anlehnung an gruppendynamische Phasenkonzepte der 60er Jahre entwickelt wurde (Höck 1981). Mehrjährige Ausbildungskurse mit hohem Selbsterfahrungsanteil werden von einer entsprechenden Sektion der Gesellschaft für Ärztliche Psychotherapie seit 1973 durchgeführt.

Die in Anlehnung an Tausch in den frühen 70er Jahren sich entwickelnde Gesprächstherapie offeriert ein gut strukturiertes Ausbildungsangebot mit zentralen Trainings- und Selbsterfahrungskursen, die besonders von ambulant tätigen Psychologen genutzt werden. Auch in Verhaltenstherapie, Musiktherapie und kommunikativer Bewegungstherapie, katathymem Bilderleben (zukünftig auch in Psychodrama und körpertherapeutischen Techniken) existieren entsprechende Programme.

Die „Psychoszene" ist also nicht so bunt wie in den westlichen Ländern. Der kommerzielle Aspekt der Ausbildung spielt keine Rolle. Eine gewisse fachliche Kontrolle aller Aktivitäten ist dadurch gewährleistet, daß alle Aktivitäten entweder im Rahmen der Fachgesellschaft oder der staatlichen zentralen Fachkommission „Psychotherapie" der Akademie für Ärztliche Fortbildung der DDR angesiedelt sind.

Ausblick

Die Psychotherapie schickt sich gegenwärtig an, die jahrzehntelange einseitige Orientierung auf Diagnostik und Therapie von neurotischen Krankheitsbildern zu überwinden und hat für andere Indikationsbereiche theoretisch und praktisch Ansätze aufgezeigt, die einer wissenschaftlichen Verifikation bedürfen, was nicht zuletzt im Zusammenhang mit der Änderung der Morbiditätsstruktur einem objektiven Bedürfnis entspricht.

Mit der verstärkten Bearbeitung theoretischer und methodologischer Probleme wird sich die Integration in das diagnostische und therapeutische Methodengefüge der Medizin vollziehen, wobei eine Zusammenführung biologischer und psychosozialer Forschungsparadigmen im Sinne des biosozialen Monismus angestrebt wird.

Literatur

Geyer M (1989) Methodik des psychotherapeutischen Einzelgesprächs. Barth, Leipzig

Geyer M etal. (1985) Zur psychotherapeutsichen Aus-, Weiter- und Fortbildung der Ärzte in der DDR. Z Ärztl Fortbild (Jena) 79:1011–1014

Geyer M etal. (1986) Zum Problem von Disziplinarität und Interdisziplinarität sowie Spezialisierung und Integration in der Medizin am Beispiel der Psychotherapie. Z Klin Med 24:2023–2026

Höck K (1981) Konzeption der intendierten dynamischen Gruppenpsychotherapie. In: Höck K etal. (Hrsg) Psychotherapie und Grenzgebiete, Bd 1. Barth, Leipzig, S

Kohler C (1968) Kommunikative Psychotherapie. Fischer, Jena

Luborsky L (1984) Principles of psychoanalytic psychotherapy – a manual for supportive-expressive treatment. Basic Books, New York

Parthey H (1983) Interdisziplinarität und interdisziplinäre Forschergruppen. Dtsch Z Philosophie 1:31–42

Spezielle Einrichtungen für Psychosomatik versus psychosomatische Einrichtungen an organmedizinischen Institutionen in Österreich

E. Jandl-Jager

Zusammenfassung

Anhand zweier empirischer Studien, die 1987 in Österreich fertiggestellt wurden, wird auf der Makroebene die Struktur der Versorgung im Bereich der Psychosomatik in Österreich dargestellt. Auf der Mikroebene wird anhand der Evaluation einer bestimmten Einrichtung auf die Problematik derartiger Einrichtungen im Detail eingegangen.

Schlüsselbegriffe: psychosomatische Medizin, psychosomatische Versorgung, psychosomatische Institutionen, Spezialisierung, Integration.

Die Versorgung Österreichs mit psychosomatischen Einrichtungen

Seit langem wird darüber diskutiert, ob die Behandlung psychosomatisch Kranker an spezifischen Einrichtungen außerhalb einer organmedizinisch orientierten Institution stattfinden oder in eine solche integriert werden soll. Darüber hinaus wird diskutiert, ob derartige Einrichtungen stationär oder ambulant sein sollen. Für Österreich ist diese Diskussion eine rein akademische, da es weder in der einen noch in der anderen Form ausreichend ausgebildetes Personal gibt. Tatsächlich wurde die Notwendigkeit eines psychosomatischen Ansatzes auch in der Organmedizin erst in neuerer Zeit in Österreich berücksichtigt.

Studien wie jene von Strotzka et al. (1979) und Ringel u. Kropiunigg (1983) zeigen einen hohen Anteil psychosomatischer Erkrankungen in der Bevölkerung auf. Hier soll allerdings darauf hingewiesen werden, daß die Indikation zur psychotherapeutischen Behandlung psychosomatischer Erkrankungen nicht nur aufgrund der Diagnose gestellt werden kann, sondern daß auch von seiten des Patienten Krankheitseinsicht und Einsicht in psychogene Zusammenhänge vorhanden sein muß. Gerade von Patienten mit psychosomatischen Erkrankungen ist Krankheitseinsicht und Einsicht in die psychogenen Zusammenhänge nicht zu erwarten. In einer kürzlich abgeschlossenen Studie (Jandl-Jager et al. 1987) mußten wir feststellen, daß 60% der psychosomatisch Kranken ausschließlich während eines stationären somatischen Aufenthalts die psychotherapeutischen Angebote annahmen. Nur 27% nahmen darüber hinaus auch ambulante psychotherapeutische Angebote wahr. Dieses Ergebnis kann als ein Anzeichen dafür gewertet werden, daß die Krankheitseinsicht bei den meisten dieser Patienten nicht gegeben ist, obwohl zweifellos während der stationären Betreuung versucht wurde, diese zu wecken.

Tabelle 1 zeigt die Verteilung der Einrichtungen, die sich auf psychosomatische

Söllner et al. (Hrsg.) Sozio-psycho-somatik

Erkrankungen spezialisiert haben, auf die einzelnen Bundesländer. Darüber hinaus werden psychosomatisch Kranke noch in Einrichtungen behandelt, die sich auf Psychotherapie spezialisiert haben (Jandl-Jager u. Stumm 1988), Tabelle 2 zeigt deren Verteilung.

Der auffälligste Unterschied zwischen Tabelle 1 und 2 ist, daß stationäre Einrichtungen in Tabelle 1 wesentlich stärker vertreten sind als in Tabelle 2. Dies bestätigt, daß es in Österreich kaum stationäre psychotherapeutische Einrichtungen gibt. Die stationären Einrichtungen, die sich auf psychosomatische Erkrankungen spezialisiert haben, sind etwa zu gleichen Teilen an speziellen Kliniken oder

Tabelle 1. Einrichtungen, die sich auf Psychosomatik spezialisiert haben

Bundesland	Psychosomatische Behandlung	
	ambulant	stationär
Wien	16	7
Niederösterreich	1	3
Oberösterreich	3	3
Salzburg	4	0
Tirol	5	2
Vorarlberg	1	1
Burgenland	1	1
Steiermark	4	3
Kärnten	0	2
Gesamt	35	22

Tabelle 2. Einrichtungen, die sich auf Psychotherapie spezialisiert haben

Bundesland	Psychotherapeutische Behandlung	
	ambulant	stationär
Wien	19	1
Niederösterreich	11	0
Oberösterreich	6	2
Salzburg	8	1
Tirol	12	2
Vorarlberg	6	0
Burgenland	1	0
Steiermark	10	1
Kärnten	5	2
Gesamt	78	9

Krankenanstalten mit einem bestimmten Fachgebiet angeschlossen oder als eigenständige Psychosomatikabteilung errichtet worden. Zusätzlich gibt es in Österreich noch 4 Rehabilitationszentren, die sich auf Psychosomatik spezialisert haben.

Die Zahl der Einrichtungen sagt jedoch über das Versorgungsangebot noch nicht viel aus. Tatsächlich sind an den psychosomatischen Einrichtungen 191 Personen tätig (vgl. Tabelle 3). In Einrichtungen, die v. a. Psychotherapie anbieten, sind 86 Personen psychotherapeutisch/psychologisch beratend tätig.

Zunächst ist festzuhalten, daß die Hälfte aller mit Zusatzausbildung tätigen Personen u. a. in eigener Praxis arbeitet. In einer Gesamterhebung über das psychotherapeutische Angebot in Österreich konnten wir feststellen, daß nur etwas über die Hälfte der Psychotherapeuten ihre institutionelle Tätigkeit als Hauptberuf ausübt. Fast ein Drittel steht nur teilweise als Konsiliar oder mit halber Dienstverpflichtung zur Verfügung. Damit wird natürlich das hier beschriebene Angebot deutlich eingeschränkt.

Die regionale Verteilung ist ebenfalls für die psychotherapeutische Versorgung in Österreich bezeichnend. Die größte Versorgungsdichte ist in Wien und Vorarlberg gegeben. In Vorarlberg ist dies auf die dortigen Finanzierungsmöglichkeiten zurückzuführen. In allen anderen Bundesländern besteht außerhalb der Städte ein sehr geringes Versorgungsangebot. In den Landeshauptstädten Innsbruck, Salzburg und Wien, die gleichzeitig Ausbildungszentren für Psychotherapie sind, ist das psychotherapeutische/psychologisch beratende Versorgungsangebot für österreichische Verhältnisse überdurchschnittlich; in Linz und Graz ist es durchschnittlich, in allen anderen Städten ist es unterdurchschnittlich.

Bei der regionalen Verteilung von Einrichtungen, die sich auf psychosomatisch Kranke spezialisiert haben, ist zu berücksichtigen, daß sich darunter 4 Rehabilitationszentren befinden, die ihr Angebot nicht an die Bevölkerung in der Region richten, sondern an Versicherte mit bestimmten Erkrankungen, gleichgültig aus welcher Region sie stammen; 5 Einrichtungen sind auf Kinder spezialisiert.

Tabelle 3. Zahl der primär psychotherapeutisch/psychologisch beratend Tätigen nach behandelnden Einrichtungen; Therapeutenerhebung (n = 1200); Mehrfachnennungen

Art der Einrichtung	n	[%]
Freiberufliche Praxis	591	49,2
Beratungseinrichtung (z. B. Studentenberatung, Ehe- und Familienberatung, Krisenintervention)	535	44,6
Psychiatrie (stationär und Nachbetreuung)	275	22,9
Krankenhäuser (z. B. psychosomatische Station, Ambulanzen, Heilpädagogik	191	15,9
Schule (z. B. Schulpsychologischer Dienst)	107	8,9
Psychotherapeutische Station, psychotherapeutische Ambulanz	86	7,2
Strafvollzug (Gefängnis, Bewährungshilfe)	54	4,5
Ämter (Jugend-, Sozial- und Arbeitsamt)	41	3,4

Tabelle 4. Verfahren, die in psychosomatischen Einrichtungen angeboten werden

Verfahren	Einrichtungen
Gesprächstherapie	23
Autogenes Training	16
Verschiedene Entspannungstechniken	15
Familientherapie	15
Verhaltenstherapie	14
Psychoanalytisch orientierte Beratung	8
Gestalttherapie	7
Katathymes Bilderleben	6
Psychoanalytisch orientierte Psychotherapie	5
Psychoanalyse	5
Spieltherapie	5
Musiktherapie	4
Diverse andere Verfahren	15

Die therapeutischen Verfahren, die psychosomatischen Kranken angeboten werden, sind sehr vielfältig. Tabelle 4 gibt einen Überblick über diese Angebote. Die Vielfalt erklärt sich einerseits aus der Notwendigkeit, im stationären Bereich ein besonders differenziertes Angebot machen zu müssen, um Leerlaufphasen möglichst gering zu halten, und andererseits aus der Tatsache, daß oft wenig Einigkeit über differentielle Indikation zu bestimmten Formen der Psychotherapie besteht.

In Ambulanzen psychosomatischer Abteilungen kommen überwiegend suggestive Verfahren zur Anwendung, gefolgt von tiefenpsychologischen Verfahren und Gesprächstherapie. In stationären psychosomatischen Abteilungen werden v. a. tiefenpsychologische Verfahren, gefolgt von suggestiven Verfahren und Gesprächstherapie angewendet. Körpertherapie wird insgesamt in Institutionen selten eingesetzt, am ehesten aber noch in psychosomatischen Ambulanzen.

Die bisherigen Angaben beziehen sich ausschließlich auf Institutionen und nicht auf freipraktizierende niedergelassene Psychotherapeuten. Auch diese behandeln selbstverständlich psychosomatisch Kranke. In der freien Praxis sind fast ein Drittel (32,1 %) aller Diagnosen Neurosen, gefolgt von körperlichen Funktionsstörungen und Persönlichkeitsstörungen. In den Institutionen sind die häufigsten Diagnosen Störungen des Kindes- und Jugendalters, gefolgt von Suchtkrankheiten, Neurosen, psychogenen Reaktionen und körperlichen Funktionsstörungen. Diese Ergebnisse sind über alle Institutionen hinweg gemessen und nicht für spezielle Einrichtungen für psychosomatisch Kranke zu verstehen.

Darstellung der Problematik psychosomatischer Einrichtungen anhand eines ausgewählten Beispiels

Die Problematik einer spezifischen Einrichtung für psychosomatisch Kranke konnten wir im Rahmen einer Evaluationsstudie einer solchen Einrichtung im Jahre

1987 studieren (Jandl-Jager et al. 1987). Die besonderen Probleme bestanden in der schwierigen Kooperation mit der stationären somatischen Betreuung sowie in der ambulanten somatischen Betreuung durch die niedergelassenen Ärzte, sowie im Mangel an Krankheitseinsicht bei den betroffenen Patienten.

Das Angebot dieser spezifischen Institution umfaßt Psychotherapie, Musiktherapie, Physikotherapie, Körper- und Gestalttherapie für psychosomatisch Kranke. Darüber hinaus wird in Zusammenarbeit mit der internen Abteilung des Krankenhauses die Durchführung der Rehabilitation durch ein psychosomatisch orientiertes Team versucht. Im Zusammenhang mit unserer Untersuchung wurden über 50% aller niedergelassenen Ärzte in einem Umkreis von 20 km befragt. Dabei ist aufgefallen, daß trotz Öffentlichkeitsarbeit rund ein Drittel dieser Ärzte immer an das Krankenhaus überweisen und nicht an die spezialisierte Einrichtung. Drei Viertel der befragten Ärzte gaben eine Erleichterung in ihrer ärztlichen Praxis durch die spezialisierte Einrichtung an. In der Wichtigkeit der Angebote kommt die Betreuung psychosomatisch Kranker an 2. Stelle nach der ambulanten Betreuung Alkoholkranker nach einem stationären Entzug.

Wie bereits erwähnt, wurden 60% der psychosomatisch Kranken ausschließlich während ihres stationären Aufenthalts auch psychotherapeutisch betreut. Der übrige Teil nahm eine ambulante Behandlung in Anspruch, wovon knapp zwei Drittel nach ihrem stationären Aufenthalt weiterbetreut wurden. Etwas mehr als ein Drittel der Patienten nahm ausschließlich ambulante Behandlung in Anspruch, von denen fast jeder 2. mehr als 15 Sitzungen hatte.

Patienten, die langfristig (mehr als 15 Sitzungen) behandelt wurden, wiesen im Schnitt vor Behandlungsbeginn mehr psychische und soziale Probleme – zusätzlich zu ihren körperlichen Beschwerden – auf als jene, die nur kurzfristig eine Behandlung in Anspruch nahmen. Die Ergebnisse der langfristig Behandelten waren mit denen der nur kurzfristig Behandelten vergleichbar.

Anhand dieser Studie an einer spezifischen Einrichtung konnten aber auch spezifische Probleme festgestellt werden: Patienten haben die zusätzliche psychotherapeutische Betreuung während des stationären Aufenthalts überwiegend positiv bewertet. Anders wird dies vom Stationspersonal gesehen. Hier herrscht teilweise eine Konkurrenzsituation und auch ein Nichtverstehen der Notwendigkeit einer psychotherapeutischen Arbeitsweise. Es werden dadurch nicht nur Konflikte über die Patienten ausgetragen, die die psychotherapeutische Arbeit deutlich erschweren, sondern durch das Nichtakzeptieren der psychosomatischen Abteilung als gleichwertige Einrichtung entstehen auch Komplikationen in der Raumzuteilung, Finanzierung und beim Personal.

Zusammenfassend läßt sich sagen, daß die wesentlichen Probleme für entsprechende Versorgungsangebote für psychosomatisch Kranke auf der Makroebene in einem Mangel an Einrichtungen, v. a. außerhalb der Psychotherapiezentren liegt. Auf seiten der Patienten besteht, wie Fichter et al. (1983) und Wing u. Wing (1967) gezeigt haben, häufig ein Mangel an Einsicht in die psychogenen Zusammenhänge, was eine psychotherapeutische Behandlung psychosomatischer Erkrankungen erschwert oder unmöglich macht.

Von seiten zuweisender Ärzte wird zwar die Entlastung durch eine spezialisierte Einrichtung bestätigt, aber etwa ein Drittel überweist trotzdem nur an das allgemeine Krankenhaus und verläßt sich darauf, daß dort an die spezialisierte Einrichtung weiterverwiesen wird.

Die Patienten selbst nehmen zum größten Teil nur ein kurzfristiges Behandlungsangebot in Anspruch (viele institutionelle Behandlungsangebot sind allerdings zeitlich begrenzt). Allerdings beweist die katamnestische Untersuchung, daß für bestimmte Patienten auch kurzfristige psychotherapeutische Interventionen eine Besserung bringen können.

Spezialisierte Einrichtungen in Österreich müssen zum derzeitigen Zeitpunkt nicht nur ihre psychotherapeutische Tätigkeit ausüben, sondern sowohl überweisende niedergelassene Ärzte als auch kooperierende Krankenhausabteilungen durch eine intensive Zusammenarbeit von der Bedeutung der psychotherapeutischen Intervention überzeugen. Wie wir in der Untersuchung einer einzelnen Institution in einer Art Mikroerhebung feststellen konnten, sind die Indikationsstellung, die Zuweisung und die Kooperation mit den somatischen Einrichtungen die derzeit gravierendsten Probleme. Da die Probleme der Kooperation über die eigentliche psychotherapeutische Tätigkeit hinausgehen und eine Art Öffentlichkeitsarbeit von den Mitarbeitern spezialisierter Einrichtungen verlangen, ist in diesem Bereich für Österreich keine wesentliche Besserung zu erwarten.

Literatur

Fichter MM, Weyerer S, Wittchen HU, Dilling H (1983) Psychotherapy services and prevalence of mental disorders in urban and rural areas. Arch Psychiatr Nervenkr 233:39–57

Jandl-Jager E, Stumm G (Hrsg) (1988) Psychotherapie in Österreich. Eine empirische Anwendung von Psychotherapie. Franz Deuticke, Wien

Jandl-Jager E, Kirchler E, Maritsch F, Nemeskeri N (1987a) Endbericht der wissenschaftlichen Begleitstudie zum Eggenburger Tageszentrum, Manuskript, Wien

Ringel E, Kropiunigg U (1983) Der fehlgeleitete Patient. Facultas, Wien

Strotzka H, Eder A, Fleissner P, Grumiller I, Jandl-Jager E, Springer-Kremser M (1979) Ökonomische Aspekte psychosomatischer und psychosozialer Erkrankungen. Zur Frage der Kosten psychischer Gesundheit. Institut für Gesellschaftspolitik, Wien

Wing JK, Wing L (1967) Specializied psychotherapy and long-term support in the out-patient department. In: Wing JK, Hailey A (eds) Evaluating a community psychiatric service. The Camberwell Register 1964–1971. Oxford Univ Press, New York

Entwicklung und Tendenzen stationärer psychosomatischer Behandlung

P. L. Janssen

Zusammenfassung

Die stationären psychosomatischen Behandlungseinrichtungen haben besonders im deutschsprachigen Raum eine lange Tradition, die sich deutlich von der im anglo-amerikanischen Raum unterscheidet. Die unterschiedlichen Grundvoraussetzungen u. Zielsetzungen sowie Behandlungsstrategien solcher Einrichtungen sollen dargestellt u. diskutiert werden, wobei der Schwerpunkt auf psychoanalytisch begründeten Konzeptionen liegen soll. Auf Möglichkeiten u. Grenzen sowie auf besondere Schwierigkeiten, bedingt durch institutionelle u. personelle Rahmenbedingungen, soll eingegangen werden. Schließlich soll der Versuch gemacht werden, zukünftige Perspektiven für stationäre psychosomatische Einrichtungen unter Berücksichtigung der gesellschafts- u. gesundheitspolitischen Entwicklungen zu formulieren.

Schlüsselbegriffe: psychosomatische Medizin, stationäre Psychosomatik, integrative Psychosomatik, Psychoanalyse strukturelle Ich-Störungen, symbolische Kommunikationsebene.

Die stationären psychosomatischen Behandlungseinrichtungen haben im deutschsprachigen Raum eine lange Tradition. Neben psychotherapeutisch-psychosomatischen Konsiliar- und Liaisondiensten und z. T. in ihnen hat sich in den letzten 40 Jahren eine Vielfalt stationärer Behandlungsmodelle entwickelt, die in vielen Fällen tiefenpsychologisch und psychoanalytisch begründet sind.

Stationäre psychosomatische Behandlung ist in einem weitgefaßten Sinn die Integration der Psychotherapie in dic Krankenhausbehandlung zum Zwecke einer Intensivierung und ganzheitlichen Behandlung sowohl somatisch als auch psychogen Erkrankter. In keinem Land der Welt hat sich dieser eigenständige Behandlungsbereich im stationären Sektor so extensiv entwickelt wie in der Bundesrepublik Deutschland (vgl. Schepank 1987). Auch die Entwicklung solcher eigenständiger Abteilungen und Kliniken nahm ihren Ursprung in Deutschland. Simmel unternahm 1920 den Versuch, psychoanalytische Behandlungsprinzipien in die stationäre Behandlung psychischer Erkrankungen zu integrieren, die erste psychosomatische Klinik im weitesten Sinn. Etwa zur gleichen Zeit gründete Groddeck in Baden-Baden eine ebenfalls psychoanalytisch begründete psycho-

Söllner et al. (Hrsg.) Sozio-psycho-somatik

somatische Klinik. So wurde die Psychoanalyse zum wichtigsten Promotor für eine eigenständige stationäre psychosomatische Behandlung (vgl. Janssen 1987a).

Die Entwicklung in Amerika, England und der Schweiz nahm eine grundsätzlich andere Richtung, da wesentliche Teile der amerikanischen Psychiater sich bald für die Psychoanalyse interessierten (Kernberg 1981) ebenso wie die z. B. um E. Bleuler dynamisch orientierten psychiatrischen Schulen in der Schweiz. Hier entwickelten sich eher stationäre psychosomatische Behandlungen in Verbindung mit der Psychiatrie. Daraus entstanden weniger eigenständige klinische Einrichtungen als vielmehr ein psychiatrischerseits getragener Konsultations- und Liaisondienst für die somatischen Kliniken.

Diese divergierende Entwicklung ist auch auf den Einfluß des Nationalsozialismus zurückzuführen. Die Abkapselung und Isolierung der Psychoanalyse, die Emigration der Psychoanalytiker und die damals sowohl wissenschaftlich wie institutionell bestehende Feindschaft zwischen der Psychiatrie und der Psychoanalyse (Lockot 1985) und das eindeutig biologische Paradigma der Psychiatrie verhinderten eine Integration der Psychotherapie und damit auch der psychosomatischen Medizin. Nach dem 2. Weltkrieg konnten sich zunehmend in der Bundesrepublik Deutschland – aufbauend auf den Vorarbeiten vor dem 2. Weltkrieg – psychosomatische, überwiegend psychoanalytisch arbeitende Kliniken etablieren. Die Eigenständigkeit und die Abgrenzung von der inneren Medizin wie auch von der Psychiatrie wurde aufrechterhalten, die Integration in die innere Medizin und Psychiatrie nur punktuell vollzogen. Gefördert wurde diese eigenständige Entwicklung durch

- die finanzielle Absicherung durch die tradierte Sozialgesetzgebung,
- die im ambulanten Bereich bestehende Unterversorgung mit Psychotherapie,
- den Ausbau der Krankenhausbetten und später der Umwidmung von Krankenhausbetten,
- die Integration der Psychologie, insbesondere der psychoanalytisch ausgebildeten Diplompsychologen in die Krankenhausbehandlung,
- die anhaltende Ablehnung der somatischen Medizin, z. B. der inneren Medizin wie auch der Psychiatrie gegenüber allen psychotherapeutischen und psychologischen Methoden,
- die Initiative von Einzelpersönlichkeiten mit psychoanalytischer Ausbildung.

Unter diesen historischen Bedingungen konnte in der Bundesrepublik Deutschland die psychotherapeutisch-psychosomatische Krankenhausbehandlung wachsen. Die sich entwickelnde Vielgestaltigkeit erklärt sich einerseits aus institutionellen Bedingungen, z. B. Klinikgröße, vorwiegend behandelte Patientengruppe und therapeutische Zielsetzung, andererseits aus differierenden behandlungstechnischen Positionen in der stationären psychoanalytischen Behandlung (vgl. Janssen 1987a).

So finden sich heute Abteilungen für Psychotherapie an psychiatrischen Kliniken, Kliniken mit pragmatischer Anwendung von Psychotherapie in der Rehabilitation, internistisch-psychosomatische Kliniken und eigenständige psychoanalytische sowie seit ca. 15 Jahren auch verhaltenstherapeutisch orientierte stationäre Behandlungskonzeptionen. In den meisten Kliniken kann die Psychotherapie zur Behandlung somatisch oder psychisch Erkrankter nur eine Beigabe sein, so in den Rehabilitationskliniken, die starken Einflüssen der Träger ausgesetzt sind (z. B. hinsichtlich Behandlungsdauer und Patientenauswahl). Dies gilt ebenso für somatische Kliniken mit kurzer Verweildauer (z. B. internistische), die allenfalls eine Psychotherapie einleiten können. Eine krankheitsprozeßorientierte verstehende psychosomatische Medizin, die einen langfristigen Kontakt zum Patienten erfordert, ist in solchen Behandlungseinrichtungen nicht zu verwirklichen. Diese Ziele verfolgen einige wenige psychoanalytisch arbeitende Kliniken. Sie setzen also die Tradition von Simmel, Menninger und Mitscherlich fort. Sie streben wie in der ambulanten psychoanalytischen Therapie in dem hochkomplexen Setting einer stationären Behandlung eine Änderung der psychischen Struktur somatisch oder psychisch Erkrankter an.

In der Pionierzeit solcher Kliniken wurde die Psychoanalyse in der Klinik wie in der ambulanten Praxis durchgeführt, d. h. die Beziehung zum Patienten wurde auch im klinischen Rahmen unter dem Primat der höchstpersönlichen Beziehung zum Psychoanalytiker gesehen. Der stationäre Aufenthalt diente allenfalls dem Patienten als Schutz, zur Strukturierung seiner Lebenssituation, zur begleitenden somatischen Behandlung oder Pflege. Generell bestand eine Diskretion des Therapeuten gegenüber dem stationären Behandlungsteam.

Unter dem Einfluß der Gruppenforschung und der Idee von der therapeutischen Gemeinschaft im Krankenhaus (Main 1946) entwickelten sich in der Bundesrepublik Deutschland die von mir als *bipolar* bezeichneten Behandlungsmodelle (Janssen 1987a). In ihnen wird der stationäre Raum als *Realraum* definiert. Auf der Station sollen, wie bei den therapeutischen Gemeinschaften, soziale Lernprozesse stattfinden. Die übrigen Therapieformen, z. B. Bewegungstherapie, Beschäftigungstherapie u. a. gehören mit zum Realraum, haben aber eine mehr therapeutische Funktion. Die verschiedenen Formen der Psychotherapie, insbesondere die Gruppentherapie, findet im abgegrenzten *Therapieraum* statt. Die verschiedenen Berufsgruppen in der stationären Therapie haben entsprechend dieser Differenzierung auch unterschiedliche Rollen: die einen haben realitätsbezogene, organisatorische, soziotherapeutische und medizinische Rollen auf der Station, die anderen deutende und interpretative im Therapieraum. Diese Modelle wurden im wesentlichen unter dem Gesichtspunkt konzeptualisiert, Übertragungsprozesse im Therapieraum zu fokussieren.

In den letzten 15–20 Jahren entwickelten sich insbesondere *integrative Modelle*. Sie sind konzeptuelle Antworten auf die dispergierenden, multipersonalen Übertragungsprozesse und Spaltungsübertragungen in den Gruppensituationen der Klinik und sind Ausdruck der Fortentwicklung der psychoanalytischen Theorien über die sog. frühen Störungen. Den integrativen Modellen gemeinsam ist das Bemühen, den Dualismus von Realitätsraum und Therapieraum in den bipolaren Modellen zu überwinden. Das multipersonale Beziehungsangebot wird nicht in Vertreter des Realraums und Vertreter des therapeutischen Raums polarisiert, sondern jeder hat in seinem Interaktionsfeld eine analytisch-therapeutisch begründete Aufgabe und er hat für die Aufrechterhaltung der realen Rahmenbedingung zu sorgen. Administration, Stationsordnung und Pflege werden nicht als nichtpsychotherapeutische oder als soziotherapeutische Aufgaben definiert, sondern sind Rahmenbedingungen für den stationären psychoanalytischen Behandlungsprozeß. Jedes

Beziehungsfeld ist ein eigenständiger Bereich, der in der Gesamtkonzeption eine bestimmte therapeutische Aufgabe wahrnimmt und auch für Übertragungsprozesse offen ist. Durch diese Organisation können alle Beziehungsfelder therapeutisch genutzt werden. In der Gruppe der Therapeuten selber werden die entfalteten Beziehungen und Übertragungen mit Hilfe des beratenden Psychoanalytikers integriert. Die integrativen Modelle sind im wesentlichen eine Behandlung durch ein multiprofessionelles Team und nicht durch einen einzelnen Psychotherapeuten oder eine Gruppe von Psychotherapeuten.

Parallel zu diesem grundsätzlichen Wandel in der Organisationsstruktur stationärer psychosomatischer Behandlung findet eine Änderung des Verständnisses der Pathogenese psychosomatischer oder somatopsychischer Störungen statt, beeinflußt durch die Objektbeziehungstheorie und Selbstpsychologie (vgl. Janssen 1987b). Zusammenfassend werden heute psychosomatische oder somatopsychische Störungen als strukturelle Ich-Störungen (Fürstenau 1977) beschrieben. So sind für die Entstehung psychosomatischer Erkrankungen ähnliche Verstehenszugänge konzeptualisiert worden wie für Dissozialität, Sucht, Perversion und Psychose. Heute nimmt man an, daß es sich um Störungen handelt, die im Gegensatz zur Neurose stehen (Kutter 1981). Es sind präödipale Störungen mit frühen Formen der Abwehr, mit archaischen prägenitalen Triebimpulsen und mit starken Ängsten vor Getrenntsein, Vernichtung und Tod.

Die Wende in den Auffassungen über die neurotische Störungsebene und die primitive Störungsebene ist entstanden über eine intensive Erforschung der frühen Beziehung zwischen Mutter und Kind, der Entwicklung des Selbst und damit auch des Körperselbst. Die neuen Auffassungen über die primitiven Funktionsebenen des Seelischen, wie z. B. von Winnicott (1976) beschrieben, werden heute von der Entwicklungsphysiologie (Stern 1977; Hofer 1983) bestätigt: Zwischen Mutter und Kind entwickelt sich ein Interaktionssystem von Geburt an, das das kindliche Verhalten und die kindliche Physiologie organisiert und reguliert. Dieses Regulationssystem beginnt auf einer biologisch-neurophysiologischen Verhaltensebene, entwickelt sich mehr und mehr in Richtung einer symbolischen, psychologischen Ebene, indem das kindliche Ich die Fähigkeit, in sprachlichen und bildhaften Symbolen zu denken und zu kommunizieren, erwirbt. Parallel zu dieser Entwicklung läuft ein Prozeß ab, in dem das Kind sich mehr und mehr seines Getrenntseins von der Mutter bewußt wird (Lichtenberg 1983).

Aus Objektbeziehungs- und selbstpsychologischer Sicht bedeutet dies, daß das Kind psychische Repräsentanzen – Objekt- wie Selbstrepräsentanzen – entwickelt, die eine *symbolische Kommunikationsebene* eröffnen. Bei normaler Entwicklung können die Affekte nach und nach psychisch verarbeitet werden und in Ich-gerechte Handlungen umgewandelt werden. Bei Traumatisierung, Entbehrung, bei Einschränkungen seitens der Mutter treten für den Säugling starke Affekte auf, für die er keine Verarbeitungsmögichkeiten hat, da psychische Repräsentanzen dazu noch nicht gebildet sind. Es kommt zum massiven Einbruch von Affekten, z. B. Ängsten und Aggressionen. Wahrscheinlich versucht der Säugling, über bestimmte Abwehrformen sich dieser Ängste zu entledigen, z. B. durch autistischen Rückzug oder durch Somatisierung.

Die moderne Psychoanalyse konzeptualisiert die Mutter-Kind-Beziehung als Interaktionssystem, in dem sich die psychischen Strukturen bilden. So hat insbesondere Mahler (1972) beim Säugling eine initial autistische Phase, die in eine symbiotische Phase übergeht und dann von einer Separations-Individuations-Phase gefolgt wird, beschrieben (Mahler et al. 1978). Die Entwicklung der Objektbeziehung verläuft parallel zur Entwicklung der psychischen Strukturen, der Internalisierung der positiven und negativen Objekterfahrungen und der Transformation der Objektbeziehungsmuster in mentale Repräsentationen von Selbst und Objekt. Erst nach Abschluß der Individuationsphase hat sich eine kohäsive psychische Struktur gebildet, die Voraussetzung für eine ödipale Konfliktfähigkeit und damit für die Neurosenbildung ist.

Für die Entstehungsbedingungen psychosomatischer Erkrankungen sind also aus psychoanalytischer Sicht entscheidend:
- das Persistieren von Abhängigkeiten in symbiotischen Partnerbeziehungen;
- die geringe Toleranz für Objektverlust, da dies zugleich ein Verlust der selbstregulatorischen Funktionen des Objekts ist;
- die Reaktivierung archaischer Affekte, z. B. Aggressionen und Ängste, die somatisiert werden.

Unter dieser Perspektive eines neuen Paradigmas in der Psychoanalyse ist die Psychosomatose eine frühe Störung, die den Psychosen ähnlich ist. Es gilt innerhalb der psychoanalytischen Behandlung, die fusionäre Tendenz, die Spaltungsprozesse, die Projektion von Teilobjektbeziehungen und die Symbolisationsstörungen zu bearbeiten.

Ein integrativ arbeitendes, stationäres Behandlungsteam kann am besten die projizierten Teilobjektbeziehungen auffangen. Zugleich bietet die stationäre Behandlung mit ihren vielfältigen verbalen und averbalen Angeboten eine besondere Möglichkeit, die Symbolisationsstörungen zu überwinden.

Die Verwirklichung solcher Modelle in der Praxis setzt voraus, daß
- eine Langzeitbehandlung möglich ist und zugleich das psychosoziale Umfeld, insbesondere Familie und Partner, bedarfsweise mit einbezogen werden können;
- das gesamte stationäre Behandlungsteam eine psychoanalytische Identität entwickelt und aufrechterhatlen kann.

Darin liegen zugleich die größten Schwierigkeiten, da der wirtschaftliche Druck auf die stationären Behandlungen sehr groß ist. Zur Zeit gilt die Devise: So wenig wie möglich und so kurz wie möglich stationär. Auch die Entwicklung einer psychoanalytischen Identität des Behandlungsteams ist ein langer Prozeß und wird von den umliegenden somatischen Kliniken meist mißtrauisch betrachtet. Störversuche aus diesen Feldern sind unausbleiblich.

Entwicklung und Tendenzen stationärer psychosomatischer Behandlungen, insbesonders psychoanalytischer Prägung, sind klar erkennbar. Welche Zukunft werden die stationären psychosomatischen Behandlungseinrichtungen haben? Es zeichnen sich 4 *Entwicklungslinien* ab:

1) In geringer Anzahl und z. T. als Forschungsmodelle werden die unter psychoanalytischen Gesichtpunkten langfristig behandelnden Krankenhäuser oder Abteilungen bleiben.

2) Die größte Gruppe werden die Rehabilitationskliniken mit verdünnten psychotherapeutischen Ansätzen sein. Ihre Aufgabe wird die Rehabilitation somatisch und psychisch Kranker sein.
3) An den somatischen Kliniken wie innere Medizin, Gynäkologie u. a. wird die psychosomatische Medizin eine Konsiliarfunktion haben und ihren Schwerpunkt in den ambulanten Bereich verlagern.
4) Zunehmend wird die Psychiatrie sich für die psychosomatische Medizin öffnen und eigene Abteilungen in ihren Häusern einrichten.

Literatur

Fürstenau P (1977) Praxeologische Grundlagen der Psychoanalyse. In: Pongratz LJ (Hrsg) Handbuch der Psychologie, Bd 8: Klinische Psychologie. Göttingen, Hogrefe, S 847–888

Hofer MA (1983) The mother-infant interaction as a regulator of infant physiology and behavior. In: Rosenblum L, Moltz H (eds) Symbiosis in parent-offspring interactions. Plenum, New York

Janssen PL (1987a) Psychoanalytische Therapie in der Klinik. Klett-Cotta, Stuttgart

Janssen PL (1987b) Zum Verstehen psycho-somatischer und somato-psychischer Vorgänge. Beiträge der Psychoanalyse. Z Klin Psychol Psychopathol Psychother 35:62–73

Kernberg OF (1981) Psychiatric hospital treatment in the United States. Nord Psykiatr Tidsskr 20:283–298

Kutter P (1981) Der Basiskonflikt der Psychosomatose und seine therapeutischen Implikationen. Frommann-Holzboog, Stuttgart (Jahrbuch der Psychoanalyse, Bd 13, S 93–114)

Lichtenberg JD (1983) Psychoanalysis and infant research. Analytic, New Jersey

Lockot R (1985) Erinnern und Durcharbeiten. Zur Geschichte der Psychoanalyse und Psychotherapie im Nationalsozialismus. Fischer, Frankfurt am Main

Mahler MS (1972, 1968) Symbiose und Individuation, Bd 1: Psychosen im frühen Kindesalter. Klett-Cotta, Stuttgart

Mahler MS, Pine F, Bergmann A (1978) Die psychische Geburt des Menschen. Fischer, Frankfurt am Main

Main TF (1946) The hospital as a therapeutic institution. Bull Menninger Clin 10:66–78

Schepank H (1987) Die stationäre Psychotherapie in der Bundesrepublik Deutschland. Psychosom Med 33:363–387

Stern DN (1977) The first relationship. Harvard Univ Press, Cambridge

Winnicott DW (1976, 1952) Psychose und Kinderpflege. In: Winnicott DW (Hrsg) Von der Kinderheilkunde zur Psychoanalyse. Kindler, München S 110–123

Kritische Gedanken zur psychosomatischen Medizin

H. Speidel

Zusammenfassung

Ausgehend von dem Gutachten des Deutschen Wissenschaftsrates 1986, in welchem die Kritik an der psychosomatischen Medizin sehr einseitige, z. T. fachfremde und die Realität verzerrende Züge trägt, wird als Problem der psychosomatischen Medizin ihr Ort zwischen den Fächern diskutiert, aus dem sich ihre Stärken wie ihre Schwächen ableiten lassen. Probleme der psychosomatischen Identitätsbildung, des wissenschaftlichen Selbstverständnisses, der ärztlichen Weiterbildung, der sozialen Bedeutung und der politischen Wirksamkeit der psychosomatischen Medizin werden diskutiert.

Schlüsselbegriffe: psychosomatische Medizin, integrative Psychosomatik, wissenschaftliches Selbstverständnis, ärztliche Weiterbildung, Psychoanalyse, Verhaltensmedizin.

Das Thema ist dafür geeignet, es mit allen zu verderben. Man tut das nicht gern. Nicht einmal so fragwürdige Figuren wie Hackethal tun das, denn die sprechen wenigstens zu ihrer Fangemeinde der mental reduzierten Komplementärnarzißten. Aber die gibt es unter Psychosomatikern bekanntlich nicht. Als Alternative böte sich an, es mit Lichtenberg zu halten: „Es ist unmöglich, die Fackel der Wahrheit durch ein Gedränge zu tragen, ohne jemandem den Bart zu sengen.“ Aber so einsam ist es nicht schön, mit versengtem Bart schon gar nicht, weil es im Zweifelsfall doch der eigene ist, denn in den Vorstand des DKPM (Deutsches Kollegium für psychosomatische Medizin) wird man auch nicht mehr gewählt. Dafür wäre es besser zu vertreten, daß wir es doch eigentlich ganz gut machen und zur Nestbeschmutzung kein Anlaß sei, zumal das Nachdenken über Kritik an der Psychosomatik doch nur dazu führen wird, daß alle sagen, es sei nichts Neues gewesen, denn schließlich seien sie als Psychosomatiker per se selbstkritische Menschen und hätten alles schon reflektiert. Darauf wird es im Zweifelsfall ohnehin hinauslaufen, und so könnte ich mir alles Weitere ersparen und uns auf die Schultern klopfen, weil wir skrupulöse Menschen eben die besseren sind. Aber das ist auch unsere Schwäche, wovon noch die Rede sein wird.

Die eleganteste Lösung habe ich bis zuletzt aufgespart: Ich hätte den Bericht des Deutschen Wissenschaftsrats (1986) vorlesen können, der mit der deutschen Psychosomatik ziemlich harsch abrechnet. Dann hätten wir uns im Zorn über

Söllner et al. (Hrsg.) Sozio-psycho-somatik

dieses Gremium geeinigt, genauer, im Zorn über dessen Berater, der dem Wissenschaftsrat seine Vorstellungen vermittelt hat. Über einen, der, wie wir alle wissen, kein Psychosomatiker ist. Wie kommt er dazu? Schließlich schreibe ich auch keinen Bericht zur Lage der Orthopädie, obwohl ich ein wissenschaftliches Frühwerk über die psychische Verarbeitung der Hüftendoprothesen aufzuweisen habe (Speidel et al. 1974).

Ich lasse den Leser nun in dem Glauben, ich hätte diese Einleitung nicht ganz ernst gemeint und kündige an, daß ich es von nun an wirklich ernst meine.

Ich beginne tatsächlich mit dem Bericht des Wissenschaftsrats von 1986. Dieser leitet seine Breitseite gegen die psychosomatische Medizin mit einer Entwertung ein: Die psychosomatische Medizin könnte und – wie er vertritt – sollte das Bindeglied zwischen der inneren Medizin und der Psychiatrie sein. Bindeglied zwischen der inneren Medizin und welcher Psychiatrie? Etwa derjenigen, die ihre Lehrstühle mit biologischen Psychiatern besetzt und ihre psychotherapeutische Blöße mit dem psychosomatischen Feigenblatt einer C 3-Stelle für psychosomatische Medizin bedeckt? Nachdem der Bericht die psychosomatische Medizin zu einem Bindeglied reduziert hat, kann er feststellen, daß jene von diesem, seiner Meinung nach wünschenswerten Ziel weit entfernt sei. Gottlob. Hätte der Ratgeber des Wissenschaftsrats aus den verdienstvollen epidemiologischen Studien des Mannheimer Zentralinstituts für seelische Gesundheit einen logischen Schluß gezogen, so hätte der ihn zu einer anderen Metapher führen müssen. Statt von der psychosomatischen Medizin als Bindeglied hätte er von einer Psychiatrie als Anhängsel der psychosomatischen Medizin sprechen müssen, gemäß der ungleich größeren relativen Bedeutung des psychosomatisch-psychotherapeutischen Feldes für die Gesundheit der Bevölkerung. Diesen Sachverhalt verleugnend, vertritt er unmittelbar darauf die Meinung, daß psychische Veränderungen, die körperliche Störungen begleiten oder als ihre Folge auftreten, überwiegend Gegenstand der biologisch-psychiatrischen Forschung seien. Es ist natürlich nicht wahr und aus der Sicht eines Psychiaters gesprochen, der die biologisch-psychiatrische Forschung vielleicht überblickt, aber nicht die Forschung in den Feldern, von denen er redet; u. a. widerlegen eigene Arbeiten diese Behauptung (Speidel u. Rodewald 1980; Becker et al. 1982; Balck et al. 1985).

Ich will es bei diesen Eingangsbeispielen belassen und den Leser im übrigen auf die scharfsinnigen Entgegnungen der Konferenz der leitenden Fachvertreter für psychosomatische Medizin und Psychotherapie an den Universitäten der Bundesrepublik Deutschland und des DKPM verweisen, letzteres samt Entgegnung auf eine Erwiderung aus der Feder des Vorsitzenden des DKPM (Hoffmann 1986; Meyer 1987).

Der Leser wird bemerkt haben, daß ich anstelle kritischer Gedanken zur psychosomatischen Medizin polemische Gedanken zur Kritik an der psychosomatischen Medizin geäußert habe. Das ist einerseits richtig. Eine so reichhaltige Tagung wie diese Innsbrucker motiviert eben eher zu Kritik an den Kritikern als an der psychosomatischen Medizin, die sich hier so prächtig entfaltet.

Aber ich hatte mit der Beschäftigung mit dem Bericht des Wissenschaftsrates etwas anderes im Sinn, das jedenfalls durchaus kritische Fragen an die psychosomatische Medizin herausfordert. Der Leser versuche sich einmal vorzustellen, der

Wissenschaftsrat hätte zur Beurteilung der Lage in der Zahnheilkunde einen Handchirurgieprofessor beauftragt oder zur Beurteilung der Herzchirurgie einen Proktologen. Hielte er das für möglich? Ich nicht. Wie also kommt es dann, daß der psychosomatischen Medizin dies widerfährt? Kann man es mit uns machen? Und da man es offenbar kann, warum?

Es ist vielleicht nicht einfach zu beantworten, aber es darf vermutet werden, daß der Wissenschaftsrat geringschätzige Bindegliedvorstellungen von der psychosomatischen Medizin mit ihrem psychiatrischen Ratgeber teilt, ja daß sie geradezu die Voraussetzung dafür war, diesen zu wählen.

Der Grund für diesen geschilderten empörenden Sachverhalt ist wohl, daß die Psychosomatik sozusagen zwischen allen Stühlen gelagert ist, genauer gesagt, daß sie als Nachbarn ältere Disziplinen hat, die sie nicht mögen und auch nicht mögen können, denn die psychosomatische Medizin zeigt den beiden vom Wissenschaftsrat genannten traditionellen Großfächern unentwegt, von wie großen Teilen der von ihnen zu vertretenden Felder sie nicht genug verstehen und wie sehr sie diagnostisch und therapeutisch von dem Gebiet profitieren könnten, ja im Interesse der ihnen ausgelieferten Patienten müßten, das sich als psychosomatische Medizin v. a. aus der inneren und nicht, wie es der Ratgeber des Wissenschaftsrats lieber hätte und als wahr behauptet, aus der Psychiatrie entwickelt hat.

So wäre die psychosomatische Medizin ein David, der gleich zwei Goliaths besiegt? Die kleine psychosomatische Medizin (3–8 Planstellen pro Universitätsklinik) der eigentliche Riese? Dieses Bild ist vielleicht ganz kennzeichnend für das Selbstverständnis der psychosomatischen Medizin, die zwischen der Kleinheits-(Kastrations-Minderwertigkeits-)Position der neben dem Klinikpastor angesiedelten dienenden Randexistenz einerseits und dem Allmachts- und Totalitätsanspruch andererseits noch auf der Suche nach einer realistischen Identität ist. Der psychosomatische Internist, der sein Handwerk so gut versteht wie sein somatisch bornierter Nachbar, aber viel besser ist, weil er auch der psychischen Dimension gerecht wird – also Psychotherapeut ist –, träumt er den Größentraum der Davids? Mögen werden ihn jedenfalls die anderen nicht, und vielleicht hat ein Ratgeber des Wissenschaftsrats dieses Selbstkonzept der psychosomatischen Medizin wohl rezipiert und sie deshalb zum Bindeglied reduziert. Kastrationsversuch gegen narzißtische Aufblähung einer Berufsgruppe? Wahr scheint mir jedenfalls, daß wir mit unserem Anspruch eine Reihe charakteristischer Reaktionen hervorrufen: Man kann sich uns anschließen – identifikatorisch oder idealisierend. Man kann sagen, man habe das ja immer gewußt und beherzigt, was die Psychosomatiker vertreten; dies wäre eine elegante Form der Abwertung im Sinne von: Es ist ja nichts Besonderes, sie sollen nicht tun, als hätten sie den Stein der Weisen schon im Tresor. Man kann die psychosomatischen Gesichtspunkte als marginal abtun, wie es Herr Stacher einmal in der *Deutschen Medizinischen Wochenschrift* in bezug auf die psychosomatische Gastroenterologie getan hat (Stacher u. Blum 1986). Dafür habe ich ihn in einem Leserbrief zum „alpenländischen Binnensee-Admiral" ernannt, in Anspielung auf den einäugigen späteren Lord Nelson, der einst eine Seeschlacht gegen die Dänen dadurch zu seinen Gunsten entschieden hatte, daß er sein Fernrohr vor sein blindes Auge hielt. Gedacht, aber nicht geschrieben habe ich, daß man angesichts der sehr bescheidenen Erfolge der

Psychophysiologie, also des Gebiets von Herrn Stacher, nicht die psychosomatische Gastroenterologie so sehr auf dieses Maß reduzieren sollte. Ich hätte es ruhig auch noch schreiben können. Die *Deutsche Medizinische Wochenschrift* hat es ohnehin nicht gedruckt. Sie macht eben auch ihre Politik – gegen die Psychosomatik, wie man weiß. Schließlich kann man die Psychosomatik dadurch erledigen, daß man psychische Einflüsse auf Krankheiten in Festreden erwähnt und in der Tagesroutine sich nicht darum schert. Das ist das Normale.

Ich rede davon, daß die Bindegliedmetapher für eine schwierige Beziehung zu den Nachbarfächern steht. Wir machen es den anderen aber auch nicht leicht: wir sind ja keine einheitliche Sorte von Fachleuten wie die Proktologen und Handchirurgen. Wer soll denn bei unserem Anblick wissen, wer wir sind? Hat man in uns den besseren Internisten Ulmer Provenienz zu erblicken? Oder den Psychiater mit Zusatzbezeichnung, der wegen seiner eigenen Neurodermitis immer schon ein Interesse an Psychogenesefragen hatte, oder den Psychoanalytiker, dem die Standardneurosen ausgegangen sind? Kaum hat der Chirurg begriffen, daß wir die Spezialisten für Asthma sind, da kommen wir und versichern ihm, daß die Why-me-Frage für seine Wundheilungen viel wichtiger sei als sein Refobacinpuder. Das spielt auf eine Kieler Untersuchung an, die zeigt, daß Unfallwunden doppelt so rasch heilen, wenn man nicht grübelt, warum es gerade einen selbst getroffen hat (Frey et al. 1983).

Ich fasse zusammen: Die Schwierigkeiten, die wir mit anderen Kollegen haben, beruhen z. T. darauf, daß wir keine so feste Identität haben wie viele andere Ärzte, sondern zunächst lediglich durch unser Interesse an psychosomatischen Zusammenhangsfragen geeint sind.

Das ist natürlich nicht nur das Problem der anderen mit uns, sondern v. a. unser eigenes. Aber wie gehen wir damit um? Wir treiben einen hohen und permanenten Identifikationsaufwand, und wir brauchen dazu auch unsere Gegner, die uns einen: die halbblinden Organmediziner, die orthodoxen Psychoanalytiker, und wir brauchen charismatische Leitfiguren, deren Konzeptionen neben ihrem theoretischen Erklärungswert auch die Bedeutung einigender Gesetze haben. Sie geben uns die Kraft, die medizinische Wüste zu überstehen.

Zweifellos hat T. von Uexküll die stärkste einigende, wie wir zu sagen pflegen, integrative Kraft entwickelt, und der Situationskreis ist eben u. a. auch ein Symbol der Einigung (von Uexküll u. Wesiack 1988). Das ist gut, aber offenbar auch bitter notwendig; die sog. Verhaltensmedizin, die sich für die wahre wissenschaftliche Psychosomatik hält und uns andere gar nicht wahrnimmt (Basler u. Otte 1979), ist ein neuerer Beleg dafür.

Wie sehr unser psychosomatisches Denken von solcher Einigungsnotwendigkeit beherrscht ist, sehen wir an der häufigsten Vokabel, die wir benutzen, wenn wir öffentlich reden: es ist das Wort „integrativ", das die Nachfolge von „interdisziplinär" angetreten hat. Wir führen es ständig im Munde; es ist unser Markenzeichen; d. h. wir haben begriffen, daß desintegrierende Prozesse unser Hauptfeind sind: das Chaos der Patienten, die Unübersichtlichkeit der Befunde und Konzepte, unsere eigene Heterogenität, die Abspaltungs- und Konkurrenzbewegung der sog. Verhaltensmedizin, die mehr ein politischer als ein wissenschaftlicher Ordnungsbegriff ist, und die bedauerlicherweise die jahrzehntelange Einigungspolitik des

DKPM ignoriert – gegen all das brauchen wir das Integrative, das als Begriff ja aus der Mathematik stammt und mit dem Versuch zu tun hat, sperrige Felder doch noch unter Kontrolle zu bringen.

Integrative Psychosomatik ist u. a. auch eine Beschwörungsformel, und je inflationärer ihr Gebrauch wird, desto mißtrauischer müssen wir hinsichtlich ihrer Inhalte werden. Manchmal scheint es, als werde der Mangel an theoretischer Fundierung durch eine Amalgamierung ersetzt, die alles aufzunehmen in der Lage ist. Stationäre Psychotherapie, für die integrative psychosomatische Medizin besonders oft reklamiert wird, muß so Heterogenes zusammenführen wie Rollenspiel, VT-Programme, Tanz, Töpfern, das psychoanalytische Gespräch usw. Es ist oft wie Senf auf dem Marmeladenbrot, aber die einigende Konvention macht daraus eine Art Konzept, und die Patienten mögen dabei sogar gedeihen; schließlich schadet ja auch weder Senf noch Marmelade.

Was aber bedeutet integrative Psychosomatik z. B. in der Gynäkologie, wo das Interesse an Psychosomatik so beeindruckend ist? Wird hier genügend reflektiert, ob die Paarberatung oder gar Psychotherapie mit der angestammten Tätigkeit vereinbar ist (Poettgen 1983)?

Wenn ich überlege, welchen Institutionen ich die Bezeichnung „integrative Psychosomatik" als auf den Leib geschneidert zuerkennen würde, dann fällt mir nicht so viel ein – v. a. bezeichnenderweise 2 untergegangene Institutionen: (1) die Ulmer Schöpfung T. von Uexkülls, die nur noch in Gestalt ihrer bedeutenden Schüler andernorts ihre Reminiszenzen hinterläßt, und (2) der 5jährige Tegernseer Versuch, wo Herr Bayerl alle Schlachten gewann, aber den Krieg verlor. Die Medikamente wurden halbiert, Röntgen und Operationen reduziert – und das ohne Qualitätsverlust: es ist klar, wer da die natürlichen Feinde waren (Stössel 1984). Aber es ist eben auch eine Medizin der immensen Bemühungen von Pionieren. Kann es auch ein Modell für die Routine sein? Es gibt dafür renommierte Beispiele in Bern, Heidelberg und Lübeck. Aber wie repräsentativ sind derartige Elitekliniken?

Ich will es hier bei der Frage belassen, weil ich keine eindeutige Antwort darauf weiß, aber mich der nach wie vor exotische Charakter solcher Einrichtungen nicht nur hinsichtlich der äußeren Feinde, sondern auch im Hinblick auf die konzeptionellen Probleme skeptisch stimmt. Es ist natürlich auch ein eigenes Problem. Als gelernter Psychiater und Psychoanalytiker neige ich eher einem interdisziplinär-kooperativen Modell zu und bleibe selbst bei meinen psychoanalytisch-psychotherapeutischen Leisten.

Gewiß berechtigt ist Skepsis im Hinblick auf das Heer der nicht so gut Ausgebildeten, die sich der Psychosomatik im Sinne jener Karikatur einer Ärztezeitung bedienen, auf der ein Mann gezeigt wird, der genüßlich in seiner Hängematte liegt und die Sprechblase ausstößt: „Auch wenn ich von Medizin nicht mehr viel weiß – einen Psychosomatikladen kann ich immer aufmachen." Diese Karikatur verzeichnet unsere ärztliche Realität leider nicht völlig. Die Psychosomatik ist ein privilegierter Ort für Leute, die nicht alles besser machen, sondern gar nichts richtig, für die Menschlichkeitsschwätzer mit schlechter Praxis, für die Nischenbewohner in der ärztlichen Überversorgung.

Sie ist auch eine Quelle anspruchsvollerer Mißverständnisse, wie jenes Berichts des Arztes eines bekannten Schmerzzentrums über seine Patientin, dessen scheinbar integrativer Behandlungsvorschlag sich im bloß Additiven verliert, und der seine polypragmatischen Schrotschüsse an die Stelle des versäumten genauen Zuhörens setzt. Der Kollege wird nicht nur typisch für Schmerzzentren sein, vielleicht ist er sogar repräsentativ für das, was als psychosomatische Medizin in die ärztliche Praxis abgesintert ist, und von der wir viel zu wenig wissen.

Ich denke, wir haben uns bei der wichtigen Bemühung um die Integration der verschiedenen Schulen in der psychosomatischen Medizin nicht wirksam genug der Qualität der Weiterbildung gewidmet, die bei Ärzten in der Bundesrepublik Deutschland gleichbedeutend ist mit der Weiterbildung zu den Zusatztiteln, insbesondere der Zusatzbezeichnung „Psychotherapie". Sie ist zu sehr Außenseitern und Dilettanten überlassen, und zu den Letzteren können wir auch einige Ärztekammern bzw. ärztliche Akademien rechnen.

Ich will das am Beispiel Schleswig-Holsteins veranschaulichen; nicht, weil dort die Verhältnisse besonders schlecht wären, sondern weil im Gegenteil hier deutlich wird, wie großer Elan, guter Wille und Organisationstalent scheitern können. Hier gab es den glücklichen Umstand, daß lange Jahre und bis heute Präsidenten der Ärztekammer vorstanden und -stehen, die der Psychosomatik und Psychotherapie freundlich gesonnen sind bzw. sie sogar praktizieren. So entstand frühzeitig ein beeindruckender organisatorischer Rahmen für die psychotherapeutische Weiterbildung im Rahmen der Ärztlichen Akademie. Aber die Orientierung an den Minimalanforderungen der Ärztekammer und die ungenügende Beachtung identitätsbildender institutioneller Kommunikationsformen führten dazu, daß nunmehr das Land weitgehend flächendeckend überzogen ist von ungenügend ausgebildeten Trägern des Zusatztitels, die den Ruf der psychosomatischen Medizin und der Psychotherapie nachhaltig für die nächsten Jahrzehnte bestimmen werden. Viele von ihnen jedenfalls sitzen hier wie andernorts mit ihren Patienten, hören ihnen zu und können damit nichts Rechtes anfangen, weil ihr theoretisches und technisches Rüstzeug nicht gut genug ist.

Niemand hat wirksam und rechtzeitig darauf aufmerksam gemacht, daß persönliche Eingangs-(Eignungs-) und Ausgangskriterien wichtig sind und daß das Baukastensystem, eine Art Supermarkt für die Psychotherapieweiterbildung, mindestens für den praktischen Teil der Weiterbildung denkbar ungeeignet ist. Die Ärztekammern prüfen lediglich formale Belege, und das auch nicht immer sachverständig.

Nachdem das Kind in den Brunnen gefallen ist, werden – hoffentlich nicht nur in Schleswig-Holstein – nunmehr sehr ernsthafte und vernünftige Überlegungen zur Verbesserung der Weiterbildungssituation angestellt. In Hamburg allerdings, wo bislang die Weiterbildung eine hohe Qualität besitzt, droht dank der unglücklichen Politik der Ärztekammer ein Qualitätsverlust.

Inzwischen gibt es auch Neuerungen in der Gebührenordnung (Wezel u. Liebold 1988), u. a. die Ziffern 10–13 BMÄ für die Grundleistungen und die Ziffern 850 und 851 für Psychosomatik, wovon die letzteren nach den ersten Erfahrungen aus dem letzten Quartal 1987 selten abgerechnet werden. Ein großes Verdienst der psychosomatischen Medizin zweifellos, denn endlich werden Gespräche mit Patienten besser honoriert. Ein Schritt weg von den kapitalistischen Auswüchsen der Gerätemedizin. Aber was geschieht in diesen Gesprächen? Welche Kompetenz dürfen wir erwarten? Wieviel tun wir für die Qualität dieser Gespräche? Welchen Einfluß haben wir? Es ist ein wichtiges Gebiet, etwas, das sich Psychosomatiker immer gewünscht haben, aber da wir es haben, müssen wir die Gefahr im Auge behalten, daß das psychosomatische Interesse nicht durch die mangelhafte Qualifikation opportunistischer Ärzte desavouriert wird, die lediglich schwindende Ressourcen auszugleichen versuchen.

Sie bemerken, daß ich mich inzwischen auf dem Glatteis der Standespolitik befinde und bereits angedeutet habe, daß ich uns nicht für besonders gute Politiker halte. Das hat seine guten Seiten. Wir sind von allen Medizinern (jetzt rede ich von den Ärzten unter uns) die am wenigsten von der Industrie korrumpierten – oder sollte ich sagen: die einzigen nicht korrumpierten? Wir könnten jedenfalls nicht in die Lage jenes Präsidenten eines Psychiatrischen Weltkongresses kommen, der von Journalisten gefragt worden war, warum die Psychopharmakaforschung auf dem Kongreß so überrepräsentiert sei. Er hatte geantwortet, das entspreche eben dem derzeitigen Forschungsinteresse. Er hat nicht gesagt, was unter Kennern der Szenerie kein Geheimnis war, daß nämlich die Reisekosten von mehr als der Hälfte der Teilnehmer durch Pharmafirmen bezahlt worden waren.

Ob wir freiwillig so unschuldig sind, will ich dahingestellt sein lassen. Sicher sind wir auch zu uninteressant für Beeinflussungsversuche. Gerade diese Verhältnisse könnten uns in der Öffentlichkeit besonders überzeugend und glaubwürdig machen. Aber unsere Stimme ist in der Öffentlichkeit kaum zu hören.

Der empirische Reduktionismus, der unser naturwissenschaftliches Erbe ist, hat unsere wissenschaftliche Praxis um eine Dimension verarmt, in der sich der Psychosomatiker als Zoon politicon ernst nähme. Der Innsbrucker Tagung kommt hier im Rahmen des DKPM vielleicht ein historisches Verdienst zu. Für meinen Geschmack ist ein gesellschaftlicher Zusammenhang auch hier zu kurz gekommen, über den weder Politiker noch Wissenschaftler angemessen und hinreichend nachdenken, und der ein exquisit psychosomatisches Thema wäre, nämlich die systematische zivilisatorische Destruktion der intimen Gesellung, zu der die allgemeine Preisgabe der Intimität, der Würdigung und des Schutzes der altersgemäßen Rollen und Bedürfnisse im Zusammenhang der Entwicklungsbedingungen von Leib und Seele sowie die Abnahme der Generativität gehören. Zu einer solchen Gesellschaft mit schweren Zeichen der Reifungsstörungen und der Ersetzung sozialer durch narzißtische Werte hätte die psychosomatische Medizin eigentlich viel zu sagen – man denke nur an die Ergebnisse der Life-event-Forschung. Warum tut sie es nicht? Vielleicht weil wir als Bürger den wackligen Grund, auf dem wir stehen zu können glauben, nicht in Frage stellen können. Die Umweltprobleme sind da schon ein bißchen weiter weg und leichter zu betrachten (Speidel, im Druck).

Oder haben wir uns deutlich genug zur künstlichen Befruchtung geäußert, dieser Perversion des Zeugungsakts, anstatt sie der unheiligen Allianz von zur Kinderaufzucht ungeeigneten Eltern und den von einer Machbarkeitsideologie und dem Konkurrenzdruck besessenen Gynäkologen zu überlassen? Haben wir uns in der öffentlichen Aids-Diskussion zwischen jenem bayrischen Staatssekretär und der Bonner Ministerin aus der Retorte des Zeitgeistes zu Worte gemeldet? Wir haben uns allenfalls in die sog. Betreuungsprogramme eingeschaltet, die einige der wenigen Orte sind, an denen man leicht Stellen und Geldmittel bekommt.

Vielleicht werden wir eines Tages sogar Untergruppen ausmachen, die an der Why-me-Frage in Schnellsterber und Langsamtote differenziert werden können. Es wäre zwar interessant, wenn auch nicht das Wichtigste an dieser Tragödie. Aber zu der klaren Rede, die wir an Alexander Mitscherlich bewundern konnten, raffen wir uns anscheinend nicht mehr auf.

Es ist eine Enthaltsamkeit, die uns langfristig schaden wird, eine Timidität, die sich u. a. auch auf die Besetzung der Lehrstühle auswirken wird und die dem, was wir zu vermitteln haben, den öffentlichen Rang nimmt. Die Mischung aus Unverfrorenheit und Inkompetenz, welche die Freiburger Lehrstuhlbesetzung für Psychosomatik und Psychotherapie begleitet, wird kein Einzelfall bleiben. Vielleicht ist es mein Privatwahn, aber sei's drum: Ich denke, wir erziehen auch unseren Nachwuchs zur unoriginellen Angepaßtheit, und die Fakultäten sind dankbar: sie können dann die Artigsten auswählen, die dem Nachbarn keine Scherereien machen. Jener hochbegabte, bestens ausgewiesene Kollege, dem seine marxistische Frühzeit wie ein Schatten nachläuft, und der auch sonst nicht ganz stromlinienförmig ist, geht jedenfalls bei allen Bewerbungen um einen Lehrstuhl mit einem Handicap ins Rennen.

Damit komme ich zum letzten Punkt. Wir haben es als Wissenschaftler und Hochschullehrer mit medizinischen Fakultäten und mit psychologischen Instituten zu tun. Jene kennen in der Wissenschaft ohnehin nur Zahlendaten, und diese sind an einem behavioristischen Reduktionismus orientiert. Was muß also unser begabter Nachwuchs tun? Er muß sich ohne Rücksicht auf seine in der psychotherapeutischen bzw. psychoanalytischen Weiterbildung gewonnenen Einsichten an den Standards orientieren, die ihn nicht mit seiner Habilitation scheitern lassen. Er wäre ein Masochist, würde er sich beispielsweise mit einem psychoanalytischen Inhalt habilitieren wollen. Er fände ja nicht einmal Rückhalt in seinem psychoanalytischen Institut, weil das an psychosomatischen Fragestellungen herzlich wenig interessiert ist und sich auf die klassischen Erkrankungen eingeengt hat, als lebten wir noch im Wien der Franz Josefs. In beiden Bereichen entfernt uns der institutionelle Kanon von der klinischen Wirklichkeit: in der Psychoanalyse von den rapide zunehmenden sog. frühen Störungen, deren Beschreibung andererseits ja niemand anderem als ihr zu verdanken ist, in der psychosomatischen Wissenschaft von der Fülle der klinischen Realität. Wir enkulturieren uns in einer gespaltenen Identität: Als Wissenschaftler müssen wir zeigen, daß wir die besseren Naturwissenschaftler sind, als Kliniker sind wir ohne Psychoanalyse oder ihre Verdünnungen, die wir Psychodynamik nennen, ungenügend.

Wie wir beide Erfahrungsfelder, unseren an systemischen und komplexen Interaktionsformen gewöhnten klinischen Verstand und unseren oft naiven wissenschaftlichen Reduktionismus, besser integrieren können, um die Wirklichkeit unserer Patienten getreuer abzubilden, das erscheint mir weithin eine noch zu lösende Aufgabe. Nehmen wir das Beispiel der Psychoendokrinologie: hier sind die meisten Forschungsprojekte mehr an Laborbedingungen orientiert und damit für die Klinik fast wertlos (Appelt u. Strauß 1988). Es zeigt, wieviel besser der Dialog zwischen psychosomatischen Klinikern und statistischen Methodikern noch werden muß.

Das DKPM, in dem Kliniker und Forscher vereint sind, könnte ein ideales Diskussionsforum sein; es hat das auch wiederholt bewiesen. Um so trauriger muß uns stimmen, daß sich aus dem psychosomatischen Forschungsinteresse die Verhaltensmedizin, vielleicht zum eigenen politischen Nutzen, aber sicher zu ihrem wissenschaftlichen Nachteil, ausgegrenzt hat. Dabei kann sie in ihrem jetzigen Stand als Warnung dienen: In ihr sind aufgrund ihrer noch immer von der wissenschaftlichen Pseudodebilität der Blackboxannahme von Watson zu sehr beeinflußten agnostischen Position die Möglichkeiten der Wahrnehmung der klinischen Realität quantitativ und qualitativ so eingeengt, daß es wirkt, als seien aus dem Spektrum fast alle Farben herausgefiltert. Psychoanalyse ist aus der Perspektive dieser farbarmen Welt bloße Spekulation. Die Verhaltensmedizin ist die Extremvariante unseres gängigen Wissenschaftskanons. Aber das Beispiel könnte Schule machen, denn der Opportunitätsdruck der Universitäten und unser Anspruch, so unterschiedliche Positionen von psychosomatischen Fachleuten zu einigen, könnten zusammenwirken, eine perfekte, aber langweilige blande Einheitswissenschaft zu erzeugen, die noch so viel von der Psychoanalyse zuläßt, wie die Verhaltenstherapie erlaubt, nachdem sie die Interaktionen entdeckt hat.

Eigentlich will ich aber nicht unsere Wissenschaft so schlecht machen: als Schriftleiter eines einschlägigen Blattes lese ich viele Manuskripte, und sie sind – gemessen an den herrschenden Standards – im Durchschnitt von einem recht beachtlichen Niveau. Aber, wie schon Cairns Aitken kürzlich in einer Kritik gewarnt hat:

„Es gibt eine Versuchung, sich an möglichst harten, einfachen Daten zu orientieren, weil sie leicht meßbar sind, und damit werden wir doch der Komplexität der menschlichen Natur und ihrer Krankheiten so wenig gerecht" (Aitken 1988, S. 358).

Das Meßbarkeitsargument formt aber unsere Designs, unsere Gegenstände, die Forschungsförderung, unser Weltbild. Es wird funktioneller, mechanischer. Die Psychosomatik kann so, auf wenige psychosoziale Klischees reduziert, ihrer selbst verlustig gehen.

Literatur

Aitken C (1988) Current psychosomatic research. In: Christodoulou GN (ed) Psychosomatic medicine – past and future. Plenum, New York London

Appelt H, Strauß B (1988) Psychoendokrinologische Gynäkologie – Aufgaben und Perspektiven. In: Appelt H, Strauß B (Hrsg) Psychoendokrinologische Gynäkologie. Enke, Stuttgart

Balck F, Koch U, Speidel H (Hrsg) (1985) Psychonephrologie – psychische Probleme bei Niereninsuffizienz. Springer, Berlin Heidelberg New York Tokyo

Basler HD, Otte H (1979) Verhaltenstherapie bei psychosomatischen Erkrankungen. Kohlhammer, Stuttgart

Becker R, Katz J, Polonius MJ, Speidel H (eds) (1982) Psychopathological and neurological dysfunctions following open-heart surgery. Springer, Berlin Heidelberg New York

Deutscher Wissenschaftsrat (1986) Empfehlungen zur klinischen Forschung in den Hochschulen. S 76–77

Frey D, Havemann D, Rogner D (1983) Kognitive und psychosoziale Determinanten des Genesungsprozesses von Unfallpatienten. Kiel (Bericht an die Deutsche Forschungsgemeinschaft)

Hoffmann SO (1986) Zur Lage der klinischen Forschung in psychosomatischer Medizin und Psychotherapie; Entgegnungen zu den Empfehlungen des Wissenschaftsrates 1986. In: Informationen für die Leitenden Fachvertreter für psychosomatische Medizin und Psychotherapie an den Universitäten der Bundesrepublik Deutschland.

Meyer AE (1987) Brief vom 13.11.86 an den Vorsitzenden des Wissenschaftsrates. In: Mitteilungen an die Mitglieder des DKPM. N 10, 11. Marburg

Poettgen H (1983) Gynäkologische Erkrankungen haben ihre Ursache häufig in Störungen der psychosozialen Befindlichkeit. II. Paartherapie: Die Bedeutung des interaktionellen Aspektes. Gyne 8:6–12

Speidel H (im Druck) Der Wandel der Tabus und seine Kosten. In: Speidel H, Wolf J (Hrsg) Moral im Übergang. Hirzel, Stuttgart

Speidel H, Kerekjarto M von, Knauf B, Probst P (1974) Psychische und psychosoziale Probleme bei Prothesenträgern. Ein Vergleich zwischen Patienten mit Hüftendoprothesen, künstlichen Herzklappen und unter chronischer klinischer Hämodialyse. Med Psychol 1:127

Speidel H, Rodewald G (Hrsg) (1980) Psychic and neurological dysfunctions after open-heart surgery, First International Symposium Hamburg. Thieme, Stuttgart

Stacher G, Blum AL (1986) Psyche, zentrales Nervensystem und Gastrointestinaltrakt. Dtsch Med Wochenschr 111:830

Stössel JP (1984) Wenn Pillen allein nicht helfen; Erfahrungen mit der psychosomatischen Medizin. Droemer, München, S 29–70

Uexküll T von, Wesiack W (1988) Theorie der Humanmedizin. Urban & Schwarzenberg, München Wien Baltimore

Wezel H, Liebold R (1988) Gebührenordnung, Handkommentar (Bewertungsmaßstab für kassenärztliche Leistungen, Ersatzkassengebührenordnung, amtliche Gebührenordnung für Ärzte). Asgard, St. Augustin

Psychosomatische Reaktionen auf Ausgrenzung, Diskriminierung und Unterdrückung

Bedrohung durch „Normalität“ – Juden in der BRD

K. Grünberg

Zusammenfassung

Deutsche „Normalität“ ist eine Normalität des Antisemitismus. Zahlreiche Beispiele belegen dies.

Die „Normalität“ des Lebens von Juden in der Bundesrepublik Deutschland ist auch mehr als 40 Jahre nach der nationalsozialistischen Judenvernichtung geprägt von der Shoah. Eine kurze Falldarstellung wird zur Verdeutlichung herangezogen.

Deutsche Bestrebungen nach Herstellung von „Normalität“ im Verhältnis von nichtjüdischen Deutschen zu Juden wollen das Erbe der Shoah vergessen machen. Einerseits soll das „Unwissen“ der Täter und Mitläufer verdeckt werden, andererseits sollen die Folgen der Verfolgung auf seiten der Opfer und ihrer Nachkommen aus der Öffentlichkeit verschwinden.

Schlüsselbegriffe: Antisemitismus, „Normalisierung“, Nationalsozialismus, Bundesrepublik Deutschland, Österreich.

In der Folge werde ich den hebräischen Begriff „Shoah“ verwenden. Er steht für die nationalsozialistische Judenvernichtung und bedeutet: großes Unheil, Katastrophe, Vernichtung. Vom hierzulande gern benutzten Begriff „Holocaust“ möchte ich absehen, da er entsprechend der direkten Übersetzung mit „Brandopfer“ dem Genozid an Juden einen mystisch-religiösen Sinn der Opferung zuschreibt.

Durch diesen Beitrag soll zweierlei verdeutlicht werden:

1) Die „Normalität“ des Lebens von Juden in Deutschland ist auch mehr als 40 Jahre nach der Shoah maßgeblich von der Erfahrung oder dem Erbe der nationalsozialistischen Judenvernichtung geprägt. Die Identität, das Leben von Juden ist entscheidend durch die Shoah bestimmt (vgl. Grünberg 1986).

2) Deutsche Bestrebungen nach Herstellung von „Normalität“ im Verhältnis von nichtjüdischen Deutschen zu Juden bedeuten nichts anderes als die Unfähigkeit und den Unwillen, sich der Realität der eigenen Geschichte und der Realität der Überlebenden und ihrer Nachkommen zu stellen. Als „wandelnder Vorwurf“, als Erinnerung an das Grauen der Nazizeit sind Juden nicht (mehr) erwünscht.

In dieser doppelten Bedeutung wird der Begriff „Normalität“ im folgenden verwendet. Für die einen ist es „normal“, mit den Folgen der Shoah zu leben. Für die anderen ist es „normal“, das Ereignis und die Folgen zu verleugnen.

Söllner et al. (Hrsg.) Sozio-psycho-somatik

Abb. 1. „Trau keinem Fuchs auf grüner Heid und keinem Jud bei seinem Eid!“ (Aus Ginzel etal. 1984, S. 26)

Es ist nicht einfach, als Jude in Deutschland zu leben, konfrontiert mit der „Normalität“ des Antisemitismus (vgl. Claussen 1986, 1987). Ebensowenig einfach ist es, 50 Jahre nach dem „Anschluß“ als Jude einen Vortrag in Österreich zu halten, konfrontiert mit einem von großen Teilen der hiesigen Gesellschaft getragenen Staatsoberhaupt, dessen staatsmännisches Walten auf der Verleugnung seiner und der unrühmlichen Geschichte seines Landes basiert.

Antisemitische Regungen sind nicht neu: Um sich ein wenig Geld zur Finanzierung ihres Kunststudiums zu verdienen, verfaßte die 18jährige Elvira Bauer 1936 ein Kinderbuch mit dem Titel *Trau keinem Fuchs auf grüner Heid und keinem Jud bei seinem Eid.* (zit. nach Ginzel etal. 1984) (Abb. 1). Die Abb. 2–4 sind ebenfalls diesem Buch entnommen; sie sollen zeitgenössischen Begebenheiten gegenübergestellt werden.[1]

In Fassbinders „Der Müll, die Stadt und der Tod“ erscheint, namenlos, „der reiche Jude“ (Fassbinder 1984). Ein „fortschrittlicher“ Kulturkritiker, Peter Iden, spricht im Zusammenhang mit der Verhinderung einer Aufführung dieses Stückes von *„Empfindlichkeiten* jüdischer *Mit*bürger“ und von der „Zugehörigkeit einiger Vertreter des *jüdischen* Kapitals zu einem *rechten Powerkartell,* das während der 60er und 70er Jahre breite Felder der städtischen Politik bestimmt hat“ (Iden 1985)[2] (s. dazu Abb. 2). Ein Bundestagsabgeordneter, Hermann Fellner, spricht

[1] Die Abbildungen 1–4 wurden mit freundlicher Genehmigung des Verlags aus Ginzel etal. (1984) entnommen.

Abb. 2. „... stiehlt 'ne deutsche Frau.“ (Aus Ginzel etal. 1984, S. 48)

von Juden, „die sich schnell zu Wort melden, wenn irgendwo in deutschen Kassen Geld klimpert“ (Stuttgarter Zeitung vom 11. Januar 1986). Ein CDU-Bürgermeister, Wilderich Freiherr Graf von Spee, meint, zur Sanierung des städtischen Haushalts „müßte man ein paar reiche Juden erschlagen“ (Frankfurter Rundschau vom 7. Februar 1986) (Abb. 3). Ein österreichischer Amtskollege, der Linzer ÖVP-Vizebürgermeister Hödl, schreibt in einem Brief an den Präsidenten des World Jewish Congress Bronfman, dessen Behauptungen seien so zu bewerten, „wie die Ihrer Glaubensgenossen vor 2000 Jahren, die in einem Schauprozeß Jesus Christus zum Tode verurteilen ließen, weil er in das Konzept der Herren von Jerusalem nicht paßte“ (Roth 1987). Und – dies sollte nicht verwirren – ein ehemaliger Widerstandskämpfer, Exaußenminister und Berater des österreichischen Bundespräsidenten Waldheim, Karl Gruber, kommentiert den Bericht der Historikerkommission über den Dienst Waldheims als Offizier der Deutschen Wehrmacht im 2. Weltkrieg mit den Worten:

Die Kommission, das waren ja praktisch alles seine Gegner. Der Deutsche ist ein Sozialist, die anderen sind von der jüdischen Abstammung her natürlich auch nicht seine Freunde, weil sie klarerweise gegen Waldheim sind. Um das geht es doch letzten Endes. Er wird angegriffen, weil wir nicht bereit waren, wie die Deutschen, das zu zahlen, was sie gezahlt haben. Der Waldheim ist ja nur eine Symbolfigur für das Ganze (Frankfurter Rundschau vom 13. Februar 1988).

[2] Hervorhebungen von mir.

Abb. 3. „Jud bleibt Jud." (Aus Ginzel et al. 1984, S. 36)

Abb. 4. „Juden unerwünscht." Aus Ginzel et al. 1984, S. 60)

Es geht immer wieder um Geld, Gier, um scheinbare Macht von Juden. Diese Sammlung antisemitischer Klischees ist erweiterbar, die Klischees sind nicht neu. Was neu ist nach Auschwitz, ist der Antisemitismus *wegen* Auschwitz. „Die Deutschen“, so Henryk M. Broder (1986, S. 125) „werden den Juden Auschwitz nie verzeihen“. Es wird der Versuch gemacht, nun endgültig aus der deutschen Geschichte auszusteigen, denn „einmal muß Schluß sein“ . . . Was sich hier Lebensraum verschafft, ist die „Sehnsucht nach Normalität“ (Zollinger 1985), die heißen soll: 40 Jahre „Judenbonus“ sind genug! Die „Schonzeit“ ist vorbei!

Die ersehnte „Normalität“ findet Erfüllung, wenn Versöhnung exekutiert wird (Brumlik 1985), wenn lebendige Juden nicht mehr an Auschwitz erinnern.

Wesentliche Schritte in dieser Richtung sind getan: „Ausgewogenheit“. Ein Bundesgesetz regelt nicht nur die Bestrafung der „Auschwitz-Lüge“, nein, auch die Leugnung Vertriebenen zugefügten Leids wird bestraft. Bundesdeutsche Historiker „entsorgen“ die Geschichte von der Einmaligkeit der nationalsozialistischen Judenvernichtung (Diner 1987; Piper Verlag 1987). Und während in Frankfurt der Großteil des ehemaligen Judenghettos im Beton verschwindet, wird für die Bundeshauptstadt Bonn ein Ehrenmal geplant, das Täter und Opfer *gemeinsam* ehrt.

Nun kann der Genozid besiegelt und vergessen werden, denn in Bitburg schließen Politiker ihren Frieden über SS-Gräbern. Mit diesem Friedensschluß ist die Wende vollzogen, der Genozid geopfert einem gewöhnlichen Krieg.

Etwa 11% der Bevölkerung Österreichs sind noch deutlicher (Abb. 4): sie hielten es für besser, keine Juden im Land zu haben.[3]

Doch diese erzwungene Normalität erreicht zweierlei nicht:

1) Verleugnung der Geschichte schließt nicht die „Gedächtnislücken“ der Täter und Mitläufer. Weiter müssen Eltern, Großeltern, Onkel, Tanten geliebt werden, die man nicht wirklich kennt! Solche Leerstellen schließen sich durch Verleugnung nicht.

2) Für Juden nach Auschwitz – wen störte dies, wenn sie es für sich behielten – gibt es keine „Normalität“, kein Vergessen. Das Erbe von Auschwitz ist tief eingebrannt in die Identität der Überlebenden wie auch ihrer Nachkommen. Nun soll den Opfern und ihren Nachkommen selbst diese durch die nationalsozialistische Judenvernichtung brutal zugefügte Identität genommen werden – Bedrohung durch den Versuch, die Folgen der Shoah vergessen zu machen, Bedrohung durch „Normalität“.

Die Schilderung des Lebens von Juden in der Bundesrepublik Deutschland muß hier zu kurz kommen. Im folgenden möchte ich von einer Tochter jüdischer KZ-Überlebender berichten, eine von 5 jungen Juden, mit denen qualitativ-inhaltsanalytisch ausgewertete Tiefeninterviews durchgeführt wurden (Grünberg 1983, 1987).

Die 34jährige *Juditz B.*[4] ist die mittlere von 3 Geschwistern. Judiths 1981 verstrobener Vater – ein Viehhändler – war neben seinem Bruder der einzige Jude aus seinem deutschen Herkunftsort, der die nationalsozialistische Verfolgung überlebte. Seine erste Ehefrau und sein Sohn wurden ermordet. Wie der Vater, zählt auch Judiths Mutter zu den wenigen Überlebenden von Auschwitz.

---

[3] Einer in der Wiener Zeitung *Kurier* veröffentlichten Studie des Instituts für Konfliktforschung zu entnehmen (zit. nach Frankfurter Rundschau vom 13. August 1987).

[4] Die Ausführungen über Judith B. entstammen Grünberg (1987).

Judith kann nicht verstehen, warum ihre Eltern in Deutschland geblieben sind. Primär als Jüdin erzogen, sei sie „nur so irgendwo am Rande auch Deutsche". Sie hat das Gefühl, nur zufällig in Deutschland zu leben, „aber so richtig dazu gehörst du nicht".

Schon sehr früh wurde Judith mit immer wiederkehrenden Schilderungen der elterlichen Verfolgungserlebnisse konfrontiert. „Denn das lief immer so ab, daß man z. B. übers Wetter sprach und garantiert beim KZ landete, immer ... Ich weiß nur, daß das eigentlich in meinem Bewußtsein so stark drin ist, daß ich oft das Gefühl hatte, als ich jünger war, daß ich nicht mehr so richtig wußte, ob ich das selbst erlebt hatte oder ob ich das nur erzählt bekommen hatte."

Als Erwachsene erlebt Judith schwerwiegende Paarbeziehungskonflikte, die als Spätfolgen der nationalsozialistischen Judenverfolgung verstanden werden müssen.

Die wohl aus der Verfolgung resultierende Verleugnung der Sexualität bei ihrer Mutter erfährt Judith traumatisch.[5] Die Mutter beschimpfte sie als „Nutte" und zertrat eine Packung Antibabypillen, als Judith ihr vertrauensvoll eine sexuelle Beziehung zu einem (jüdischen!) Freund in Israel andeutete.

Die Mutter versucht sehr massiv, auf Judiths Partnerwahl Einfluß zu nehmen. Als Judith nach dem Tod ihres jüdischen Ehemannes mit einem nichtjüdischen Partner zusammenzog, stellte die Mutter den zuvor sehr häufigen Kontakt zu ihrer Tochter fast vollkommen ein. Judith muß diese Reaktion sehr stark als Wiederholung der zuvor geschilderten, fast traumatischen Erfahrung der Beschimpfungen durch ihre Mutter erlebt haben. Nochmals erscheinen die eigenen Bedürfnisse als Gefährdung der Beziehung zur Mutter.

Um diese drastischen Probleme verständlich zu machen, müssen die Verfolgungserlebnisse von Judiths Mutter miteinbezogen werden. Am Anfang steht ein Identitätskonflikt der Mutter, die nie wahrhaben wollte, daß ihr Vater Nichtjude, sie – gemäß der nationalsozialistischen Doktrin – also „nur Halbjüdin" war. Diesen Konflikt konnte sie zeitweise auflösen, indem sie sich völlig zu *ihrer* Mutter bekannte und sich freiwillig mit ihr nach Auschwitz deportieren ließ. Die Vergasung der Mutter und ihr eigenes Überleben – als „Halbjüdin" – bewirkten massive Schuldgefühle[6], denen sie nur durch den freiwilligen Tod hätte entgehen können. „Lebensberechtigung" hatte sie nur dann noch, wenn sie selbst in einer jüdischen Familie „*ganz*"-jüdische Kinder heranzöge. Wenn also *ihre* Kinder diese auf sie gerichteten Erwartungen *nicht* erfüllen, muß damit gewissermaßen auch *ihre* Daseinsberechtigung erlöschen.

Judith steht vor dem Dilemma: entweder sie „rettet" ihre Mutter durch Erfüllung der mütterlichen Erwartungen und somit durch Aufgabe ihrer eigenen Bedürfnisse (falls dies überhaupt möglich ist), oder sie unternimmt den Versuch, sich aus dem Verfolgungszusammenhang zu lösen und damit eigene Bedürfnisse möglicherweise zu befriedigen. Gleichzeitig jedoch würde die Verantwortung für eine Wiederbelebung der traumatischen Verfolgungsängste ihrer Mutter auf ihr lasten. Denn in den Augen ihrer Mutter würde Judith ihr die Daseinsberechtigung nehmen. So gerät Judith in dem Moment in die tragische Position eines elterlichen „Verfolgers", da sie auf ihre Person bezogene Ansprüche nicht erfüllt (vgl. Kestenberg 1980). Angesichts dieses Dilemmas stellt Judith fest, daß sie ihrer Mutter trotz deren verletzenden Verhaltens nicht wirklich böse sein kann. Einen Ausweg aus ihrer schwierigen Lage sieht Judith nicht.

Deutsche „Normalität" für Juden herrscht auch über deren Tod hinaus:

Meine Großtante Marie Isenberg, Überlebende des Ghettos Riga, starb vor zweieinhalb Jahren, am 2. September 1985, in meinem Elternhaus. Ihre Sterbeurkunde hat folgenden Wortlaut:

---

[5] In diesem Zusammenhang ist auf den sexuellen Mißbrauch von Mädchen und Frauen in Konzentrationslagern hinzuweisen, der für sie oftmals die erste sexuelle Erfahrung darstellte.

[6] In seinen Studien zum „Überlebenden-Syndrom" beschreibt Niederland (1961, 1980) u. a. eine tiefe *Überlebensschuld*, die sich um die Frage zentriert: Warum habe ich das Unheil überlebt, während die anderen – die Eltern, Kinder, Geschwister, Freunde – daran zugrunde gingen? In dieser unbeantwortbaren Frage liegt wahrscheinlich die stärkste psychische Belastung des Überlebenden und zugleich die makabre Ironie, daß weniger die Täter und Vollstrecker der nazistischen Verbrechen als vielmehr deren Opfer an einer Überlebensschuld zu leiden scheinen" (Niederland 1980, S. 232).

Sterbeurkunde (Standesamt Sögel – Nr. 109/1985) Maria *Sara* Isenberg geborene Schoepser – wohnhaft in Sögel – ist am 02. September 1985 – um 07 Uhr 30 Minuten in Sögel – verstorben. Die Verstorbene war geboren am 06. Dezember 1902 – in Hohenstein, Kreis Osterode i. Ostpr. – Die Verstorbene war Witwe von Adolf *Israel* Isenberg. – Sögel, den 02. September 1985; Der Standesbeamte (Hervorhebungen von mir).

Um Mißverständnissen vorzubeugen: Bei den Namen „Sara" und „Israel" handelt es sich nicht etwa um die hebräischen Namen der verstorbenen KZ-Überlebenden. Vielmehr wurde am 17. August 1938 die vom Namenssachverständigen des Innenministeriums, Ministerialrat Globke[7], entworfene Verordnung unterzeichnet, die vorsah,

. . . daß jüdische Männer ihrem regulären Erstnamen den Zweitnamen Israel, jüdische Frauen den Zweitnamen Sara hinzuzufügen hatten, sofern sie nicht bereits einen Erstnamen besaßen, der auf einer vom Innenministerium erstellten Liste aufgeführt war (Hilberg 1982, S. 129).

Dieses Etikett blieb Marie und Adolf Isenberg bis heute erhalten – „Normalität" in der Bundesrepublik Deutschland.

Literatur

Broder HM (1986) Der Ewige Antisemit. Über Sinn und Funktion eines beständigen Gefühls. Fischer, Frankfurt

Brumlik M (1985) Warum ich mit Ignatz Bubis solidarisch bin. Ein Bekenntnis. In: Kiderlen E (Hrsg) (1985), S 74–80

Claussen D (1986) Ein neuer kategorischer Imperativ. Die politische Linke und ihr Verhältnis zum Staat Israel. In: Brumlik M, Kiesel D, Kugelmann C, Schoeps JH (Hrsg) Jüdisches Leben in Deutschland seit 1945. Athenäum, Frankfurt am Main, S 230–242

Claussen D (1987) Vom Judenhaß zum Antisemitismus. Materialien einer verleugneten Geschichte. Luchterhand, Darmstadt Neuwied

Diner D (1987) (Hrsg) Ist der Nationalsozialismus Geschichte? Zu Historisierung und Historikerstreit. Fischer, Frankfurt

Fassbinder RW (1984) Der Müll, die Stadt und der Tod. In: Fassbinder RW (Hrsg) Die bitteren Tränen der Petra von Kant. Der Müll, die Stadt und der Tod. 2 Stücke. Verlag der Autoren, Frankfurt, S 57–105

Ginzel GB, Kleinherne K, Ney D, Ney HG, Wende W (1984) (Hrsg) Mit Hängemaul und Nasenzinken . . . Erziehung zur Unmenschlichkeit. Medienpaket für Gruppenleiter und Lehrer. Der Kleine Verlag, Düsseldorf

Grünberg K (1983) Folgen nationalsozialistischer Verfolgung bei Kindern von Überlebenden / Juden in der BRD. Unveröffentlichte Diplomarbeit am Fachberich Psychologie der Philipps-Universität, Marburg

Grünberg K (1986) Jüdische Überlebende der nationalsozialistischen Verfolgung und deren Nachkommen. (Babylon: Beiträge zur jüdischen Gegenwart, Bd 1, S 127–136)

Grünberg K (1987) Folgen nationalsozialistischer Verfolgung bei jüdischen Nachkommen Überlebender in der Bundesrepublik Deutschland. Psyche 41:492–507

Hilberg R (1982) Die Vernichtung der europäischen Juden. Die Gesamtgeschichte des Holocaust. Büchergilde Gutenberg, Frankfurt Olten Wien

Iden P (1985) Das muß jetzt sichtbar werden für alle. Rainer Werner Fassbinders Stück „Der Müll, die Stadt und der Tod" uraufgeführt. Frankfurter Rundschau vom 5. November 1985

---

[7] Hans Globke, der Kommentator der Nürnberger Gesetze, war später, von 1953 bis 1963, Staatssekretär Adenauers im Bundeskanzleramt (Zentner u. Bedürftig 1985).

Kestenberg JS (1980) Psychoanalyses of Children of Survivors from the Holocaust: Case Presentations and Assessment. J Am Psychoanal Assoc 28:775–804

Kiderlen E (1985) (Hrsg) Pflasterstrand Flugschrift – I. Deutsch-jüdische Normalität ... Fassbinders Sprengsätze. Pflasterstrand, Frankfurt

Niederland WG (1961) The problem of the survivor, part I: Some remarks on the psychiatric evaluation of emotional disorders in survivors of Nazi persecution. J Hillside Hosp 10:233–247

Niederland WG (1980) Folgen der Verfolgung: Das Überlebenden-Syndrom. Seelenmord. Suhrkamp, Frankfurt am Main

Piper Verlag (1987) (Hrsg) „Historikerstreit". Die Dokumentation der Kontroverse um die Einzigartigkeit der nationalsozialistischen Judenvernichtung. Piper, München Zürich

Roth G (1987) Zwischenruf aus Wien. Der Würgegriff des Volksempfindens. Die Zeit Nr 34 vom 14. August 1987

Zentner C, Bedürftig F (1985) (Hrsg) Das große Lexikon des Dritten Reiches. Südwest Verlag, München

Zollinger P (1985) Der Normalbürger spricht. Eine Schnellumfrage zum Theaterstreit. In: Kiderlen E (Hrsg) S 52–56

Das Schicksal der Zigeunerin J. E. und die Chronik einer „Wiedergutmachung“ aus psychosomatischer Sicht

A. Haag

Zusammenfassung

In dem Beitrag wird über die Erfahrungen bei einer internistisch-psychosomatischen Begutachtung einer Zigeunerin berichtet.

Das Referat gliedert sich in 3 Abschnitte:

1) Anhand von Dokumenten wird auf die „Lösung der Zigeunerfrage“ in Deutschland und Österreich während des Dritten Reiches eingegangen.
2) Das Einzelschicksal einer chronisch psychosomatisch kranken Zigeunerin wird beleuchtet, die 14jährig 1940 nach Polen deportiert wurde und schwere Verluste erleiden mußte.
3) In der Schilderung des „Wiedergutmachungsverfahrens“ kann sichtbar gemacht werden, daß sich in einem Angriff der zuständigen rechtsprechenden Behörde auf den psychosomatischen Denkansatz zugunsten eines rein objektivistischen Krankheitsbegriffs die Verfolgung des Opfers strukturell wiederholt.

Schlüsselbegriffe: Wiedergutmachung, Zigeuner, Nationalsozialismus, psychosomatische Medizin.

„Die Lösung der Zigeunerfrage“ – ein Überblick

Im August 1938 verfaßte der Landeshauptmann des Burgenlandes und spätere stellvertretende Gauleiter der Steiermark, Dr. Portschny, eine Denkschrift *Die Zigeunerfrage* (1938), die er mit folgendem Vorwort versah:

> Willst Du, Deutscher, Totengräber des nordischen Blutes im Burgenlande werden, so übersehe nur die Gefahr, die ihm die Zigeuner sind.

Er verwies auf einen starken Anstieg der Zigeunerpopulation und gab seiner Befürchtung Ausdruck, daß das Burgenland seinen deutschen Charakter für immer verlieren werde. Er vermerkte weiter:

> Die Zigeuner . . . bilden einen wahren Krankheitsherd mitten unter der deutschen Bevölkerung. Man geht nicht irre, wenn man sie samt und sonders als Berufsdiebe charakterisiert: Lüge, Trägheit, Falschheit, Durchtriebenheit und Erfahrung auf allen Gebieten des Asozialen sind ihnen eigen . . . Die Zigeunerfrage muß einer nationalsozialistischen Lösung zugeführt werden (Portschny 1938, S. 2).

Söllner et al. (Hrsg.) Sozio-psycho-somatik

Die 37seitige Denkschrift ist ein Musterbeispiel nationalsozialistisch-rassistischer Hetze. Die von Dr. Portschny erarbeitete Lösung der Zigeunerfrage sieht folgende Vorschläge vor:

1) Sterilisierung durch „kühne und entschlossene Handhabung des Gesetzes zur Verhütung erbkranken Nachwuchses", um die Vermehrung der Zigeuner zu verhindern (Portschny 1938, S. 33).
2) Deportation in Zwangsarbeitsanstalten. Zwang, weil: „Der Zigeuner wird nur dann arbeiten, wenn er davon überzeugt ist, daß gegebenenfalls auch die Peitsche über seinen Kopf zu schwingen kommt" (Portschny 1938, S. 35).
3) Eine „freiwillige Abwanderung ins Ausland", weil ein „durch keinen Fremdkörper gefährdetes und verseuchtes Volk seinen Daseinskampf leichter besteht". In diesem Zusammenhang wird eingeräumt, daß „späterhin nach dem Erwerb irgendwelcher Kolonien durch das Deutsche Reich die etwaige Auswanderung der Zigeuner in diese der Überlegung wert sei" (Portschny 1938, S. 36).
4) Erlassung besonderer Rechtsnormen wie Bestrafung des Geschlechtsverkehrs zwischen Deutschen und Zigeunern als Rassenschande: „Wer die Zigeuner ihrem Charakter nach und als eine das Niveau jeder Menschlichkeit erniedrigende Rasse kennt, wird sie unbedingt den Juden in jeder Beziehung zumindest gleichstellen müssen". Außerdem war vorgesehen: „Ein Verbot des Besuches der allgemeinen Volksschulen, Unterbringung in Arbeitsbaracken, Verbot der Ausübung von privaten Berufen, Verbot der Aufnahme in öffentliche Krankenhäuser" (Portschny 1938, S. 36).

Wie wir inzwischen wissen, sind diese Vorschläge Realität und zum Schicksal unzähliger Menschen geworden. Am 21.09.1939 wurde auf einer vom Chef des Sicherheitsdienstes Heidrich einberufenen Konferenz beschlossen, alle im „Großdeutschen Reich" lebenden Zigeuner nach Polen „umzusiedeln", wie man die gewaltsame Deportation schönfärberisch nannte. Diese Maßnahmen wurden als „Kriminalprävention" deklariert. Erst 1943 wurden rassenbiologische Gründe für Verschleppung, KZ-Haft und Vernichtung geltend gemacht. Nach Schätzungen kamen in den Folter- und Todeskammern des Dritten Reiches zwischen 220000 und 600000 Zigeuner aus allen Teilen Europas ums Leben (Vossen 1983).

Am 16.05.1940 wurden im Rahmen einer Sonderaktion von 1300 Hamburger Zigeunern 550 erfaßt und nach Polen abtransportiert. Wie viele von den in Hamburg verbliebenen nach dem Himmler-Erlaß 1943 aus rassischen Gründen in Konzentrationslager kamen, ist wegen einer am 20.07.1976 vom Senat verfügten 60jährigen Aktensperre des Staatsarchivs ungewiß (Vossen 1983, Kap. 3).

Die Leidensgeschichte der Zigeuner hatte jedoch auch nach dem Zusammenbruch des Dritten Reiches kein Ende. Anders als die Juden, die eine internationale Lobby hatten, wurde den Zigeunern als „rassisch Verfolgten" erst 1965 das Recht auf Entschädigung zugebilligt. Dazu mußte ein Antrag gestellt werden. Viele Betroffene konnten die notwendigen Papiere nicht vorweisen, viele konnten weder lesen noch schreiben, viele konnten sich keinen Rechtsbeistand leisten.

Ich möchte im folgenden über das Schicksal einer Übelebenden sowie über ihr „Wiedergutmachungsverfahren" anhand eines 1979 an die 2. Medizinische Universitätsklinik in Hamburg ergangenen Gutachtenauftrags berichten. Die beiden großen Kartons mit Aktenmaterial über die Patientin hatten bereits 1 Jahr unangerührt in der Klinik gestanden, als mein internistischer Kollege den Auftrag übernahm. Unmittelbar nach Sichtung der Akten bat er mich dann um Zusammenarbeit als psychosomatische Mitbegutachterin.*

Das Schicksal der Zigeunerin J. E.

Als ich Frau E. im August 1980 kennenlerne, ist sie 56 Jahre alt. Sie ist eine kleine, blasse Frau in einem schwarzen Kleid. Sie wirkt still und bedrückt. Sie spricht leise, monoton und stockend, nie anklagend. Schwerwiegende Details, die mir schon aus den Akten bekannt sind, läßt sie aus. Es finden drei Gespräche statt, zwei in der Klinik, das dritte in der Wohnung der Tochter, bei der sie lebt. Der Hausbesuch erfolgt, weil die Probandin nicht mehr in der Lage ist, den Weg in die Klinik zu schaffen. Die Erinnerung an das Geschehene vor 35 Jahren hat zu neuen Angstträumen, diffusen Schmerzen, allgemeiner Erschöpfung geführt. In der Wohnung sitze ich auf dem Sofa, das die Patientin nachts als Bett benutzt. Sie hat keine eigene Wohnung, sie wird von den Kindern unterhalten, abgesehen von DM 250,– Sozialhilfe. Ich erfahre folgendes:

Frau E. wird 1926 als drittes von 9 Kindern eines Musikers, der mit seiner Familie am Hamburger Fischmarkt lebt, geboren. Sie ist ein aufgewecktes Kind, das den Vater gelegentlich mit Gesang begleitet. Sie erinnert sich an eine sehr glückliche Kindheit. Der Schulbesuch ist unregelmäßig, wird dann wegen Repressalien von seiten der Lehrer und Mitschüler abgebrochen. Frau E. ist Analphabetin. 1940 wird die Familie eines Nachts, für alle völlig überraschend, aus der Wohnung geholt. Es wird ihnen gesagt, daß sie Land, ein Haus und Vieh bekommen würden. Schon am Bahnhof gibt es die ersten Schläge, weil sich einige gegen die unausweichliche Deportation wehren. Die Familie wird mit vielen anderen nach Polen abtransportiert, wo sie in verschiedene Lager kommt. Dort Zwangsarbeit, Mißhandlungen, Hunger, Angst, Krankheiten, der Verlust aller menschlichen Rechte, das Miterleben von Mißhandlungen und Ermordung anderer. Die Familie wird getrennt. Die Patientin wird nach einer unerlaubten Entfernung vom Lager aufgegriffen und zunächst inhaftiert, später dann in weitere Lager verbracht. Der übrigen Familie gelingt die Flucht und die vorübergehende Rückkehr nach Deutschland. Dort werden sie jedoch aufgegriffen und in verschiedene Konzentrationslager transportiert. Die Patientin erfährt später, daß der Vater in Sachsenhausen erschlagen wurde, als er die Nachricht vom Tode seiner eigenen Mutter bekommt und dabei zusammenbricht. Sieben Geschwister der Probandin kommen in den Gaskammern von Auschwitz um. Die Mutter kommt nach Theresienstadt, überlebt, ebenso ein Bruder in Auschwitz. Die 3 Überlebenden finden sich im Januar 1945 in Hamburg wieder, wo die Patientin sich noch versteckt halten muß, um einer Sterilisation zu entgehen.

In den ersten Nachkriegsjahren lebt die Patientin unter katastrophalen Bedingungen. Sie ist ständig krank, muß sich um ihre verzweifelte Mutter kümmern. Sie lebt mit ihrem Mann, mit dem sie sich in der letzten Lagerzeit verbunden hat, ständig am Rande des Existenzminimums, teilweise unter dem Wohnwagen anderer überlebender Sippenangehöriger. Sie bekommt 6 Kinder, um – wie sie sagt – die verlorenen Geschwister zu ersetzen. Sie geht nicht zu Ärzten, ist viel zu sehr mit ihrem Kampf ums Überleben beschäftigt, mißtraut auch allen, die nicht das gleiche Schicksal erlitten haben wie sie selbst. In der Silvesternacht 1957 wird ihr Mann erschossen, als er versucht, den Suizid seines depressiven Bruders zu verhindern. Erst in den 60er Jahren wird jedoch der totale gesundheitliche Zusammenbruch aktenkundig. In 10 Jahren finden sich

* Ich gedenke dankbar der Diskussionen mit meinem internistischen Kollegen Dr. U. Müllerleile und unseres lehrreichen, wenn auch fruchtlosen Versuchs eines gemeinsamen Engagements.

1487 Belege über Inanspruchnahmen notärztlicher Dienste. Das bedeutet umgerechnet, daß sie alle 3 Tage den Notarzt gebraucht hat. Meist handelt es sich um Schmerzzustände an unterschiedlichen Organen, um Herz-, Magen- und Darmbeschwerden funktioneller Natur. Manifeste Organschädigungen lassen sich nicht nachweisen.

Wiedergutmachungsmaßnahmen

An sog. Wiedergutmachung bekommt die Patientin 1950 DM 1050,– Haftentschädigung für 4 Monate, nämlich für die Zeit von Mai bis November 1940. Daß die Patientin sich auch in der restlichen Zeit bis Ende 1944 – wie es in der Aktensprache heißt – unter „haftgleichen Bedingungen in Lagern aufgehalten habe", wird trotz eidesstattlicher Erklärungen und Zeugenaussagen von Sippenangehörigen nicht anerkannt. In einem Schriftsatz des Amtes für Wiedergutmachung[1] heißt es am 26.01.1952:

Über die Frage, inwieweit die Zigeuner als glaubwürdig angesehen werden können, ist ... bereits ausführlich behandelt worden ... Dabei kommt hinzu, daß den Zigeunern in weitem Maße die Fähigkeiten zu kritischem Denken und zu objektiven Berichterstattungen nahezu völlig abgeht ... Nur, wenn ... durch Zeugen, die nicht Zigeuner sind, ein Nachweis geführt werden kann, dürfte hier ein vollgültiger Beweis ... als vorliegend anerkannt werden.

1953 wird der Patientin noch einmal – im Vergleich – eine Haftentschädigung von DM 3000 für 20 Monate zugebilligt. Die Begründung für diesen Vergleich läßt an Zynismus nichts zu wünschen übrig. Insbesondere wird in dem Beschluß dahingehend argumentiert, daß Zigeuner im Generalgouvernement nicht den sog. Sonderregelungen unterworfen worden waren wie die Juden, z. B. Kennzeichnung, Arbeitszwang, sondern daß sie sich weitgehend frei hätten bewegen können. Ich zitiere aus der Begründung für die Nichtgleichsetzung von Zigeunern und Juden aus der Beschlußfassung des Vergleichs[2]:

Charakteristisch ist in dieser Hinsicht eine Bekundung eines Zigeuners. Dieser hat sich mit seiner Ehefrau im Lager S. befunden und schildert, daß letztere sich aus dem Lager entfernt gehabt habe und von einer Polizeistreife gefaßt worden sei. Auf seine spätere Nachfrage bei der SS sei ihm mitgeteilt worden, man habe sie in das Vernichtungslager Treblinka gebracht und dort erschossen, da man sie für eine Jüdin gehalten habe. Hiernach ist klar, daß der Ehefrau des Zeugen dieses Schicksal nicht bereitet worden wäre, wenn man sie als Zigeunerin erkannt hätte.

14 Jahre später, 1967, kommt es noch einmal zu einer Wiedergutmachungsaktion[3]: Die Patientin erhält

zur Abgeltung aller Entschädigungsansprüche wegen Schadens an Leben nach ihrem verstorbenen Vater einen Entschädigungsbeitrag in Höhe von DM 22.

1973, fast 30 Jahre nach dem Zusammenbruch des Dritten Reiches wird erstmalig zur Frage, ob die Patientin durch „wahrscheinlich auf nationalsozialistische Verfol-

---

[1] Amt für Wiedergutmachung Hamburg, AZ 020726, Bl. 131, 26.01.1952.
[2] Amt für Wiedergutmachung Hamburg, AZ 16154-E-31a, S. 2, 23.10.1951.
[3] Amt für Wiedergutmachung Hamburg, AZ WG 5/0207 26/18, 10.07.1967.

gungsmaßnahmen zurückführbare Körper- und Gesundheitsschäden in der Erwerbstätigkeit beeinträchtigt ist oder gewesen ist“, an einem großen Hamburger Krankenhaus ein internistisches Gutachten erstellt. In diesem Gutachten, das mit keinem Satz auf die seelische Verfassung der Patientin eingeht, wird ein kausaler Zusammenhang der Beschwerden, nämlich chronische Kopfschmerzen, Blasenentzündungen und Herzbeschwerden, mit der nationalsozialistischen Verfolgung abgelehnt. Die Leiden werden als „anlagebedingt“ (!) angesehen. Aufgrund eines Einspruchs des Rechtsanwalts erfolgt dann Jahre später die Untersuchung bei uns. Die zur Diskussion stehenden Beschwerden sind folgende: Kopfschmerzen, Magenschmerzen, Wirbelsäulenbeschwerden, Herzbeschwerden, Händezittern, Schlafstörungen, Schwindelzustände. Im psychischen Bereich: Erschöpfungszustände, Antriebsarmut, Angstzustände, depressive Verstimmtheit mit einem Selbstmordversuch 1975, jahrelanger Schlafmittelabusus, Mut- und Hoffnungslosigkeit, allgemeine Apathie und Resignation. Das internistische Hauptgutachten schließt sich unserem psychosomatischen Zusatzgutachten an und betont, daß es sich bei den angegebenen Beschwerden um klassische Manifestationen eines psychosomatischen Krankheitsbildes handele. Unsere Diagnose heißt: chronische reaktive Depression mit ausgeprägter vegetativ-funktioneller Begleitsymptomatik. Der Grad der Erwerbsminderung wird auf 60% eingeschätzt. Ein Zusammenhang mit nationalsozialistischer Verfolgung wird bejaht.

In der Gerichtsverhandlung werden die Gutachten von der vorsitzenden Richterin scharf angegriffen: Insbesondere das psychosomatische Gutachten wird als ein „Courts-Mahler-Roman“ abgetan. Die Objektivität sei nicht gewährleistet, weil die Untersuchung z. T. im Hause der Patientin stattgefunden habe.

Ein Schriftstück des Amtes für Wiedergutmachung[4] vom März 1981 ist eine Philippika gegen den psychosomatischen Denkansatz: Es handele sich bei dem Krankheitsbild um „subjektive Beschwerden“, deren objektive Nachweise die Gutachten schuldig geblieben seien. Außerdem heißt es:

> Die Psychosomatik ist nur eine von verschiedenen medizinischen Betrachtungsweisen, jedoch nicht die herrschende Lehrmeinung, der sich andere Disziplinen unterzuordnen hätten.

Das Gutachten orientiere sich überwiegend an den derzeitigen Angaben der Klägerin und weniger an den objektiven Aktenunterlagen; die Klägerin habe in früheren Jahren psychiatrische Beschwerden weder angegeben noch geltend gemacht.

Ich möchte mich hier nicht mit der Frage der sog. Brückensymptome auseinandersetzen. Sicher ist, daß die Probandin nach der Rückkehr ein verständliches Mißtrauen gegen Behörden und Ärzte hatte und sich darüber hinaus in einem Überlebenskampf befand, der ihre letzten Kräfte mobilisierte. Die depressive Reaktion wird in der Gegenschrift auf den Tod des Ehemannes bezogen, so als wäre der Mord am Vater und an 7 Geschwistern zu vernachlässigen. In den nach dem Kriege stattgefundenen Lastenausgleichsverfahren spiegelt sich wider, daß materielle Verluste offensichtlich als ein größerer Schaden angesehen werden, als wenn eine ganze Familie ausgerottet worden ist.

---

[4] Amt für Wiedergutmachung Hamburg, AZ WG 21/0207 26, 16.03.1981.

Der letzte Akt des Wiedergutmachungsverfahrens sieht folgendermaßen aus: 1982 wird – nach Intervention eines Anwalts – ein erneutes, diesmal ein psychiatrisch-neurologisches Gutachten eines renommierten Psychiaters eingeholt. Es handelt sich um eine Aktenbegutachtung, weil die Patientin sich nicht mehr in der Lage sieht, sich einer neuen Untersuchung zu stellen. In diesem Gutachten wird die verfolgungsabhängige Minderung der Erwerbsfähigkeit auf 15% eingeschätzt. Es wird eine Heilbehandlung zur Linderung der subjektiven Auswirkungen ihres Verfolgungsleidens empfohlen. Wegen einer in den Jahren 1940–1948 vom Gutachter angenommenen MdE von 35% bekommt die Patientin eine Nachzahlung von DM 4500. Von diesen werden ihr DM 3000 an Vorleistungen verrechnet, so daß insgesamt nur DM 1500 übrigbleiben. Dieses ist sicher nur ein Bruchteil der an die in dem Verfahren beteiligten ärztlichen Gutachter gezahlten Honorare.

Insgesamt scheint es so, daß sich im Wiedergutmachungsprozeß das Trauma der Verfolgung wiederholt hat.

Schlußbemerkungen

Ich bin sehr dankbar, daß mir die Möglichkeit gegeben worden ist, die Leidensgeschichte von J. E. auch mir selbst in Erinnerung zu rufen. Ich verstehe diesen Beitrag als eine Art Requiem für diese Frau, die nur eine von vielen Unbekannten ist. Etwa 2 Jahre nach unserer Begegnung ist sie einem akuten Herzversagen erlegen. Den gleichen Tod hatte wenige Jahre vorher der einzig überlebende Bruder erlitten. Das Schicksal von Frau E., das mich persönlich tief getroffen hat, steht für viele ungesühnte Verbrechen gegen die Menschlichkeit. Sie war die letzte überlebende Zeugin ihrer Familie und ebenso wie viele ein Opfer, das nie Gesten von Mitleid, Scham oder Entschuldigung – und nur völlig unzureichend „Wiedergutmachung" im bürokratischen Sinne erfahren hat. Letzteres wäre wohl auch nicht möglich. Das Wort „Wiedergutmachung" birgt einen gefährlichen Euphemismus. Es verleitet uns zu der trügerischen Vorstellung, das Schlimme, das passiert ist, wäre überhaupt korrigierbar.

Als Obergutachter in verschiedenen Wiedergutmachungsprozessen hat der einflußreiche Internist Prof. Schettler jeglichen Zusammenhang zwischen KZ-Traumen und Herz-Kreislauf-Krankheiten zugunsten einer Theorie der Anlagebedingtheit kategorisch abgelehnt (Pross 1985). Dieses ist Ausdruck einer „anesthesie emotionelle", einer Einfühlungsverweigerung, die ein reduziertes Menschenbild impliziert, welches gefährliche Traditionen hat. Wenn die Psychosomatik innerhalb dieser Medizin nicht mehr als eine Alibifunktion einnimmt, so heißt das nichts anderes, als daß dieses reduzierte, entsubjektivierte Menschenbild weiter gültig ist. In dem Titel einer zornigen Arbeit von Kurt Eissler (1963) verdichtet sich die Problematik: „Die Ermordung von wievielen seiner Kinder muß ein Mensch symptomfrei ertragen können, um eine normale Konstitution zu haben?"

Die ärztlichen Gutachter des Amtes für Wiedergutmachung haben als Protagonisten einer Medizin, die psychische Anteile aus dem Krankheitsverständnis abspaltet, strukturell die Verfolgung der Opfer wiederholt. Als Mitglieder eines Berufsstandes mit einem traditionell humanitären Anspruch, wie er im hippokratischen Eid für die heutige Ärztegeneration noch verbindlich ist, vertreten sie eine Medizin, die diesem Anspruch nicht gerecht wird.

Ich möchte mit einem Zitat aus einem immerhin 1941 gehaltenen Vortrag, „Der Eid des Hippokrates“, des Freiburger Pathologen Franz Büchner (1945) schließen. Büchner setzt sich in diesem Vortrag mit der im Jahre 1920 erschienenen Schrift des Juristen Binding und des Psychiaters Hoche über *Die Freigabe der Vernichtung lebensunwerten Lebens* kritisch auseinander, die für die nationalsozialistische Medizin programmatisch wurde. Er sagt:

> Die menschliche Gesellschaft hat dem Arzt das Amt zugewiesen, allem bedrohten Leben, wenn möglich Heiler, wenn nicht möglich, Zuflucht zu sein. Seit Jahrtausenden kamen die Menschen zu ihm und wußten sich in seinen Händen geborgen. Sie wußten sich als Menschen von ihm gewertet, in aller Hilflosigkeit ihres körperlichen und geistigen Lebens. Soll der Arzt in Zukunft seine Kranken, die hilfesuchend zu ihm kommen, zunächst auf die Waage einer ach so unzulänglichen Biologie legen? Soll der Mensch der Zukunft nur noch biologisch gewertet werden? (S. 27).

Dieser inzwischen fast 50 Jahre alte Vortrag, der vor dem damaligen historischen Hintergrund sicher ein Zeichen großen persönlichen Mutes war, hat an Aktualität nichts eingebüßt.

Literatur

Büchner F (1945) Der Eid des Hippokrates. Freiburg

Eissler KR (1963) Die Ermordung von wievielen seiner Kinder muß ein Mensch symptomfrei ertragen können, um eine normale Konstitution zu haben? Psyche 17:241–291

Portschny (1938) Die Zigeunerfrage. Denkschrift des Landeshauptmannes für das Burgenland.

Pross C (1985) Die Mahner einer vergangenen Epoche, TAZ, 14.11.1985

Vossen R (1983) Zigeuner. Ullstein, Frankfurt am Main Berlin Wien

Zur Debatte über (Zwangs)sterilisation und Kastration in der NS-Zeit im Deutschen Reich und in der Bundesrepublik Deutschland seit 1945

F. Pfäfflin

Zusammenfassung

Während der NS-Zeit wurden im Deutschen Reich ungefähr 350000 Männer und Frauen zwangssterilisiert und mindestens 2800 Männer kastriert. Beide Maßnahmen waren Wegbereiter für die spätere Ermordung psychiatrischer Patienten im Rahmen der sog. Euthanasieaktionen. In der Nachkriegsdebatte wurde der Zwangscharakter der damals durchgeführten Sterilisationen überwiegend geleugnet. Das „Gesetz zur Verhütung erbkranken Nachwuchses" wurde nicht dem nationalsozialistischen Unrecht zugerechnet. Von Sachverständigen wurde der kausale Zusammenhang zwischen den staatlichen Eingriffen in den Körper und späteren vielfältigen Beschwerden der Betroffenen bestritten. Das Kastrationsgesetz von 1969 knüpfte unmittelbar an das Erbgesundheitsgesetz von 1933 an. Die gegenwärtige Debatte um ein neues Sterilisationsgesetz und die gegenwärtige Sterilisationspraxis zeigen viele Parallelen zum damaligen Vorgehen.

Schlüsselbegriffe: Zwangssterilisation, Kastration, Euthanasie, Nationalsozialismus, Bundesrepublik Deutschland.

Seit November 1987 kursiert in der Bundesrepublik Deutschland der Diskussionsteilentwurf eines Gesetzes über die Betreuung Volljähriger (BtG-DiskE), herausgegeben vom Bundesminister der Justiz (1987). Dieses Betreuungsgesetz soll Entmündigung, Vormundschaft Volljähriger und Gebrechlichkeitspflegschaft neu regeln (Schumacher u. Jürgens, 1988) und sieht im § 1905 auch Bestimmungen vor, unter welchen Bedingungen nicht-einwilligungsfähige Erwachsene, ausdrücklich zuvörderst Frauen, in Ausnahmefällen aber auch Männer, sterilisiert werden können. Derzeit geschieht dies nach amtlichen Schätzungen in der Bundesrepublik Deutschland etwa 1000 mal im Jahr (Bundesminister der Justiz 1987), und zwar ohne gesetzliche Regelung, und auch bei Minderjährigen, nicht selten mit Indikationsstellungen, wie sie während der NS-Zeit üblich waren.

Damals wurden im Reichsgebiet täglich etwa 100 Sterilisationen durchgeführt; die Gesamtzahl wird auf 400000 geschätzt (Bock 1986; Schmacke u. Güse 1984). Geregelt im „Gesetz zur Verhütung erbkranken Nachwuchses" (GzVeN) wurden diese Sterilisationen selten freiwillig, meist unter Druck und z. T. unter Anwendung regelrechter Zwangsmaßnahmen ausgeführt, wobei die Praxis begleitet war von einer unüberschaubaren Flut zustimmender Publikationen. Nach Kriegsende

Söllner et al. (Hrsg.) Sozio-psycho-somatik

hoben die Alliierten das Gesetz und die eigens zu seiner Durchführung geschaffenen Erbgesundheitsgerichte auf und ließen bei den Amtsgerichten nur noch Wiederaufnahmeverfahren zu. Im Gegensatz zu den Nürnberger Rassegesetzen wurde das GzVeN nicht als nationalsozialistisches Unrecht begriffen. In den 60er Jahren hatte der Wiedergutmachungsausschuß des Deutschen Bundestags nach Anhörung zahlreicher Sachverständiger die Einbeziehung Sterilisierter in die Regelungen des Bundesentschädigungsgesetzes abgelehnt (Biesold 1983; Bock 1986; Deutscher Bundestag 1961; Schmacke u. Güse 1984). Zwangssterilisierte wurden nur dann als Verfolgte des NS-Regimes berücksichtigt, wenn sie an den damaligen gesetzlichen Bestimmungen vorbei sterilisiert worden waren und dies auch nachweisen konnten. Aus psychiatrischen, psychoanalytischen, psychotherapeutischen, sexualwissenschaftlichen und psychologischen Fachkreisen hat man damals kaum und v. a. keinen wirksamen Protest gehört. Arbeiten wie die von Kretz (1967) aus der Heidelberger Universitätsklinik, dem Wiener Ordinarius Viktor Frankl zum 60. Geburtstag gewidmet, über die nachhaltig beeinträchtigenden Folgen der Sterilisation blieben vereinzelt und verhallten ungehört. Die Abwehr der Entschädigungsansprüche stützte sich v. a. auf folgende Argumente, die auch in der gegenwärtigen Debatte immer wieder angeführt werden:

1) Eine pauschale Entschädigung von DM 5000 pro Sterilisiertem würde, bei einer angenommenen Zahl von noch 200000 Überlebenden (so der damalige Bundesminister Strauß in der 136. Sitzung des Deutschen Bundestags vom 17.11.1967) mehr als 1 Mrd. DM kosten – eine unzumutbare Summe, insbesondere unter dem Aspekt, daß der größere Anteil der Summe an Geisteskranke, Schwachsinnige oder schwere Alkoholiker gezahlt werden müsse.

2) Die Sterilisation habe das körperliche Wohlbefinden des Betroffenen in keiner Weise beeinträchtigt. Eine Entschädigungsmöglichkeit fördere nur das Entstehen von Entschädigungsneurosen. Körperliche Spätfolgen seien so gut wie nie nachweisbar (so z. B. die Professoren Villinger und Ehrhardt, die als Sachverständige vom Wiedergutmachungsausschuß gehört worden waren, vgl. Deutscher Bundestag 1961, S. 11ff., 25ff.). Schon im amtlichen Merkblatt „Erbkranker Nachwuchs ist Volkstod", mit dem für die Sterilisation in der NS-Zeit geworben wurde, hatte es in bewußter Irreführung der Betroffenen geheißen:

Irgendwelche gesundheitlichen Störungen sind von der Unfruchtbarmachung weder beim Manne noch bei der Frau zu befürchten.

Dabei war bereits im September 1934, also zu einem Zeitpunkt, als das GzVeN noch nicht einmal 1 Jahr lang praktiziert worden war, über 50 Todesfälle im Rahmen von Sterilisationsoperationen nach Berlin berichtet worden (Bundesarchiv R 18 5585 und 5586). Aus den Jahren 1934–1936 wurden 437 intra- oder postoperative im Zusammenhang mit Sterilisationsoperationen aufgetretene Todesfälle gemeldet, wobei offenbar nicht überall vollständig berichtet wurde, wie das Bremer Beispiel zeigt. Die hohe Zahl der dortigen Todesfälle, laut Berliner Berechnungen 4,7%, erregte in Berlin Aufsehen, wurden aber in Bremen in Kauf genommen.

Im Protokoll einer am 04.12.1934 durchgeführten Besprechung in der Behörde für das Gesundheitswesen in Bremen heißt es:

Nicht zu vermeiden sein wird die etwas höhere Zahl der Todesfälle, wie sie sonst bei Operationen auftritt (Pfäfflin 1984; Schmacke u. Güse 1984; Staatsarchiv Bremen 3M Ia 140 35).

Auf diese Aspekte gingen die führenden Sachverständigen im Wiedergutmachungsausschuß nicht ein, sondern sie erklärten darüber hinaus auch psychische Spätfolgen als neurotisch und daher nicht objektivierbar, einer wissenschaftlichen Diagnosestellung nicht zugänglich. Vielmehr, so wurde argumentiert, hätten auch die im Rahmen der Wiedergutmachungsverfahren nach dem Krieg erfolgten erneuten gründlichen Nachuntersuchungen und Begutachtungen keinen Beleg für langfristige Spätschäden erbracht. Der Umstand, daß das Amtsgericht Hamburg 69% der früher ergangenen Beschlüsse des Erbgesundheitsgerichts Hamburg aufhob, für die Diagnose Schwachsinn sogar 75%, wurde darauf zurückgeführt, daß dem Amtsgericht ein Großteil der durch Kriegseinwirkung verlorengegangenen Akten leider nicht mehr zugänglich gewesen sei, sonst hätte das Gericht sicher anders entschieden. Oder es wurde argumentiert, nach dem Kriege seien zur Objektivierung des Schwachsinns andere Testverfahren verwendet worden. Unter wissenschaftlichen Gesichtspunkten sei damit aber die früher gestellte Diagnose nicht in Frage zu stellen. Oder: Einen Antrag auf Wiederaufnahme habe ohnehin nur die „positive Auslese" gestellt. Besonders bemerkenswert ist die Schlußfolgerung einer Auswertung von 453 Gutachten, die an der Psychiatrischen und Nervenklinik der Universität Hamburg bis 1953 in Wiederaufnahmeverfahren erstattet worden waren und die sich in einem hohen Prozentsatz in der diagnostischen Einschätzung von den früher erstatteten Gutachten unterschieden (Bonhoff 1953). Sie lautet, daß jugendliche Formen von Schwachsinn offenbar doch eine bessere Prognose haben, eine größere Fähigkeit zur Nachreife, als man bisher geglaubt hatte. Das bessere Abschneiden der Probanden im Intelligenztest jetzt wurde gar als positiver Begleiteffekt oder Folge der Sterilisation gewertet, die wissenschaftliche Integrität der früheren Gutachter und Gutachten aber an keiner Stelle in Frage gestellt.

3) Der Aspekt des Zwangs wurde bagatellisiert mit dem Argument, daß die meisten Anträge von den Betroffenen selber auf freiwilliger Basis gestellt worden seien. Wenn jemand im Zusammenhang mit Sterilisationsverfahren unter Zwang zu leiden hatte, dann waren es angeblich die Ärzte (so z. B. Prof. Villinger vor dem Wiedergutmachungsausschuß; Deutscher Bundestag 1961). Propagandistisch wurde während der NS-Zeit die angebliche Freiwilligkeit der Antragstellung immer wieder hervorgehoben, dabei aber meist nicht erwähnt, daß vielfach eigens zum Zwecke der Sterilisierung Pflegschaften eingerichtet und die Anträge von Pflegern gestellt wurden. In Hamburg gab es die besondere Variante der Sammelpflegschaft, bei der eine Justizassessorin gleichzeitig knapp 1000 Sterilisationskandidaten zu betreuen hatte. Darüber hinaus ist in vielen Einzelfällen aus den Akten der Erbgesundheitsgerichte belegbar, wie es um die scheinbar freiwillige Antragstellung tatsächlich bestellt war. In vielen Fällen wurde massiver Druck ausgeübt.

4) Schließlich wurde gesagt, daß die eugenische Debatte eine lange Vorgeschichte im Kaiserreich und in der Weimarer Republik gehabt habe und deshalb nichts spezifisch Nationalsozialistisches sei. Auch in der Gesetzgebung anderer Staaten habe es die Möglichkeit zu zwangsweiser Sterilisierung gegeben. Diese Argumentation geht am Kern der Sache völlig vorbei, wie leicht am halbamtlichen Kommentar zum GzVeN von Gütt et al. (1934) nachgeprüft werden kann, wo all diese Analogien und jeder Vergleich mit demokratischen Gesetzgebungen in Nachbarstaaten entschieden zurückgewiesen werden und das GzVeN als grundlegendes nationalsozialistisches Gesetz charakterisiert wird. Noch weiter ging Reichsärzteführer Wagner, der 1937 in 2 Memoranden an Hitler die grobe Fahrlässigkeit und Willkür der Erbgesundheitsgerichtsbarkeit an vielen Beispielen belegte und von der Einmaligkeit des GzVeN als einem biologischen Gesetz und Ausdruck biologischer Justiz sprach. Das Gesetz galt ihm als Grundgesetz des nationalsozialistischen Staates (Bundesarchiv R 18 5585 und 5586). Aus den Diskussionen um Wagners Memoranden und dem vergeblichen Versuch des Reichsinnenministeriums, als oberste Instanz für strittige Fälle ein Reichserbgesundheitsgericht einzurichten, ging der „Reichsausschuß für die wissenschaftliche Erfassung erb- und anlagebedingter schwerer Leiden“ unmittelbar hervor, der die Kinderfachabteilungen vorbereitete und in Gang setzte, in denen dann mehr als 6000 Kinder ermordet wurden. Diese Einrichtungen bildeten den wissenschaftlich kontrollierten Einstieg in die spätere Ermordung erwachsener Psychiatriepatienten (Pfäfflin 1984; Roth u. Aly 1983/84; Schmacke u. Güse 1984).

Die Leugnung des spezifisch nationalsozialistischen Gehalts in Intention, Kommentierung und Anwendungspraxis des GzVeN, die Leugnung seines für den NS-Staat grundlegenden Charakters hatte und hat klare Motive, die sich in der Debatte des Wiedergutmachungsausschusses des Deutschen Bundestags deutlich niederschlugen. Einerseits sollte damit der Boden für ein neues Sterilisationsgesetz bereitet werden. Zur Formulierung eines entspechenden Entwurfs war Prof. Villinger bereits 1947 von den zuständigen amerikanischen Behörden beauftragt worden. Damals kam ein neues Sterilisationsgesetz jedoch nicht zustande, weniger weil sich große Schwierigkeiten bei dem Bestreben, eine bundeseinheitliche Lösung zu finden, ergeben hatten, als vielmehr aus Rücksicht auf die „Volkstümlichkeit“. Man erwartete nämlich nicht, daß in der breiten Bevölkerung die behauptete inhaltliche Distanz zu den zeitlich noch so nahen NS-Verbrechen geglaubt werden würde (Schmacke u. Güse 1984). Zum anderen diente die ausführliche Debatte über Sterilisationsfragen, über die angeblich formal-juristisch saubere Handhabung des GzVeN auch der Ablenkung von der eigenen indirekten oder direkten Verstrikkung in Psychiatriemorde. Von den im Wiedergutmachungsausschuß gehörten Fachleuten gilt dies sicher für von Bodelschwingh und Villinger. Dem ersteren lag daran, in der Öffentlichkeit die Fiktion aufrechtzuerhalten, als hätten die Von-Bodelschwingh-Anstalten in Bethel tatsächlich ihren Widerstand gegen die Psychiatriemorde stringent durchgehalten und als seien nicht auch von dort aus Patienten im Wissen um ihr weiteres Schicksal in andere Anstalten verlegt worden (Klee 1983). Prof. Villinger andererseits war nicht nur Richter an den Erbgesundheitsgerichten Hamm und Breslau – das hatte er im Wiedergutmachungsausschuß sogar zu Protokoll gegeben –, sondern er war auch, wiewohl widerstrebend, als Gutachter der sog. Aktion T 4 unmittelbar in die Tötungsaktionen verwickelt (Klee 1983).

Seit Mitte der 70er Jahre ist der Ruf nach einem neuen Sterilisationsgesetz wieder hoffähig geworden und mit Nachdruck vom Diakonischen Werk, der Pro Familia und der Bundesvereinigung Lebenshilfe in Memoranden vorgetragen worden, d. h. in z. T. institutioneller, personeller und inhaltlicher Kontinuität mit den das GzVeN promovierenden Kräften. Als dies in einer Panorama-Sendung der ARD im Oktober 1984 vorsichtig angesprochen wurde, verwahrte sich die Bundesvereinigung Lebenshilfe entschieden gegen den Eindruck, sie „und ihre Arbeit sei in irgendeinen Zusammenhang mit der verbrecherischen Praxis des NS-Regimes zu bringen" (Bundesvereinigung Lebenshilfe 1984). Sie übersah dabei, daß Vertreter der Bundesvereinigung Lebenshilfe in der Fernsehsendung ein dem Erbgesundheitsgerichtsverfahren analoges, wenn auch rechtlich noch weniger abgesichertes Prozedere für die Indikationsstellung gefordert hatten und daß Gründungspräsident der Vereinigung und ihr langjähriger Vorsitzender Werner Villinger war. 1981 ist er hier in Innsbruck gestorben, hochgeehrt als Präsident und Beiratsmitglied vieler nationaler und internationaler Fachgesellschaften. Er wird hier stellvertretend für viele andere Karrieren bei der Inneren Mission, Pro Familia und an deutschen Universitäten erwähnt.

Was die überlebenden Sterilisierten bis heute vermissen, ist ein klares Wort einer Bundesregierung bzw. des Parlaments, in dem zum Ausdruck gebracht wird, daß das GzVeN nationalsozialistisches Unrecht war wie die Nürnberger Rassegesetze auch. Es genügt nicht, sich – wie die Lebenshilfe – nur von der „verbrecherischen Praxis" zu distanzieren. Die verbrecherische Praxis wird inzwischen auch behördlicherseits nicht mehr in Frage gestellt. Mindestens kann man die 1980 erfolgte Einrichtung einer Härteentschädigung für Zwangssterilisierte (Biesold 1983) in diesem Sinne werten.

Im amtlichen Entwurf des Betreuungsgesetzes vom November 1987 heißt es (S. 86):

> In Deutschland sind – mehr als anderswo – gute Gründe für ein völliges Verbot der Sterilisation Betreuter denkbar. Gerade in Deutschland hat sich gezeigt, in welchem Maße Rechtsvorschriften – auch wenn sie Eingriffe durch materielle Eingriffsvoraussetzungen begrenzen und verfahrensrechtliche Garantien vorsehen – mißbraucht werden können. Die Erfahrungen mit den Zwangssterilisationen des Dritten Reiches aufgrund des Gesetzes zur Verhütung erbkranken Nachwuchses vom 14. Juli 1933 (RGBl. I, S. 529) sind hier eine deutliche Mahnung.

Der Bundesminister der Justiz, der für diesen Text verantwortlich zeichnet, spricht hier vom Mißbrauch von Rechtsvorschriften. Mibrauch, d. h. falsche Praxis. Die Theorie, das Gesetz selber, das GzVeN, bleibt von dieser Kritik unberührt. Dies ist die bundesrepublikanische Fortsetzung der Verfolgung.

Im GzVeN wurde auch die sog. freiwillige *Kastration* verankert, die Zwangskastration aus Rücksicht auf den befürchteten negativen Propagandaeffekt für die Erbgesundheitspflege dagegen wurde gesondert geregelt im Gewohnheitsverbrechergesetz. Die 1935 verschärften Strafbestimmungen gegen Homosexuelle galten bis zu den Strafrechtsreformen von 1969/1970, also solange, bis 1969 ohne große öffentliche Diskussion und Aufregung das neue Gesetz über die freiwillige Kastration verabschiedet war. Die während der Zeit des Dritten Reiches Kastrierten haben bis heute keinerlei Lobby gefunden und auch kaum gewagt, den Mund aufzumachen, weil er ihnen sonst sofort mit dem Gegenvorwurf gestopft wurde, doch Verbrecher gewesen zu sein. Allein die Untergruppe der Homosexuellen, also der „freiwillig“ Kastrierten, hat sich seit Anfang der 70er Jahre, wenn auch bisher erfolglos, mehr zu Wort gemeldet.

Für die Verabschiedung des Kastrationsgesetzes von 1969 war Langelüddekes 1963 publiziertes Buch *Die Entmannung von Sittlichkeitsverbrechern* wegweisend. Unterstützt von der Deutschen Forschungsgemeinschaft hatte er die Strafregisterauszüge von 1036 früher Kastrierten geprüft und 89 Personen selber nachuntersucht. Er fand nur 3% Rückfälligkeit und hielt seine Ergebnisse im Vergleich zu früheren Nachuntersuchungen für überlegen, weil die Nachuntersuchungszeit länger war und die Nachuntersuchung unter demokratischen Verhältnissen erfolgt war, wo die Männer ohne Gefahr freier sprechen konnten.

In seinem Buch vermißt man völlig die Darstellung der Verhältnisse, unter denen zwischen 1934 und 1945 kastriert wurde. Die von ihm untersuchte Stichprobe ist weder identifizierbar, noch wird geschildert, wie viele Männer trotz Kastration in Sicherungsverwahrung und KZ kamen und dort ums Leben kamen. Langelüddeke schätzte die Gesamtzahl der in der NS-Zeit durchgeführten Kastrationen – im Vergleich zu Originalstatistiken deutlich zu niedrig – auf 2800. Ihm ging es um die Beförderung eines neuen Kastrationsgesetzes und vermutlich auch um persönliche Apologetik.

Die vor kurzem auf einem Dachboden des Hamburger Untersuchungsgefängnisses aufgefundenen Restakten der Kriminalbiologischen Untersuchungs- und Sammelstelle enthalten auch 600 Kastrationsakten, von denen einige belegen, daß Kastration der erste Schritt zur Vernichtung war. Dazu ein kurzes Beispiel:

Bei einem 12 mal wegen sexueller Handlungen vorbestraften 70jährigen Mann wurde 1934 nachträglich (d. h. nach Verbüßung der Strafe und unter rückwirkender Anwendung der neuen gesetzlichen Bestimmung) Kastration gerichtlich angeordnet. Im medizinischen Gutachten hieß es, die Kastration sei zum Schutz der Allgemeinheit notwendig; angesichts fortgeschrittener Arterienverkalkung sei aber möglich, daß infolge der mit dem Eingriff verbundenen seelischen Erregung ein Schlaganfall auftrete. Im Urteil finden sich dann folgende Sätze:
„In voller Würdigung der Schwere des Eingriffs, der die Entmannung insbesondere auch mit ihren außerhalb ihres eigentlichen Zwecks liegenden möglichen Folgen für den Angeklagten bedeutet, muß auf der anderen Seite die der heranwachsenden Jugend von dem Angeklagten drohende Gefahr als so schwerwiegend erachtet werden, daß der dem Angeklagten durch den Eingriff etwa zuzufügende Schaden im Vergleich dazu wenig bedeutet. Gesundheit und Reinhaltung der deutschen Jugend stehen höher als die Rücksichtnahme auf einzelne, in sittlicher Beziehung unglücklich veranlagte oder verkommene Menschen.“
– Der Mann starb nicht am Schlaganfall, sondern erhängte sich unmittelbar nach der Operation.

Nicht alle Gutachten bzw. Urteile aus den Kastrationsakten sind so zynisch. Es gibt auch ausgewogene, kritische und ablehnende. Vor- und Nachuntersuchungen Kastrierter wurden reichseinheitlich ausführlich dokumentiert. Daß die Deutsche Forschungsgemeinschaft die Auswertung dieser Daten durch Langelüddeke später finanzierte, war folgerichtige Fortsetzung des angefangenen Unternehmens, bei dem es einerseits um soziale Kontrolle ging, andererseits aber auch um Modernisierung und Verwissenschaftlichung; beide Aspekte waren ja in vielen Bereichen nationalsozialistischer Machtpolitik eine enge Allianz eingegangen. In Hamburg waren die Gerichtsmediziner an der Indikationsstellung und Nachuntersuchung im Zusammenhang mit Kastration beteiligt und gleichzeitig daran interessiert, ihre Wissenschaft zu befördern, was zu einem Streit darüber führte, wer nun die Hoden histologisch untersuchen (und dann darüber publizieren) dürfe. Die Interessenverschränkung führte zu Großzügigkeit in der Indikationsstellung.

Alliiertes Recht verbot nach dem Krieg Zwangskastrationen. Kurze Zeit scheute man sich auch, sog. freiwillige Kastrationen durchzuführen, und zwar – wie aus der Korrespondenz aus der Gesundheitsbehörde Hamburg hervorgeht – auch aus Angst, die bisher geübte Praxis könnte als nationalsozialistisches Unrecht entlarvt werden. Bald wurden die Bedenken fallengelassen und stillschweigend wurde mit sog. freiwilligen Kastrationen wieder begonnen. Der Aktenbestand „Betr.: Freiwillige Entmannung" in der Gesundheitsbehörde Hamburg wurde aus der NS-Zeit über die Zeitmarke 1945 hinweg kontinuierlich fortgeführt und endet nur deshalb im Jahre 1968, weil ab 1969 mit dem neuen Kastrationsgesetz die Kompetenz von der Gesundheitsbehörde an die Ärztekammer überging. Mit Verabschiedung des Kastrationsgesetzes ging die Zahl der freiwilligen Kastrationen merklich zurück. In den letzten Jahren hat sie sich auf etwa 2 pro Jahr für das Gesamtgebiet der Bundesrepublik Deutschland eingependelt (Wille 1986). Die während der NS-Zeit reichsweit eingeführten und vorgeschriebenen Nachuntersuchungen Kastrierter 1 Monat, 1, 3 und 5 Jahre nach dem Eingriff wurden bis weit in die Zeit der Bundesrepublik fortgesetzt und auf den früheren Formularen dokumentiert. Anhand der erfolglosen Einbestellungen zu Nachuntersuchungen läßt sich an Einzelfällen nachvollziehen, wie über Sterilisation und Kastration schließlich der Weg in Sicherungsverwahrung, KZ und den Tod führen konnte.

Die Entwicklung scheint dafür zu sprechen, daß die Einführung des Kastrationsgesetzes von 1969 mit seinem umständlichen Genehmigungsverfahren eine bremsende Wirkung auf die Anwendung dieser Maßnahme gehabt hat, so daß man fragen könnte, ob wir nicht doch ein neues Sterilisationsgesetz brauchen, um damit die nach amtlichen Schätzungen jährlich etwa 1000 unter der Hand stattfindenden Sterilisationen an Behinderten unter Kontrolle bringen zu können. Eine solche Überlegung führt aber schon deshalb in die Irre, weil mit hoher Wahrscheinlichkeit der zahlenmäßige Rückgang der Kastrationen nicht kausal mit der Verabschiedung des Kastrationsgesetzes zusammenhängt. Nach einem in Psychiater- und Juristenkreisen in Hamburg gehandelten Ondit wurde das Kastrationsgesetz zu einem Zeitpunkt verabschiedet, als „Hamburg bereits durchkastriert" war, wie damals ein Fachmann gesagt haben soll, zu einem Zeitpunkt, zu dem bereits neue Eingriffsmethoden zur Verfügung standen, nämlich die vorübergehend stark propagierten stereotaktischen Eingriffe bei Sexualstraftätern und die von der Pharmaindustrie zur Verfügung gestellten Mittel zur chemischen Kastration (Cyproteronacetat, Androcur), über deren vermutlich weitverbreitete Anwendung verläßliche Daten nicht publiziert sind und auf meine schriftliche Anfrage bei der Herstellerfirma Schering in Berlin auch nicht zu erhalten waren.

Vermutlich weil wir *kein* Sterilisationsgesetz haben, das die Sterilisation nichteinwilligungsfähiger Menschen regelt, ist die Zahl der Sterilisationen im Vergleich zur NS-Zeit noch so gering, obwohl sie immer noch viel zu hoch liegt und sich die Motive zur Indikationsstellung, wie zahlreiche Einzelfälle zeigen, heute oft nicht von den damaligen Motiven unterscheiden. Die Verfasser des Betreuungsgesetzentwurfs prangern die gegenwärtige illegale Praxis an und distanzieren sich ausdrücklich von den Zielsetzungen des GzVeN. Nicht die damaligen vermeintlichen Interessen der Allgemeinheit an der Verhütung erbkranken Nachwuchses, sondern vielmehr das Interesse der Betroffenen müsse Vorrang haben. Zwangssterilisationen seien ebenso grundsätzlich abzulehnen wie Sterilisationen Minderjähriger; es gäbe aber Einzelfälle, für die ein prinzipielles Verbot solcher Eingriffe bei nicht-einwilligungsfähigen Personen eine unvertretbare Härte bedeute. Ohne die persönliche fürsorgliche Absicht der Verfasser des Betreuungsgesetzentwurfs in Frage stellen zu wollen, muß doch gesagt werden, daß ihrer Unterscheidung zwischen Zwangssterilisation *gegen* den Willen Betroffener und gerichtlich genehmigter Sterilisation *ohne* (nicht-einwilligungsfähig) den Willen Betroffener kaum gefolgt werden kann, wie sehr sich auch die verfahrensrechtlichen Absicherungen des neuen Gesetzentwurfs von den entsprechenden Bestimmungen des GzVeN unterscheiden mögen. Was nämlich bisher fehlt, ist eine grundsätzliche Distanzierung des Bundesministers der Justiz, der Bundesregierung und des Parlaments, nicht nur von der Anwendungs*praxis* des GzVeN, sondern auch von diesem „Gesetz“ selber, das vom damaligen Reichsärzteführer Wagner völlig korrekt als nationalsozialistisches Grundgesetz bezeichnet wurde und das alle bisherigen Bundesregierungen und Parlamente versäumt haben, zu nationalistischem Unrecht zu erklären. Schon aus diesem Grund kann der im Betreuungsgesetzentwurf vorgeschlagenen „positiven Regelung“ für die Sterilisation nicht-einwilligungsfähiger Personen unter keinen Umständen zugestimmt werden, und jede, den Türspalt in irgendeiner Weise öffnende gesetzliche Regelung muß abgelehnt werden, da Bundesregierung und Parlament offenbar noch immer glauben, der „Mißbrauch von Rechtsvorschriften“ könne gesteuert werden, wo es sich doch tatsächlich um kodifiziertes Unrecht handelt. Nicht zu vergessen ist schließlich auch die derzeit sehr lebhaft geführte Diskussion um Sterbehilfe, die sich jetzt zwar vornehmlich auf die kostenträchtige Intensivmedizin erstreckt, kaum auf die Psychiatriepatienten. Aber gerade darin liegt die Parallele zur Psychiatriediskussion von damals. Die Inszenierung der Diskussion von damals und heute weist, von den unterschiedlichen Zielgruppen abgesehen, viel Identisches auf (Ebbinghaus 1985). An dieser Stelle kann darauf jedoch nicht mehr eingegangen werden.

Literatur

Biesold H (1983) ‚Härteentschädigung‘ für Zwangssterilisierte. Recht & Psychiatrie 1:73–76

Bock G (1986) Zwangssterilisation im Nationalsozialismus. Studien zur Rassenpolitik und Frauenpolitik. Westdeutscher Verlag, Opladen

Bonhoff G (1953) Psychiatrische Erfahrungen bei der Nachuntersuchung Sterilisierter. Fortschr Neurol Psychiatr 21:251–284

Bundesminister der Justiz (Hrsg) (1987) Gesetz über die Betreuung Volljähriger. Diskussions-Teilentwurf (BtG-DiskE). Bundesanzeiger, Bonn

Bundesvereinigung Lebenshilfe (1984) in einem Schreiben an den Norddeutschen Rundfunk vom 23.10.84. Höhrrohr 21:15

Deutscher Bundestag (1961) 3. Wahlperiode, 7. Ausschuß, Protokoll Nr. 34 vom 31.04.1961

Ebbinghaus A (1985) Sterbehilfe – Tötung auf wessen Verlangen? Mitteilungen der Dokumentationsstelle zur NS-Sozialpolitik 1/7–8:3–67

Gütt A, Rüdin E, Ruttke F (1934) Gesetz zur Verhütung erbkranken Nachwuchses. Lehmann, München

Klee E (1983) ‚Euthanasie‘ im NS-Staat. Die ‚Vernichtung lebensunwerten Lebens‘. Fischer, Frankfurt am Main

Kretz H (1967) Folgen der Sterilisation. Zur Frage der Entschädigung Zwangssterilisierter nach dem Bundesentschädigungsgesetz. Med Klin 62:1298–1301, 1341–1345

Langelüddeke A (1963) Die Entmannung von Sittlichkeitsverbrechern. De Gruyter, Berlin

Pfäfflin F (1984) Zwangssterilisation im Dritten Reich. In: 50 Jahre Gesetz über die Vereinheitlichung des Gesundheitswesens. Schriftenreihe der Akademie für öffentliches Gesundheitswesen Düsseldorf 12:31–42

Roth KH, Aly G (1983/1984) Die Diskussion über die Legalisierung der nationalsozialistischen Anstaltsmorde in den Jahren 1938–1941. Recht & Psychiatrie 1:51–64, 2:36–47

Schmacke N, Güse HG (1984) Zwangssterilisiert, verleugnet, vergessen. Zur Geschichte der nationalsozialistischen Rassenhygiene am Beispiel Bremen. Brockkamp, Bremen

Schumacher U, Jürgens A (1988) Anmerkungen zum Betreuungsgesetzentwurf. Recht & Psychiatrie 6:2–14

Wille R (1986) Zum heutigen Stand der Kastrationsforschung. In: Pohlmeier H, Deutsch E, Schreiber HL (Hrsg) Forensische Psychiatrie heute. Springer, Berlin Heidelberg New York Tokyo, S 189–197

Der Prozeß einer Kurztherapie mit einer foltertraumatisierten türkischen Patientin

A. Drees

Zusammenfassung

Die psychotherapeutische Aufarbeitung der Spätfolgen von Foltertraumen wird durch zahlreiche Faktoren erschwert. Es werden 6 Leitlinien vorgestellt, mit deren Hilfe es möglich ist, selbst unter erschwerten Behandlungsbedingungen die aktuelle Symptomatik im Rahmen einer Kurztherapie erfolgreich zu beeinflussen. Im Mittelpunkt dieser spezifischen Kurztherapie stehen Imaginationen, die als Prozeßphantasien näher beschrieben werden. Situatives Erleben im Behandlungsprozeß wird hierbei weder subjekt- noch traumabezogen gedeutet und darüber eine Entkoppelung von intrapsychischen mit foltertraumatischen Erlebnismustern eingeleitet.

Schlüsselbegriffe: Folter, Psychotherapie, Kurztherapie, Prozeßphantasien.

Betroffenheit, Ratlosigkeit, lähmendes und/oder solidarisierendes Mitgefühl bestimmen und behindern therapeutisches Handeln angesichts grauenvoller Berichte von Patienten, die in die Sprechstunde kommen und über Foltererlebnisse berichten. Es gibt nur wenige Spezialisten und spezialisierte Kliniken für diese Patientengruppe. Es gibt jedoch eine relativ große Anzahl von Patienten, die in ihrem Land schwerer Folter ausgesetzt waren und unter dem Bild einer angstbetonten reaktiven Depression mit ausgeprägten Antriebsstörungen und mit diffusen vegetativen Beschwerden in die Sprechstunde kommen.

Diese Patienten öffnen sich in der Regel nicht. Die Gründe hierfür sind vielseitig: angstvolle Abwehr gegen das erinnernde Wiedererleben der Folter, Vertrauensverlust, v. a. wenn die Aufenthaltserlaubnis in dem Gastland gefährdet oder wenn Anhänger des betreffenden Foltersystems in diesem Land eine bedrohliche Rolle spielen; gemeinsame – meist unausgesprochene – Skepsis von Arzt und Patient über den Erfolg einer psychotherapeutischen Aufarbeitung der Foltererlebnisse.

J. Bastiaans, der mehrere hundert ehemalige KZ-Häftlinge behandelt hat, beschreibt an Einzeldarstellungen ausführlich die unterschiedliche Ausprägung des KZ-Syndroms. Er schildert die Widerstände gegen das Wiedererinnern bei diesen Patienten. Er hat u. a. erfolgreich im Rahmen einer vertrauensstarken Beziehung mit Hilfe von LSD einen Weg zur Aufarbeitung der KZ-Erlebnisse gefunden. Er berichtet seit 1957 in mehreren Publikationen über Ausprägungsformen und Therapiemethoden beim KZ-Syndrom (Bastiaans 1972, 1973). An der Universität

Söllner et al. (Hrsg.) Sozio-psycho-somatik

Kopenhagen wurde 1980 ein gut ausgestattetes Behandlungsteam für Folteropfer aus aller Welt eingerichtet, in dem auch Folteropfer und deren Familienangehörige Beratung und psychotherapeutische Hilfe bekommen können (Schöni 1986). Hoppe berichtet über massive traumatische Schädigungen von KZ-Überlebenden (Hoppe 1968). Wir bezogen uns anfangs auf Erfahrungen aus der Gutachtenpraxis von KZ-Opfern und auf eine zusammenfassende Darstellung von v. Baeyer (1964). Im folgenden wird dargestellt, wie sich – orientiert an 6 handlungsrelevanten Leitlinien – die Kurztherapie einer Folterdepression ermöglichen läßt:

1) durch politische Offenheit,
2) durch miterlebendes Sicheinlassen,
3) durch Prozeßphantasien,
4) durch therapeutischen Rollenwechsel,
5) durch prätraumatische Ankerung,
6) durch Realitätsbezug.

Leitlinien für eine Kurztherapie

1) Politische Offenheit

Politische Offenheit meint hier eine klare Stellungnahme des Therapeuten zu der menschenverachtenden Praxis von Foltersystemen, und zwar orientiert am konkreten Beispiel eines jeweiligen Patientenberichts. Die politische Stellungnahme des Therapeuten schafft m. E. eine erste Vertrauensbasis, auf der folterdepressive Patienten sich zu öffnen vermögen.

Die bisherigen Erfahrungen zeigen jedoch, daß weder durch die politische Offenheit des Therapeuten noch durch das Engagement des Patienten im Kreis Gleichgesinnter die durch die Folter hervorgerufenen tiefgreifenden Persönlichkeitsstörungen aufgebrochen werden können. In der Regel werden die Foltererlebnisse im Kreis Gleichgesinnter – wenn überhaupt – gefühlsbereinigt, von inneren Erlebniszonen abgehoben, politisch orientiert vorgetragen.

2) Miterlebendes Sicheinlassen

Miterlebendes Sicheinlassen in Inhalte und Verarbeitungsweisen des jeweiligen Folteropfers ist nur partiell möglich. Empathische Offenheit findet ihre Grenzen an den Schmerz-, Leidens- und Vorstellungshorizonten des Therapeuten. Die körperlichen Qualen können nicht nacherlebt werden. Die emotionale Erschütterung des Therapeuten kann jedoch in die Therapie eingebracht werden. In der so entstehenden Stimmung gemeinsamer Betroffenheit läßt sich eine Brücke zwischen Patient und Therapeut spannen, von der aus die Abgründe der Foltererlebnisse wieder bzw. neu durchlebt werden können. Dieses erneute Erleben von Foltererinnerungen wird einem Patienten jedoch nur dann möglich, wenn er über den sich einfühlenden Therapeuten eine verbreiternde Wahrnehmungskompetenz für sein Erleben gewinnt und darüber chaotische Gefühle absoluten Ausgeliefertseins und Ängste vor Ich-Auflösung und Vernichtung besser zu verarbeiten vermag.

Der Therapeut sollte sein einfühlendes Miterleben als erste gemeinsame Wegstrecke und Brücke verstehen, von der aus seinem Patienten in einem nächsten Schritt neue Wahrnehmungs- und Erlebnisweisen möglich werden. Diese Aufgabe ist nicht leicht zu handhaben, da der Therapeut bei entsprechender Einfühlung von der Wucht ungeordneter und unsteuerbarer Gefühle, die den Patienten in der Foltererinnerung überschwemmen, therapeutisch gelähmt zu werden droht. Hier haben sich Prozeßphantasien als besonders hilfreich erwiesen.

3) Prozeßphantasien

Diese sind Teil einer in unserem Haus entwickelten Arbeitsmethode. Phantasien, die im Rahmen dieser Methode entwickelt werden, zeigen in ihrer Bildgestalt Verwandtschaft zum katathymen Bilderleben. Der Phantasiebildungsprozeß sowie seine ihm unterlegte Zielsetzung sind jedoch Teil eines erweiterten theoretischen Rahmens, den ich hier nur umreißen kann.

Wir haben gefunden, daß die in einem Gesprächs- bzw. Gruppenprozeß sich einstellenden Stimmungen und Körpersensationen bei den Teilnehmern in Form von Vorstellungsbildern und phantasierelevanten Einfällen ihren Ausdruck suchen können und daß diese, verbalisiert, den Stimmungsprozeß weiter entwickeln und das körperliche Erleben zu verändern vermögen (Drees 1985, 1988).

Diese Vorgänge lassen sich besonders gut in Gruppenprozessen entwickeln und studieren, in denen auf Gruppendynamik und Beziehungsklärung weitgehend verzichtet werden kann. Prozeßphantasien markieren hierbei einen jeweils erreichten Stimmungsort, an dem die in den Teilnehmern wach werdenden differenten Gestimmtheiten und Empfindungen differente Phantasien auslösen. Das Wahrnehmungs- und Erlebensfeld wird hiermit verbreitert, weitere Stimmungszonen eröffnet und durchlaufen und so der Prozeß einer mittelbaren Kommunikation vorangetrieben (Drees 1987).

Die Bereitschaft zu dieser Form der Erlebensverarbeitung und ihre Ausgestaltung in Prozeßphantasien wird als instrumentelles Vermögen der einzelnen Teilnehmer bewertet, vergleichbar kreativ-künstlerischen Prozessen, in denen der Künstler als Durchgangsort verstanden werden kann, in dem sich eigene sensible, gestaltende und technische Ressourcen und Fähigkeiten mit Außenweltimpulsen durchdringen. Das Kunstwerk läßt sich so als in ihm und durch ihn entstanden und gleichzeitig in und durch eine bestimmte Zeit und Umwelt verstehen.

Für die Kurztherapie der Folterdepression ergab sich hieraus für uns folgende Aufgabe: Wenn es gelänge, das Folter-Trauma, welches sich regelhaft mit intrapsychischen, frühkindlich angelegten Erlebniszonen verknüpft und das, wie Bastiaans (1972) schildert, sich in den Haltungen des „Master-slave-Syndroms" seinen Ausdruck sucht, wenn es gelänge, diese subjektivistische Fixierung des Foltergeschehens verbreiternd-gestaltend zu lösen, dann könnte die sonst notwendige, häufig jedoch nicht realisierbare langwierig-schmerzreiche Durcharbeitung frühkindlicher Erlebnisse mit ihren Ambivalenzen und Verknüpfungspunkten zum Foltertrauma kurztherapeutisch ersetzt werden.

Mit Hilfe der Fokussierung auf die „Prozeßqualität" des Erlebens in der Kurztherapie gelingt diese verbreiternd-gestaltende Lösung subjektivistischer Fixierungen. Voraussetzung hierfür ist die Einstellung und die innere Bereitschaft der Therapeuten, sich aktiv selbst miteinzubringen und die Erlebnisvorgänge im therapeutischen Prozeß – die eigenen wie die der übrigen Beteiligten – als instrumentelles Gestalten von Prozeßanteilen zu bewerten. Das wiederum gelingt nur, wenn das Erleben und die Erlebensschilderungen aller Teilnehmer weitgehend „subjektfrei“, also nicht gebunden an Übertragungs- und Gegenübertragungskonstrukten verstanden werden, wenn sie sich instrumentell und prozeßbezogen entfalten können.

Diese spezifische therapeutische Einstellung und Arbeitsfähigkeit angesichts der emotionalen Turbulenzen in allen Beteiligten bei der Schilderung durchlebter Folterszenen zu gewinnen und durchzuhalten, verlangt eine konsequente Einhaltung der Prozeßorientierung.

Gewohnte Ich-stabilisierende emotionale Reaktionsmuster, die regelhaft subjektiv erlebt und bewertet werden, stellen sich jedoch hier dagegen. Sie zeigen die Macht des Evidenzerlebens der Gefühle und die Schwierigkeit, diese instrumentell und prozeßbezogen neu zu verstehen.

Gelingt jedoch diese Einstellung, so wird es möglich, subjektiv einseitig fixiertes Foltergeschehen prismatisch zu brechen und in differierende „subjektfreie“ Bestandteile aufzufächern. Einzelelemente aus z. T. polar angeordneten Stimmungsfacetten bei den einzelnen Teilnehmern, die in entsprechend differierenden Prozeßphantasien ihren Ausdruck suchen, helfen primär, die einengende und erstarrte Opfer-Folterer-Beziehung zu umschiffen und ihr dann zunehmend mehr Material zu entziehen. Trostlose Wüsten, aufbrechende Vulkanschlünde, sanftes Wiegen und zerberstende Knochen, Freßorgien, Hexensabbat und zärtliches Sehnen, tumbe Riesen und heimtückische Zwerge werden hierbei – frei von Symbol- und Beziehungsdeutungen – in Vorstellungsbildern gestaltet. Auch die über die Wiedererinnerung aufbrechenden Körpersensationen und Schmerzen geraten hierbei in Bewegung, transformieren sich in Prozeßphantasien, werden z. T. von anderen Teilnehmern über Resonanzvorgänge übernommen.

4) Therapeutischer Rollenwechsel

Den Rollenwechsel des Therapeuten haben wir als 4. handlungsrelevante Leitlinie für die Kurztherapie von Folterdepressionen festgeschrieben. Unter Rollenwechsel verstehen wir hier: Nach der Herstellung einer vertrauenschaffenden Basis, nach dem sich einfühlenden Einlassen in das menschliche Leiden des Patienten sowie nach dem Versuch, mit Hilfe von Prozeßphantasien die Opfer-Folterer-Beziehung zu umschiffen und zu transformieren, wird der Patient schockartig mit dem Folterer in Gestalt des Therapeuten konfrontiert. Es wird nicht wie in analytischen Langzeitbehandlungen die Entwicklung einer entsprechenden Übertragungskonstellation abgewartet.

Diese Konfrontationstechnik ist in ihrer kathartischen Funktion vergleichbar dem Psychodrama und spezieller gestalttherapeutischer Techniken. Als theoretischen Rahmen sehen wir das Katharsisprinzip. Bastiaans (1972) schildert die Begrenzung der Katharsis beim KZ-Syndrom in Abhängigkeit von prätraumatischer Stabilität und Gesundheit. Die psychodramatische Komplettierung des Opfer-Folterer-Beziehungssystems im Patienten scheint uns im Rahmen dieser Kurztherapie erst möglich, wenn mit Hilfe von Prozeßphantasien bereits eine verbreiternde Gestaltung von Einzelelementen des Foltertraumas möglich wurde. Erst hiernach kann sich der Patient mit seiner ganzen Person mit dem Foltererlebnis auseinandersetzen.

5) Prätraumatische Ankerung

Darunter verstehen wir die im Anschluß an die kathartische Durcharbeitung des Foltertraumas notwendige Anknüpfung an positive Erlebnisinhalte vor der Folter. Dem Folteropfer scheint regelhaft der haltgebende Zugang zu positiven Erinnerungen blockiert bzw. vernebelt. Durch ein Wiedererleben prätraumatischer positiver Erlebnisinhalte mit dem gleichen Therapeuten, mit dem der Schrecken der Folter erneut durchlebt wurde, läßt sich der Zeitraum des Erlebens, in welchem der Patient durch die Folter wie eingeschnürt festgehalten erscheint, überbrücken und positives Erleben in der prätraumatischen Geschichte ankernd erneut ermöglichen.

6) Realitätsbezug

Der aktuelle Realitätsbezug, der in jeder Behandlungsstunde gesucht werden sollte, ist m. E. neben der Zentrierung auf einen Behandlungsfokus für jede Kurztherapie bedeutsam. Es erwies sich als hilfreich, jede Therapiestunde mit gemeinsamen Überlegungen zu konkreten aktuellen Fragen und Problemen des Patienten beginnen und ausklingen zu lassen. Diese Bereitschaft des Therapeuten für aktuell anstehende Gesprächsinhalte besitzt im Dienste der therapeutischen Spaltung eine nicht zu unterschätzende Bedeutung für die Schaffung Ich-stabilisierender Rahmenbedingungen, in denen sich regressive, emotional stark belastende Prozesse entfalten können.

Ein Behandlungsverlauf

Eine 25jährige türkische Studentin wird von einem praktischen Arzt an mich zur Mitbehandlung überwiesen. Die Patientin ist seit knapp einem halben Jahr in der Bundesrepublik Deutschland und wartet auf ihre Annahme als politischer Flüchtling. Da sie kein Deutsch versteht, erscheint sie mit einer befreundeten Nachbarin, die – wie sich später herausstellt – eine politische Kampfgefährtin ist. Die Patientin mustert mich kritisch und hilfesuchend, setzt sich verspannt, wie zusammengefaltet in die Ecke eines Sessels. Sie spricht anfangs mißtrauisch zögernd, aber energisch. Sie versucht, dabei eine leidende Stimme und Haltung zu vermeiden. Sie läßt übersetzen: Sie habe ständig bohrende Kopfschmerzen, fühle sich manchmal wie taub, unruhig und gejagt. Häufig habe sie die Hände ineinander verkrampft. Nachts schlafe sie sehr unruhig, knirsche mit den Zähnen. Sie wache immer wieder erschreckt auf. Bei ihren politischen Freunden fühle sie sich einigermaßen sicher, aber das ginge nicht so weiter. Sie wage sich nicht allein außer Haus, habe oft panische Angst auf der Straße und in Kaufhäusern. Hier weint sie trocken, leer, nach Beherrschung ringend. Im einzelnen schildert sie jetzt ihre depressive Grundstimmung, ihre Antriebs- und Konzentrationsschwäche. Nach einem längeren, politische Gemeinsamkeit suchenden Gespräch über die Probleme der Türken in Deutschland, die Probleme, speziell der politischen Flüchtlinge und über die Unfreiheit in ihrem Land (1985) spricht sie zunehmend lockerer. Übergangslos spricht sie dann von ihren sexuellen Störungen. Sie sei verlobt, wolle bald heiraten, aber es ginge nicht. Sie sei beim Versuch sexueller Annäherung total schmerzhaft verkrampft. Stakkatoartig, wie gefühlsentleert, schildet sie jetzt, daß sie ein halbes Jahr lang gefoltert worden sei. Sie sei immer wieder nackt vor diesen Menschen aufgestellt worden. Das habe sie nicht gestört. Aber die Elektrostimulation und die Knüppel könne sie nicht vergessen. Mehr könne und wolle sie auch nicht erzählen. Ich verschreibe ihr ein Antidepressivum und vereinbare Gespräche in 14tägigen Abständen, entsprechend ihrem Bedürfnis nach ausreichendem Distanzschutz.

Zum 2. Gespräch erscheint die Patientin vertrauensvoller. Die Patientin spricht von ihren Archäologiestudien, schildert, daß sie von Natur aus kinderlieb sei, aber daß sie Angst habe, nicht gemocht zu werden. Ohne ihre politische Überzeugung würde sie nicht mehr leben. All das, was sie tue, sei „für das Volk". Ohne das würde sie sich umbringen.

Wir sprechen über Märchen und Träume, über das Böse in der Welt und in uns. Mein Versuch, ihre Traum- und Phantasiewelt zu öffnen, von ihren Märchen zu hören, scheitert im ersten Ansatz. Es gäbe keine schönen Träume mehr, und Märchen seien reaktionär. An Prozeßphantasien entwickelt sie jedoch dann ein großes Bild, das sie wie gedankenleer tiefrot übermalt. Alles, Wiese, Bäume, alles sei stark rot durchtränkt. Der Himmel sei ganz in schwarz gehüllt. Hierauf schluchzende Tränen. In meinem eigenen Phantasiebild sehe ich eine weiße Küste, einen nackten Oberkörper, einen Fischschwanz und einen blutig abgeschlagenen Männerkopf, von dem es auf ein weißes Laken tropft. Nach der Verbalisierung beider Phantasien schildert sie, wie sie an den Händen gebunden aufgehängt worden sei. Sie bricht wieder ab, „mehr will ich nicht erzählen". Sie habe Schwierigkeiten mit ihrer rechten Hand. Sie meine, daß etwas kaputtgehe, wenn sie etwas in die recht Hand nehmen würde. Wir sprechen abschließend über Probleme mit der Flüchtlingsbehörde.

In der 3. Stunde sitzt sie wiederum in ihrem Sessel. Die Beschwerden seien nur geringfügig besser geworden. Ich bitte sie, im Detail einen Tagesablauf im Gefängnis zu schildern. Nach detaillierten Beschreibungen der Geräusche, der Fülle der Zellen der Mitgefangenen schildert sie schließlich, wie sie erlebte, wie ein 11jähriger Junge gefoltert wurde. Seine Schreie seien fast nicht zu ertragen gewesen. Diese relativ spärliche Schilderung wird von einer so starken Gefühlsaufwallung getragen, daß die Dolmetscherin und auch ich mit unserem Gefühl und unseren Tränen kämpfen müssen. Die Patientin schildert jetzt, daß sie ihre Folterer selbst nie gesehen habe. Man habe ihr immer ein Tuch vor das Gesicht gehalten, wenn der eigentliche Folterer gekommen sei.

Ich setze mich jetzt auf den Boden vor die Patientin und sage mit energischer Stimme im Befehlston, die Dolmetscherin immer wieder anschreiend, sie solle übersetzen. Es säße ihr Folterer vor ihr. Sie könne ihn sich jetzt ansehen. Sie solle ihm alles sagen, was sie jetzt gegen ihn in sich trage. Nach mehrfacher Aufforderung krümmt sich die Patientin in ihrem Sessel zusammen. Sie steigt aus dem Sessel und schreit von oben herunter, daß sie mich umbringen müsse. Sie springt über meinen Kopf weg in die Mitte des Raumes und bleibt dort, winselnd die Fingernägel in die Handballen verkrampft, total verspannt liegen. Wir tragen sie jetzt zu zweit auf die Couch, sprechen tröstende Worte. Ich streichle ihr über das Haar und lasse übersetzen, daß sie traurig sein dürfe. Es sei alles vorbei. Sie weint jetzt längere Zeit still vor sich hin. Zum Abschluß sprechen wir über ihre augenblicklichen finanziellen Probleme.

In der 4. Stunde kommt die Patientin mit leicht mißtrauischem Blick. Sie habe die letzten 14 Tage auch mit den Freunden nicht reden können. Die eigenen Worte seien ihr wie durcheinandergegangen, hätten keinen logischen Zusammenhang mehr gehabt, sie habe sich gefragt, warum sie so geworden sei. Sie denke immer an die Türkei. Früher sei sie anders gewesen. Warum sei jetzt alles in Frage gestellt. Sie schildert, daß sie erstmals wieder geträumt habe. Sie habe durch einen Tunnel laufen, laufen, laufen müssen – ohne Ende. Die politischen Freunde hätten dabei das Lager gewechselt. Pistolenschüsse seien gefallen. Manchmal habe sie das Gewehr gegen Freunde gerichtet. Freunde hätten sich als Polizisten verkleidet und würden gegen sie schießen. Sie habe beim Aufwachen große Angst gehabt. Sie wisse nur nicht wovor. Ohne weitere Deutung des Traums gelingt es mit Hilfe der Prozeßphantasien, in die jetzt auch die Dolmetscherin eigenes Erleben und eigene Phantasien einbringt, die mißtrauische Spannung zu lösen. Wir sprechen über politische Aktivitäten der Türken in Berlin.

In der 5. Stunde kommt die Patientin entspannt. Die Kopfschmerzen seien weniger geworden. Sie habe jedoch Angst, andere zu stören, ihnen weh zu tun. Darüber wird mir deutlich, wie blaß die Dolmetscherin aussieht. Diese schildert ihre starken krampfartigen Unterleibsbeschwerden. Es folgt ein längeres stützendes Gespräch für die Dolmetscherin, in dem sie ihre privaten und beruflichen Probleme schildert und schließlich sagt, daß sie es nicht verstehen könne, wie man solch eine Folter überhaupt ertragen könne. Das empathische Mittragen von Leiden wird angesprochen.

Die Patientin schildert jetzt ihre Phantasie, wie sie ins Leere fällt. Sie möchte sich festhalten. Es sei alles schwarz. Sie falle wie ins Weltall. Aber es mache ihr nicht solche Angst wie bei den früheren Bildern. Aber sie suche Halt.

Wir setzen uns beide auf den Boden, ich gebe ihr die Hand und bitte sie, sich mit geschlossenen Augen an einen vergleichbaren haltgebenden Zustand zu erinnern. Sie schildert, wie der Vater sie aus dem Zug trägt, sie hoch über sich über den Gartenzaun hebt. Sie phantasiert vom Meer, das sie ans Ufer spült, sie möchte aber drinbleiben. Ich phantasiere einen riesigen Müllabgrund, die Dolmetscherin phantasiert Terrorszenen. Zum Abschluß besprechen wir ein Schreiben, das ich an die Verwaltungsbehörde geschickt habe, mit dem Ziel, sie nicht in ein Sammellager zu verbringen, sondern sie in der vertrauenschaffenden Umgebung ihrer politischen Freunde zu belassen.

In der vorletzten Stunde benötigen wir fast die Hälfte der Zeit, um über einen von ihr mitgetragenen Hungerstreik in Bonn zu sprechen. Sie schildert anschließend, daß es ihr wesentlich besser ginge. Der Schlaf sei besser. Sie habe auch keine Ängste mehr. Eigentlich habe sie ein richtiges Wohlgefühl. Sexuell hätte sie noch manchmal Abwehr, aber eigentlich ginge es schon. Im Traum habe sie ihre Geschwister erlebt. Die hätten ausgesehen wie ihre Freundinnen. Sie seien auch nach Deutschland gekommen und hätten gefragt, wie es ihr denn hier ginge. Sie erzählt jetzt positive Erinnerungen aus ihrer Familie und ihrer Kindheit.

In der letzten Stunde, 7 Wochen nach Beginn der Therapie, erscheint die Patientin aufgeräumt, fraulicher gekleidet, die Haare verändert. Ich erlebe sie erstmals wie eine schöne verlockende orientalische Frau. Wir sprechen über die Rolle der modernen Frau in der Türkei. Sie spricht über ihr positives Muttergefühl. Ich erhalte eine Einladung für die anstehende Hochzeit. Sie schildert dabei ihre Trauer, daß ihr Vater nicht an der Hochzeitsfeier teilnehmen könne. Die Familie sei auch für die emanzipierte türkische Frau ein ganz wichtiger Halt. Die Folterprobleme seien jetzt weit zurückgetreten. Wenn sie daran denken würde, gerieten ihre Gefühle zwar immer noch durcheinander, aber sie könne das jetzt hinter sich lassen. Meine Teilnahme an der Hochzeitsfeier ist für mich ein großes Erlebnis. Etwa 150 Teilnehmer. Ich werde liebevoll versorgt wie ein naher Verwandter.

In einem 4 Wochen später stattfindenden Abschlußgespräch sowie in einem abschließenden Brief schildert die Patientin, daß es ihr weiterhin gut gehe, daß sie glücklich sei. Der Schlaf sei noch nicht ganz gut. Sie habe auch immer noch leichte Angst, daß etwas passieren könne. Die Folter möchte sie ganz vergessen. Als sie jedoch einmal im Fernsehen etwas über Folter gehört habe, sei es ihr lange Zeit ganz schlecht gegangen. Sie würde sich auch noch bei jeder Kleinigkeit zu leicht aufregen. Sie möchte alles realistischer sehen. Und sie möchte ein Baby. Sexuell habe sie noch kein eigenes Gefühl. Darüber sei der Ehemann bedrückt. Sie belege einen Deutschkurs, um danach dann ohne Dolmetscherin eine Therapie machen zu können.

In der knapp 2 Monate dauernden Behandlung mit nur 7 Behandlungsstunden ist diese Form der Kurztherapie im Hinblick auf Symptomlösungen und aktuelle Lebensbewältigung als erfolgreich zu bezeichnen. Eine weitere Aufarbeitung der verbliebenen neurotischen, mit dem Foltertrauma verschränkten Problematik bleibt einer Langzeitbehandlung vorbehalten.

Wir haben diese Kurztherapie einer Folterdepression hier ausgewählt, weil an ihr darstellbar ist, daß selbst unter schwierigen Bedingungen (Dolmetscher, fraglicher Flüchtlingsstatus, Mißtrauen, foltertraumatische Fixierung: „Ich darf nichts sagen") mit relativ wenigen Behandlungsstunden therapeutische Ergebnisse zu erzielen sind.

Die Leitlinien für diese Kurztherapie wurden im 1. Teil dieses Beitrags dargestellt. Im Mittelpunkt des therapeutischen Geschehens steht die im Rahmen der Prozeßphantasie beschriebene Einstellung des Therapeuten, phantasietragende

Gesprächsprozesse zu ermöglichen, deren Inhalte weder subjekt- noch traumabezogen gedeutet werden. Die kurzzeitige psychosenahe Dekompensation der Patientin nach psychodramatischer Folterkonfrontation ließ sich so vorbereiten und überwinden.

Literatur

Amati S (1977) Reflexionen über die Folter. Psyche 18:228–245

Amnestie International (Hrsg) (1975) Bericht über die Folter. Frankfurt/Main

Baeyer W von (1964) Psychiatrie der Verfolgten. Psychopathologische und gutachtliche Erfahrungen an Opfern der nationalsozialistischen Verfolgung und vergleichbarer Extrembelastungen. Springer, Berlin Heidelberg New York

Bastiaans J (1972) General comments on the role of aggression in human psychopathology. In: Ruesch J, Schmale AH, Spoerri T (eds) Psychotherapy and psychosomatics. Karger, Basel

Bastiaans J (1973) Vom Menschen im KZ und vom KZ im Menschen. In: Essays über Naziverbrechen. Amsterdam

Drees A (1984) Psychological stress in doctors dealing with patients dying of leukemia. In: Carmi A (ed) Euthanasia. Springer, Berlin Heidelberg New York Tokyo (Medicolegal library, vol 2, pp 115–121)

Drees A (1985) Befindlichkeit, Gestimmtheit und Phantasien in Balintgruppen. Psychosom Med 1/13:3–33

Drees A (1987) Patientenzentrierte Wege zum Verständnis, zur Transformation und zur Lösung von Teamkonflikten in einer Psychiatrischen Klinik im Rahmen eines Balintgruppen-Konzeptes. Psychiatr Prax 4:52–59 (Sonderheft 1)

Drees A (1988) Patienten und prozeßorientierte Selbstinstrumentalisierung in der Balint-Gruppe. In: Körner J, Neubig H, Rosin U (Hrsg) Die Balint-Gruppe in Klinik und Praxis, Bd 2. Springer, Berlin Heidelberg New York Tokyo, S 94–119

Hoppe KD (1968) Psychotherapy with concentration camp survivors. Massive psychic trauma. Int Univ Press, New York

Keller G (1981) Die Psychologie der Folter. Amnesty International (Hrsg) Fischer, Frankfurt am Main

Lunde I (1986) Rehabilitation of torture victims: Treatment and research, in health hazards of organised violence. (Proceedings of a group working on health hazards of organised violence, Veldhoven, 22.–25. April 1986; S 136–147)

Schöni D (1986) Können Folteropfer geheilt werden? ai-INFO, 11:8–10

Thematisierung von Diskriminierung in psychosomatischen Gesprächen mit türkischen Arbeitsemigranten

E. M. Leyer

Zusammenfassung

Im Rahmen eines konsiliarischen Angebots auf Krankenstationen im Klinikum und in einer am Zentrum für Psychosomatische Medizin durchgeführten poliklinischen Ambulanz für türkische Patienten wurden von 1984 bis 1987 türkische Arbeitsemigranten und ihre Familienangehörigen psychosomatisch untersucht und behandelt. Türken gelten in unserer Gesellschaft als die von Ausgrenzung und Diskriminierung besonders stark betroffene Ausländergruppe. Kränkende Erfahrungen von Benachteiligung und Stigmatisierung spielen bei der Entstehung psychosomatischer und seelischer Leiden eine Rolle. Vor allem bei der älteren Generation sind depressive und masochistische Verarbeitungsmuster und Anpassung an die sozial zugeteilte Position zu erkennen. Parin (1977) hat den Mechanismus der „Identifikation mit der Rolle" als Möglichkeit der Stärkung der bedrohten eigenen Identität beschrieben.

Am Beispiel des Behandlungsverlaufs mit einem 53jährigen multipel erkrankten türkischen Arbeiter und seiner Ehefrau, gleichfalls Arbeiterin, wird die Thematisierung diskriminierender und kränkender Erfahrungen in Arbeits- und Lebenswelt und deren unterschiedliche Verarbeitung durch Patient und Ehefrau dargestellt. Gegenübertragungsreaktionen von deutscher Therapeutin und türkischer Übersetzerin werden reflektiert.

Schlüsselbegriffe: türkische Arbeitsemigranten, psychosomatische Behandlung/Paartherapie, Verarbeitung von Diskriminierung, Schicksal der Aggression, Übertragung/Gegenübertragung.

Im Rahmen eines konsiliarischen Angebots auf Krankenstationen im Klinikum und ambulant in einer am Zentrum für Psychosomatische Medizin durchgeführten poliklinischen Ambulanz für türkische Familien, wurden im Zeitraum von 1984 bis Ende 1987 türkische Patienten psychosomatisch untersucht und psychotherapeutische Einzel-, Paar- und Familienbehandlungen durchgeführt.[1] Dies geschah

[1] Im Rahmen eines vom Hessischen Sozialministerium geförderten Modellprojekts zur Verbesserung der psychosozialen Gesundheitsversorgung türkischer Arbeitnehmer und ihrer Familien.

Söllner et al. (Hrsg.) Sozio-psycho-somatik

in Zusammenarbeit mit türkischen Studentinnen der Psychologie und Pädagogik, die als Übersetzerinnen in das Projektteam integriert waren.

Die türkischen Arbeitsemigranten und ihre Angehörigen gelten in unserer Gesellschaft als die von Ausgrenzung und Diskriminierung besonders stark betroffene Ausländergruppe. Bei der Entstehung psychosomatischer und seelischer Leiden spielen kränkende Erfahrungen von Benachteiligung und Stigmatisierung, soziale Isolation und das Fehlen lebendiger zwischenmenschlicher Beziehungen im Aufnahmeland eine wichtige Rolle. Bei der ersten Generation der Emigranten, den heute über 40jährigen, sind eher depressive und masochistisch anmutende Verarbeitungsmechanismen und Anpassung an die sozial zugeordnete Rolle zu erkennen. Bei jüngeren türkischen Patienten tritt stärker ein Moment der Rebellion gegen Ausbeutung und Benachteiligung hervor. Die jüngeren Männer v. a. wehren sich, teilweise auch mit Hilfe psychosomatischer und neurotischer Symptombildungen, so „wie unsere Väter ausgepreßt und auf den Müllhaufen geworfen zu werden" (Zitat eines 23jährigen arbeitslosen türkischen Arbeiters).

Erfahrungen von Diskriminierung wurden in den Behandlungsgesprächen in unterschiedlichem Ausmaß und auf unterscheidliche Weise erwähnt. Ich stellte erst einige Monate nach Beginn meiner Projektarbeit beim Anhören von Tonbandaufzeichnungen der Gespräche fest, daß ich selbst der Konfrontation mit dem Thema der Diskriminierung der Türken auswich; z. B. ging ich auf den emotionalen Gehalt der Mitteilung nicht ein, wechselte das Thema oder beendete erschöpft das Gespräch. Das Thema Diskriminierung bereitete mir Unbehagen: Ich entwikkelte Schuld- und Schamgefühle, wollte weder in der Reihe der diskriminierenden Deutschen noch als Garantin einer Wiedergutmachung stehen.[2] Ich mußte erst meine Umgangsweise mit Identifikation und Abgrenzung, Vertrautheit und Fremdheit, finden, ehe ich mich auf meine Gegenübertragung und die Übertragung meiner türkischen Patienten wirklich einlassen konnte. Für diese war ich meist die erste deutsche Therapeutin bzw. „Ärztin"[3], die sich für sie und ihr subjektives Erleben interessierte.

Zur Vertiefung des Verstehens von Wahrnehmung und Erleben der türkischen Patienten sind Kenntnisse über die sozioökonomische und ethnokulturelle Realität dieser Patienten eine Voraussetzung. Ich glaube, je größer die soziokulturellen Unterschiede zwischen Therapeut und Patient sind, um so bedeutsamer ist dieses Wissen für die Kontrolle von Übertragung und Gegenübertragung im Sinne eines Verständnisses kulturspezifischer Verarbeitung von innerseelischer und äußerer Wirklichkeit.

---

[2] Vgl. Parins Benennung seiner Rolle im analytischen Behandlungsverfahren: „Ich bin dreierlei: wissenschaftlicher Forscher; Teil und Angehöriger einer Sozietät, Kultur, Subkultur, Klasse, Schicht, der gleichen wie die Objekte meiner Untersuchung oder einer anderen; und ich bin Objekt der Übertragung" (Parin 1986, S. 117). Ethnokulturelle Stereotype und Klischees prägen die entstehende Übertragung und Gegenübertragung. Das idealisierte, enttäuschende oder sadistische „Bild des Deutschen" fließt hierbei ein. Umgekehrt wirken auf den Therapeuten auch gesellschaftliche Bilder „des Türken" ein, die ihm bewußt oder unbewußt sind.

[3] Viele türkische Patienten ordneten mich in das ihnen vertraute Schema der „Ärztin" ein.

Ein Behandlungsverlauf

Am Beispiel des Behandlungsverlaufs eines 53jährigen Metallfabrikarbeiters, der an einer chronisch degenerativen Wirbelsäulenerkrankung, Diabetes und einer schweren Herz-Kreislauf-Krankheit litt, und seiner 46jährigen Ehefrau, gleichfalls Fabrikarbeiterin, möchte ich die Thematisierung diskriminierender und kränkender Erfahrungen in Arbeits- und Lebenswelt und deren unterschiedliche Verarbeitung durch Patient und Ehefrau darstellen:
Herr S. kam 1963 aus einem Dorf der Westtürkei und arbeitete in Schicht- und Akkordarbeit bis zu seiner krankheitsbedingten Arbeitsunfähigkeit 1986 in der Eisengießerei. (Während des Dritten Reiches wurden in dieser Fabrik ausländische Zwangsarbeiter eingesetzt. Heute arbeiten hier einige hundert Türken.)

1966 folgte seine Frau. Es wurden 5 Kinder geboren. Nach einigen Jahren suchte sich Frau S. eine Arbeit (Schicht- und Akkordarbeit), bei der sie mit anderen türkischen Frauen zusammen war und stellte auf diese Weise ihren sichtbaren Beitrag zur Familienarbeit wie auch das Eingebundensein in die gleichgeschlechtliche Arbeitsgemeinschaft der Frauen wieder her.

In der zweieinhalbjährigen, mit 4- bis 6wöchigem Abstand durchgeführten Paarbehandlung erlaubte mir das Ehepaar S. einen tiefen Einblick in die Lebenswelt einer, wie ich meine, realitätstüchtigen Familie, die dennoch immer wieder unter dem Druck der alltäglich erfahrenen Verunsicherung und Bedrohung auf eine harte Probe gestellt wurde. Zu nennen sind hier z. B. Sorge um die bei der Lehrstellensuche benachteiligten Kinder, Angst vor Ausweisung bei einem Scheitern des eingeleiteten Rentenverfahrens für Herrn S., ungünstige Wohnverhältnisse der türkischen Familien in Betriebswohnungen, die längst kein Deutscher mehr bewohnen will, oder die fehlenden Übersetzungs- und Verständnishilfen in der Gesundheitsversorgung und Rehabilitation des Herrn S., der nur geringe Deutschkenntisse hat. Ich erfuhr am eigenen Leib die Mühseligkeiten des Dschungelkampfes mit den Behörden, als ich gemeinsam mit Hausarzt und Nervenarzt klärend Einfluß auf die Entscheidungen in dem Rehabilitations- und Rentenverfahren nahm. Herr S. erhielt z. B. monatelang kein Geld, weil sich Arbeitgeber, Kranken- und Rentenversicherung, Arbeits- und Sozialamt nicht einigen konnten, wer für Zahlungen zuständig war. Bis zum Ende der Behandlung nach erfolgreicher Berentung kamen immer wieder latente und offene Diskriminierung zur Sprache, die Ängste, Zorn, Resignation und psychosomatische Beschwerden (Kopfschmerzen bei Frau S., heftige Erregung oder stummes Zusammenfallen, Körperschmerzen und Bluthochdruckkrisen bei Herrn S.) auslösten. Zu Behandlungsbeginn bekamen auch die Übersetzerin[4] und ich zeitweise Kopfschmerzen während der Gespräche, was ich als identifikatorisches Mitleiden und Ausdruck resignierter Empörung auf unserer Seite verstehe.

In der 3. Stunde sprechen wir über die Kopfschmerzen von Frau S., die am Arbeitsplatz auftraten, nachdem der Widerstand der türkischen Frauen gegen eine Änderung des Schichtbeginns von der Meisterin ruppig abgewiesen wurde. Durch

---

[4] Ich danke Isil Yönter für ihre Mitarbeit.

diese Änderung ist Frau S. gezwungen – anstatt mit ihrer Fahrgemeinschaft –, nun allein mit dem Zug zu fahren, was umständlicher und teurer ist.

Herr S. kommentiert seine Frau erregt: „Meinst du denn, die ganze Firma hört gerade auf dich!" und lobt das strenge Ordnungsprinzip der deutschen Arbeitswelt. 22 Jahre lang habe er eine sehr schwere Arbeit an einem Arbeitsplatz, den die Deutschen nicht wollten, zuverlässig verrichtet. Voller Stolz erzählt er, wie er schon eine halbe Stunde vor Arbeitsbeginn im Betrieb erschien, seine Maschine wartete und dann pünktlich die Schicht begann. Ein so fleißiger Arbeiter wie er sei von Kollegen und Meistern geachtet worden. Dafür habe es sich gelohnt, 22 Jahre seines Lebens und seine Arbeitskraft für die Firma zu opfern.

Er schweigt und sagt dann, jetzt nach seinem Ausscheiden aus dem Betrieb grüßen ihn sein Meister und die deutschen Kollegen nicht mehr, wenn sie ihn auf der Straße treffen. Dann bricht es heftig aus ihm heraus: Vor einigen Jahren habe sein Meister zu ihm gesagt, wenn der eine S. tot sei, dann komme eben ein anderer S. Dieser Arbeitsplatz werde nie leer sein. „Wie einen Hund hat er mich behandelt. Nein, einen Hund würde man sicher besser behandeln. Wir haben keinen Wert hier. Bei unserer Ankunft hat uns keiner hier gefragt, wer bist du, woher kommst du, was machst du hier?" Er versichert Frau Y. und mir, daß wir die einzigen guten Deutschen seien, die er kenne, und spricht dann von seinen Sorgen um die Ausbildung der Kinder. Frau S. fügt niedergeschlagen hinzu, man müsse sich alles gefallen lassen und sei froh, wenn man überhaupt Arbeit habe. Ich frage: „Müssen Sie sich wirklich alles gefallen lassen?"

Der Arbeitsunfall

Herr S., der seit längerem mit seinen Händen spielt, zeigt seine linke Hand, an der der Zeigefinger amputiert werden mußte, und schildert seinen Arbeitsunfall vor 15 Jahren. Damals stellte ihn der Meister an eine neue, für ihn – einen nicht allzugroßen Mann – ungeeignete Maschine. Er bat den Meister, ihn wieder an seinen alten Arbeitsplatz zu schicken oder Rücksicht auf seine körperlichen Möglichkeiten zu nehmen. Der Meister teilte Herrn S. kurz angebunden mit, wenn er hier nicht arbeiten wolle, könne er seine Papiere nehmen und gehen. Wörtlich habe er zu Herrn S. gesagt: „Ein S., zwei S., wir kriegen immer einen neuen. Wenn der eine S. tot ist, kommt eben ein anderer." Zutiefst gedemütigt und voller Zorn versuchte Herr S., sich zusammenzunehmen und seine Arbeit zu tun. 10 min später schnitt ihm die neue Maschine den linken Zeigefinger ab. „Ich hatte Glück, daß es nicht die ganze Hand war. Wir sind Ausländer, wir haben hier überhaupt nichts zu sagen", sagt Herr S.

In einer masochistisch anmutenden Rückwendung seiner Aggression gegen sich selber fügte er sich durch einen Fehlgriff einen scharfen körperlichen Schmerz und den Verlust eines Fingergliedes zu. Er sah keine Möglichkeit, sich zur Wehr zu setzen oder seine Bedürfnisse geltend zu machen. Dennoch fiel es Herrn S. in der Folge schwer, das ganze Ausmaß der erlebten Kränkungen emotional zu erfassen. Er hat 20 Jahre seines Lebens für einen Betrieb geopfert, von dem er weiß, daß er seit Arbeitsbeginn nichts weiter als ein austauschbarer Arbeiter ist.

Trotzdem versucht er, sich besonders leistungsfähig und aufopfernd zu zeigen, was ihn über die Jahre an den Rand seiner körperlichen und seelischen Leistungsfähigkeit bringt.

Parin (1977) betont für den Anpassungsmechanismus der Identifikation mit der Rolle, wie auch erzwungene Anpassung und Unterwerfung „das Gefühl der eigenen Identität" stärkt und „eine sekundäre narzißtische Befriedigung" ermöglicht. Daß diese Identifikation v. a. masochistische Züge annehmen muß, findet seine Begründung in der „kulturellen Triebunterdrückung" (Freud 1924, zit. nach Bernhard 1986), die im Falle der türkischen Arbeiter die sprachlose Unterwerfung unter von ihnen kaum beeinflußbare Arbeits- und Lebensbedingungen fordert. Solange Herr S. die Hoffnung auf Achtung und Zuneigung von Meister und deutschen Kollegen erhält, leugnet er die Kränkung des „Stigmas des Unerwünschten" (Berliner 1958). Seine zeitweise starke Depression, Schlaflosigkeit und Körperschmerzen motivieren ihn zur Suche nach „dem Arzt, der wie eine Mutter sein muß" und der ihn endlich verstehen und die Kränkung auslöschen kann.

Die Ehrung und das Lachen der Frauen

In der 10. Stunde streiten sich Herr und Frau S. um die Einschätzung der Firma, in der Herr S. gearbeitet hat. Herr S. lobt seine Fabrik, für die *er* sich entschieden habe zu arbeiten und die ihn und seine Familie seit 25 Jahren ernähre. Er ärgert sich über seine Frau, die behauptet, schließlich gäbe es noch viele andere Fabriken und überhaupt müßten die Frauen zu Hause den schwarzen Rußausstoß der Fabrik wegputzen. Später einigt sich das Ehepaar darüber, daß beide sich nicht vorstellen können, daß ich es als Arbeitsemigrantin in der Türkei länger als 3 Monate aushalten würde. Beide lachen vergnügt und trauen mir nicht soviel Zähigkeit zu, wie sie selber haben.

Eine Weile später berichtet Frau S. über eine Feier zu Ehren der 40jährigen Betriebszugehörigkeit eines Kollegen. Der sei nie krank gewesen, obwohl er so dünn und wacklig aussehe. Vor der ganzen Belegschaft erhielt er einen riesengroßen Blumenstrauß. Herr S. fällt angesichts der Bewunderung seiner Frau für diese Leistung und Anerkennung eines Kollegen in sich zusammen und schaut stumm zu Boden.

Ob ich will oder nicht, erscheint mir die Szene zu absurd, und ich muß lachen und sage: „Mir kommt dieser Riesenblumenstrauß vor wie ein Kranz auf seinem Grab." Daraufhin prusten Frau Y. und Frau S. gleichfalls laut los und Frau S. sagt: „Genau das haben wir Frauen im Betrieb auch gesagt!" Herr S. schweigt.

Ich sage, es gäbe für Ausländer Arbeitsplätze, auf denen man in 20 Jahren soviel Energie hergebe, wie andere in 40 Jahren. Herr S. wacht auf und sagt: „Ja, wir haben uns für Geld verausgabt. Wir haben zuviel gearbeitet, uns abgenutzt. Seht euch mal die Fabrik von innen an. Das glaubt ihr kaum. Wenn Besichtigungen von Ärzten oder anderen kommen, dann wird alles geputzt, umgestellt, verändert, bis der Besuch wieder fort ist." Und weiter: „Sie behandeln uns wie Sklaven, sie wollen uns nicht. Hunde werden in Deutschland besser behandelt als wir."

Während meines Lachens empfand ich Überraschung, und zugleich schämte ich mich. Wie befreit lachte ich dann mit den anderen Frauen. Ich glaube, daß wir als Frauen in unserem Lachen die Farce der Bekränzigung für Jahrzehnte der Ausbeutung entlarven konnten, weil wir im Unterschied zu den Männern zur Erhaltung unseres Selbstwertgefühls weniger zur Identifikation mit dem industriellen Arbeitsprozeß gezwungen sind. Die Männer, und die türkischen Männer verstärkt aufgrund traditioneller gesellschaftlicher Rollenzuteilung als Ernährer und Vertreter der Familie in der Gesellschaft, sind über starke narzißtische, libidinöse und aggressive Besetzungen an ihre Erwerbsarbeit gebunden. Dies bewegt Herrn S., neben einer realistischen Sicht, eine andere, seine Kränkungen und Erniedrigungen verleugnende Wahrnehmung aufrechtzuerhalten.

Erdheim (1982) hat beschrieben wie „der Legitimationsglaube, woraus der Konsens zwischen Herrscher und Beherrschten erwächst, in Klassengesellschaften auf der Unbewußtmachung kränkender und erniedrigender Aspekte des Lebens der Beherrschten beruht" (S. 376).

Er zitiert in diesem Zusammenhang Fenichel (1939):

Es liegt im Interesse der Mächtigen, freiwillig dem Ohnmächtigen, dessen Aggression verhindert werden soll, Konzessionen zu machen; für freiwillig abgetretene Trophäen kann man dann wieder Kompensation der Ehrfurcht und Unterwerfung verlangen und erhalten. Da aber magische Partizipationen die gleiche aggressionseinschränkende Wirkung haben können wie reale, können magische Machtpartizipationen aller Art ohnmächtige Freiwillige in der Ohnmacht erhalten. Die Illusion, von der Autorität, die einen erst der Aktivität beraubt und in eine masochistisch-rezeptive Haltung gebracht hat, geliebt und durch Zufuhren von Selbstgefühl erhalten und erhöht zu werden, ist offenbar ein Mittel, mittels dessen Klassengesellschaften sich erhalten (zit. nach Erdheim 1982, S. 372).

Die oben geschilderte Szene mit ihren realistischen, depressiven und verklärenden Anteilen zeigt, wie sich beide Partner in ihrer Realitätswahrnehmung und -prüfung wechselseitig kritisieren, ergänzen und – abgesichert in dem Rückhalt, jeder von ihnen in einer gleichgeschlechtlichen Gemeinschaft – zu gemeinsam getragenen Einschätzungen und Entscheidungen gelangen.

„In der Fremde muß man Opfer bringen"

In der 22. Stunde, nach den Sommerferien, werden Frau Y. und ich mit türkischem Likör und Konfekt beschenkt. Herr S. fühlt sich, seitdem er die österreichischen Alpen überschritten hat, elend, hat Schmerzen überall, „als hätte ich eine Entbindung wie eine Frau hinter mir". Ich sage, es sei ihnen schwer geworden, sich von ihrem Heimatland Türkei abnabeln zu müssen. Herr S. erwidert, es sei ihm, als habe ihn jemand verprügelt.

Später sagt Frau S., ihr selbst gehe es gut, aber wenn es ihrem Mann so schlecht gehe, sei ihr auch nicht gut. Ich frage sie, woran sie das merke, und sie sagt, sie werde dann traurig, mache sich viele Gedanken und bekomme schließlich Kopfschmerzen. Zum Glück lenke sie ihre Arbeit ab. Es fällt auf, daß sie zunächst von ihrem Gefühl spricht, dann dem Versuch der kognitiven Verarbeitung (Thema auch dieses Gesprächs waren verschiedene Überlegungen zur Zukunftsplanung der Familie) und schließlich ein psychosomatisches Symptom (Kopfschmerzen) entsteht, als keine greifbare Lösung möglich erscheint.

Auch in diesem Gespräch kommen empörende Vorgänge zur Sprache, wie die Empfehlung des Firmenvertreters, der Herrn S. das ihm zustehende Weihnachtsgeld vorenthielt und ihm nahelegte, selber zu kündigen, um Arbeitslosengeld zu beantragen. Das hätte Herrn S. in seinem Rentenanspruch beeinträchtigt. Derartige Erfahrungen werden jetzt von beiden Partnern mit starker Gefühlsbeteiligung realistisch wahrgenommen, wobei sie gegen ihre Resignation ankämpfen. Beide gewinnen viel Kraft aus ihrer inneren und durch den jährlichen Sommerurlaub verstärkten Bindung an das Heimatdorf und die Einbindung in ihre türkische Nachbarschaft in Deutschland. Voller Stolz lassen sie sich von mir mit ihren Erfahrungen im Heimatdorf bewundern. Traurig nehmen sie von den Ferien Abschied, und Herr S. sagt: „Das weiß man doch, daß man in der Fremde Opfer bringen muß." So hat die Firma, die in früheren Jahren von den türkischen Arbeitnehmern erkämpfte Arbeitsverschiebung am „seker bayram" (Zuckerfest), einem hohen islamischen Feiertag, jetzt wieder abgeschafft.

Als ich sage, um etwas zu erreichen, müssen alle miteinander gemeinsam kämpfen, winken beide ab. Die Gewerkschaft sei korrumpiert, jeder wisse, daß sie auf seiten der Arbeitgeber und der Regierung stehe. Ich frage nach der Meinung der jungen Türken. Herr S. wird lebhaft: Die Jungen seien anders als die Alten, die Jungen halten zusammen, kennen ihr Recht und lassen sich nicht alles gefallen. Aber auch er sei zum Glück gut informiert und lasse sich nicht das Fell über die Ohren ziehen. Und falls er meine Unterstützung brauche, werde er einfach bei mir anrufen, bei mir und Frau Y., die „wie Brüder" für ihn seien.

Als Herr S. im Dezember 1987 endgültig berentet wird, beenden wir mit dem Projektende auch die Paartherapie.

Literatur

Berliner B (1958, 1981) Die Rolle der Objektbeziehung im moralischen Masochismus. In: Grunert J (Hrsg) Leiden am Selbst. Zum Phänomen des Masochismus. Kindler, München, S 42–61

Bernhard P (1986) Schmerzempfindung und Schmerzerleben. In: Brähler E (Hrsg) Körpererleben: ein subjektiver Ausdruck von Leib und Seele. Springer, Berlin Heidelberg New York Tokyo, S 50–61

Erdheim M (1982) Die gesellschaftliche Produktion von Unbewußtheit. Suhrkamp, Frankfurt am Main

Fenichel O (1939, 1952) Über Trophäe und Triumph. In: Fenichel O, Psychoanalyse und Gesellschaft. Aufsätze. Frankfurt am Main, S 206–228

Freud S (1924) Das ökonomische Problem des Masochismus. (Gesammelte Werke; Fischer, Frankfurt am Main, S 369–383)

Parin P (1977) Das Ich und die Anpassungs-Mechanismen. Psyche 31:481–515

Parin P (1986) „The mark of oppression" – Juden und Homosexuelle als Fremde. In: Parin P, Parin-Matthèi G (Hrsg) Subjekt im Widerspruch. Aufsätze 1978–1985. Syndikat, Frankfurt am Main, S 115–139

Gesellschaftliche Gegenübertragungen als Wurzel therapeutischer Mesalliancen

G. F. Zeillinger

Zusammenfassung

Anhand einer Kasuistik aus einer Supervision wird aufgezeigt, wieweit es aufgrund der sogenannten gesellschaftlichen Gegenübertragung zwischen Lehranalytiker und Ausbildungskandidat einerseits und Ausbildungskandidat und Patienten andererseits in Bezug auf die Bearbeitung homosexueller Übertragungsanteile zu einer therapeutischen Mesaliance kommen kann. Diese Annahme wird durch eine Untersuchung unterstützt, in der von den Reaktionen verschiedener deutscher psychoanalytischer Ausbildungsinstitute hinsichtlich der Aufnahme von sich als offen homosexuell deklarierenden Bewerbern für die Ausbildung berichtet wird.

Schlüsselbegriffe: gesellschaftliche Gegenübertragung, therapeutische Mesalliance, Homosexualität, Supervision, Ethnopsychoanalyse, psychoanalytische Ausbildung.

Einleitende Überlegungen

Der Begriff der „gesellschaftlichen Gegenübertragung" entwickelte sich im Rahmen des ethnopsychoanalytischen Ansatzes; deshalb sollen von diesem die hier in Frage kommenden Aspekte kurz skizziert werden.

Der Gegenstand der Ethnopsychoanalyse ist das Unbewußte in der Kultur; Untersuchungsgegenstand sind u. a. die institutionalisierten Abwehr- und Anpassungsmechanismen. Diese Mechanismen sollen die Wahrnehmung jener Bereiche der Gesellschaft unbewußt machen, die eine starke Dynamik zum Wandel beinhalten und dadurch die bestehenden Herrschaftsverhältnisse in Frage stellen können. Devereux (1982) unterscheidet innerhalb des Unbewußten 2 Bereiche: Zum einen spricht er vom idiosynkratischen Unbewußten, das sich aus Elementen zusammensetzt, welche das Individuum unter Einwirkung von einzigartigen und spezifischen Belastungen, die es zu erleiden hatte, zu verdrängen gezwungen war; zum anderen spricht er vom *kulturellen* und *nicht-rassischen* Unbewußten (Hervorhebung im Original) – M. Erdheim (1982) nennt es das gesellschaftliche Unbewußte – das er folgendermaßen definiert:

Das ethnische Unbewußte eines Individuums ist jener Teil seines gesamten Unbewußten, den es gemeinsam mit der Mehrzahl der Mitglieder seiner Kultur besitzt. Es setzt sich aus all dem

Söllner et al. (Hrsg.) Sozio-psycho-somatik

zusammen, was jede Generation, entsprechend den fundamentalen Anforderungen ihrer Kultur, selbst zu verdrängen lernt und dann ihrerseits die folgende Generation zu verdrängen zwingt. Es verändert sich ebenso wie die Kultur und wird ebenso wie diese durch eine Art „Unterweisung" überliefert, aber nicht biologisch, wie dies vom „rassischen Unbewußten" Jungs angenommen wird.

... Jede Kultur gestattet gewissen Phantasien, Trieben und anderen Manifestationen des Psychischen den Zutritt und das Verweilen auf bewußtem Niveau und verlangt, daß andere verdrängt werden. Dies ist der Grund, warum allen Mitgliedern ein und derselben Kultur eine gewisse Anzahl unbewußter Konflikte gemeinsam ist (Devereux 1982, S. 11f.).

Für die folgenden Überlegungen möchte ich die Aufmerksamkeit auf die Auswirkungen v. a. des ethnischen Unbewußten lenken, das sich – ebenso wie das idiosynkratische Unbewußte – gewisser Abwehrmechanismen bedient, um – verstärkt durch kulturelle Zwänge und häufig auch durch diese bereitgestellt – das unbewußte Material im Zustand der Verdrängung zu halten.

Trotz der nunmehr schon vor über 80 Jahren erschienenen „Drei Abhandlungen zur Sexualtheorie" Freuds und der scheinbaren Liberalisierung seit den 60er Jahren gegenüber der Sexualität und ihren verschiedenen Verhaltens- und Erlebensformen, sind z. B. die immer noch bestehenden Ansichten und Vorurteile über Homosexualität in der herrschenden Ideologie unserer Gesellschaft Bestandteil und Stütze jenes konservativen Ideengutes, das bürgerliche Moral abzusichern und aufrechtzuerhalten scheint, so daß sie zu den Inhalten des gesellschaftlichen Unbewußten zu rechnen sind.

Die Annahme nun, daß gerade Psychoanalytikern gegenüber der Sexualität ein größerer Grad an Freiheit zuzuschreiben sei, entspräche wohl dem Ideal, die Psychoanalyse sei wertfrei und tolerant und stehe jeder „Kulturheuchelei" entgegen, wird aber von der Realität widerlegt. Eine der Ursachen hierfür liegt m. E. in der Partizipation der Psychoanalytiker am gesellschaftlichen Unbewußten und den daraus resultierenden Abwehrmechanismen. Da die Institutionen besonders wichtige Agenturen bei der „Produktion von Unbewußtheit" (Erdheim 1982) sind, ist die Differenzierung zwischen dem einzelnen Analytiker und den Institutionen psychoanalytischer Gesellschaften, in denen der einzelne Analytiker steht, in seinem/ihrem Umgang mit solch gesellschaftlich vorgegebenen Vorurteilen gegenüber der Homosexualität wichtig, denn „das Normdenken einer Kultur, die Homosexualität diskriminiert, hat sich ärztlich getarnt, hat sich über eine unreflektierte Gesundheitsnorm über den Medicozentrismus, eingeschlichen" (Parin 1985, S. 562). Anhand der nachstehenden Kasuistik wird aufgezeigt, wie das gesellschaftliche Unbewußte über die Gegenübertragung in die Therapie einfließt und zum Tragen kommt.

Kasuistik aus der Supervision

Ein Kollege sucht um Supervision nach, als ihm die psychoanalytische Arbeit mit einem 27jährigen jungen Mann zu stagnieren scheint und er sich nicht erklären kann, was die Gründe hierfür sind. Der Analysand suchte ihn aufgrund von Konzentrationsstörungen in seiner Arbeit (Kameramann beim Fernsehen) und unerklärlichen Schwindelanfällen (organisch wurde nichts gefunden) auf. Das Thema der gegenwärtigen Arbeit drehte sich um das Problem der in der Partnerbeziehung aufgetauchten sexuellen Impotenz. Er selber führe dies auf die fordernde und direkte Art seiner Freundin zurück, die er durchaus begehre und auch liebe. Der junge Mann habe eine sehr dominierende Mutter gehabt, der gegenüber sich sein Vater als schwach erwiesen habe, obwohl er ihm gegenüber überaus streng und manchmal geradezu sadistisch gewesen sei.

Der Kollege berichtet, an sich sei ihm die Genese und Dynamik der Störung des Patienten klar; er habe auch den Eindruck, daß seine Deutungen bereitwillig, manchmal allerdings allzu bereitwillig, auf- und angenommen würden.

Die Übertragung laufe ebenfalls ausgezeichnet – und das von Anfang an. Er berichtet, daß ihm der Analysand, der beruflich viel unterwegs sei, stets kurze Nachrichten und Grüße zukommen lasse und auch kleine Geschenke mitbringe (z. B. ein Glas Honig). Natürlich spreche er das an, könne aber auch durchaus der Erklärung des Patienten etwas abgewinnen, daß dies Ausdruck der Zufriedenheit mit der gemeinsamen Arbeit sei.

Mit einem Wort: alles laufe bestens, nur gehe nichts mehr weiter, wofür er keine Erklärung finden könne.

Soweit die verkürzte und knappe Darstellung, wobei es dem Außenstehenden dieses Berichts wie dem Leser eines Kriminalromans, der schon weiß, wer der Täter ist, ergehen kann, um am Ende des Romans darauf zu kommen, daß der eigentliche Täter doch nicht der vermutete, sondern ein anderer war.

Diskussion

Die in der Supervision in Angriff genommene Be- und Durcharbeitung der Übertragungs- und Gegenübertragungsdynamik brachte – kurz zusammengefaßt – folgendes Ergebnis: Die in der Übertragung angebotenen Verführungsstrategien von seiten des Analysanden konnten als solche nicht identifiziert und gedeutet und somit auch nicht aufgelöst werden, da offenbar die eigenen nicht oder nicht genug analysierten latenten homosexuellen Anteile nicht erkannt worden waren und deswegen abgewehrt werden mußten. Die Abwehr war so stark, daß selbst die vom Patienten erinnerten homosexuell gefärbten Erlebnisse keinen Verdacht aufkommen ließen, daß sich in der Übertragungsbeziehung gleiches wiederholte.

Nach Durcharbeit dieser Thematik kam der stagnierende analytische Prozeß mit dem Patienten wieder in Fluß. Der „Täter" wurde also gefunden, der Fall ist gelöst. Die Ursache lag bei der offensichtlich nicht gründlich genug bearbeiteten eigenen Homosexualität des Therapeuten und konnte durch die Supervision gefunden und gelöst werden.

Allerdings kann nur von einer „Mittäterschaft" gesprochen werden, da sich noch folgende Fakten dazugesellten: Der junge Kollege absolvierte seine Lehranalyse bei 3 Lehranalytikerinnen (die erste verstarb, die zweite verzog und bei der dritten schloß er seine Analyse ab). Nach Aussage des Kollegen habe bei keiner dieser drei das Thema der Homosexualität eine Rolle gespielt, was für ihn auch verständlich war, da für ihn selber dieses Thema nie eine drängende oder gar beunruhigende Bedeutung besessen habe. Da es für mich – analytisch gesehen – das Wort Zufall nicht gibt, machte ich mich auf weitere Spurensuche und wurde, wie ich glaube und darlegen werde, fündig.

These

Das gesellschaftliche Unbewußte, das – wie bereits zitiert – jedes Individuum gemeinsam mit der Mehrzahl der Mitglieder seiner Kultur besitzt und das die Verdrängung bewirkt, ist hier über die gesellschaftliche Gegenübertragung wirksam geworden; wirksam geworden in bezug auf die Einstellung zur Homosexualität.

Wenn nach Freud jeder Analysand nur so weit in der Aufdeckung seines Unbewußten kommt, wie dies seinem Analytiker gelungen ist, so stellt sich zunächst die Frage: War es nur „Zufall“, daß dieser junge Kollege an 3 Analytiker mit dem „zufällig“ gleichen blinden Fleck gerät? Aber da der Zufall nichts erklärt, drängt sich die wichtigere Frage auf, ob sich hier eine psychoanalytische Institution, in der diese Analytiker stehen und der sie sich verpflichtet fühlen, unbemerkt und unbewußt mit der allgemein öffentlichen Einstellung zur Homosexualität gleichgeschaltet hat. Da insbesondere Institutionen jeglicher Art – und psychoanalytische sind da nicht ausgenommen – zur „Produktion von Unbewußtheit“ beitragen, sehen wir uns einem nicht genug ernst zu nehmenden Paradox gegenüber. Zum einen erhebt die Psychoanalyse den Anspruch, Unbewußtes aufzudecken, zum anderen trägt sie aber zugleich als institutionalisierte und verwaltete Psychoanalyse an der Unbewußtmachung bei, indem sie nicht nur am gesellschaftlichen Unbewußten partizipiert, es aufnimmt, sondern auch an der Schaffung desselben teilhat.

Im gegenständlichen Fall geht es um die Homosexualität, über deren Stellung in unserer Kultur und Gesellschaft nicht diskutiert zu werden braucht. Gerade in der gegenwärtigen Diskussion um Aids sind alle altbekannten Vorurteile, homophobischen Ängste und aggressiven Impulse antihomosexueller Tendenzen durch die dünne Schicht der Liberalisierung gebrochen. Dem Einwand, diese Phänomene träfen wohl leider die Gesellschaft im allgemeinen, aber doch nicht die psychoanalytischen Vereinigungen und Gesellschaften, seien folgende Fakten gegenübergestellt:

Die „Bundesarbeitsgemeinschaft Schwule im Gesundheitswesen“ bat 1982 die 26 in der Bundesrepublik Deuschland ansässigen psychoanalytischen Ausbildungsinstitute um eine Stellungnahme zur Frage: „Müssen homosexuelle Bewerber grundsätzlich mit der Ablehnung rechnen?“ (Bundesarbeitsgemeinschaft Schwule 1985).

Bis Juli 1983 haben 14 Institute die Anfrage beantwortet mit dem Tenor „Im Prinzip ja, aber . . .“, wobei dieses Aber bereits in der Vorauswahl zum Tragen kommt und oft von psychoanalytisch verbrämten Vorurteilen geprägt ist.

Lediglich aus Düsseldorf wird kurz und bündig mitgeteilt: „Homosexuelle nehmen wir an unserem Institut nicht an.“ Dies kommentiert die Bundesarbeitsgemeinschaft mit dem Satz: „In einem Sinne gebührt dieser Stellungnahme Anerkennung: sie ist die einzige, die ungeschminkt die Wahrheit ausdrückt“ (Bundesarbeitsgemeinschaft Schwule 1985). *Das Prinzip* „ja, aber . . .“ erweist sich als nur vorgeschoben, da z. B. in Hamburg und Berlin bereits mehrere Bewerber explizit wegen ihrer Homosexualität bereits im 1. Interview abgelehnt wurden und so erst gar nicht zur Zulassungsprozedur vorstoßen konnten. Der deutlichste Ausdruck der antihomosexuellen Haltung der offiziellen Psychoanalyse kommt in einem Fall in Gießen zum Ausdruck, wo eine bereits positiv beurteilte Bewerbung auf Weisung des zentralen Ausbildungsausschusses wieder zurückgenommen werden mußte. Hiermit ist allen Homosexuellen eine Absage erteilt worden, die sich auf den Punkt bringen läßt: Homosexuelle gehören auf die Couch und nicht hinter die Couch.

Bei aller Unterschiedlichkeit und Widersprüchlichkeit der theoretischen Positionen innerhalb der Psychoanalyse scheint jedoch weitgehende Übereinstimmung bezüglich der Homosexualität zu herrschen, nämlich in der Gleichsetzung von Homosexualität und Krankheit. Ist schon die offen zur Schau getragene Antihomosexualität vieler Psychoanalytiker – als geradezu groteskes Beispiel sei auf *Der offen Homosexuelle* von Socarides (1971) verwiesen – und ihrer Institute als Anpassungsleistung an die nicht hinterfragte Ideologie der Gesellschaft ungeheuerlich und bedrohlich genug, wenn auch immer noch sichtbar, so entzieht sich der erst einmal ins Unbewußte abgesunkene antihomosexuelle Affekt völlig der Kontrolle und tritt in kaschierten und nicht mehr ohne weiteres erkennbaren Auswirkungen zutage, wie ich sie am beschriebenen Beispiel einer gesellschaftlich bedingten Gegenübertragung und der hierfür vorangegangenen Lehranalysen aufzuzeigen versucht habe. Verleugnung der Realität und Verdrängung leisten das ihre beim Auftauchen dieser Thematik in einer Lehranalyse, wo sich doch einem in Ausbildung stehenden Psychoanalytiker die existenzielle Überlebensfrage innerhalb seines Ausbildungsinstituts stellt.

Einzig das Berliner DPG-Institut scheint von jenen unbewußten Anteilen der Ausbilder zu ahnen, wenn es schreibt:

> Ich schließe nicht aus, daß diese ungünstigen Prognosen [über homosexuelle Bewerber, G.F.Z.] auch mit einer nicht ausreichend auflösbaren Abwehr der den Analytikern eigenen homosexuellen Latenz in Verbindung gebracht werden können. Die Ablehnung homosexueller Weiterbildungsbewerber hat deshalb mit einer gewissen Wahrscheinlichkeit auch mit den Begrenzungen der Fähigkeiten der Psychoanalytiker zu tun, so wie wir überhaupt die Psychoanalyse zur Zeit nur mit begrenzter Indikation erfolgreich anwenden können (Bundesarbeitsgemeinscahft Schwule 1985).

Dieser Einsicht schließt sich unausgesprochen die Aussage an, daß Homosexuelle jedenfalls außerhalb dieses begrenzten Indikationsbereichs fallen.

Folgerungen

Gerade in der letzten Stellungnahme ist die Wirkung des gesellschaftlich Verdrängten mit Händen zu greifen. Es werden die „Begrenzungen der Fähigkeiten der Psychoanalytiker" und der „begrenzte Indikationsbereich" der Psychoanalyse als Grund für die „ungünstigen Prognosen" in bezug auf die Abweisung homosexueller Bewerber angeboten. Bei näherer Betrachtung entpuppen sich diese als Rationalisierung, die gesellschaftlich Verdrängtes dort zu halten vermag, wo es auch bleiben soll, nämlich im Unbewußten. Durch diese Abwehrleistung entgeht man der demaskierenden und schmerzlichen Aufdeckungsarbeit der Analyse der Verhältnisse, die die Angleichung und Anpassung psychoanalytischer Ausbildungs- und Lehrinstitute an die jeweilige herrschende Ideologie aufzeigen würden. Anpassung, um das Gedeihen und das Prestige der psychoanalytischen Institutionen nicht zu gefährden.

Gerade im Gedenkjahr 1988 sollte in Österreich das Bedenken darüber einsetzen, was schon einmal Anpassung und Anschluß, auch für die Psychoanalyse, gebracht haben.

Wenn aufgrund stattgefundener Anpassungsprozesse die Realitätsprüfung versagt, entzieht sich die Wahrnehmung der bewußten Kritik und ist im deskriptiven Sinne unbewußt, so daß eben diese Anpassung nicht mehr gefährdet werden kann. Der Kreis ist geschlossen.

Die Konsequenzen, um solchen Anpassungsprozessen entgegenzuwirken, um deren Auswirkungen erst gar nicht aufkommen zu lassen, so wie es am obigen Beispiel aufgezeigt wurde, sind eindeutig und klar zu nennen, wenngleich bei ihrer Durchführung mit intensiver Widerstandsarbeit gerechnet werden muß.

Die Psychoanalytiker müßten sich zunächst wieder auf das gesamte Potential der Psychoanalyse besinnen und es wieder einsetzen. Der herausgebrochene Bereich, Psychoanalyse nämlich nur als rein klinisches Instrument zu sehen und zu verwenden, muß wieder eingebettet werden in die bereits von Freud vorgetragene und immer wieder geforderte Kulturkritik. Psychoanalytiker müßten sich mit allen Formen der Macht innerhalb der Gesellschaft anlegen und sich mit ihrer Kompetenz auf die Seite der Ohnmächtigen schlagen, seien es die psychisch Geschädigten und Unterdrückten, seien es die Minderheiten, die Randgruppen, die Desavouierten und die Diskriminierten. Konkret übersetzt heißt das, daß wir als Psychoanalytiker nicht apolitisch bleiben dürfen, sondern politisch, d. h. *öffentlich* werden und handeln sollen (Zeillinger 1987).

Für die Ausbildung und Handhabung der Psychoanalyse als therapeutisches und als Instrument der Kulturkritik bedeutet dies, daß die „ökonomischen Gesetze und Machtverhältnisse" ähnlich gut gekannt werden wie die „Gesetzmäßigkeiten der frühkindlichen Entwicklung und der unbewußten Prozesse" (Parin 1978). In der „didaktischen Analyse des Analytikers müßte auf seine gesellschaftliche Situation und auf die unbewußte Bedeutung seiner Ideologie" eingegangen werden (Parin 1978).

Um all dies zu erreichen, bedarf es – wie schon gesagt – intensivster Widerstandsarbeit, nach deren geglückter Bewältigung wieder eine Analyse steht, von der Freud in „Zukunft einer Illusion" (1927) sagt, daß sie auf Wahrheitsliebe, d. h. auf die innere, auf die Anerkennung der Realität gegründet sei und jeden Schein und Trug ausschließe.

Literatur

Bundesarbeitsgemeinschaft Schwule im Gesundheitswesen, Frankfurt am Main (1985) Psychoanalyse in Schwulitäten. Psyche 39:553–560

Devereux G (1982) Normal und anormal. Aufsätze zur allgemeinen Psychiatrie. Suhrkamp, Frankfurt am Main (stw 395)

Erdheim M (1982) Die gesellschaftliche Produktion von Unbewußtheit. Eine Einführung in den ethnopsychoanalytischen Prozeß. Suhrkamp, Frankfurt am Main

Freud S (1927) Die Zukunft einer Illusion. (Studienausgabe, Bd IX, S 135–189; Fischer, Frankfurt/Main, 1974ff)

Parin P (1978) Der Widerspruch im Subjekt. Ethnopsychoanalytische Studien. Gesellschaftskritik im Deutungsprozeß. Syndikat EVA, Frankfurt am Main, S 34–54

Parin P (1985) Kommentar zu „Psychoanalyse in Schwulitäten" von der Bundesarbeitsgemeinschaft im Gesundheitswesen. Psyche 39:561–564

Socarides CW (1971) Der offen Homosexuelle. Suhrkamp, Frankfurt am Main

Zeillinger GF (1987) Der ‚innere' und ‚äußere' Ort des Arbeitskreises zwischen Widerstand und Anpassung. Texte Theorie Prax Psychoanal 7:16–29

Übertragungs- und Gegenübertragungsreaktionen bei der Behandlung von Aids-Patienten

E. Weinel

Zusammenfassung

Ausgehend von ihren Erfahrungen in der psychoanalytischen Arbeit (psychodiagnostische Interviews, analytisch orientierte Beratungen und Langzeittherapien) mit 18 Aids- und Aids-Vorfeldpatienten im Zeitraum zwischen 1983 und 1988, geht die Autorin kurz auf die besondere psychodynamische Situation dieser Patienten ein und skizziert in der Behandlung wirksame Übertragungs- und Gegenübertragungsreaktionen. Dabei stellt sich u. a. die Frage, ob und inwieweit der Therapeut in seiner Gegenübertragung die Rolle der Gesellschaft mit ihren Berührungsängsten übernimmt. Gerade die Reflexion dieser Übertragungs- und Gegenübertragungsmechanismen erleichtert den therapeutischen Umgang mit diesen oft belastenden, schwer traumatisierten Patienten.

Schlüsselbegriffe: Aids, Traumatisierung, Übertragung, Gegenübertragung.

Die Krankheit Aids[1] und die Infektion mit dem HIV-Virus stellen nicht nur eine medizinische und gesellschaftliche Herausforderung dar, sondern sie induzieren darüber hinaus sowohl bei den von der Infektion Betroffenen als auch bei nichtinfizierten Personen in deren Umgebung eine Fülle von psychischen Phänomenen. Die Verarbeitung der Diagnose „HIV-positiv" ist bei den Betroffenen selbst sowohl vom Stadium der Erkrankung und der Gesamtsituation des Kranken (wie Alter, Geschlecht, Zugehörigkeit zu einer der Hauptrisikogruppen, sozialem Hintergrund, verfügbaren sozialen Kontakten und der gegenwärtigen Arzt-Patient-Beziehung), als auch in hohem Maße von der Primärpersönlichkeit und mehr oder weniger gut kompensierten intrapsychischen Konflikten abhängig.

Gegenüber anderen somatischen Erkrankungen mit Todesdrohung, Todesgewißheit und tödlichem Ausgang, z. B. Karzinomerkrankungen (Gaus u. Köhle 1986), wirft die Infektion mit dem HIV-Virus aufgrund einer Reihe von Besonderheiten, wie etwa der Verknüpfung der Infektion mit z. T. schuldhaft erlebter Sexualität, der langen Inkubations- und Latenzzeit sowie der Möglichkeit der Ansteckung anderer, spezifische Probleme auf. Da es für diese Patienten bislang noch keine Heilung gibt, gewinnen die psychosoziale Betreuung im Sinne von Aufklärung,

---

[1] Aids ist hier als Oberbegriff über die Gruppe der HIV-positiven, LAS-, ARC- und Aids-Patienten zu verstehen.

Söllner et al. (Hrsg.) Sozio-psycho-somatik

Beratung und Unterstützung in der Krankheitsverarbeitung (Jäger 1987; Ermann et al. 1988) sowie die psychotherapeutische Begleitung zunehmend an Bedeutung.

Zur Ausgangssituation der psychotherapeutischen Behandlung

Meine Erfahrungen mit dieser Gruppe basieren auf psychodiagnostischen Interviews, psychoanalytisch orientierten Beratungen und Langzeittherapien (im Zeitraum von 1983 bis 1988) mit 18 Aids- und Aids-Vorfeldpatienten, die mir in der Mehrzahl aus der Aids-Ambulanz des Zentrums der Inneren Medizin in Frankfurt am Main (Brodt et al. 1986) überwiesen wurden. Einige befanden sich in stationärer Behandlung. Anlaß für die Überweisung waren zumeist heftige, langanhaltende depressive Reaktionen und häufig auch der von den Patienten explizit geäußerte Wunsch, mit einem Psychotherapeuten über ihre seelische Not sprechen zu wollen.

Bei den Patienten handelt es sich um 15 homo- bzw. bisexuelle Männer sowie 3 heterosexuelle Frauen, die keiner der üblichen Risikogruppen angehören. HIV-positive Drogenabhängige und Bluter gehören bislang nicht zu meiner Klientel. Sechs Patienten waren manifest an Aids erkrankt, bei 12 handelte es sich um Aids-Vorfeldpatienten – beim Erstkontakt in unterschiedlich weit fortgeschrittenen Krankheitsstadien (5 Patienten sind inzwischen gestorben; davon 4 an Aids, 1 Patient durch Suizid).

Der Wunsch nach psychotherapeutischer Hilfe hatte bei den meisten aufgrund erheblicher psychischer Schwierigkeiten schon vor dem Wissen über die Serokonversion bestanden. Allerdings war es nie dazu gekommen, diesen Wunsch zu verwirklichen, außer in 3 Fällen, in denen die Psychotherapie aber vorzeitig beendet wurde. Retrospektiv betrachtet, litten die Patienten – ohne daß ich hier näher auf Strukturdiagnosen eingehen kann – unter neurotischen Störungen mit phobischen Symptomen, Angstzuständen, Zwängen, depressiven Verstimmungen sowie Identitätsstörungen und Abhängigkeitskonflikten. Ihr bisheriges seelisches Gleichgewicht schien durch narzißtische und interpersonelle Abwehrarrangements gewährleistet.

Die Mitteilung der Diagnose HIV-positiv bedeutete in aller Regel einen Schock, auch wenn sie eine Phase innerer Ungewißheit und Anspannung beendete. Wenige nahmen diese Mitteilung primär mit einem Gefühl der Erleichterung auf – so wie ein Patient, der mir sagte:

> Ich habe gedacht, auch gut, jetzt muß ich nichts mehr tun, mich nicht mehr anstrengen, mich um nichts mehr kümmern, kann einfach nur so leben.

Eine solche Reaktion läßt sich in vielen der Fälle – unter dem Aspekt des primären Krankheitsgewinns betrachtet – als Entlastung von mit der Homosexualität in Zusammenhang stehenden unbewußten Schuldgefühlen verstehen.

Keiner meiner Patienten – die meisten wußten seit längerem von der Serokonversion – hatte sein seelisches Gleichgewicht wiederfinden können. Unter der Bedrohung versagten ihre üblichen psychischen Kompensations- und Abwehrmechanismen. Ihr Ich hatte nicht nur die Auseinandersetzung mit der realen Bedrohung durch Krankheit und Tod zu leisten, sondern war plötzlich auch massiv bisher möglicherweise gut kompensierten intrapsychischen Konflikten ausgesetzt. Lange abgewehrte, mit einer als schuldhaft erlebten Sexualität verknüpfte Ängste, Scham- und Schuldgefühle sowie Zweifel wurden aktiviert.

Nach meiner Erfahrung scheint es mir angemessen, zum Verständnis der Psychodynamik dieser Prozesse den Begriff der kumulativen Traumatisierung (Sandler et al. 1987) heranzuziehen. Die innerpsychischen und äußeren Begleitumstände, unter denen die Patienten von ihrer Infektion erfahren, können Traumatisierungsvorgänge auslösen. In aller Regel trifft die Mitteilung der Diagnose bei den Patienten auf unterschiedliche prämorbide Strukturen und induziert regressive psychische Prozesse und Erlebnisweisen, in denen z. B. internalisierte gute und böse oder mißlungene Objektbeziehungen sowie frühere traumatische Erfahrungen wiederbelebt werden. Das Ich gerät hierbei wie nach klassischem Verständnis eines Traumas in eine Situation völliger Hilflosigkeit, in der – wie oben bereits erwähnt – die bisherigen Abwehr- und Kompensationsformen nicht mehr nützen. Ungünstige äußere Lebensbedingungen und psychosoziale Faktoren wie beispielsweise Diskriminierung und Stigmatisierung kommen erschwerend hinzu. So gesehen frage ich mich, ob die Bewältigung dieses Geschehens im Sinne eines „guten Copings" überhaupt gelingen kann, wobei ich unter Bewältigung die Leistung der Integration einzelner traumatisierender Faktoren verstehe: ein fortschreitender Prozeß, der nie zu einem völligen Abschluß kommen kann. So liegt es auch nahe, daß diesen Patienten die übliche psychosoziale Betreuung oder das Angebot von Selbsthilfegruppen nicht genügten.

In diesem Zusammenhang sollen wenigstens noch kurz einige Besonderheiten erwähnt werden, die in der therapeutischen Arbeit mit Aids- und Aids-Vorfeldpatienten immer wiederkehren: Bei letzteren sind dies Angst vor Entdeckung, Angst vor ungenügender Aufklärung durch das ärztliche Personal und unsicheren Behandlungsmethoden, Angst vor Krankheitsausbruch, drohende Isolation, veränderte Bedeutung von Sexualität und Aggression sowie Suizidalität. Bei Aids-Patienten handelt es sich häufig um Stigmatisierung, Isolation, ausgeprägte Schuldgefühle, Selbstverachtung, wenig offene Auflehnung und größere Hoffnungslosigkeit als bei Krebspatienten sowie Verlust der körperlichen Integrität in einem extremen Ausmaß. In diesen Fällen kann der Therapeut in der Regel nur Entlastungsgespräche führen und übernimmt – mehr noch als bei Aids-Vorfeldpatienten – Hilfs-Ich-Funktionen, indem er dem Patienten ermöglicht, Gefühle wie Hilflosigkeit, Scham, Schuld und Angst zuzulassen und zu verbalisieren. Nach meiner bisherigen Erfahrung tritt die deutende Bearbeitung unbewußter neurotischer Konfliktanteile dabei meist zugunsten einer empathischen Begleitung in den Hintergrund, wobei aber trotzdem Übertragungs- und Gegenübertragungsreaktionen zu beachten sind.

Übertragungs- und Gegenübertragungsreaktionen

Auch bei vorsichtiger Anwendung der in der Psychoanalyse sehr spezifisch definierten Begriffe von Übertragung und Gegenübertragung (Heimann 1950; Sandler et al. 1973; Racker 1978) scheint es mir sinnvoll, das in der Behandlung gewonnene

Material[2] unter dem Gesichtspunkt zu betrachten, inwieweit sich spezifische Übertragungs- und Gegenübertragungsphänomene abzeichnen. Unter Übertragung und Gegenübertragung möchte ich hier stark vereinfacht die Wiederbelebung unbewußt gewordener Interaktionsmuster bezüglich wichtiger früherer Objekte in der Beziehung zwischen Therapeut und Patient verstanden wissen.

Zunächst soll ein klinisches Beispiel skizziert werden:

Eine 24jährige Aids-Patientin wurde mir als „medizinisches Wunder" angekündigt: Erst im Rahmen einer Pneumocystis-carinii-Pneumonie, die sie bei völligem körperlichen Wohlbefinden getroffen und die sie gerade überlebt hatte, war die Diagnose Aids gestellt und ihr inzwischen auch mitgeteilt worden. Zum Zeitpunkt des Erstkontakts befand sie sich noch auf der Intensivstation. Am Vortage unseres Gesprächs war ein Spontanpneumothorax aufgetreten, die Patientin hatte aber dennoch – obwohl körperlich sehr geschwächt und angestrengt – auf dem Gespräch bestanden.

Ihre Erwartungen an mich als Psychoanalytikerin waren groß – eine idealisierende Übertragung? Diese sehr intelligente und sensible, jedoch eher scheue, introvertierte und aggressionsgehemmte junge Frau war schon immer leicht zu verunsichern, wie sie mir mitteilte. Die Krankheit hatte ihr instabiles Selbstwertgefühl erschüttert und ihren Ablösungsprozeß von der Familie sowie den ihrer Identitätsfindung abrupt unterbrochen.

Nie zuvor in ihrem Leben hatte sie eine ähnlich schwerwiegende Krise zu bewältigen, wie sie sagte, außer vielleicht die Trennung vom Elternhaus.

Zentrales Thema des 1. Gesprächs waren weniger die massiven Todesängste, die die Patientin hinter dem Bild „medizinisches Wunder" verstecken konnte, was durchaus gemischte Gefühle in ihr hervorrief: einerseits Stolz und ein Gefühl, trotz allem körperliche Immunität zu besitzen, andererseits Verwunderung und Entsetzen. Sie sprach vielmehr v. a. über ihr derzeitiges Gefühl von Hilflosigkeit und Ohnmacht, die Situation nicht wirklich einschätzen zu können und ihren Körper nicht unter Kontrolle zu haben, verdichtet in dem Bild: „Wie ist das, wenn man keine Luft mehr bekommt."

Von Anfang an signalisierte sie mir, daß ich ihr eine Stütze und ein Verbündeter im Kampf gegen dieses Gefühl der Ohnmacht sei, ihr Ermutigung und Hoffnung gebe. So leuchteten ihre Augen auch auf, als ich ihr sagte, ich verstünde zwar von Immunologie nicht sehr viel, betrachte es aber als positiv, wenn ihr Immunsystem und ihr Körper doch offensichtlich noch immer so gut reagieren könnten. Es war ganz offenkundig, daß diese Intervention in der verzweifelten Situation der Patientin eine entlastende Funktion hatte.

Wie in diesem Fall, enthielt das primäre Übertragungsangebot bei den Patienten zumeist den unbewußten Wunsch nach Partizipation an und Verschmelzung mit einem gesunden, omnipotenten Objekt in der Hoffnung auf Wiedergutmachung und auf Wiederherstellung der bedrohten physischen und psychischen Integrität. Wie sich in der weiteren Therapie oder Beratung herausarbeiten ließ, stellten sich – auf dem Boden eines eher magisch-mystischen Krankheitskonzepts – die Patienten in der Mehrheit vor, daß die Enthüllung psychogener Faktoren möglicherweise den Ausbruch der Krankheit verhindern bzw. den Verlauf der Erkrankung günstig beeinflussen könne, in der Hoffnung, daß eine Stärkung der psychischen Abwehrkräfte sich positiv auf die körperliche Abwehr und den gesamten Immunstatus auswirken würde. So sagte ein Patient: „Eine gesunde Abwehr hält mich länger am Leben."

In der Regel war für die Patienten ein fehlender sekundärer Krankheitsgewinn kennzeichnend. Sie mußten das Wissen um die Infektion verheimlichen. Oft wußte

[2] Im Rahmen dieses Beitrags ist es leider nicht möglich, mehrere Fälle ausführlicher darzustellen.

auch in der näheren Umgebung niemand etwas davon. Sie empfanden sich selbst als Zumutung für die anderen.

Bei der beschriebenen Patientin wußten von der Infektion nur die Eltern und der langjährige Freund, welcher HIV-negativ ist. Selbst nahen Familienangehörigen, nämlich dem jüngeren Bruder, und dem Freundes- und Bekanntenkreis gegenüber wagte die Patientin nicht, ihre Krankheit zu offenbaren. Nur beschämt und gegen großen inneren Widerstand war es ihr möglich, mir mitzuteilen, daß sie die Phantasie in ihrer Umwelt, „was ist das für eine", fürchte.

In diesem Zusammenhang kamen ihre persönlichen Vorstellungen von Ansteckung und Aids zur Sprache. Auf welche Weise sie sich selbst angesteckt hatte, war nicht ganz klar – wahrscheinlich vor Jahren in einer kurzen Beziehung zu einem wohl drogenabhängigen Freund. Vorsichtig sprach sie über ihre Phantasie, den jetzigen Freund beim sexuellen Verkehr auch ohne Kondom nicht anstecken zu können. Dagegen wollte sie den Kontakt zu Kindern, v. a. Säuglingen, meiden, aus Angst, diese durch Berührung zu infizieren. Auch bei mir zuckte sie anfangs zusammen, wenn ich ihr bei der Begrüßung die Hand gab. Auf die Konfrontation mit diesen z. T. irrationalen Vorstellungen reagierte die Patientin mit tiefer Verzweiflung; es wurde ihr allmählich möglich, über Schwangerschaft zu sprechen und ihre Trauer, nie mehr ein Kind haben zu können, sowie ihre Verlassenheits- und Todesängste auszudrücken.

Die Verlassenheits- und Verlustängste, welche durch die Diagnose plötzlich höchst real und konkret wurden, waren bei fast allen Patienten immer auch neurotisch determiniert. Zumeist zogen sich diese von ihrer Umwelt, die von ihnen gefürchtet, aber auch geschont wurde, zurück. Um so größere Bedeutung gewann für diese Patienten die therapeutische Beziehung, die sie als eine Art Geheimbund erlebten. Den Therapeuten phantasierten sie sich als den oft „einzigen Verbündeten", dem sie wagen konnten, ihre innersten Gefühle mitzuteilen. Überwiegend entwickelte sich eine narzißtische Übertragung; der Therapeut wurde unbewußt als ideales (Selbst)objekt erlebt.

Die Verschmelzungswünsche und -phantasien mit einem als gut oder ideal phantasierten Objekt in der Therapie – wie bei der oben skizzierten Patientin – enthielten nicht nur den Wunsch, an der Omnipotenz dieses gesunden Objekts zu partizipieren, sondern auch oft den, entweder mit diesem Objekt zu überleben oder aber mit ihm zu sterben, es mit in den Tod zu nehmen. Dies kommt gewissermaßen in negativer Formulierung in den Worten eines Patienten zum Ausdruck, der mir sagte:

Wie wollen Sie mich verstehen, und wie wollen Sie mir helfen, wenn Sie nicht positiv sind.

Gelang es, diese Verschmelzungsphantasien und -wünsche in ihren sehr unterschiedlichen Aspekten zu bearbeiten, dann wurde dem Patienten auch zumeist ein Stück Individuierung, eine Auseinandersetzung mit seinem eigenen Tod möglich.

Die Arbeit mit solchen Patienten gilt zu Recht als sehr belastend, da der Therapeut in besonderem Maße mit den eigenen Grenzen konfrontiert wird. Dies und der hohe Erwartungsdruck auf seiten der Patienten lösen in ihm häufig das Gefühl aus, sie sich mit ihren Problemen im wahrsten Sinne des Wortes vom Leibe, also auf Distanz halten zu müssen, sie gar nicht erst in Therapie zu nehmen oder sie schnell wieder loszuwerden. Wir wissen als Therapeuten, daß unsere emotionalen Widerstände und Berührungsängste nicht nur unseren Gefühlen der Ohnmacht und Hilflosigkeit angesichts des körperlichen Verfalls und Sterbens dieser oft sehr jungen Menschen entspringen, sondern auch in zumeist unbewußten eigenen Kontaminationsphantasien und abgewehrten Konflikten um Sexualität und Tod wurzeln.

Nach meiner Erfahrung können die Wiederbelebung traumatischer Prozesse in der therapeutischen Beziehung und die häufig damit verbundenen extremen Gefühle von Unzulänglichkeit und Sinnlosigkeit beim Therapeuten zu besonderen Gegenübertragungswiderständen (Ermann 1987) und damit zu einer Empathieeinschränkung führen. Dabei ist zu unterscheiden zwischen solchen Widerständen, die am Anfang einer Therapie stehen, und denen, die erst im Prozeß einer Behandlung aktiviert werden. Überdies geben Aids-Patienten ihre eigene Überforderung häufig an den Therapeuten weiter; dieser jedoch fühlt sich dann selber angesichts eines unklaren Therapieziels oft wie gelähmt, er verweigert womöglich dem Patienten jegliche Empathie oder aber es besteht die Gefahr, sich mit dessen Leid überzuidentifizieren und sich mit ihm gegen die „böse Außenwelt" zu verbünden. In jedem Falle nimmt sich der Therapeut damit die Möglichkeit, überhaupt therapeutisch wirksam werden zu können.

Es sind nicht ausschließlich unsere irrationalen Berührungsängste und Widerstände, die die Behandlung dieser Patienten erschweren. Durch die Begleitumstände der Erkrankung (Möglichkeit der Ansteckung anderer durch die Patienten und die ausgeprägten gesellschafltichen Reaktionen auf das Phänomen Aids) ist in die exklusive Beziehung Patient-Therapeut ständig auch etwas „Drittes" konkret eingeführt. In der Therapie mit Aids-Patienten geht es über unbewußte Phantasien oder neurotische Symptome hinaus auch um ein Stück äußerer Realität: Diese Patienten phantasieren nicht nur die Gesellschaft als Verfolger, sondern sind auch ganz real von Ausgrenzungen bedroht. Hier kommt es v. a. darauf an, die Patienten durch stützende und klärende Interventionen zu befähigen, mit diesem Problem nicht nur agierend umzugehen.

Die Ängste vor Diskriminierung und Verfolgung sind in der therapeutischen Beziehung in vielfältiger Form präsent. Häufig wird der Therapeut selbst als Repräsentant dieser Gesellschaft, etwa als verlängerter Arm des Gesundheitssystems, erlebt. Dies mobilisiert einerseits eine ganz konkrete Skepsis im Patienten, andererseits verstärkt es unbewußte Übertragungsprojektionen wie Feindseligkeit und Mißtrauen. Nach einer langen Behandlungszeit drückte ein Patient dies folgendermaßen aus.

Wenn ich jemals erfahre, daß irgend jemand mein Geheimnis preisgibt oder daß ich ein Versuchskaninchen war, dann lasse ich die Bombe hochgehen.

Gerade die Bewußtmachung destruktiver Phantasien und Impulse, welche selbstverständlich immer auch Ansteckungsängste und -wünsche beinhalten, scheint mir bei Aids-Patienten aus verschiedenen Gründen erschwert: Vor dem Hintergrund der idealisierenden Übertragung muten die Patienten dem Therapeuten, über dessen vermeintliche Omnipotenz sie mittels Identifikation ihr erschüttertes Selbstwertgefüge zu stärken suchen, aggressive Regungen zunächst nicht zu. Das Bewußtwerden dieser kann aber auch von seiten des Therapeuten verhindert werden, dann nämlich, wenn er sich aufgrund eigener abgewehrter Kontaminations- und Todesängste den Übertragungsprojektionen verschließt, sich als Objekt für die Inszenierung von Übertragung nicht zur Verfügung stellt oder in der Gegenübertragung agiert, weil er solche Phantasien vorschnell für Realität hält. Dann besteht die Gefahr, mit den Patienten manipulatorisch umzugehen, somit im Sinne ihrer Phantasien tatsächlich zum Verfolger zu werden, z. B. moralisierend einzugreifen, sollte der Patient in seinen Äußerungen die gesellschaftlichen Verbote nicht akzeptieren, etwa die Spielregeln des „Safer-Sex" (wie im geschilderten Fall des sexuellen Verkehrs ohne Kondom, welcher ausschließlich eine Phantasie der Patientin war).

Es ist mir bewußt, daß es sich dabei um mehr als Phantasien handeln kann. An dieser Stelle geht es mir jedoch v. a. darum, darauf hinzuweisen, daß der Therapeut womöglich dem Patienten etwas unterstellt, was dieser vielleicht gar nicht tut und was, selbst wenn er es täte, im Rahmen der Therapie zu deuten wäre.

Literatur

Brodt HR, Helm EB, Werner A, Joetten A, Bergmann L, Klüwer A, Stille W (1986) Spontanverlauf der LAV/HTLV-III-Infektion. Dtsch Med Wochenschr 111:1175–1180

Ermann M (1987) Behandlungskrisen und die Widerstände des Psychoanalytikers. Forum Psychoanal 3:10–111

Ermann M, Garwers C, Hutner G, Scheil A, Schneider MM, Seidl O, Zippel S (1988) Psychosoziale HIV/AIDS-Betreuung. MMW 130:15–18

Gaus E, Köhle K (1986) Psychische Anpassungs- und Abwehrprozesse bei körperlichen Erkrankungen. In: Uexküll T von (Hrsg) Psychosomatische Medizin. Urban & Schwarzenberg, München Wien Baltimore

Heimann P (1950) On countertransference. Int J Psychoanal 31:81–84

Jäger H (Hrsg) (1987) AIDS: Psychosoziale Betreuung von AIDS- und AIDS-Vorfeldpatienten. Thieme, Stuttgart New York

Racker H (1978) Übertragung und Gegenübertragung. Reinhardt, München

Sandler J, Dare C, Holder A (1973) Die Grundbegriffe der psychoanalytischen Therapie. Klett, Stuttgart

Sandler J, Dreher AU, Drews S et al., Vogel H, Will C (1987) Psychisches Trauma: Ein psychoanalytisches Konzept im Theorie-Praxis-Zusammenhang. Sigmund-Freud-Institut, Frankfurt am Main (Materialien aus dem Sigmund-Freud-Institut Frankfurt, Nr 5)

Gesellschaftliche Diskriminierung und individuelle Verarbeitungsstrategien bei Personen mit tatsächlicher oder befürchteter HIV-Infektion

E. Haslinger

Zusammenfassung

Die Erfahrungen aus einer Gesprächsgruppe mit HIV-positiven Personen sowie ihrer Angehöriger sind im vorliegenden Referat schwerpunktmäßig zusammengefaßt. Am Beispiel eines homosexuellen Mannes und einer Exfixerin zeigen sich Formen individueller Verarbeitung, die Schwierigkeiten, mit Sexualität umzugehen, die Angst, sich Fragen nach Tod und Krankheit, nach Überleben zu stellen. Die Beispiele stehen für sich. Viele Aspekte dieser beiden Leben tauchen bei Personen mit ähnlichem „Schicksal" in ähnlicher Form wieder auf.

Die gesellschaftspolitische Dimension dieser Krankheit findet ihren Niederschlag in der Art der „Handlung", was übrigens auch für die herkömmliche Medizin gesagt werden kann. Hier zu „bewegen" ist ebenfalls eine notwendige Forderung.

Schlüsselbegriffe: Aids, HIV-Infektion, soziale Diskriminierung, Coping.

Einleitung

Seit 1986 arbeite ich in der Beratungsstelle der Österreichischen Aids-Hilfe (ÖAH), Landesstelle Tirol. Schwerpunkt meiner Arbeit ist dabei die psychologische Beratung, die Betreuung HIV-positiver Personen in einer Gesprächsgruppe und Informationsveranstaltungen bei verschiedenen Institutionen (z. B. Schulen).

Die ÖAH ist eine staatlich subventionierte Einrichtung, die kostenlose und anonyme Beratung und eventuelle Testung ermöglicht. In den verschiedenen Landesstellen arbeiten Psycholog(inn)en, Ärzte(innen) und Sozialarbeiter(innen).

Die Wahrung der Anonymität ist eine wesentliche Voraussetzung zur Schaffung einer Vertrauensbasis bei Betroffenen, die z. T. entwürdigende Erfahrungen auf Sozialämtern, bei Krankenkassen, Ärzten, in Kliniken oder bei der Wohnungssuche gemacht haben.

Wir verstehen uns als Beratungs- und Betreuungseinrichtung. Bei der Betreuung von HIV-positiven Drogenabhängigen, z. B., die häufig auch eine „Knastkarriere" hinter sich haben, kommt außerdem eine weite sozialarbeiterische Tätigkeit dazu (Wohnraumbeschaffung, Verhandlung mit dem Sozialamt, Begleitung bei Arzt- und Klinikbesuchen, häusliche Betreuung etc.).

Söllner et al. (Hrsg.) Sozio-psycho-somatik

Ich werde vorwiegend die Phänomene näher betrachten, die den Umgang mit dieser Krankheit bzw. der möglichen Infektion auf der einen Seite und die Verdrängung dieser Problematik auf der anderen Seite so bedrückend machen.

Als Berater sehe ich mich häufig folgender Situation ausgesetzt: Ein Mann oder eine Frau kommt in die Beratungsstelle, und der erste Satz ist: „Ich möchte mich gerne testen lassen." Wir bieten jedem, der diesen Wunsch äußert, ein Beratungsgespräch an, weil mit jeder Testung auch die Wahrscheinlichkeit ins Auge gefaßt werden muß, daß das Ergebnis positiv ist. Fast alle nehmen dieses Gesprächsangebot an. Während des Gesprächs stellt sich meist schnell heraus, daß die Ansteckungswahrscheinlichkeit, objektiv betrachtet, eher zu vernachlässigen ist. Daraus ergibt sich für uns die dringende Frage, welche Ängste bedrohen jemanden, der sich von einem Aids-Test die Befreiung von eben dieser Angst erhofft.

Manchmal gelingt es, sich im Beratungsgespräch gemeinsam mit dem(r) Ratsuchenden dieser Auseinandersetzung zu stellen. Oft ist die Barriere zu hoch – der HIV-Test wird als (einzig mögliche) Lösung gesehen.

Folgende *Problembereiche* möchte ich ansprechen:

1) Angst vor unerlaubter Sexualität oder Sexualität überhaupt (nicht Sexualverhalten),
2) Angst vor einer Erkrankung, die mit Sicherheit zum Tode führt und für die es keine Heilung gibt,
3) Angst, Situationen ausgesetzt zu sein, die als stigmatisierend und/oder diskriminierend bezeichnet werden können,
4) Angst, einer Bedrohung ausgesetzt zu sein, die über alle Vorstellungen hinausgeht.

Die hier eben erwähnten Begriffe wie Sexualität, Tod oder unheilbare Krankheit sind in unserer Gesellschaft tabuisiert und lösen bei jedem von uns Angst oder Unbehagen aus (vgl. Sigusch 1987).

Die zivilisatorischen Errungenschaften, insbesondere in der Medizin, scheinen das Gefühl von Beherrschbarkeit und letztlich auch Beherrschung von Krankheit, Alter und sogar Tod erzeugt zu haben.

Plötzlich werden wir von einer Krankheit bedroht, die nicht nur absolut tödlich ist, sondern die uns auch unsere physische und psychische Ohnmacht aufzeigt: nicht von ungefähr sind allein über 200000 Wissenschaftler weltweit mit dieser Problematik beschäftigt.

In der Beratungssituation ist nicht nur der Rat- und Hilfesuchende mit diesen Gefühlen konfrontiert, sondern auch der Betreuer, d. h. der Klient mobilisiert die unbewußten Ängste des Beraters vor Tod, Krankheiten und Sexualität. In der Folge können aggressives Verhalten gegen den Klienten bzw. Resignation wegen des zu hohen eigenen Anspruchs entstehen.

In sexuellen Bereichen ist zu beobachten, wie moralisierende oder moralische Argumente oder Interpretationen vorgebracht werden, häufig versteckt hinter sog. seuchennotwendigen Maßnahmen. Auch das ist als Distanzierungsversuch vor der (unlösbaren) Problematik zu verstehen.

Auch eine Möglichkeit, der eigenen Angst zu entfliehen, ist Überaktivismus, der gerade in helfenden Berufen ja beinahe erwartet oder vorausgesetzt wird (vgl. Köhle etal. 1986).

Solange z. B. in der Betreuung von Drogenabhängigen, die aufgrund ihrer sozialen und psychischen Situation am schwersten geschädigt sind, nicht die Angst, die Verzweiflung und Ausweglosigkeit gesehen werden darf, wird die Form der Inanspruchnahme von Hilfe den Betreuer schnellstens an den Rand der eigenen Hilflosigkeit treiben. Die Reaktion: „Ich kann den Typen nicht mehr sehen" ist sicherlich nur *eine* Form der Abwehr von nicht eingestandenen Ängsten, Verzweiflungen und Grenzen (vgl. Beutel 1988).

Fallbeispiele

Ich möchte über 2 Teilnehmer unserer Gesprächsgruppe berichten. Der individuelle Umgang mit ihrer Problematik spiegelt m. E. die gesellschaftliche Beschaffenheit und die Reaktion der Betroffenen auf gesellschaftliche Erwünschtheit wider.

1. Josef[1]: Josef ist Anfang 20, lebt auf dem Lande, arbeitet als Angestellter in einem mittelständischen Betrieb und weiß seit ca. einem Jahr, daß er positiv ist. Er ist schwul.

2. Maria[1]: Maria ist Ende 20, verheiratet, hat ein Kind und ist eine sog. Exfixerin. Sie ist bereits seit mehreren Jahren „clean" und weiß ebenfalls seit knapp einem Jahr von ihrer Infektion.

Beide sind in einer Positivengesprächsgruppe, die sich seit ca. einem halben Jahr regelmäßig alle 14 Tage in den Räumen der Aids-Hilfe trifft. Privat haben die Teilnehmer kaum Kontakt zueinander.

1. Fallbeispiel: Josef

Josef lebt zu Hause bei seiner Mutter. Sie weiß nichts von seinem Schwulsein. Für seine Freunde ist er der „nette Junge", Schwierigkeiten mit seinem Verstecken hat er nur, wenn seine Mutter möchte, daß er endlich heiratet, wie er lachend berichtet.

Ganz wenige Freunde wissen von seiner Homosexualität, ein Freund ist gerade im Krankenhaus, für ihn völlig überraschend, gestorben, ohne über seine Homosexualität wirklich reden zu können (die Verwandten sollten selbst nach dem Tode nichts über seine „Veranlagung" erfahren).

Das „coming-out", also das öffentliche Stehen zu seiner Sexualität, hat Josef bisher nicht geschafft. Ob es für ihn je zu schaffen sein wird, ist fraglich. Erfahrungen zeigen, daß für versteckte Schwule das doppelte Coming-out (das offene Bekennen zu Homosexualität und Aids-Infektion) oft gänzlich unmöglich ist.

Josefs Lebensmaxime könnte man mit einem Schlagwort, und hier wird es makaber, „positiv denken" umschreiben. Er lacht viel, ist freundlich, geht Konflikten aus dem Weg und bewältigt seinen Alltag nach pragmatischen Gesichtspunkten. Jede freie Minute widmet er sich relativ gefährlichen, aber „herrlichen" Sportarten. Über Erkrankungen, von kürzeren grippeähnlichen Zuständen abgesehen, berichtet er nichts.

Ein Beispiel: Nachdem Josef anfänglich regelmäßig zu den Gruppentreffen erschienen war (er mußte dazu eine längere Autofahrt in Kauf nehmen), blieb er immer häufiger weg. Als Grund

[1] Namen und Daten, die Rückschlüsse auf die genannten Personen zuließen, sind natürlich geändert.

nannte er meist kurzfristig geplante, sportliche Aktivitäten mit Freunden. Als in der Gruppe sein Fernbleiben thematisiert wurde, sagte er, am Anfang hätte ihm „das“ viel gebracht, aber jetzt hätte er eigentlich keinen richtigen Grund, um wiederzukommen.

Aus einem Bündel emotionaler Reaktionen der Gruppenmitglieder möchte ich 2 Bereiche hervorheben:

1) den Versuch, sich in emotional belasteter Situation in den engbegrenzten privaten Bereich zurückzuziehen, also Josefs individuellen Umgang mit Problemfeldern;
2) das Gefühl der Gruppe, verlassen zu werden, und die dabei freiwerdenden Gefühle von Angst, Hilflosigkeit und Wut, also den gruppendynamischen Aspekt.

Zu 1): Subjektiver Aspekt: Josef reagiert in einer für ihn typischen Form: Nach dem ersten Schock über das positive Testergebnis, den darauf folgenden Zweifeln, dem zweiten positiven Kontrolltest („hart war es schon, aber was soll man machen“ – lacht) versucht er, „das Beste“ aus der Situation zu machen. Die Gruppe scheint dabei stabilisierend gewesen zu sein („. . . ich komme gerne her . . .).

Angesprochen auf sein Schwulsein, schien er weder die Analogie seines Verhaltens, noch die gefühlsmäßige Distanz zu seinem Leiden zu sehen. Den Versuch, sich aus der Gruppe zurückzuziehen, sah er als Konsequenz eines quasi Heilungsprozesses: „Ich habe damit keine Probleme, es fehlt mir doch nichts, oder?“

Dieser Rückzug, den ich als Selbstzensur und Selbstdiskriminierung bezeichnen möchte, setzt lange vor den tatsächlichen Diskriminierungen oder Ausgrenzungen ein. Diese Selbstdiskriminierung wird aber nicht als solche erlebt, geschweige denn als Vorreaktion auf real existierende Diskriminierung – das Opfer stellt sich tot, in der Hoffnung auf Verschonung.

Es ist auffällig, daß sich Josef seiner Sportart, die ihn schon einmal fast zu Tode gebracht hat, immer intensiver und zeitaufwendiger widmet. Wenn er davon berichtet, leuchten seine Augen. Da kann er sich spüren, da ist er frei. Im Sport lebt er wirklich, da ist es egal, ob er schwul oder positiv ist, da sind Probleme berechenbar und kalkulierbar.

Josef entzieht sich einer Welt, die von ihm „eh“ nichts wissen will, und macht es ihr so leicht, von ihm keine Notiz zu nehmen. Er entschwebt ihr im wahrsten Sinn des Wortes.

Zu 2): Gruppenaspekt: Die Gruppenmitglieder haben versucht, ihn wieder „auf den Boden zu bringen“. Ein Aspekt war die rationale Erkenntnis der Notwendigkeit der Auseinandersetzung mit seiner Problematik, wobei Maria Josef sehr stark in seiner Haltung unterstützte. Erst allmählich wurde deutlich, wie sehr das Wegbleiben einer Person die kleine Gruppe vom Zerfall bedrohte. Und Zerfall hieße auch für die anderen Mitglieder, ausgesetzt zu sein im wahrsten Sinn des Wortes. Jede Frau und jeder Mann hatte bereits Erfahrungen realer Diskriminierung, Verachtung oder Ablehnung.

Diese Angst, ob nun mit realem Hintergrund oder phantasiert, die als Alternative nur den Rückzug ins Private zuließ, erklärt sich einerseits aus der fehlenden

Erfahrung im Umgang mit sozialer Diskriminierung und andererseits aus den objektiv gegebenen politischen Erscheinungsformen sozialen Ausschlusses.

Ich erhebe nicht den Anspruch, daß der eben beschriebene Umgang mit einer HIV-Infektion auf andere zu übertragen ist und möchte an ein paar Punkten Problemfelder festmachen, die generalisierbar sind. Ein wichtiges Phänomen, und dadurch unterscheidet sich diese Krankheit von anderen, ist die Angst, die Umwelt könnte davon erfahren. Es reicht m. E. nicht aus, nur die Gefahr einer möglichen Infektion anderer als Begründung dafür herzunehmen. Auch wenn es nicht ausgesprochen wird, so ist doch immer wieder zu beobachten, daß tiefe Schuldgefühle v. a. wegen der sog. nichterlaubten Sexualität quasi als gerechte Strafe in Kauf genommen werden.

Der Begriff der „Lustseuche“ ist Ihnen sicherlich geläufig. Er wurde früher für Geschlechtskrankheiten häufig verwendet. Daß dieser Begriff auch für eine Aids-Infektion, speziell bei schwulen Männern verwendet wird, läßt auf die tiefe Abwehr homosexueller Wünsche und Sexualpraktiken schließen. Mit dem Heraustreten dieser Krankheit aus dem Bereich der Homosexuellen, Drogenabhängigen oder Prostituierten war plötzlich auch die sog. Heterosexualität ins schiefe Licht geraten.

Sexualität konfrontiert uns mit unseren Triebansprüchen, und die sind nicht regelbar, nicht organisierbar, letztendlich auch nicht beherrschbar. Sie machen uns Angst, wir werden von ihnen überschwemmt, fühlen uns ihnen ausgesetzt und stellen uns vor das Dilemma, daß es eine rational lenkbare Sexualität nicht gibt. Der Versuch, Sexualität mit moralischen, sprich Über-Ich-Instanzen zu beherrschen, führt häufig zu einer Verdrängung eigener sexueller Wünsche.

2. *Fallbeispiel: Maria*

Maria ist eine sog. Exfixerin, d. h. sie war i.v.-drogenabhängig und hatte sich dabei infiziert (dazu muß angemerkt werden, daß ca. 60–70% der i.v.-Drogenabhängigen in Tirol HIV-positiv sind).

Sie ist seit mehreren Jahren „clean“, hat ein kleines Kind und ist verheiratet. Anders als Josef, achtet Maria ständig auf körperliche Veränderungen. Sie läßt ihren Immunstatus regelmäßig kontrollieren und ist medizinischen Neuerungen gegenüber sehr aufgeschlossen (vgl. Schernikan 1986). Sie hat ihr Studium abgebrochen, lebt sehr zurückgezogen und widmet sich sehr intensiv ihrem Kind und dem Haushalt. Sie wirkt oft „gestreßt“ und hektisch und zeigt nervöse Reaktionen.

Erst seit kurzem weiß Marias Familie, die in einem anderen Bundesland lebt, daß sie HIV-positiv ist. Maria wurde bei einem Besuch zu Hause, ohne ihr Kind, krank und versuchte verzweifelt, ärztliche Hilfe zu bekommen. Ihr Bruder schöpfte schließlich Verdacht, und so kam es zum „Geständnis“. Über ihr abgebrochenes Studium konnte Maria aber immer noch nicht sprechen.

Auffällig an Marias Argumentations- und Verhaltensweise ist ihr intensiver Versuch, keine Probleme aufkommen zu lassen, niemanden in ihre Welt sehen zu lassen („das geht doch niemanden etwas an“ oder „ich will niemanden belasten, die haben eh selbst genug Probleme“) und jede Aktivität zu vermeiden, die Rückschlüsse auf ihr Positivsein zuließen.

So versucht sie verzweifelt, sich eine heile Welt zurechtzulegen, die es ihr ermöglicht, streßfrei zu leben. Sie hat fast keine Außenkontakte mehr (früher war sie ständig unterwegs) – sie fürchtet das „Gerede". Veranstaltungen jeder Art meidet sie mit der Begründung, die Leute würden ihr nicht passen (entweder zu alternativ oder zu spießig oder zu oberflächlich oder alles zusammen). Die Kleinfamilie wird zum alleinigen Ort des Überlebens, wobei beide Partner über die mangelnde freie Zeit klagen (der Partner lebt von gelegentlichen Jobs), die sie miteinander verbringen können.

Es entsteht der Eindruck, daß Maria verzweifelt versucht, Zeit zu halten, um dann, wenn tatsächlich Zeit wäre (z. B. wenn das Kind schläft) in einen gewaltigen „Aufräumrausch" zu geraten.

Dieses „keine Zeit haben" ist eines der bedrückendsten Phänomene, weil es ja, wie so vieles bei dieser Krankheit, keine reine Phantasie ist. Das Gefühl, mit einer Zeitbombe zu leben, entspricht einer schrecklichen Realität.

Maria ist der festen Überzeugung, und darin wird sie von ihrer Mutter bekräftigt, daß die Auseinandersetzung mit „dem Problem" krank mache. Tatsächlich wird sie häufiger nach Gruppentreffen krank (Grippe, Fieber, Mattigkeit). Außerdem behauptet sie, es gäbe für sie persönlich keine Diskriminierung und sie fühle sich auch nicht diskriminiert. Auch hier ist das Phänomen der Selbstzensur so internalisiert, daß es nicht mehr spürbar und nachvollziehbar ist.

Ich möchte auf die eingangs erwähnten Problembereiche zurückgehen und sie in Beziehung zu den vorgestellten Fallbeispielen setzen:

1) *Angst vor unerlaubter Sexualität oder Sexualität überhaupt:* Daß nicht nur Sexualität, sondern erst recht Homosexualität alles andere als offen gesehen wird, führt gerade bei schwulen Männern, die sich zu ihrer Sexualität bekennen können, zu massiven Problemen. Wie bei Josef zu sehen, ist eine Möglichkeit die totale Verheimlichung der sexuellen Wünsche nach außen.

Gespräche über homosexuelle Neigungen, Phantasien oder schlicht nach Deklarierung sind kaum möglich, weil das offene Dazustehen auch gleichzeitig ein Sichaussetzen der öffentlichen Meinung bedeuten würde. Was die öffentliche Deklaration für den einzelnen bedeutet, hängt in sehr starkem Maße von der Gesamtpersönlichkeit des Betroffenen, seiner sozialen „Rückendeckung" und seinem „Mut" ab. Es wäre daher absurd, Offenlegungen zu verlangen, in der Hoffnung, dadurch dem inneren Druck ein Ventil zu verschaffen.

Wie schon erwähnt, ist das doppelte coming-out, nämlich die Deklaration der Homosexualität und der Aids-Infektion so gut wie unmöglich. In der Auseinandersetzung mit Homosexualität wird für jeden nicht-homosexuellen Gesprächspartner die eigene verdrängte, d. h. befürchtete Homosexualität berührt und läßt so häufig einen wirklichen Zugang zur homosexuellen Problematik gar nicht zu. Wohl aus dem Grunde fordern manche homosexuelle Männer, daß Betreuung und Beratung wiederum nur durch Homosexuelle zu leisten sei.

2) *Die Angst vor einer Erkrankung, die mit Sicherheit zum Tode führt und für die es immer noch keine Heilung gibt:* Diese Angst ist sicherlich keine Aids-spezifische Angst. Sie wird es aber, wenn man den Aspekt des Erwerbs dieser Infektion hinzuzieht. Eine HIV-Infektion bei Drogenabhängigen durch unsaubere Nadeln oder eine Infektion durch Geschlechtsverkehr, sei er hetero- oder

homosexueller Natur, führt schnell zu der Aussage: „Aids kriegt man nicht, Aids holt man sich." Von diesem Slogan ausgenommen waren nur Hämophile (Bluter), die über Faktor-8-Präparate (Blutgerinnungspräparate) quasi unschuldig infiziert wurden. Meiner Meinung nach steckt in dem Satz – abgesehen daß er funktional richtig ist – ein willkommenes Argument, sich mit der Aids-Problematik erst gar nicht auseinanderzusetzen, nach dem Motto: „ich habe einen festen Partner", „ich lebe monogam" oder „ich benutze konsequent Kondome, und mir kann daher nichts passieren".

Ich sehe Krankheit, in welcher Form auch immer, nicht als Störung, die von außen auf mich einwirkt, der ich hilflos ausgesetzt bin und wo ich gerade noch mit Medikamenten die Störung beheben kann. Ich finde es wichtig, Krankheit als Teil eines sehr komplexen psychodynamischen Systems zu verstehen, um dadurch Zugang zum *Wesen* und *Sinn* dieser Krankheit zu bekommen.

K. Buchinger, auf den ich mich im folgenden beziehe, beschreibt in einer Arbeit über „Das Verhältnis von Krankheit und Schuld" (unveröffentlicht) die gesellschaftsbedingten Sichtweisen von Krankheit. Formal gesehen geht es immer um Abweichung von einem gesellschaftlich erwünschten Normalzustand; sehr oft und in vielen anderen Kulturen auch wird Krankheit mit Schuld in Verbindung gebracht.

In der Krankheitsauffassung des christlichen Mittelalters, das ja geprägt war von einer sinnhaften, nach moralischen Zwecken von Gott aufgebauten Weltordnung, war Krankheit, Ausdruck und Folge eines sündhaften Lebenswandels. Sie war gleichzeitig eine Möglichkeit, Schuld abzutragen. Krankheit und Leid hatten einen Sinn. Die Folge dieser Sichtweise waren erhebliche Schuldgefühle.

Die moderne Medizin sieht Krankheit als isoliertes naturwissenschaftliches Phänomen. Der Mensch ist als Naturgegenstand erforschbaren Gesetzmäßigkeiten unterworfen.

Damit löst sie sich aus der Ohnmacht, dem unergründlichen Ratschluß Gottes ausgeliefert zu sein. Krankheit als eindeutiges Naturgeschehen kann daher nicht mehr als Ausdruck von Sünde und Schuld gesehen werden.

Im Alltagsverständnis von Krankheit ist aber immer noch der Zusammenhang mit Schuld gegeben, wie im Zusammenhang mit Aids noch zu sehen sein wird. Die Psychoanalyse stellt Krankheit in Zusammenhang mit dem menschlichen Seelenleben, ohne sie mit Schuld in Verbindung bringen zu müssen – verursacht durch unbewußte seelische Konflikte. Damit wird es möglich, unbewußte Schuldgefühle als Ursache von Krankheit zu sehen. Krankheit ist somit weder selbstverschuldetes Ergebnis von Sünde noch naturgegebenes Geschick.

3) *Wie schon beim Problem der Homosexualität beschrieben, löst die Angst vor einer AIDS-Infektion starke soziale Ängste aus, die mit dem Begriff der Stigmatisierung nur teilweise benannt sind:* Wir erleben im Beratungsalltag immer wieder, daß Personen, die positiv sind und über deren Positivsein etwas bekannt wird, schnell Wohnung und Arbeitsplatz verlieren. Denn Personen, die mit einem tödlichen Virus infiziert sind, bedrohen nicht nur real ihre Umwelt (wobei das im Falle der Aids-Infektion ja nur über die allgemein bekannten Infektionswege wie Geschlechtsverkehr oder gemeinsamer Nadelgebrauch mit

Infizierten möglich wäre) (Vgl. Parin 1987), sondern sie mobilisieren Ängste in ihrer Umwelt, die eben die Ausgrenzung als einzige Lösung sieht. Um dieser Ausgrenzung zu entgehen, wählen Betroffene selbst häufig die freiwillige Imigration, wie auch im beschriebenen Fall des homosexuellen Josef bzw. der Exfixerin Maria. Sie werden dadurch für ihre Umwelt zu keinem Problem und können die Illusion scheinbarer Sicherheit und die gesellschaftliche Angenommenheit aufrechterhalten. Das heißt im psychologischen Sinne, der Patient registriert die Beunruhigung seines Gegenübers, will ihn aber nicht beunruhigen, um nicht der möglichen Zuwendung verlustig zu gehen. Der soziale Ausschluß bedeutet fast immer tiefe Depression und erhöht in großem Maße die Selbstmordgefahr.

4) *Die Angst, einer Bedrohung ausgesetzt zu sein, die über alle Vorstellungskraft hinausgeht:* Diese Angst wird häufig sichtbar, wenn in den Beratungsgesprächen die Frage gestellt wird: „Was wäre, wenn das Testergebnis positiv wäre?" Hier erleben wir immer wieder, daß die Leute über Sätze wie „das kann ich mir nicht vorstellen" oder Rationalisierungen wie „damit müßte ich leben" oder „ich müßte andere schützen" nicht hinauskommen. Es ist sehr schwer, die Phantasie mit Vorstellungen zu mobilisieren, die nicht erwünschten Lebensformen entsprechen. Wir erleben auch, daß diese Frage für viele Leute völlig unerwartet ist und daß sie beinahe so schockiert reagieren, als hätten sie ein positives Testergebnis erfahren.

Konsequenzen aus dem Beratungsalltag und Forderungen an eine „andere Medizin"

1) Die psychologische Intervention in Form von Beratungs- und Betreuungsgesprächen wird von Betroffenen oft nur zögernd angenommen. Das Erinnertwerden ist immer wieder aufs neue schmerzhaft, der Sinn der Auseinandersetzung mit Ängsten vor Krankheit, Isolation, Alleinsein und Tod ist schwer vermittelbar. Die Auseinandersetzung mit psychologischen Inhalten, und das wird oft unterschätzt, ist meistens neu, angstmachend und unter dem Druck drohender Erkrankung fast immer mit schneller Heilungserwartung verknüpft (s. Josef).

2) Die Trennung von Seele und Körper, die Aufteilung in Kompetenzbereiche innerhalb der medizinischen und psychologischen Versorgung greift auch im Falle der Aids-Problematik, jedenfalls in unserem Lande, wieder um sich (z. B. werden Amtsärzte zunehmend mit der sog. Betreuung von Aids-Patienten beauftragt. Ohne psychologische Vorbildung oder Erfahrung, alleingelassen von ärztlichen Ständeorganisationen, ohne die Möglichkeit und häufig auch ohne die Bereitschaft, der Problematik umfassender begegnen zu können, perpetuieren sie das System rein körperbezogener Medizin).

3) Die politische Dimension: Der Staat delegiert seine Aufgabe an schon bestehende Organisationen oder subventioniert (relativ großzügig) Institutionen wie die ÖAH. Damit entzieht er sich seiner direkten Verantwortung und schafft

Alibieinrichtungen, die – über Finanzierung – der staatlichen Einflußnahme unterstehen und durch ihre Struktur Systemkritik beinahe im Vorfeld ausschließen: Psychologische Einrichtungen kümmern sich um das psychische Wohlergehen. Kliniken und Ärzte befinden sich in einem inzwischen gigantischen „Forschungswettlauf".

Kritik an diskriminierender Gesetzgebung (s. Homosexuelle oder Prostituierte) wird zwar laut, sie ist argumentativ aber leicht abzuwehren (Kompetenzwirrwarr, sog. unklare Rechtslagen usw.). Direkte Einflußnahme auf staatliche Maßnahmen (z. B. Gesetzesänderungen) könnten nur durch massiven Protest der Betroffenen erreicht werden. Genau hier greift die oben beschriebene Methode. Indem in einem breitgefächerten psychohygienischen Dienstleistungsnetz, meist in Kleinstgruppen zerteilt, ideologisch zerstritten, finanziell brustschwach oder ständisch gebunden, individuelle Problematiken einer subjektive Lösung zugeführt werden, bleibt für politisch notwendiges Handeln weder Luft noch Raum.

Aufgesplittert in Körper und Geist, Kopf und Bauch bleibt dem Individuum nur die Möglichkeit, sich möglichst schnell der Normalität (d. h. Gesellschaft) anpassen zu lassen oder an Leib und Seele krank, zwischen den sozialen Hilfsdiensten umherzuwandern.

Literatur

Beutel M (1988) Bewältigungsprozesse bei chronischen Erkrankungen. In: Koch U (Hrsg) Psychologie in der Medizin. Edition Medizin, Weinheim, S 23ff

Köhle K, Simons C, Kubanek B (1986) Zum Umgang mit unheilbar Kranken. In: Uexküll T von (Hrsg) Lehrbuch der psychosomatischen Medizin, 3 Aufl, Urban & Schwarzenberg, München Wien Baltimore, S 1203ff

Parin P (1987) Die Mystifizierung von AIDS. In: Sigusch V (Hrsg) Aids als Risiko. Konkret Literatur Verlag, Hamburg, S 54ff

Schernikan RM (1986) Das Personal über die Arbeit mit Aids. In: Frings M (Hrsg) Dimensionen einer Krankheit – AIDS. Rowohlt Taschenbuch Verlag, Reinbek, S 103ff

Sigusch V (1987) AIDS als Risiko. In: Sigusch V (Hrsg) AIDS als Risiko. Konkret Literatur Verlag, Hamburg, S 7ff

Aids und Familie

R. Woidera und B. Brosig

Zusammenfassung

Die Aids-Bedrohung erfaßt inzwischen die Normalbevölkerung und macht die Familie zur „Risikogruppe". In den Familien wird der ödipale Konflikt reaktiviert und führt zu charakteristischen, intrapsychischen und psychosozialen Abwehrmechanismen.
Tritt in der Familie Aids real auf, so werden Strukturen wie die der paranoiden Festungsfamilie begünstigt. Intrapsychisch werden über die verleugnete Todesangst primitive Abwehrmechanismen wirksam. Eine therapeutische Begleitung hilft den Betroffenen und der Familie, die aggressiven Impulse objektbezogen zu verarbeiten.

Schlüsselbegriffe: Aids, Familientherapie, Psychoanalyse, Coping.

Psychosoziale Verarbeitungsmechanismen vor einer HIV-Infektion

Im Frühjahr 1981 wurde das Center for Disease Control in Atlanta/USA auf 5 junge, zuvor völlig gesunde Männer aufmerksam, die an einer seltenen Lungenerkrankung, der Pneumocystis-carinii-Pneumonie, litten.

Aus Kalifornien kam die Nachricht, daß 26 Männer, aus voller Gesundheit heraus, an einem äußerst seltenen Malignom, dem Kaposi-Sarkom, erkrankt waren.

Beide seltenen Krankheitsbilder wiesen auf einen Basisdefekt des Immunsystems hin, der bald als Acquired-Immune-Deficiency-Syndrom in die Medizingeschichte einging und mit einem neuen Virus, dem HIV-Retrovirus in Zusammenhang gebracht werden konnte.

Die epidemiologischen und mikrobiologischen Besonderheiten der Erkrankung waren geeignet, Angst und Panik unter der Bevölkerung auszulösen:

> Aids-Opfer wurden von ihren Arbeitsstellen gefeuert, von erschrockenen und von Scham übermannten Familien aus dem Heim vertrieben und von ihren Liebhabern verlassen. Der Leichnam eines Patienten wurde von seiner Familie verleugnet, Beerdigungsunternehmer weigerten sich, die Leichen anderer zu bestatten (Deuchar 1984).

Das Gefühl der Schuld wird bei den Betroffenen zum dominierenden Erlebnis. Aids-Kranke erleben die Diagnosestellung als Todesurteil (Ferrara 1984). Die

Söllner et al. (Hrsg.) Sozio-psycho-somatik

unvermeidliche Frage nach dem „warum gerade ich" wird von den Erkrankten bald selbst durch das „mea culpa" des Schuldgefühls beantwortet.

Neuer Wein in alten Schläuchen

Schuldhaft erlebte Sexualität ist ein in der Psychoanalyse sehr wohlbekanntes Phänomen. In Trauer und Melancholie (Freud 1917) analysiert Freud die den Schuldgefühlen innewohnende Selbstanklage als vom Über-Ich ausgehende Vorwürfe, die dem Ich gemacht werden. Dabei gelten die Vorwürfe ursprünglich dem infantilen Liebesobjekt. Wie Freud (1923) in „Das Ich und das Es" ausführt, bleiben diese Wurzeln des Schuldgefühls normalerwiese unbewußt, „weil die Entstehung des Gewissens innig an den Ödipus-Komplex geknüpft ist, welcher dem Unbewußten angehört".

Genetisch entstammt also das Schuldgefühl der ödipalen Dynamik, die eine familiäre Beziehungsdynamik ist. Ihr Kern stellt das Motiv der verbotenen Liebe dar, mit dem kindlichen Element des Inzestwunsches einerseits und dem Sexualverbot der Eltern andererseits. Nach erfolgreich bearbeitetem Ödipus-Komplex tritt, nach einer Phase der libidinösen Abstinenz, der „Latenzperiode", die Phase der Genitalität ein.

Die ödipale Struktur als familiäre Ordnung wurde von Freud (1913) in „Totem und Tabu" bereits als universelles kulturelles Phänomen beschrieben. In Anlehnung an Darwins „Urhorde" formuliert Freud den Konflikt, in dem sich die nachwachsende Generation befindet, so: Die jungen Männer werden vom gewalttätigen, eifersüchtigen Vater, „der alle Weibchen für sich behält und die heranwachsenden Söhne vertreibt" (Freud 1913) in Schach gehalten. Was in der Familie also als Inzestverbot gilt, wird – auf die Gesamtgesellschaft übertragen – zum Sexualverbot der Vätergeneration den Söhnen gegenüber.

Aids und Ödipus

Unter der Aids-Bedrohung tritt nun eine Reaktivierung des ödipalen Konflikts auf.

Wie neuere Prognosen zeigen, verläßt Aids die bekannten Risikogruppen und drängt in die Allgemeinbevölkerung vor. Besonders die „Discojugend" zwischen 15 und 25, also die Adoleszenten, die ihre ersten sexuellen Erfahrungen machen wollen, werden betroffen sein. Der *Spiegel* spricht bereits von der „Aids-Risikogruppe Familie" (Ausgabe vom 22.02.1988).

So wie in der Frühzeit der Psychoanalyse diskutiert wurde, wer im ödipalen Drama wen verführt hat, entwickelt sich jetzt in der Familie der Streit um die Frage, wer wen anstecken könnte. Entlang der präformierten ödipalen Struktur wird dann entschieden:

> Du hörst vom Doktor, daß Du keinen Sex haben sollst mit homosexuellen männlichen Prostituierten, homosexuellen Männern, die nicht in völlig monogamen Beziehungen gelebt haben, mit bisexuellen Männern, IV-Drogenabhängigen, weiblichen Prostitutierten, heterosexuellen Männern oder Frauen mit multiplen Sexualpartnern oder mit Männern oder Frauen, die andere

Geschlechtskrankheiten gehabt haben. Du erkennst, daß Du keine dieser Personen kennst, auch das Risiko, mit ihnen einen Händedruck zu wechseln, denkbar gering ist und die Chance, Sex mit ihnen zu haben, gleich Null sein dürfte.
Erleichtert lächelst Du Deinen völlig monogamen heterosexuellen Partner an. „Honey", seufzt Du, „wir sind sicher. Alles was uns zu tun bleibt, ist, die Jungen unter uns in Zucht und Ordnung zu halten" (Kendrick 1987, S. 10).

Diese in der New Yorker Subkulturzeitung *The Village Voice* erschienene Persiflage zeigt, wie die Thematik in der Öffentlichkeit bearbeitet wird. Der Millionen von amerikanischen Fernsehzuschauern bestens bekannte Hausarzt Dr. Ulene rät dann konsequenterweise (zit. nach Kendrick 1987):

Ich glaube, daß völliger Verzicht auf sexuelle Aktivitäten mit anderen eine mögliche, wirklich ernsthaft zu erwägende Wahlmöglichkeit im Aids-Zeitalter ist.

Er führt dann weiter aus:

Ich denke, daß Abstinenz eine ganz besonders gute Option für die Jungen auf unserer Welt sein dürfte. Ihnen fehlt noch jenes Urteilsvermögen und jene Kontrolle, die nötig ist, um sich selbst in sexuell erregenden Situationen zu sichern. Sie haben noch viele Jahre vor sich, hoffentlich sichere Jahre, in denen sie das Versäumte nachholen können, wenn sie dazu Veranlassung sehen.

Dieser „Rat" anbietende Hausarzt kommt damit auf der Ebene der Phantasie sicher jenem „Vater" in Darwins Urhorde sehr nahe, der „alle Weibchen für sich haben will". Neuer Wein fließt so in alten Schläuchen.

Intrapsychische und interpersonelle Verarbeitungsmechanismen nach einer HIV-Infektion

Während im 1. Teil v. a. die rationalen und irrationalen Reaktionen auf eine mögliche Infizierung – und deren Folgen – eingegangen wurde, soll im folgenden der Fokus auf die Verarbeitung einer Infizierung auf intrapsychischer und interpersoneller Ebene gerichtet sein.

Die hier vorgestellte Kasuistik ist eine spezifische, wenn man bedenkt, daß von den z. Zt. ca. 10000 bekannten HIV-Infizierten in der BRD nur ca. 6–8% Hämophile sind. Andererseits sind bislang keine längerfristigen Familientherapien mit Infizierten publiziert worden, so daß die u. E. über weite Strecken nicht nur durch die Primärerkrankung determinierte Umgehensweise mit der bei allen HIV-Infizierten bestehenden Todesbedrohung die Fallbeschreibung rechtfertigt, um daraus evtl. auch längerfristige Konzepte zur Behandlung von Infizierten in Einzel- und Familientherapie entwickeln zu können.

Falldarstellung

Überweisungsmodus

Die Familie wurde Anfang 1987 von dem Leiter einer weit entfernten Universitätsklinik an den Leiter des hiesigen Zentrums überwiesen. Bei dem 14jährigen, einzigen Sohn Andreas (Name wurde geändert), bei dem seit dem 1. Lebensjahr eine Hämophilie A bekannt ist, traten seit Sommer 1985 in kürzeren Abständen Brechdurchfälle von 1- bis 2wöchiger Dauer mit einer ausgeprägten körperlichen Schwäche auf. In der hiesigen Universitätskinderklinik wurden HIV-Antikörper nachgewiesen und der Verdacht auf eine manifeste Aids-Erkrankung geäußert. Die Eltern und von ihnen auch der Sohn wurden über die Diagnose aufgeklärt und hatten sich eingehend damit auseinandergesetzt. Als ein erneuter Klinikaufenthalt nötig wurde, erfolgte dieser in der weit entfernten Universitätskinderklinik, da der Junge seit 13 Jahren regelmäßig in der dortigen Hämatologischen Ambulanz betreut wurde. Während der Sohn bis dahin offen und angstfrei über die Möglichkeit des Todes gesprochen hatte, äußerte er nun erstmals Todesangst. Die Begründung für die Überweisung zu uns war jedoch, daß die behandelnden Ärzte dort eher einen Zusammenhang mit den Schulschwierigkeiten und den Diarrhöen des Jungen sahen, denn mit der Aids-Erkrankung, die in der hiesigen Kinderklinik diagnostiziert wurde.

Vorgeschichte

Andreas ist der einzige Sohn seiner Eltern (Vater 37 Jahre, Beamter im mittleren Dienst; Mutter 35 Jahre, Hausfrau). Nachdem bei ihm eine Hämophilie A diagnostiziert wurde, haben die Eltern nach einer genetischen Beratung auf weitere Kinder verzichtet. Die Mutter hat trotz finanzieller Schwierigkeiten ihren Beruf als Datentypistin aufgegeben, um sich ganz der Pflege des kranken Kindes widmen zu können. Die Grunderkrankung Andreas' führte zu einem überfürsorglichen und ängstlichen Verhalten der Mutter, die den Jungen aus Angst vor Verletzungen bis zu seinem 3. Lebensjahr an der Hand führte und ihm seit der Kindergartenzeit verboten hat, sich körperlich zu wehren. Dies führte dazu, daß Andreas bei der Einschulung wegen psychomotorischer Retardierung zunächst zurückgestellt werden mußte und Mutter und Sohn einige Beratungen bei einer Psychologin in Anspruch nahmen.

Die schulischen Leistungen Andreas' seien immer mäßig gewesen. Zwei Monate vor der Erstvorstellung bei uns verließ A. die Realschule und besuchte nun die Hauptschule. A., dem seit frühester Kindheit verboten war, sich körperlich mit seinen Alterskameraden auseinanderzusetzen, hat früh gelernt, sich verbal durchzusetzen. Mit seiner Art, laut, weit ausholend und kaum unterbrechend zu erzählen, hatte er schon auf der Realschule Schwierigkeiten mit Gleichaltrigen, v. a. da er dabei in Gestik und Mimik sehr belehrend wirkt.

Auf der Hauptschule traten jetzt diese Probleme verstärkt zutage. Seine Klassenkameraden gaben ihm zu verstehen, daß er u. a. durch seine Art sich auszudrücken „fehl am Platze" sei.

Therapieverlauf

Nach dem Erstinterview mit dem Leiter der Klinik wurde die weitere Therapie (psychoanalytisch orientierte Familientherapie, 14tägig eine Zeitstunde) in einer gemeinsamen Sitzung mit der Familie an die Referentin delegiert. In dieser und den ersten folgenden Stunden wurde die Angst Andreas' deutlich, daß er mit dem Leiden seiner Mutter durch seine Erkrankung konfrontiert werden könnte, wobei er, wenn die Mutter weinte, immer mitweinte. Außerdem manifestierte sich ein erheblicher Widerstand, das Thema Aids aufzugreifen, was in der Aussage der Mutter gipfelte: „Solange nicht erwiesen ist, daß er wirklich erkrankt ist, erziehe ich zum Leben, nicht zum Tod." Im weiteren Verlauf wurde die Enttäuschung darüber, daß die Therapie nicht beim Leiter der Klinik fortgesetzt werden konnte, dadurch thematisiert, daß der Leiter der Hämatologie idealisiert wurde, während von der ganzen Familie die dort behandelnde Ärztin als unfähig, sadistisch und die Mutter bevormundend geschildert wurde.

Die Mutter zeigte Ablösungs- und Verleugnungstendenzen dadurch, daß sie zunächst einen Sport bis zum Rande der Erschöpfung und bis an die körperliche Schmerzgrenze betrieb, in Kur fuhr und danach eine Umschulung zur Bürokauffrau und eine Einzeltherapie begann. Die Gründe für die Einzeltherapie waren zum einen angstneurotische Symptome, die während des Kuraufenthalts aktualisiert wurden, und zum anderen rezidivierende vaginale Infektionen, so daß sie von ihrem Gynäkologen in eine psychotherapeutische Einzeltherapie überwiesen wurde. Schließlich äußerte sie den Wunsch, sich von ihrem Ehemann zu trennen und ihn und den Sohn zu verlassen, wenn der Sohn 18 Jahre alt und dann (plötzlich ?) selbständig sein wird.

Der Vater stellte konstant die Schulschwierigkeiten des Sohnes in den Vordergrund, die er auch immer anbot, wenn die Todesbedrohung des Sohnes durch die HIV-Infektion thematisiert wurde. Er kümmerte sich, als die Mutter berufstätig wurde, um den Haushalt und die Hausaufgabenbetreuung des Jungen und stand wie auch zuvor, als Ansprechpartner bei Problemen in der Schule zur Verfügung, wobei er sich immer für die Interessen des Jungen einsetzte. Depressivität wurde bei ihm deutlich, als die Mutter Trennungswünsche verbalisierte.

Andreas thematisierte immer häufiger seine Rückzugstendenzen, die er anfangs damit begründete, daß er für Freunde wegen der vielen Nachhilfe und der Hausaufgaben keine Zeit habe. Schließlich äußerte er seine Kränkung, in der Hauptschule „gelandet" zu sein, da er alle Hauptschüler verachte. Deutlich wurde jedoch auch, daß er panische Angst hatte, daß seine Klassenkameraden ihn auf seine HIV-Infektion ansprechen könnten. Er hatte die Phantasie, daß sie sich dann „alle auf ihn stürzen" und ihn meiden würden. Er zog sich zu Hause immer mehr in seine Welt zurück: lutschte am Daumen, träumte und spielte mit einem Stofftier, später mit einem lebenden Hund, den ihm die Mutter aus der Kur mitbrachte.

Der Angst vor seinen Klassenkameraden versuchte er dadurch zu begegnen, daß er sich auf die Seite der Lehrer begab und seine Mitschüler verbal so reizte, daß er „Klassenkeile" fürchten mußte.

Trotz der realen Rückzugstendenzen ist er es, der bei Therapieabbruchwünschen, v. a. von seiten der Mutter, immer den Wunsch äußert, die Therapie fortzusetzen. Er thematisiert immer wieder seine Sehnsucht, jemanden für sich allein zu haben, äußert den Wunsch, mit der Therapeutin allein zu sprechen, v. a. nachdem die Mutter ihre Einzeltherapie abgebrochen hatte. Er spricht Emotionalität und Phantasie in der Therapie an und aktualisiert das Thema Sexualität in der Paarbeziehung der Eltern, so daß die Trennungswünsche der Mutter vom Vater nun mit den sexuellen Schwierigkeiten zwischen beiden begründet werden.

Diskussion

Im folgenden soll zum einen die durch die todesbedrohende HIV-Infektion entstandene Familiendynamik betrachtet, zum anderen aber auch die intrapsychische Verarbeitung auf dem Hintergrund der Familien- und Individualgeschichte näher beleuchtet werden.

Familiendynamisch imponierte zu Beginn der Behandlung eine durch die vererbte Grunderkrankung ohnehin belastete Familie. Die Mutter hatte in Abwehr ihrer eigenen Angstneurose und auch aufgrund realer Ängste um die Folgen einer Verletzung bei der Blutererkrankung des Jungen diesen in den ersten Lebensjahren so sehr beschützt, daß er psychomotorisch retardierte. Die bis zum Eintritt in die Schule eher angstneurotisch um die Erkrankung des Jungen und in Abwehr der Angstneurose der Mutter (Richter 1970, S. 75) organisierte Familie, entwickelte sich mit dessen Schuleintritt zu einer paranoiden Festungsfamilie, die sich wie in einem „Tanz um den kranken Engel" bewegte (Richter 1970, S. 90ff.)

In dieser Organisation der Familie waren die Ängste der Mutter in der Angst um den Jungen kanalisiert. Schuldgefühle wegen der mütterlichen Vererbung konnten in der Fürsorge um das Wohlergehen des Kindes niedergehalten und der Paarkonflikt der Eltern, die beide noch stark an ihr Elternhaus gebunden waren, verdeckt werden. Durch die Diagnose der HIV-Infektion wurde dieses labile Gleichgewicht empfindlich gestört. Angst, Depression und Gefährdung durch Alkoholismus des Vaters konnten noch dadurch, daß er sich um die schulischen Schwierigkeiten der Jungen kümmerte, abgewehrt werden. Die bisherigen Abwehrmechanismen der Mutter versagten jedoch angesichts des drohenden Verlusts des Kindes.

Ähnlich wie es Richter (1984) in seinem Artikel über „Sterbeangst und Destruktivität" beschrieb, hatte die Familie mehr noch als andere heutige Menschen durch die Behandlung der Hämophilie des Jungen an den Fortschritt der Medizin geglaubt und hatte ein Stück an der scheinbaren Omnipotenz der pharmakologischen und genetischen Forschung teilgehabt, die bei der Behandlung der Grunderkrankung das Leben versprach. Jetzt schien zwar gerade dieser medizinische Fortschritt den Tod zu bringen, aber zunächst hoffte die Familie, daß in einer Identifikation mit dem als omnipotent phantasierten Leiter der Klinik die HIV-Infektion, ebenso wie zuvor mit Hilfe des Leiters der Hämatologie die Hämophilie, in den Griff zu bekommen sei, um so die ohnmächtige Angst nicht spüren zu müssen.

Der Sohn, der von seinen Eltern gelernt hatte, das Todesthema zu tabuisieren, spürte beim letzten Klinikaufenthalt die extreme Angst der Mutter und äußerte erstmals Todesangst. Die Projektion der eigenen infantilen Unsterblichkeits- und Größenphantasien der Eltern, hier der Mutter, wie es Freud (1914, S. 157) in seinem Aufsatz „Zur Einführung des Narzißmus" beschrieben hat, bei der „Krankheit, Tod, Verzicht auf Genuß, Einschränkung des eigenen Willens für das Kind nicht gelten soll", war nicht mehr möglich.

Im weiteren Therapieverlauf versuchte der Vater, über das Thema der Schulschwierigkeiten die Todesbedrohung zu leugnen. Die Mutter entwickelte psychosomatische Beschwerden, die angstneurotische Symptomatik verstärkte sich, so daß sie eine Einzeltherapie begann. Als deutlich wurde, daß die bislang in der Sorge um das kranke Kind gebundene Emotionalität Thema in ihrer Einzeltherapie wurde, brach sie diese ab. Sie äußerte Angst, abhängig zu werden, und Besorgnis darüber, daß ihr Sohn eine Übertragungsbeziehung zur Therapeutin entwickelte. Als die Todesbedrohung durch die Erkrankung auch in der Familientherapie nicht mehr verleugnet werden konnte, wurden über die unbewußte Verbindung von Aids und Sexualität die sexuellen Schwierigkeiten der Eltern Thema der Therapie. Dadurch, daß der Sohn nicht aufhörte zu leben, weil der Tod droht, sondern im Gegenteil Beziehungswünsche äußert und Phantasie und Träume anspricht, wird Emotionalität und Affektivität in eine Familie getragen, in der diese Themen in der Sorge um den schwerkranken Sohn gebunden waren. Der Satz, den Freud (1930) in „Das Unbehagen in der Kultur" formulierte, trifft die Situation der Eltern zu Beginn der Therapie:

> Wenn eine Triebstrebung der Verdrängung unterliegt, so werden ihre libidinösen Anteile in Symptome, ihre aggressiven Komponenten in Schuldgefühle umgesetzt (Freud 1930, S. 499).

Auf der *intrapsychischen* Ebene war der Individuationsprozeß des Jungen durch die Grunderkrankung bereits verzögert. Aus Angst vor Verletzungen wurden seine Motilität, Spontaneität und Impulsivität so weit eingeschränkt, daß er psychomotorisch retardierte. Winnicott (1950) beschrieb diese 3 genannten Lebensäußerungen als Teil des primitiven Lebensausdrucks und sah in ihnen die Wurzeln der „primären Aggressivität" – im Gegensatz zur späteren Aggression als Reaktion auf Frustration. Eine Erprobung dieser genannten Lebensäußerungen innerhalb und außerhalb der Familie war wegen der Grunderkrankung nicht möglich, da ihm schon im Kindergartenalter körperliche Auseinandersetzungen mit seinen Altersgenossen verboten waren. Der daraus resultierende narzißtische Rückzug – die Mutter nannte es Autismus – führte zwar bei der Einschulung zu einer kurzfristigen Beratung, konnte aber im Sinne Overbecks (1984) bis zu einem gewissen Grad als Anpassung an seine Möglichkeiten gesehen und im familiären System ausgeglichen werden. Auch schon vor der Diagnose der HIV-Infektion hatte er sich gelegentlich in seine Traumwelt zurückgezogen und hat die „Angreifer" in seiner Klasse durch verbale Aggressivität auf Distanz gehalten. Dadurch, daß er durch ein Bekanntwerden der Infizierung in der Klasse zu Recht mit Diskriminierung rechnete, wurden die bislang als feindselig *phantasierten* Alterskameraden zu einer *realen* Bedrohung. Hier drohte zu Beginn der Behandlung sein zunehmender narzißtischer Rückzug zur Selbstzerstörung – noch vor Ausbruch der Erkrankung – zu werden, wie es Engel und Schmale (1969) als „given up – giving up" beschrieben haben. Der in einer normalen Pubertätsentwicklung schon schwierige Individuationsprozeß wird durch die Todesbedrohung und bei möglichem „Ausprobieren" der eigenen Sexualität, die zu einer Infizierung anderer führen kann, so sehr eingeschränkt, daß auf der Symptomebene nur noch, wie auch zuvor, in anderen schwierigen Situationen, die Regression auf die orale Stufe bleibt.

Die in der paranoiden Festungsfamilie durch Abkapselung nach außen gebundenen aggressiven Komponenten (Richter 1970, S. 90ff.) sind angesichts der Todesbedrohung nicht mehr niederzuhalten. Die sadistisch anmutende Aggressivität mit Gleichaltrigen, die zu einer fast masochistischen Vereinsamung führte, ließ immer wieder daran denken, ob neben bzw. gegen die libidinösen Ich- und Objekttriebe nicht doch ein Todestrieb kämpft, wie es Freud (1920) in „Jenseits des Lustprinzips" darstellte.

Die während der Therapie zutagetretende ungehemmte verbale Aggressivität gegenüber Gleichaltrigen bei gleichzeitigem narzißtischem Rückzug und Regression im häuslichen Milieu brachte zwar den Gedanken an den von Freud erst spät beschriebenen Todestrieb sehr nahe, wir möchten uns jedoch im folgenden eher auf die von Mentzos (1986) beschriebenen „neuen Aggressionsmodelle" beziehen. Er meint, daß die *Qualität* der Aggressivität, die Freud zu der folgenschweren Akzentverschiebung und zu der Formulierung des Aggressions- und später Todestriebs veranlaßte, wie die nach innen gerichtete Aggression und schließlich die von der Befriedigung geleitete Aggressivität des Sadismus auch durch ein Konfliktmodell erklärt werden können. Einerseits geht es um Wünsche nach Kontakt, Bindung, Zärtlichkeit bis hin zur symbiotischen Vereinigung, andererseits um das Bedürfnis nach Selbständigkeit, Selbstidentität, Sicherheit, Selbsterhaltung sowie nach expansiver und autonomer Selbstverwirklichung. Diese beiden Gruppen geraten schon bei einer normalen Entwicklung in Konflikt. Im Sinne Mentzos'(1986) wäre die Aggressivität des Sohnes bis zur Diagnosestellung der HIV-Infektion als funktionale Aggression zu sehen. Der Sohn wurde durch die Erkrankung stark an die Mutter gebunden. Er fühlte sich zu sehr von ihr in Anspruch genommen und entwickelte inneren Protest, Ärger und schließlich Aggression, die ohne die Primärerkrankung sicher auch in körperlicher Auseinandersetzung mit Gleichaltrigen hätte gemildert werden können. Die Mutter, die alles für den Sohn opferte, wie Beruf und erneuten Kinderwunsch, fühlt sich von allen Autonomiebestrebungen des Jungen irritiert und reagiert auch mit (verleugneter) Aggression. Diese ruft wiederum beim Sohn Angst hervor, die mit Aggression beantwortet wird. Unseres Erachtens ist diese sich entwickelnde Aggression beider Seiten eine adäquate Reaktion auf die durch den Konflikt hervorgerufene Frustration. Diese Frustration wiederum führt zu einer Unzufriedenheit, Gereiztheit und erneuten Aggressivierung (vgl. Mentzos 1986). Da es in der frühkindlichen Entwicklung des Jungen entweder an Selbstbestimmung oder an Liebe mangelte, wurde diese „Pseudolösung“ des Konflikts durch Internalisierung zu einem Teil der eigenen Struktur, und somit wirkte die Aggressivität gegenüber den Gleichaltrigen und gegenüber der Mutter fast unbeeinflußbar. Es hatte den *Anschein*, als gäbe es einen energetisch konzipierten Trieb, also eine Aggressionsquelle. Im Laufe der Therapie wurde jedoch deutlich, daß die aggressiven Reaktionsmuster des Sohnes gegenüber Gleichaltrigen zwar mit Isolation „bezahlt“ wurden, daß sie jedoch auch und v. a. dazu dienten, von einer inneren Spannung, von einem inneren Druck und insbesondere auch von Todesangst zu befreien. Mentzos (1986) beschrieb die „narzißtische Prämie“ der Aggression folgendermaßen:

> Vorhandene Ängste pflegen geringer zu werden, Minderwertigkeitsgefühle schwächen sich ab, bedrückende Gefühle werden kaum noch empfunden.

Diese Aggression – von Mentzos dysfunktional genannt – deutete sich während der Therapie immer wieder an, wenn es darum ging, die Angst, von der Mutter verlassen zu werden, die Angst, in der Klasse für die Erkrankung diskriminiert zu werden, oder die aufkommende Todesangst niederzuhalten. Sie diente dann v. a. zur Stabilisierung einer labilen narzißtischen Homöostase und beinhaltete die Gefahr der Distanzierung vom Objekt.

In der Therapie hat der Sohn die Möglichkeit, den sich durch die vom Tode bedrohte Erkrankung und den daraus resultierenden Abwehrmechanismen der Eltern verschärfenden Konflikt objektbezogen zu bearbeiten. Seine Ängste, im Sterben verlassen zu werden, einerseits und seine Abhängigkeitswünsche und Hoffnungen andererseits können in der Übertragungsbeziehung bearbeitet werden und entspannen so die Beziehungen zur Mutter, die ihre Ängste immer weniger abwehren muß. Durch eine Bearbeitung und Enttabuisierung des Todesthemas entstand die Möglichkeit für ein bewußtes, verantwortungsvolles Weiterleben.

Wenn auch die frühkindliche Entwicklung und die Entstehung des familiären Systems durch die Vorerkrankung des Jungen sehr spezifisch ist, so berechtigt doch der Verlauf der Therapie – v. a. die Dynamik durch die für alle HIV-Infizierten vorhandene Todesangst – zur Aussage, daß nicht eine Kasernierung der HIV-Infizierten – wie von einigen vorgeschlagen – sondern eine qualifizierte Beratung bzw. wie in diesem Fall Behandlung indiziert ist. Durch eine Lösung des Konflikts kann verhindert werden, daß die angesichts der Todesbedrohung aktualisierte funktionale Aggression in eine dysfunktionale mit (Selbst)zerstörung einhergehende umschlagen könnte.

Klinische Konsequenzen

Aids-Angst und reale Aids-Bedrohung erfaßt inzwischen die sog. „Normalbevölkerung" und begünstigt bestimmte Abwehrmechanismen, die auf dem Hintergrund der psychoanalytischen Theorien interpretiert werden können.

1) Sogenannte klassische Neurosen könnten unter der phantasierten Aids-Bedrohung wieder häufiger auftreten. Wird der gesellschaftliche Druck auf die Familie stärker, die Rücknahme der in den letzten 2 Dekaden eingetretenen sexuellen Liberaliserung zu erzwingen, kann es zu einer „sexuellen Gegenreformation" kommen, die den bei Freud bekannten Wiener Verhältnissen recht nahe kommen dürfte. Insofern wäre eine „Ödipalisierung" der Gesellschaft zu erwarten, die in der Folge auch die von Freud beschriebenen klassischen Neurosen in einer größeren Zahl nach sich ziehen dürfte.

2) Intrafamiliär dürften bestimmte Abwehrformen begünstigt werden, die bei Richter (1970) als angstneurotische und paranoide Festungsfamilien beschrieben wurden. Unter der nur phantasierten Aids-Bedrohung schließt sich die Familie zu einem verschworenen Clan zusammen und wehrt „virulente" Einflüsse von außen ab.

Tritt eine Aids-Erkrankung real in die familiäre Beziehungsdynamik ein, so kommt es sehr schnell, wie oben beschrieben, zu einer paranoiden Reaktion, die der „Festungsfamilie" gleichen dürfte. Die paranoide Festungsfamilie begünstigt nunmehr primitive Abwehrmechanismen wie Projektion, Verleugnung, Spaltung und Ungeschehenmachen. Die Familie igelt sich ein und versteht sich als keimfreie Insel im Strom der Infektion. Gibt es in der Familie ein erkranktes Mitglied, so dürften psychosoziale Abwehrmechanismen von außen diese Abgrenzung erzwingen.

3) Via elterlicher Übertragungen und narzißtischer Projektionen könnten, nach Kenntnis der Ansteckungsgefahr, Kinder sich „unbewußt-vorsätzlich" anstecken lassen. Diese „Sündenbockdelegation" (Richter 1969) könnte bei den Jugendlichen besonders tragische Formen des Ausagierens sadomasochistischer Impulse nach sich ziehen. Dies rechtfertigt eine qualifizierte Beratung bzw. Therapie bei allen Formen von Aids-Phobie und manifesten Aids-Erkrankungen.

Literatur

AIDS-Paare in Gefahr? (1988) Der Spiegel 42/8:120–139

Deuchar N (1984) AIDS in New York City with particular reference to the psycho-social aspects. Br J Psychiatry 145:612–619

Engel GL, Schmale AH (1969) Eine psychoanalytische Theorie der somatischen Störung. Psyche 23:241–261

Freud S (1913) Totem und Tabu. (Gesammelte Werke, Bd 9; Fischer, Frankfurt am Main, 1966ff.)

Freud S (1914) Zur Einführung des Narzißmus. GW Bd 10, S 138–170

Freud S (1917) Trauer und Melancholie. GW Bd 10, S 428–446

Freud S (1920) Jenseits des Lustprinzips. GW Bd 13, S 3–69

Freud S (1923) Das Ich und das Es. GW Bd 13, S 237–289

Freud S (1930) Das Unbehagen in der Kultur. GW Bd 14, S 421–506

Ferrara AJ (1984) My personal experience with AIDS. Am Psychol 39:1285–1287

Kendrick W (1987) Aidsspeak: A plague of words. Unsafe texts. Village Voice Literary [Suppl] Oct:10–13

Mentzos S (1986) Neue Aggressionsmodelle. In: Luft H, Maas G (Hrsg) Theorie und Technik in der Veränderung. Hofheim Wiesbaden (Arbeitstagung der DPV in Wiesbaden vom 19.11.–22.11.1986)

Overbeck G (1984) Krankheit als Anpassungsleistung. In: Krankheit als Anpassung. Suhrkamp, Frankfurt am Main, S 62ff

Richter HE (1969) Eltern, Kind und Neurose. Die Rolle des Kindes in der Familie. Rowohlt, Reinbek

Richter HE (1970) Patient Familie: Entstehung, Struktur und Therapie von Konflikten in Ehe und Familie. Rowohlt, Reinbek

Richter HE (1984) Sterbeangst und Destruktivität. Psyche 38:1105–1123

Winnicott DW (1950) Die Beziehung zwischen Aggression und Gefühlsentwicklung. In: Von der Kinderheilkunde zur Psychoanalyse. München, Kindler, Kap 4

Die Frau in der psychosomatischen Medizin

Die Psychosomatik der Frauen ist nicht gleich die Psychosomatik der Gynäkologie

B. Jansen

Zusammenfassung

Frauen scheinen ein irgendwie innigeres Verhältnis zu Krankheiten einerseits und zur Medizin andererseits zu haben – so lautet eine gängige Auffassung.

Wie aber leben Frauen ihre Krankheiten?

Der Weise, wie Frauen und Männer ihre Krankheiten leben, ebenso wie theoretischen Diskursen darüber und Umgangsweisen der Medizin damit kommt eine wesentliche Bedeutung für die Konstituierung des Geschlechterverhältnisses zu. Diese Behauptung soll an 15 Punkten verdeutlicht werden. Aus einem Forschungsprojekt über Krankheitserfahrungen von Frauen, das mit der Methode der kollektiven Erinnerungsarbeit experimentierte, werden exemplarisch empirische Ergebnisse darüber vorgestellt, wie Frauen im Krankheitsfalle ihre Lage deuten, Auswegslosigkeiten und widerspruchseliminierende Lösungen vorbereiten, ihre Körper wahrnehmen und sich selbst als Subjekte konstituieren.

Schlüsselbegriffe: Psychosomatik, Gynäkologie, Geschlechtsverhältnis, Gesundheit, Frau.

Einleitung

Es ist ein historisch junges Phänomen, daß die Medizin den Körper als aus Organen zusammengesetzt und körperliche Funktionen als Organfunktionen begreift (vgl. Foucault 1973). Dies ist für die Frage nach dem medizinischen Blick auf beide Geschlechter insofern von Bedeutung, als die Organfunktionen bei Frauen und Männern prinzipiell als gleich gelten – außer bei den Geschlechtsorganen (vgl. Vogt 1987). In Sätzen wie dem von Virchow (1821–1902) „Das Weib ist, was es ist, einzig durch sein Ovarium", wird jedoch deutlich, daß die Geschlechtsorgane keineswegs als komplementäre Gleichwertigkeit der Körpersysteme von Frauen und Männern gesehen werden. Vielmehr sind es gerade die Geschlechts- und Fortpflanzungsorgane der Frauen, an denen ihre „Minderwertigkeit" festgemacht wird. Dieser Sachverhalt wird von der Frauenbewegung schon lange als „Biologismus" oder „Naturalisierung gesellschaftlicher Ungleichheit" kritisiert (vgl. z. B. Stolcke 1987).

Die historische Einführung der Klinikgeburt wirkte an der Etablierung eines ganzen Medizinzweiges, der Gynäkologie, mit, der sich auf das biologische und

Söllner et al. (Hrsg.) Sozio-psycho-somatik

soziale Geschlecht „Frau“ konzentriert (vgl. Shorter 1984; Ehrenreich u. English 1975). Sämtliche Symptomatiken, die die Geschlechts- und Fortpflanzungsorgane der Männer betreffen, werden bisher hauptsächlich von Dermatologie und Urologie behandelt (auch wenn es seit kurzem einen Lehrstuhl für Andrologie gibt). So logisch diese medizinische Arbeitsteilung zwischen Gynäkologie einerseits und Urologie/Dermatologie andererseits auch scheint: sie ist unselbstverständlich. Obwohl es Krankheiten und Beschwerden gibt, die hauptsächlich oder ausschließlich von Männern erlitten werden (z. B. Herzinfarkte oder Prostataerkrankungen), werden diese nicht als „Männerkrankheiten“ benannt oder von einem „Männerarzt“ behandelt. Die Verknüpfung des sozialen und biologischen Geschlechts mit bestimmten Krankheiten findet bei Männern nicht statt.

Irmgard Vogt (1987) beobachtet bei der klinischen Psychologie, daß diese die Psyche ganz im Sinne von Organen aufteile, die zusammengenommen das Psychische ausmachten. Habe man erst einmal das Psychische als „Organkomplex“ gefunden, so seien die Geschlechterverhältnisse leicht aus dem Blick. Bei ihrer Untersuchung klinisch-psychologischer Lehrbücher erklärt sie mit dieser Entwicklung den Irrglauben, Angst funktioniere und bedeute bei Männern und Frauen das gleiche und sei also gleich zu therapieren. Dieser Gedankengang sei nur dann möglich, wenn von allen sozialen Aspekten des Frauen- und Männeralltags abgesehen werde, wie etwa von der Gewalt gegen Frauen. Ähnlich wie in der Medizin unterliege die klinische Psychologie also einer „Geschlechterblindheit“. Ergebnisse ebenso wie theoretische Entwürfe über Geschlechterverhältnisse gehen so keineswegs in die Grundlagenforschung und also auch nicht in therapeutisches Grundwissen der klinischen Psychologie ein.

Auch wenn sich Medizin und klinische Psychologie nicht umstandslos historisch miteinander vergleichen lassen, so ist die Parallele frappant, daß das Geschlecht als Kategorie stets nur dann eine Rolle spielt, wenn sich Unterschiede zwischen den Geschlechtern nicht mehr leugnen lassen. „Allgemeinmenschlich“ und demzufolge geschlechterblind bleiben Medizin und klinische Psychologie solange, wie es gelingt, Männer und ihre Erfahrungen als allgemein und alleinig zu setzen. Sobald diese Grenze durch nicht mehr leugbare Geschlechterunterschiede überschritten wird, wird dabei bekanntermaßen das Weibliche als Abweichung von männlicher Normalität definiert. Die Kategorie „Geschlecht“ wird dabei in diesen Abweichungsraum des Weiblichen verdrängt und nur auf diesen vereindeutigt: die Frauen werden quasi zu Stellvertreterinnen des Geschlechts.

Manchmal wird eingewandt, daß für die Psychosomatik, wenn sie sich auf die Psychoanalyse bezieht, der Blick für die Geschlechter fast selbstverständlich sei. Schließlich liefere die Psychoanalyse und speziell das Theorem des Ödipuskomplexes ein Erklärungs- und Beschreibungsmuster für die Genese der männlichen und weiblichen Sozialcharaktere. Mir scheint jedoch, daß auch in der psychoanalytischen Psychosomatik das Geschlechtsspezifische in einseitiger Weise in ein Spezialterrain abgesondert ist: in die psychosomatische Gynäkologie. Geschlechtsspezifik bedeutet dabei nur: Weibliches – und Weibliches bedeutet dabei nur: Gynäkologisches. Was aber wissen wir über die Geschlechtsspezifik von Beinbrüchen, Schnupfen oder Colitis ulcerosa?

Der geschlechtsspezifische Blick der Psychosomatik darf sich nicht, wie in dem eben beschriebenen doppelten Reduktionsschritt, auf die Gynäkologie beschränken. Psychosomatik ist, vereinfacht gesagt, als Kritik an einer Organmedizin entstanden, die unter Ausklammerung aller psychischer Vorgänge den Körper als Maschine begreift und repariert. Psychosomatik muß heute unvermindert gegen die Allmachtsposition dieser Art von Organmedizin ankämpfen. Sie muß aber auch Kritik an einer Art von Naturwissenschaftlichkeit sein, die die biologische, psychische und soziale Geschlechtlichkeit des gesamten Körpergeschehens ausblendet.

Türkische Psychoanalytiker/innen und Ärzte, die in der Bundesrepublik Deutschland praktizieren, müssen sich ständig dafür einsetzen, daß eine andere Dimension des Körpergeschehens Berücksichtigung findet. Kulturelle Differenzen werden beim Aufeinanderprall türkischer Patienten und Patientinnen mit dem bundesdeutschen Medizinsystem überdeutlich; sie sind nicht allein durch einen Dolmetscher zu beheben (vgl. Koptagel-Ilal 1988). Ebenso müssen Psychosomatiker/innen dafür arbeiten, daß kein Geschlecht, keine Kultur unter die andere subsumiert wird. Eine Subsumtion des türkischen unter das deutsche, des weiblichen unter das männliche Körperverständnis ist nicht nur eine Ausübung von Herrschaft, sondern auch unwissenschaftlich.

Gebraucht wird ein soziopsychosomatischer Blick auf *alle* Krankheiten, der die Kategorie des männlichen *oder* weiblichen Geschlechts als eine seiner grundlegenden Kategorien betrachtet und nicht nur eine Psychosomatik der Gynäkologie, die sich bereits als Psychosomatik „der“ Frau begreift.

Was aber spricht dafür, daß die Zugehörigkeit zu diesem oder jenem Geschlecht für das Körpergeschehen, für seine Wahrnehmung und für die daraus resultierenden Handlungen bedeutsam ist?

Einige Ergebnisse und Thesen

- Esther Fischer-Homberger (1984) weist für die Medizingeschichte nach, daß das soziale und biologische Geschlecht „Frau“ mit Krankheit und/oder Ansteckungsgefahr gleichgesetzt wurde. Je nach historischer Epoche zeigt sich ein wechselnder Schwäche- und/oder Verrücktheitsdiskurs über Frauen.
- Frauen sind teilweise systematisch aus epidemiologischen Großstudien, die auf Lohnarbeit konzentriert sind, ausgeschlossen. So werden z. B. gynäkologische Erkrankungen in repräsentativen epidemiologischen Studien häufig „vergessen“ (Bartholomeyczik 1988).
- Wenn Frauen und Männer selbst ihre Krankheiten und Beschwerden angeben sollen, findet sich repräsentativ für die Bundesrepublik Deutschland, daß Frauen bei den meisten Krankheiten und Beschwerden in höherem Maße, teilweise um das 2- oder 3fache betroffen sind. Frauen bezeichneten sich auch selber wesentlich häufiger als chronisch krank. Dabei handelt es sich nicht um implizite Alterserkrankungen, vielmehr wurde für die jüngeren Altersgruppen ein Frauenanteil an Selbsteinschätzung über Krankheiten festgestellt, der weit über dem Durchschnitt liegt (vgl. Grunow-Lutter 1984).

- Die Krankheiten der Männer, v. a. die Herzkrankheiten, gelten nach wie vor als die „eigentlichen" Krankheiten. Dies läßt sich nicht nur an Pharmawerbeanzeigen im *Deutschen Ärzteblatt* ablesen, sondern auch an den Finanzierungsbewilligungen für sozialmedizinische und epidemiologische Studien (vgl. Bartholomeyczik 1988).
- Männerkrankheiten und -beschwerden werden von Medizin und Psychologie wesentlich leichter dem organischen Bereich zugeordnet, Frauenkrankheiten und -beschwerden dem psychischen Bereich (vgl. z. B. Armitage etal. 1979).
- Das psychische Gesundheitsideal ist bei Therapeuten und Therapeutinnen mit Männlichkeit verknüpft (Brovermann etal. 1970).
- In allen größeren westeuropäischen Untersuchungen werden Frauen durchschnittlich 1,5mal häufiger als Männer als psychisch krank diagnostiziert. Stationäre psychiatrische Behandlung findet bei Männern und Frauen gleich oft statt, bei ambulanter psychotherapeutischer Behandlung sind es jedoch 3mal mehr Frauen als Männer (vgl. Böhm 1987).
- Der Verschreibungsgrad von Psychopharmaka liegt bei Frauen in allen Altersgruppen deutlich höher als bei Männern. Bei alten und hochbetagten Menschen wird diese Diskrepanz nur krasser (vgl. Sichrovsky 1984).
- Das einzige psychiatrische Störungsbild, das bei wesentlich mehr Männern als Frauen diagnostiziert wird, sind die „Persönlichkeitsstörungen", speziell das „soziopathische" und „verantwortungslose" Verhalten. Bei Frauen werden mehr Neurosen diagnostiziert. Den höchsten Anteil an den Neurosen haben die Depressionen, den zweithöchsten die Psychosomatosen. Zwischen 18 und 71% der US-Bevölkerung fühlen sich psychosomatisch beeinträchtigt. Bei Psychosen ist die Geschlechterverteilung etwa gleich.
- Alkoholkranke Frauen in Psychiatrien erhalten zu 75% eine psychiatrische Nebendiagnose, Männer dagegen nur zu 35%.
- Der medizinische Untersuchungsaufwand ist bei Männern größer als bei Frauen, obwohl Frauen öfter zum Arzt gehen, mehr Rezepte erhalten und mehr Medikamente nehmen als Männer (vgl. Sichrovsky 1984).
- Wenn Mädchen zu Frauen werden, werden sie auch pathologisiert. Pünktlich mit der Menarche steigt die Anzahl der Diagnosen und Medikamentenverschreibungen sprunghaft und rapide an. Weitere biographische Pathologisierungsknoten sind: Menstruation überhaupt, Geburt und Klimakterium (vgl. Sichrovsky 1984).
- Neben diesen speziell „weiblichen Erkrankungen" werden jedoch auch identische Symptome bei Mädchen und Jungen unterschiedlich bis gegensätzlich behandelt. Ratschläge wie „treibe mehr Sport" an Jungen und „du mußt dich schonen" an Mädchen im Falle der Übelkeit sieht Sichrovsky als frühe Einübung des Nach-innen-Lebens der Mädchen und des Nach-außen-Lebens der Jungen an. Auch die Kontexte verändern sich je nach Geschlecht. Vogt (1987) fand in Lehrbüchern der Medizinpsychologie, daß Adipositastherapie bei Männern im Kontext der Herzerkrankungen und deren Prävention und Rehabilitation abgehandelt wird, bei Frauen hingegen schlicht „Dickentherapie" genannt wurde.
- Beide Geschlechter finden auf sehr unterschiedliche Weise ihre Körper als Aufgabe vor, wenn sie erwachsen werden. Bei Frauen ist durch die Stichworte

„Verhüten und Gebären", „Krankheiten der anderen und deren öffentliche oder private Pflege" (nicht aber Heilung), „Schönheit und Sexualisierung" schon angedeutet, daß sowohl die Körper der anderen als auch der eigene Körper Aufgaben sind. Beim eigenen Körper steht v. a. die Sorge um dessen Mängel im Mittelpunkt, sie löst eine unendliche Spirale von Regulierungsversuchen aus. Das Leiden unter gesellschaftlichen Unzulänglichkeiten ist hier oft ein Leiden an den Unzulänglichkeiten des eigenen Körpers (vgl. Haug 1983). Männer setzen ihre Körper eher aufs Spiel, was sich z.B. bei den männlichen Selbstmordarten und bei den von Männern bevorzugten Sportarten zeigt.
- Wenn Frauen delinquent werden, so wird dies psychopathologisch erklärt. Im Falle männlicher Delinquenz werden zumeist soziologische Erklärungsmuster herangezogen (vgl. Gipser u. Stein-Hilbers 1980).

Diese Stichpunkte mögen genügen, um zu zeigen, daß die soziale Dimension des Geschlechterverhältnisses in die Wahrnehmungsweisen aller Beteiligter einfließt, sei dies im Bereich psychischer oder organischer Krankheiten. Zugleich wird in diesen Bereichen psychischer, organischer oder psychosomatischer Erklärungen, Behandlungen, Rehabilitationen oder Präventionen das Geschlechterverhältnis auch immer wieder als Minderbewertung der Frauen perpetuiert und zementiert. Ob dies nun ein Arzt, eine Ehefrau, ein Ehemann, eine Krankenschwester oder eine Psychologin ist: Auch im Krankheitsfalle denkt und fühlt niemand geschlechtsneutral.

Es reicht jedoch nicht, in dieser Art Zusammenschau und Epidemiologie zu verharren oder Beschwerden und Krankheiten eben psychosomatisch zu erklären und zu behandeln. Es reicht auch nicht, als zusätzliche Erklärung die „höhere Klagsamkeit" der Frauen (über die sehr widersprüchliche Ergebnisse vorliegen) heranzuziehen. Vielmehr muß davon ausgegangen werden, daß die gesellschaftliche Minderbewertung von Frauen, ihre vielfachen Be- und Überlastungen und Zerreißproben im „weiblichen Lebenszusammenhang" und ihre Behandlung durch die Medizin und Psychologie als entweder Kinder oder Kranke als *ätiologische* Faktoren ein genauso hohes Gewicht haben wie psychische und somatische Faktoren (vgl. Vogt 1987).

Was hat der Schnupfen mit dem Geschlecht zu tun?

Am Beispiel einer scheinbar banalen Beschwerde, die nicht aus dem gynäkologischen Bereich stammt und die in der Psychosomatik als „Weinen der Seele" bekannt ist, soll bruchstückhaft vorgestellt werden, welchen Nutzen die Kategorie „Geschlecht" für das Begreifen von Krankheitsbewältigungsformen haben kann. Bruchstückhaft ist das Beispiel v. a. deshalb, weil die vorliegende Episode, auf der die Interpretation beruht, wieder nur von einem Geschlecht handelt (vgl. Jansen u. Nemitz 1986).

Methodisch beruht die Auswertung auf der kollektiven Erinnerungsarbeit (vgl. Haug 1983). Krankheitserfahrungen werden schriftlich festgehalten, möglichst auf eine konkrete Situation konzentriert. Das Hauptaugenmerk bei der Bearbeitung liegt auf der Rekonstruktion der Körperwahrnehmungen, den damit verbundenen körperbezogenen Bewältigungsversuchen und den an ihnen deutlich werdenden Identitätskonzepten.

„Scheißerkältungen“

Sie wollte in zehn Tagen nach Frankreich fahren. Sie bekam eine Erkältung. Sie entwickelte sich nach bekanntem Muster: Schnupfen, dicker Kopf, verstopfte Nase, Kratzen im Hals, Husten und dann die befürchtete Nebenhöhlenentzündung. Beim Bewegen des Kopfes, insbesondere, wenn sie den Kopf nach unten bewegt, sich bückt, ein stechender Schmerz vorne in der Stirn. Mit Schnupfen fühlt sie sich selbst eklig: schniefen, rotzen, rote entzündete Haut um die Nase, alles tut weh, Kopfschmerzen, nicht schlafen können, aber vor allem Ekel vor sich selbst. Sie kann nicht verstehen, daß andere das nicht anekelt. Deshalb hat sie auch gemischte Gefühle gegenüber Besuch: Einerseits freut sie sich, andererseits „weiß“ sie, daß sie den Gästen nicht angenehm sein kein mit ihrer Schniefnase. Zusätzlich zu den Schmerzen, die sich auch nicht gemütlich lesen lassen, wird sie bei Erkältungen auch immer depressiv: Sie heult, ist verzweifelt, weil sie ausgeschaltet ist. Sie fühlt sich vom Leben ausgeschlossen; möchte arbeiten, rausgehen, etwas unternehmen und kann aber überhaupt gar nichts machen. Kein Selbstmitleid, sondern Haßgefühle gegen ihren Körper. Der Wunsch, sie möchte ihren Kopf abhacken. Der alte Wunsch (mindestens seit sie 19 ist) kommt auch wieder ins Bewußtsein: Sie möchte ein kleiner Gummiball sein, nur geistige Realität, Befreiung von allen körperlichen Bedürfnissen. – (Die Schreiberin gibt zu der Geschichte an, auf welches Alter sich die Erinnerung bezieht: 34 Jahre.)

Zunächst scheint es um ein konkretes Problem zu gehen: Schniefnase und dicker Kopf drohen, die geplante Urlaubsreise zu verderben. Eine ärgerliche, aber doch eher harmlose Sache, so könnten wir bei den ersten Zeilen noch meinen. Dann aber entwickelt sich in dieser kurzen Geschichte eine Dramatik, die über allgemeine Betrachtungen zu Ekel bis hin zu Selbstzerstörungsphantasien führt. Wie kommt es, daß die Autorin sich als derart behindert und handlungsunfähig begreift („Sie heult, ist verzweifelt, weil sie ausgeschaltet ist. Sie fühlt sich vom Leben ausgeschlossen . . . kann überhaupt gar nichts machen.“)?

Der Zugang zum Problemverständnis scheint uns in den Begriffen zu stecken. Wenden wir uns als erstes dem Ekel zu. Ekel ist bei ihr zunächst ein Verhältnis zum eigenen Körper und wird dann als ein Verhältnis zu anderen Personen benannt. Die anderen tauchen auf als Besuch – darunter können wir uns noch Freunde und Freundinnen vorstellen –, dann zunehmend distanzierter als „Gäste“. Ihre Gefühle dabei beziehen sich auf die Sorge, sie könnte anekeln, ihnen nicht „angenehm“ sein. Dabei geben die anderen offenbar keinen Anlaß zu solchen Gefühlen, denn „sie kann nicht verstehen, daß andere das nicht anekelt“. Sie konstituiert sich in einem Verhältnis von Gastgeberin zu Gästen, denen sie es angenehm machen muß, indem sie selber angenehm ist. Die Probleme spielen sich an und in ihr ab.

Bei solchen Konstruktionen, in denen das Verhältnis zu anderen Menschen als ein Verhältnis zum eigenen Körper erlitten wird, muß also ein anderer Körper her – am besten gar keiner: „Der alte Wunsch (mindestens seit sie 19 ist) kommt auch wieder ins Bewußtsein: Sie möchte ein kleiner Gummiball sein, nur geistige Realität, Befreiung von allen körperlichen Bedürfnissen.“

Welche Körpervorstellungen stecken in solchen Befreiungssehnsüchten? Im Gegenbild vom kleinen Gummiball wird die leidvolle Schwere des Körpers bedeutet. Seine Bedürftigkeit ist lästig, hält die Schreiberin von sozialen Aktivitäten zurück, zieht sie bildlich runter. Der Körper wird zum schuldigen Subjekt, sie betrachtet ihn als etwas außerhalb von ihr selbst. Was schuldet er ihr? Eine gewisse Leichtigkeit, ein unauffälliges Funktionieren. Statt dessen stört er sie – von außen – in ihren Sozialbeziehungen, ihren Arbeiten. Es ist, als werde sie in ihrer Vergesellschaftung von diesem störanfälligen, schweren, an lästige Bedürfnisse gebundenen, gegen ihre Ziele widerständigen, eigenen Zeitgesetzen gehorchenden Stück Fleisch behindert. Wir können in dieser Geschichte nicht entziffern, welches genau das unlösbar erscheinende Problem ist, das die Autorin in eine solche Verachtung gegenüber ihrem Körper treibt.

Die uns bekannten Untersuchungen und Theoretisierungen verorten eine solche Negierung von Störungen, das Begreifen des Körpers als bloßes Instrument, welches dem eigenen und – angesichts umfassender Fremdbestimmung – zugleich vielen fremden Willen gehorchen muß, allgemeiner in männlicher Kultur und Politik, speziell in männlichen Lohnarbeitsverhältnissen. Die Krankheiten der Männer zeichneten sich deshalb durch plötzliche und stumme Zusammenbrüche aus, dementsprechend hätten Männer auch Schwierigkeiten, etwas aus ihren Krankheiten zu lernen (vgl. Stössel 1986; Ehrenreich 1984 und andere, insbesondere zum Thema Herzinfarkt).

Diese Geschichte endet mit selbstzerstörerischen Befreiungsvorstellungen, nur daß wir noch nicht einmal ahnen, woraus befreit werden soll.

Feministische Versuche gelten dem Studium der Körperrebellionen in der Perspektive des Umbaus unserer Körperhaltungen. Zur Weiterentwicklung dieser Bemühungen lehrt die hier untersuchte Geschichte vielleicht, daß Frauen nicht einfach außerhalb solcher männlich-philosophischen, dualistischen Körper-Geist-Traditionen stehen. In ihrem Widerstand gegen einengende Verhältnisse scheinen auch Frauen auf solche Körperwahrnehmungen zurückzugreifen und die Kämpfe gegen den eigenen Körper zu richten (Jansen u. Nemitz 1987, S. 64–66).

Zum Schluß soll ein Szenenwechsel stattfinden. Anhand eines literarischen Beispiels einer „Krankheitsgeschichte", die sich ebenfalls um den Schnupfen dreht und die hier uninterpretiert bleibt, soll zu weiteren Phantasien darüber angeregt werden, wie die Zugehörigkeit zu diesem oder jenem Geschlecht für das Körpergeschehen, aber auch für die Wahrnehmung dieses Körpergeschehens und den daraus resultierenden Handlungen bedeutsam ist.

Die Geschichte stammt von Helke Sander (1987) und ist eine der *Geschichten der drei Damen K.*

„Der Wunderheiler"

Seit sie sich erinnern konnte, hatte Frau K. zweimal jährlich eine schwere Erkältung. Gegen die half keinerlei Medizin, weder konventionelle noch homöopathische, zu keinem Zeitpunkt der Krankheit. Die Sache wurde durchgestanden und war lange Zeit die einzige Regelmäßigkeit in ihrem Leben: zweimal sieben Tage, davon jeweils zwei im Bett.

Der Mann, in den sie im Begriff war sich zu verlieben, besuchte sie ausgerechnet am schlimmsten Tag. Von der Zehnerpackung Tempotücher hatte sie in einer Stunde schon acht verbraucht. Die Nase troff und war entzündet. Der Hals war zu, der Kopf schmerzte, sie schwitzte und fror

abwechselnd. Sie schämte sich ihres Aussehens, lag apathisch in ihren Kissen und ließ sich von ihm eine heiße Zitrone bringen. Vielleicht, dachte sie, ist es ja gut gerade so, vielleicht ist er ja so abgeschreckt, daß er nicht wieder kommt. Normalerweise reagieren Männer ja auf das Äußere. Das würde ihnen eine Menge Probleme, die sie vage ahnte, ersparen. Aber zu ihrer Überraschung legte er sich neben sie und blieb. Sie protestierte mit dem Rest ihrer Vernunft und Konventionalität, um ihn vor Ansteckung zu schützen. Er drückte sich an sie. Sie fühlte seinen Körper an ihrem Rücken und sagte nichts mehr. Das Gefühl überschwemmte sie, daß ihr nun nichts mehr passieren könne, sie war zu Hause, sie wußte, wie es als Säugling war. Sie drehten sich zueinander. Von Kopf bis Fuß legten sich die beiden Häute aneinander. Pore an Pore. Die einzelnen Haare spürten sich und umschlangen sich. Sie wieder zu trennen würde schreckliche Wunden reißen. Wie der Virus an der Zellwand eines anderen Virus klebten sie aneinander. Seine Arme und Beine waren die Verlängerung ihrer eigenen. Sie konnte es nicht mehr unterscheiden. Durch die Haut gingen die Nerven des anderen. Und während er in sie kam, stockte der Schnupfen, der Halsschmerz wich, der Kopf klarte, das Fieber ging weg. Nach einer halben Stunde war sie gesund. Und sie wußte, sie war nun immun. Sie würde sich nie mehr erkälten, solange sie ihre Haut an seine Haut legen konnte. Nur der Tod würde sie trennen, aber da irrte sie sich.
Als er ging, und sie wußte nicht warum, war sie jahrelang amputiert. Es war eine schlimme Krankheit, ähnlich Brandwunden. Mehr als fünfzig Prozent des Körpers waren davon ergriffen. Es war ein Wunder, daß sie durchkam, wenn auch mit den entsetzlichsten, entstellendsten Narben, die dem bloßen Auge nicht sichtbar waren. Vor Hautschmerzen schrie sie Nacht für Nacht. Aber ihre Immunität gegen Erkältungskrankheiten blieb. Um sie herum brandeten Grippeepidemien aller Sorten, immer neue. Wenn andere sich schützten, sich impfen ließen, Angesteckten nicht zu nahe kamen, konnte sie sich mitten unter sie setzen, aus derselben Tasse trinken. Sie wußte, sie würde nicht krank werden. Erst im zehnten Jahr wurde sie eines Morgens wach und hatte Schnupfen (Sander 1987, S. 32–33).

Literatur

Armitage K, Schneidermann LJ, Bass RA (1979) Response of physicians to medical complaints in men and women. JAMA 241:2186–2191

Bartholomeyczik S (Hrsg) (1988) Beruf, Familie und Gesundheit bei Frauen. Verlag für Ausbildung und Studium, Berlin

Böhm N (1987) Frauen – das kranke Geschlecht? Zur Epidemiologie psychischer Erkrankungen bei Frauen. In: Rommelspacher H (Hrsg) Weibliche Beziehungsmuster. Psychologie und Therapie von Frauen. Campus, Frankfurt am Main, New York, S 71–101

Brovermann ID, Brovermann DM, Clarkson FE, Rosenkrantz PS, Vogel SR (1970) Sex-role stereotypes and clinical judgements of mental health. J Consult Clin Psychol 34:1–7

Ehrenreich B (1984) Die Herzen der Männer. Auf der Suche nach einer neuen Rolle. Rowohlt, Reinbek

Ehrenreich B, English D (1975) Hexen, Hebammen und Krankenschwestern. Frauenoffensive, München

Fischer-Homberger E (1984) Krankheit Frau. Luchterhand, Darmstadt Neuwied

Foucault M (1973) Die Geburt der Klinik. Zur Genealogie des ärztlichen Blicks. Fischer, Frankfurt am Main

Gipser D, Stein-Hilbers M (Hrsg) (1980) Wenn Frauen aus der Rolle fallen. Alltägliches Leiden und abweichendes Verhalten von Frauen. Beltz, Weinheim

Grunow-Lutter V (1984) Krankheiten und Beschwerden in den Haushalten der Bundesrepublik. MMG 9:47–53

Haug F (Hrsg) (1983) Frauenformen. 2. Sexualisierung der Körper. Argument, Berlin

Jansen B, Nemitz B (1987) Frauenleid und Frauenleiden. Zur Pathologisierung von Frauenkörpern. In: Haug F, Hauser K (Hrsg) Der Widerspenstigen Zähmung. Kritische Psychologie der Frauen. Argument, Berlin

Koptagel-Ilal G (1988) Psychosomatische Gynäkologie. Probleme türkischer Immigrantinnen. IAG Frauenforschung der Gesamthochschule, Kassel

Sander H (1987) Die Geschichten der drei Damen K. Frauenoffensive, München
Shorter E (1984) Der weibliche Körper als Schicksal. Zur Sozialgeschichte der Frau. Piper, München
Sichrovsky P (1984) Krankheit auf Rezept. Kiepenheuer & Witsch, Köln
Stolcke V (1987) Die Naturalisierung gesellschaftlicher Ungleichheit. Das Argument 163:329–346
Stössel JP (1986) Herz im Streß. Knaur, München
Vogt I (1987) Vernachlässigt die Psychologie die Gesundheitsbedürfnisse der Frauen? In: Rommelspacher B (Hrsg) Weibliche Beziehungsmuster. Psychologie und Therapie von Frauen. Campus, Frankfurt am Main New York, S 102–109

„Life events“ und Psychosomatik der Frau

M. Springer-Kremser, R. Haberl, K. Brunner und E. Urbas

Zusammenfassung

Die in einem ausführlichen psychoanalytischen Erstinterview erhobenen belastenden Lebenssituationen („life events“) von psychosomatisch-gynäkologischen Patientinnen wurden in 5 Hauptgruppen kategorisiert: Gesundheit, Arbeit, Wohnen, Familie und außergewöhnliche Krisensituationen. Dabei zeigten sich überzufällige Zusammenhänge zwischen der Diagnose Depression und belastenden Lebensereignissen, insbesondere der Kategorie „besondere Krisensituationen“, worunter auch sexueller Mißbrauch subsumiert war. Eine Korrelation der gebündelten „life events“ nach der Diagnose ergibt außerdem hohe Besetzungszahlen der „life events“ bei der sexuellen Funktionsstörung („Familie“), Psychosomatose („ebenfalls Familie“) sowie die zweitgrößte Häufung von Fällen außergewöhnlicher Krise, abgesehen von der Diagnose Depression, bei Störungen der Gravidität. Von den unter außergewöhnliche Krise subsumierten Einzelereignissen hat der sexuelle Mißbrauch für die Patientinnen die deletärsten Konsequenzen. Hier ist die Unterscheidung zwischen Schuld- und Schamgefühlen von besonderer Bedeutung sowie die Beachtung der sozialen Konsequenzen. Zum Abschluß werden therapeutische Strategien im Umgang mit diesen Patientinnen in einem Ambulanzsetting diskutiert, einschließlich der Gefahr der Beschämung durch die sowohl notwendigen organmedizinischen als auch psychotherapeutischen Interventionen.

Schlüsselbegriffe: Depression, „life event“, sexueller Mißbrauch, Scham und Schuld.

Einleitung: Zum Konzept „life events“

In einer Untersuchung an der Patientinnenpopulation der Psychosomatischen Ambulanz der II. Universitätsfrauenklinik Wien war bei einer diagnostischen Etikettierung dieser Patientinnen, wobei u. a. Zyklusstörungen, Psychosomatosen, Anorexie, Neurosen und sexuelle Funktionsstörungen als diagnostische Möglichkeiten genannt waren, aufgefallen, daß immerhin 10% der Patientinnen die Diagnose „reaktive Depression“ erhielten (Springer-Kremser 1981; Tabelle 1).

Die nosologische Diagnose wird v. a. wegen der Vergleichbarkeit der Patientinnenpopulation dieser Ambulanz mit anderen Institutionen erfaßt. Für die Erstellung des Behandlungsplans und das weitere Behandlungsschicksal der Patientinnen ist

Söllner et al. (Hrsg.) Sozio-psycho-somatik

Tabelle 1. Übersicht über die Patientinnenpopulation der Gynäkologisch-psychosomatischen Ambulanz der II. Univ.-Frauenklinik

Diagnose	n	[%]
Menstruationsstörungen	108	38
Primäre Amenorrhoe		4,2
Sekundäre Amenorrhö		29,5
Prämenstruelles Syndrom		3,8
Dysmenorrhö		0,3
Psychosomatosen	33	12
Fluor		2,5
Kolpitis		2,5
Pruritus		2,8
Funktionelle Inkontinenz		0,7
Adnexalgie		2,1
Hyperemesis gravidarum		1,0
Hirsutismus	6	2,1
Anorexia nervosa und anorektales Syndrom	8	2,8
Neurose	24	8,4
Depression	29	10,2
Soziale Probleme	7	2,4
Anderes	4	1,4
Sexuelle Funktionsstörungen	65	22,7
Gesamt	284	

für uns – neben der nosologischen – eine Strukturdiagnose ausschlaggebend. Darüber haben wir an anderer Stelle ausführlich berichtet (Springer-Kremser 1983). Unter reaktiver Depression verstehen wir die Tatsache, daß situative Faktoren psychosozialer Art zur Entstehung dieser Depressionsform beitragen. Die Reaktivität wird also als das Konzept der Entstehung eines Leidenszustands infolge eines äußeren Ereignisses verstanden. Derartige äußere Ereignisse werden als „life events“ bezeichnet. Neben der Häufung einzelner Lebensbelastungen konnte an verschiedenen eingreifenden Lebensveränderungen demonstriert werden, daß mit diesen ein erhöhtes Morbiditätsrisiko verbunden ist. In zahlreichen Publikationen werden mögliche Zusammenhänge zwischen der diagnostischen Kategorie „Depression“ und kritischen Lebensereignissen („life events“) diskutiert. Alle psychologischen Ansätze, die der Klärung, der Genese und Struktur depressiver Störungen dienen, beziehen sich auf psychogene Depressionsformen. Es wird aber in allen Arbeiten betont, daß sich das breite Spektrum depressiver Störungen auf einem Kontinuum abbilden läßt, das sich von vorklinisch dysphorischer Verstimmung, bis zu schweren klinischen Depressionen erstreckt. So konnten mehrere Autoren nachweisen, daß in einem bestimmten Zeitraum mehr kritische Lebensereignisse bei Personen, die an Depressionen erkrankten, auftraten, als bei nicht-depressiven Personen (Paykel et al. 1969; Brown u. Harris 1978).

Es wird auch betont, daß Lebensereignisse, die grob als „exits from the social field“ beschrieben werden können, bei Depressiven häufiger auftreten als „entrances to the social field“; d. h. daß Verluste, egal ob reale oder ideelle, eher „pathogen“ wirken als andere Lebensereignisse.

Damit wurde auch festgelegt, daß eine Differenzierung der Lebensereignisse nach Merkmalsdimensionen bessere Hinweise gibt als nur eine Aufzählung der Häufung.

Es interessiert uns die Frage, bei welcher nosologischen Kategorie kritische Lebensereignisse in der Anamnese unserer Patientinnen überzufällig vorkommen; ob dies bei Psychosomatosen im engeren Sinn, wie z. B. chronischen Adnexitiden, oder eher bei funktionellen Störungen oder somatisierenden Depressionen der Fall ist. Wir hoffen, weitere Kriterien zu finden, die zwischen den verschiedenen Bedeutungen, welche unter den Begriff „Psychosomatik" operationalisiert werden, zu diskriminieren helfen.

Eigene Untersuchung: Methode

Wir haben uns bei der deskriptiven Zusammenfassung der belastenden Lebenssituationen an die Kategorisierung von Brown u. Harris (1978) gehalten, welche 5 Hauptgruppen angeben: Gesundheit, Arbeit, Wohnen, Familie und außergewöhnliche Krisensituationen. In den psychoanalytisch geführten Erstinterviews in der psychosomatischen Ambulanz erheben wir wesentlich mehr belastende Situationen, die wir jeweils entsprechend den Kategorien von Brown gebündelt haben.

So sind unter den Begriff „außerordentliche Krise" folgende Lebensereignisse subsumiert: Migration, also Wechsel von einem Kulturkreis oder einem Lebensraum in einen sich davon auffällig unterscheidenden (Gastarbeiter, Frauen aus sozialistischen Ländern) und sexueller Mißbrauch bzw. Vergewaltigung, außerdem Tod eines nahen Angehörigen.

Unter der Kategorie Familie sind zusammengefaßt: Scheidung, Partner- und Eheprobleme und problematische Eltern-Kind-Beziehungen, v. a. Ablösungsprobleme von älteren Adoleszenten.

Unter der Kategorie Gesundheit wurden die Probleme mit der Reproduktion verstanden: Totgeburten, Abortus, behindertes Kind, Schwangerschaftsabbruch, unerfüllter Kinderwunsch, sei es organisch nachgewiesene Sterilität der Frau oder des Mannes oder „unexplained infertility", Erkrankung eines nahen Angehörigen, eigene Erkrankung.

Die Kategorie Arbeit bezieht sich v. a. auf Probleme im Arbeitsbereich, z. B. Probleme am Arbeitsplatz oder auch Arbeitsverlust, Arbeitslosigkeit, Arbeit, für die das Ausbildungsniveau der Patientin zu hoch ist (Ausländerinnen; Tabellen 2 und 3).

Unter den Begriff „außerordentliche Krise" sind also vorwiegend Lebensereignisse subsumiert, die in die schon erwähnte Kategorie „exits from the social field" passen. Ähnliches gilt für die Kategorie Familie und v. a. für die Kategorie Gesundheit. „Kritische Lebensereignisse" im Bereich der Reproduktion sind vorwiegend mit Trennungen verbunden: Sei es ein Abortus, sei es die Geburt eines toten Kindes, die Geburt eines behinderten Kindes oder ein Schwangerschaftsabbruch. Alles das sind Ereignisse, bei denen von der Vorstellung eines „gesunden und schönen Kindes" Abschied genommen werden muß. Es geht auch um reale Trennungen von der Vorstellung der Unversehrtheit des eigenen Körpers. Dies betrifft

Tabelle 2. Life events, gruppiert nach Brown u. Harris (1978)

	n	[%]
Gesundheit	32	19,6
Arbeit	5	3,1
Familie	64	39,3
Außergewöhnliche Belastung/Krise	42	25,8
Keine besonderen Auffälligkeiten	20	12,3
Gesamt	163	100

Tabelle 3. Aufschlüsselung der life events

	n	[%]
Life event (Krise)	18	11,0
Vergewaltigung/sexueller Mißbrauch	10	6,1
Vorangegangene Scheidung	4	2,5
Beziehungskonflikt/Partnerschaftsproblematik	29	17,8
Konflikt mit der Herkunftsfamilie	31	19,0
Eigene Psychodynamik	10	6,1
Probleme mit Reproduktion	25	15,3
Konflikt im sozialen Feld	5	3,1
Soziale Probleme/Migration	14	8,6
Organische Störungen	7	4,3
Keine besonderen Auffälligkeiten	10	6,1
Gesamt	163	100

v. a. operative Eingriffe, wie z. B. die Entfernung der Gebärmutter oder die Entfernung der Gebärmutter und Eierstöcke, wo es auch noch um die Trennung von der Vorstellung der eigenen Fruchtbarkeit geht.

Beschreibung der untersuchten Population

Bei den 163 Patientinnen handelt es sich um jene Frauen, die während eines bestimmten Zeitraums die psychosomatisch-gynäkologische Ambulanz der II. Universitäts-Frauenklinik aufsuchten, unabhängig vom Zuweisungsmodus. Während mit den Patientinnen ein psychoanalytisch orientiertes Erstinterview – wie bereits beschrieben – durchgeführt wurde, füllte eine Mitarbeiterin der Ambulanz einen Fragebogen aus, welcher vorwiegend soziale Daten sowie die Art der Zuweisung und andere wesentliche Charakteristika der Patientinnen erfaßt.

Soziodemographische Charakteristika

Die regionale Verteilung (Tabelle 4) zeigt, daß 22% der Patientinnen nicht aus Wien kamen; die Altersverteilung (Tabelle 5) zeigt ein deutliches Überwiegen der Altersgruppe 26–45 Jahre. 55,8% unserer Patientinnen fanden sich in dieser Altersgruppe.

Die Aufschlüsselung nach dem Familienstand (Tabelle 6) ergab entsprechend der Altersverteilung auch einen deutlichen Überhang jener Patientinnen, die in erster Ehe verheiratet sind, nämlich 53,4%.

Bei der Untersuchung der Haushaltssituation (Tabelle 7) ergab sich, daß 2,5% unserer Patientinnen Alleinerzieher waren und 15,3% allein lebten.

Zum Punkt *Bildungsniveau und Berufsverhalten* (Tabelle 8) sowie *Lebensunterhalt* ermittelten wir folgendes: Etwa 43% waren ganztags berufstätig, 18,4% Hausfrau ohne zusätzliche Berufstätigkeit und 6,7% waren arbeitslos.

Tabelle 4. Wohnort

	n	[%]
Wien	127	77,9
Randgemeinde von Wien	2	1,2
Niederösterreich	27	16,6
Burgenland	4	2,5
Anderes Bundesland	3	1,8
Gesamt	163	100

Tabelle 5. Alter

	n	[%]
16 – 25 Jahre	58	35,6
26 – 45 Jahre	91	55,8
ab 46 Jahre	13	8,0
Keine Angabe	1	0,6
Gesamt	163	100

Tabelle 6. Familienstand

	n	[%]
Ledig	48	29,4
In 1. Ehe verheiratet	87	53,4
In 2. Ehe verheiratet	12	7,4
Geschieden	12	7,4
Verwitwet	2	1,2
Keine Angabe	2	1,2
Gesamt	163	100

Tabelle 7. Wohnsituation

	n	[%]
Allein	25	15,3
Allein mit Kind(ern)	4	2,5
Mit Partner (ohne Kind)	60	36,8
Mit Partner und Kind(ern)	47	28,8
Erweiterte eigene Familie	3	1,8
Herkunftsfamilie vollständig	7	4,3
Herkunftsfamilie unvollständig	2	1,2
Erweiterte Herkunftsfamilie	1	0,6
Anderes	10	6,1
Keine Angabe	4	2,5
Gesamt	163	100

Tabelle 8. Berufstätigkeit

	n	[%]
Ganztags berufstätig	70	42,9
Halbtags berufstätig	14	8,6
Hausfrau (ohne eigene berufliche Tätigkeit)	30	18,4
Schülerin/Studentin	21	12,9
Arbeitslos	11	6,7
Ruhestand	5	3,1
Karenz	4	2,5
Befürsorgt	2	1,2
Krankenstand seit über 2 Wochen	4	2,5
Keine Angaben	2	1,2
Gesamt	163	100

Tabelle 9. Art des Berufs

	n	[%]
Angelernte Arbeiterin/Hilfsarbeiterin	32	19,6
Facharbeiterin	9	5,5
Niedere Angestellte/Beamtin	28	17,2
Mittlere Angestellte/Beamtin	27	16,6
Höhere Angestellte/Beamtin	2	1,2
Hausfrau	30	18,4
Selbständige/Landwirtin	4	2,5
Studentin	16	9,8
Schülerin	5	3,1
Ruhestand	5	3,1
Keine Angabe	5	3,1
Gesamt	163	100

Bei der Untersuchung der Berufe (Tabelle 9) fiel die hohe Zahl der Studentinnen, nämlich fast 10%, auf. Sie erklärt sich durch die Tatsache, daß die Ambulanz in den Lehrbetrieb für Medizinstudenten (als Ort der teilnehmenden Beobachtung) eingebunden ist. Immerhin sind 19,6% unsere Patientinnen angelernte Arbeiterinnen und Hilfsarbeiterinnen.

Weiter interessiert uns die soziale Mobilität: 12,3% der Patientinnen wiesen einen sozialen Aufstieg im eigenen Lebenslauf auf, 3,7% einen sozialen Abstieg (Tabelle 10).

Gegenüber der Herkunftsfamilie wiesen 19% einen sozialen Aufstieg und 2,5% einen sozialen Abstieg auf (Tabelle 11).

14,1% der Patientinnen hatten eine Fehlgeburt, 3% zwei und mehr Fehlgeburten hinter sich. 8,6% hatten einen Schwangerschaftsabbruch, 5,5% zwei und mehr Schwangerschaftsabbrüche in ihrer Biographie (Tabelle 12).

Tabelle 10. Sozialer Auf- oder Abstieg gegenüber der Herkunftsfamilie

	n	[%]
Sozialer Aufstieg	20	12,3
Sozialer Abstieg	6	3,7
Gleich	130	79,8
Nicht beurteilbar	7	4,3
Gesamt	163	100

Tabelle 11. Sozialer Auf- oder Abstieg im eigenen Lebenslauf

	n	[%]
Sozialer Aufstieg	31	19,0
Sozialer Abstieg	4	2,5
Gleich	114	69,9
Nicht beurteilbar	14	8,6
Gesamt	163	100

Tabelle 12. Schwangerschaftsabbrüche in der Vorgeschichte

	n	[%]
0	128	78,5
1	14	8,6
2	7	4,3
3 und mehr	2	1,2
Keine Angabe	12	7,4
Gesamt	163	100

Zusammenhänge zwischen „life events" und nosologischer Diagnose

An dieser Patientinnenpopulation interessierte uns auch, inwieweit die belastenden Bedingungen mit der nosologischen Diagnose im Zusammenhang stehen.

Dabei fällt auf, daß bei der Diagnose „Depression" die belastenden Lebensereignisse am stärksten vertreten sind. Besondere Krisensituationen und sexueller Mißbrauch, also die Kategorie 1 nach Brown u. Harris (1978) betrifft allein 40% aller Patientinnen mit der Diagnose Depression. Weitere 20% gehören in die Kategorie Familie und 35% in die Kategorie Gesundheit, wobei es dabei vorwiegend um Probleme im reproduktiven Bereich geht. Es handelt sich dabei um signifikante, also um überzufällige Zusammenhänge (Tabelle 13).

Interessant waren für uns auch die Zusammenhänge zwischen der nosologischen Diagnose „reaktive Depression" und der Medikation, unter der die Patientin stand, als sie die psychosomatische Ambulanz aufsuchte: von den 37% der Patientinnen, welche überhaupt Medikamente einnahmen, waren 60% depressive Patientinnen, die Medikamente einnahmen. Es wurden aber vorwiegend Tranquilizer oder Hormonpräparate verordnet, wobei außerdem noch auffällig war, daß Frauen mit niedrigerer Schulbildung in wesentlich höherem Maße Medikamente verordnet worden waren als Frauen mit höherer Schulbildung, und diese Zusammenhänge waren nicht zufällig, also signifikante Zusammenhänge. Diese Fakten können

Tabelle 13. Zusammenfassung der Diagnosen in den folgenden Kategorien

	n	[%]
„unexplained infertility"	33	20,2
Sexuelle Funktionsstörung	37	22,7
Psychosomatose	17	10,4
Depression	20	12,3
Psychose	3	1,8
Neurose	22	13,5
Störungen der Gravidität	13	8,0
Zyklusstörungen	13	8,0
Begutachtung/organische Erkrankungen	5	3,1
Gesamt	163	100

Tabelle 14. Zusammenhang zwischen Schulbildung und Medikation

Gebrauch von Medikamenten	Schulbildung			
	niedrig	mittel	hoch	Gesamt
Ja	54%	26%	30%	34%
Nein	43%	72%	68%	64%
Nicht beurteilbar	3%	3%	2%	2%
n (100% = . . .)	(37)	(74)	(50)	(161)

$p \leq 0{,}05$

dahingehend interpretiert werden, daß die Selbstpräsentation der Patientinnen mit der depressiven Symptomatik dazu geführt hat, daß nicht weiter nach belastenden Lebensereignissen gefragt wurde, daß überhaupt nicht nach der Lebenssituation gefragt wurde und Medikamente verordnet wurden; dieses Verhalten wird leichter zugelassen von Patientinnen mit niedrigerer Schulbildung, die sich im medizinischen System nicht so zur Wehr setzen oder nicht so ihre Interessen vertreten können, wie dies Patientinnen mit höherer Schulbildung doch eher gelingt (Tabelle 14).

Eine „außergewöhnliche Krisensituation" – die Rolle des sexuellen Mißbrauchs als „live event"

10% aller Patientinnen, welche die Ambulanz aufsuchen, wurden irgendwann in ihrem Leben, sei es als Kind, Jugendliche oder auch erwachsene Frau, sexuell mißbraucht, wobei hier sexueller Mißbrauch in der Ehe ausgeschlossen wurde. Dieses Beispiel wurde deswegen herausgegriffen, weil dieses dramatische „life event" zweifellos einen wesentlichen Einfluß auf die Persönlichkeitsstruktur hat, v. a. in seinen Konsequenzen diagnostizierbar an den Ich-Funktionen, ist und immer mit einer depressiven Reaktion einhergeht, die nur die Spitze eines Eisbergs darstellt. Eine Fülle anderer Probleme, auch gynäkologisch-psychosomatischer Natur, können in der breiten Basis dieses Eisbergs versteckt vorhanden sein, oder aber sie sind die sozial akzeptierten Präsentiersymptome, wobei die Patientinnen selber oft keinen Zusammenhang mit dem Ereignis in ihrer Biographie sehen wollen. Gleichzeitig wissen wir ja, daß die pathogene Funktion von lebensbelastenden Ereignissen zweifellos um so wirksamer wird, je chronifizierter sie ist. Je eher sich das lebensbelastende Ereignis zeitlich und emotional abkoppeln läßt, einfach auch weil es emotional abgekoppelt oder abgespalten werden muß, um so eher steigt das Morbiditätsrisiko an. Die Beachtung der „life events" hat also eine zentrale psychohygienische Bedeutung.

Alle Patientinnen mit sexuellem Mißbrauch oder Vergewaltigung in der Anamnese wiesen bestimmte Persönlichkeitsmerkmale auf: Sie waren durchgängig beherrscht von Scham- und Schuldgefühlen, hatten ein extrem schwankendes Selbstwertgefühl und empfanden sich überwiegend als wertlos und unliebenswert. Sie hatten ein problematisches Verhältnis zu ihrem eigenen Körper, fühlten sich häufig verkrampft, konnten sich schlecht entspannen oder aber auch den Zustand von Verkrampfung von jenem der Entspannung schlecht abgrenzen. Ihr Beziehungsstil war entweder geprägt von starken Gefühlen der Abhängigkeit oder aber von einem Sich-nicht-Einlassen, um sich vor Verletzungen zu schützen. Außerdem wiesen sie eine Fülle von Symptomen auf, die als Somatisierungsneigung im Bereich der reproduktiven Organe beschrieben werden können.

Scham- und Schuldgefühle

An dieser Stelle ist es angebracht, einige Überlegungen zur Frage der Rolle von Schamempfindungen im Zusammenhang mit Lebensereignissen oder Situationen anzustellen.

Die Sprache der Scham scheint eher eine physiologische zu sein, mit dem weiten Spielraum von autonomen Reaktionen; auch ist sie eine Körpersprache, wie von Schur (1955) in der Arbeit „Comments on metapsychology of somatisation“ beschrieben.

Schuldgefühle resultieren aus einem Konflikt zwischen dem Ich und einem strafenden Über-Ich, besonders dann, wenn eine Grenze, die vom Über-Ich errichtet wurde, berührt oder überschritten wird (Peers u. Singer 1971). Bei allen Definitionen von Schuld, Schuldgefühlen, scheint es so zu sein, daß der Betroffene über die aufgerichteten Barrieren Bescheid weiß. Der „Sünder“ hat also ein Verbrechen begangen, von dem er wußte, daß er es nicht hätte tun sollen oder müssen. Scham auf der anderen Seite hat immer ein Element von Überraschung, sich unerwartet einer Situation oder einem Verhalten ausgesetzt zu fühlen. Scham tritt in der Regel dann auf, wenn Ziele und Vorstellungen, also Imagines, die das Ich-Ideal repräsentiert, nicht erreicht werden. Außerdem hat Scham nach Jacobson (1965) mehr narzißtische Elemente, exhibitionistische Implikationen. Der wesentliche Unterschied zwischen den Scham- und den Schuldgefühlen nach Jacobson besteht darin, daß Schamgefühle nicht wieder gutgemacht werden können. Denn hier geht es um Vorstellungen von Schwäche, von Defekten, wie z. B. Häßlichkeit, körperliche Defekte, Dummheit, Inkompetenz, niedriger Sozialstatus, rassische Zugehörigkeit usw. Derartige Charakteristiken wie Häßlichkeit, Armut, körperliche Defekte usw. scheinen sich dann nicht nur immer auf ein Wertesystem in einer bestimmten Gesellschaft, auf eine bestimmte Periode zu beziehen, sondern bekommen einen Status von „natürlich“ oder „biologisch gegeben“ und scheinen daher unvermeidlich zu sein. Das Selbstbild von den betroffenen Personen als häßlich, arm oder defekt wird dann als korrekt in einem absoluten Sinn angenommen (Matthis 1981).

Das Selbstbild entsteht als Ergebnis der Internalisationen von Teilaspekten der Ansichten anderer über das Subjekt. Ein kumulativer Prozeß negativer Projektionen und Introjektionen kann somit eine stabile Basis für Mangel an Selbstwertgefühlen darstellen. Die Patientinnen befinden sich meist in einem schamvollen Lähmungszustand. Sie können nichts tun, um diese Tatsachen, die mit so viel Scham besetzt sind, zu verändern. Alles, was diese Patientinnen tun können, ist, ihre Dysfunktion zu verstecken und dies mittels verschiedener neurotischer oder psychotischer Abwehrorganisationen. Scham ist also destruktiv und führt zu einer problematischen psychischen Entwicklung.

Das therapeutische Management der Patientinnen mit diesen lebensbelastenden Ereignissen

Nachdem eine zentrale Dimension in der Bewertung von lebensverändernden Ereignissen die Bedrohung ist, welche von diesen Ereignissen ausgeht, so scheint uns die psychoanalytische Theorie gerade hier bei der Erfassung der verschiedenen Aspekte dieser Bedrohung besonders nützlich und hilfreich.

Die therapeutische Arbeit, die mit lebensbelastenden Ereignissen prinzipiell vom analytischen Standpunkt her gemacht werden muß, kann wie folgt beschrieben werden:

Zuerst müssen die Erinnerungen abberufen werden. Das ist zweifellos oft eine schmerzliche Erfahrung, wobei aber wiederum die spezielle Übertragungssituation der Patientin und dem Therapeuten hilfreich ist. In einem nächsten Schritt soll die schmerzliche Vergangenheit rekonstruiert werden. Das ist eine gemeinsame Aktivität von Patientin und Therapeut. Die Konstruktion der Vergangenheit hingegen ist das, was der Analytiker für sich macht. Die Rekonstruktion der Vergangenheit erfolgt mit dem Ziel, die Konstruktion in der Gegenwart zu verankern. Es ist wichtig, die Vergangenheit kennenzulernen, um die Gegenwart zu verstehen, damit die Patientin für ihr weiteres Leben davon profitieren kann, um z. B. die schmerzlichen Erlebnisse eher ertragen zu können oder um zu verstehen, daß nichts bizarr oder pervers sein muß. Selbstverständlich müssen die Rekonstruktionen sowohl „affektiv als auch kognitiv passen".

Diese Rekonstruktion von Motiven oder Erinnerungen ist oft nicht so schwierig, wie man das auf den ersten Blick annehmen möchte, manchmal andererseits stellt sich heraus, daß es dahinterliegend noch schlafende Konflikte gibt, so wie es Freud (1937) in der „Endlichen und Unendlichen Analyse" beschrieben hat, die wirklich unerreichbar sind. Ein in der Regel erreichbarer Affekt hingegen ist die Scham.

Auch wenn wir mit vielen anderen Autoren (Anthony 1981; Freud 1932; Liechtenstein 1961, um nur einige zu nennen) darin übereinstimmen, daß es sich bei Schamreaktionen um pathologische Muster handelt, die im wesentlichen aus der präödipalen Zeit stammen und nahe Beziehungen zu paranoiden und depressiven Neigungen zeigen, scheinen sie doch der psychoanalytischen Technik zugänglich zu sein, auch im Rahmen einer Fokaltherapie.

Die analytisch-therapeutische Situation scheint besonders geeignet, Schamreaktionen im Hier und Jetzt, also in der Übertragung, wiedererstehen zu lassen. Die En-face-Situation, das Angesehen-, Betrachtetwerden, kann Schamgefühle erregen, aber ebenso auch paranoide Projektionen. Bei bestimmten therapeutischen Techniken, Konfrontation oder Klarifikation, kann durchaus auch das Schamgefühl provozierend oder beschämend erlebt werden. Es ist wichtig für den Therapeuten, die Schamgrenzen des Patienten zu erkennen und sie nicht zu sehr zu strapazieren, denn sonst kann es zu Rückzugsreaktionen und Widerstand kommen. Die Rekonstruktion von vergangenen traumatischen Situationen, die stark schambesetzt waren, können in den Dienst des Widerstands treten: Patienten können sich exklusiv darauf konzentrieren, um damit Schamreaktionen in der Gegenwart, in der augenblicklichen therapeutischen Situation, auszuweichen (Levi 1971).

Literatur

Anthony E (1981) Shame, guilt and the feminine self in psychoanalysis. In: Tuttman S, Kaye C, Zimmerman M (eds) Object and self. A developmental approach. Essays in honor of Edith Jacobson. Int Univ Press, New York

Brown GW, Harris I (eds) (1978) Social origines of depression. Tavistock, London

Freud S (1932, 1972) Die Weiblichkeit. GW Bd 14

Freud S (1937, 1950) Die Endliche und die Unendliche Analyse. (Gesammelte Werke; Fischer, Frankfurt am Main)

Jacobson E (1965) The self and the object world. Hogerth, London

Levin S (1971) The psychoanalysis of shame. Int J Psychoanal 52:355–362

Liechtenstein H (1961) Identity and sexuality. J Am Psychol Assoc 9

Matthis I (1981) On shame, woman and social conventions. Scand Psychoanal Rev 4:49–58
Paykel ES, Myers JK, Dienelt MN, Kleman GL, Lindenthal JJ, Pepper MP (1969) Life events and depression. Arch Gen Psychiatry 2:753–760
Piers G, Singer MB (1971, [1]1953) Shame and guilt. Norton, New York
Schur M (1955) Comments on metapsychology of somatization. Psychoanal Study Child 10
Springer-Kremser M (1981) Die psychosomatisch-gynäkologische Ambulanz an der II. Univ. Frauenklinik. Wiener Med Wochenschr 9:131
Springer-Kremser M (1983) Psychosexualität und Gynäkologie. Deuticke, Wien

Psychosomatische Erkrankungen türkischer Frauen in der Bundesrepublik Deutschland. Ätiologische Konzepte türkischer Frauen und ihre Bedeutung für die Arzt-Patient-Beziehung

K. Tilli

Zusammenfassung

Hinsichtlich psychosomatischer Erkrankungen türkischer Arbeitsmigranten werden in der Literatur Erklärungsansätze genannt, die sozioökonomische oder migrationsspezifische Aspekte betonen. In einer eigenen Untersuchung wurden 122 Gespräche mit 50 türkischen Frauen geführt und deren ätiologische Konzepte über ihre psychosomatischen Erkrankungen herausgearbeitet. Die besondere Aufmerksamkeit gilt den spezifischen Krankheitskonzepten der Türkinnen, die von denen der deutschen Ärzte(innen) abweichen oder ihnen unbekannt sind. Ihre Relevanz für die Arzt-Patientin-Beziehung und eine adäquate gesundheitliche Versorgung wird herausgearbeitet und neben andere Faktoren wie Sprachprobleme, kulturelle, schicht- und geschlechtsspezifische Fremdheiten und sozioökonomische Bedingungen gestellt.

Schlüsselbegriffe: psychosomatische Erkrankungen, ätiologische Konzepte, Migration türkischer Frauen, Arzt-Patient-Beziehung.

Einführung

Die gesundheitliche Situation ausländischer Arbeitnehmer ist seit Anfang der 60er Jahre, also seit dem Beginn der Anwerbung von Arbeitskräften im Ausland, beständiges Thema von wissenschaftlichen Abhandlungen und Erfahrungsberichten gewesen. Lag der Schwerpunkt zunächst auf seuchenhygienischen Gesichtspunkten und der Entwicklung des Krankenstandes, d. h. einer vermeintlichen Gefährdung der deutschen Bevölkerung und dem unterstellten Mißbrauch der Krankenversicherung, so richtete sich das Interesse im Zusammenhang mit dem deutlich werdenden Scheitern des Rotationsprinzips auf andere Themen. Neben der Inanspruchnahme ärztlicher Leistungen, der Arzt-Patient-Beziehung und den Zugangsbarrieren ausländischer Patienten zu den Gesundheitsinstitutionen traten einzelne Erkrankungen in den Vordergrund, wobei besonders Psychosomatosen, wie z. B. der Ulkus, an Bedeutung gewannen.

In zunehmendem Maße wurde die gesundheitliche Situation türkischer Arbeitsmigranten problematisiert, in Parallelität zur wachsenden Ausländerfeindlichkeit in der BRD und einer „Türkisierung" der Ausländerfrage. Die spezifische Lage türkischer Frauen wurde und wird hauptsächlich unter gynäkologischen und

Söllner et al. (Hrsg.) Sozio-psycho-somatik

geburtshilflichen Aspekten betrachtet. Hinsichtlich anderer gesundheitlicher Probleme werden die Frauen häufig unter die Kategorie ausländischer oder türkischer Arbeitsmigranten subsumiert, dies trotz der Geschlechtsvariablen, einer hohen Anzahl nichterwerbstätiger Türkinnen und der Tatsache, daß sich ihre Lebenssituation gravierend von der männlicher Türken unterscheidet (vgl. Land etal. 1982).

Im Vergleich zu der großen Anzahl veröffentlichter Artikel gibt es nur relativ wenig Arbeiten, die zu einem erweiterten Verständnis der Problematik beitragen. Da sich der vorliegende Beitrag mit den ätiologischen Konzepten türkischer Frauen hinsichtlich ihrer psychosomatischen Erkrankungen und den sich hieraus ergebenden Problemen in der Arzt/Ärztin-Patientin-Interaktion auseinandersetzt, sind die in der Literatur genannten Erklärungsansätze für die bei Ausländern, im Vergleich mit Deutschen, häufiger auftretenden Krankheitsbilder von besonderer Bedeutung. Genannt werden u. a. Ulkuserkrankungen, Erkrankungen des Bewegungs- und Stützapparates und Migräne. Die Behauptung, daß diese Krankheitsbilder bei ausländischen Arbeitsmigranten häufiger auftreten, ist umstritten.

Die Analyse der gängigen Konzepte läßt eine Zweiteilung erkennen; diese Konzepte erscheinen in ihrem theoretischen Bezugsrahmen als unvereinbar. Während einige Autoren die sozioökonomischen Lebens- und Arbeitsbedingungen der Arbeitsmigrant(inn)en in den Vordergrund stellen, betonen andere die Migrationserfahrungen und kulturellen Faktoren. Die Auseinandersetzung zwischen den Vertreter(inne)n der jeweiligen Konzepte kreist um den gegenseitigen Vorwurf, daß wichtige Einflußfaktoren vernachlässigt würden und daß der jeweils andere Erklärungsansatz den spezifischen Lebensbedingungen der Migrant(inn)en nicht gerecht werde. Die gegenseitige Kritik greift jeweils relevante Gesichtspunkte auf. Durch die Betonung des Migrationsaspektes drohen wichtige sozioökonomische Gesichtspunkte in Vergessenheit zu geraten; auftretende Erkrankungen oder Probleme der gesundheitlichen Versorgung drohen auf Benachteiligungen zurückgeführt zu werden, die aus dem Verhalten der Betroffenen, ihrem „kulturellen Sosein" resultieren. Es besteht die Gefahr einer Psychosomatisierung der Ausländerfrage (Land etal. 1982; Land u. Dietzel-Papakyriakou 1986).

Die einseitige Hervorhebung des sozioökonomischen Bedingungsrahmens dagegen läuft Gefahr, das individuelle Leiden, das die Migration mit sich bringt bzw. mit sich bringen kann (Trauer- und Trennungsprozesse, Umorientierungen, die individuellen Auswirkungen von Diskriminierungsprozessen) zu vernachlässigen (Geiger u. Hamburger 1984; Collatz etal. 1985). Zuweilen präsentiert sich die Auseinandersetzung zwischen den Vertretern der verschiedenen Erklärungsansätze in dem Diskurs über quantitative und qualitative Verfahren, über sozioepidemiologische und kasuistische Herangehensweisen.

Trotz der gegenseitigen Kritik ist es den Vertreter(inne)n der beiden genannten Ursachenkonzepte bisher nicht gelungen in einen produktiven Diskurs zu treten. Die Erklärungsansätze blieben unverbunden nebeneinander stehen. Beiden Ansätzen gemeinsam ist eine Vernachlässigung der spezifischen Situation ausländischer Frauen.

Auf der theoretischen Ebene erscheinen der sozioökonomische und der migrationsspezifische Ansatz als unvereinbar. Ein anderes Bild ergibt sich in einem handlungsorientierten, praktischen Bezugsrahmen durch die Betrachtung und Analyse der ätiologischen Konzepte türkischer Frauen hinsichtlich ihrer psychosomatischen Erkrankungen, die im Rahmen einer eigenen Untersuchung in Erfahrung gebracht werden konnten.

Untersuchungsrahmen

Bei den Ergebnissen bezüglich der Ursachenkonzepte handelt es sich um Nebenprodukte einer weitergefaßten Untersuchung im Rahmen eines Modellprojekts mit handlungsrelevantem Schwerpunkt. Ziel war es, die gesundheitliche Versorgungssituation türkischer Frauen in der Region Gießen/Wetzlar (Bundesland Hessen) zu erfassen und zu verbessern. Die Grundlage der Auswertung bildeten Gedächtnisprotokolle, die im Anschluß an 122 Hausbesuche bei 50 türkischen Frauen in der Zeit von Mitte 1984 bis Ende 1987 erstellt wurden. Die Hausbesuche wurden jeweils von einer türkischen und einer deutschen Projektmitarbeiterin durchgeführt. Anlaß waren ausschließlich konkrete Gesundheitsprobleme der Frauen. In der Regel waren die Türkinnen mit mehreren Beschwerden gleichzeitig belastet, die bereits seit langen Jahren bestanden, chronifiziert und mit erheblichen Schmerzen verbunden waren. Die Frauen suchten uns nicht als von Ärzt(inn)en überwiesene Patientinnen mit Verdacht auf psychische oder psychosomatische Erkrankungen in der Psychosomatischen Klinik in Gießen auf, vielmehr fanden sie, besonders zu Beginn unserer Arbeit, den Weg zu uns über die türkischen Sozialberater in Gießen und Wetzlar. Anliegen der Frauen war es, konkrete Hilfe bei der Bewältigung ihrer Erkrankungen, Informationen über die Krankheit und Unterstützung in der Interaktion mit dem behandelnden Arzt zu erhalten, sowie der Wunsch, ihre im Zusammenhang mit der Krankheit stehenden Ängste und Verunsicherungen besprechen zu können. Eindeutige psychosomatische Diagnosen konnten nicht immer gestellt werden, da das Ziel der Gespräche kein diagnostisches war, sondern vor allem auf den Umgang mit den Krankheiten gerichtet war und konkrete, nichttherapeutische Hilfen anbieten sollte.

74% der von uns aufgesuchten türkischen Frauen litten an einer Schmerzsymptomatik; im Vordergrund standen Kopfschmerzen und Schmerzen des Bewegungs- und Stützapparates. 68% der Frauen führten gynäkologische Probleme an, am häufigsten wurden Menstruationsprobleme und unerfüllter Kinderwunsch genannt. 26% der Frauen litten an Magen-Darm-Erkrankungen, z. B. Magen- und Oberbauchbeschwerden und Magen- bzw. Zwölffingerdarmgeschwüren. Die Häufigkeit anderer Erkrankungen liegt deutlich unter den genannten Zahlen. Hinsichtlich der Krankheiten ausländischer und türkischer Männer werden in der Literatur an erster Stelle Beschwerden des Magen-Darm-Traktes angeführt, wobei neuere Untersuchungen darauf hinweisen, daß die Häufigkeit von Herz-Kreislauf-Erkrankungen ansteigt und diese die Magen-Darm-Erkrankungen in ihrer Bedeutung verdrängen.

Ätiologische Konzepte türkischer Frauen

Die Erklärungsmuster türkischer Frauen hinsichtlich ihrer Erkrankungen sind sowohl vielschichtig und differenziert als auch geprägt durch Überforderung und Hilflosigkeit angesichts ihrer gesundheitlichen Lage. Die Ursachenkonzepte schließen psychische Bedingungen ein, jedoch nicht explizit, sondern implizit im Rahmen weiter gefaßter Erklärungszusammenhänge wie „Migration" und „Geschlechtsrolle". Üblicherweise stehen verschiedene Ursachenkonzepte nebeneinander und werden von den Türkinnen gleichzeitig und nicht alternativ zur Erklärung ihrer Erkrankungen angeführt. Teilweise ergeben sich zeitliche Verschiebungen bei der Nennung der Konzepte, so daß zu verschiedenen Zeiten, bei verschiedenen Gelegenheiten unterschiedliche Erklärungsansätze genannt werden, die jedoch untereinander in Beziehung stehen und sich gegenseitig ergänzen.

Die Erkrankungen wurden in direktem Zusammenhang mit dem Wohnortwechsel von der Türkei in die BRD gesehen. Nach den Angaben der Frauen traten einzelne Beschwerden erst nach der Migration auf oder verstärkten sich in gravierendem Ausmaß. Alterungs- bzw. Verschleißerscheinungen, die im Rahmen langjähriger Aufenthaltsdauer notgedrungen auftreten, wurden zwar auch als Erklärung aufgeführt, allerdings immer in Verbindung mit der Migration betrachtet: „Deutschland hat uns krank gemacht." Angeführt wurden in diesem Zusammenhang die schlechte Luft und das kalte Wetter. Deutschland steht als Synonym für Kälte und kalte zwischenmenschliche Beziehungen, die Türkei für Wärme und wohltuende Bindungen. Trauer über sich ständig wiederholende Trennungen, Angst vor Ausländerfeindlichkeit und bestehende, noch nicht realisierbare, Rückkehrabsichten nehmen einen hohen Stellenwert ein.

Unzufriedenheit mit der Rolle als Hausfrau und Mutter, das Eingeschränktsein auf die Wohnung, der Verlust sozialer Lebenszusammenhänge wie z. B. das gemeinsame Waschen, Backen oder die gemeinsame Feldarbeit, Isolation, Analphabetismus, die Belastungen durch veränderte Rollenerwartungen und beengte Wohnverhältnisse wurden ebenfalls immer wieder genannt. Über 90% der Frauen waren nicht berufstätig. Die Türkinnen waren der Überzeugung, daß eine Veränderung ihrer äußeren Lebenssituation, v. a. außerhäusliche Tätigkeiten und eine Intensivierung bzw. Ausweitung sozialer Kontakte, ihre gesundheitliche Lage verbessern würde.

Übernatürliche Ursachenkonzepte wurden seltener als erwartet genannt und standen in der Regel neben natürlichen Erklärungsansätzen, wie z. B. Unfall oder Nebenwirkungen von Medikamenten. Erkrankungen wurden auf das „Schicksal" und „Allahs Wille", also auf – nach der islamischen Religion – göttliche Kräfte oder auf übernatürliche Kräfte zurückgeführt, deren sich Menschen bedienen bzw. denen in der Interaktion mit anderen Bedeutung zukommt, wie z. B. dem bösen Blick, der Verhexung oder verzaubernden Getränken.

Die Entstehung einer Erkrankung wurde zeitlich mit anderen Ereignissen in Verbindung gebracht und durch diese erklärt. Besondere Bedeutung für die Arzt-Patientinnen-Beziehung gewinnt die Auffassung, daß Beschwerden als iatrogen, durch die Behandlung eines Arztes oder innerhalb einer Institution, verursacht gelten, z. B. durch das Einhalten ärztlicher Ratschläge, operative Eingriffe, Medikamenteneinnahme und medizinische Untersuchungen. So wurde z. B. von einer Frau die erfolgte Fehlgeburt auf eine vorherige gynäkologische Untersuchung zurückgeführt. Darüber hinaus wurden familiäre Belastungssituationen, wie die Entführung der Tochter, die Rückkehr oder Erkrankung einzelner Familienmitglieder, sowie eigenes Fehlverhalten genannt.

Einen großen Stellenwert nahmen für die Frauen spezifische Ursachenkonzepte ein. An dieser Stelle sollen nicht exotisch anmutende Konzepte angeführt werden, sondern eines, dem in der Interaktion mit dem behandelnden Arzt große Bedeutung zukommt. Auf die Häufigkeit von Kopfschmerzen und Menstruationsbeschwerden wurde bereits hingewiesen. Beide Krankheitsbilder stehen für türkische Frauen in unmittelbarem Zusammenhang. Eine regelmäßige und starke Blutung gilt den türkischen Frauen als eine Voraussetzung für Gesundheit, sie reinigt den Körper von „schlechtem" Blut. Dieses Konzept läßt sich letztendlich auf die Humurallehre der griechischen Antike zurückführen, das die vier Elemente Feuer, Wasser, Erde und Luft mit Blut, Schleim sowie dunkler und heller Galle in Verbindung bringt. Äußere Einflüsse können das gesunde Gleichgewicht der Körpersäfte stören. Schwache und unregelmäßige Blutungen werden v. a. als Ursache für Kopfschmerzen angeführt. Dementsprechend griffen Frauen, die an Migräne litten, auf Mittel zurück, die die Blutung verstärken, z. B. das Einsetzen der Spirale; oder sie vermieden Mittel, die die Blutung schwächen, indem sie z. B. die Pille absetzten.

Probleme in der Arzt-Patientin-Interaktion

An dem zuletzt aufgeführten ätiologischen Konzept der türkischen Frauen, nach dem eine schwache und unregelmäßige Blutung Kopfschmerzen hervorrufen kann, soll exemplarisch die Bedeutung unterschiedlicher Erklärungsansätze von Arzt und Patientin für Diagnose und Therapie dargestellt werden.

Trotz des von ihnen vertretenen Ursachenkonzeptes wandten sich die Frauen mit ihren Kopfschmerzen selten an einen Gynäkologen, mit Menstruationsbeschwerden nie an ihren Hausarzt oder einen Neurologen. Innerhalb des bundesdeutschen Gesundheitssystems, mit der für die meisten türkischen Frauen ungewohnten Zuständigkeit verschiedener Fachärzte für verschiedene Symptomatiken, innerhalb eines ihnen fremden kulturellen Umfeldes, kommt es zu einer Dissoziation von ätiologischem Konzept und einer diesem adäquaten Handlungsstrategie. Ist den behandelnden Ärzt(inn)en dieses spezifische Ursachenkonzept unbekannt, so kann hierüber keine Kommunikation erfolgen. Sprachliche Verständigungsschwierigkeiten kommen ebenso erschwerend hinzu wie Schamgefühle und das evtl. unterschiedliche Geschlecht von Behandler und Patientin.

Wendet sich eine Türkin mit ihren Kopfschmerzen an einen Neurologen, so lindern die verschriebenen Schmerzmittel oder durchblutungsfördernden Mittel im besten Fall die Schmerzen. Das Abklingen der Symptomatik erscheint dem behandelnden Arzt als Behandlungserfolg, nicht jedoch der betroffenen Frau. Diese ist zwar auf der einen Seite froh darüber, weniger Schmerzen ertragen zu müssen, hält auf der anderen Seite aber weiterhin daran fest, daß die erfolgte Behandlung nicht ausreichend ist, da die eigentliche Ursache bestehenbleibt.

Solange ihre Blutung schwach oder unregelmäßig ist, fühlt sich die Patientin nicht gesund, sie verbindet ihre Heilungschancen mit der Lösung des von ihr angenommenen ursächlichen Problems und beharrt auf einer weiteren Behandlung ihrer eigentlichen Beschwerden, ohne dies kommunizieren zu können. Geht der behandelnde Arzt hierauf nicht ein, kommt es zu Enttäuschungen und ggf. zu einem Arztwechsel. Der behandelnde Arzt dagegen, der mit dem Erfolg seiner Behandlung zufrieden ist, kann nicht verstehen, was die Patientin von ihm will. Es kommt zu Verärgerungen über die Patientin, die in der Hoffnung, daß die Ursache doch noch gefunden wird, immer wieder den Arzt aufsucht und ihm in immer wiederkehrender Art und Weise die gleichen Symptome präsentiert. Das spezifische Krankheitsbild der Patientin, das von dem des Arztes abweicht oder diesem unbekannt ist, erschwert eine adäquate Kommunikation und somit Diagnose und Therapie. Die Beteiligten reden aneinander vorbei.

Auch andere Mißverständnisse treten auf, die eine gelungene Interaktion stören. Nach Angaben der Frauen fragen die Ärzte(innen) – mit anderen Berufsgruppen wie z. B. Psycholog(inn)en hatten sie keinerlei Kontakt – im Zusammenhang mit ihren chronischen Beschwerden häufig nach bestehenden persönlichen und familiären Problemen. Obwohl den Frauen die Existenz und die Bedeutung solcher Faktoren für ihre Erkrankung bewußt ist, wie oben bereits ausgeführt wurde, erleben sie das Nachfragen der Ärzte(innen) als kränkend und verurteilend. Die türkischen Frauen fühlen sich nicht ernst genommen und abgeschoben. Sie befürchten, daß der Arzt – wenn er diese Ursachenmöglichkeit anspricht – sie nicht mehr richtig behandeln, sie für Simulantinnen halten wird oder sie wehren diese Möglichkeit ab, weil „schließlich jeder Sorgen und Probleme“ hat. Es kommt ebenfalls zu Behandlungsabbrüchen und Arztwechseln.

Neben unterschiedlichen ätiologischen Konzepten und der Bewertung der Bedeutung derselben, gegenseitigen Kränkungen und Mißtrauen, beeinträchtigen weitere Faktoren eine gelungene Interaktion, z. B. Sprachprobleme, aber auch kulturell- und schichtbedingte Fremdheiten sowie Zeitdruck und Bestellpraxis der Ärzte(innen).

Beide Interaktionspartner sind durch die gegebene Situation überfordert. Die Frauen fühlen sich nicht nur bei der Bewältigung ihrer langwierigen chronischen Erkrankungen alleingelassen, da keine Linderung der Symptome auftritt bzw. die von ihnen favorisierten Ursachenkomplexe bestehenbleiben, sondern auch in ihrer konkreten sozialen Situation und Isolation. Ähnlich wie bei deutschen Unterschichtspatient(inn)en verbirgt sich hinter der Präsentation organischer Beschwerden häufig der Wunsch nach Anteilnahme und Gesprächen. Diesem Bedürfnis steht bei türkischen Patientinnen die Sprachbarriere als zusätzliches Problem entgegen, der Sprachverlust selbst zwingt die Frauen wiederum zur Somatisierung, um ihre Beschwerden verdeutlichen zu können, und verstellt den Ärzten den Blick auf dahinterliegende Kommunikationsbedürfnisse. Die Ärzte(innen) sehen sich einer erschwerten Diagnose- und Therapiesituation gegenüber sowie hohen Erwartungen der Frauen an ihre fachliche Kompetenz.

Es wurde deutlich, daß die türkischen Frauen in ihren ätiologischen Konzepten sozioökonomische und migrationsspezifische Gesichtspunkte heranziehen und miteinander vereinbaren können. Ihr Problem ist nicht die Unvereinbarkeit dieser

Ansätze, sondern aufgrund der unterschiedlichen Konzepte und Attributierungen in der Interaktion mit Ärzte(innen) auftretende Kommunikationsstörungen, die gravierende Folgen für ihr körperliches und seelisches Wohlbefinden mit sich bringen können.

Für die behandelnden Ärzte(innen) ergibt sich die Konsequenz, ihren Patientinnen als Individuen zu begegnen und sich diesen vor dem Hintergrund einer Matrix aus kulturellen, schicht- und geschlechtsspezifischen Besonderheiten anzunähern und ihre Situation als Migrantinnen, Hausfrauen, Mütter und Erwerbstätige sowie ihre sozialen Lebens- und Arbeitsbedingungen mit zu berücksichtigen. Vorschnelle und einseitige Hypothesen hinsichtlich des Umgangs der Frauen mit ihren Erkrankungen und über deren Krankheitskonzepte, wie z. B. die Tendenz, das Auftreten spezifischer Probleme als mentalitätsabhängig zu betrachten, sind gefährlich, verstellen den Blick für die realen Gegebenheiten und können zu Therapievorstellungen führen, die in einer Rückkehr in die Türkei die adäquate Behandlung sehen.

Kenntnisse über die Lebens- und Arbeitssituation der Migrantinnen sowie über deren Krankheitskonzepte und kulturellen Hintergrund können in Fortbildungen erworben werden, sind jedoch allein nicht ausreichend. Die gegebene gesellschaftliche Situation, Arbeitsbedingungen, Wohnverhältnisse, Ausländerfeindlichkeit und der Migrantenstatus der Betroffenen, die deren gesundheitliche Situation beeinflussen, entziehen sich dem ärztlichen und therapeutischen Einfluß und erfordern andere, nämlich politische und strukturelle Interventionen und Veränderungen. Der beschriebene Kreislauf von Hilflosigkeit, Kränkungen, Ärger und Enttäuschungen, Arztwechsel und neuen Kränkungen und Enttäuschungen kann nur durch einen ganzheitlichen Ansatz unterbrochen werden, um auf diese Weise eine adäquate gesundheitliche Versorgung türkischer Frauen zu gewährleisten.

Literatur

Collatz J, Kürcat-Ahlers E, Korporal J (Hrsg) (1985) Gesundheit für alle. Die medizinische Versorgung türkischer Familien in der Bundesrepublik. Rissen, Hamburg

Geiger A, Hamburger F (Hrsg) (1984) Krankheit in der Fremde. Express, Berlin

Land F, Dietzel-Papakyriakou M (1986) Ethnologisierung, alltägliches Krankheitsverhalten und die offenen Fragen der sozialmedizinischen Migrationsforschung. Informationsdienst zur Ausländerarbeit 4:44–47

Land F, Hövelmann B, Neumann H, Dietzel-Papakyriakou M (1982) Gesundheit und medizinische Versorgung ausländischer Familien. Ein Literaturbericht. Brockmeyer, Bochum

Der chronische Beckenschmerz bei Frauen – eine soziopsychosomatische Verlaufsuntersuchung

B. Wurm, G. Heel, E. Karpellus, O. Huter, G. Busch und W. Söllner

Zusammenfassung

Von 1981 bis 1984 wurde an der Universitätsfrauenklinik Innsbruck bei 84 Frauen eine diagnostische Laparoskopie wegen chronischer Unterbauchschmerzen durchgeführt. Von 40 Patientinnen mit der Diagnose „funktioneller chronischer Beckenschmerz" kamen 21 Frauen (52,2%) im Rahmen unserer Verlaufsuntersuchung (4–6 Jahre) zu einer Nachuntersuchung.

Verwendete Methoden: Erhebungsbogen für biographische Daten, standardisierte Verfahren (FPI-R, GBB), Gynäkologische Kontrolluntersuchung mit vertiefter gynäkologischer und Sexualanamnese und ein halbstrukturiertes tiefenpsychologisches Interview.

Unser Interesse war und ist es, besser zu verstehen, inwieweit sich für Frauen neben organischen und intrapsychischen Faktoren spezifische kulturelle bzw. soziale Verhältnisse auf Entstehung, Bewältigung und Verlauf chronischer Unterbauchschmerzen auswirken.

Interessant an den Ergebnissen ist der hohe Anteil von Frauen mit niedriger Schulbildung sowie der hohe Anteil berufstätiger Frauen in niedrig qualifizierten Tätigkeiten. Die Unterbauchschmerzen sind nie einziges Symptom, sondern immer in eine Reihe von Befindlichkeitsstörungen eingebettet. Beeindruckend in ihrem Widerspruchscharakter sind auch die Angaben der Frauen zu ihrem Sexualleben: 60% klagen über Schmerzen beim Verkehr, 65% berichten über mäßiges bis geringes Interesse an der Sexualität. Demgegenüber beurteilen nur 25% ihr Sexualleben als unbefriedigend. Diese Widersprüchlichkeit in vielen Ergebnissen sowie widersprüchliche subjektive Aussagen der Frauen entsprechen unserer Meinung nach den Widerspruchsstrukturen, die Frauen in allen Lebensbereichen vorfinden.

Schlüsselbegriffe: Psychosomatik, chronischer Beckenschmerz, Krankheitsentwicklung, Krankheitsverlauf, Coping, Geschlechtsspezifität, frauenspezifische Konfliktbewältigungsstrategien.

Entstehungsgeschichte

In unserem Beitrag möchten wir eine Verlaufsuntersuchung über Frauen mit chronischem Beckenschmerz vorstellen. Es handelt sich um ein interdisziplinäres Projekt der Universitätsfrauenklinik Innsbruck und des Institutes für Medizinische

Söllner et al. (Hrsg.) Sozio-psycho-somatik

Psychologie Innsbruck, unter Mitarbeit von Student(inn)en im Rahmen einer vertieften Ausbildung in medizinischer Psychologie.*

Der Studie vorausgegangen waren unsere Erfahrungen in der psychotherapeutischen Ambulanz und die Erfahrungen der Ärzte(innen) der Frauenklinik, daß sich bei auffallend vielen Patientinnen, z. B. Frauen mit Kinderwunsch, Frauen nach Sterilisation, Frauen mit Problemen nach Interruptio gravidarum, Frauen nach Hysterektomie, also bei Patientinnen mit verschiedensten Diagnosen und Vorerkrankungen, als gemeinsames Leitsymptom Unterbauchschmerzen fanden. Der Zusammenhang der Beschwerden mit besonderen psychosozialen Faktoren war dabei nicht zu übersehen und wurde zum Ausgangspunkt unseres Projekts.

In verschiedenen Publikationen, z. B. die Untersuchungen von Castelnuovo-Tedesco u. Krout 1970; Gidro-Frank etal. 1960; Guzinski 1985; Hackl etal. 1980; Labhardt 1973; Magni etal. 1986; Molinski 1982; Renaer 1973, 1980; Rosenthal etal. 1984) werden im Zusammenhang mit chronischen Unterbauchschmerzen psychische Störungen bzw. gestörte Persönlichkeitsstrukturen beschrieben: eine höhere Inzidenz von Psychosen, Neurosen, psychosomatischen Störungen, Tendenz zu psychischer Spannung, Kanzerophobie, Rigidität und Abwehrverhalten. Es finden sich insbesondere Störungen in bezug auf Partnerschaft Sexualität und Identitätsstörungen (Rollenkonflikt).

Alle diese Untersuchungen zeigen einen deutlichen Zusammenhang zwischen psychogenen Störungen und chronischen Unterbauchbeschwerden. Die Frage nach den psychosozialen Ursachen der Störungen wird nicht oder nur unbefriedigend, nämlich in Form von allgemeinen Aussagen, beantwortet.

Projektbeschreibung

Die Mitarbeiter(innen) waren 1 Gynäkologin, 2 Gynäkologen, 6 Medizinstudent(inn)en (3 weiblich, 3 männlich), 1 psychotherapeutisch ausgebildete Ärztin und 1 psychotherapeutisch ausgebildeter Arzt. Aufgrund der Zusammensetzung, der unterschiedlichen praktischen und theoretischen Vorerfahrungen und Arbeitszusammenhänge der Mitarbeiter(innen), und durch deren unterschiedliche Sozialisation, z. T. divergierende Interessen, entstand ein langwieriger intensiver, z. T. auch anstrengender und ermüdender Diskussionsprozeß.

In der Reflexion dieser Diskussionsphase wurde deutlich, daß den Hintergrund dafür das Verhältnis der Geschlechter bildete: Die beteiligten Frauen wurden in dieser Auseinandersetzung zwangsläufig zu Betroffenen. Die Frauen konnten sich in ihrer Betroffenheit und Parteilichkeit erleben. Die Erfahrung und Reflexion der beschriebenen Emotionen und die Tatsache, daß diese individuell und kollektiv erlebt wurden, erlaubte es den Frauen, zur Bedeutung der geschlechtsspezifischen Frage zu stehen: Patientinnen wurden zu Mitfrauen. Die männlichen Mitarbeiter

* Wir danken den Student(inn)en der Medizinischen Fakultät der Universität Innsbruck, Hanna Kantner, Silvia Longo-Liebenstein, Gunde Kompatscher, Michaela Zacke-Hollenstein, Jean Theis, Willi Rumpelmair, Rüdiger Kissling, für ihre Mitarbeit bei der Vorbereitung und Durchführung der Untersuchung.

zeigten Bedenken wegen der für sie in Frage gestellten Wissenschaftlichkeit einer solchen Vorgehensweise, sahen aber für sich auch die Möglichkeit, Frauen in ihren spezifischen Lebensbedingungen und dem entsprechenden spezifischen „Kranksein" besser zu verstehen. So wurde die psychosoziale Dimension *unter besonderer Berücksichtigung des Geschlechterverhältnisses* zur forschungsleitenden Frage.

Im einzelnen:
- die geschlechtsbesondere Entwicklung von Störungen,
- die geschlechtsbesondere Darstellung und Ausprägung von Störungen,
- die geschlechtsbesondere Bedeutung der Störung im Lebenszusammenhang.

Ein Vergleich der gesundheitlichen Situation von Männern und Frauen ist unserer Meinung nach nicht möglich. Auch Dimensionen wie „besser/schlechter", „gesünder/kränker" sind irrelevant. Die Gesundheit der Frauen ist eine andere als die Gesundheit der Männer. Um beiden in der Forschung und deren Umsetzung gerecht zu werden, sind Frauen in ihrem „Frausein" und Männer in ihrem „Mannsein" und nicht als „Menschen schlechthin" zu verstehen.

Auswahl der Patientinnen und verwendete Methoden

Von 1981 bis 1983 wurden an der Universitätsfrauenklinik Innsbruck 84 Patientinnen mit chronischem Beckenschmerz einer diagnostischen Laparoskopie unterzogen; 9 Frauen hatten eine Symptomdauer von weniger als 6 Monaten, erfüllten damit die Grundbedingung einer mindestens halbjährigen Beschwerdedauer nicht und wurden deshalb von der Untersuchung ausgeschlossen.

Die Laparoskopieergebnisse bei den verbliebenen 75 Frauen ergaben normale Befunde oder organische Veränderungen unterschiedlicher Art und unterschiedlichen Ausmaßes.

Die Bewertung der Laparoskopiebefunde hinsichtlich ihrer ursächlichen Bedeutung für den chronischen Beckenschmerz gilt in der klinischen Praxis als ein äußerst schwieriges Problem. Wir lösten dies, indem 3 klinisch erfahrene Gynäkologen unabhängig voneinander die Laparoskopiebefunde beurteilten.

Dabei waren 3 Kategorien vorgegeben:
1 = normales Becken,
2 = minimale organische Befunde, die das Symptom nicht erklären,
3 = organische Befunde, die das Symptom erklären.

Es fanden sich folgende Befunde:
- normales Becken bei 26 Frauen (= 34,6%),
- Minimalbefunde in der genannten Bedeutung bei 14 Frauen (= 18,6%),
- organische Befunde bei 35 Frauen (= 46,6%).

Zu ähnlichen Ergebnissen kamen in vergleichbaren Untersuchungen auch Kolmorgen et al. 1976; Rosenthal et al. 1984; Magni et al. 1986.

In die Studie aufgenommen wurden die 26 Patientinnen ohne organischen Befund und die 14 Patientinnen mit Minimalbefunden. Diese 40 Patientinnen erhielten in unserer Untersuchung die Diagnose „funktioneller chronischer Bekkenschmerz". Sie wurden im Rahmen der geplanten 4–6 Jahre dauernden Verlaufsuntersuchung eingeladen

- zu einer gynäkologischen Untersuchung mit vertiefter gynäkologischer und Sexualanamnese durch den/die untersuchende/n Gynäkologen/in;
- zur Erhebung soziologisch-biographischer Daten;
- zur testpsychologischen Untersuchung (Freiburger Persönlichkeitsinventar, Gießener Beschwerdebogen);
- zu einem halbstrukturierten Interview.

Dieses wurde von Studenten, die sich in einem Seminar Kompetenz zur Gesprächsführung erworben hatten, durchgeführt.

Aufgrund der vorher schon erwähnten Diskussion und des daraus folgenden Bemühens, die Untersuchung möglichst breit und offen zu gestalten, ging es uns nicht um Überprüfung der aus der Literatur bekannten Hypothesen. Unser Anliegen war es, durch Vielfalt der Herangehensweise neuen „anderen" Hypothesen Entstehungsraum zu geben.

Ergebnisse

Wir werden versuchen, aus den erhobenen Daten beschreibend bestimmte Inhalte darzustellen, Widersprüche aufzuzeigen und Verbindungen zwischen erhobenen Daten, subjektiven Aussagen und theoretischen Konzepten herzustellen.

Soziologisch-biographische Daten (Datenerhebungsbogen)

Auffällig ist ein hoher Anteil von Frauen mit niedriger Schulbildung, ein hoher Anteil berufstätiger Frauen (71%), die meisten davon in niedrig qualifizierten Tätigkeiten.

Veränderungen in der Lebenssituation fanden sich nur im Sinne von Heirat, Aufgabe der Berufstätigkeit durch Familiengründung, bei nur 3 Frauen in Form von Weiterbildung.

In diesem Zusammenhang ist es auffällig, daß Krankheiten auch in der psychosomatischen Medizin hauptsächlich unter Betonung der jeweiligen Psychodynamik abgehandelt werden: Es wird nun zwar mehrfach diskutiert, daß Unterschichtpatientinnen eher psychosomatisch als psychoneurotisch reagieren – die Erklärung hierfür *nur* in der Psychodynamik zu suchen, ist eine Sache, die realen sozialen Bedingungen dieser Frauen, mit denen sie ein Leben lang umgehen müssen, jedoch eine andere. Unseres Erachtens kommt aber gerade diesen geschlechtsspezifischen sozialen Faktoren in Krankheitsentstehung, Krankheitsverlauf und Krankheitsbewältigung besondere Bedeutung zu. Werden diese nicht berücksichtigt, findet eine ähnliche Spaltung statt, wie wir sie zwischen traditioneller Schulmedizin und Psychosomatik kennen: „Krankheit als ein körperliches *oder* seelisches Problem". In diesem Falle hieße die Spaltung „Krankheit, ein psychosomatisches *oder* soziales Problem".

Gießener Beschwerdebogen (GBB)

Auffälligkeiten im GBB waren, daß bei *allen* untersuchten Frauen der Beschwerdegrad in anderen Skalen höher angegeben wurde als der Beschwerdegrad zu den Unterbauchschmerzen. In nur einem Bogen wurden die Unterbauchschmerzen bei den Leitbeschwerden (= jene Beschwerden mit dem höchsten Beschwerdedruck) angeführt. Der Gedanke, daß der in der Literatur (Mäder et al. 1973) beschriebene Beruhigungseffekt durch die gynäkologische Untersuchung und Laparoskopie ohne pathologischen Befund nicht zu einer „Heilung", sondern zu einer Verschiebung der Symptomatik geführt hat, liegt nahe: Der Grundkonflikt bleibt ungelöst.

19 von 21 Frauen führten bei der Kontrolluntersuchung nach 4–6 Jahren im GBB und im Interview zahlreiche neue Symptome, verbunden mit einer allgemeinen Beeinträchtigung des Wohlbefindens, an:

- 80% der Frauen berichten über funktionelle Symptome, z. B. rheumatoide Beschwerden, Oberbauchschmerzen, Kopfschmerzen und Kreuzschmerzen.
- 43% entwickelten andere gynäkologische Symptome, z. B. Fluor vaginalis, chronische Adnexitiden, Dysmenorrhö und prämenstruelle Syndrome.
- 48% der Frauen beschrieben eine Symptomatik des depressiven Formenkreises.

Unterbauchschmerzen sind nie einziges Symptom, sondern immer eingebettet in eine Reihe von Befindlichkeitsstörungen. Diese scheinen frauenspezifische Problemlösungsstrategien darzustellen.

Gynäkologische Untersuchung mit vertiefter gynäkologischer und Sexualanamnese

Vertiefte gynäkologische Anamnese

Auch hier nur die Auffälligkeiten:
- 70% der Frauen weisen in ihrer Anamnese nicht-gynäkologische Operationen auf, mehr als die Hälfte der Frauen waren appendektomiert.
- 55% hatten gynäkologische Operationen wie Hysterektomie, Adnexoperationen, Sectio, Abrasio.
- 65% der Frauen berichten in ihrer Anamnese von Fluor vaginalis und Adnexitiden.
- 15% haben keine Zyklusschmerzen.
- 85% berichten in etwa gleichmäßiger Verteilung von Schmerzen während des ganzen Zyklus, vor und während der Blutung und während der Zyklusmitte.

Vertiefte Sexualanamnese

- 60% der Frauen berichten von Schmerzen beim Verkehr.
- 55% erleben zu selten oder nie einen Orgasmus.
- 65% berichten mäßiges bis geringes Interesse an der Sexualität; demgegenüber klagen aber nur
- 25% über unbefriedigende Sexualität.
- 15% der Frauen geben zum Sexualleben keine Auskünfte.

Interessant die Beantwortung der Frage nach der Aktivität in der Sexualität: Nur 1 Frau berichtet, daß die Aktivität normalerweise von ihr ausgeht.

Anamnese zur Empfängnisverhütung

Dabei imponiert eine erhebliche Diskrepanz zwischen Kinderwunsch und Verhütung. Obwohl bei nur 30% Kinderwunsch besteht, praktizieren 65% keine bis unsichere Verhütungsmethoden. Bei allen kinderlosen Frauen aus der Untersuchungsreihe besteht so starker Kinderwunsch, daß sie in Sterilitätsbehandlung sind bzw. waren.

Gynäkologische Untersuchung

Bei der Kontrolluntersuchung (4–6 Jahre nach der Laparoskopie) bestanden bei 13 Frauen (62%) weiterhin diffuse Unterbauchschmerzen; 4 Frauen waren mittlerweile hysterektomiert, 2 davon klagen über druckschmerzhafte Narbenbildung; 8 Frauen (38%) waren sehr verbessert bis beschwerdefrei. Interessanterweise führten gerade diese Frauen jedoch im GBB zahlreiche Befindlichkeitsstörungen an.

Freiburger Persönlichkeitsinventar (FPI-R)

In der Literatur (Molinski 1982) wird darauf hingewiesen, daß Patientinnen mit funktionellen Unterbauchschmerzen vielfach ihre psychischen Schwierigkeiten und ihre Depression verleugnen – das äußert sich in oberflächlichem Erleben – „alles ist in Ordnung" und „alles ist normal". Diese Haltung wird auch in den Ergebnissen der FPI-R deutlich. Es findet sich lediglich die Tendenz, Items zur Selbstverwirklichung und Lebenszufriedenheit positiv zu beantworten, die Tendenz zu sozialer Verantwortlichkeit, Hilfsbereitschaft und Fürsorglichkeit sowie die Tendenz zur Leistungsorientierung. Dies entspricht der gesellschaftlichen Zuschreibung und dem gesellschaftlichen Druck, der sog. weiblichen Aufgabenstellung zu entsprechen. Im deutlichen Widerspruch zum GBB und den Ergebnissen der gynäkologischen Untersuchung werden die körperlichen Beschwerden im FPI-R als im mittleren Normbereich liegend dargestellt. Wir verstehen das so, daß die Fragen nach den körperlichen Beschwerden, sobald sie zwischen Fragen affektiven Inhalts eingebettet sind, an Bedeutung verlieren.

Für uns sehr interessant war das Ergebnis in der Skala „Überforderung und Beanspruchung", die das subjektive Erleben von Überforderung und Beanspruchung erfaßt. Es fand sich eine deutliche Vermeidung von Normankreuzungen gegenüber einer Tendenz zu Unter- und/oder Überforderung. Dabei konnte kein Zusammenhang mit der Berufstätigkeit hergestellt werden. Der landläufige Begriff der Doppelbelastung erfaßt ja auch nur die quantitative Dimension des Problems Hausarbeit/Erziehungsarbeit/Erwerbsarbeit. Die immanent widersprüchliche Strukturierung in und zwischen den Arbeitsbereichen wird nicht gesehen, gerade ihr käme eine besondere Bedeutung zu.

Diskussion

Die Widerspruchsstrukturen in den Ergebnissen und subjektiven Aussagen der Patientinnen und im subjektiven Empfinden der Forschenden sind für uns das auffallendste Ergebnis der Studie. Im persönlichen, einfühlsam geführten Gespräch können in Teilbereichen viel Enttäuschung, Unzufriedenheit, Kränkung, aber auch viele Wünsche und Sehnsüchte genannt werden. Sobald jedoch Gesamtbeurteilungen der Lebenszufriedenheit, der sexuellen Zufriedenheit, der Qualität der Partnerschaft usw. erfragt werden, tritt eine verleugnende, resignative Haltung zutage. Wir denken, es besteht massive Angst, die grundlegenden Konflikte zu erkennen. Diese widersprüchlichen Aussagen der Frauen entsprechen den Widerspruchsstrukturen, die Frauen in allen Lebensbereichen vorfinden. Einige seien hier genannt:

- die widersprüchliche Wechselwirkung von Erwerbsarbeit einerseits und Reproduktionsarbeit andererseits;
- Widersprüche innerhalb der beiden Bereiche;
- Widersprüche in der frauenspezifischen Sozialisation;
- widersprüchliche gesellschaftliche und soziale Funktionszuschreibungen;
- widersprüchliche spezifische Verhaltensanforderungen.
- Und dann: *Festschreibung der Widerspruchsstrukturen auch im System der medizinischen/psychologischen Wissenschaft und Praxis.*

Im Spannungsfeld dieser Widerspruchsstrukturen bleiben die Bewältigungsversuche die bekannten und bewährten. Bei den von uns untersuchten Frauen imponierten als Bewältigungsversuch das Verharren im oder der Rückzug auf den Bereich des Privaten, der den Frauen in der Sozialisation als beständigster und zustehendster Bereich vermittelt wurde. Es sind großenteils passive, defensive und selbstzerstörerische Konfliktbewältigungsmuster bzw. unserer Meinung nach Formen des Protests gegen gesellschaftliche Zuschreibungen an die weibliche Rolle, z. B.

- Isolierung und Minderbewertung bei gleichzeitiger Idealisierung von Hausfrau und Mutter,
- mangelhafte Ausbildung und Unterbezahlung,
- ökonomische Abhängigkeit,
- reproduktionsbezogene Funktionen.

Diese Rollen wiederum sind bedingt durch sozialisationsvermittelte Strukturen von Frauen wie

- Minderwertigkeitsgefühle,
- Ängste,
- Schuldbereitschaft,
- Aufopferungsbereitschaft,
- soziale Zuständigkeit.

Diese Ergebnisse bestätigen uns in der Meinung, daß in Untersuchungen die Frage nach dem möglichen funktionellen Charakter der Beschwerden im Hinblick auf die jeweilige Lebenssituation von Frauen und die Frage nach den gesellschaftlichen

Faktoren, die zur Entstehung und Aufrechterhaltung einer Erkrankung bei Frauen beitragen, zu stellen ist.

Literatur

Castelnuovo-Tedesco P, Krout BM (1970) Psychosomatic aspects of chronic pelvic pain. Psychiatry Med 1/2:109–126

Gidro-Frank L, Gordon T, Taylor HC (1960) Pelvic pain and female identity. Am J Obstet Gynecol 79/6:1184–1202

Guzinski G (1985) Advances in the diagnosis and treatment of chronic pelvic pain. Adv Psychosom Med 12:124–135

Hackl H, Lindström B, Orstam S, Palm O, Stafsnes H (1980) Über den Beckenschmerz bei der Frau – Eine psychiatrisch-gynäkologische Studie. Wien Klin Wochenschr 92/7:252–255

Kolmorgen K, Haußwald HR, Havemann O (1976) Chronische Unterbauchbeschwerden der Frau – eine postlaparoskopische Analyse. Zentralbl Gynäkol 98:1434–1440

Labhardt F (1973) Gynäkologische Schmerzzustände in psychosomatischer Sicht. Gynäkologie 6:145–149

Mäder HP, Käser O, Haag B (1973) Die Bedeutung der Laparoskopie bei unklaren Unterbauchschmerzen. Gynäkologe 6:126–128

Magni G, Andreoli C, deLeo D, Martinotti G, Rossi C (1986) Psychological profile of women with chronic pelvic pain. Arch Gynecol 237:165–168

Molinski H (1982) Unterleibschmerzen ohne Organbefund und eine Bemerkung zum pseudoinfektiösen Syndrom der Scheide. Gynäkologe 15:207–215

Renaer M (1973) Gynäkologische Schmerzursachen. Gynäkologe 6:94–118

Renaer M (1980) Chronic pelvic pain without obvious pathology in women. Eur J Obstet Gynecol Reprod Biol 10/6:415–463

Rosenthal RH, Ling FW, Rosenthal TL, McNeeley SG (1984) Chronic pelvic pain: Psychological features and laparoscopic findings. Psychosomatics 25/11:833–841

Die Appendektomie als mechanische Psychotherapie bei jungen Frauen

B. Hontschik

Zusammenfassung

Die Indikation zur Appendektomie bei sog. chronisch-rezidivierender Appendizitis ist in der deutschsprachigen Chirurgie umstritten. An unserer chirurgischen Klinik bestand seit längerer Zeit Unzufriedenheit mit der zu häufigen Entfernung unauffälliger, „unschuldiger" Appendizes, also gesunder Organe. Die Untersuchung der Alters- und Geschlechtsverteilung ergab, daß von oben genannter Diagnose fast ausschließlich Mädchen und junge Frauen zwischen 13 und 25 Jahren betroffen sind. Dagegen sind die echten akuten Appendizitiden mit fast 60% überwiegend bei Männern zu finden.

Gleichzeitig fallen diese Patientinnen bereits bei der ambulanten vorstationären Untersuchung dadurch auf, daß sie mit Gepäck und Angehörigen (Mutter) eintreffen und auf der Appendektomie bestehen, wobei sie in der Lage sind, Chirurgen so unter Druck zu setzen, daß sie letztlich auch operiert werden.

Eine genaue Analyse der chirurgischen, psychosozialen und historischen Fakten im Zusammenhang mit der „chronisch-rezidivierenden Appendizitis" zeigt, daß es eine solche als klinische Entität nicht gibt, sondern nur als Verlegenheitsdiagnose bei chronischen Unterbauchschmerzen.

Da wir davon ausgehen, daß damit psychosoziale Adoleszenzprobleme bei jungen Frauen der „mechanischen Psychotherapie" einer Operation im Unterbauch anheimfallen, haben wir diese Indikationspraxis gänzlich verlassen. Die Appendektomie wird nur noch als Notfalleingriff unmittelbar durchgeführt, wenn eine akute Indikation dazu besteht. Unsere jährliche Appendektomieziffer ist damit von 500–600 auf etwa 150–200 gefallen, die Fehldiagnoserate von etwa 70 auf unter 20%.

Schlüsselbegriffe: Appendizitis, Appendektomie, Frauen, Psychosomatik, Adoleszenzprobleme, Psychotherapie.

Den folgenden Ausführungen liegt eine gründliche Auswertung der Appendektomiepraxis unserer Klinik zugrunde (Hontschik 1987). Als Folge dieser Auswertung haben wir eine so tiefgreifende Auswertung unseres indikatorischen Verhaltens zur Appendektomie vorgenommen, daß wir heute nur noch weniger als die Hälfte der bislang üblichen Eingriffe vornehmen.

Dahinter steckt die Erkenntis, daß es eine *chronisch-rezidivierende Appendizitis* nicht gibt. Diese Erkenntnis ergibt sich aus einer historischen Analyse.

Söllner et al. (Hrsg.) Sozio-psycho-somatik

Anfang unseres Jahrhunderts betrug die Letalität der akuten Appendizitis über 25%. Eine Peritonitis war damals praktisch ein Todesurteil. Es gab keine Antibiotika, keine Infusionstherapie, keine parenteralen Ernährungsmöglichkeiten, keine Intensivstation. Da von dieser Krankheit überwiegend jüngere Menschen betroffen waren, ergab sich für die Chirurgen jener Zeit die deprimierende Situation, daß ihnen mindestens ein Viertel dieser jungen Patienten unter den Händen wegstarb (Krogius 1911). In dieser Lage war die „rettende" Idee folgende: Wenn ein Patient in der Anamnese einen wiederkehrenden Druckschmerz im rechten Unterbauch angab, den berühmten *Druckschmerz am McBurney* (1889), so wurde ihm unmittelbar zu einer Appendektomie geraten, die man nun bei einer angenommenen Rezidivierungsneigung dieser Entzündung im sog. symptomfreien Intervall vornahm. Die Theorie von der chronisch-rezidivierenden Appendizitis wurde also der klinischen Idee als nachträgliche Rechtfertigung unterlegt, diese Indikation zur Appendektomie nannte man dann die *Intervallappendektomie.* Durch die enorme Ausweitung der Operationsindikation war zwar die Letalität des Eingriffs auf 3–5% gesenkt worden, es entstand aber ein ganz neues Problem: Intraoperativ fand sich in den allermeisten Fällen gar kein pathologischer Befund an der Appendix, nicht einmal Narben oder andere Zeichen früherer Entzündungen, so daß etwa ab Mitte der 30er Jahre eine neue Generation von Chirurgen den Sinn der Entfernung eines gesunden Organs, immerhin auch mit einer meßbaren Letalität behaftet, zu bezweifeln begann. Es widerstrebte diesen Chirurgen, ein gesundes Organ als *chronisch entzündet* zu bezeichnen, denn die intraoperative Rechtfertigungsdiagnose lautete nun prinzipiell „chronische Appendizitis"[1]. So steht es auch heute noch auf den Operationsplänen chirurgischer Kliniken und genauso häufig in den histologischen Befunden der zugehörigen Pathologen. Unter dieser Prämisse gibt es dann gar keine gesunde Appendix mehr, der Wurmfortsatz konnte als gänzlich überflüssig betrachtet werden. Daher gesellte sich zur *Intervallappendektomie* bald die sog. *Begleitappendektomie,* z. B. bei Cholezystektomien oder bei gynäkologischen Eingriffen, denn es war jede Gelegenheit recht, dieses lästige Organ zu entfernen, die Operationsindikation also eine *prophylaktische.*

Schon damals, also etwa 1920–1930, wurde erkannt, daß von diesem Eingriff überwiegend junge Frauen betroffen waren, obwohl das Krankheitsbild der akuten Appendizitis damals wie heute überwiegend Männer betrifft. In den USA führte diese Debatte – gleichzeitig mit der Einführung erster Infusionstherapien und der Entdeckung des Penicillins – ab 1935 bis etwa 1950 zu einem völligen Verlassen der Intervallappendektomie (Collins etal. 1956; Verda u. Platt 1958). In Großbritannien wurde dieser Prozeß etwa bis in die Mitte der 50er Jahre hinein nachvollzogen. In Deutschland hingegen wurde damals eine große Zahl von führenden Chirurgen wegen ihrer Zugehörigkeit zum jüdischen Volk aus ihren Positionen vertrieben, in Konzentrationslagern ermordet oder zur Emigration gezwungen.[2]

---

[1] Dabei ist der Begriff der chronischen Appendizitis auch innerhalb dieser Theorie falsch, weil sich das Chronische immer auf das Rezidivieren und nicht auf die Art der Entzündung, wie etwa bei Enteritis regionalis oder Colitis ulcerosa, bezogen hat.

[2] So z.B. auch der bekannte „Appendixspezialist" Richard Mühsam, Schüler von Sonnenburg, dem Autor eines umfangreichen Werkes über die Appendizitis aus der Jahrhundertwende. Mühsam wurde als Ärztlicher Direktor des Virchow-Krankenhauses in Berlin 1933 suspendiert.

Außerdem war die deutsche Chirurgie in jener Phase der weltweiten Umorientierung der Appendektomiepraxis mit Problemen der Kriegschirurgie befaßt. Durch die weltweite Ächtung des Nationalsozialismus und damit zunächst alles Deutschen bis in die 50er Jahre hinein war sie vom internationalen wissenschaftlichen Austausch ausgeschlossen und hatte den Anschluß verpaßt, der in den letzten Jahren erst wieder nachgeholt werden muß. Zwar hat die deutsche Chirurgie in „großen" Fragen längst wieder internationales Niveau erreicht (Herz- und Gefäßchirurgie, Transplantationschirurgie, Unfallchirurgie usw.), dieser „kleinen" Frage der Appendektomie aber keine weitere Beachtung geschenkt. Daher findet man in der internationalen Literatur heute nur noch die BRD, die DDR und Österreich als letztes Bollwerk der chronisch-rezidivierenden Appendizitis als Operationsindikation, also exakt eingrenzbar in den Grenzen des ehemaligen Deutschen Reiches.

Das populäre, allgemeinmedizinische Wissen über die Appendix vermiformis, die Appendizitis und die Appendektomie entpuppt sich bei näherem Hinsehen überwiegend als Scheinwissen. So kann z. B. keine Rede davon sein, die Appendix sei ein überflüssiges Organ. Sie ist vielmehr nur beim Menschen und bei den am höchsten entwickelten Menschenaffen nachweisbar, in der übrigen Tierwelt dagegen sonst so gut wie unbekannt. Auch schnürt sie sich erst unter der Geburt oder kurz danach vom Zäkum, dem eigentlichen Blinddarm, ab. Ernstzunehmende Befunde deuten in jüngster Zeit wieder darauf hin, daß nach Appendektomie ein höheres und biographisch früheres Risiko für das Auftreten von Kolonkarzinomen besteht (Effenberger et al. 1985). Dieses Organ ist also ontogenetisch und phylogenetisch eine späte Entwicklung, eher ein hochspezialisiertes lymphatisches Organ, sicher kein Rudiment. Die 3–5 ml seröser Flüssigkeit, die die Appendix Tag für Tag produziert (Wangensteen u. Dennis 1939), erfüllen im menschlichen Körper eine Funktion, die bis heute im Dunkeln liegt.

Auch ist die tatsächliche Ätiologie der echten akuten Appendizitis ungeklärt. Die Obstruktion des Lumens (Kirschkerne, Kotsteine) wird in ihrer Bedeutung weit überschätzt. Alle Befunde sprechen dafür, daß es sich um eine Zivilisationskrankheit handelt, wobei nicht Eßgewohnheiten, sondern eher Kinderzahl bzw. Schwangerschaftsverhütung das zivilisatorische Agens in der Verursachung dieser Erkrankung zu sein scheint (Hontschik 1987).

Die Einteilung der Entzündungsstadien der Appendizitis ist nicht einheitlich, was den Vergleich wissenschaftlicher Arbeiten erschwert. Auch die Operationstechnik weist regionale, nationale Besonderheiten auf. Unumstritten kann aber gesagt werden, daß die Appendektomie als solche mit allen Risiken der Abdominalchirurgie behaftet ist. Sie ist keineswegs ein so harmloser Eingriff, wie man zunächst meint. So beträgt die Letalität nach Appendektomie ca. 1:100, nach unnötiger Appendektomie, also bei Fehldiagnosen, immer noch 1:400. Unbhängig vom Schweregrad der Entzündung der Appendix ist eine Relaparotomie wegen Verwachsungsileus in einem von 100 Fällen erforderlich (Tabelle 1). Wenn eine amerikanische Hochrechnung zeigen konnte, daß man etwa 6000 Appendizes prophylaktisch entfernen müßte, um das Entstehen eines einzigen Falles von akuter Appendizitis verhindert zu haben (Berry u. Malt 1984), so ist damit die prophylaktische Appendektomie unter den heutigen chirurgischen Bedingungen endgültig als obsolete Operationsindikation erkennbar.

Tabelle 1. Sammelstatistik (3 Studien) von 1947 bis 1975 aus der BRD und der DDR. Die Häufigkeit der Relaparotomie ist konstant und unabhängig vom Entzündungsgrad der Appendix (Hontschik 1987, S. 33ff.). Auf 18000 Appendektomien folgen 156 Relaparotomien

Studie	Appendektomie	Relaparotomie	[%]
Glockner (Freiburg, 1954)	ca. 6000	48	0,8
Giehl (Magdeburg, 1970)	5388	62	1,2
Möhrl u. Thoma (Hamburg, 1976)	6675	46	0,7
Gesamt	ca. 18000	156	0,9 (diagnoseunabhängig)

Da die Diagnose einer akuten Appendizitis auch heute noch eines der schwierigeren Probleme im klinischen Alltag der Abdominalchirurgie darstellt, geht man davon aus, daß Fehldiagnoseraten von etwa 20% nicht weiter unterschritten werden können, ohne das Übersehen von akuten Entzündungen zu riskieren. Die moderne diagnostische Apparatemedizin versagt auf dem Gebiet der Appendizitis fast völlig, die Entzündungsparameter wie Leukozyten, Körpertemperatur und Senkungsgeschwindigkeit sind in etwa 10% der akuten Fälle unauffällig, das klinische Bild kann chamäleonartig so atypisch oder versteckt sein, daß die akute Appendizitis immer die Domäne des erfahrenen Chirurgen mit seinem *„klinischen Instinkt“* geblieben ist und bleiben wird. Die prophylaktische Appendektomieindikation hat aber nicht 20%, sondern Fehldiagnoseraten von bis zu über 70% zur Folge. Von dieser Indikation sind überwiegend junge Frauen betroffen, obwohl die akute Appendizitis eine Erkrankung ist, die zu fast zwei Dritteln bei Männern vorkommt. Es entsteht also die paradoxe Situation, daß eine „Männerkrankheit“ in eine „Frauenoperation“ mündet. Der Anteil der Mädchen und jungen Frauen zwischen 13 und 25 Jahren verdreifacht sich zur Gruppe der Fehldiagnosen hin (Abb. 1).

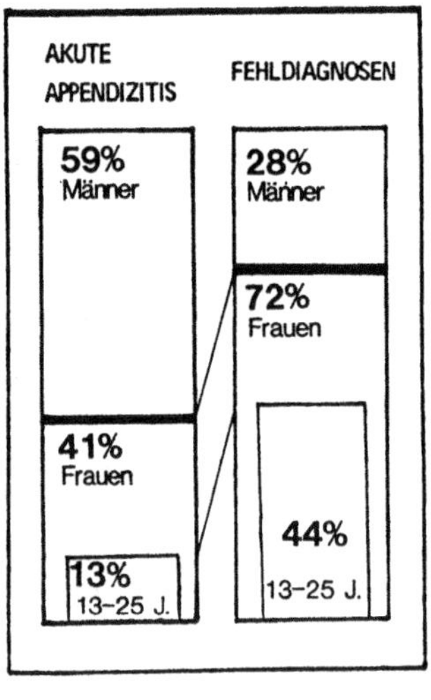

Abb. 1. Die akute Appendizitis ist eine „Männerkrankheit“, die Intervallappendektomie eine „Frauenoperation“ (eigene Ergebnisse, n = 320)

Tabelle 2. Maximale Fehldiagnoseraten bei Mädchen und jungen Frauen (eigene Ergebnisse, n = 320)

Alter	Anzahl	Fehldiagnosen [%]
11 (10–12)	33	58
12 (11–13)	31	58
13 (12–14)	23	74
14 (13–15)	25	76
15 (14–16)	33	76
16 (15–17)	39	77
17 (16–18)	38	76
18 (17–19)	29	65
19 (18–20)	18	50
20 (19–21)	15	44

Etwa ab dem 13. Lebensjahr treten bei diesen Patientinnen Fehldiagnoseraten von fast 80% auf (Tabelle 2). Dieser Effekt hält etwa bis zum 25. Lebensjahr an.

In unserer chirurgischen Ambulanz werden wir mehrmals täglich mit solchen stationären Einweisungen zur Appendektomie wegen „chronischer Appendizitis" bei jungen Frauen konfrontiert. Mit stereotyper Regelmäßigkeit entsteht in der Arzt-Patient-Beziehung dabei immer wieder das gleiche Bild:

Es handelt sich um ein junges Mädchen, dabei sind immer die Mutter und reichlich Handgepäck für den bevorstehenden Krankenhausaufenthalt. Die klinisch-chirurgische Untersuchung gelingt nur mit Mühe, denn das Mädchen, also die eigentliche Patientin, *schweigt* die ganze Zeit. Fragt man das Mädchen, wo es denn weh tue, antwortet die Mutter: „Rechts unten, rechts unten!" Fragt man das Mädchen, seit wann es denn die Schmerzen habe, antwortet die Mutter: „Seit einem halben Jahr!", sie habe die Untersucherei jetzt satt, jetzt müsse „das Kind" endlich operiert werden. Diese Mütter sind auch mit keinen Mitteln aus dem Untersuchungsraum zu verweisen, ohne den Chirurgen in ein „anrüchiges" Licht zu setzen. Wenn in dieser Situation die Operation verweigert wird, entsteht bei dem Mädchen wiederum stereotyp so etwas wie Enttäuschung, die Mutter wird hingegen häufig offen aggressiv (Hontschik 1988).

Dieses regelmäßige *Vorspiel* zwischen junger Frau (Patientin), jungem Mann (Chirurg) und Mutter ist in der täglichen Chirurgie ohne Beispiel. Wir lassen uns in keinem anderen Fall von Patienten bzw. deren Angehörigen zu einem operativen Eingriff an einem gesunden Organ zwingen. Dieses einzigartige Phänomen weist übrigens nur bei weiblichen Patienten auch einen einzigartigen Wochentagsrhythmus auf (Abb. 2), der den Montag als Hauptkampftag erkennen läßt. Diese Operationsindikation kommt an Montagen mehr als 8mal so häufig zum Zuge wie am Wochenende zuvor.

Da es sich ja ganz offensichtlich um schwere innerfamiliäre Konflikte handelt, die hier mit der Hand und dem Messer des Chirurgen ausgetragen werden sollen, ist dies nicht weiter verwunderlich, denn innerfamiliäre Konflikte entzünden sich am Wochenende am leichtesten, wenn es sich – wie in diesem Fall – um die Adoleszenzkrise der Tochter handelt, die die Spannungen verursacht.

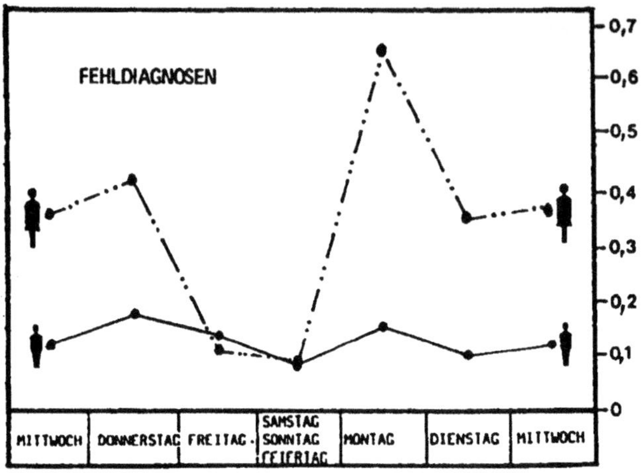

Abb. 2. Fehldiagnosehäufigkeit bei weiblichen und männlichen Appendektomiepatienten je Wochentag (eigene Ergebnisse, n = 320)

Auf diesem Irrweg zu einer Operation lohnt es auch, den Dritten im Bunde, den Chirurgen, einer Betrachtung zu würdigen. Da es sich überdurchschnittlich häufig um einen jungen *Mann* handelt, der qua Geschlecht und qua Beruf zu einem Selbstbild der Größe und der Macht neigt, sei an dieser Stelle Kern, der Ordinarius für Chirurgie der Universitätsklinik Würzburg, zitiert, der den 103. Kongreß der Deutschen Gesellschaft für Chirurgie in München 1986 mit den Worten eröffnete:

> Je relativer die Indikation zu einem operativen Eingreifen ist, desto mehr spielt auch die Struktur des Chirurgen – sein Temperament, seine Erfahrung, sein operatives Können, seine Selbsteinschätzung und Selbstkritik, seine Beurteilung der Person eines Patienten und der äußeren Verhältnisse . . . eine wichtige Rolle. Öfter, als er sich selbst dessen bewußt wird, ist der Chirurg Emotionen unterworfen, eigenen wie solchen, die vom Patienten und von der Umwelt ausgehen . . ., aber auch im Willen des Patienten, in Einflußnahme durch Angehörige und Außenstehende u.a.m. (Kern 1986).

Zusammenfassend läßt sich zur unnötigen Appendektomie bei jungen weiblichen Patienten also folgendes feststellen: Eine schwierige und präoperativ mit keinen Mitteln sicher verifizierbare Diagnose lädt die Beteiligten dazu ein, den Schmerz im Unterbauch, dem Sitz der Genitalien, für psychische Projektionen zu benutzen. *Beteiligte* sind hier die Patientin, die Mutter, der Chirurg.

Es findet sich eine junge Patientin, die sich aus ihrem familiären Milieu zu lösen beginnt und entlang ihrer erwachenden Sexualität eigene Beziehungen aufnimmt. Besonders am Wochenende steigen die familiären Spannungen, die Töchter reagieren mit Bauchschmerzen[3]. Die Mütter ziehen nun, besonders also an Monta-

[3] Sind diese familiären Spannungen in andere Machtverhältnisse eingebunden, so kann dies auch die Mütter zu Patientinnen machen, indem Gallenkoliken und damit Cholezystektomien als typische Menopausenoperationen auftreten.

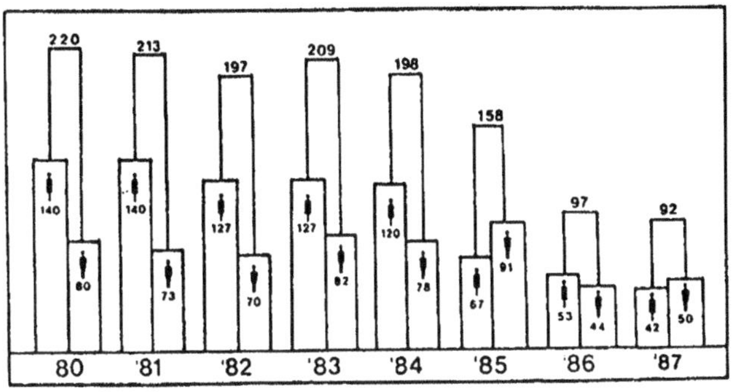

Abb. 3. Jährliche Appendektomiehäufigkeit und Geschlechtsverteilung der Chirurgischen Klinik Ffm-Höchst (eigene Ergebnisse, n = 1382)

gen, mit ihren schweigenden Töchtern von Arzt zu Arzt, bis sie endlich bei einem Chirurgen, fast immer bei einem jungen männlichen Chirurgen ankommen, der der Tochter am Ende unter *sterilen* Kautelen den Unterbauch aufschneidet und das *unschuldige* Organ entfernt. Man könnte diese Töchter im Sinne Balints als *vorgeschobene Patientinnen* verstehen. Sie müssen und wollen auch bezahlen für die innerfamiliären Konflikte, die sie durch ihre Adoleszenzkrise ja selbst ausgelöst haben. Sie bezahlen zunächst nur mit Bauchschmerzen, zur Absolution kommt es aber erst durch den Verlust der körperlichen Unversehrtheit im Unterbauch, wovon von nun an eine Narbe, manchmal eine sehr häßliche, Zeugnis ablegt. Der Chirurg hat damit quasi als appendektomierende Gegenübertragung eine mechanische Psychotherapie mit dem Skalpell betrieben, die *Resektion eines psychosozialen Konflikts*. Er hat sich außerdem durch den zugefügten Schmerz und die ausgelösten Ängste, die jeder Mensch vor einer Operation bis hin zu Todesphantasien hat, unbewußt vielleicht auch gerächt für die Kränkung seines Narzißmus, die darin bestand, daß es einem Patienten bzw. einem Angehörigen überhaupt gelingen konnte, ihn zu einem Eingriff zu zwingen, wo er doch sonst allein Herr über diese Entscheidung ist. Die damit verbundene Entlastung der Mutter ist eine symbolische und mag neben der eigentlichen Bestrafung der Tochter ihren tieferen Sinn in vielerlei, ebenfalls der sexuellen Sphäre zugehörigen Phantasien haben, denn diese Mutter befindet sich ja genau im Gegensatz zur Tochter in einer Lebensphase, in der ihr das Erfüllen des allgemein angestrebten Frauenbildes (jung, schlank, sexuell ansprechend usw.) immer weniger möglich ist.

In unserer chirurgischen Klinik ist uns das Verlassen dieses Initiationsritus unter der Indikation der Intervallappendektomie dadurch gelungen, daß wir die Appendektomie etwa seit Mitte 1985 nur noch als unmittelbar durchzuführenden Notfalleingriff sofort vornehmen, wenn wir den hinreichenden Verdacht auf das Vorliegen einer akuten Appendizitis haben. Es wird keine geplante Appendektomie mehr auf dem täglichen Operationsprogramm durchgeführt (Hontschik 1989). Wir haben damit unsere jährliche Appendektomieziffer von über 200 auf etwa 90 senken können (Abb. 3); unsere Fehldiagnoserate ist dabei von etwa 50 auf knapp unter 20% gesunken,[4] was dem internationalen Standard außerhalb des ehemaligen Deutschen Reiches entspricht. Wir haben dabei (wie bei der alten Praxis auch) etwa 15–20 Perforationen im Jahr zu verzeichnen, also keinen Anstieg der schweren Verläufe zu verantworten. Und wir haben bereits 1987 erstmals mehr Männer als Frauen operiert, was bei dieser Operation die einfachste Qualitätskontrolle darstellt.

Literatur

Berry J Jr, Malt RA (1984) Appendicitis near is centenary. Ann Surg 200:567–575

Collins SD, Lehmann JL, Trantham KS (1956) Surgical experience in selected areas of the United States. US Government Printing Office, Washington (Public Health Monogr, No 38)

Dombal FT de (1979) Diagnose und Operationsindikation bei der akuten Appendizitis. Chirurg 50:291–296

Effenberger T, Schreiber HW, Treu HA (1985) Statistische Beobachtungen bei Kranken mit kolorektalem Karzinom nach Appendektomie. Aktuel Chir 20:155–156

Giehl HJ (1970) Ileus als Früh- und Spätkomplikation nach Appendektomie. Zentralbl Chir 95:116–121

Glockner E (1954) Beobachtungen an 11497 Fällen von Appendizitis (1938–1952). Med Dissertation, Universität Freiburg

Hontschik B (1987) Theorie und Praxis der Appendektomie – Eine historische, klinische und psychosoziale Studie. Pahl-Rugenstein, Köln

Hontschik B (1988) Fehlindizierte Appendektomien bei jungen Frauen. Psychosexuelle Krisen und chirurgische Interventionen. Z Sexualforsch 1:313–326

Hontschik B (1989) Indikation zur Appendektomie. In der Praxis zu wenig restriktiv? Chir Prax 40:221–227

Kern E (1986) Die Bedeutung der Persönlichkeit des Chirurgen für die Indikationsstellung. In: Brobmann GF (Hrsg) Auszüge aus den Referaten des 103. Kongresses der Deutschen Gesellschaft für Chirurgie vom 23.–26.4.1986, München, Vortrag Nr 1. Demeter, Gräfeling

Krogius A (1911) Übersicht über ca. 1000 Fälle von Appendicitis, operiert in der chirurgischen Universitätsklinik zu Helsingforts in den Jahren 1901–1908. Arch Klin Chir 95:759–809

McBurney C (1889) Experience with early operative interference in cases of diseases of the vermiform appendix. NY Med J 50:676–684

Mörl FK, Thoma G (1976) Die Frührelaparotomie nach Appendektomie. In: Pichlmayr R (Hrsg) Postoperative Komplikationen. Springer, Berlin Heidelberg New York, S 120–127

Mühsam R (1900) Über Appendizitisexperimente. Dtsch Zschr Chir 55:143–158

Sonnenburg E (1905) Pathologie und Therapie der Perityphlitis (Appendicitis). FCW Vogel, Leipzig

Verda DJ, Platt WR (1958) The Tissue Commitee really gets results. Mod Hosp Chicago 91:74–76

Wangensteen OH, Dennis C (1939) Experimental proof of the obstructive origin of appendicitis in man. Ann Surg 110:629–647

[4] Seit 1987 folgt auch die Kinderchirurgische Klinik unseres Hauses diesem strengen Konzept. Die Gesamtzahl der Appendektomien beider Kliniken ist damit von 546 (1982) auf 160 (1988) gesunken, also etwa um 70%; die Fehldiagnoserate sank von 71 auf 19%.

Ein neues Konzept psychosomatischer Forschung am Beispiel der vorzeitigen Wehentätigkeit*

A.T. Teichmann und A. Breull

Zusammenfassung

Somatische, psychische und soziale Faktoren werden für die Entstehung der vorzeitigen Wehentätigkeit verantwortlich gemacht. Die Frühgeburtlichkeit ist ein perinatalmedizinisches Problem ersten Ranges. Spezifische Ursachen aus dem psychosozialen Bereich sind nicht bekannt. Dagegen ist das multivariate Konzept eines psychosozialen Bedingungsgefüges in der Lage, die Entstehung der vorzeitigen Wehentätigkeit vorherzusagen und aufzuklären. In diesem Sinne ist eine prospektive Untersuchung durchgeführt worden, deren Ziel es war, zunächst in einer hypothesengenerierenden Studie wesentliche ätiologische Faktoren zu benennen, die prospektiv an insgesamt 238 Patientinnen überprüft worden sind. Mit den in der Untersuchung verwendeten Rechenmethoden war es möglich, die in einem Fragebogen verdichteten Variablen so zu verarbeiten, daß eine hohe Sensitivität und Spezifität in der Prognose vorzeitiger Wehentätigkeit bei Befragung in der frühen Schwangerschaft erzielt werden konnte.

Schlüsselbegriffe: gynäkologische Psychosomatik, vorzeitige Wehentätigkeit, psychosoziales Bedingungsgefüge, Frühgeburtlichkeit, multivariates Konzept.

In nur wenigen anderen medizinischen Spezialgebieten erfreut sich die psychosomatische Betrachtungsweise eines so regen Interesses wie in Gynäkologie und Geburtshilfe. Nicht zuletzt weisen die ständig steigenden Teilnehmerzahlen an den einschlägigen Fortbildungsveranstaltungen auf einen unübersehbaren Bedarf hin. Neben der praktischen Anwendung psychosomatischer Konzepte wurde in den vergangenen Jahren in zunehmender Weise kritisch nach den Grundlagen der Erkenntnisse gefragt. Damit trat neben die praxisbezogene Weitergabe von Wissen und Erfahrung auch die Frage nach den Methoden psychosozial orientierter Forschung. Ohne Zweifel ist der differenzierte und hochauflösende Prozeß tiefenpsychologischer Exploration und gestaltkreisartigen Erkennens und Schließens die reichhaltigste Quelle qualitativen Wissens und befruchtender Hypothesen. Eine mehr nomothetisch ausgerichtete Forschung, deren Ziel Aussagen sind, die für

* Dieser Beitrag erschien erstmals in: *Zeitschrift für Psychoanalyse und psychosomatische Medizin*, Heft 3/1989, 256–276
Die Studie wurde aus Mitteln der Deutschen Forschungsgemeinschaft finanziert (Te 104/1–3).

Söllner et al. (Hrsg.) Sozio-psycho-somatik

eine ganze Gruppe von Merkmalträgern zutreffen, ist demgegenüber zwar in Psychologie und Sozialwissenschaften weit entwickelt, findet jedoch nur selten bei psychosomatisch-medizinischen Fragen Anwendung. Ziel der im folgenden beschriebenen, von der Deutschen Forschungsgemeinschaft geförderten Untersuchung war es, anhand eines Symptoms, der vorzeitigen Wehentätigkeit, modellhaft zu erforschen, ob es möglich ist, mit psycho- und soziometrischen Methoden ein differenziertes Abbild der Wirklichkeit zu schaffen. So wurde versucht, in einem multivariaten Konzept, das v. a. nichtlineare Beziehungen berücksichtigt, relevante psychosoziale Entstehungsbedingungen der Frühgeburtlichkeit, soweit durch sie vorzeitige Wehentätigkeit ausgelöst wird, zu erforschen. Dieser Versuch konnte nur unter Hinzuziehung von mathematisch-statistischen Methoden erfolgreich sein, deren Weiterentwicklung und Modifizierung wesentlicher Teil der vorliegenden Arbeit ist. Es wurde angestrebt, durch sorgfältige Anamnesen ein möglichst vollständiges psycho- und soziodynamisches Bild der an der Untersuchung teilnehmenden Patientinnen zu gewinnen und eine ebenso präzise Dokumentation geburtshilflicher Befunde vorzunehmen. Hierbei wurde in einer ersten Untersuchung, welche hypothesengenerierenden Charakter hat, ein Modell entwickelt, das in einer weiteren prospektiven Phase validiert werden konnte. Es ist somit nicht nur möglich gewesen, ein relativ differenziertes, hermeneutisches Modell eines körperlichen Symptoms herzuleiten, sondern auch dessen praktische Anwendbarkeit in bezug auf die Erkennung von Risikoträgerinnen zu überprüfen.

Die vorzeitige Wehentätigkeit ist ein wichtiges Glied in einer Kette von Ereignissen, die schließlich zu Zervixeröffnung und Frühgeburt führen. Sie ist keineswegs Ausdruck eines spezifischen Krankheitszustands oder gar einer eigenen nosologischen Einheit, sondern mögliche Folge zahlreicher pathologischer Bedingungen des mütterlichen Organismus, des Fetus und der Plazenta. So führen EPH-Gestose, Infektionskrankheiten, Anämie, erworbene und primäre Veränderungen des Genitale sowie Nikotinabusus auf seiten der Mutter, Mißbildungen, fetoplazentare Infektionen, immunologische Unverträglichkeiten sowie Mehrlinge von der fetoplazentaren Seite her – direkt oder auf dem Umweg über eine Plazentainsuffizienz – zu vermehrter uteriner Aktivität und vorzeitiger Wehentätigkeit.

Es kommt jedoch auch in Abwesenheit prä- und postpartum diagnostizierbarer somatischer Ursachen der Frühgeburtsgefährdung zu vorzeitigen uterinen Kontraktionen und Wehen, in deren Ätiologie nach allgemeiner Anschauung psychosoziale Faktoren eine dominierende Rolle zu spielen scheinen (Jung 1975; Kaltreider u. Johnson 1976; Weil etal. 1978). Legt man die Definition der Weltgesundheitsorganisation zugrunde, nach der jedes tot- oder lebendgeborene Kind zwischen 1000 und 2500 g als Frühgeburt angesehen wird, muß von einer Häufigkeit in den westlichen Industrienationen zwischen 4 und 10% aller geborenen Kinder ausgegangen werden. In der Bundesrepublik Deutschland lag die auf die Gesamtzahl der Lebendgeborenen bezogene Rate der Kinder mit einem Geburtsgewicht von 2500 g und weniger 1981 bei 6,19%, 1984 bei 5,94% (Statistisches Bundesamt Wiesbaden 1986) und unterscheidet sich damit nicht wesentlich von den entsprechenden Zahlen des Auslands (Boldmann u. Reed 1977; Chase 1977; Kubli etal. 1977; Pratt etal. 1977). Geht man davon aus, daß etwa 30% der Kinder mit niedrigem Geburtsgewicht nicht eigentlich Frühgeborene, sondern reife, aber hypothrophe Kinder sind (Schillinger et al. 1976; Werle u. Künzel 1975; Wiest et al. 1974), so dürfte der Anteil der sich durch Unreife auszeichnenden Frühgeburten entsprechend der von der FIGO vorgeschlagenen Definition mit einer Tragzeit von weniger als 37 vollendeten Wochen um 4% an der Gesamtgeburtenzahl liegen. Zu berücksichtigen ist hierbei, daß in der Definition der Untergrenze der Tragzeit, die allgemein mit dem Beginn der 28. Woche angegeben wird, in Zukunft die erheblichen Fortschritte der neonatalen Medizin Beachtung finden müssen. Die praktische Bedeutung des Problems der Frühgeburtlichkeit wird durch den Umstand verdeutlicht, daß die perinatale Mortalität zu mehr als zwei Drittel durch Kinder mit einem Geburtsgewicht von < 2500 g belastet wird (Statistisches Bundesamt Wiesbaden 1986).

Somit ist die Erkennung von Entstehungsbedingungen, die frühe und spezifische Diagnostik sowie die Behandlung der vorzeitigen Wehentätigkeit als wesentliche somatische Endstrecke der Frühgeburt eine perinatalmedizinische Aufgabe ersten Ranges.

Seit Einführung wirksamer tokolytischer Substanzen, v. a. aus der Gruppe der β_2-Sympathikomimetika, ist zwar in gewissem Umfange eine Therapie vorzeitiger, zur Eröffnung des Muttermundes führender Kontraktion möglich, ihr Einsatz ist jedoch in wirksamer, parenteral zu applizierender Dosis aufwendig und angesichts möglicher Herz-Kreislauf-Risiken an eine sorgfältige klinische Überwachung gebunden (Grospietsch 1983). Früherkennung und Prophylaxe vor dem Hintergrund einer möglichst genauen Ätiologie und Pathogenese sind daher vorrangiges Anliegen aller mit diesem Problem befaßten Spezialdisziplinen in der Geburtsmedizin.

Neben quantitativen Überlegungen, pathophysiologischen und therapeutischen Problemen besteht eine wesentliche Schwierigkeit für den Kliniker darin, zu entscheiden, unter welchen Bedingungen das Auftreten vorzeitiger Wehentätigkeit Zeichen und unmittelbare Ursache einer sich anbahnenden Frühgeburt ist oder lediglich eine physiologische Normvariante von Schwangerschaftskontraktionen darstellt. Eine sichere Unterscheidung ist nur aufgrund von bereits eingetretenen Zervixänderungen möglich, wie sie klinisch (Jung 1981), aber auch sonographisch (Ulbrich 1983) bestätigt werden konnten. Abgesehen von besonders ausgeprägten Formen ist somit die Unterscheidung zwischen relevanten und irrelevanten Kontraktionen erst relativ spät mit befriedigender Sicherheit möglich, so daß vielerorts großzügig eine Indikationsstellung zur tokolytischen Therapie erfolgt.

Angesichts der vielfachen diagnostischen und therapeutischen Probleme und unter Berücksichtigung des Stellenwerts der Frühgeburt in der heutigen Perinatalmedizin erscheint es daher sinnvoll, neben klinischen und pathophysiologischen Daten auch psychosoziale Faktoren in ein Krankheitskonzept, in dem die vorzeitige Wehentätigkeit eine zentrale Position einnimmt, einzubeziehen.

Befunde psychosomatischer Forschung

Bereits physiologischer Wehenbeginn und Muttermunderöffnung sind bis heute hinsichtlich ihrer Ursachen und der neuralen sowie biochemischen Mechanismen nicht vollständig geklärt. Dies gilt um so mehr für ihre pathologischen Manifestationen. Dennoch besteht Einigkeit darüber, daß bei der Mehrzahl der Fälle vorzeitiger Wehentätigkeit psychische und soziale Faktoren von großer Bedeutung sind (Jung 1975; Kaltreider u. Johnson 1976; Weill etal. 1978). Die Hypothese einer psychosomatischen Genese beruht auf der allgemeinen Erfahrung gewissenhaft beobachtender Kliniker und hatte in der Vergangenheit eine Vielzahl von Untersuchungen zur Folge, deren Ziel es war, das vorzeitige Auftreten vermehrter uteriner Kontraktionen und Wehen mit psychosozialen Gegebenheiten und Ereignissen zu korrelieren. Die außerordentlich divergenten Ergebnisse dieser Untersuchungen machen deutlich, wie schwierig die statistisch-wissenschaftliche Prüfung einer plausiblen und mit der Erfahrung im Einklang stehenden Hypothese gerade auf dem Gebiet psychosomatischer Forschung sein kann. Eine eingehende und kritische Beurteilung der publizierten Arbeiten der letzten 50 Jahre läßt die im folgenden dargestellten Schlußfolgerungen zu. Detaillierte Literaturübersichten sind von den Verfassern und ihren Mitarbeitern publiziert worden (Teichmann etal. 1984; Thormann etal. 1984). Auffallend ist die Uneinheitlichkeit der Ergebnisse verschiedener Arbeitsgruppen hinsichtlich der qualitativen und quantitativen Wertung der gefundenen Beziehungen. Widersprüchliche Aussagen sind häufig, Replikationen von Befunden die Ausnahme. Eine eingehende Literaturanalyse führt zu dem Schluß, daß weder bestimmte Altersgruppen für die vorzeitige Wehentätigkeit prädisponiert sind noch stets der ledige Familienstand der Mutter mit einer höheren Inzidenz vorzeitiger Wehen assoziiert ist. Auch der Faktor des Sozialstatus für sich genommen, ebenso wie sozialer Auf- und Abstieg, sind allein nicht mit einer erhöhten vorzeitigen uterinen Aktivität verknüpft. Während die Art der Beziehung der Schwangeren zu ihrem ehelichen oder außerehelichen Partner Zusammenhänge mit dem Auftreten vorzeitiger Wehentätigkeit vermuten läßt, ist der Faktor Berufstätigkeit allein keine hinreichende Bedingung, sondern scheint erst dann bedeutsam zu werden, wenn er mit anderen Variablen, z. B. dem sozialen Status und der Art des Berufs, dem speziellen beruflichen Engagement und der Parität der Patientin, gemeinsam analysiert wird. Unspezifische seelische Belastungen und lebensgeschichtlich gravierende Ereignisse sind im Hinblick auf das Eintreten von Schwangerschaftskomplikationen nicht an sich, sondern in Abhängigkeit von ihrer Bearbeitung durch die Schwangere, bedeutsam. Von verschiedenen Untersuchern wird bestätigt, daß eine ablehnende Haltung der Schwangerschaft gegenüber vermehrt bei Patientinnen mit Frühgeburten zu finden sei, während der Umstand, daß eine Schwangerschaft nicht geplant ist, keinen Risikofaktor darstellt. Es gibt Hinweise dafür, daß eine als wenig zugewandt erlebte Mutter oder eine schwache Vaterfigur in der Kindheit der Schwangeren häufig mit Frühgeburtlichkeit assoziiert sind. Spezielle Persönlichkeitscharakteristika, z. B. emotionale Reife, Selbständigkeit und neurotische Störungen, sind kontrovers diskutiert und erlauben keine eindeutige Zuordnung.

Widersprüchlichkeit, fehlende Replikation und Mangel an Spezifität von Zusammenhängen in der psychosomatischen Literatur zur vorzeitigen Wehentätigkeit weisen auf grundlegende methodische Probleme bei der wissenschaftlichen Erfassung sozialer, seelischer und körperlicher Phänomene hin. Diese resultieren vornehmlich aus der Komplexität des zu beobachtenden Gegenstands, die sehr wohl im konkreten Arzt-Patienten-Verhältnis bei ausreichender Sensibilität und in Abhängigkeit von Erfahrungen und Ausbildung des Arztes erfaßbar werden, sich aber einfachen Untersuchungsstrategien auf der Basis univariater, linearer Korrelationen entzieht. Zwei wesentliche Voraussetzungen müssen in einem geeigneten Untersuchungsansatz Berücksichtigung finden:

1) Psychosoziale Einflußfaktoren weisen in hohem Maße gegenseitige Abhängigkeiten auf; sie beeinflussen nicht nur direkt oder auf dem Umweg über andere Faktoren das Krankheitsgeschehen, hier die vorzeitige Wehentätigkeit, sondern verändern sich auch mit dem Auftreten und der weiteren Entwicklung körperlicher Symptome. Somatische Krankheitszeichen treten selten aufgrund einer einzigen Bedingung, sondern zumeist im Gefolge sehr komplexer Bedingungsgefüge auf, deren Wirkung erst in ihrer Gesamtheit als ursächlich angesehen werden kann.

2) Die Berücksichtigung ausschließlich linearer Zusammenhänge führt zwangsläufig zu Fehlinterpretationen. So kann Arbeitslosigkeit dieselben psychovegetativen Folgen auslösen wie eine übermäßig anstrengende oder streßreich erlebte Berufstätigkeit, ebenso wie erzwungene Ruhe, z. B. bei strenger Hospitalisierung, mitunter beunruhigender sein kann als die Bewältigung vielfacher Aufgaben in der Familie. Als Beispiel sei die Beziehung zwischen Motivation und Leistung erwähnt. Auf dem Boden dieser grundsätzlichen Überlegungen wird verstehbar, warum psychosomatische Forschung so wenig befriedigende Resultate erzielt, wenn sie lediglich das Auftreten vorzeitiger Wehentätigkeit in Abhängigkeit gleichzeitiger oder vorausgegangener Gegebenheiten und deren quantitative Ausprägung überprüft.

Hauptuntersuchung

Basierend auf dem von Chalmers (1984) vorgeschlagenen multivariaten Rahmenmodell und den Ergebnissen der eigenen orientierenden Untersuchungen werden im Rahmen der Hauptuntersuchung Variablen und Variablenkonfigurationen gesucht, denen hohe prognostische Qualität in der Vorhersage vorzeitiger Wehentätigkeit zukommt. Ziel dieser Untersuchung ist die Entwicklung eines multifaktoriellen Modells der Determinierung vorzeitiger Wehen aufgrund nichtlinearer Beziehungen zu psychosozialen Variablen.

Die Diagnose vorzeitige Wehentätigkeit wurde entsprechend einem Vorschlag von Ulbrich (1983) aufgrund des Tokolyseindex nach Jung (1981) gestellt und bei einem Wert > 4 Punkte als positiv bewertet. Bei einem Teil der Patientinnen wurde diese Diagnose durch die sonographische Messung der Zervixlänge bestätigt. Beide Beurteilungen erfolgten durch von den Untersuchern unabhängige Ärzte. An der Untersuchung nahmen teil: 25 gesunde Schwangere, die zu Vorsorgeuntersuchungen in die Frauenklinik kamen, und 35 Frauen, die wegen der Diagnose vorzeitiger Wehentätigkeit stationär behandelt wurden. Von der Untersuchung ausgeschlossen waren Frauen mit Mehrlingsschwangerschaften, gebärorganischen Fehlbildungen oder einer die Schwangerschaft beeinflussenden Erkrankung sowie sonstiger schwangerschaftsbedingter Pathologie (z. B. EPH-Gestose).

Untersuchungsablauf

Anamnese und Testkennwerte wurden zwischen der 28. und der 36. Schwangerschaftswoche erhoben. Der Untersuchung ging ein halbstündiges Einführungsgespräch durch eine klinische Psychologin voraus. Die Reihenfolge der Datenerhebung war standardisiert und umfaßte (1) *soziographische* Variablen, darunter Alter, Berufstätigkeit, Sozialstatus, Schulabschluß, Wohnform; (2) *medizinisch-physiologische* Variablen, darunter frühere und aktuelle Schwangerschaftskomplikationen, Zervixscore, Tokolyseart und -dauer sowie nach Beendigung der Schwangerschaft deren Dauer, Dauer der Geburt, etwaige Geburtskomplikationen und Apgar-Index; (3) *psychologische* Variablen des motivationalen, emotionalen und kognitiven Bereichs sowie Persönlichkeitsdispositionen und Variablen des psychologischen Befindlichkeitsbereichs, darunter auch körperliche Beschwerden; (4) *sozialpsychologische* Variablen, wie Familieninteraktion und vorgestellte Fremdeinschätzung. Das Interview wurde als offenes Gespräch geführt. Fehlende Informationen wurden zum Schluß erfragt. Alle Fragebögen wurden mit der Originalinstruktion am selben Tag der Patientin gegeben, die physiologischen Daten wurden von unabhängigen Untersuchern in der Universitätsfrauenklinik erhoben. Die Fragebogenuntersuchung umfaßte 1) das Freiburger Persönlichkeitinventar (FPI) von Fahrenberg etal. (1978), 2) das State-Trait-Angstinventar (STAI) von Laux etal. (1981) sowie 3) den Schwangerschaftseinstellungsfragebogen SSG (von Lukesch u. Lukesch 1976).

Die Variablenoperationalisierung erfolgte aufgrund der im Interview erhobenen Daten, die nach Abschluß der gesamten Erhebung 3 Beurteilern (1 Gynäkologe, 2 Psychologen) unabhängig voneinander vorgelegt und auf einer vorgegebenen Skala geratet wurden. Als endgültiger Kennwert ging für jede Person pro Variable der Mittelwert aus den 3 Gutachterurteilen in die Datenanalyse ein.

Statistische Verfahren

1) Konfigurationsfrequenzanalyse (KFA) (Lienert 1968, 1969, 1971; Linert u. Straube 1980)

Das Verfahren dient zur Identifikation von Eigenschafts- oder Symptommustern (Konfiguration oder Konfigurationstyp), definiert als Merkmalskonfiguration, deren Auftreten signifikant häufiger als erwartet beobachtet wird, als es der Nullhypothese entspricht. Mit der KFA sind auch dann sinnvolle Typen aufdeckbar, wenn die Korrelation zwischen je 2 Symptomen gleich Null ist.

2) Kausaldominanzanalyse (KDA) (Lehmann 1980; Vester 1983)

Die von Lehmann vorgestellte nichtlineare Kausaldominanzanalyse erfaßt bei Zugrundelegung asymmetrischer Relation zwischen Variablen die Gerichtetheit der jeweiligen Beziehung. Voraussetzung für eine multivariate Generalisierung ist die zeitliche Stabilität der aufgedeckten Variablenrelationen. Damit unterliegt die Interpretation dieser Ergebnisse denselben Einschränkungen wie Zuschreibung und Interpretation von Persönlichkeitsdispositionen in der Psychologie. Im Rahmen dieser Untersuchung wird auf in diesem Sinne stabile oder überdauernde Variablenbeziehungen reflektiert. Die zugrundegelegte Analyse bezieht sich auf eine Modifikation von Vester (1983), die unter der Bezeichnung „Sensitivitätsmodell" eine mathematisch-statistisch einfache Version der KDA darstellt.

Aus der Gesamtheit der Ursprungsvariablen wurden 2 Variablensets gebildet.

1) Kognitive und emotionale Komponenten der Persönlichkeit der Schwangeren:
   - erste eigene Reaktion auf Vermuten einer Schwangerschaft,
   - Zukunftsantizipation,
   - Verfügbarkeit von Bewältigungsstrategien auf Belastungssituationen,
   - allgemeine Ängstlichkeit während der Schwangerschaft,
   - Empfindungen und Erwartungen gegenüber der Geburt,
   - psychosomatische Reagibilität vor Beginn der Schwangerschaft.
2) Soziale Variablen:
   - soziale Unterstützung,
   - Partnerbeziehung,
   - „life events",
   - Streß im privaten Erlebens- und Beziehungsbereich,
   - Berufstätigkeit während der Schwangerschaft,
   - Streß im Beruf,
   - Motivierung des Kinderwunsches,
   - Geplantheit der Schwangerschaft,
   - Wohnform,
   - Familienstand,
   - momentane Beziehung zur Ursprungsfamilie.

Da erwartet wurde, daß über die Anamneseitems auch redundante Informationen erfaßt wurden, wurde pro Variablenset eine Faktorenanalyse durchgeführt. Ziel bei der Anwendung dieses Verfahrens war 1) die mathematisch-statistische Reduktion der Variablenzahl und 2) die Reduktion der Variablenrelationen auf ausschließlich nonlineare Komponenten als Folge der hier festgelegten Orthogonalität der Faktorlösungen. Für das 1. Variablenset wurde eine vierfaktorielle Lösung (Varianzaufklärung 85,1%), für das 2. Set eine sechsfaktorielle Lösung (Varianzaufklärung 83,9%) gewählt und – korrespondierend zu den substanziellen Ladungen – benannt mit:

1) Kognitive und emotionale Faktoren:
- positive eigene Reaktion auf das erste Entdecken der Schwangerschaft, positive Zukunftsantizipation: „Mutter-Kind-Einstellung";
- positive Verfügbarkeit von Bewältigungsstrategien bei Auftreten von Problemen und Konfliktsituationen bei wenig allgemeiner Ängstlichkeit während der Schwangerscahft: „Coping";
- positive Einstellung zur antizipierten Geburt, wenig allgemeine Ängstlichkeit während der Schwangerschaft: „positive Geburtserwartung";
- psychosomatische Reagibilität vor Beginn der Schwangerschaft.

2) Soziale Faktoren:
- Vorhandensein sozialer Unterstützung, harmonische Partnerbeziehung, wenig „life events", wenig Streß im privaten Lebens- und Beziehungsbereich: „Gesichertheit der Familie";
- gern berufstätig während der Schwangerschaft bei gleichzeitigem Vorliegen von beruflichem Streß: „beruflicher Streß";

- positiver Kinderwunsch bei gleichzeitiger nicht immer vorliegender Geplantheit der Schwangerschaft: „Kinderwunsch";
- Partner und eigene Wohnung bei gleichzeitiger nicht immer vorliegender Geplantheit der Schwangerschaft: „Eigenständigkeit der Familie";
- Vorhandensein der Ehe;
- Beziehung zur Ursprungsfamilie.

Stichprobenbeschreibung

Das mittlere Alter der Patientinnen der Kontrollgruppe betrug 26,4 Jahre (Median 25 Jahre), das der Patientinnen mit vorzeitiger Wehentätigkeit 27,8 Jahre (Median 27 Jahre). In der Kontrollgruppe dauerte die Schwangerschaft zwischen 38 und 42 Wochen (Mittelwert 40,3, Median 40 Wochen), in der Gruppe mit vorzeitiger Wehentätigkeit zwischen 31 und 40 Wochen (Mittelwert 37,3, Median 38 Wochen). Entsprechend lag das Geburtsgewicht in der Kontrollgruppe im Mittel bei 3345 g (Median 3430 g), in der Gruppe mit vorzeitiger Wehentätigkeit bei 2947 g (Median 3000 g). Die Dauer des stationären Aufenthalts vor der Geburt betrug in der Gruppe mit vorzeitiger Wehentätigkeit 2,5 Wochen (Median 2 Wochen), aus der Kontrollgruppe mußte keine Frau vor der Geburt stationär aufgenommen werden.

Ergebnisse

Konfigurationsfrequenzanalyse (Abb. 1)

Die KFA deckte 4 Merkmalskonfigurationen als signifikant auf:

a) Identifizierte konfigurale Syndrome: In der Kontrollgruppe wurde überzufällig häufig das Fehlen von „life events" und Streß im privaten Bereich angegeben ($\chi^2 = 28{,}07$; df = 1; $p < 0{,}01$).

b) Identifizierte konfigurale Antisyndrome (Antitypen): In der Kontrollgruppe gaben signifikant weniger Frauen (als unter der Nullhypothese zu erwarten) das

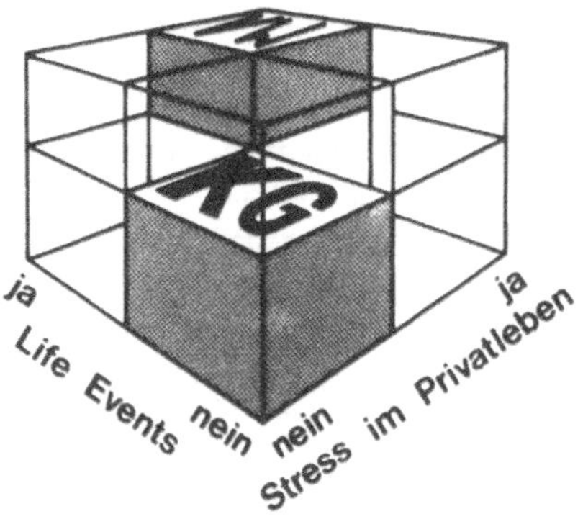

Abb. 1. Konfigurationsfrequenzanalyse am Beispiel zweier Variablen

Zutreffen von „life events“ und Streß im privaten Bereich an ($\chi^2 = 4{,}61$; df = 1; $p < 0{,}05$). In der Gruppe mit vorzeitiger Wehentätigkeit berichteten signifikant weniger Frauen Streß im Privatbereich aber keine „life events“ ($\chi^2 = 5{,}08$: df = 1; $p < 0{,}05$). Klinisch gesehen bedeutet das gefundene Ergebnis: Nichtbehandlungsbedürftige Schwangere geben weder „life events“ noch Streß im privaten Lebens- und Beziehungsbereich an oder höchstens eines von beiden. Behandlungsbedürftige Patientinnen bejahen beide Ereignisse.

Beide Variablen, „life events“ und Streß im Privatbereich, scheinen hinreichend geeignet zur Gruppendifferenzierung, sind jedoch nicht als kausal anzusehen. Es kann nicht erklärt werden, warum das Zutreffen beider Variablen in der Kontrollgruppe keinen Einfluß, in der Gruppe mit vorzeitiger Wehentätigkeit jedoch starken Einfluß hat.

Kausaldominanzanalysen

Insgesamt wurden 3 KDA durchgeführt, zunächst für das 1. und 2. Variablenset getrennt, dann eine gemeinsame Analyse. Da die generierten Daten beider Sets aus orthogonalisierten Variablensystemen stammen – mit Ausnahme der Gruppenvariablen (Kontrollgruppe vs. Gruppe mit vorzeitiger Wehentätigkeit), konnten die maximalen quadrierten Regressionskoeffizienten ausschließlich den erklärten Varianzanteil der nonlinearen Variablenverknüpfungen darstellen. Im folgenden werden Relationen linear genannt, wenn die Regressionen A zu B und B zu A im Betrag nahezu gleich groß sind. In den Abb. 2–4 werden die Differenzbeträge der quadrierten Regressionskoeffizienten angegeben, da diese als Ausmaß der Dominanz interpretiert werden dürfen. Die Analyse des 1. Variablensets (Abb. 2) zeigt, daß die Gruppenzugehörigkeit von den Variablen Coping und Geburtserwartung entscheidend determiniert wird. Während die Verfügbarkeit von Bewältigungsmechanismen im Umgang mit Problemen und Konfliktsituationen bei gleichzeitig wenig allgemeiner Ängstlichkeit in der Schwangerschaft von den anderen Variablen unbeeinflußt die Gruppenzugehörigkeit bestimmte, wurde die Einstellung zur Geburt von der allgemeinen Mutter-Kind-Einstellung dominiert. Diese wiederum war abhängig von der Wahrnehmung der eigenen allgemeinen psychosomatischen Reagibilität vor Beginn der Schwangerschaft. Die am deutlichsten ausgeprägten Relationen wurden zwischen den Variablen Mutter-Kind-Einstellung und Gruppenzugehörigkeit beobachtet.

In der Analyse des 2. Variablensets wurde die Gruppenzugehörigkeit aktiv von 3 Bedingungen beeinflußt (Abb. 3): vom Familienstand, vom Motiv des Kinderwunsches und davon, ob die Schwangere ihre Berufstätigkeit als streßreich empfand oder nicht. Die Variablen Ehe und beruflicher Streß in der Schwangerschaft sind innerhalb dieses Variablensystems die einflußstärksten. Die Existenz der Ehe beeinflußte neben der Gruppenzugehörigkeit und dem Kinderwunschmotiv zusätzlich die Eigenständigkeit der Familie und die Art der Beziehung der Schwangeren zu ihrer Ursprungsfamilie. Beruflicher Streß hat dominierenden Einfluß auf die Gesichertheit der Familie.

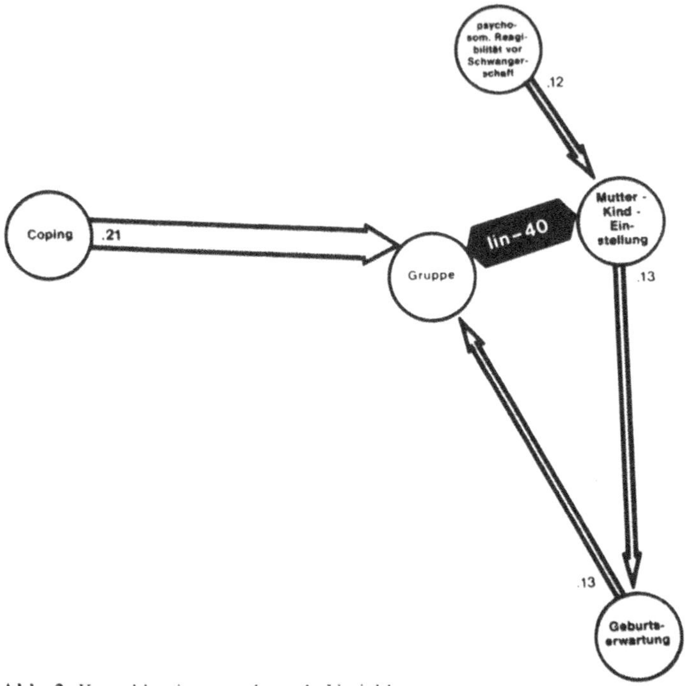

Abb. 2. Kausaldominanzanalyse. 1. Variablenset

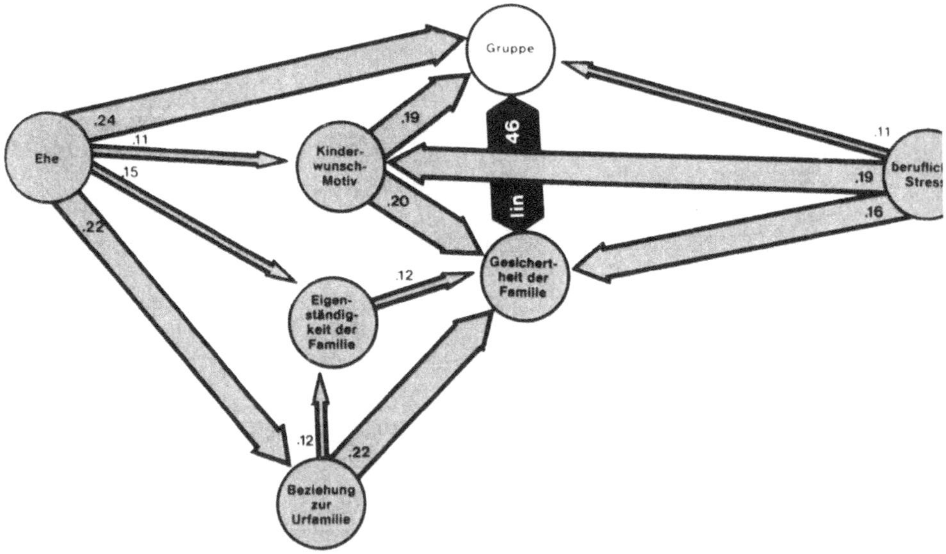

Abb. 3. Kausaldominanzanalyse. 2. Variablenset

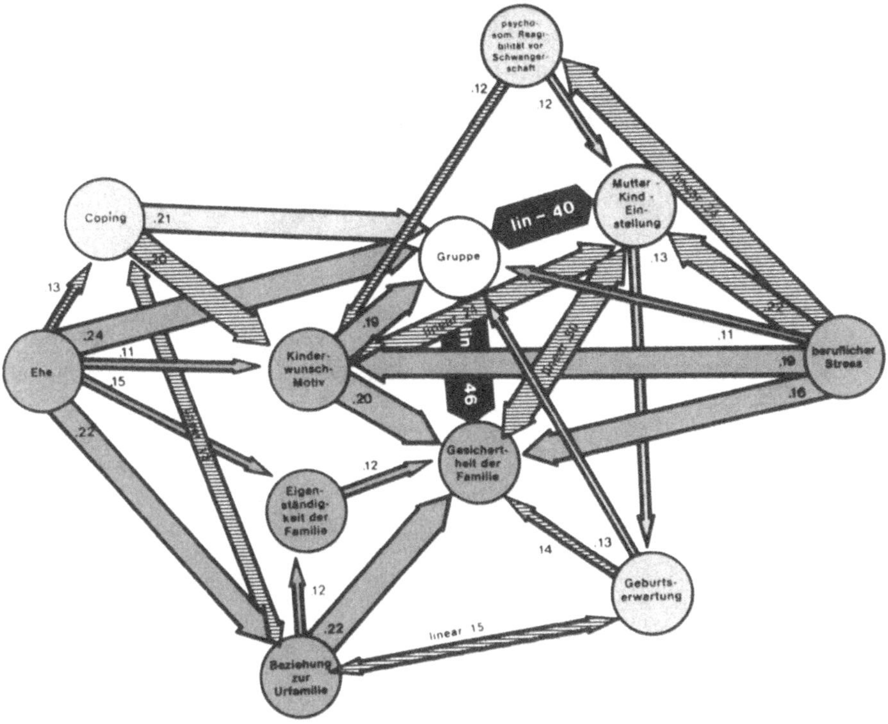

Abb. 4. Kausaldominanzanalyse beider Variablensets

Bei der gemeinsamen Analyse beider Variablensets wurden Relationen von z. T. sehr deutlichem Ausmaß festgestellt, keine jedoch dominierte die Gruppierungsvariable. Die gefundenen Relationen sind in Abb. 4 graphisch dargestellt. Die funktionelle Zuordnung der Schlüsselvariablen kann wie folgt beschrieben werden: aktive Variable ist die Ehe. Diese Variable beeinflußte 5 andere. Sie dominiert deutlich die Gruppenzugehörigkeit und Beziehung zur Ursprungsfamilie der Schwangeren und mittelstark die Variablen Motiv des Kinderwunsches, Eigenständigkeit der Familie und Verfügbarkeit von Copingmechanismen. Die Variable Ehe wird von keiner anderen Variablen beeinflußt. Erwartungsgemäß ist die passive Variable die Gruppenzugehörigkeit. Somit ergibt sich ein vereinfachtes Modell (s. Abb. 5), in dem die relevanten Entstehungsbedingungen vorzeitiger Wehentätigkeit und die gegenseitigen Beziehungen dargestellt sind.

Die in der Hauptuntersuchung aufgedeckten Faktoren waren Gegenstand einer Validierungsuntersuchung. Hierzu war die Konstruktion eines Fragebogens notwendig, der – leicht handhabbar – die minimalen relevanten psychosozialen Bedingungen zur validen Früherkennung gefährdeter Schwangerer enthalten sollte. Das aus den Ergebnissen der Hauptuntersuchung abgeleitete Interaktions- und Dominanzmodell vorzeitiger Wehentätigkeit sollte auf seine Gültigkeit prospektiv überprüft werden.

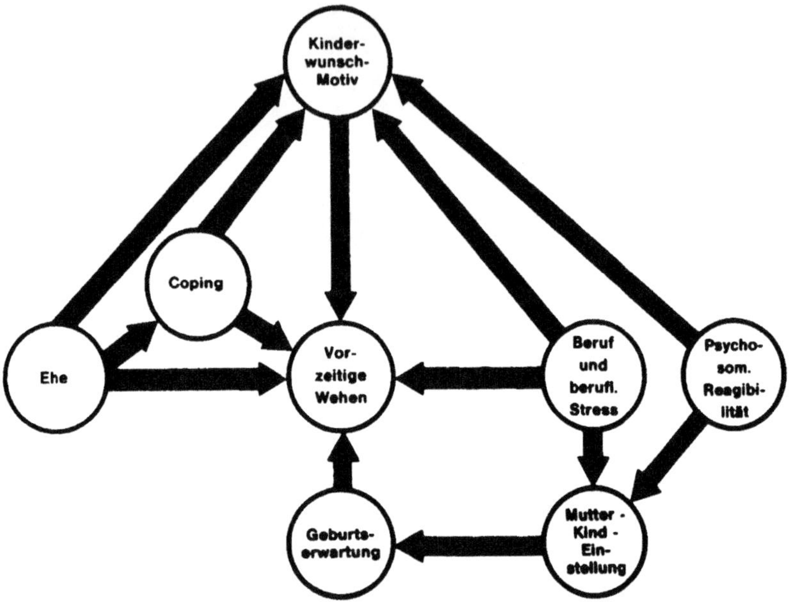

Abb. 5. Vereinfachtes Modell der Kausaldominanzanalyse zur Entstehung vorzeitiger Wehentätigkeit

Validierungsuntersuchung

Stichprobe und Untersuchungsmaterial

Hierzu wurden in der Zeit von November 1985 und Dezember 1986 insgesamt 238 Patientinnen im Mittel in der 12. Schwangerschaftswoche (Median 13, Range 5–24), interviewt. Es nahmen Patientinnen der Universitäts-Frauenklinik Göttingen, des Albert-Schweitzer-Krankenhauses Northeim, der gynäkologisch-geburtshilflichen Abteilungen der Frauenklinik Neu Bethlehem und Neu Mariahilf sowie solche von 20 niedergelassenen Gynäkologen des niedersächsischen Raumes teil. Ausgeschlossen wurden posthoc 7 Frauen mit Mehrlingsschwangerschaften, gebärorganischen Fehlbildungen sowie einer die Schwangerschaft beeinflussenden Erkrankung und eine Patientin, die in der 11. Schwangerschaftswoche einen Spontanabort erlitt. Analog dem Vorgehen in der Hauptuntersuchung wurde die Diagnose vorzeitge Wehentätigkeit aufgrund des Tokolyseindex nach Jung (1981) gestellt. Bei einem Teil der Patientinnen wurde die Diagnose durch sonographische Zervixlängenmessung bestätigt. Die Beurteilungen erfolgten durch vom Untersucher unabhängige Ärzte. Für die Diagnose EPH-Gestose galten Blutdruckwerte von RR $\geq$ 145:90 mm Hg, Proteinurie und Ödeme als diagnoserelevante Merkmale. Nach Abschluß der Untersuchung wurden folgende Gruppen gebildet:

Gruppe 1: n = 186 gesunde Schwangere;

Gruppe 2: n = 44 Patientinnen mit der Diagnose Schwangerschaftskomplikationen. Gruppe 2 ließ sich entsprechend der korrespondierenden Daten folgendermaßen differenzieren:

Gruppe 2a: n = 14 Frauen mit der ausschließlichen Diagnose EPH-Gestose,

Gruppe 2b: 20 Frauen mit Tokolyseindex nach Jung zwischen 2 und 4 und Verdacht bzw. Diagnose vorzeitiger Wehentätigkeit,

Gruppe 2c: 10 Frauen mit Tokolyseindex 5 und der Diagnose vorzeitige Wehentätigkeit.

Bei 2 Frauen aus den Gruppen 2b und 1 Frau aus der Gruppe 2c war zusätzlich einmalig eine Blutdruckerhöhung über die genannten Grenzwerte hinaus registriert worden.

Der auf die relevanten Variablen reduzierte Fragebogen wurde Patientinnen zur Begutachtung auf sprachliche und inhaltliche Verstehbarkeit und Eindeutigkeit vorgegeben. Die von den Patientinnen kommenden Änderungsvorschläge wurden berücksichtigt und die umformulierten Items einer erneuten externen Begutachtung unterworfen. Der Fragebogen in seiner endgültigen Form bestand aus 19 Items, die Antwortmöglichkeiten ließen positive, negative und mittlere bzw. ambivalente Selbst- bzw. Fremdurteile durch die Patientinnen zu. Eine spätere Analyse der Patientinnenantworten ergab eine mittlere Übereinstimmung von $R^2 = 0{,}82$ zwischen dem Arzturteil nach standardisierter mündlicher Befragung und anonymer Selbsteinschätzung der Patientinnen im Fragebogen. Ergänzt wurden diese Daten durch soziographische Variablen wie Alter, Schulabschluß, Zahl der bisherigen Schwangerschaften und Kinder. Aus zeitlichen Gründen wurde bei der Validierungsuntersuchung auf das standardisierte Erfragen von „life events“ verzichtet.

Untersuchungsablauf

Jede Patientin wurde bei Erstkontakt im Rahmen der Schwangerschaftsdiagnostik bzw. Beratung von einer Gynäkologin angesprochen und um Mitarbeit gebeten. Alle Patientinnen erklärten sich schriftlich mit der Teilnahme an der Untersuchung einverstanden. Der Fragebogen wurde beim Erstkontakt von der Patientin ausgefüllt und anonymisiert zur Datenanalyse weitergeleitet. Die Daten zur Krankengeschichte wurden, soweit nicht aus dem Fragebogen ersichtlich, den Krankenakten entnommen. Zum Zeitpunkt der jeweiligen Datenexploration wurden alle Schwangerschaften als physiologisch verlaufend beurteilt. Postpartal wurden die medizinischen Daten zum Schwangerschaftsverlauf erhoben, mit dem zum Fragebogen gehörenden Code versehen und als Kriteriumsvariablen in die Datenanalyse eingegeben.

Stichprobenbeschreibung

Das mittlere Alter aller Patientinnen betrug 27,9 (Median 27,5) Jahre. Zwischen den Frauen ohne und mit definierten Schwangerschaftskomplikationen (EPH-Gestose, vorzeitige Wehen mit Tokolyseindex 2–4, vorzeitige Wehen mit Tokolyseindex 5) bestand kein Altersunterschied, weder im Mittel noch im Range. Bei den Frauen ohne Schwangerschaftskomplikationen dauerte die Schwangerschaft zwischen 38 und 43 Wochen (Mittelwert 40,3, Median 41), bei den Gestosepatientinnen zwischen 33 und 44 Wochen (Mittelwert 40, Median 40,5), bei den Frauen mit reversiblen vorzeitigen Wehen zwischen 35 und 43 Wochen (Mittelwert = Median 40) und bei den Frauen mit den irreversiblen vorzeitigen Wehen zwischen 29 und 37 Wochen (Mittelwert 34,5, Median 35,5).

Ergebnisse

Konfigurationsfrequenzanalyse

In die KFA wurden die Variablen „Streß im privaten Lebens- und Beziehungsbereich" sowie „Verfügbarkeit adäquater Copingstrategien" einbezogen. Der Vergleich mit den postpartal erhobenen Daten der Kriteriumsvariable „vorzeitige Wehentätigkeit" ergab, daß 25 Patientinnen richtig, 17 falsch zugeordnet waren: 12 Patientinnen, für die vorzeitige Wehen vorhergesagt waren, hatten keine, 1 bzw. 4 der Patientinnen, die bei sich nur eine Bedingung erfüllt sahen, hatten vorzeitige Wehen. Dieses Ergebnis bedeutet, daß bei der Beobachtung von 16% der schwangeren Frauen dieser Stichprobe 83,3% (25 von 30) erfaßt wurden, bei denen im Verlauf der Schwangerschaft tatsächlich reversible oder irreversible vorzeitige Wehen auftraten (Tabelle 1). Sieht man nur solche Frauen als gefährdet an, für die ein Jung-Index < 4 beobachtet wurde, so wurden mit der hier vorgenommenen Prognose 12 von 14 Patientinnen (85,7%) richtig klassifiziert.

Tabelle 1. 4-Felder-Tafel. Validierungsuntersuchung 1, *KFA Konfigurationsfrequenzanalyse*, (n = 230; $\bar{x}$ = 12. SSW)

Prädiktoren:
Copingstrategien — vorhanden/nicht vorhanden
Streß im Privatbereich
Hypothese: vorzeitige Wehen bei Streß im Privatbereich ohne Verfügbarkeit von Copingstrategien

	Vorzeitige Wehen +	Vorzeitige Wehen –
Vorhersage +	25	12
Vorhersage –	5	188

Bei Beobachtungen von 16 % der Patientinnen, 84% richtig zugeordnet.

Tabelle 2. Validierungsuntersuchung 2: *Kausaldominanzanalyse (KDA)* (4-Felder-Tafel)

	Vorzeitige Wehen +	Vorzeitige Wehen −
Vorhersage +	27	1
Vorhersage −	3	199

Zutreffende Vorhersagen in 90%.

Kausaldominanzanalyse

Legt man als Prädiktoren die in der Hauptuntersuchung identifizierten Faktoren zugrunde, so konnte das Auftreten vorzeitiger Wehentätigkeit für 28 Patientinnen vorausgesagt werden. Ein Vergleich mit den tatsächlichen Werten der Kriteriumsvariablen ergab, daß 3 Patientinnen falsch zugeordnet waren: 1 Patientin hatte keine vorzeitigen Wehen, für 1 Patientin wurde ein Jung-Index von 3 festgelegt, für 1 Patientin der Tokolyseindex 5. Dieses Ergebnis bedeutet, daß bei Beobachtung von 12,2% der Frauen dieser Stichprobe 90% (27 von 30) erfaßt wurden, bei denen im Nachhinein tatsächlich auch vorzeitige Wehen (reversibel und irreversibel) aufgetreten waren (Tabelle 2). Betrachtet man die Patientinnen, für die ein Tokolyseindex von 4 und mehr festgelegt worden war, so sind über dieses Modell 13 von 14 (92,9%) der Patientinnen valide vorhergesagt worden.

Betrachtet man die Relationen zwischen den einzelnen Elementen des Modells, so lassen sich empirisch die folgenden kausaldominanten Beziehungen feststellen: Aktivste Variable in der unmittelbaren, d. h. primären Determinierung vorzeitiger Wehentätigkeit, ist die Verfübarkeit/Nichtverfügbarkeit adäquater Bewältigungsmechanismen. Danach folgt die Motivierung des Kinderwunsches, die Auswirkungen von Berufstätigkeit und beruflichem Streß in der Schwangerschaft und jeweils gleich stark in der Ausprägung die Dominanz von Erwartungen/Emotionen gegenüber der Geburt bzw. der Familienstand. Deutlicher ausgeprägt als in der Hauptuntersuchung sind in der Validierungsuntersuchung der Einfluß der Verfügbarkeit von Copingstrategien, der Motivierung des Kinderwunsches und einer Berufstätigkeit bzw. beruflicher Streß in der Schwangerschaft auf eine zu erwartende vorzeitige Wehentätigkeit. Darüber hinaus wurde in der Validierungsuntersuchung eine deutlichere Abhängigkeit der Verfügbarkeit adäquater Copingstrategien vom Familienstand sowie eine stärkere Abhängigkeit der Geburtserwartung von der Mutter-Kind-Einstellung gefunden als in der Hauptuntersuchung.

Diskussion

Die vorliegende Untersuchung zeigt, daß es möglich ist, auch in dem komplexen Feld psychosomatische Zusammenhänge quantifizierend und differenziert darzustellen. Hierbei ergeben sich für die praktische Tätigkeit 2 wichtige Gesichtspunkte:

1) Es ist möglich, aufgrund psychosozialer Variabler das Auftreten von vorzeitiger Wehentätigkeit bereits zu Beginn der Schwangerschaft mit hoher Sensitivität und Spezifität vorauszusagen.
2) Die gefundenen inhaltlichen Beziehungen entsprechen einem mit der ärztlichen Erfahrung in Einklang stehenden Gefüge sozialer Bedingungen, die in ihrer Gesamtheit ursächlich zum Entstehen vorzeitiger uteriner Kontraktionen beitragen.

Aus dem vorliegenden Modell folgt zweifelsfrei, daß es *die* soziale Ursache für das Einsetzen vorzeitiger Wehen schlechthin nicht gibt. Versuche einer Typisierung ätiologisch wichtiger Momente gehen am Wesen eines komplizierten labilen Gleichgewichts zahlreicher Entstehungsbedingungen, von denen einige hier genannt sind, vorbei und suggerieren einen der Wirklichkeit nicht entsprechenden monokausalen Ursprung. Demgegenüber handelt es sich bei der vorzeitigen Wehentätigkeit um einen pathophysiologischen Prozeß, bei dem Störungen in einem multifaktoriellen Bedingungsgefüge zur Ausprägung des Symptoms führen.

Folgt man dem vereinfachten Modell der relevanten psychosozialen Bedingungen vorzeitiger Wehentätigkeit (Abb. 5), so resultieren mehrere Ansätze für Prophylaxe und Therapie der drohenden Frühgeburt. Die einfachste Methode besteht in der konsequenten Entfernung der Patientin von ihrem Arbeitsplatz beim ersten Auftreten des Symptoms. Häufig wird eine Hospitalisierung erforderlich sein, wobei es jedoch Gegenstand einfühlsamer Abwägung sein sollte, in welchem Umfang die Krankenhausbehandlung selbst nicht nur die beabsichtigte wohltuende Entlastung für die Patientin bedeutet, sondern mit nicht unerheblichem sozialem Streß verbunden ist. Eindringlich gewarnt werden muß vor einer kritiklosen Überbewertung des Faktors Berufstätigkeit, die dazu führen könnte, daß auf die stabilisierende Wirkung einer gelungenen Integration in ein soziales System verzichtet wird. Arbeit, sofern sie als befriedigend erlebt wird und die Schwangere körperlich und seelisch nicht überfordert, darf nicht per se als krankheitverursachende Bedingung fehlinterpretiert werden. Dies hätte zur Folge, daß ohne sachliche Berechtigung die Benachteiligung von Frauen im reproduktionsfähigen Alter eine von keiner gesellschaftlichen Gruppe zu wünschende Zunahme erfahren würde.

Als ein probater Weg bietet es sich an, mit Patientinnen frühzeitig Fragen des Geburtsvorgangs zu besprechen und unter Berücksichtigung der Persönlichkeitsstruktur der Schwangeren durch mehr, aber auch durch weniger ausführliche Informationen Phantasien und Geburtskomplikationen zu reduzieren. Um den Faktore Problembewältigung (Coping) zu beeinflussen und der Patientin über reale Schwierigkeiten hinwegzuhelfen, ihre aktuelle Entscheidungsfähigkeit zu stärken, ist eine kognitive Verhaltenstherapie eine sinnvolle Behandlung. Ziel ist die Stärkung des Vermögens der Schwangeren, mit aktuellen Problemen und Konflikten umzugehen. Eine solche Intervention wird um so qualifizierter und wirkungsvoller erfolgen, je konkreter und präziser das relevante Problem- und Situationsfeld analysiert werden kann. Der wesentliche Schritt, den die Diagnostik in diesem Zusammenhang zu leisten hat, ist die Klärung der Frage, ob die Schwierigkeiten der Patientin in der Definition oder in der Lösung von Problemen bzw. Konflikten liegt, d. h. ob die Patientin ihre Problematik zwar erkennen kann, aber keine bzw. nur inadäquate Lösungsmöglichkeiten zur Verfügung hat, oder ob sie zwar über geeignete Bewältigungsstrategien verfügt, jedoch nicht erkennt, welches eigentlich ihr Problem ist.

Das hier vorgestellte und entwickelte Modell der Vorhersage und Erklärung vorzeitiger Wehentätigkeit aufgrund psychosozialer Variablen zeichnet sich nicht nur dadurch aus, daß seine Richtigkeit durch prospektive Validierung und Übereinstimmung mit der klinischen Erfahrung belegt werden kann, sondern auch durch die Tatsache, daß es einen unseres Wissens neuen integrierenden Forschungsansatz repräsentiert, welcher es in Zukunft möglich machen wird, die Gesamtheit relevanter Informationen in ein methodologisches Konzept zu integrieren und so auch in der Forschung im eigentlichen Sinne psychosomatische Synopsis zu betreiben. Es scheint somit das Problem lösbar zu sein, gemeinsam seelische und körperliche Faktoren einer Krankheit zu dokumentieren und ihre Beziehungen zueinander im Sinne der gegenseitigen Abhängigkeit und Dominanz mathematisch darzustellen.

Literatur

Boldmann R, Reed DM (1977) Worldwide variations in low birth weight. In: Reed DM, Stanley FJ (eds) The epidemiology of prematurity. Urban & Schwarzenberg, Baltimore, p 29

Chalmers B (1984) A conceptualization of psycho-social obstetric research. Psychosom Obstet Gynaecol 3:17–26

Chase HC (1977) Time trends in low birth weight in the United States, 1950–1974. In: Reed DM, Stanley FJ (eds) The epidemiology of prematurity. Urban & Schwarzenberg, Baltimore, p 17

Fahrenberg J, Selg H, Hampel R (1978) Das Freiburger Persönlichkeitsinventar (FPI). Hogrefe, Göttingen

Grospietsch G (1983) Die vorzeitige Wehentätigkeit. In: Grospietsch G, Kuhn W (Hrsg) Tokolyse mit Betastimulatoren. Thieme, Stuttgart

Jung H (1975) Die Frühgeburt. Gynäkologie 8:176–185

Jung H (1981) Ziel und Zweck der Behandlung mit Betamimetika in der Geburtshilfe. In: Abland B, Heidenreich J, Irmer M, Jung H (Hrsg) Betablockade und Tokolyse. Witzstrock, Baden-Baden, S 27

Kaltreider DF, Johnson JWC (1976) Patients at high risk for low-birth-weight delivery. Am J Obstet Gynecol 124:251–256

Kubli R, Rüttgers H, Schenk O (1977) Prevention of premature labour. In: Bonspiani A, Cosmi EV, Fischer B, Gasparri G, Romanini C (eds) Recent advances in betamimetic drugs in obstetrics. Sicieta Editrice Universo, Roma, p 81

Laux L, Glanzmann P, Schaffner P, Spielberger CD (1981) Das State-Trait Angstinventar (STAI). Beltz, Weinheim

Lehmann G (1980) Nichtlineare „Kausal-“ bzw. Dominanz-Analysen in Psychologischen Variablensystemen. Exp Angew Psychol 27:257–276

Lienert GA (1968) Die „Konfigurationsfrequenzanalyse“ als Klassifikationsmittel in der klinischen Psychologie. In: Irle M (Hrsg) Bericht über den 16. Kongreß der Deutschen Gesellschaft für Psychologie in Tübingen 1968.

Lienert GA (1969) Testaufbau und Testanalyse. Beltz, Weinheim Berlin Basel

Lienert GA (1971) Die Konfigurationsfrequenzanalyse: 1. Ein neuer Weg zu Typen und Syndromen. Z Klin Psychol Psychother 19:99–115

Lienert GA, Straube E (1980) Die Konfigurationsfrequenzanalyse: XI. Strategien des Symptomkonfigurationsvergleichs vor und nach einer Therapie. Z Klin Psychol Psychother 28:110–124

Lukesch H, Lukesch M (1976) SSG. Ein Fragebogen zur Messung von Einstellungen zu Schwangerschaft, Sexualität und Geburt. Handanweisung. Hogrefe, Göttingen

Pratt MW, Janus ZL, Sayal NC (1977) National variations in prematurity (1973 and 1974). In: Reed DJ, Stanley FJ (eds) The epidemiology of prematurity. Urban & Schwarzenberg, Baltimore, p 53
Schillinger H, Boecker B, Weber S (1976) Prognose der fetalen Wachstumsretadierung. Geburtsh Frauenheilkd 36:827
Teichmann AT, Thormann K, Breull A (1984) Die vorzeitige Wehentätigkeit. Befunde aus psychosomatischer Sicht. Gynäkol Prax 8:519–527
Thormann K, Teichmann AT, Breull A (1984) Vorzeitige Wehentätigkeit unter psychosomatischem Aspekt. Ein methodenkritischer Überblick. Zentralbl Gynäkol 6:1045–1067
Ulbrich R (1983) Vorzeitige Wehentätigkeit. In: Grospietsch G, Kuhn W (Hrsg) Tokolyse mit Betastimulatoren. Thieme, Stuttgart
Vester F (1983) Ballungsgebiete in der Krise. Vom Verstehen und Planen menschlicher Lebensräume. DTV, München
Weil A, Schenk W, Ranzin MS (1978) Epidemiologische Aspekte der idiopathischen Frühgeburt. Z Geburtsh Perinatol 182:410–416
Werle P, Künzel W (1975) Perinatale Mortalität und Atemnotsyndrom bei Frühgeborenen. Z Geburtsh Perinatol 179:250
Wiest W, Weidinger H, Hiltmann WD, Spindler J (1974) Epidemiologische Daten bei Schwangeren mit Frühgeburtsbestrebung. In: Dudenhausen JW, Saling E (Hrsg) Perinatale Medizin, Bd V. Thieme, Stuttgart New York, S 42

Pränatale Diagnose fetaler Mißbildungen: Reaktionen der Eltern und ein Betreuungsmodell

M. Langer und M. Ringler

Zusammenfassung

Moderne Techniken der pränatalen Diagnose fetaler Mißbildungen schaffen neue Entscheidungs- und Erlebnissituationen für die betroffenen Eltern. Unser strukturiertes Betreuungsmodell folgt den Richtlinien: kontinuierliche Betreuung des Paares von der Diagnosestellung bis mindestens 2 Monate nach der Interruption oder Geburt, volle Information und Einbindung in die Entscheidung, Ansprechen intrapsychischer und paardynamischer Aspekte und Anpassung der Stationsroutine. In dieser Weise haben wir bisher 11 Paare betreut, wobei in 10 Fällen wegen nicht lebensfähiger Mißbildungen eine Schwangerschaftsunterbrechung durchgeführt wurde. Ein Kind ist nach einer postpartalen Operation gesund. 9 Frauen und 6 der bei der Geburt anwesenden Männer sahen das Kind; dies wurde von allen als richtige und für die Trennung wichtige Entscheidung beurteilt.
Neben Trauer- und Schockreaktionen erscheinen uns 2 Folgezustände als spezifisch für die frühen Phasen der Verarbeitung:

1) substuporähnliche Benommenheit, die oft als schweigendes Einverständnis mit medizinischen Handlungen fehlgedeutet wird;
2) die – oft massive – Reaktivierung latenter oder verdrängter Konflikte in dieser oder früheren Schwangerschaften oder in der Partnerschaft.

Eine psychotherapeutisch orientierte Betreuung ermöglicht die Wahrnehmung und Berücksichtigung dieser Folgereaktionen im gynäkologisch-geburtshilflichen Setting sowie die Bearbeitung mit den betroffenen Paaren.

Schlüsselbegriffe: fetale Mißbildungen, pränatale Diagnose, Copingmechanismen, psychotherapeutisch orientierte Betreuung.

Einleitung

Die Methoden der pränatalen Diagnostik haben das Erleben der Schwangerschaft verändert. Durch Screeninguntersuchungen, wie Ultraschall oder α-Fetoprotein, können Verdachtsdiagnosen gestellt werden, die durch Wiederholungen oder eine Amniozentese erhärtet werden müssen. Die Erkenntnis einer fetalen Mißbildung oder Erkrankung kommt also nicht mehr als plötzlicher Schock nach der Geburt, sondern als ein verzögerter Prozeß. Diese Zeit des Wartens und der Unsicherheit wird von allen betroffenen Eltern als extrem belastend erlebt (Hunter et al. 1987;

Söllner et al. (Hrsg.) Sozio-psycho-somatik

Joergensen et al. 1985; Robinson et al. 1984). Im Falle eines bestätigten Verdachts müssen Eltern entscheiden, das Kind mit einer möglicherweise schweren Mißbildung auszutragen oder die Schwangerschaft abzubrechen (Laurence 1980).

Mehrere Autoren haben – allerdings in retrospektiven Untersuchungen – über die psychischen Folgen bei Interruption aus genetischer Indikation (Donnai et al. 1981; Leschot et al. 1982) oder wegen kindlicher Mißbildung (Llyod u. Laurence 1985) berichtet. In allen Untersuchungen wurde dabei der Schweregrad des psychischen Traumas hervorgehoben, der dem nach einer Totgeburt entspricht (Klaus u. Kennell 1976), und eine bessere Betreuung der betroffenen Paare gefordert.

Wir berichten im folgenden über unsere prospektive Betreuungsstrategie bei Verdacht auf kindliche Mißbildung und über die dabei gewonnenen Einsichten in die psychischen Begleitreaktionen der Eltern.

Aus dieser Präsentation wollen wir 2 Problemkreise, die bei einer Gesamtbetrachtung unbedingt berücksichtigt werden müssen, bewußt ausklammern:

1) die emotionelle Betroffenheit des Personals und ihre Auswirkungen auf medizinische Handlungen und Interaktionsformen sowie Möglichkeiten, mit dieser Betroffenheit besser umzugehen;
2) ethische Wertungen im weitesten Sinn des Wortes, also die Frage des „lebenswerten Lebens" und des eugenischen Schwangerschaftsabbruchs überhaupt.

Patienten und Methode

Es erscheint uns wichtig, eingangs auf die wechselseitige Bedingtheit von wissenschaftlicher Erkenntnis und Betreuung hinzuweisen. Bei dem Problem fetaler Mißbildungen kam für uns von Beginn an nur eine Verbindung von Betreuung und Forschungsinteresse in Frage. Wir haben – wie übrigens alle anderen Autoren – auf quantifizierende Befragungen verzichtet und nahezu freie, wenn auch themenzentrierte Gespräche geführt. Retrospektiv zeigte sich, daß alle unten besprochenen Phänomene erst durch die Betreuung erkennbar wurden, wenn wir auch manche nach Literaturarbeit erwarteten. Dem psychotherapeutisch Arbeitenden sind diese Gedanken vertraut; für unsere Arbeit im Rahmen einer somatischen Station bedeuteten sie häufige Anpassungen und Erweiterungen des Betreuungskonzepts.

Die Richtlinien unserer Betreuung aufgrund dieser Erfahrungen sind in Tabelle 1 dargestellt. Nach diesem Konzept haben wir in den vergangenen 1½ Jahren 11 Patienten bzw. Paare an der 1. Univ.-Frauenklinik Wien prospektiv, d. h. von der ersten Verdachtsdiagnose an bis z. T. Monate nach der Interruption betreut. Diese Patientinnen stellen etwa 80% aller an dieser Klinik pränatal bekannten fetalen Mißbildungen dieses Zeitraums dar. Der Rest verteilt sich auf Patientinnen mit privater Betreuung oder Fälle, die während einer Abwesenheit der Autoren diagnostiziert und behandelt wurden. Ebenfalls nicht enthalten sind alle jene von uns betreuten Paare, bei denen die Mißbildung erst post partum erkannt wurde. Wenn bei diesen Patientinnen auch ein Teil der Begleitreaktionen und vieles an der

Tabelle 1. Richtlinien und Verlauf der Betreuung bei fetalen Mißbildungen

Medizinische Abläufe	Betreuung
Verdachtsdiagnose	Erstgespräch: – Kontakt so früh wie möglich aufnehmen – Gesprächsangebot für die Zwischenzeit; Bezugsperson schaffen – Einbeziehung des Partners
Endgültige Diagnose	– Zeit geben – autonome Entscheidung stützen – Bedeutung der Mißbildung für das Kind und die Eltern klären – Verabschiedung vorbereiten (Namen, etc.)
Schwangerschaftsabbruch	Stützende Begleitung: – somatisch-medizinische Abläufe erklären – Unterschiede Geburt vs. Abortus – Stationsroutine anpassen
Krankenhausaufenthalt	– Kind betrachten und „begreifen" – gesunde und kranke Anteile sehen (sichtbares und unsichtbares) – Trennungsarbeit: Namensgebung, evtl. Taufe – Entlassungsgespräch
Nachsorge	– mindestens 2 Nachsorgetermine – Erinnerungen und Realitätsprüfung – Trennungsarbeit: Begräbnis, Kinderzimmer – Paarebene

Betreuung ähnlich abläuft, entfällt doch die für alle Betroffenen besonders belastende diagnostische Phase, das antizipatorische Wissen und die bewußte Entscheidung zur Interruption (Joergensen et al. 1985).

Ergebnisse

Medizinische Daten

In Tabelle 2 sind dargestellt: Diagnosen, diagnostische Methoden und Zeiträume, Anwesenheit der Partner bei der Interruption und Betrachten des Kindes. Bei den Patientinnen A–J wurde nach ausführlichen Gesprächen von den Eltern die Entscheidung zur Interruption getroffen. Das Kind von Patientin K wurde in der 38. SSW per Sectio entbunden, wenige Tage post partum einseitig nephrektomiert und ist jetzt bei guter Gesundheit.

Psychische Reaktionen der Eltern

Die Begleitreaktionen werden chronologisch besprochen; es versteht sich aber, daß im tatsächlichen zeitlichen Ablauf vielfältige Überschneidungen und gleichzeitige Abläufe stattfanden.

Tabelle 2. Patientendaten, diagnostische Methoden und Partneranwesenheit bei der Geburt (*US* Ultraschall, *AC* Amniozentese, *CVS* Chorionsampling, *SSW* Schwangerschaftswoche)

Patientin	Diagnose	Diagnostische Methode	Termin der Diagnosestellung (SSW)	Kind gesehen		Partner anwesend bei Interruption/ Geburt
A	Trisomie 21	CVS	9.	ja	nein	nein
B	Hygroma colli cysticum	US	12. + 17.	ja	ja	ja
C	Porenzephalie	US	22. + 24.	nein	nein	Mutter
D	Myelomeningocele	US	16.	ja	ja	ja
E	Trenaunay-Sy. (Hämangiom)	US	24. + 26.	ja	ja	ja
F	Trisomie 21	AC	17. + 20.	ja	nein	nein
G	Hydrocephalus + Myelomeningocele	US	36.	nein	ja	ja
H	Potter III (Schwammniere)	US	17. + 19.	nein	nein	nein
I	Trisomie 21	AC	20. + 24.	nein	nein	nein
J	Myelomeningocele Anencephalus	US	17. + 21. + 23.	ja	ja	ja
K	Potter I	US	28. + 30. + 32.	ja	ja	ja

Diagnostische Phase

Bei 7 von den 11 Patientinnen dauerte es wegen der notwendigen Kontrollen des verdächtigen Ultraschallbefundes mehr als 2, in einem Fall (H) sogar 5 (!) Wochen bis zur endgültigen Diagnose. Diese Wartefrist wurde von allen Betroffenen als das Schlimmste überhaupt bezeichnet. Gekennzeichnet war diese Zeit durch eine völlige Unsicherheit. Trauerreaktionen (Drotar et al. 1975) waren zwar vorhanden, liefen aber gehemmt oder unvollständig ab. Es gab ja auch noch nichts zu betrauern, die Frauen waren noch schwanger, und weder objektiv (von den medizinischen Befunden her) noch subjektiv (in der Einstellung zur Schwangerschaft) war eine Entscheidung gefallen, noch war sie überhaupt möglich.

Für eine Patientin (B), die in 2 aufeinanderfolgenden Schwangerschaften dieselbe Mißbildung erlebte, war diese 2. Diagnose wie ein „Wahrwerden der allerschlimmsten Alpträume". Für das Paar H summierten sich die extrem lange diagnostische Phase, latente Paarkonflikte (s. unten) und institutionelle Schwierigkeiten der Klinik zu einer unerträglichen Situation, die sich in lautstarken Wortgefechten entlud.

Nach der endgültigen Diagnose, einer schweren Mißbildung, kam es in allen Fällen zu einem schweren Schock, der in ein substuporöses Zustandsbild mündete. War die Ausprägung naturgemäß auch unterschiedlich, so trifft dieses bewußt gewählte Wort doch auf alle Patienten zu. Manche von ihnen wirkten stark verlangsamt und teilnahmslos (C, D, E, J), andere fahrig-geistesabwesend (B, G, H), eine Patientin nahezu unansprechbar (I). Am schwächsten ausgeprägt erschien dieser substuporöse Zustand bei jenen 2 Patientinnen (A, F), die wegen erhöhten Alters bewußt eine zytogenetische Untersuchung durchführen ließen. Für die

Routinebetreuung wichtig erscheint die Beobachtung, daß die Patientinnen in diesem Zustand jeglichem medizinischen Vorschlag zustimmten und zum Wahrnehmen ihrer Interessen oder gar Widerstand unfähig waren. Retrospektiv beschreiben die Patientinnen diesen Zustand mit Worten wie „ich war völlig gelähmt", „war wie bewußtlos". In diesem Moment setzt dann üblicherweise die medizinische Routine mit Krankenhausaufnahme und Einleitung der Interruption ein, so daß scheinbar beiderseitigen Interessen gedient wird.

Interventionen und deren Folgen. Vermittelt man hingegen, daß von medizinischer Seite eigentlich keinerlei Eile geboten ist, können die Paare die zur Verfügung stehende Zeit für den Beginn einer Verarbeitung und eine selbst mitgetragene Entscheidung nützen. In 2 Gesprächen mit Paar B wurden den Partnern die unterschiedliche Bedeutung eines (gesunden) Kindes und v. a. Frau B der Zusammenhang des Kinderwunsches mit einer als unbefriedigend erlebten Berufssituation klarer.

5 Paare (B, C, D, E, J) verließen das Krankenhaus und kamen zu einem vereinbarten Zeitpunkt, z. T. mehrere Tage später, wieder an die Klinik. Beim Paar J griffen wir ziemlich massiv in die Klinikroutine ein (die bereits durchgeführte Krankenhausaufnahme wurde wieder rückgängig gemacht). Das Paar fuhr in den 2 Stunden entfernten Heimatort und besprach alles noch einmal untereinander und mit der Familie. Sie kamen dann, 3 Tage später, zu einem Termin, an dem Herr J voraussagbar 2 Tage ununterbrochen bei seiner Frau sein konnte.

Frau C war eine einfache, 22jährige Patientin aus einem kleinen Dorf; sie selbst hatte ein adrenogenitales Syndrom. Ihre Mutter begleitete sie bei allen Untersuchungen. Es war der Wunsch beider, sich vor der geplanten Schwangerschaftsunterbrechung das Einverständnis des Ortspfarrers einzuholen. Wir respektierten diesen Wunsch; 10 Tage nach der endgültigen Diagnose stimmten Mutter und Tochter der Abruptio zu. Wir gewannen den Eindruck, daß dadurch die zweifellos vorhandenen, massiven Schuldgefühle etwas gemildert wurden.

Phase des Schwangerschaftsabbruchs

1) Teilnahme des Partners. In vielen Krankenhäusern und auch an unserer Klinik war es, bei aller Förderung der Teilnahme von Männern an einer „normalen" Geburt, unüblich, daß Partner bei einem Schwangerschaftsabbruch aus genetischer Indikation teilnahmen. Nach Gesprächen mit dem Stationspersonal wurden von 11 Patientinnen 6 von ihrem Mann begleitet. Ein Partner (I) war Epileptiker in einem therapeutischen Wohnheim, bei Patientin C war die Mutter über weite Strecken anwesend. Bei Paar H verhinderte die extrem lange Geburtsdauer und die massive Ablehnung der Klinik durch Herrn H seine Anwesenheit; 2 Partner lehnten die Teilnahme ab.

Übereinstimmend betonten jene 6 Paare die eminente Bedeutung der gemeinsamen Erfahrung. Für die Männer bedeutet es eine Möglichkeit, ihre Phantasien hinsichtlich des Kindes und des Geburtsvorgangs an der Realität zu korrigieren. Für Herrn B und Herrn J war das Begleiten ihrer Frauen eine Möglichkeit, mit ihren Schuldgefühlen umzugehen, die sie wegen der mißglückten Schwangerschaft und der Schmerzen der Frau empfanden.

Frauen, die eine Interruption allein durchmachen mußten, berichten, daß sowohl die Einsamkeit und Aussichtslosigkeit während der Wehenschmerzen als auch die späteren Erzählungen an den Partner extrem belastend waren. Frau B erlebte sich beim ersten Schwangerschaftsabbruch „als völlig ausgeliefert einer automatisierten Spitalsmaschinerie, ohne Möglichkeit, irgend etwas zu beeinflussen". Beim zweiten, wegen der gleichen Mißbildung durchgeführten Abbruch fühlte sie sich „durch die Anwesenheit des Mannes gestärkt und sicherer".

2) Ähnlichkeiten und Unterschiede zur normalen Geburt. Alle Schwangerschaftsabbrüche wurden durch Prostaglandine eingeleitet: am 1. Tag erhalten dabei die Frauen eine lokale, d. h. vaginale Prostaglandinkappe, am 2. Tag wird mittels intramuskulärer Injektionen ein Abortus ausgelöst. Dieser geht mit Wehen einher, die in Intensität und Schmerzhaftigkeit Geburtswehen entsprechen, wobei jedoch meist hohe Dosen von Analgetika verabreicht werden. Wesentlicher Teil der Betreuung ist es, diese Abläufe *vorher* genau zu erklären.

Betrachtet man die Zeit von Beginn der Wehenauslösung bis zum Abortus (s. Tabelle 3), so fallen die extrem langen Verläufe von Frau C und Frau H auf. Unserer Einschätzung nach konnten beide die Diagnose und Therapie nur schlecht verarbeiten: bei Frau C durch Schuldgefühle und schwere Gehemmtheit, bei Frau H durch lange Diagnostikphase und Paarkonflikte verursacht. Wir schlagen daher als Hypothese vor, daß sich individuelles Coping und soziale Abstützung auf die Wehendauer beim Abortus auswirken.

Einigen Frauen fiel es schwer, die künstlichen, medizinisch ausgelösten Körpervorgänge einzuordnen. Frau D hatte eine, Frau E zwei normale Geburten gehabt, beide fühlten sich aber „komplett verunsichert wie vor dem ersten Mal". Frau J meinte: „Wenn ich dann wieder ein Kind bekomme, habe ich ja schon Erfahrungen, da ist es wenigstens nicht meine erste Geburt!" Lloyd u. Laurence (1985) berichten über ähnliche Unterschiede im Erleben zwischen spontanen Aborten oder Interruptionen aus sozialer Indikation und jenen wegen einer Mißbildung.

Manche Paare hatten bereits eine intensive Beziehung zum Kind, 6 Frauen verspürten, z. T. bereits seit Wochen, Kindesbewegungen. In einer starken Tendenz zur Identifikation mit dem Kind setzten sich die Paare mit den Empfindungen des Kindes wie Schmerz, Angst oder seinem Sterben auseinander. Gewohnt, am Ultraschall den Herzschlag zu sehen oder zu hören, stellten mehrere Frauen auch die Frage nach der Herztonüberwachung. Frau J war es wichtig zu wissen, wann genau das Kind sterben werde, ob sie etwas „Lebendes oder Totes" in sich trage.

Tabelle 3. Wehendauer von Geburtseinleitung bis Abortus

Patientin	Zeit
B	21 h
D, F, I, J	29 – 34 h
E, G	49 – 50 h
C	4 Tage 9 h
H	6 Tage

Keine der Patientinnen äußerte Ekel oder Abscheu vor dem Kind, wie dies von mehreren Autoren (z. B. Fresco u. Silvestre 1982) beschrieben wurde. Möglicherweise hängt das mit der frühzeitigen Information und der Gelegenheit, über die Phantasien zum Kind ausführlich zu sprechen, zusammen.

3) Sehen und Begreifen des Kindes. Die Möglichkeit, nach dem Schwangerschaftsabbruch das Kind zu sehen, ist von ganz zentraler Bedeutung und kann in ihrer Wichtigkeit für den Trennungs- und Trauerprozeß gar nicht überschätzt werden; 7 Frauen und alle 6 anwesenden Partner haben, z. T. auch erst 24 h nach der Geburt, das Kind gesehen; 2 Frauen (C, I) mit schweren eigenen Erkrankungen (AGS und Epilepsie) und Frau H mit dem bereits zitierten, konflikthaften Verlauf haben die Kinder nicht gesehen.

Bei Frau G mußte wegen eines extrem großen Hydrozephalus mit Meningozele eine Durchtrittsnarkose gemacht werden. Herr G sah nach der Geburt das Kind und beschrieb es seiner Frau, die trotz mehrmaligen Angebots auch nach der Narkose meinte, es sei ihr genug, wenn ihr Mann es ihr beschreibe, sie könne es sich schon vorstellen. Bei den Nachsorgegesprächen zeigte sich, daß sie eigentlich keinerlei Bild von dem Kind hatte und auch sehr darum trauerte. Ihr Mann hingegen „vergaß" am Standesamt, den vorher vereinbarten, seiner Frau sehr wichtigen Namen für das Kind anzugeben. So entsprach dann Frau G's „Name ohne Bild" Herrn G's „Bild ohne Namen".

Alle jene, die ihr Kind gesehen hatten, betonten, wie wichtig das für sie war; niemand bereute es nachher (Frauen, denen es verwehrt wurde, das Kind zu sehen, betrauern oft noch nach Jahrzehnten diese nicht wieder auszufüllende Leere anstelle des Bildes). Selbst bei schweren, i. allg. Verständnis „entstellenden" Mißbildungen gelang es den Eltern, gesunde von kranken Anteilen getrennt zu sehen. Ungewohnte, neue Betrachtungsweisen, die u. E. nach keine Verleugnung der Realität darstellen, ermöglichen den Eltern, dieses Kind auch liebzugewinnen und sich mit ihm zu identifizieren. Frau J, während sie Arme und Beine streichelt: „Was für eine zarte Haut". Herr J betrachtet die Finger: „Der Daumen sieht so aus wie meiner, auch so eigenartig geknickt."

Das Kind hat einen Anteil des Vaters, allerdings einen, der eher negativ erlebt wird. Darin wird natürlich auch die massive narzißtische Kränkung deutlich, die die Geburt eines mißgebildeten Kindes bedeutet. Frau A, eine 41jährige, bei deren 1. Schwangerschaft eine Trisomie 21 durch Chorionsampling entdeckt wurde: „Das bedeutet jetzt wohl, daß ich Kinder kriegen nicht kann."

Nachsorgegespräche nach der Interruption

1) Trauerarbeit und Abschied. In diesen Nachgesprächen wird mit einer Trauerarbeit begonnen, die in den vorhergegangenen Phasen durch Anpassungen an aktuelle Probleme unmöglich war und die sich meist über Monate hinzieht. Die Eltern müssen v. a. von ihren Wünschen, Phantasien und Hoffnungen Abschied nehmen, die an dieses Kind geknüpft waren. Herr und Frau G, Bauern mit 2 Mädchen: „Das wär er gewesen, der Bub!" – Schwer zu ertragen ist auch die grobe Diskrepanz zwischen dem imaginierten, gesunden Kind und dem realen, kranken. Frau D:

„So klein war er noch, und die Blase am Rücken, ich hab ihn mir viel größer vorgestellt!"

Obwohl alle 11 Schwangerschaften grundsätzlich gewünscht waren und die Entscheidung zur Interruption zeitweilig massive Gewissenskonflikte verursachte, beobachteten wir in keinem Fall Selbst- oder Fremdbeschuldigungen in der Nachsorgephase. Etwa in der Form, die Leschot etal. (1982) beschreiben, in deren Kollektiv mehrere Frauen die genetische Interruption als Mord bezeichneten.

2) Konflikte in der Paarbeziehung oder in früheren Schwangerschaften. Durch die akute, schwere Belastung und die mehrfachen Kränkungen können bei manchen Paaren latente Konflikte aktualisiert werden. Für andere und v. a. längerfristig gilt aber eher die Beobachtung von Joergensen etal. (1985), daß die Partner einander näherrücken.

Frau H, 41 Jahre, hatte nach der Geburt ihrer 2 Kinder 4 Schwangerschaftsunterbrechungen, die sie als von ihrem Mann erzwungen erlebte (zu Konflikten durch Erinnerung an frühere Schwangerschaften s. Fresco u. Silvestre 1982). Sie selbst lehnte verläßliche kontrazeptive Methoden jedoch ab. Die jetzige Schwangerschaft hatten beide nach längerem Zögern akzeptiert, aber weder den eigenen Kindern noch irgend jemand sonst davon erzählt. Als die Verdachtsdiagnose Nierenmißbildung gestellt wurde, drängten beide zur Interruption und empfanden die – auch real sehr lange – Diagnostikphase als Schikane. Anteile der ursprünglichen Ambivalenz und der Konflikte wurden nach außen auf das Personal projiziert, andere innerhalb der Paarbeziehung ausgetragen. Hinzu kam noch, daß Herr und Frau H die Gegensätze im Ärzteteam mitbekamen, so daß aus allen Faktoren zusammen ein katastrophaler Verlauf resultierte.

Frau B erlebte die 2. Mißbildung als Bestätigung ihrer Theorie, derzufolge die Beziehung zwischen ihr und ihrem Mann noch zu unreif war und erst durch mehrere Seelenwanderungen gehen müßte, um ein gesundes Kind zu zeugen und zu gebären (Langer etal. 1987). Frau B ist derzeit wieder schwanger, und ihr Kind scheint nicht von einer Mißbildung betroffen zu sein.

Schlußfolgerungen

Unsere Ergebnisse beruhen zwar nur auf einer kleinen Anzahl von betreuten Paaren, lassen aber doch mehrere Schlußfolgerungen zu:

- Diagnostik und Therapie fetaler Mißbildungen schaffen neue Belastungssituationen und Entscheidungsnotwendigkeiten für die betroffenen Eltern.
- Die psychischen Begleitreaktionen und Folgen betreffen sowohl den individuellen Bereich jedes einzelnen Partners als auch die Paardynamik.
- Trotz der relativen Seltenheit gehört die pränatale Diagnose fetaler Mißbildungen zu einer Standardsituation in größeren geburtshilflichen Kliniken. Jede einzelne Betreuungsperson sollte um die wesentlichen Richtlinien der Betreuung wissen und die Stationsroutine daran angepaßt werden.

- Zur Aufarbeitung spezifischer Begleitreaktionen ist in den meisten Fällen eine psychotherapeutisch orientierte (Nach)betreuung notwendig.
- Bis auf die zitierten Einzelpublikationen wird die pränatale Diagnose fetaler Mißbildungen weder in deutschsprachigen (v. Uexküll 1986; Wenderlein 1981) noch angloamerikanischen (Dennerstein u. Burrows 1983; Broome u. Wallace 1984) Lehrbüchern der psychosomatischen Medizin problematisiert. Nach unserem Verständnis ist die Betreuung der betroffenen Eltern und die bessere Erforschung der Begleitreaktionen ein wesentliches Anliegen der psychosomatischen Geburtshilfe und sollte daher den Eingang in den Kanon psychosomatischer Problemstellungen finden.

Literatur

Broome A, Wallace C (eds) (1984) Psychology and gynecological problems. Tavistock, London New York

Dennerstein L, Burrows G (eds) (1983) Handbook of psychosomatic obstetrics and gynecology. Elsevier, Amsterdam New York Oxford

Donnai P, Charles N, Harris R (1981) Attitudes of patients after „genetic“ termination of pregnancy. Br Med J 282:621–622

Drotar D, Baskiewicz A, Irvin N, Kennell JH, Klaus MH (1975) The adaptation of parents to the birth of an infant with a cogenital malformation: a hypothetical model. Pediatrics 56:710–717

Fresco N, Silvestre D (1982) The medical child – Comments on prenatal diagnosis. J Psychosom Obstet Gynecol 1/1:3–8

Hunter MS, Tsoi MM, Pearce M, Chudleigh P, Campbell S (1987) Ultrasound scanning in women with raised alpha fetoprotein: long term psychological effects. J Psychosom Obstet Gynecol 6/1:25–33

Joergensen C, Uddenberg N, Ursing I (1985) Ultrasound diagnosis of fetal malformation in the second trimester. The psychological reactions of the women. J Psychosom Obstet Gynecol 4/1:31–40

Klaus MH, Kennell JH (1976) Maternal-infant-bonding: The impact of early separation or loss on family development. Mosby, St Louis

Langer M, Ringler M, Mazanek P (1987) Zur Betreuung von Paaren nach praenataler Diagnose fetaler Mißbildungen. Geburtshilfe Frauenheilkd 47/3:186–190

Laurence KM (1980) Prenatal diagnosis, selective abortion, and the abortion (amendment) bill. Lancet I:249–250

Leschot NJ, Verjaal M, Treffers PE (1982) Therapeutic abortion on genetic indications – A detailed follow-up study of 20 patients. J Psychosom Obstet Gynecol 1/2:47–56

Lloyd J, Laurence KM (1985) Sequelae and support after termination of pregnancy for fetal malformation. Br Med J 290:907–909

Robinson JO, Hibbard BM, Laurence KM (1984) Anxiety during a Crisis: Emotional Effects of Screening for Neural Tube Defects. J Psychosom Res 28/2:163–169

Uexküll T von (Hrsg) (1986) Psychosomatische Medizin, 3 Aufl, Urban & Schwarzenberg, München Wien Baltimore

Wenderlein M (1981) Psychosomatik in Gynäkologie und Gebursthilfe. Thieme, Stuttgart New York

Perinatale Wurzeln psychosomatischer Symptombildungen

L. Janus

Zusammenfassung

Das Konzept der pränatalen und perinatalen Wurzeln psychosomatischer Symptombildungen hat in der Psychoanalyse eine lange, eher verdeckte Tradition und verbindet sich mit den Namen von Adler, Freud, Ferenczi, Rank, Fodor, Winnicott, Graber, Hau, Marty u. a. aus dem Bereich der Psychoanalyse, mit den Namen Grof und Janov aus dem Bereich der humanistischen Psychologie. Empirische Forschung und psychoanalytische Erfahrung bestätigen sich gegenseitig und belegen die Bedeutung von Störungen in der frühesten Lebenszeit für die Entwicklung von psychosomatischen Symptombildungen.

Schlüsselbegriffe: pränatal, perinatal, psychosomatische Symptome, Psychoanalyse.

Einleitung

Das Thema der perinatalen Wurzeln der psychosomatischen Symptombildungen hatte in der Geschichte der Psychoanalyse ein wechselvolles Schicksal. Ausgangspunkte waren die Annahme Adlers (1907), daß die Reflexanomalien und „minderwertigen" Organfunktionen ihre Wurzeln in Störungen der Embryonal- und Fetalzeit hätten, und die Anmerkung Freuds (1909), daß die Geburtsangst mit ihren somatischen Erscheinungen Wurzeln und Vorbild späterer Angstbildung ist. Bis 1926 etwa blieb die Thematik, wenn auch in einer eigenartigen Schwebe gehalten, im Hauptstrom der psychoanalytischen Diskussion. Ferenczi (1913) etwa faßte das nachgeburtliche Wiegen der Säuglinge als eine beruhigende Reproduktion des vorgeburtlichen Gewiegtwerdens auf. Damit war die Perspektive eröffnet, nachgeburtliche Funktionsstörungen, z. B. Schwindel, als Reproduktion vorgeburtlicher störender Erfahrungen aufzufassen. Indem Freud (1917) die Befindlichkeit der Intrauterinzeit mit dem primären Narzißmus identifizierte, gab er dieser Lebensphase eine systematischen Stellenwert. Jung (1912) ging den projektiven Verarbeitungen vorgeburtlicher und geburtlicher Erfahrung in Mythen und psychotischem Erleben nach, wobei er jedoch den lebensgeschichtlichen Bezug, den später Rank (1924) ausarbeiten sollte, nur ungenau abbildete.

Die theoretische Einordnung der psychogenen Körpersymptombildungen war dadurch belastet, daß das Konversionskonzept zu einer Zeit entwickelt worden war, als die Bedeutung der Regression bei der Symptombildung noch unzureichend

Söllner et al. (Hrsg.) Sozio-psycho-somatik

erkannt war. Deshalb kam es Anfang der 20er Jahre zu einer später vergessenen Revision der Konversionstheorie durch Ferenczi, Rank und Deutsch (Janus 1987c), die die Konversion nicht als einen „geheimnisvollen Sprung“ vom Seelischen ins Körperliche auffaßte, sondern die Konversionssymptome als Aktualisierungen frühregressiven Körpererlebens interpretierte.

All diese Befunde und Überlegungen fanden jedoch keine adäquate Fortentwicklung. Gründe hierfür waren z. T. gruppennarzißtische Konflikte innerhalb der psychoanalytischen Bewegung, die zeitpolitischen Ereignisse und Belastungen, aber auch systematische Erkenntnisschwierigkeiten in bezug auf frühregressives Erleben (Janus 1988b). So kam der wissenschaftliche Durchbruch auf breiterer Front in diesem Forschungsbereich erst durch den Einsatz besonderer regressionsfördernder Mittel in der psychotherapeutischen Situation: bei Grof (1983, 1985) war es die Verwendung des LSD, das die Aktualisierung frühregressiven Erlebens ermöglichte, Orr u. Ray (1977) verwandten eine bestimmte regressive Zustände anstoßende Atemtechnik, und Janov (1984) modifizierte die psychotherapeutische Situation in der „Urschrei-Therapie“ in eine regressive Modalität, die entsprechende Erlebnisweisen zugänglich machte. Die Handhabung des psychoanalytischen Settings war in den 20er Jahren sehr viel lockerer und szenischer, entwickelte aber ab den 40er Jahren offenbar eine regelgebundene Systematik, die im Sinne einer einlinigen Widerstandsanalyse die Erfassung frühregressiven Erlebens erschwerte. Die Arbeiten Melanie Kleins brachten eine gewisse Auflockerung, konnten aber den Traditionsverlust durch die schulenpolitischen und zeitpolitischen Ereignisse nicht voll ausgleichen. Die Arbeiten von Greenacre (1945) und Winnicott (1949) zum Thema frühregressiver Interaktionsmuster und daraus folgender psychosomatischer Symptombildungen blieben im wesentlichen folgenlos. Dies spiegelt sich auch darin wider, daß die Arbeit von Winnicott (1949) zu den psychosomatischen Folgen geburtstraumatischer Fixierungen von der Übersetzung ins Deutsche ausgeschlossen wurde.

In den 60er und 70er Jahren entwickelte sich eine breite empirische Forschungsaktivität zur pränatalen und perinatalen Lebenszeit. Gute Zusammenfassungen finden sich bei T.F. Hau (1973), Mittendorfer (1980), W.E. Freud (1987a) und Chamberlain (1987). All dies zusammen ermutigt zu einem geschichtlichen Überblick und einer Feststellung des heutigen Kenntnisstands.

Überblick über die Forschungsgeschichte

Die pränatale Wurzel des psychosomatischen Symptoms bei Adler

Adler sah den physiologischen Kern psychosomatischer Symptombildung in den „Reflexanomalien“, der minderwertigen Organfunktion. Diese Minderwertigkeit ist nach seiner Meinung „embryonalen Ursprunges“ (Adler 1907, S. 72). Er dachte dabei an „erschöpfende Krankheiten, Lues, Alkoholismus, Vergiftungen der Eltern zur Zeit der Zeugung“ oder auch an „entzündliche Vorgänge während der embryonalen Entwicklung“ (Adler 1907, S. 72f.). Er nahm weiter an, daß bei einer solchen funktionellen oder auch morphologischen embryonalen Vorschädigung der Milieuwechsel bei der Geburt eine größere Belastung sei:

> Mit der Lösung vom mütterlichen Organismus beginnt für diese Organe und Organsysteme der Kampf mit der Außenwelt, der notwendigerweise entbrennen muß und mit größerer Heftigkeit einsetzt als bei normal entwickeltem Apparat. Diesen Kampf begleiten die höheren Krankheits- und Sterbeziffern (Adler 1907, S. 73).

Der Hypothesenrahmen von Adler kann heute als im wesentlichen empirisch bestätigt angesehen werden, mit dem wesentlichen Zusatz, daß es spezifisch der emotionale Streß ist, der vorgeburtlich schädigt und zur Fehlgeburt oder nachgeburtlicher Hinfälligkeit und Krankheitstendenz führt. Hierzu gibt es ausgearbeitete Tierversuchsmodelle über die Wirkung von pränatalem Angst- und Dichtestreß (Ader u. Belfer 1962; Keeley 1962; Thomson 1957 u. a.) und ebenso empirische Untersuchungen beim Menschen (Stott 1973; Literatur bei T.F. Hau 1973 und Mittendorfer 1980). Vor allen Stott (1962) wies nach, daß pränataler Streß und nachgeburtliche Krankheitsanfälligkeit eindeutig korreliert sind. Es handelt sich dabei v. a. um psychosomatische Symptombildungen wie Erbrechen, Neigung zu Bronchitiden usw. (Stott etal. 1976).

Die Geburtsangst als Wurzel von Körpersymptombildungen bei Freud

Im Fall der Patientin Dora hatte Freud (1905) ausführlich deren hysterische Symptomatik in Form von Dyspnoe und Herzklopfen beschrieben und sie mit „losgelösten Stücken aus der Koitusaktion" in Verbindung gebracht. Die Herausgeber der Studienausgabe schreiben hierzu:

> Viel später, in „Hemmung, Symptom und Angst", legte er eine andere Erklärung der körperlichen Begleitzustände der Angst vor (Freud 1905, S. 149).

Die gemeinte Stelle lautet mit ihrem Kernsatz:

> ..., daß der Angstzustand die Reproduktion eines Erlebnisses ist, das die Bedingungen einer solchen Reizsteigerung und der Abfuhr auf bestimmte Bahnen enthielt, wodurch also die Unlust der Angst ihren spezifischen Charakter erhält. Als solches vorbildliches Erlebnis bietet sich nun für den Menschen die Geburt, und darum sind wir geneigt, im Angstzustand eine Reproduktion des Geburtstraumas zu sehen (Freud 1926, S. 274).

Diese Gedanken wurden von Freud jedoch nicht weiter ausgeführt. Zudem hatte er mit der Konzeptualisierung der destruktiven Seite der frühen Mutter als „Todestrieb", wie ich an anderer Stelle abgeleitet habe (Janus 1986c, S. 26f.), einen neuen Ausgangspunkt. In der Arbeit „Zum ökonomischen Problem des Masochismus" (Freud 1924) ist der geburtstraumatische Bezug ebenso angedeutet (Janus 1989, S. 36). Der abwehrbedingte, theoretisierende und generalisierende Charakter des Todestriebkonzepts verdeckte jedoch die geburtstraumatischen Bezüge.

Auch bei der Aktualneurose ist der aufgrund des heutigen Kenntnisstandes naheliegende Geburtsbezug nicht ausgeführt. Das Konzept der Aktualneurose, speziell der Angstneurose, wurde 1896, also 13 Jahre vor dem Geburtsangsttheorem (1909) entwickelt. Die Bedeutung von primärnarzißtischen Regressionen bei der Angstneurose konnte damals noch nicht erfaßt werden, wurde aber implizit formuliert, indem in der ersten Angsttheorie der angstkompensierende Charakter der Sexualität bei der Angstneurose beschrieben wurde. Der Geburtsbezug wurde dann 1926 formuliert, aber nicht weiter ausgearbeitet:

Es ist nicht abzuweisen, daß bei Abstinenz, mißbräuchlicher Störung im Ablauf der Sexualerregung Ablenkung derselben von ihrer psychischen Verarbeitung, direkt Angst aus Libido entsteht, d. h. jener Zustand von Hilflosigkeit des Ich gegen eine übergroße Bedürfnisspannung hergestellt wird, der wie bei der Geburt in Angstentwicklung ausgeht (Freud 1926, S. 281).
Damit ist die perinatale Regression benannt.

Den systematischen Stellenwert der aktualneurotischen Symptombildung schätzte Fenichel sehr hoch ein:

Aktualneurotische Symptome bilden den Kern aller Psychoneurosen (Fenichel 1945, S. 273).

Der aktualneurotische Kern psychosomatischer Symptombildungen ist von Laplanche und Pontalis hervorgehoben worden:

... so ergibt sich, daß in Freuds Konzeptionen die Symptome der Aktualneurose hauptsächlich somatischer Natur sind und der alte Begriff der Aktualneurose direkt zu modernen Auffassungen über die psychosomatischen Affektionen führt (Laplanche u. Pontalis 1972, S. 53).

Zur pränatalen Wurzel der Konversionssymptome bei Ferenczi

In „Entwicklungsstufen des Wirklichkeitssinnes" hatte bei Ferenczi (1913) das Konzept einer pränatalen Lebensphase entwickelt, die durch Gefühle der umfassenden Lust und bedingungslosen Allmacht charakterisiert ist. Deutlich formuliert er,

... daß die Spuren intrauteriner psychischer Vorgänge nicht ohne Einfluß auf die Gestaltung des nach der Geburt sich produzierenden psychischen Materials bleiben (Ferenczi 1913, S. 67),

insbesondere auf das mehr optimistische oder pessimistische Lebensgrundgefühl (Ferenczi 1913, S. 77). In bezug auf die psychosomatischen Symptombildungen macht er nur Ausführungen zur Epilepsie, die er in perinatalen Fixierungen und Regressionen begründet sieht (Ferenczi 1913, S. 71). Der geheimnisvolle Sprung vom Seelischen ins Körperliche wird von Ferenczi als tiefe Regression zur „Proto-Psyche" erklärt:

Dies bedeutet eine topische Regression bis zu einer Tiefe des psychischen Apparates, in der Erregungszustände ... einfach durch motorische Abfuhr erledigt werden. Zeitlich entspricht diesem Topic eine sehr primitive onto- und phylogenetische Entwicklungsstufe ... (Ferenczi 1919, S. 138).

Er vergleicht diesen Zustand der Protopsyche mit dem tiefen Schlafzustand, seinem „freien Überfließen der Intensität" von einem psychischen Element auf das andere. Bei diesem Regressionsvorgang werden Bildungen höherer Organisationsstufen mitgerissen und können dadurch sekundär ausgedrückt werden. Die pränatalen Bezüge sind in dieser Arbeit jedoch nur angedeutet und nicht weiter ausgeführt (Janus 1987c). Erst in seinem „Versuch einer Genitaltheorie" sollte er sich hierzu klarer äußern. Sexuelle Funktionsstörungen werden im Zusammenhang mit konfliktbedingter Mutterleibssehnsucht mit prä- und perinatalen Regressionen in Verbindung gebracht (Ferenczi 1924, S. 38ff.).

Die geburtstraumatischen Wurzeln der Körpersymptombildung bei Rank

Die Summe der bisherigen Forschungsarbeit wurde von Rank in seinem Buch *Das Trauma der Geburt* (Rank 1924) gezogen. Er ging dabei vom Geburtsangsttheorem von Freud aus:

> Als Kern jeder neurotischen Störung hat die Analyse bekanntlich die Angst erwiesen, und da wir die Herkunft der Urangst aus dem Geburtstrauma durch Freud kennen, müßte sich eigentlich die Beziehung daraus überall leicht nachweisen lassen . . . bei der Begründung der hysterischen Symptome als Reproduktionen von Intrauterinstellung (hysterische Lähmung) bzw. Geburtsakt (Gliederschmerzen) erscheint uns auch das Problem der Konversion in einem neuen Licht. Nicht die „Konversion" der psychischen Erregung ins Körperliche ist zu erklären, sondern der Weg, auf dem das ursprünglich nur körperliche Ausdrucksmittel auch psychische Ausdrucksmöglichkeiten erlangen konnte . . . zu den direkten körperlichen Reproduktionen des Geburtstraumas gehören ferner alle neurotischen Atembeschwerden (Asthma), welche die Erstickungssituation wiederholen, der so vielseitiger Verwendung fähige neurotische Kopfschmerz (oft Migräne), der auf die besonders schmerzhafte Rolle des Kopfes beim Geburtsakt zurückgeht und schließlich ganz direkt alle Krampfanfälle, wie man sie übrigens schon bei ganz kleinen Kindern, sogar Neugeborenen, als fortgesetzte Erledigung des primären Geburtstraumas beobachten kann (Rank 1924, S. 46ff.).

Die Abwendung Alexanders von der geburtstraumatischen Fixierung

In seinen Arbeiten Anfang der 20er Jahre hatte sich Alexander ausführlich mit der perinatalen Thematik beschäftigt. Er verfolgte die Widerspiegelungen vorgeburtlicher Regressionen in der buddhistischen Heilslehre, interpretierte z. B. die Yogastellungen als Reproduktionen von fetalen Stellungen (Alexander 1923). In der Geburt sah er die „Urkastration" und beschrieb ihre symptombildende Potenz im Hinblick auf paranoide und psychosomatische Symptomatik (Alexander 1922, S. 148ff). Ganz unmißverständlich schreibt er in bezug auf die Drucksensationen am Brustkorb bei einem Patienten:

> Die passageren hypochondrischen Drucksensationen des Patienten sind Wiederholungen der Sensationen bei der Geburt (Alexander 1922, S. 150).

Im Sinn dieser Arbeiten bestätigte er auch die behandlungstechnischen Beobachtungen von Rank über das Auftreten von tiefen perinatalen Regressionszuständen in der Analse,

> . . . so daß jede tiefgehende Analyse die ganze Skala der künstlichen Neurosen durchläuft, um endlich, wie Rank es uns gezeigt hat, regelmäßig bei der Wiederholung des pränatalen Zustandes zu enden (Alexander 1925, S. 172).

In späteren Arbeiten ist er jedoch auf diese Ansätze nicht zurückgekommen, sondern hat sich bei seiner Theoriebildung auf den nachgeburtlichen Abhängigkeitskonflikt als Faktor psychosomatischer Symptombildungen beschränkt (Alexander 1935).

Die primäre Trennungsangst der Geburt als Wurzel psychosomatischer Symptombildung bei Deutsch

Der Verlust des mütterlichen Objekts bei der Geburt ist nach Deutsch (1924, 1926, 1959) der Ausgangspunkt der uranfänglichen Verlassenheitsangst und der Motor der Symptombildung auf der Ebene des Körperselbsts. Ein Kind reagiert auf den Verlust eines Objekts mit der Imagination desselben, um die Illusion der uranfänglichen Einheit wieder herzustellen, wie Ferenczi schon 1913 (S. 67) ausgeführt hatte. Dieser Vorgang wird von Deutsch als Prozeß von Projektionen und Retrojektionen beschrieben. Die Körperareale, mit denen sich die retrojektiven Vorgänge verbinden, also die Beziehungserfahrungen, sind deshalb durch diesen Vorgang der Retrojektion und Symbolisierung verändert. Das Körperselbst ist also, um in Analogie zu Freud zu sprechen, ein Niederschlag der aufgegebenen Objektbeziehungen. Bei der Retrojektion unter der Bedingung übermäßiger Verlassenheitsangst und stärkerer Unlustaffekte kommt es zu den konversionsneurotischen Vorgängen im engeren Sinne. Es handelt sich dabei nicht um situative, begrenzte Reaktionen, sondern um einen Dauerstrom konversionsneurotischer Energie in das Leibliche als Ausdruck der dauernden Verlustängstlichkeit. Dieser „Konversionsstrom" entspricht faktisch dem, was Alexander die „chronisch unterdrückte emotionale Spannung" genannt hat. Die aus Objektverlustangst nicht lebbare Trieb- und Beziehungsphantasie verbleibt in der leiblichen Verspannung. Der systematische Vorteil des Konzepts von Deutsch im Vergleich zu Alexander liegt darin, daß mit der Betonung der frühen Trennungsangst als Motor der retrojektiven Imagination und Konversion die unbewußte Phantasie und das Symbol einen viel konkreteren, systematischen Stellenwert haben (Janus 1987c).

Der Traditionsverlust

Die gruppennarzißtischen Auseinandersetzungen in der psychoanalytischen Bewegung um Rank, Ferenczi und auch Reich bedeuteten wie schon die früheren Dissidenzen von Adler und Jung auch einen realen Verlust an psychoanalytischem Forschungsbereich und Forschungsmöglichkeiten (Janus 1986a, b), so daß ein so labiles Thema wie die pränatalen und perinatalen Wurzeln neurotischer und psychosomatischer Symptombildungen verlorenging, wozu die äußeren Zeitumstände des 2. Weltkriegs mit der Emigration der jüdischen Analytiker beitrug. Sicher sind es aber auch systematische Erkenntnisschwierigkeiten und Widerstände (Janus 1988b), die einer analytischen Bearbeitung des Themas entgegenstehen. So war die Entwicklung nach dem Krieg plurizentisch, bis sie Anfang der 70er Jahre im Rahmen der von Graber gemeinsam mit Caruso und Rascovsky gegründeten ISPP (Internationale Studiengemeinschaft für pränatale Psychologie) ein Forum fand. Meine Darstellung folgt deshalb weiter der Linie, den Beitrag einzelner Forscher darzustellen, um dann zu einigen systematischen Bemerkungen zu kommen.

Fodor

Fodor ist ein ungarischer Analytiker, der – in der Tradition von Rank und Ferenczi stehend – wohl als erster systematisch in vielen Behandlungen der prä- und perinatalen Fixierung nachgegangen ist. Er ist auch der erste, der klar zwischen geburtstraumatischen und pränatalen Fixierungen unterscheidet. Behandlungstechnisch ist, wie er ausführt, die Milderung der Geburtsangst die Vorbedingung dafür, pränatale Traumen zu integrieren (Fodor 1949, S. 383). Er gibt eine Fülle von kasuistischen Beispielen, wie psychosomatische Symptome als Aktualisierungen von prä- und perinatalen Fixierungen zu verstehen sind. Dies betrifft das ganze Spektrum psychosomatischer Symptombildungen. Eine Zusammenfassung gibt er im letzten Kapitel seines Buches, das aus zahlreichen Artikeln hervorgegangen ist (Fodor 1949, S. 383ff.).

Winnicott

Winnicott beschränkt sich ganz auf die geburtstraumatischen Fixierungen und ihre symptombildende Kraft. Er schreibt:

> Wenn die Geburtserfahrung traumatisch war, bewirkt dies ein Erlebnisgrundmuster (Winnicott 1949, S. 180).

Er gibt kasuistische Beispiele über Aktualisierungen von geburtstraumatischen Erfahrungen in der Behandlung und geht ausführlich auf die hiermit zusammenhängenden psychosomatischen Symptombildungen ein, insbesondere den ringförmigen Kopfschmerz, Atemstörungen, Brustschmerzen usw. Behandlungstechnisch betont er bei Vorliegen von paranoiden Ängsten die Notwendigkeit, die geburtstraumatische Erfahrung in der analytischen Situation wieder zu beleben (Winnicott 1949, S. 190).

Graber

Graber hat in seinem umfangreichen Werk zahlreiche kasuistische Beispiele zu den perinatalen Wurzeln psychosomatischer Symptombildungen gegeben. Er schildert am Beispiel einer Patientin mit Kopf- und Halsschmerzen, Migräne und Verkrampfungen aller Art, wie Engegefühle in der späten Schwangerschaft sich in die Familiensituation hineinprojizieren können. Die Geburt nachfolgender Geschwister wurde als neuerliche Beengung erlebt. Die Symptomatik trat im Zusammenhang mit dem Auszug aus der Familie auf, wie häufig die Individuationsprozesse in der Pubertät und die Ablösung von der Familie geburtstraumatische Ängste aktualisieren können. Er schildert eindrücklich, wie die unmittelbare Interpretation dieser Zusammenhänge eine psychische Erleichterung und symptomatische Besserung bringen kann (Graber 1978, S. 608ff.). Hierauf hat auch Kruse (1982) im Zusammenhang mit der Klaustrophobie hingewiesen.

Hau

Hau ist wohl der erste Psychoanalytiker, der in systematischer Weise im Bereich der pränatalen Psychologie psychoanalytische Einsicht und empirische Befunde zusammenbrachte und in einer eigenen, großangelegten Untersuchung (T.F. Hau 1968) die Auswirkungen der kriegsbedingten Beeinträchtigungen der pränatalen und frühen postnatalen Zeit auf die spätere Lebensentwicklung untersuchte. Die empirischen Zusammenhänge zwischen den prä- und perinatalen Belastungen der Kriegszeit und späterem gehäuften Auftreten von schizoiden und depressiven, neurotischen Erkrankungen waren eindeutig. In einer eigenen Arbeit hat er die psychosomatisch erkrankten Jugendlichen der Geburtsjahrgänge der Vorkriegs-, Kriegs- und Nachkriegszeit vergleichend untersucht (T.F. Hau 1972). Eine gute Zusammenfassung der „Prä- und perinatalen Milieufaktoren als Ursachen für die Beunruhigung der Nachkriegsgeneration" hat seine Frau gegeben (E.M. Hau 1974). Hau hat dann später als erster zusammen mit S. Schindler den Sammelband *Pränatale und perinatale Psychosomatik* herausgegeben (T.F. Hau u. Schindler 1982). Er betont die pränatalen Beeinträchtigungen als Ursache für psychosomatische Symptombildungen und hat den Ausdruck vom „pränatalen Hospitalismus" für das Zustandsbild einer schweren Beeinträchtigung der „pränatalen Intentionalität" geprägt (T.F. Hau u. Schindler 1982).

Marty

Marty (1974) hat das Konzept der „allergischen Objektbeziehung" entwickelt, die im Kern eine Wiederholung der pränatalen Beziehung darstellen soll und durch intensive basale Identifizierungen und Verschmelzungen gekennzeichnet ist. Die Patienten leben gewissermaßen in anderen Objekten, haben den fetalen Regressionszug nie wirklich aufgegeben sondern sind in ambivalenter Weise an ein archaisches, pränatales Trauma fixiert. Marty denkt hier an humorale Ungleichgewichte. Die von hier aus mögliche Betrachtung anderer psychosomatischer Erkrankungen auf ihre pränatalen Wurzeln hat Marty jedoch nicht vollzogen.

Ansätze zu einer Systematik bei Janov und Grof

Es ist sicher kein Zufall, daß die ersten Bemühungen um eine Systematik der perinatalen Wurzeln psychosomatischer Symptombildungen von Forschern ausgingen, die psychotherapeutische Settings entwickelt haben, die dezidiert regressive, perinatale und pränatale Erlebenszustände aktualisieren. In seinem Buch

Frühe Prägungen gibt Janov (1984) einen kasuistisch reich belegten Überblick über folgende psychosomatische Symptome: Würgegefühl im Hals, chronische Müdigkeit, lokalisierte Schmerzen, Benommenheit, Druck, Vernichtungsgefühle, Erstickung, Verspannung im Nacken und in den Schultern, nervöse Magenbeschwerden, Gefühle des Erdrücktwerdens, chronische körperliche Spannungen, generalisierte Körperschmerzen, habituelle Kopf- und Halshaltungen, Impulsivität, Schwindel, Angina pectoris, Asthma, Kolitis, Kopfschmerzen und Migräne, Gelenkschmerzen, Schilddrüsenstörungen, Bronchitiden, sexuelle Funktionsstörungen und anderes mehr. Die Symptome wurden so ausführlich aufgezählt, um die Fülle der Beobachtungsmöglichkeiten in der primärtherapeutischen Behandlungssituation anzudeuten.

Stellvertretend für viele Beispiele sollen die Darstellungen von 2 Patienten sein. Bei dem ersten bestand eine veränderte Haltung des Kopfes und des Halses:

Nach einigen Wochen eines Geburts-Primals, bei dem ich außerordentlich starke Schmerzen im Hinterkopf und in den Schultern wiedererlebte, begann ich eine ungeheuere Lösung der ganzen physischen Spannung zu spüren, die ich dort mein Leben lang eingefroren hatte . . . die Muskeln und Sehnen um mein Genick herum schienen auf wunderbare Weise von einer lebenslangen Konstriktion befreit worden zu sein (Janov 1984, S. 182).

Ein anderer Patient mit Gesichtsschmerzen schrieb:

Bei meinen Geburts-Primals habe ich immer sehr viel Schmerz in meinem Gesicht gespürt. Und im Schlaf ist ebenfalls das Gesicht der Schmerzbereich. Ich habe ein Gefühl, als wäre die rechte Seite nach außen gedrückt. Ich fragte meine Mutter über meine Geburt aus, und sie sagte, es gab während der Entbindung einen völligen Stillstand, und danach kam ich „mit sichtbar zusammengedrücktem Gesicht, vor allem über der Nase" heraus. Das paßt zu dem, was ich immer im Gesicht gespürt habe – was ich im Geburtskanal wahrgenommen haben muß, als die Komplikationen eintraten. Mein Gesicht wurde zusammengedrückt, und ich fühlte Gefahr (Janov 1984, S. 182).

Was bei Janov zu kurz kommt, ist der Gesichtspunkt der pränatalen Traumatisierung. Jedoch spricht einiges dafür, daß die psychosomatische Grundeinstellung, wie sie Alexander (1950) als sympathische oder parasympathisch betonte Verhalteinstellung herausgearbeitet hat, wesentlich auch mit der Charakteristik der Geburtsdynamik im Sinne eines durch Kampf oder durch Rückzug bestimmten Geschehens zusammenhängt (Janov 1984, S. 150ff.).

Auch Grof gibt Ansätze zu einer Systematik, indem er die neurotischen Symptombildungen in Zusammenhang mit den einzelnen Phasen der Geburt bringt. Zur Migräne etwa schreibt er:

Migränekopfschmerzen lassen sich in der Regel bis zur Facette der Geburt zurückverfolgen, die mit quälenden Kopfschmerzen und Druck auf den Kopf, sowie mit Übelkeit und anderen Magen-Darm-Beschwerden verknüpft ist. Die häufige Tendenz bei Migränepatienten, Bedingungen wie im Mutterleib herzustellen, nämlich sich an dunkle und stille Orte mit weichen Decken und Kissen zurückzuziehen, kann als Versuch aufgefaßt werden, den Geburtsprozeß ungeschehen zu machen und wieder in den Zustand vor der Geburt zurückzukehren (Grof 1985, S. 276).

Wie Janov sieht er perinatale Fixierungspunkte in bezug auf das gesamte Spektrum der psychosomatischen Erkrankungen.

Die Bedeutung der ISPP für die prä- und perinatale Psychosomatik

Durch die Gründung der ISPP wurde ein Forum geschaffen, auf dem die Thematik der prä- und perinatalen Fixierungen vorurteilsfrei verhandelt werden konnte, so daß eine enorme Intensivierung des wissenschaftlichen Austauschs eintrat. Hiervon zeugen verschiedene Kongreß- und Sammelbände (Graber u. Kruse 1973; Graber 1964; Schindler 1982; Schindler u. Zimprich 1983; T.F. Hau u. Schindler 1982; Mittendorfer 1980 u. a.). Der Kongreß der ISPP 1986 in Bad Gastein spiegelte die rasche Entwicklung des Forschungsgebietes wider. Die Referate wurden zu einem großen Teil in 2 Sammelbänden publiziert (Fedor-Freybergh 1987; Fedor-Freybergh u. Vogel 1988). In zahlreichen Beiträgen wurden psychosomatische Gesichtspunkte behandelt. Hingewiesen sei nur auf die Beiträge von W.E. Freud (1987b), Eichenberger (1987), Bick (1987), Dörner (1987), Rausch (1987), Musaph (1988). Besondere Aufmerksamkeit verdienen auch die Ausführungen von Rausch (1988) zu den perinatalen Wurzeln von Krampfanfällen im neuesten Sammelband der ISPP *Das Leben vor und während der Geburt*, den der Osnabrücker Entwicklungspsychologe Schusser herausgegeben hat. Auch das Forschungsprojekt von Schusser (1987) selbst, das den Zusammenhang von Schwangerschaftsverlauf und postnataler Mutter-Kind-Interaktion empirisch zu erfassen sucht, verspricht für die Psychosomatik wichtige Ergebnisse.

Zusammenfassende Bemerkungen

Wie alle psychoneurotischen Symptombildungen entstehen auch die psychosomatischen Symptombildungen in lebensgeschichtlichen Krisen- und Belastungssituationen, die der Organismus durch regressive und restitutive Mechanismen zu bewältigen sucht. Letztlich geht es dabei immer um Regression auf kindliche, frühkindliche und prä- und perinatale Entwicklungsebenen, um aus dieser regressiven Bewegung neue restitutive und progressive Lebensmöglichkeiten zu gewinnen. Diese kreativen Bewältigungsbemühungen können kompliziert werden durch die mit der Regression verbundene Aktualisierung von frühesten traumatischen Fixierungspunkten, die sich dann in neurotischen und psychosomatischen Symptombildungen und frustranen Verhaltenszirkeln auswirken können. Ein Vorbild für diese Erlebenszusammenhänge, das aus dem Beobachtungsbereich der Ethnologie stammt, ist m. E. die Schamanenkrankheit (Findeisen u. Gehrts 1983), die die initiatische Wandlung des Schamanen in einer Krisensituation begleitet und das gesamte Spektrum unserer neurotischen und psychosomatischen Symptombildungen umfaßt. Insofern man die schamanistische Erfahrung als eine Mutterleibsregression auffassen kann (Janus 1988a) sind damit Bezüge zu den prä- und perinatalen Erlebensaktualisierungen in den psychosomatischen Symptombildungen hergestellt. Auch die Initiationsriten sind häufig als symbolische Mutterleibsregressionen und Wiedergeburten (Eliade 1961; Bettelheim 1975) gestaltet und gehen mit verschiedenartigen psychosomatischen Erscheinungen einher. Die Pubertät und die Ablösung vom Elternhaus sind die paradigmatischen, lebensgeschichtlichen Situationen, die neurotische und psychosomatische Symptombildungen in

Gang bringen, worauf besonders eindrücklich E.M. Hau (1974) hingewiesen hat. Es kommt dabei eben nicht nur zu Regressionen auf kindliche Erlebens- und Verhaltensebenen, sondern ebenso, wie es der Beitrag der pränatalen Psychologie zeigt, auf pränatale, perinatale und frühe postnatale Erlebens- und Verhaltensebenen. Nach meiner Erfahrung ist es durchaus möglich, diese Entwicklungsebenen auch in der Übertragung in der psychoanalytischen Situation zu aktualisieren, wozu Fodor (1949), Graber (1966), Eichenberger (1987), Braun (1987), Diallina (1987), Schneider-Flagmeyer (1987), Janus (1987a) u. a. Beispiele gegeben haben.

Die frühen Ängste können sich auf das ganze therapeutische Setting projizieren. Ein Beispiel hierfür sei das Erleben eines Patienten mit diffusen muskelrheumatischen Beschwerden, die in Zusammenhang standen mit der symptomatischen Reaktualisierung von geburtstraumatischen Mißempfindungen. Er hatte eine verlängerte, verzögerte Geburt durchzustehen gehabt und später nie recht zu seiner Mutter hingefunden. Deshalb war auch die Ablösung aus dem Elternhaus mit Schwierigkeiten belastet und führte zum Auftreten der Beschwerden, die man als Ausdruck frustraner psychischer Geburtsbewegungen, die auf der Ebene des Körperselbsts ausgetragen wurden, verstehen kann. Die Analysestunden erlebte er als beengende, quälende, terminliche Fixpunkte. Das ganze Erleben des Tages lief mit Unlust und Schrecken auf diesen Zeitpunkt hin. Den Weg zur Analyse erlebte er als ungeheure Anstrengung, geriet dabei ins Schwitzen und in Erschöpfung. Auch sonst vermied er alle terminlichen Festlegungen. In der Behandlungssituation war es äußerst fruchtbar, die geburtlichen Zusammenhänge dieser Erlebenszustände mit ihm durchzuarbeiten. Auch in Gegenübertragungsgefühlen können sich früheste Erlebniszustände spiegeln (Janus 1987b, S. 236).

Die implizite Geschichte des Geburtsthemas in der Psychoanalyse kann man sogar mit den Studien über Hysterie, und zwar der Krankengeschichte der Anna O., beginnen lassen (Janus 1987a). Wir wissen von Jones (1960, S. 268), daß sich Anna O. am Ende der Behandlung in den Wehen einer hysterischen Geburt befunden haben soll. Die Symptombeschreibungen von Breuer (Freud u. Breuer 1895, S. 21) mit den eigenartigen Verrenkungen und Verspannungen hat Züge einer Rekapitulation von Geburtsstellungen. Mir scheint folgende Interpretation erlaubt: Nach der Enttäuschung am Vater war die Patientin auf ihre unglückliche Mutterbeziehung regrediert und inszenierte ihr Steckenbleiben in der negativen Muttersymbiose in einer eine qualvolle Geburtshaltung imitierenden Körpersymptomatik.

Die weitere Forschung wird es sicherlich ermöglichen, die frühe postnatale von der unmittelbaren geburtlichen und der pränatalen Entwicklungsebene zu differenzieren. Hierzu haben die einzelnen Autoren ja auch gewisse Ansätze gemacht, wobei die Bemühungen Ranks für die perinatale Ebene stehen mögen, die entsprechenden Beiträge Fodors für die pränatale Ebene und der Beitrag von Deutsch für die frühe postnatale Ebene. Dabei kommt in bezug auf die Pränatalzeit ein bedeutsamer Gesichtpunkt ins Spiel, den der Psychoanalytiker Mott (1965) eingeführt hat, und zwar der des pränatalen affektiven Bezugs zu Nabelschnur und Plazenta. Mit Mott könnte man von einem „umbilikalen Affekt" sprechen. Es spricht einiges dafür, daß die positiven und negativen Gefühle der Nabelschnur und Plazenta gegenüber sich später auf die Brust als gut oder böse projizieren.

Auch das Konzept des Übergangsobjekts gewinnt durch die Rückführung auf den Nabelschnur-Plazenta-Bezug ein pränatales Fundament. Für diese Annahme spricht, daß manche Kinder unmittelbar nach der Geburt schon ein Übergangsobjekt wählen, das den Bezug zu pränatalen Sicherheitsgefühlen gibt.

Wahrscheinlich wird die weitere Erforschung der prä- und perinatalen Frühzeit des Lebens auch die Betrachtung der mythologischen und rituellen Projektionen aus der Lebensfrühzeit mit einbeziehen müssen, um Beobachtungsperspektiven zu gewinnen (Janus 1988c). Die Projektion des Plazentaerlebnisses in die Lebensbaumvorstellungen hat Dowling (1988) überzeugend aufgewiesen. Den Darstellungen des negativen Plazentaerlebens ist DeMause (1982) nachgegangen. Lake (1981) sieht es so, daß die negativen, aversiven, pränatalen Gefühlsströmungen in Körperorgane und Organsysteme abgeleitet werden können, die in diesem Sinne Urquellen psychosomatischer und hypochondrischer Beschwerden werden. Dies wäre im Sinne von Lake ein Abwehrprozeß im Vergleich zu ganz tiefen schizoiden Einstellungen, wo diese Regulation nicht mehr gelingt. Aus meiner Erfahrung möchte ich diese Beobachtungen von Lake durchaus bestätigen. Ich erinnere mich an einen Patienten, dessen Schwangerschaft durch schwerste depressive Konflikte der Mutter beeinträchtigt war, der in ganz multiformen, diffusen psychosomatischen Leidenszuständen lebte. Es gab für ihn keine Rückzugsmöglichkeiten. Das Ausruhen auf einer Wiese war wegen quälendster Mißempfindungen, die dann auftraten, unmöglich. Die pränatale Primärstörung war so ausgeprägt, daß eine Kanalisierung der negativen Energie in ein Organsystem nicht gelang. Seine behandlungstechnischen Gesichtspunkte bei geburtstraumatisch bedingten psychosomatischen Symptomen hat Lake in einer eigenen Arbeit dargestellt (Lake 1978).

Wie die Übersicht zeigt, ist das Forschungsgebiet der prä- und perinatalen Wurzeln psychosomatischer Symptombildungen noch ganz offen. Doch bestehen vielerlei Ansätze und Erfahrungen. Es gilt festzuhalten, daß die Lage von der empirischen Forschung her, wie Hau schon 1973 zusammenfaßte, ganz eindeutig positiv ist. Dies mag dazu ermutigen, die Forschungsarbeit der psychoanalytischen Pioniere in der Pränatalen Psychologie und Psychosomatik auch wirklich ernst zu nehmen und klinisch-therapeutisch umzusetzen. Dazu scheint mir v. a. wichtig, eine Atmosphäre zu schaffen, in der diese schwierigen Beobachtungen in Ruhe diskutierbar werden.

Literatur

Ader R, Belfer ML (1962) Prenatal maternal anxiety and offspring emotionality in the rat. Psychol Rep 10:711

Adler A (1907, 1965) Studie über Minderwertigkeit von Organen. Wissenschaftliche Buchgesellschaft, Darmstadt

Alexander F (1922) Kastrationskomplex und Charakter. Int Z Psychoanal 8:121–152

Alexander F (1923) Der biologische Sinn psychischer Vorgänge. Imago 9:35–57

Alexander F (1925) Metapsychologische Darstellung des Heilungsvorganges. Int Z Psychoanal 11:157–178

Alexander F (1935) The logic of emotions and its dynamic background. Int J Psychoanal 16:399–413

Alexander F (1950) Psychosomatische Medizin. De Gruyter, Berlin

Bettelheim B (1975) Die symbolischen Wunden. Kindler, München
Bick C (1987) Beobachtungen bei kognitiv integrierenden hypnoanalytischen Verfahren. In: Fedor-Freybergh P (Hrsg) Perinatale Psychologie und Medizin. Saphir, München
Braun A (1987) Pränatale Phänomene als charakteristische Ausdrucksformen repressiver Zustandsbilder. In: Fedor-Freybergh P (Hrsg) Pränatale und perinatale Psychologie und Medizin. Saphir, München
Chamberlain DB (1987) Consciousness at birth. In: Verny TR (ed) Pre- and perinatal psychology. Human Sciences, New York
DeMause L (1982) Foundations of psychohistory. Creative Roots, New York
Deutsch F (1924) Zur Bildung des Konversionssymptoms. Int Z Psychoanal 10:380–392
Deutsch F (1926) Der gesunde und der kranke Körper in psychoanalytischer Betrachtung. Int Z Psychoanal 12:493–503
Deutsch F (1959) Symbolization as a formative stage of the conversion process. In: Deutsch F (ed) The mysterious leap form mind to the body. Int Univ Press, New York
Diallina M (1987) Psychotherapeutische Wiedergeburt im psychotischen Dasein. In: Fedor-Freybergh P (Hrsg) Pränatale und perinatale Psychologie und Medizin. Saphir, München
Dörner G (1987) Bedeutung der hormonabhängigen Gehirnentwicklung und der prä- und frühpostnatalen Psychophysiologie für die Präventivmedizin. In: Fedor-Freybergh P (Hrsg) Pränatale und perinatale Psychologie und Medizin. Saphir, München
Dowling TW (1988) Die Bedeutsamkeit der plazentaren Symbolik. In: Schusser G (Hrsg) Das Leben vor und während der Geburt. Universitätsdruck, Osnabrück
Eichenberger E (1987) Hinweise auf prä- und perinatale Störungen im anamnestischen Gespräch. In: Fedor-Freybergh P (Hrsg) Pränatale und perinatale Psychologie und Medizin. Saphir, München
Eliade M (1961) Das Mysterium der Wiedergeburt. Rascher, Zürich Stuttgart
Fedor-Freybergh P (1987) Pränatale Psychologie und Medizin. Saphir, München (Vertrieb Rotation-Verlag Berlin)
Fedor-Freybergh P, Vogel V (eds) (1988) Prenatal and perinatal psychology and medicine. Parthenon, Carnforth
Fenichel O (1945, 1974) Psychoanalytische Neurosenlehre, Bd 1. Walter, Olten Freiburg 1974
Ferenczi S (1913, 1964) Entwicklungsstufen des Wirklichkeitssinnes. In: Ferenczi S, Bausteine zur Psychoanalyse, Bd 1. Huber, Bern
Ferenczi S (1919, 1964) Hysterische Materialisationsphänomene. In: Ferenczi S, Bausteine zur Psychoanalyse, Bd 3. Huber, Bern, S 129–147
Ferenczi S (1924) Versuch einer Genitaltheorie. Int Psychoanalytischer Verlag, Wien
Findeisen H, Gehrts H (1983) Die Schamanen. Diederichs, Köln
Fodor N (1949) The search for the beloved. A clinical investigation of the trauma of birth and prenatal condition. Univ Books, New York
Freud S (1905) Bruchstück einer Hysterie-Analyse. (Gesammelte Werke, Bd 6; Fischer, Frankfurt am Main, 1966ff.)
Freud S (1909) Die Traumdeutung. GW Bd 2
Freud S (1917) Vorlesungen zur Einführung in die Psychoanalyse. GW Bd 12
Freud S (1924) Das ökonomische Problem des Masochismus. GW Bd 13
Freud S (1926) Hemmung, Symptom und Angst. GW Bd 6
Freud S, Breuer J (1895, 1970) Studien über Hysterie. Fischer, Frankfurt am Main
Freud WE (1987a) Pränatale Beziehung und Bindung. Kind Umwelt 56:1–18
Freud WE (1987b) Die Zweckmäßigkeit des Begriffs der emotionellen Besetzung für die pränatale Psychologie. In: Fedor-Freybergh P (Hrsg) Pränatale und perinatale Psychologie und Medizin. Saphir, München
Graber GH (Hrsg) (1964) Pränatale Psychologie. Kindler, München
Graber GH (1966) Die Not des Lebens und ihre Überwindung. Ardschuna, Bern Düsseldorf
Graber GH (1978) Pränatal-psychoanalytische Behandlung. In: Gesammelte Schriften, Bd 3. Pinel, Berlin
Graber GH, Kruse F (Hrsg) (1973) Vorgeburtliches Seelenleben. Goldmann, München
Greenacre P (1945) The biological economy of birth. Psychoanal Study Child I:31–51
Grof S (1983) Topographie des Unbewußten. Klett-Cotta, Stuttgart
Grof S (1985) Geburt, Tod und Transzendenz. Kösel, München

Hau EM (1974) Prä- und perinatale Milieufaktoren als Ursachen für die Beunruhigung der Nachkriegsgeneration. In: Graber GH (Hrsg) Pränatale Psychologie. Kindler, München
Hau TF (1968) Frühkindliches Schicksal und Neurose. Vandenhoek & Ruprecht, Göttingen
Hau TF (1972) Vergleichende Untersuchungen an psychosomatisch erkrankten Jugendlichen der Geburtsjahrgänge der Vorkriegs-, Kriegs- und Nachkriegszeit. Prax Kinderpsychol Kinderpsychiatr 21:193–200
Hau TF (1973) Perinatale und pränatale Faktoren der Neurosenätiologie. In: Graber GH, Kruse F (Hrsg) Vorgeburtliches Seelenleben. Goldmann, München
Hau TF, Schindler S (Hrsg) (1982) Pränatale und perinatale Psychosomatik. Hippokrates, Stuttgart
Janov A (1984) Frühe Prägungen. Fischer, Frankfurt am Main
Janus L (1986a) Zur Geschichte der psychoanalytischen Behandlungstechnik. Forum Psychoanal 2:1–19
Janus L (1986b) Zur verdeckten Tradierung Adlers durch Schultz-Hencke. Z Individualpsychol 11:148–160
Janus L (1987a) Das Trauma der Geburt im Spiegel des psychoanalytischen Prozesses. In: Fedor-Freybergh P (Hrsg) Pränatale Psychologie und Medizin. Saphir, München
Janus L (1987b) Vorgeburtliche Lebenszeit und Geburtserleben – Ein verborgenes Thema der Psychoanalyse. Prax Psychother Psychosom 32:229–241
Janus L (1987c) Die vergessene Revision der Konversionstheorie durch Ferenczi, Rank und Deutsch. In: Lamprecht F (Hrsg) Spezialisierung und Integration in Psychosomatik und Psychotherapie. Springer, Berlin Heidelberg New York Tokyo
Janus L (1988a) Die Bedeutung der Phantasien des Schreckens, des Grauens und der Qual in der Psychodynamik der menschlichen Bewußtseinsentwicklung. In: Cremerius J et al. (Hrsg) Freiburger Literaturpsychologische Gespräche, Bd 7. Könighausen & Neuman, Würzburg
Janus L (1988b) Implikationen und Wirkfaktoren der Tiefenregression in der Psychoanalyse. In: Lang H (Hrsg) Wirkfaktoren der Psychotherapie. Springer, Berlin Heidelberg New York Tokyo
Janus L (1988c) Zur projektiven Darstellung prä- und perinatalen Erlebens in Mythen, Märchen und Riten. In: Schusser G (Hrsg) Das Leben vor und während der Geburt. Universitätsdruck Osnabrück
Janus L (1989) Die Psychoanalyse der vorgeburtlichen Lebenszeit und der Geburt. Centaurus, Freiburg
Jones E (1960) Leben und Werk von S Freud, Bd 1. Huber, Bern
Jung CG (1912, 1952) Symbole der Wandlung. Rascher, Zürich
Keeley K (1962) Prenatal influence on behaviour of offspring in crowded mice. Science 135:44
Kruse F (1982) Erinnerung an die eigene Geburt – Realität oder Fiktion? In: Schindler S (Hrsg) Geburt – Eintritt in eine neue Welt. Verlag für Psychologie, Göttingen, S 111–121
Lake F (1978) Treating psychosomatic disorders related to birthtrauma. J Psychosom Res 22:227–238
Lake F (1981) Tight corners. Darton Longman & Todd, London
Laplanche J, Pontalis JB (1972) Das Vokabular der Psychoanalyse. Suhrkamp, Frankfurt am Main
Marty P (1974) Die allergische Objektbeziehung. In: Brede K (Hrsg) Einführung in die psychosomatische Medizin. Athenäum Fischer, Frankfurt am Main
Mittendorfer M (1980) Psychologie der pränatalen Zeit. Salzburger Sozialisationsstudien 5, Salzburg
Mott FJ (1965) The universal design of creation. Mark Beech, Edenbridge/Kent
Musaph H (1988) The importance of early skin contact in emotional development. In: Fedor-Freybergh H, Vogel V (eds) Prenatal and perinatal psychology and medicine. Parthenon, Carnforth
Orr L, Ray S (1977) Rebirthing in the new age. Celestial Arts, Millbrae
Rank O (1924) Das Trauma der Geburt. Int Psychoanalytischer Verlag, Leipzig Wien Zürich
Rausch H (1987) Unerwünschtheit von Schwangerschaften als Realität und gesellschaftliches Tabu. In: Fedor-Freybergh P (Hrsg) Pränatale und perinatale Psychologie und Medizin. Saphir, München

Rausch H (1988) Die epileptische Reaktion als Extrembeispiel eines psychosomatischen Geschehens – pränatale und perinatale Aspekte. In: Schusser G (Hrsg) Das Leben vor und während der Geburt. Universitätsdruck, Osnabrück

Schindler S (Hrsg) (1982) Geburt – Eintritt in eine neue Welt. Hogrefe, Göttingen

Schindler S, Zimprich H (1983) Ökologie der Perinatalzeit. Hippokrates, Stuttgart

Schneider-Flagmeyer G (1987) Die Bearbeitung des Geburtstraumas in der analytischen Behandlung schwer gestörter Patienten. In: Fedor-Freybergh P (Hrsg) Pränatale und perinatale Psychologie und Medizin. Saphir, München

Schusser G (1987) Zum Zusammenhang zwischen Schwangerschaftsverlauf und postnataler Mutter-Kind-Interaktion. In: Fedor-Freybergh P (Hrsg) Pränatale und perinatale Psychologie und Medizin. Saphir, München

Stott DH (1962) Evidence for a congenital factor in maladjustment and delinquency. Am J Psychiatry 118:781

Stott DH (1973) Follow-up study from birth of the effects of prenatal stresses. Dev Med Child Neurol 15:770–787

Stott DH, Sandra A, Latchford BA (1976) Prenatal antecedents of child health. J Am Acad Child Psychiatry 15:161–191

Thomson WR (1957) Influence of prenatal maternal anxiety on emotionality in young rats. Science 125:698

Winnicott DW (1949, 1958) Birth memories, birth trauma an anxiety. In: Collected papers. Basic Books, New York

Wie (er)leben Frauen nach einer Hysterektomie

A. Zintl-Wiegand, B. Krumm, F. Köhler und W. Wiest

Zusammenfassung

In einer 3 Jahre dauernden Längsschnittuntersuchung über psychosoziale und körperliche Auswirkungen und Bewältigung des Lebensereignisses „Hysterektomie" bei jüngeren Frauen wurde die Gruppe der Frauen, die die Untersuchung verweigerte, mit den Nichtverweigerern verglichen. Sämtliche Parameter der Entscheidungsfindung in der präoperativen Arzt-Patienten-Interaktion waren hochsignifikant verschieden, die rein gynäkologischen Parameter dagegen gleich.

Obwohl die Frauen, die über 3 Jahre beobachtet werden konnten, nach häufigeren flüchtigen Krisen durchweg einen befriedigenden postoperativen Verlauf aufwiesen, machte die gesamte Gruppe sehr wenig Gebrauch von Hilfsangeboten unsererseits. Der Hausarzt war nur selten informiert, die Frauen waren durchweg gesprächsunwillig, wenn sie sich in einer schwierigen psychischen oder sozialen Situation befanden. Damit zeigten diese psychiatrisch nicht definierten Probandinnen qualitativ ähnliche, aber diskretere Abwehr- und Verdrängungsmechanismen wie psychisch wesentlich gestörtere hysterektomierte Psychotherapiepatientinnen, die auch während des therapeutischen Prozesses ihre Symptome nicht nur nicht in Zusammenhang mit der Hysterektomie sehen konnten, sondern sich auch bewußt weigerten, Zusammenhänge herzustellen.

Schlüsselbegriffe: Hysterektomie, postoperativer Verlauf, Coping, Arzt-Patient-Interaktion, Abwehrmechanismen.

Einleitung

In den zahlreichen Publikationen über Folgen und Auswirkungen der Hysterektomie im psychosozialen und körperlichen Bereich wurde bis heute den Frauen, die eine Teilnahme an diesbezüglichen Untersuchungen verweigerten, wenig Aufmerksamkeit geschenkt, obwohl die Ausfallzahlen of beträchtlich sind. Sie betragen z. B. in einer großen Untersuchung (Sievers 1975) bis 60%. Lediglich eine Arbeit (Lalinec-Michaud 1984) befaßt sich dezidierter mit den psychologischen Charakteristika der Verweigerer und äußert die Vermutung, daß speziell die Frauen, die eine höhere prämorbide psychische Vulnerabilität aufweisen, einen schlechteren Verlauf nehmen und sich aus diesem Grund weiteren Befragungen entziehen.

Söllner et al. (Hrsg.) Sozio-psycho-somatik

Wir wurden mit dem Problem insofern konfrontiert, als wir in unserer 3 Jahre dauernden Verlaufsstudie schließlich Abbrecher zu den verschiedensten Untersuchungszeitpunkten hatten. Aus einer früheren Untersuchung über Frauen, die nach ihrer Hysterektomie erstmals in ihrem Leben psychisch auffällig geworden waren (Zintl-Wiegand 1984), gab es Hinweise, daß abgesehen von klinischen oder demographischen Charakteristika auch verschiedene Möglichkeiten des Umgangs mit diesem Lebensereignis eine Rolle spielen könnten. Schließlich hat eine Autorin einige hysterektomierte Frauen längerfristig psychotherapeutisch behandelt. Aus den Krankengeschichten zweier Patientinnen sollen im folgenden kurz einige Aspekte hervorgehoben werden.

Patientin A

Bei Behandlungsbeginn knapp 44jährig; sie kam wegen Angst vor aggressiven Durchbrüchen und weil sie ihre damals 7- und 4jährigen Kinder offen ablehnte. Kurz nach der Geburt der älteren Tochter setzten Ernährungsstörungen in Form von übermächtigem Befaßtsein mit Diäten und Essensvorschriften ein. Sie hatte sich schon damals eine Hysterektomie gewünscht, war aber dann auf Wunsch des Ehemanns bereit, noch abzuwarten. Diese Operation blieb während der ganzen 3 Jahre dauernden psychotherapeutischen Behandlung eine „runde Sache", zu der man jeder Frau raten könne. Nach der Operation bestanden ihre oralen Schwangerschaftsängste weiterhin. Dazu kamen noch Kastrationsängste, wie etwa das Bemerken von Haarausfall, Veränderungen an der Haut, Beobachtungen, daß ihre Brüste immer kleiner würden. Sämtliche Versuche, die Symptome in Verbindung mit der Uterusextirpation zu bringen, wurden von der übrigens sehr intelligenten und belesenen Patientin mit Unverständnis aufgenommen und z. T. belächelt. Allein aus ihrer Enttäuschung, daß man damals ihre Aggressivität nicht auch habe herausschneiden können, wurde klar, daß sie sich nur als Frau ohne Uterus von ihrer in Intervallen psychotischen Mutter innerlich befreien konnte. Diese, an sich äußerst bigott und prüde, hatte offenbar in der Zeit der monatlichen Blutung häufig Triebdurchbrüche. Eine Erinnerung: „Mutter putzt splitternackt nur mit einer Damenbinde zwischen den Beinen die Küche." Auch Selbstmordversuche „mit Blut überall" brachte meine Patientin damit in Zusammenhang. Obwohl nun ihr Operationswunsch mehr Sinn erhielt, blieb die Gegenbesetzung bestehen, ja wurde sogar noch verstärkt. Sie sagte: „Ein Fuchs beißt auch seine Pfote im Fangeisen ab."

Patientin B

Im Unterschied dazu konnte die zweite Patientin – sie kam aus einer Arztfamilie – eine gewisse Trauer über den Verlust formulieren. Je länger die Operation zurücklag, um so weniger wäre sie von der Notwendigkeit überzeugt gewesen, obwohl sie damals die medizinischen Argumente als Entscheidungshilfe dankbar angenommen hatte. Sie kam ebenfalls wegen Schwierigkeiten mit ihren fast schon erwachsenen Kindern. Die jüngste Tochter war einige Jahre zuvor wegen einer Anorexie behandelt worden. Als das junge Mädchen die Mutter wegen ihrer noch immer anhaltenden primären Amenorrhö ansprach, wurde klar, daß sich die Patientin nie damit befaßt hatte. Sie schlug der Tochter aber dann vor, doch zu ihrem Onkel zu gehen, dem Bruder der Patientin, der Gynäkologe sei. Bei erstauntem Nachfragen hatte sie sich darunter eine reine Hormonbehandlung vorgestellt und war nicht auf den Gedanken gekommen, daß eine 18jährige gynäkologisch untersucht werden sollte. Sie hatte das Thema der weiblichen Funktionen ganz und gar ausgeschlossen und verdrängt. Auf einer tieferen Ebene wollte sie als Dame ohne Unterleib ihrer Tochter auch nichts Besseres zukommen lassen.

Obwohl sich beide Patientinnen in einer längeren Therapie psychisch stabilisieren, konnte das Ereignis der Hysterektomie nicht, wie erwartet, mit Trauern, Wiederbelebung verlorener Aspekte und schließlich Wiedereinverleibung mit reiferen Anpassungen (Versöhnung im ersten, Altruismus und Abtretung im zweiten Fall) bearbeitet werden.

Unsere Frage war nun, ob sich ähnliche Abwehrformen auch bei hysterektomierten Frauen zeigen, die weder psychiatrische noch psychotherapeutische Patientinnen waren.

Material und Methode

Wir haben in einer 3 Jahre währenden Follow-up-Studie eine Zufallstichprobe von 64 Frauen untersucht, die im Klinikum Mannheim entweder vaginal oder abdominal hysterektomiert wurden. Sämtliche Frauen waren unter 45 Jahre alt. Patientinnen mit invasiven Karzinomen wurden nicht mit einbezogen. Es handelte sich um ein interdisziplinäres Vorgehen. An der Untersuchung waren ein Psychologe, eine Psychoanalytikerin und ein Gynäkologe beteiligt. Die Daten der zu untersuchenden Frauen wurden jeweils unabhängig voneinander erhoben (Tabelle 1).

Tabelle 1. Untersuchungsdesign

	Präoperativ	Postoperativ			
	1–2 Tage	14 Tage	2 Monate	4 Monate	36 Monate
Soziale Ebene					
– soziodemographische Daten (S-D)	X				
– soziale Anpassung (SIS)	X				X
– „life events“ (MEL)			X		X
Psychologische Ebene					
– Depressivitätsskala (D-S)	X	X	X	X	X
– Beschwerdenliste (B-L)	X		X	X	X
– Bewältigungsstrategien (WCC)	X		X	X	X
– Persönlichkeit (PPI)	X			X	X
– situative Angst (STAI)	X	X			
– Ängstlichkeit (STAI)	X			X	X
Psychopathologische Ebene					
– Diagnosen nach DSM-III (DIS)	X			X	X
Medizinische Ebene					
– gynäkologische Untersuchung	X				
– Krankenblattdaten	X		X	X	X
– Hausarztbefragung					X
– Gynäkologenbefragung					X
Psychodynamische Ebene					
– psychoanalytisches Interview		X			X

S-D Standard-Demographie (Max-Planck-Institut für Psychiatrie München, o.J.)
SIS Social Interview Schedule (Faltermaier 1982)
MEL Münchener Ereignis-Liste (Maier-Diewald 1983)
D-S Depressivitäts-Skala (v. Zerssen 1976)
B-L Beschwerdeliste (v. Zerssen 1976)
WCC Ways of Coping Checkliste (Folkman u. Lazarus 1980)
PPI Prämorbides Persönlichkeits-Inventar (v. Zerssen, in Vorbereitung)
STAI State-Trait-Anxiety-Inventory (Laux et al. 1981)
DIS Diagnostic Interview Schedule (Wittchen u. Rupp 1983).

Zu einem präoperativen Zeitpunkt und zu den verschiedenen postoperativen Zeitintervallen wurden sowohl strukturierte Fragebogeninstrumente vorgelegt, freie Interviews gemacht, die gynäkologischen Untersuchungen ausgewertet und Fremdbefragungen bei den behandelnden Hausärzten der Probandinnen und den prä- und postoperativ behandelnden Gynäkologen durchgeführt. Dabei interessierte uns v. a. die gesundheitliche Entwicklung 3 Jahre vor und 3 Jahre nach der Hysterektomie und die Compliance. Von den 64 Frauen haben 42 die Untersuchung bis zum Ende mitgetragen, 22 haben verweigert (5 bereits bei den präoperativen Befragungen, die anderen im Laufe der Nachuntersuchungen), 5 haben sich lediglich gegen die Fremdbefragung ausgesprochen.

Im folgenden sollen diejenigen Variablen, die wir von den Probandinnen und den Verweigerern gemeinsam haben, miteinander verglichen werden. Es sollen nur die Interaktionen der Frauen mit dem Forscherteam und sonstigen medizinischen Experten berücksichtigt werden sowie einige im Rahmen der Entscheidungsfindung wichtige gynäkologische Variablen. Außerdem wurde der Frage nachgegangen, ob sich im kommunikativen Geschehen zwischen Forschern und Probandinnen Hinweise für das Vorliegen psychischer Beeinträchtigungen bzw. Krisen erkennen ließen.

Tabelle 2. Soziodemographische Charakteristika

	Verweigerer (n = 22/ n = 18)	Teilnehmer (n = 42)
Alter:		
Durchschnitt	40,0 Jahre	39,4 Jahre
Familienstand:		
ledig	0%	2,3%
verheiratet	76,5%	81,6%
getrennt	0%	4,8%
verwitwet	0%	2,3%
geschieden	22,5%	9,6%
Anzahl Kinder:		
Durchschnitt	1,45	1,40
Berufsausbildung:		
keine	22%	7,1%
Berufsschule + Lehre	71,5%	67,1%
Berufsfachschule	5,5%	14,3%
Meisterschule	0%	4,7%
FHS	0%	2,3%
Hochschule	0%	2,3%
Berufstätig:		
nein	49,5%	21,5%
ganztags	44%	50,3%
halbtags	5,5%	24%
stundenweise	0%	4,7%

Ergebnisse

Der Vergleich beider Gruppen bei den soziodemographischen Charakteristika (Tabelle 2) zeigt bei Alter und Kinderzahl keine Unterschiede und beim Familienstand lediglich den, daß in der Verweigerergruppe mehr geschiedene Frauen vertreten sind (was aber durch den Anteil der ledigen, getrennt lebenden und verwitweten in der Teilnehmergruppe fast ausgeglichen wird).

Anders bei der Variablen Berufsausbildung: Hier zeigt sich in der Teilnehmergruppe eine insgesamt höhere Berufsausbildung. Ebenso liegt die Berufstätigkeit bei den Teilnehmern bei insgesamt 79%, gegenüber 49,5% bei den Verweigerern. Man sieht deutlich, daß sich die Nichtverweigerer in allen Parametern der Entscheidungsfindung von den Frauen unterschieden, die ihre Mitarbeit verweigerten (Tabelle 3): sie hatten präoperativ mehr Zeit – oder beanspruchten mehr – und machten sich mit dem Gedanken an die Operation vertraut. Wir gewannen den Eindruck, daß die meisten dieser Frauen präoperativ viel Entscheidungs- und möglicherweise auch Trauerarbeit geleistet hatten. Der zweite ins Auge fallende Unterschied liegt im Text der Überweisungsscheine der niedergelassenen Gynäkologen, die bei der Verweigerergruppe eher umschreibend von „Diagnostik", „Laparoskopie", „Unterbauchbeschwerden" sprachen, während bei der anderen Gruppe in der Regel „Hysterektomieoperation" oder „Uterusextirpation" dokumentiert war. Da es sich zum großen Teil um die gleichen niedergelassenen Gynäkologen handelte, die in die gleiche Klinik einwiesen, kann man diesen Unterschied nicht allein den Gynäkologen bzw. deren Ungeduld und Unverständnis anlasten. Es scheint vielmehr eine Patienteninteraktion stattgefunden zu haben, die dem behandelnden Arzt nicht erlaubte, auf einen eindeutigen klaren Punkt mit den Frauen zu kommen. Dies spiegelte sich ebenfalls in der signifikant häufigeren Unschlüssigkeit dieser Patientinnen noch ganz kurz vor der Operation wider. So liegt es nahe, daß sich bereits präoperativ viele Frauen aus der späteren Verweigerergruppe eher vermeidend als konfrontierend mit der Möglichkeit der Operation befaßt haben, oft relativ rasch

Tabelle 3. Vergleich: Verweigerer – Nichtverweigerer (χ^2-Test, *d.f.* Freiheitsgrade)

	χ^2	d.f.	p
Zeit bis zur Operation	9,0	2	**
Präoperative Zeit schwierig erlebt	11,7	1	***
Dauer der Beschwerden	0,8	5	
Beschwerden vs. Befund	0,1	2	
Dringlichkeit der Operation	0,6	2	
Komplikationen postoperativ	5,5	3	
Eindeutiger Einweisungsschein	9,5	1	**
Schwankend in Entscheidung	4,0	1	*
Frühere gynäkologische Eingriffe	7,1	5	
Krisen im Verlauf bezüglich ungünstiger Entwicklung als Grund für Verweigerung	0,1	1	

* $p < 0{,}5$; ** $p < 0{,}01$; *** $p < 0{,}001$.

„die Sache durchzogen", ohne selbst davon überzeugt zu sein und ohne sich in der ambulanten Praxis mit dem Für und Wider auseinanderzusetzen. Die rein gynäkologischen Parameter ergaben keine Unterschiede.

Die Gruppe insgesamt bot jedoch weitere Besonderheiten. Für sämtliche Frauen bestand von seiten des Forscherteams für die gesamte Dauer der Längsschnittuntersuchung ein Hilfsangebot: die Frauen konnten sich jederzeit bei Auftauchen von gynäkologischen oder seelischen Schwierigkeiten an uns wenden. Entgegen unseren Erwartungen wurde dieses Angebot nur von insgesamt 4 Frauen genutzt, wovon 3 lediglich telefonisch Kontakt aufnahmen und nur eine tatsächlich einen Gesprächstermin vereinbarte.

Bei den Fremdbefragungen stellte sich heraus, daß der Hausarzt nur bei einem Drittel der Frauen beratend vor oder nach der Operation beteiligt war. Viele Hausärzte erfuhren erst durch uns überhaupt von der Operation, die bereits 3 Jahre zurücklag.

Es zeigte sich auch, daß einige Frauen unsere in bestimmten Zeitintervallen erfolgten Anfragen öfter mit allerlei Ausflüchten verschoben. Wie sie später berichteten, geschah dies immer dann, wenn sie sich in einer Krise befanden. Sie waren erst wieder gesprächsbereit, wenn sie einigen Abstand bzw. die Operation überhaupt bewältigt hatten. Diese Verhaltensweisen laufen den oft vorgetragenen Wünschen nach möglichst viel Aufklärung, Information und intensiver Nachsorge zum Teil entgegen. In schwierigen Momenten hätte ein Gesprächsangebot, das sich per definitionem mit der Hysterektomie befaßte, offenbar keine Hilfe, sondern eher eine Belastung und Labilisierung der Abwehr dargestellt.

Bei der Gruppe der Verweigerer setzte sich dieser Wunsch nach dem eher Verals Enthüllen, nach dem Auf-sich-beruhen-Lassen noch deutlicher fort. Die Frauen, die lediglich die Fremdbefragung der Hausärzte und Gynäkologen verweigerten waren über die Medizin überhaupt – aber eigentümlicherweise nur unausgesprochen –, über die Operation insbesondere enttäuscht. Die Frauen, die im Laufe der 3 Jahre absagten, befanden sich, wie wir aus mehreren kurzen Telefonaten entnehmen konnten, fast immer in einer schwierigen Situation, hatten aber im Gegensatz zu den oben erwähnten Frauen, die ihre Gesprächstermine nach ihrer psychischen Stabilität regulierten, weniger den Glauben, daß sie irgendwann einmal über das Ganze reden könnten. Einige sagten ganz dezidiert, daß sie nicht mehr daran erinnert sein wollten, da sich seit der Operation nichts verändert habe. Zum Teil benutzten sie genau die gleichen Worte und Argumente wie bei früheren Gesprächen, so daß oft der Eindruck einer sozusagen gefrorenen Erinnerung aufkam, die nicht umgearbeitet, überarbeitet, durchgeformt oder umgeformt wurde. Die frühen präoperativen Verweigerinnen waren durchweg Frauen, die sich der Meinung des jeweils Stärkeren anpaßten, sei es der des Interviewers, der Frauengruppe im Krankenzimmer oder der des Ehemannes. Sie waren unterschiedlich kooperativ, häufig jedoch weitgehend unzugänglich. Aus rein sachlichen Gründen haben nur 2 Probandinnen abgesagt.

Diskussion

Aus dem Studium der Literatur hatten wir aufgrund unseres engmaschigen und langfristigen Befragungsdesigns und auch aufgrund unserer Hilfsangebote wesentlich häufiger Äußerungen über Verluste und Anzeichen von Trauer bzw. Depressionen erwartet, ähnlich wie in den früheren kasuistischen Studien beschrieben (Drellich u. Bieber 1958; Lindemann 1941). Wir hatten die Hypothese, daß in einer derartigen Längsschnittuntersuchung Bewältigungsverlauf und Psychodynamik besser zu beobachten seien als in einer in diesem Forschungsfeld üblichen sog. prospektiven Studie, in der in der Regel nur Querschnittsbefunde prä- und kurzfristig postoperativ aufgrund psychiatrischer Interviews miteinander verglichen werden (Gath etal. 1982). So waren wir einigermaßen verblüfft, daß zwei Drittel der Frauen einerseits die vielen Befragungen (5mal durch den Psychologen, 2 psychoanalytische Interviews und 1 gynäkologische Nachuntersuchung) mitgetragen haben, sich aber andererseits doch wieder in kritischen Momenten entzogen. Diese Haltung zeigte insofern auch gesunde Anteile, als diese Frauen nach 3 Jahren praktisch nichts mehr zu bewältigen hatten und zu ihren eigenen Lösungen gekommen waren. Wie wir oben zeigen konnten, haben wir die Mehrzahl der Nichtverweigerer präoperativ an einem Punkt getroffen, an dem sie sich ihrer Entscheidung sicher waren. Das Ausweichen, Nicht-berührt-werden-Wollen und das Gefühl eines gefährlichen Einlassens in kritischen Momenten war bei der Verweigerergruppe deutlicher und starrer. Eine der wenigen Untersuchungen, die sich auch mit der Prozeßhaftigkeit des Entscheidungsverlaufs befaßt (Newman u. Newman 1985), bezeichnet eine mangelnde Antizipation der Operation und ihrer Konsequenzen als Verleugnung mit nachfolgendem ungünstigem Verlauf.

Deutlich wird auch die entscheidende Rolle des niedergelassenen Gynäkologen in der präoperativen Zeit: seine Anteile erschöpfen sich offenbar nicht nur in rein sachlicher Aufklärung. Das Gewicht scheint vielmehr in einer symmetrischen Arzt-Patient-Interaktion zu liegen, denn die Frauen, die sich für ihre Entscheidung viel Zeit nahmen, waren – wie aus den soziodemographischen Angaben zu schließen ist – offenbar auch die insgesamt lebenserfahreneren, möglicherweise seelisch stabileren.

In diesem Beitrag sollte explizit auf die Abwehrmechanismen der Verdrängung und Verleugnung in ihren nützlichen und schädlichen Anteilen hingewiesen werden. Der Verlauf ergab für beide Frauengruppen Phasen größerer oder geringerer Belastung bzw. Bewältigungsarbeit (Tabelle 2), wobei es sich bei den Abbrechern um Momentaufnahmen handelt und nicht klar ist, wie die schwierige Situation gelöst wurde. In der Teilnehmergruppe äußerten sich nach 3 Jahren 30 von 42 Frauen gegenüber der Operation und ihren Auswirkungen zufrieden, 7 waren unzufrieden, und 5 gaben keine Änderungen an.

Literatur

Drellich M, Bieber I (1958) The psychological importance of the uterus and its functions. J Nerv Ment Dis 27:332
Faltermaier T (1982) Social Interview Schedule (2. Version). Max-Planck-Institut für Psychiatrie, München
Folkman S, Lazarus RS (1980) Coping in an adaequately functionning middle-age population. J Health Soc Behav 21:21
Gath D, Cooper P, Day A (1982) Hysterectomy and psychiatric disorder: I. Br J Psychiatry 140:335
Lalinec-Michaud M (1984) Depression and hysterectomy: A prospective study. Psychosomatics 25:550
Laux L, Glanzmann P, Schaffner P, Spielberger CD (1981) Das State-Trait-Anxiety-Inventory. Theoretische Grundlagen und Handanweisung. Beltz, Weinheim
Lindemann E (1941) Observations on psychiatric sequelae to surgical operations in women. Am J Psychiatry 98:132
Maier-Diewald W (1983) Die Münchener Ereignis-Liste. Anwendungsmanual und Codierungsbogen. Max-Planck-Institut für Psychiatrie, München
Max-Planck-Institut für Psychiatrie. Standard-Demographie. München
Newman G, Newman LE (1985) Coping with the stress of hysterectomy. J Sex Educ Ther 11:65
Sievers S (1975) Die Uterusextirpation als Methode der definitiven Schwangerschaftsverhütung. Habilitationsschrift, Klinikum der Stadt Mannheim
Wittchen HU, Rupp HU (1983) Diagnostic Interview Schedule. Deutsche Version II. Max-Planck-Institut, München
Zerssen D von (1976) Klinische Selbstbeurteilungsskalen (KSG-S). Beltz, Weinheim
Zerssen D von (in Vorbereitung) Prämorbides Persönlichkeitsinventar. Max-Planck-Institut für Psychiatrie, München
Zintl-Wiegand A (1984) Weibliche Beweggründe für eine Gebärmutteroperation. Psychother Psychosom Med Psychol 34:205
Zintl-Wiegand A, Köhler F, Wiest W (1988) Bewältigungsstrategien bei jungen Frauen vor und nach einer Hysterektomie. Vortrag gehalten auf der 17. Fortbildungstagung psychosomatischer Geburtshilfe und Gynäkologie, Göttingen

Menopause und Aspekte des Alterns

O. Jürgensen

Zusammenfassung

Im Rahmen von Überlegungen über den Stellenwert der Menopause im Wandel der Zeiten und aus der Sicht von Männern werden zunächst die spezifisch endokrinologischen Veränderungen und die Folgen des Östrogenmangels an den Zielorganen skizziert.

Anschließend werden klinische Überlegungen dargestellt und das Schwinden von Perspektiven in dieser Lebensphase reflektiert.

Schlüsselbegriffe: Menopause, endokrinologische Veränderungen, Östrogenmangel, psychosoziale Einflüsse, Coping.

Die Menopause ist innerhalb der Biologie der Primaten für die menschliche Spezies einzigartig. Doch der Ausfall der Regel, als Zeichen der erloschenen Ovarialfunktion, darf nicht den Eindruck erwecken, als handle es sich hier um einen *plötzlichen* Alters- und Degenerationsprozeß. Tatsächlich stellt der Untergang der letzten Follikel im Eierstock den Endzustand eines Vorgangs dar, der bei der Geburt begonnen hat (Abb. 1).

1850 hieß es in einem englischen Lehrbuch über das Klimakterium:

> Frauen sind gezwungen, der Macht der Zeit zu erliegen. Sie hören auf zu existieren ... Die Vorsicht gebietet, alle Umstände zu vermeiden, welche erotische Gefühle erwecken könnten, um kein Bedauern aufkommen zu lassen für verlorenen Zauber und Gefühle, die für immer vorbei sind ... (Zit. nach Beard 1976).

Die moderne Version aus dem *Spiegel* vom 28.11.1984 (Schreiber 1984): Zitiert wird der amerikanische Sexspezialist David Reuben:

> Ihre Eierstöcke überlebt zu haben, bedeutet vielleicht wirklich, daß sie ihre Nützlichkeit als menschliches Wesen überlebt haben. Die letzten Jahre sind für sie nur noch ein Auf-der-Stelle-Treten, bis sie ihren Drüsen in die Vergessenheit folgen.

Das Traurige an diesen männlichen Statements ist, daß sie sich in vielen Fällen kaum widerlegen lassen. Sie erwecken aber gleichzeitig den Eindruck, daß nur Frauen unattraktiv werden und für Männer, die ja keine vergleichbare Spermiopause erleben, die Zeit auf ewig stillsteht.

Söllner et al. (Hrsg.) Sozio-psycho-somatik

Abb. 1. Tod und Mädchen (Hans Baldung, genannt Grien; Kunstmuseum Basel)

Dafür hat man uns von männlichen Endokrinologen nun auch noch eine Adrenopause beschert. Aber die führt hier zu weit.

Bis vor die Jahrhundertwende erreichten weniger als 30% aller Frauen das durchschnittliche Menopausenalter von 51 Jahren.

Heute ist in den zivilisierten Ländern mehr als ein Drittel der Frauen über 50 Jahre alt und hat eine mittlere Lebenserwartung von 78 Jahren. In der Bundesrepublik Deutschland leben z. Z. ca. 7,5 Mio. Frauen zwischen 45 und 60 Jahren.

Auf die großen transkulturellen Unterschiede im Erleben der Menopause möchte ich hier absichtlich nicht weiter eingehen. Innerhalb der hochindustrialisierten Gesellschaften mit ihrer Jugendkultur wird die menopausale Frau als alt und i. allg. nicht mehr konkurrenzfähig abgestempelt. Ein Zitat in einem modernen Experimentiertheater, von einer jungen an eine alte Frau gerichtet: „Alte, Du bist ja total im Off . . .“ (Elke Lang, Ulrich Waller: *Nur Du* – Ein Lustspiel über die Liebe).

Menopausenspezifische Veränderungen

Damit sind die Veränderungen gemeint, die auf das Fehlen des potentesten Östrogens, nämlich des Östradiols, zurückzuführen sind. Abhängig verändert sich der Steroid-Katecholamin- und Opiatstoffwechsel im Gehirn.

Am bekanntesten sind die vasomotorischen Erscheinungen wie Hitzewellen und Schweißausbrüche, in der Häufigkeit gefolgt von Schlaflosigkeit, Depressionen, Reizbarkeit und sexuellen Problemen. Letztere 3 Kategorien als rein psychogen einzustufen, ist heute nicht mehr haltbar.

In den Abb. 2–8 sind einige östrogenmangelbedingte Veränderungen an den abhängigen Geweben dargestellt.

In Abb. 2 ist der Eierstock eines kleinen Mädchens zu sehen. Das obenliegende Keimepithel enthält unzählige Primärfollikel.

Abbildung 3 zeigt den Eierstock einer 30jährigen Frau. Ein dichtes Keimepithel wie in Abb. 2 fehlt. Auch die Dichte der Follikel hat sich bereits vermindert.

In Abb. 4 ist nun ein Menopausenovar dargestellt: Die Follikel fehlen vollständig. An ihre Stelle ist dichtes Bindegewebe getreten.

Auf die ebenso eindrucksvollen Veränderungen an Vulva, Gebärmutter und Eileitern möchte ich hier nicht eingehen.

Abbildung 5 zeigt die Brust einer 20jährigen Schwangeren mit dicht gepackten hyperplastischen Lobuli.

Anders sieht das Gewebe aus der Brust einer 55jährigen aus (Abb. 6): Im Zentrum finden sich nur noch vereinzelte geschrumpfte Lobuli und Milchgänge, die von einer dichten Bindegewebsfibrose umgeben sind.

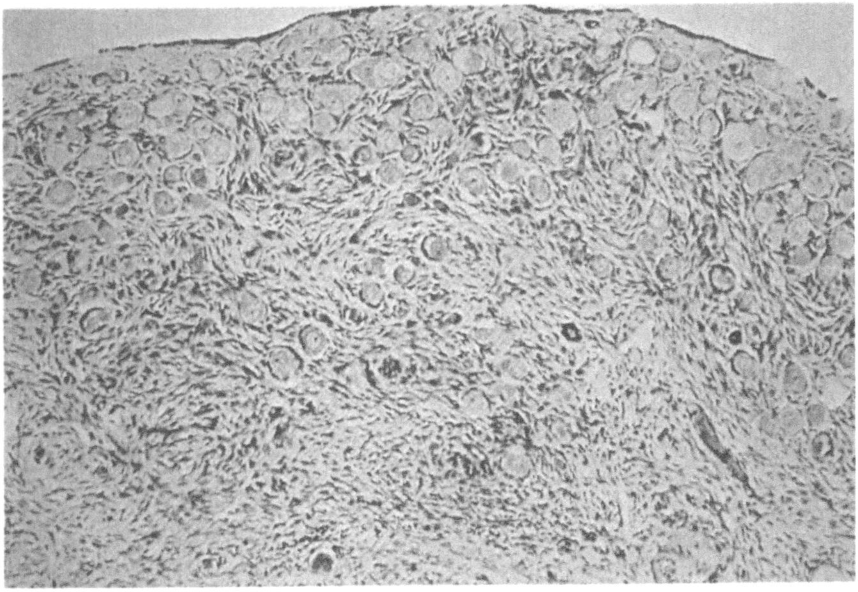

Abb. 2. Kindliches Ovar (HE-Färbung; Vergr. 100:1)

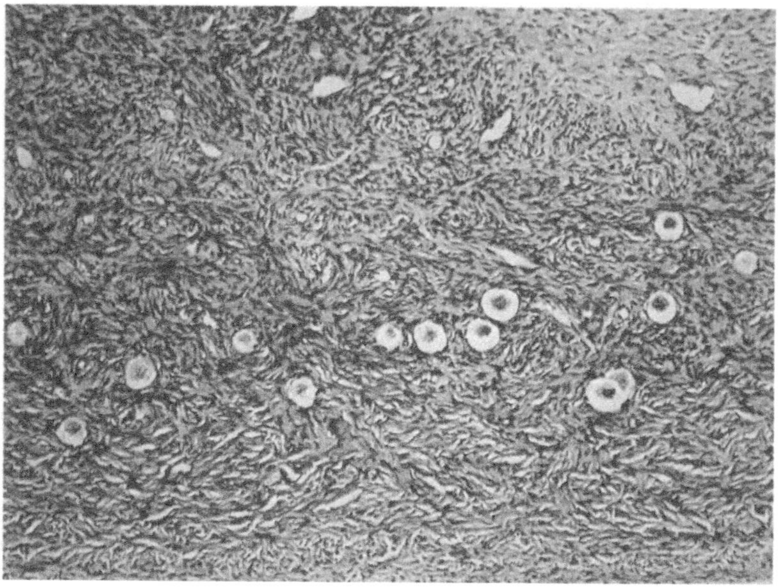

Abb. 3. Ovar einer 30jährigen Frau (HE-Färbung; Vergr. 100:1)

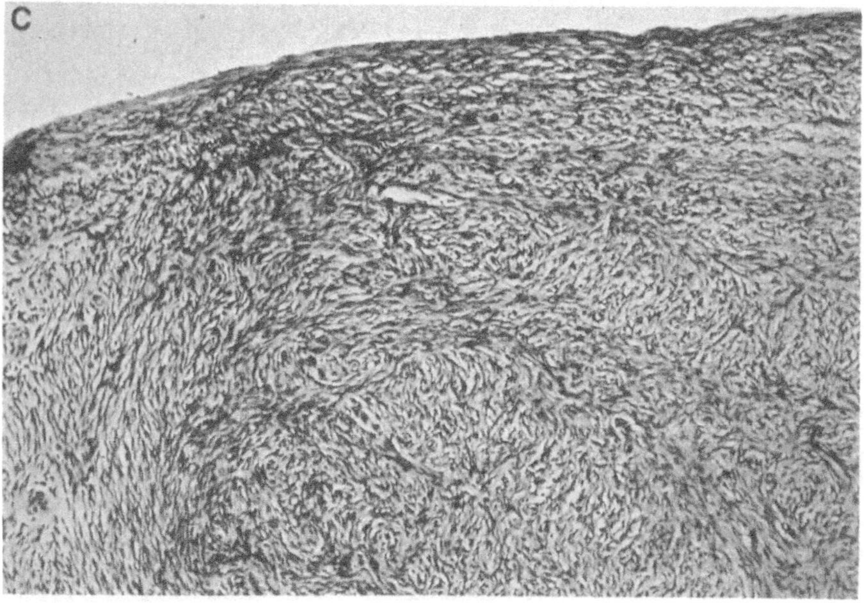

Abb. 4. Ovar einer Frau in der Menopause (HE-Färbung; Vergr. 100:1)

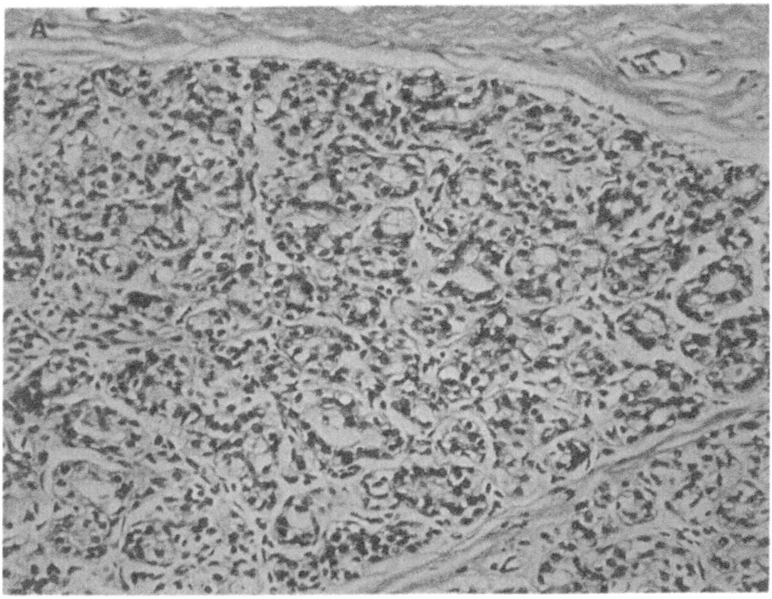

Abb. 5. Brustgewebe einer 20jährigen schwangeren Frau (HE-Färbung; Vergr. 100:1)

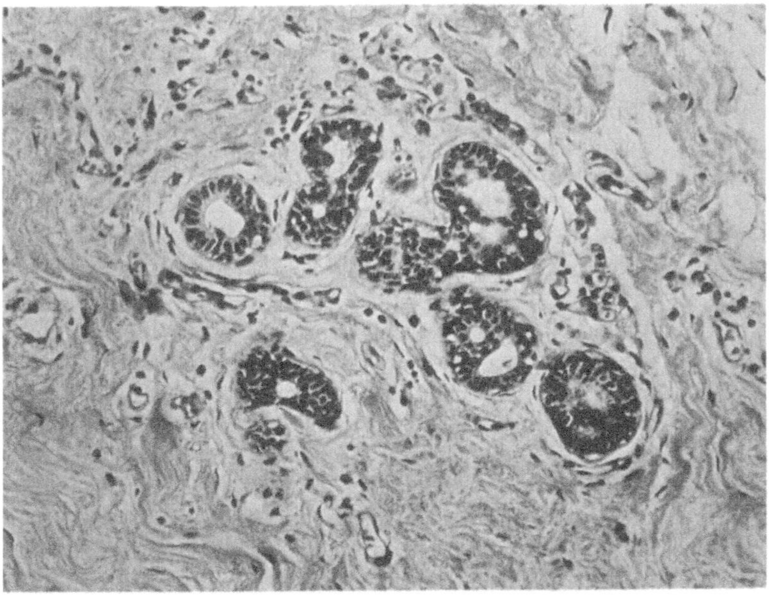

Abb. 6. Brustgewebe einer Frau in der Menopause (HE-Färbung; Vergr. 100:1)

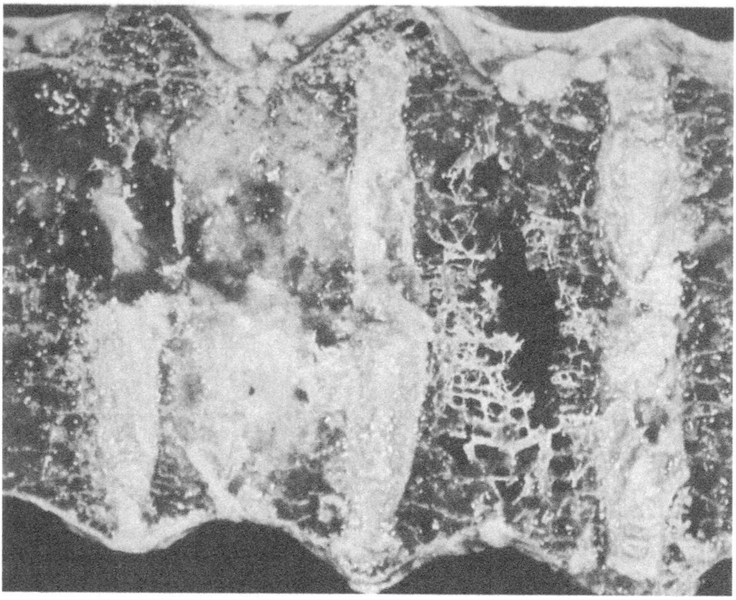

Abb. 7. Photographie der Wirbelsäule einer Frau mit ausgeprägter Osteoporose

Zu den extragenitalen Strukturen, die am empfindlichsten von Östrogenmangel betroffen werden, gehört der Knochen; Abb. 7 zeigt einen Wirbelsäulenausschnitt von einer Menopausenpatientin. Die Knochenbälkchen sind mottenfraßartig zerstört.

In Abb. 8 ist ein Knochenmarkschnitt der Wirbelsäule dargestellt: oben die normalen Knochenbalken bei einer 30jährigen und unten die ausgedünnten Trabekeln einer Menopausenpatientin.

Auf die gleichen atrophisierenden Veränderungen im Harnröhren-Blasen-Bereich möchte ich hier ebenfalls nicht eingehen, sondern nur feststellen, daß sie erheblich und mit Östrogenen allein oft ohne Operation sehr günstig zu beeinflussen sind.

Die wichtigsten endokrinen Veränderungen des Menopausenalters

Das spezifische Geschehen besteht darin, daß kein Östradiol mehr in den Follikeln gebildet werden kann. Trotzdem fällt die Östrogenproduktion nicht völlig aus, aber die verbleibenden Östrogenquellen sind extragonadal.

Östron, das aus dem Nebennierenpräkursor Androstendion entsteht, wird jetzt zum entscheidenden Östrogen der Menopause. Durch Wegfall des östradiolabhängigen Feedbacks auf den Hypothalamus steigen die hypophysären Gonadotropine an. Dieser Prozeß zieht sich, wie wir heute wissen, über Jahre.

Am Ende des Prozesses steigt das follikelstimulierende Hormon (FSH) auf das ca. 20fache der Normwerte, das luteinisierende Hormon (LH) aber nur auf das 3fache an. Das Spiking der Gonadotropine bleibt erhalten.

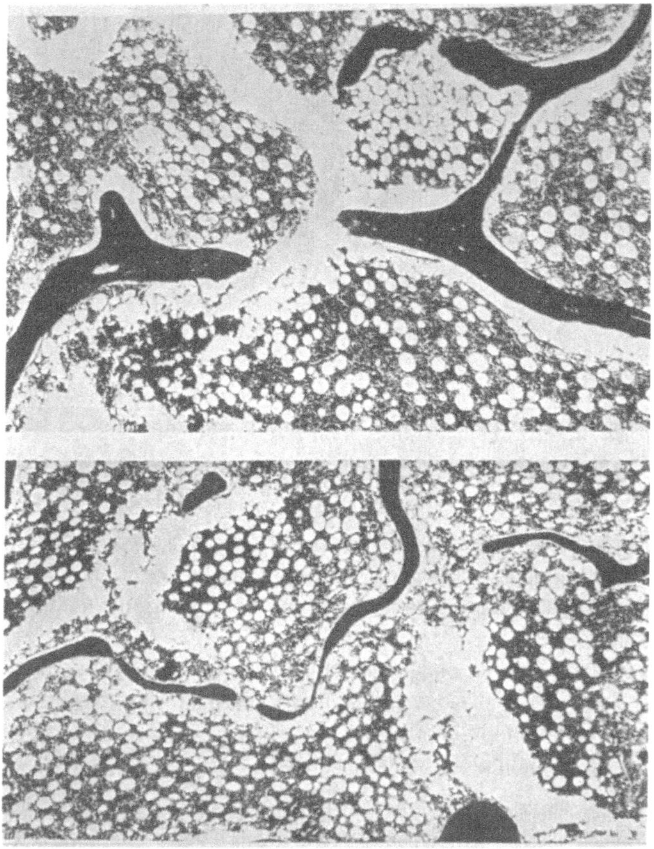

Abb. 8. Knochenmarkschnitt der Wirbelsäule. *Oben:* normale Trabekeln einer 30jährigen; *unten:* Trabekeln bei Osteoporose (HE-Färbung; Vergr. 40:1)

Durch Wegfall der Östrogene wird auch der Stoffwechsel der Hirnkatecholamine und der endogenen Opiate verändert: Der Mangel gonadaler Steroide wirkt ähnlich wie ein erhöhter Katecholaminabbau. Anders ausgedrückt: Östrogene wirken gleichsinnig wie Monoaminooxidasehemmer, also bestimmte Antidepressiva: Sie verringern den Abbau von Indol- und Katecholaminen wie Serotonin und Dopamin. Beide Amine sind bei einem Teil der Depressiven vermindert. Ebenso sind die Schlafstörungen in der Menopause zentral bedingt: Die relative Zunahme von Noradrenalin bewirkt eine Häufung der REM-Phasen zuungunsten des Tiefschlafs. Weiter bewirken Hitzewellen vermehrte Aufwachphasen.

Abbildung 9 zeigt Östron als das in der Menopause vorherrschende Östrogen. Es entsteht durch Aromatisierung des Nebennierenpräkursors Androstendion. Orte der Aromatisierung sind Fettgewebe, Haarfollikel, Hirn, Knochen und Muskeln. Von ihnen ist das Fettgewebe bei weitem am wichtigsten.

So wird verständlich, daß dicke Frauen und Frauen mit Leberzirrhose weniger an Östrogenmangel leiden und gleichzeitig ein höheres Risiko für Gebärmutterkrebs

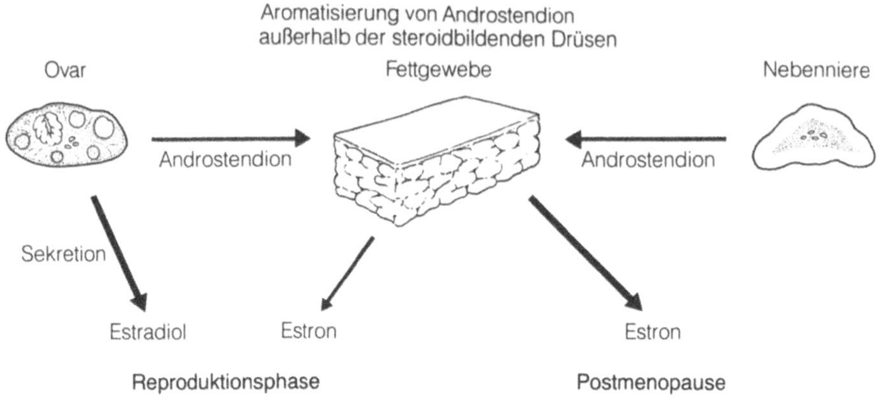

Abb. 9. Östrogenquellen vor und nach der Menopause. (Aus Buchsbaum 1983)

haben. Dennoch ist die pharmakologische Potenz des Östrons unvergleichlich viel geringer als die des Prämenopausenöstrogens Östradiol, gemessen etwa an der Bindungsfähigkeit an den Östrogenrezeptor oder an der Suppression von FSH (Kuhl u. Taubert 1987).

Während früher der größte Teil der oben skizzierten Veränderungen als „natürlich" und die Klagen als psychogen eingestuft wurden, läßt sich diese Haltung, wie wir gerade gesehen haben, heute nicht mehr vertreten.

Ich zitiere dazu Hanker u. Schneider (1986):

> Noch vor einer Generation herrschte die Ansicht vor, daß Beschwerden im Zusammenhang mit den Wechseljahren schicksalhaft toleriert werden müßten. Heute sehen wir in der Postmenopause einen evolutionären Vorgang, der, bezogen auf das Alter des weiblichen Reproduktionspartners, die genetische Protektion des Menschen durch suboptimale Anpassung mit erheblichen Organschäden erkauft.

Dieses Zitat ist nicht nur ein wissenschaftliches, sondern unüberhörbar auch ein männliches Zitat.

Von 59 Arbeiten aus den letzten 3 Jahren über endokrine, soziale, psychologische, sexologische und biographische Daten in der Menopause stammten weniger als 10% von Frauen. Dagegen gibt es eine ausgedehnte von Frauen zu Frauen geschriebene Laienliteratur über die Menopause von sehr unterschiedlicher Qualität.

Vergleichsweise kenne ich keine Frau, die sich so intensiv und so entwertend feindselig mit alternden Männern beschäftigt hätte. Titel wie „Die alternde Frau" sind nicht eben schmeichelhaft.

Als Leiterin einer Menopausensprechstunde an der Frankfurter Frauenklinik beobachte ich, wie bis in die jüngste Gegenwart junge Frauen – oft mit „windiger" Indikation – ovarektomiert und dann ohne Hormonsubstitution jahrzehntelang ihrem Schicksal überlassen wurden, in der Regel von männlichen Gynäkologen. Von allen anderen Traumatisierungen abgesehen, gilt heute, daß das Risiko für

Koronarerkrankungen bei unsubstituierten ovarektomierten Frauen um das 3fache ansteigt nach einer Latenzzeit von 10 Jahren (Kuhl u. Taubert 1987, S. 275). Entgegen früheren Ansichten steht heute fest, daß *alle* Frauen bei natürlicher und erst recht bei chirurgischer Menopause Beschwerden haben. Die Intensität der Klagen variiert individuell sehr stark, ebenso die Bewertung der Symptome (Förster 1982; Stromberger 1984). In der Regel leiden junge Frauen am intensivsten.

So war die Totaloperation einer 30jährigen, wie es oft vorkommt, von der Trennung vom Partner gefolgt. Später erlebte sie eine neue, als glücklich beschriebene Beziehung. Doch die Patientin schilderte glaubhaft, wie sie sich nach der Ovarektomie in ein lethargisches, adynames, lustloses Wesen im Vergleich zu ihrer früheren Vitalität verwandelt habe. Auch die liebevolle Zuwendung des Partners, die sie sehr dankbar wahrnahm, konnte nicht bewirken, daß ihre frühere Gefühlsintensität zurückkehrte.

Beeindruckt hat mich auch immer wieder, wie ursprünglich stabile lebenstüchtige Frauen, die spontan in die Menopause kamen, die Veränderungen an sich beschreiben: Hitzewellen und Schweißausbrüche werden, selbst wenn sie intensiv geklagt werden, keineswegs als das Schlimmste erlebt. Die Selbstdarstellung kulminiert immer wieder in dem Satz: „Ich kenne mich selbst nicht wieder.“ – Differenzierte Frauen beschreiben dann spontan ihre plötzlichen aggressiven Ausbrüche oder ihre glaubhaft nie gekannte Depressivität, Müdigkeit, Antriebslosigkeit – und v. a. bei anspruchsvoller Berufstätigkeit – Leistungsminderung.

Diese Frauen sind dann allerdings auch am ehesten zu der inneren Auseinandersetzung mit der neuen – ganz anderen – Lebensphase bereit. Und, soweit es sich um Ausfälle handelt, reagieren sie meist positiv auf Hormonsubstitution. Sie stellen vielleicht ein Drittel unseres Klientels dar.

Ein weiterer Teil präsentiert unglaubliches soziales und psychisches Elend. Einige sind, teilweise schon vorher, präpsychotisch oder psychotisch oder zeigen Anzeichen von vorzeitigem geistigen Verfall. Ungewöhnlich oft werden in dieser Lebensphase verstärkte irrationale Angstzustände geklagt. Bei einigen Frauen mit depressiven Erkrankungen in der Vorgeschichte traten nach spontaner Menopause oder Ovarektomie schwerste endogen-depressive Schübe mit monatelanger psychiatrischer Intensivtherapie auf. Allgemein ist bekannt, daß die Rate vollendeter Suizide in dieser Lebensphase für Frauen noch einmal steil ansteigt.

Einige unserer Patientinnen wurden infolge von Osteoporosefolgeerkrankungen frühzeitig berentet und leben ohne Arbeit, ohne Partner und ohne Geld depressiv in schwerster sozialer Isolation.

Völlig neue Bewältigungsstrategien sind fast nie mehr zu entwickeln, wenn nicht alte vorhanden sind, auf die man zurückgreifen kann. Das gilt ganz besonders auch für den Bereich der Sexualität. Von den 3 angeblich großen Lebensphasen der Frau aus den alten gynäkologischen Lehrbüchern bedeutet die Menopause trotz aller Beschönigungsversuche keine Größe, sondern Verlust. Die Zukunft engt sich immer mehr ein, die Zeit ist endlich geworden. Falten, der Verlust der Regel und dünne Knochen machen wahrhaftig nicht das Altern aus. Es geht vielmehr um den langsamen Verlust eines Lebensgefühls, einer immerwährenden Illusion von Zukunft und von Unendlichkeit, das in der Jugend legitim und notwendig ist.

Abb. 10. Tod und Frau (Hans Baldung, genannt Grien; Kunstmuseum Basel)

Ein großer Teil der hormonalen Ausfälle ist heute mit Hormontherapie aufzufangen. Hormone substituieren aber nicht die obligaten sozialen Mangelerscheinungen dieser Lebensphase. Die Auseinandersetzung mit ihnen ist unvermeidbar und müßte lange *vor* der Menopause einsetzen. Frauen, die sich ihnen stellen, angemessene Ziele entwickeln und nicht mehr mit den Mitteln der Jugend kämpfen müssen, können dieser Lebensphase vielleicht auch einiges Gute abgewinnen.

Ich möchte mit einigen Zitaten der 64jährigen Simone de Beauvoir aus ihrem Buch *Alles in allem* (1976) schließen (dazu begleitend Abb. 10):

Mit etwas mehr als 50 Jahren hatte ich, wie ich schon sagte, den Eindruck, eine entscheidende Linie überschritten zu haben . . .

Mein Tod hat seit langem begonnen, und ich habe mich daran gewöhnt, zu sehen, daß meine Vergangenheit mir entschwindet. Wahrscheinlich, weil ich mich in mein Dahingehen ergebe, akzeptiere ich auch das der anderen . . .

... Wenn das Alter mich erschreckt, so deshalb, weil es eben erschreckend ist, was sie [gemeint sind ihre Leser, Anm. der Autorin] um keinen Preis zugeben möchten. Tatsache ist, daß, sofern man nicht vorzeitig stirbt, in jeder Existenz ein Moment eintritt, in dem man sich bewußt wird, unwiderruflich eine gewisse Grenze überschritten zu haben ...

Literatur

Beard RJ (ed) (1976) The menopause, a Guide to current research and practice. Baltimore Univ Park Press, Baltimore, pp 175–201

Beauvoir S de (1976) Alles in Allem. Rowohlt, Reinbek

Buchsbaum H (ed) (1983) The menopause. Springer, Berlin Heidelberg New York Tokyo, p 24

Förster W (1982) Klimakterium und Psyche. Dissertation, Universität Salzburg

Hanker JP, Schneider HPG (1986) Pathogenese und Diagnostik der klimakterischen Beschwerden. Gynäkologe 19:210–219

Kuhl H, Taubert HDT (1987) Das Klimakterium. Thieme, Stuttgart

Schreiber M (1984) Ich bin unsichtbar geworden. Die Frau um 40. Spiegel 38/48:59

Stromberger C (1984) Ursachen für körperliche und seelische Beschwerden bei Frauen im Klimakterium. Dissertation, Universität Wien

Von blinden Flecken – eine kritische Betrachtung der Psychosomatik der Gynäkologie anhand ausgewählter Forschungsarbeiten

A. Kluitmann

Zusammenfassung

Eine kritische Durchsicht von Forschungsarbeiten zur Dysmenorrhö und zum prämenstruellen Syndrom zeigt, daß unreflektierte Annahmen der Autor(inn)en über Frauen u. a. zur Vernachlässigung spezifischer struktureller Merkmale weiblicher Lebenssituationen bei der Konzeption und Auswertung der Untersuchungen führen. Am Beispiel einer Studie an Patientinnen, die unter dem Pelipathiesyndrom leiden, wird gezeigt, wie Ergebnisse vor dem Hintergrund dieser Merkmale verstanden werden können.

Schlüsselbegriffe: Pelipathiesyndrom, Frauenforschung, Frauenkonstrukte, Konfliktbewältigungsstrategien.

In die Erklärungsansätze zur Ätiologie psychosomatisch-gynäkologischer Erkrankungen, wie z. B. das Pelipathiesyndrom, das prämenstruelle Syndrom oder die chronische Adnexitis, gehen Konstrukte von „Frau" implizit ein. Dies kann durch das Rekurieren auf einen bestimmten theoretischen Bezugsrahmen, z. B. Freuds Vorstellungen zur Weiblichkeit, geschehen oder durch nichtreflektierte persönliche Annahmen der Autoren über Zusammenhänge zwischen Frauen und Natur oder Frauen und Mütterlichkeit.

Im folgenden möchte ich beispielhaft an der Forschung zum prämenstruellen Syndrom und zur Dysmenorrhö aufzeigen, wie sich selbst in Konzeptionen und Interpretationen von Forschungsarbeiten Merkmale eines Konstrukts von „Frau" finden lassen, das den biologischen, psychischen und sozialen Komponenten weiblicher Lebenssituationen nicht immer angemessen ist.

Im zweiten Teil werde ich Forschungsarbeiten aus der Projektgruppe „Gynäkologische Psychosomatik der Frau" um Dr. Christa Schulze am Fachbereich Psychologie der Universität Marburg vorstellen.

Frauenkonstrukte in Forschungskonzepten

Untersuchungen zum *prämenstruellen Syndrom* und zur Dysmenorrhö befassen sich primär mit:

Söllner et al. (Hrsg.) Sozio-psycho-somatik

- Persönlichkeitsprofilen betroffener Frauen,
- Konflikten mit Sexualität und Frauenrolle,
- Einstellungen zur Menstruation,
- Schmerz- und Streßreaktionen,
- dem Attributionsverhalten

(vgl. Kluitmann 1984; Kluitmann u. Rehahn-Sommer 1987, unveröffentlicht).

Eine kritische Übersicht deutsch- und englischsprachiger Forschungsarbeiten erbrachte folgende inhaltlichen Anmerkungen zu dem den Untersuchungen impliziten Frauenkonstrukt.

1) Die *Lebenssituationen* des Großteils menstruierender Frauen wurden in den Forschungsarbeiten nur rudimentär widergespiegelt.

Es werden studentische Stichproben bevorzugt, deren Lebensalter kaum repräsentativ für jene Frauen gelten kann, die unter dem prämenstruellen Syndrom oder der Dysmenorrhö leiden (vgl. Green 1971, zit. nach Gerber 1986). Frauen zwischen 30 und 50 Jahren bleiben fast vollständig ausgeblendet.

Werden einmal nichtstudentische Gruppen untersucht, so werden zwar der Familienstand und die Kinderzahl erhoben; Berufstätigkeit, Bildungsgrad und Schichtzugehörigkeit beispielsweise bleiben jedoch bei der Parallelisierung von Kontroll- und Vergleichsgruppe weitestgehend unbeachtet.

Gleiches gilt für den Inhalt der untersuchten Fragestellungen. Soziale Aspekte, die über den familiären Rahmen hinausweisen, werden kaum geprüft. Die Lebenssituationen der untersuchten Frauen werden als um die Familie zentriert gedacht.

2) Die Vorstellungen einiger Forscher und Forscherinnen über weibliche konstitutionelle Merkmale bzw. über weibliche *Gesundheitsnormen* sind verzerrt.

Obwohl epidemiologische Daten darauf hindeuten, daß ein Großteil menstruierender Frauen unter Dysmenorrhö oder dem prämenstruellen Syndrom zumindest einmal gelitten hat (Dalton 1964 spricht von 25–100%; Green 1971, zit. nach Gerber 1986, in Abhängigkeit vom Alter von bis zu 70% betroffener Frauen), gehen die Untersucher davon aus, daß eine beschwerdefreie Menstruation weibliche Normalität sei.

Zwei Aspekte belegen diese Kritik:

- Die epidemiologischen Daten zeigen, daß neben Frauen mit starken Beschwerden Frauen ohne Beschwerden eine zweite Extremgruppe bilden. Diese wurde bisher kein einziges Mal explizit untersucht.
- Neben dem Gruppenvergleich lassen sich Abweichungen der Werte einer Gruppe von Testnormen bestimmen. Laut epidemiologischen Daten erscheint ein Vergleich zwischen Frauen mit starken oder mittelstarken Beschwerden und Normdaten eines Tests jedoch wenig ergiebig. Es darf erwartet werden, daß diese bis zu 70% betroffene Frauen repräsentieren. Das angesprochene Vorgehen wäre demnach vom Standpunkt des an der Aufgabe der Nullhypothese interessierten Forschers wenig verständlich. Tut er es dennoch, deutet dies darauf hin, daß er die Setzung „eine beschwerdefreie Menstruation ist weibliche Normalität" nicht als falsch erkennt (u. a. Bloom et al. 1978).

3) Das spezifische Frauenbild der Autoren und Autorinnen zeigt sich insbesondere dort, wo trotz des Fehlens signifikanter Abweichungen vom Mittelwert die befragten Frauen mit Beschwerden beharrlich als *neurotische Gruppen* ähnlich etikettiert werden (Gruba u. Rohrbaugh 1975; Bloom et al. 1978; Endicott et al. 1981). Diese Festschreibung entspricht der von Broverman et al. (1970) und Abramovitz u. Abramovitz (1973) festgestellten Tendenz, Frauen im Vergleich zu Männern eher als abweichend von der Norm psychischer Gesundheit zu diagnostizieren.

4) Frauen mit prä- oder menstruellen Beschwerden erscheinen als Opfer aufoktroyierter, gesellschaftlich geprägter Einstellungsmuster. Dies wird besonders deutlich in Forschungsarbeiten zum Menstruationserleben (Brooks et al. 1977; Clarke u. Ruble 1978; Fugate-Woods et al. 1982). Kaum eine Untersuchung macht die Frauen explizit zum Subjekt ihrer Beschwerden, d. h. bis auf eine (Rodin 1976) untersucht keine den möglichen *funktionellen bzw. wunscherfüllenden Charakter* der Beschwerden im Hinblick auf die jeweilige Lebenssituation. Die Frage nach den Faktoren, die zur Aufrechterhaltung einer Erkrankung beitragen, wird nicht gestellt.

5) Das Scheitern des Versuchs, bei betroffenen Frauen ein klinisch auffälliges Persönlichkeitsprofil nachzuweisen, dient als Legitimation, das weibliche Charakteristikum hormoneller Schwankungen vorschnell, ohne Vergleich mit männlichen Kontrollgruppen, als einzige Ursache beobachteter Stimmungsschwankungen zu betrachten (u. a. Golub 1976; Golub u. Harrington 1981; Lawlor u. Davis 1981). Ohne soziale Faktoren oder deren Interaktion mit biologischen und psychischen Faktoren zu berücksichtigen, findet ein vorschneller Rückgriff auf *biologische Erklärungen* statt.

Zusammenfassend läßt sich festhalten: In Forschungsarbeiten zur Dysmenorrhö oder zum prämenstruellen Syndrom lassen sich Aspekte eines Frauenkonstrukts nachweisen, in dessen Rahmen Frauen vorschnell, d. h. ohne empirischen Nachweis, als

- neurotisch,
- passiv erleidend statt aktiv ausgestaltend,
- durch konstitutionelle Merkmale benachteiligt und
- auf die Familie zentriert erscheinen.

Dieses Konstrukt ist der Lebensrealität von Frauen nicht angemessen und die Konsequenz unreflektierter Vorannahmen der Autoren und Autorinnen. Vergleichbare Ergebnisse lassen sich für andere Studien zur Ätiologie gynäkologischer Erkrankungen, z. B. zu Klimakteriumsbeschwerden, finden.

Forschungsarbeiten aus der Projektgruppe „Psychosomatik der Gynäkologie“

Oben wurde gezeigt, daß Forscher und Forscherinnen ihre Vorstellungen und Bilder von Frauen und deren Lebenssituationen nicht ausreichend reflektieren.

Eine der daraus resultierenden Folgen ist das Fehlen differenzierter Analysen von Konflikten und Belastungen, die aus spezifischen Merkmalen weiblicher Lebenssituationen resultieren. Ebensowenig werden Umgangsweisen und Lösungsstrategien von Frauen mit diesen untersucht. Die fehlende Einbeziehung makrosozialer Prozesse ist auffällig.

An einem zentralen Merkmal weiblicher Lebenssituationen möchte ich zunächst erläutern, wie wesentlich die Berücksichtigung des gesamtgesellschaftlichen Kontextes auch dann ist, wenn man Konflikte im Privatleben der von gynäkologischer Erkrankung betroffenen Frauen untersucht.

Für Frauen existieren spezifische Interdependenzen zwischen öffentlichen und privaten Lebensbereichen. Sie agieren in beiden Zusammenhängen als Produzentinnen, jedoch innerhalb höchst unterschiedlicher Produktionsbedingungen (vgl. Meillassoux 1976; Jacobi 1980). Hieraus resultieren jeweils unterschiedliche, teilweise divergierende Ansprüche und Bewertungen von Verhaltensweisen (vgl. Becker-Schmidt 1981; Kluitmann 1984), beispielsweise im Umgang mit Zeit. Im Rahmen von Erziehungsaufgaben, im Spiel, ist ein verschwenderischer Umgang mit Zeit gefordert; am Arbeitsplatz wird ein möglichst ökonomischer Umgang verlangt.

Gleichzeitig wirken Bedingungen und Ansprüche des öffentlichen Lebens auf private Aufgabenbereiche von Frauen zurück, z. B. bestimmen Arbeitszeitrhythmen die Herstellung von Mahlzeiten, dient die Familie als Ort der Entspannung und des Glücks im Ausgleich für Belastungen in der Arbeitswelt.

Für Männer ist diese Schnittstelle zwischen Öffentlichem und Privatem weniger problematisch. Männer fühlen sich weit weniger als Frauen für Aufgaben im Privaten verantwortlich. Ihr Bewertungsbezugssystem liegt primär im öffentlichen Bereich.

Aus dem Angeführten ergibt sich die Notwendigkeit, sowohl strukturelle Merkmale weiblicher Lebenssituationen als auch ihren gesamtgesellschaftlichen Kontext zu berücksichtigen. Dies kann nur unter Einbeziehung von Forschungsergebnissen aus der Soziologie geschehen. Anhand ausgewählter Forschungsarbeiten wird nun prononciert aufgezeigt, wie sich soziologische Erkenntnisse bei der Konzeption und Interpretation von Untersuchungen einbringen lassen und auch eingebracht werden müssen.

Asch 1984, Schönberger 1984, Jansen 1985 und Menges 1985 untersuchten Aspekte der Lebenssituationen von Frauen mit Pelipathiesyndromen, definiert als organisch nichterklärbare, meist chronische Unterbauchschmerzen (Richter u. Stauber 1986).

Achtzehn ambulant behandelte Patientinnen wurden untersucht und mit einer Kontrollgruppe von 18 Frauen ohne gynäkologische Beschwerden verglichen. Die befragten Frauen sind zu 90% berufstätig und verteilen sich über alle sozialen Schichten.

In einem halbstandardisierten Interview wurden die Themenkomplexe „Identitätsprobleme“, „Streß“, „Partnerschaftsprobleme“ sowie „Zeiterleben“ und „Kontrollüberzeugungen“ bearbeitet. Die Interviews wurden nach Kategorien mittels Ratingverfahren ausgewertet. Daneben beantworteten die Frauen u. a. Fragebögen zur

- Kontrollüberzeugung (Krampen 1981),
- Depressivität (Beck etal. 1961),

- Maskulinität, Feminität, Androgynität (Bem 1974) und
- Partnerschaft (Hahlweg 1979).

Nach Menges (1985) beschreiben die Patientinnen folgende Situationen, die in Zusammenhang mit dem Auftreten der Schmerzen stehen (Mehrfachnennungen möglich):

88% berichten Probleme mit sozialen Interaktionen wie Familienstreitigkeiten, Beziehungskrisen, Ärger mit Kollegen;
78% berichten Überlastungen durch viele Dinge, die gleichzeitig auf sie zukommen;
72% berichten Abschlüsse, z. B. die Beendigung von Arbeitsverhältnissen.

Weitere Angaben betreffen schwierige Situationen ohne Lösung, Neubeginne, das Nichterreichen persönlicher Ziele, schwere Entscheidungen oder ständige Kritik, z. B. am Arbeitsplatz.

Zwei Aspekte sind bei dieser Aufzählung hervorzuheben:
1) Im Vordergrund der Angaben stehen sog. Mikrostressoren (McLean 1976), d. h. Schwierigkeiten im alltäglichen Leben und weniger herausragende Lebensereignisse.
2) Die Patientinnen berichten besonders zahlreich Schwierigkeiten aus dem privaten Bereich.

Hierzu stellt Asch (1984) ergänzend in ihrer Untersuchung fest, daß die Patientinnen trotz Berufstätigkeit privaten, persönlichen Dingen eher den Vorrang geben als die Vergleichsgruppe. Diese Orientierung zum Privaten wurzelt, laut weiteren Ergebnissen von Asch (1984), in der an traditionellen Weiblichkeitsstereotypen orientierten Erziehung der Patientinnen. Die Eltern der Experimentalgruppe wünschten sich ihre Töchter brav, häuslich und ruhig und verpflichteten sie häufiger als die Eltern der Kontrollgruppe, Aufgaben im Haushalt zu übernehmen.

Die bisher genannten Ergebnisse zeigen, daß die Patientinnen die Konflikte an der Schnittstelle zwischen Privatem und Öffentlichem zu lösen versuchen, indem sie dem Persönlichen und Privaten in ihrer Lebenssituation ein größeres Gewicht zubilligen als die Kontrollgruppe. Gleichzeitig fühlen sie sich in diesem Bereich jedoch besonders belastet. Bezugnehmend auf soziologische Erkenntnisse sind die privaten Dinge bei traditioneller Rollenaufteilung für Frauen mit Erziehungsaufgaben, Hausarbeit und Beziehungsarbeit verknüpft. Unter Beziehungsarbeit versteht man den Aufbau und Ausgleich sozialer Beziehungen. Die von den Patientinnen am häufigsten genannten Alltagsprobleme beziehen sich demnach auf den Arbeitsbereich „Beziehungsarbeit".

Schönberger (1984) untersuchte diese Probleme anhand der Paarbeziehungen der Patientinnen. Die Patientinnen berichten mehr Konfliktbereiche innerhalb der Partnerschaft als beschwerdefreie Frauen. An erster Stelle stehen Konflikte um die Zuwendung des Partners. Mit dem Partner selbst beschreiben die Patientinnen wenig Gemeinsamkeiten und Kommunikation. Sie fühlen sich von ihm, bei sonst konservativer Rollenaufteilung, wenig unterstützt. Gleichzeitig sehen sich die Patientinnen durch die Ansprüche ihrer Partner überforderter und empfinden sich ihm gegenüber als ohnmächtiger als die Kontrollgruppe.

Zusammenfassend ausgedrückt erhalten die Patientinnen vom Partner nicht die Zuwendung, die sie erwarten. Umgekehrt fühlen sie sich durch die Ansprüche des Partners überlastet, können und wollen sich gegen diese jedoch nicht zur Wehr setzen.

Versuchen wir eine Einordnung dieser Ergebnisse: Haushalt und Beziehungsarbeit sind Tätigkeiten, die bei der Herstellung von Arbeitskraft wirksam sind. Bei klassischer Rollenaufteilung übernehmen Frauen, hier die Patientinnen, diese Aufgaben. Die Versorgungsansprüche des Partners an die Frauen werden bei traditionellem Rollenverständnis gesellschaftlich positiv sanktioniert. Die Ansprüche des Partners erscheinen damit als legitim.

Umgekehrt gibt es keinen gesellschaftlich zugewiesenen Reproduktionsraum für Frauen. Entsprechende Leistungen des Partners sind freiwillig und mit Hinweis auf entsprechende Rollenstereotypen auch nicht einklagbar bzw. widersprechen diesen sogar. Die Ansprüche der Patientin an den Partner erscheinen somit eher unberechtigt. Hier droht vorschnell die Interpretation der Ansprüche der Patientin als alleiniger Ausdruck einer depressiven Persönlichkeitsstruktur.

Gleichzeitig stellt sich die Lebenssituation der Patientinnen als eine dar, in der die Möglichkeiten psychischer und physischer Reproduktion beschränkter bleiben als in der Vergleichsgruppe. Die Partner der Patientinnen können und wollen auf die Bedürfnisse nach Reproduktion nicht eingehen. Den Patientinnen fehlt sozusagen der „Lastenausgleich" für Privat- und Berufsanforderungen.

Folgender Aspekt tritt noch hinzu: Im Privatbereich werden Tätigkeiten mit Liebe und Zuwendung bezahlt. Die Patientinnen können die Zurückhaltung ihrer Partner durchaus als Kritik an der Erfüllung häuslicher Aufgaben deuten: möglicher Anlaß für Schuldgefühle, vermehrte Anstrengung, aber auch Protest. Laut Menges (1985) sind die Patientinnen unzufriedener und empfinden ihr Leben als anstrengender. Der Protest ist jedoch sinnlos. Die Patientinnen fühlen sich ohnmächtig. Es gibt im Privaten keine Tarifverträge.[1]

Die Patientinnen reagieren auf diese Konflikte mit folgenden Handlungsweisen:

1) Sie zeigen defensivere Konfliktbewältigungsstrategien als die Vergleichsgruppe; z. B. legen sie sich schlafen oder erdulden (Menges 1985).
2) Sie zeigen verdeckteres Streitverhalten als die Vergleichsgruppe (Schönberger 1984).
3) Sie stellen ihre Bedürfnisse stärker zurück zugunsten von Zuhören und Dasein für andere. Sie gestehen sich weniger Erholungspausen zu als die Vergleichsgruppe (Asch 1984).
4) Sie entwickeln weniger Eigenaktivität als die Vergleichsgruppe, um gewünschte Veränderungen herbeizuführen (Jansen 1985).

Durch dieses Verhalten würden die Patientinnen ihre Lebenssituation perpetuieren. Weitere Ergebnisse von Jansen (1985) bestätigen diese Vermutung.

---

[1] Die depressive Ausgestaltung von Objektbeziehungen wird demnach durch Implikate der Frauen gesellschaftlich zugeschriebenen und von diesen übernommenen Aufgaben nahegelegt. Für die Patientinnen – überproportional im „Spagat" zwischen beruflichen und familiären Ansprüchen – erscheint diese grundsätzliche, mit strukturbedingte Problematik verschärft.

Trotz der schwelenden Konflikte und des zeitlich mit ihnen zusammenhängenden Pelipathieschmerzes beschreiben die Patientinnen ihre Gegenwart als vorwiegend angenehm. Bei der Untersuchung des Bezugs der Patientinnen zu den 3 Zeitzonen Vergangenheit, Gegenwart und Zukunft stellt Jansen (1985) fest, daß die Patientinnen ihre Gegenwartswahrnehmung sehr weit ausdehnen und teilweise versuchen, Veränderungen des Status quo zu verhindern.

Hinweise auf mögliche Gründe für das Festhalten der Patientinnen an eine konflikt- und belastungsreiche Gegenwart zeigen weitere Ergebnisse von Jansen (1985):

1) Die Patientinnen zeigen häufiger als die Vergleichsgruppe die Erwartung, daß die Welt unstrukturiert und ungeordnet sei und ihr Schicksal von Glück oder Pech abhänge.
2) Von der Zukunft erwarten die Patientinnen weniger differenziert als die Kontrollgruppe entweder Negatives oder Positives.
3) Die positiven Erwartungen richten sich deutlich auf das Privatleben.

Die Patientinnen schätzen demnach ihren Handlungsspielraum als gering ein. Man könnte vermuten, daß sie sich aus der (Handlungs)unsicherheit des „Dazwischen", zwischen Beruf (Öffentlichem) und Privatem, auf den Bereich zurückziehen, der ihnen in der Sozialisation als beständigster und zustehender angeboten wurde.

Diskussion

Die wichtigsten Ergebnisse dieser Darstellung lassen sich wie folgt zusammenfassen:

1) Anhand von Forschungsarbeiten zur Ätiologie der Dysmenorrhö und des prämenstruellen Syndroms wurde gezeigt, daß unreflektierte Vorstellungen der Autoren und Autorinnen über Frauen Konzeptionen und Interpretationen dieser Untersuchungen beeinflussen und zur Vernachlässigung sozialer Faktoren beitragen.
2) Psychosomatische Erkrankungen von Frauen sind ebenfalls als „gesellschaftlich bedingte (oder zumindest mitbedingte), psychisch vermittelte Störungen körperlicher Funktionsabläufe" (Zepf 1986, S. 46) zu untersuchen. Strukturelle spezifische Merkmale weiblicher Lebenssituationen als auch ihr gesellschaftlicher Kontext müssen im Zusammenhang mit der Ätiologie psychosomatischer, hier gynäkologischer, Erkrankungen, mitbedacht und einbezogen werden.
3) Greift man diese mikro- und makrosozialen Faktoren bei der Interpretation von Forschungsarbeiten zum Entstehungs- und Aufrechterhaltungszusammenhang des Pelipathiesyndroms auf, so lassen sich folgende Ergebnisse festhalten:
   a) Mikrostressoren, sog. „Alltagskram", insbesondere aus dem Aufgabenbereich „Beziehungsarbeit", belasten die Patientinnen.
   b) Die Bedürfnisse der Patientinnen nach Reproduktion werden von den Partnern in nicht ausreichendem Maße befriedigt bei gleichzeitig hohen Ansprüchen an die Patientinnen.

c) Kennzeichnend für die Patientinnen scheint ein spezifisches Erleben der Situation des „Dazwischen“, weniger der Doppel- oder Überbelastung. Trotz Berufstätigkeit sehen die Patientinnen ihr primäres Aufgabenfeld im Privaten, verharren entgegen der gesellschaftlich vorherrschenden Zukunftsorientierung in einer subjektiv ausgedehnt erlebten Gegenwart.
d) Die Bindung der Patientinnen ans Private als Ort der Suche nach „Glück“ korrespondiert mit einem Mangel an Kontrollüberzeugung, d. h. subjektiv als gering eingeschätzten Handlungsmöglichkeiten.
e) Die Glückserwartung an das Private geht einher mit der Verleugnung von Konflikten, defensivem und von wenig Eigenaktivität gekennzeichnetem Verhalten.

Literatur

Abramovitz S, Abramovitz C (1973) Should prospective women clients seek out women practioners? Intimations of a ‚ding-bat‘ effect in clinical evaluations. Am Psychol Assoc 8/1:503–504

Asch A (1984) Unterleibsschmerzen ohne Organbefund (Pelipathie) und weibliche Identitätskonflikte. Diplomarbeit, Universität Marburg

Beck AT, Ward CH, Mendelsohn M, Mock J, Erbaugh J (1961) An inventory for measuring depression. Arch Gen Psychiatry 4:561–571

Becker-Schmidt R (1981) Überforderung durch Doppelbelastung – Unterforderung durch Segregation. In: Schneider U (Hrsg) Was macht Frauen krank? Campus, Frankfurt, S. 33–40

Bem SL (1974) The measurement of psychological androgyny. J Consult Clin Psychol 42:155–162

Bloom LJ, Shelton JL, Michaelis AC (1978) Dysmenorrhea and personality. J Pers Assess 3/42:272–276

Brooks J, Ruble D, Clarke A (1977) College womens‘ attitudes and expectations concerning menstrual related changes. Psychosom Med 5/39:288–298

Broverman IK, Broverman DM, Clarkson FE, Rosenkrantz PS, Vogel SR (1970) Sex role stereotypes and clinical judgement of mental health. J Consult Clin Psychol 34:1–7

Clarke A, Ruble D (1978) Young adolescent beliefs concerning menstruation. Child Dev 49:231–234

Dalton K (1964) The premenstrual syndrom. Heinemann, London

Endicott J, Halbreich U, Schacht S, Nee J (1981) Premenstrual changes and affective disorders. Psychosom Med 6/43:519–529

Fugate-Woods N, Kramer-Dery G, Most A (1982) Recollections of menarche, current menstrual attitudes and perimenstrual symptoms. Psychosom Med 3/44:285–293

Gerber WD (1986) Verhaltensmedizin gynäkologischer Erkrankungen. In: Miltner W, Birbaumer N, Gerber WD (Hrsg) Verhaltensmedizin. Springer, Berlin Heidelberg New York Tokyo

Golub S (1976) The magnitude of premenstrual anxiety and depression. Psychosom Med 1/38:4–12

Golub S, Harrington DM (1981) Premenstrual and menstrual mood changes in adolescent women. J Pers Soc Psychol 5/41:961–965

Gruba GH, Rohrbaugh M (1975) MMPI correlates of menstrual distress. Psychosom Med 3/37:265–283

Hahlweg K (1979) Konstruktion und Validierung des Partnerschaftsfragebogens PFB. Z Klin Psychol 8:17–40

Jacobi C (1980) Frauen als Naturressource: „Überlebensproduktion“ in Dritter und Erster Welt. Verlag Frauenoffensive, München (Beiträge zur feministischen Theorie und Praxis, Bd 3, S 79–89)

Jansen B (1985) Die Zeit ist eine feine Herrin. Diplomarbeit, Universität Marburg

Kluitmann A (1984) Dysmenorrhoe – Diagnose oder Ideologie? Eine Darstellung und kritische Analyse des gegenwärtigen Forschungsstandes zur Bedeutung psychischer Korrelate bei der Entstehung und Aufrechterhaltung der Dysmenorrhoe. Diplomarbeit, Universität Marburg

Krampen G (1981) IPC-Fragebogen zur Kontrollüberzeugung. Handanweisung. Hogrefe, Göttingen

Lawlor CL, Davis AM (1981) Primary dysmenorrhea. Relationship to personality and attitudes in adolescent females. J Adolesc Health Care 1:208–212

McLean PD (1976) Depression as a specific response to stress. In: Sarason IG, Spielberger GD (eds) Stress and anxiety 3. Wiley & Sons, New York, pp 297–323

Meillassoux C (1976) Die wilden Früchte der Frau. Syndikatverlag, Frankfurt am Main

Menges AK (1985) Streßkrankheit Pelipathie. Diplomarbeit, Universität Marburg

Richter D, Stauber M (1986) Psychosomatik in Gynäkologie und Geburtshilfe. In: Adler R, Herrmann JM, Köhle K, Schonecke OW, Uexküll T von, Wesiak W (Hrsg) Th v Uexküll psychosomatische Medizin. Urban & Schwarzenberg, München Wien Baltimore, S 910–945

Rodin J (1976) Menstruation, reattribution and competence. J Pers Soc Psychol 3/33:345–353

Schönberger C (1984) Macht Liebe krank? Diplomarbeit, Universität Marburg

Zepf S (1986) Psychosomatische Medizin als Sozialwissenschaft. In: Adler R, Herrmann JM, Köhle K, Schonecke OW, Uexküll T von, Wesiack W (Hrsg) Th v Uexküll psychosomatische Medizin. Urban & Schwarzenberg, München Wien Baltimore, S 31–41

Psychosomatik und Selbsthilfe

Die therapeutische Anleitung einer Bulimieselbsthilfegruppe

K.W. Daum und A. Leszczynska-Koenen

Zusammenfassung

Therapeutische Anleitungshilfen für Selbsthilfegruppen werden notwendig, wenn die Gruppen an Ausgangsbedingungen scheitern, die mit therapeutischer Hilfe verändert werden können. Die konkrete Ausgangssituation zur Planung einer angeleiteten Bulimieselbsthilfegruppe wird vorgestellt. Theoretische Vorüberlegungen und praktische Erfahrungen führen zu einer Vorauswahl der Teilnehmer. Das äußere Setting und das innere Konzept der Anleitungssitzungen werden vorgestellt. Die Beschreibung der Sitzungsverläufe verdeutlicht die Anleitungshilfen der Psychotherapeuten, aber auch die Selbsthilfepotentiale der Teilnehmer und der Gruppe. Die gruppendynamischen Prozesse der Anleitungsphase determinieren den weiteren Verlauf des autonomen Selbsthilfegeschehens. Die äußere Dosierung von 4 Anleitungssitzungen sowie die innere Dosierung der angebotenen therapeutischen Kompetenz scheint eine optimale Ausgangsbedingung zu sein, da die vorgestellte Gruppe erfolgreich weiterarbeiten konnte.

Schlüsselbegriffe: Bulimie, Selbsthilfegruppen.

Vorbemerkung

Die therapeutische Anleitung einer Selbsthilfegruppe: Ist das nicht von der Selbsthilfeseite betrachtet ein Einmischen, gar ein Übergriff von Expertenseite, der die natürlichen, selbstgesteuerten Potentiale und damit die Kraft dieser Idee pervertiert und zerstört? Und von der Therapeutenseite gesehen: Ist es nicht unverantwortlich, gar ein Kunstfehler, nach einem geleiteten Beginn eine Gruppe in Selbsthilfe sich selbst zu überlassen?

Beide Befürchtungen sind nicht neu; sie sind im Laufe der Entwicklung der Zusammenarbeit von Selbsthilfegruppen und Fachleuten nach 1975 immer wieder aufgetaucht. Selbsthilfe- und Expertensystem haben sich in diesen Jahren aufeinander zubewegt, haben anfängliche Ängste und Vorbehalte abgebaut und verschiedene Möglichkeiten der Kooperation entwickelt. Die therapeutische Anleitung einer Selbsthilfegruppe ist eine mögliche Form der Zusammenarbeit von Experten und Selbsthilfegruppen. Verschiedene andere Kooperationsformen werden schon praktiziert. So gibt es z. B. Expertenhilfen bei der Gruppengründung und -begleitung über das Gesamttreffen (Moeller 1981), Semiselbsthilfegruppen, in denen

Söllner et al. (Hrsg.) Sozio-psycho-somatik

ein Therapeut während der letzten 15 Minuten der Gruppensitzung anwesend ist (Söllner u. Wesiack 1987), oder autonom laufende Gruppen, die zu bestimmten Zeitpunkten einen Therapeuten für eine festgesetzte Beratungs- bzw. Therapiezeit in die Gruppe holen. Leider gibt es auch Fehlentwicklungen, die eine autonome Selbsthilfegruppenarbeit nicht entstehen lassen, wenn z. B. dauerhaft ein betroffener Laie als Gruppenleiter (Matzat 1987) oder gar ein therapeutischer Experte in der Gruppe sitzen.

Die Idee zu therapeutischen Anleitungshilfen entstand zu einem Zeitpunkt, an dem ein Dilemma der Selbsthilfegruppenentwicklung sichtbar wurde. Waren die Gruppen zu Anfang ein Therapieversuch für eher expertenängstliche, manchmal sogar expertenfeindliche Gruppierungen von Gesunden und Kranken, so ist die Selbsthilfegruppe immer mehr eine „Therapiemaßnahme" von Ärzten und anderen Fachleuten geworden, die diese zwar nicht selbst durchführen, aber empfehlen, im schlimmsten Falle sogar verschreiben. Eher an Fremdhilfe gewöhnte, eigentlich expertenabhängige Patienten werden zunehmend zur Selbsthilfe geschickt, finden dort aber keine ihnen vertraute Versorgung vor. Was passiert? Die Patienten sind enttäuscht, daß Selbsthilfe wirklich Selbsthilfe und keine Fremdhilfe ist und können diese Art der Therapie nicht nutzen. Umgekehrt leiden die Selbsthilfegruppen unter diesen Neuinteressenten, es kommt zum frühzeitigen Scheitern von Gruppen, oder eine Gruppe kommt gar nicht erst zustande.

Therapeutische Hilfen bei der Gruppenzusammenstellung sowie in den ersten Gruppensitzungen werden notwendig, wenn die Interessenten für Selbsthilfe nicht mehr wie in den Anfangsjahren eher spontan kommen und therapeutische Vorerfahrungen haben (Daum 1984), sondern überwiegend geschickt werden, weil keine anderen Hilfsangebote vorhanden sind. An dieser Stelle droht die Selbsthilfegruppe zu einem Lückenbüßer gemacht zu werden, sie wird zur billigen, kostensparenden Alternative, zur Behandlung 2. Klasse.

Therapeutische Hilfen für Selbsthilfegruppen stehen somit auch an einem Grenzpunkt, wo sie in Gefahr sind, als verdünnte, abgeschwächte Therapie mißbraucht zu werden, andererseits aber auch die Chance haben, neue Qualitäten von Hilfe und gegenseitiger Hilfe sowie von Selbstverantwortung und gegenseitiger Verantwortlichkeit zu fördern.

Die Ausgangssituation

Wir sind Mitarbeiter einer psychotherapeutischen/psychosomatischen Ambulanz, der sog. Psychosozialen Ambulanz am Universitätsklinikum in Frankfurt. Alle Mitarbeiter sind entweder Psychoanalytiker oder befinden sich in psychoanalytischer Ausbildung, gleichzeitig haben sie ausführliche Erfahrungen und Kompetenzen in der Anleitung und Begleitung von Selbsthilfegruppen.

Nach den ersten Publikationen über die Eß-Brech-Sucht (Langsdorff 1985), teilweise auch in Frauenjournalen, entstanden in Frankfurt die ersten selbstorganisierten Gruppen. Unsere Erfahrungen betrafen 2 Selbsthilfegruppen, in denen sich Frauen mit unterschiedlichen Eßstörungen zusammenfanden. Beide Gruppen, die Kontakte zu der der Psychosozialen Ambulanz angegliederten Kontakt- und Beratungsstelle für Selbsthilfegruppen (zur Arbeit einer Selbsthilfekontaktstelle s. Deutsche Arbeitsgemeinschaft Selbsthilfegruppen 1984) hatten, lösten sich nach sehr kurzer Zeit wieder auf.

Wir konnten feststellen, daß enttäuschte Wünsche nach Fremdhilfe und zu hohe Erwartungen an sofortige und konkrete Hilfestellung zur Behebung der Eßstörung zum schnellen Scheitern der Gruppen geführt hatten. Wir hatten auch die Hypothese, daß Übergewichtige, Magersüchtige und Bulimarektikerinnen eine unterschiedliche Psychodynamik und damit auch unterschiedliche Abwehrmechanismen haben, was eine Kontraindikation für eine gemeinsame Gruppenbehandlung zu sein scheint. Die unbewußte Wut und der unbewußte Neid zwischen übergewichtigen Müttern und bulimieerkrankten Töchtern dürfte am Anfang zu groß sein, um sich auf eine gemeinsame, autonome Gruppenbehandlung einzulassen. Sind Bulimarektikerinnen und Magersüchtige zusammen in einer Gruppe, dann kann die absolute Kontrolle der Triebbedürfnisse und der Umgang mit sich selbst und den Objekten der Magersüchtigen zu massiven Irritationen in der Triebregulation und in den Objektbeziehungen bei den Bulimarektikerinnen führen. Umgekehrt dürfte der sichtbare triebhaftere Kampf der Bulimie – das dauerhafte Fressen und Erbrechen – eine Bedrohung der Triebabwehr der Magersüchtigen sein.

Diese Erfahrungen und Überlegungen, aber auch eine zunehmende Anzahl von Frauen mit Eßstörungen in unserer Ambulanz führten zu dem Entschluß, eine angeleitete Selbsthilfegruppe für ausschließlich bulimieerkrankte Frauen zu gründen.

Alle Interessentinnen sollten zu einem kurzen Vorgespräch in unsere Ambulanz eingeladen werden. Wir hielten es für die angeleitete Gruppe und damit auch für die spätere autonome Selbsthilfegruppe für sinnvoll und nötig, eine Vorauswahl der Teilnehmerinnen zu treffen. Wir hatten dabei weniger Indikations- als Kontraindikationskriterien. Primär magersüchtige Frauen, bulimieerkrankte Männer (da deren Anzahl in einer Gruppe zu gering werden würde) und „zu schwer gestörte“ Patientinnen im Hinblick auf Symptomatik und die sonstige Psychopathologie sollten nicht an dieser Gruppe teilnehmen.

Andere Vorüberlegungen betrafen die Anzahl und die Frequenz der angeleiteten Sitzungen. Wir entschlossen uns zu einer Anleitung in Blockform mit 2 Gruppensitzungen von 90 Minuten, getrennt durch eine Mittagspause von 1 1/2 Stunden, und dies an 2 aufeinanderfolgenden Samstagen. Es sollten 4 angeleitete Sitzungen werden, wobei wir daran dachten, die letzte Sitzung schon als autonome Gruppensitzung ohne die Berater stattfinden zu lassen.

Für die doch sehr gering anmutende Anzahl von Anleitungssitzungen entschieden wir uns, da ein größerer Umfang von begleitenden Sitzungen zwangsläufig zu einer Berater- bzw. Therapeutenabhängigkeit führen würde, wodurch die Anleitungssitzungen dann nur die anstehende Trennung vom Therapeuten zum Thema haben, oder wenn dies nicht bearbeitet würde, der Berater dauerhaft in der Gruppe bleiben müßte bzw. die autonome Gruppe danach gar nicht erst zustande käme (Troje 1977).

Die Blockform erschien uns angebracht, um in einem intensiven Beginn ein gemeinsames Gruppengefühl entstehen zu lassen. Die Pause zwischen den Sitzungen erschien uns bei der Problematik der Bulimie notwendig, um die Gruppenerfahrung verdauen zu können und nicht übermäßig Gruppeneindrücke und damit Gefühle in sich „hineinzufressen", die dann evtl. wieder „erbrochen" werden müssen.

Innerhalb von 3 Monaten meldeten sich ca. 35 Interessentinnen nach einem Telefongespräch über die Zugangsmodalitäten zur angeleiteten Gruppe in unserer Ambulanz an. Zu einem Vorgespräch kamen 25 Interessentinnen; 10 Personen wurde eine andere ambulante oder stationäre Behandlung empfohlen; 15 vorausgewählte Interessentinnen wurden auf eine Warteliste gesetzt und dann zum 1. Treffen der angeleiteten Gruppe eingeladen. Der Rahmen und der Zeitplan der angeleiteten Sitzungen war mit den Interessentinnen im Vorgespräch besprochen worden.

Die angeleitete Gruppe

Die 1. Gruppensitzung

Von 15 eingeladenen waren 13 Personen kommen. Es waren nach unseren Informationen aus den Vorgesprächen Frauen zwischen 17 und 40 Jahren, hauptsächlich um Mitte 20, die zwischen 1 und 8 Jahren unter dem Störungsbild der Bulimie litten. Die Frequenz der Eß- und Brechanfälle war von einmal pro Woche bis zu 8mal pro Tag relativ breit gestreut.

Die 2 Berater, eine Frau und ein Mann, eröffneten pünktlich die 1. Gruppensitzung, begrüßten die Teilnehmerinnen und erläuterten den vorgesehenen Ablauf der angeleiteten Sitzungen:

Sitzung 1: Vermittlung von Kenntnissen und Erfahrungen über die Therapie in Selbsthilfegruppen und über Therapiekonzepte der Bulimie.
Kennenlernen der Teilnehmerinnen untereinander durch ein ausführliches Blitzlicht.

Sitzung 2: Eine Gruppensitzung in Anwesenheit der Berater.

Eine Woche später

Sitzung 3: Zweite Gruppensitzung in Anwesenheit der Berater.

Pause.

Sitzung 4: Erste Gruppensitzung ohne die Berater.

Zu den Themenschwerpunkten „Selbsthilfe", „Gruppentherapie" und „Bulimie" wurden anschließend wichtige Fakten und Erfahrungen vorgetragen. Im Bereich „Selbsthilfe" wurde besonders über Fragen des Settings sowie über die Therapie ohne Therapeut gesprochen (Kickbusch u. Trojan 1981; Moeller 1978; Trojan 1986). Auf die besondere therapeutische Bedeutung der Gruppe wurde aufmerksam gemacht, da sich in der Interaktion der Teilnehmerinnen untereinander mit der

Zeit alle wichtigen Alltagsbeziehungen und deren Gefühlsqualitäten abzeichnen würden. So werden Geschwister-, aber auch Vater- und Mutteraspekte an anderen Gruppenteilnehmerinnen wahrgenommen. Die Bearbeitung dieser „Übertragungsbeziehungen" in der Gruppe und mit Hilfe der Gruppe als korrigierendem Dritten, quasi als deutendem Therapeuten, sei ein Ziel einer tiefgehenden therapeutischen Gruppenarbeit (Kadis etal. 1982).

Es wurde dann besonders auf die verschiedenen Ebenen hingewiesen, auf denen die Bulimie therapeutisch bearbeitet werden kann. Auf der Symptomebene könne z. B. das Eßverhalten beobachtet und kontrolliert werden, neue Verhaltensweisen können gelernt werden (Mader u. Ness 1987; Paul u. Jacobi 1986). Eine psychoanalytische Betrachtungsweise bezieht den seelischen Hintergrund der Symptomatik mit ein. So könne deutlich werden, daß die Symptome verstärkt auftreten, wenn es z. B. um aggressiv-abgrenzende oder um depressiv-ängstliche Gefühlssituationen gehe. Die Symptomebene sei die sichtbare Seite, eine unsichtbare, unbewußte Seite könne die weibliche Autonomieentwicklung, die Ablösung vom Elternhaus, besonders von der Mutter, sein (Habermas u. Müller 1986; Mader u. Ness 1987). Abschließend betonten die Berater, daß diese Erkenntnisse der Selbsthilfegruppentherapie und der expertengeleiteten Therapie von Bulimiepatientinnen als Fundament dienen könnten, auf das die jetzt zu gründende Gruppe aufbauen oder auch teilweise zurückgreifen könne. Dieses „Therapiewissen" könne, müsse aber für die Gruppe nicht immer wegweisend und hilfreich sein. Eine Selbsthilfegruppe müsse auch ausprobieren, was für sie das beste Setting und das angemessene Therapiekonzept sei.

In der Nachbesprechung dieser Sitzung in der Pause hatten die Berater das Gefühl, nicht nur Selbsthilfeberatung, sondern auch eine Art „pädagogische Gruppenpsychotherapie und Psychoanalyse" praktiziert zu haben.

Im zweiten Teil der ersten Sitzung wurden die Gruppenmitglieder gebeten, in Form eines Blitzlichts etwas zu ihrer Person und zu den Erwartungen an die zu gründende Gruppe zu sagen. Es entstand nach anfänglichem Schweigen und einiger Zurückhaltung eine interessante und spannende Gruppensituation. Obwohl die oftmals scheu und nur stockend vorgetragenen Einzelschicksale der Bulimie manchmal belastend, teilweise erschreckend waren, kam immer mehr ein gemeinsames Gruppengefühl auf. Die Teilnehmerinnen spürten, daß sie mit ihrem Leiden, ihrer Ohnmacht gegenüber den Eß- und Brechanfällen und mit ihrem Gefühl, es niemandem anvertrauen zu können, hier nicht alleine waren. Das Anhören der Berichte der anderen entlastete vom eigenen Beschwerdedruck, von der eigenen Scham und führte zu einem intensiven Gefühl der Gemeinsamkeit.

Für die Berater war dies dadurch spürbar, daß sie sich plötzlich unbedeutend und sogar ausgeschlossen fühlten. Das intensive Gefühl der Gemeinsamkeit über das gleiche Symptom schien den Beratern ein entscheidender Prädiktor für eine gute Selbsthilfegruppenarbeit zu sein.

Die 2. Gruppensitzung

Zu Beginn kündigten die Berater an, daß es ab jetzt kein von ihnen vorgegebenes Thema und kein geplantes Gruppenvorgehen mehr gäbe, die Gruppe solle selbst bestimmen. Die Berater würden an einigen Momenten im Gruppenverlauf weiterhelfen, würden wichtige Gruppenprozesse kommentieren und manchmal auch Vorschläge zum Umgang mit dem gewählten Gruppenthema oder dem Umgang untereinander machen.

Aus der Gruppe heraus kam sofort ein erstes Thema, nämlich der Vorschlag eines Wochentags und einer Zeit für die erste Sitzung nach dem Anleitungsrahmen. Ein Großteil der Frauen hatte die Mittagspause gemeinsam verbracht und diese erste eigene Idee erarbeitet. In der Gruppe herrschte sehr schnell Konsens über den Terminvorschlag. Es war spürbar, wie wichtig diese erste Selbsthilfeaktion für die Gruppe war und daß damit auch schon eine erste Sicherheit über das Weiterbestehen der Gruppe entstand. Das „Selbsthilfethema" ging weiter. Eine Teilnehmerin: „Ich habe ein komisches Gefühl, daß die zwei Therapeuten dabeisitzen, fast nur zuhören und so wenig sagen." Nach einigem Schweigen sagte eine andere Teilnehmerin: „Ich fühle mich beobachtet, ich glaube, die horchen uns nur aus. Ich denke, die kriegen fast mehr von uns, als wir von denen. Vielleicht sollten wir doch gleich alles alleine machen." Sofort antwortete eine Dritte: „Das finde ich zu früh, ganz alleine, vielleicht können wir die noch gut gebrauchen. Ich fühle mich nicht beobachtet und ausgehorcht. Das kann doch nicht schaden, wenn sie dabeisitzen und gelegentlich Hilfestellungen geben."

In der Gruppe hatten sich sehr schnell Übertragungsbeziehungen zu den Beratern hergestellt, die entweder als mächtige, ausnützende, die Kinder aushungernde Eltern oder als hilfreiches Elternpaar phantasiert wurden. Das unbewußte Gruppenthema drehte sich um Abhängigkeit-Unabhängigkeit und um gute und böse Eltern.

Die Berater sprachen diese Gefühle an, nannten sie beim Namen, und formulierten ihr Gefühl, wie die Gruppe mit ihrer Anwesenheit umging.

Dieses beratende, auch psychotherapeutische Umgehen mit Übertragungsaspekten und mit unbewußtem Material kann man am besten mit Klären, Erklären, manchmal auch Konfrontieren umschreiben (Greenson 1975). Das Material wird nicht gedeutet, nicht in die Übertragungsbeziehungen genommen, sondern – wie es in der analytischen Psychotherapie bei frühen Störungen zu Behandlungsbeginn praktiziert wird – primär klarifiziert. Es handelt sich also um ein stützendes und unterstützendes therapeutisches Vorgehen, das die auftretenden Gefühle in der Gruppe benennt sowie auch die eigenen Gefühle verbalisiert (Schöttler 1981).

Im weiteren Sitzungsverlauf kam ein anderes Gefühl zur Sprache, das von einer Teilnehmerin stellvertretend für alle ausgesprochen wurde: „Ich habe Angst, daß ich das nächste Mal nicht mehr kommen werde. Ich kenne mich, und ich weiß, daß ich es oft nicht schaffe, etwas Gutes für mich zu tun."

Es handelte sich um die Teilnehmerin, die nach den Vorgesprächen von den Beratern als die „Schwierigste", was das Ausmaß der Symptomatik und die Schwere der sonstigen Psychopathologie anging, angesehen wurde. Da diese Interessentin aber schon alle möglichen Therapieversuche erfolglos hinter sich hatte, erschien es den Beratern angemessen, einen Selbsthilfegruppenversuch zu wagen.

In den Anleitungssitzungen beängstigte diese Teilnehmerin die anderen oftmals durch die Darstellung ihrer Patientenkarriere und auch durch ihre depressiv-fatalistische Grundeinstellung, aber sie brachte oftmals das Gruppenthema zur Sprache. Sie hatte insofern eine gewisse Vorreiterfunktion für die Gruppe, was ihr selbst genügend Halt und Zuwendung gab, zur nächsten Sitzung und auch zu weiteren wiederzukommen.

Nach ca. 2 Monaten hat diese Teilnehmerin die Gruppe verlassen. Dies dürfte damit zusammenhängen, daß die Gruppe sie in ihrer Sonderstellung nicht mehr benötigte, sie selbst aber ohne diese Position nicht genügend Zuwendung bekam und deshalb ging.

In einem Schlußblitzlicht wurden neben ängstlichen Gefühlen, ob das suchthafte Essen und Erbrechen zu behandeln und ob eine Selbsthilfegruppe eine ausreichende Hilfe sei, auch Entlastungs- und Hoffnungsgefühle artikuliert. Die Entlastung über die Gemeinsamkeit des gleichen Symptoms hatte zu einer starken emotionalen Gruppenbindung geführt, die Hoffnung weckte, die Suchtproblematik der Bulimie bearbeiten, zumindest irgendwie lindern oder zum Stillstand bringen zu können.

Auch die Berater hatten nach dem 1. Tag ein zuversichtliches Gefühl. Es war für sie spürbar, daß es zu einer inneren Gruppenbindung gekommen war und daß deutliche Selbsthilfepotentiale vorhanden waren. Die Berater waren nämlich nicht nur „geliebte Eltern", die von der Gruppe benötigt wurden, sondern auch „böse Eltern", die Angst machten, bedrohlich waren und aufgefordert wurden, wegzubleiben.

Letzteres Moment scheint ein prognostisch günstiges Zeichen beim Beginn einer guten Selbsthilfegruppenarbeit zu sein. Neben der Betroffenheit und Gemeinsamkeit über das gleiche Symptom dürfte die Gleichheit untereinander, die gemeinsame therapeutische Arbeit auf der Geschwisterebene oftmals gegen die Eltern – gegen Ärzte und Therapeuten, hier gegen die Berater – ein enorm gruppenstabilisierendes Moment sein.
Wenn ein anderer Teil der Gruppe, wie es hier der Fall war, dann auch noch gute Erfahrungen mit den Beratern mit in die Gruppe nehmen kann, ist dies natürlich in der vorliegenden Kombination sehr spannungsreich, aber auch sehr befruchtend.

Für Berater und Psychotherapeuten, die Selbsthilfegruppen anleiten, scheint der Hinweis angebracht, daß negative Übertragungsbeziehungen angesprochen, aber nicht im Sinne der Psychopathologie eines Teilnehmers gedeutet werden sollten. Der Berater selbst muß diese Übertragungsgefühle ertragen und aushalten können. Gerade eine gespannte, abweisende Beziehung der Gruppenteilnehmer zu Anleitungshelfern kann die Beziehung der Gruppenteilnehmer untereinander festigen und damit für die Selbsthilfearbeit sehr nützlich sein.

Die 3. Gruppensitzung

Eine Woche später fand – wie vereinbart – die 3. Sitzung statt. Alle, auch die Berater, waren gespannt, wer wiederkommen und wer fehlen würde.

Eine Teilnehmerin hatte bereits nach Ende der 2. Sitzung den Beratern mitgeteilt, daß sie aus verschiedenen Gründen nicht mehr teilnehmen würde. Zur Sitzung kamen dann schließlich 10 Teilnehmerinnen. Zwei wurden von einem anwesenden Mitglied entschuldigt, sie würden aber ganz sicher zur ersten „richtigen" Selbsthilfesitzung kommen. Die Entschuldigten waren zur Überraschung der Berater die zwei wortgewandtesten Vertreterinnen der autonomen Fraktion der letzten Sitzung. Die Aufspaltung in zwei Gruppenfraktionen blieb trotz dieses Fernbleibens – man könnte es als Agieren verstehen, was aber nicht als solches angesprochen wurde – bestehen. Die autonome, die Berater abweisende Fraktion, die damit eher paranoid-ängstliche Gefühle abwehrte, schwieg überwiegend und ließ die eher depressiv-ängstliche Gruppenfraktion sprechen: „Ich kriege das Fressen und Kotzen nicht in den Griff, ich habe es schon 4 Jahre, und es wird immer intensiver. Was soll ich bloß machen? Ich habe Angst, meine Berufsausbildung nicht zu Ende zu kriegen. Ich müßte lernen, mich zu konzentrieren, aufzupassen, aber mein Kopf ist voll mit Essen. Es ist furchtbar."

Die Teilnehmerin fängt zu weinen an, weint leise vor sich hin, die anderen schweigen. Nach kurzer Zeit fängt eine andere Teilnehmerin an, „vom vielen Essen im Kopf" zu erzählen. Die anderen reden sofort mit, es wird lebendig und richtig laut in der Gruppe. Die weinende Teilnehmerin geht unter.

Nach einiger Zeit intervenierten die Berater und sprachen an, wie die Gruppe mit der weinenden Teilnehmerin umgegangen war. Vorsichtig und eher hypothetisch formulierten die Berater ihre Eindrücke vom Gruppengeschehen: Man könne diese Momentaufnahme der Gruppe als einen Hinweis auf den allgemeinen Umgang mit eher bedrohlichen Gefühlen, mit Traurigkeit und Angst, verstehen. Das ständige Beschäftigtsein mit Essen – in der Phantasie wie in der Realität – lasse die eigentlichen Gefühle gar nicht erst auftreten. Die Symptomatik des Essens und Erbrechens könne somit die eigentliche Gefühlsproblematik abwehren.

Als Psychotherapeut müßte man sich an dieser Stelle darauf hinweisen lassen, daß diese „Deutung" zu früh und damit nicht angebracht war. Als Selbsthilfegruppenberater hielten wir es für notwendig, diese Klärung und Erklärung des Gruppenprozesses und damit auch der individuellen seelischen Verarbeitungsmechanismen quasi als Modell zu formulieren, da wir nicht länger in der Gruppe sein würden, um abwarten zu können, wann es angebracht wäre, die Deutung zu formulieren.

Insofern war die Reaktion der Gruppe auch nicht verwunderlich. Die einen hatten interessiert zugehört und schwiegen anschließend. Die anderen, eher ungeduldig mitverfolgend, ignorierten scheinbar die vorgetragene Interpretation, indem sie gleich anschließend über Essenspläne weiterredeten.

Man kann dies so verstehen, daß der momentan aktive, die depressiven Gefühle abwehrende Teil der Gruppe über die aktuelle Möglichkeit sprach, mit dem Symptom umzugehen und fertigzuwerden, es nämlich auf einer Verhaltensebene kontrollierend in den Griff zu bekommen. Dies muß zum Zeitpunkt der 3. Sitzung als eine äußerst positive Gruppenleistung angesehen werden.

Die Sitzung ging mit dem Thema „Können wir ohne die Berater weitertagen" zu Ende. Die Ängstlichen waren froh, daß zusätzlich zu den wöchentlichen Selbsthilfesitzungen einmal im Monat ein Treffen mit einem Berater angeboten wurde (im Sinne eines Gesamttreffens mit nur dieser einen Gruppe). Die anderen waren begierig darauf, es alleine zu versuchen, „es wird auch ohne die Berater gehen, so ganz blöde sind wir doch auch nicht, und einige von uns haben therapeutische Vorerfahrungen, die wir nutzen können".

Die 4. Gruppensitzung

Nach einer vereinbarten Pause hatte sich die Gruppe zur 4. Sitzung wiedergetroffen. Es sollte dies eine Übergangssitzung von der Anleitung zur Selbsthilfe sein. Die Berater waren nicht mehr in der Gruppe anwesend, die Gruppe tagte allein, aber noch im Anleitungsarrangement und im gleichen Gruppenraum. Die Gruppe wußte zudem, daß einer der Berater noch bis zum Ende der 4. Sitzung in einem Nachbarraum anwesend sein würde. Somit waren die Berater – äußerlich zwar abwesend – innerlich für die Gruppe noch relativ präsent.

Über diese 4. Sitzung sowie über die weiteren Sitzungen können wir nicht mehr direkt berichten, da wir nach Ende der 3. Sitzung die Gruppe verlassen haben. Was aber berichtet werden kann, ist, daß in der darauffolgenden Woche die 1. autonome Selbsthilfesitzung stattfand, zu der auch die 2 entschuldigten Teilnehmerinnen wiedergekommen waren. Nach den ersten 4 autonomen Sitzungen, die nach Angaben der Gruppe sehr erfolgreich verlaufen waren, kam ein Teil der Gruppe zum monatlichen Beratertreffen.

Der weitere Verlauf der Gruppe

Das vereinbarte monatliche Treffen mit einem der Berater sollte den Kern für ein späteres Bulimiegesamttreffen bilden, wenn weitere Gruppen entstehen würden.

Die Ambivalenz zwischen Abgrenzung und Abhängigkeit im Umgang der Gruppe mit den Beratern setzte sich bei der Gestaltung dieser monatlichen Treffen fort. Unser „Expertenangebot" wurde eher von den abhängigen und expertenorientierten Mitgliedern der Gruppe wahrgenommen. Die Selbsthilfefraktion vertrat die Auffassung, die Gruppe brauche diese Beratungen nicht, das Beratertreffen bedeute eine Schwächung ihrer Autonomie. Als sich schließlich diese Fraktion durchsetzte und die Gruppe beschloß, das Beratungsangebot nicht mehr wahrzunehmen, haben wir es als eine Stärkung des Selbsthilfepotentials der Gesamtgruppe verstanden und auch keine Versuche unternommen, die Gruppe weiter beratend an uns zu binden, was wahrscheinlich zu einer Gruppenspaltung geführt hätte. Bezeichnend für diese Dynamik war die gleichzeitig gute Zusammenarbeit, die sich dann ergab, wenn die Gruppe von uns in ihrer eigenen Expertenfunktion angesprochen wurde. So nahm z. B. die Gruppe unsere Einladung gerne an, bei den Frankfurter Selbsthilfegruppentagen an einer Arbeitsgruppe über Eßstörungen teilzunehmen. Die Gruppe wurde von uns auch gebeten, bei der Anleitung der 2. Bulimieselbsthilfegruppe mitzuwirken, was sie dann auch zahlreich tat. Seit Gruppengründung waren 10 Monate vergangen, und wir waren sehr beeindruckt von den weitreichenden Veränderungen, die von der Gruppe berichtet wurden und die wir auch im Kontakt mit den Gruppenmitgliedern spüren konnten. Von den zu diesem Zeitpunkt noch 7 Teilnehmerinnen waren 5 inzwischen symptomfrei geworden. Diese enorme autonome Leistung ermöglichte es der Gruppe, mit uns als Experten ambivalenzfreier umzugehen. Wir waren nicht mehr Objekte, die durch ihre Übermacht die Autonomie der Gruppe bedrohten, sondern eher Gleichgestellte, deren Beitrag zur Entstehung der Gruppe auch positiv gewürdigt werden konnte. Es war spürbar, daß es der Gruppe wichtig war, mit uns auf einer Expertenebene zusammenzuarbeiten, ihre eigenen Leistungen zeigen zu können, aber auch von uns Bestätigung und Anerkennung zu erhalten.

Die Entstehung einer jüngeren Schwesterngruppe ließ bei der alten Gruppe Interesse an einem Gesamttreffen der beiden Gruppen mit den Beratern wieder aufkommen, wobei das Interesse am Austausch mit den „Geschwistern" mehr Gewicht hatte als das mit den „Eltern".

All das weist auf die ausgeprägten Autonomiebestrebungen und die starke Selbsthilfemotivation dieses Klientels hin. Die Kehrseite ist die starke Abgrenzung gegenüber den Experten aus Angst vor deren Übermacht und vor eigener Abhängigkeit. Wir meinen, daß es dennoch wichtig ist, diese Autonomiebestrebungen in ihrer progressiven Funktion zu würdigen und sie nicht nur unter dem Aspekt der neurotischen Abwehr zu betrachten. Vielleicht hat die Beziehung, die sich zwischen uns als Beratern und den Bulimiegruppen entwickelt hat, Ähnlichkeiten mit der Beziehung zwischen Eltern und Kindern in der Pubertät. Wir müssen damit umgehen, daß die Gruppen uns ausschließen, daß sie ihre Erlebnisse und Errungenschaften für sich behalten wollen, daß sie uns manchmal verteufeln, um im nächsten Moment doch auf uns zurückzugreifen, wenn die Angst zu groß wird oder das Bedürfnis besteht, eigene autonome Leistungen von Elternfiguren bestätigen und bewundern zu lassen.

Literatur

Daum K-W (1984) Selbsthilfegruppen – Eine empirische Untersuchung von Gesprächs-Selbsthilfegruppen. Psychiatrie-Verlag, Rehburg Loccum

Deutsche Arbeitsgemeinschaft Selbsthilfegruppen (Hrsg) (1984) Selbsthilfegruppen. Kontaktstellen. Informationen, Anregungen, Unterstützung. Eigenverlag, Gießen

Greenson RR (1975) Technik und Praxis der Psychoanalyse. Klett, Stuttgart

Habermas T, Müller M (1986) Das Bulimie-Syndrom: Krankheitsbild, Dynamik und Therapie. Nervenarzt 57:322–331

Kadis AL etal. (Hrsg) (1982) Praktikum der Gruppenpsychotherapie. Frommann-Holzboog, Stuttgart

Kickbusch I, Trojan A (Hrsg) (1981) Gemeinsam sind wir stärker. Selbsthilfegruppen und Gesundheit. Fischer, Frankfurt am Main

Langsdorff M (1985) Die unheimliche Sucht, unheimlich zu essen. Fischer, Frankfurt am Main

Mader P, Ness B (Hrsg) (1987) Bewältigung gestörten Eßverhaltens. Neuland, Hamburg

Matzat J (1987) Selbsthilfegruppen im Krebsbereich. In: Möhring P (Hrsg) Mit Krebs leben. Springer, Berlin Heidelberg New York Tokyo

Moeller ML (1978) Selbsthilfegruppen. Rowohlt, Reinbek

Moeller ML (1981) Anders helfen – Selbsthilfegruppen und Fachleute arbeiten zusammen. Klett-Cotta, Stuttgart

Paul T, Jacobi C (1986) Ein ambulantes verhaltenstherapeutisches Gruppenprogramm bei Bulimia nervosa. Psychother Med Psychol 36:232–239

Schöttler C (1981) Zur Behandlungstechnik bei psychosomatisch schwer gestörten Patienten. Psyche 35:111–141

Söllner W, Wesiack W (1987) Zur Effizienz koordinierter Selbsthilfegruppen in der Behandlung psychosomatischer Störungen. In: Lamprecht F (Hrsg) Spezialisierung und Integration in Psychosomatik und Psychotherapie. Springer, Berlin Heidelberg New York Tokyo

Trojan A (Hrsg) (1986) Wissen ist Macht. Eigenständig durch Selbsthilfe in Gruppen. Fischer alternativ, Frankfurt am Main

Troje E (1977) Portrait einer Gruppe: Aus der Praxis einer Selbsthilfegruppe von Studenten. Juventa, München

Persönlichkeitsveränderungen in Selbsthilfegruppen und Semiselbsthilfegruppen*

W. Söllner, F. Kessler, M.H. Walter, G. Purtscheller, G. Kemmler und W. Wesiack

Zusammenfassung

Das Modell der Semiselbsthilfegruppen (mit psychotherapeutischer Beratung koordinierte Selbsthilfegruppen) wird vorgestellt und hinsichtlich soziologischer Parameter mit „spontan" entstandenen Selbsthilfegruppen verglichen.

Die Veränderung von Persönlichkeitsmerkmalen (gemessen am Selbst- und Idealselbstbild des Gießen-Tests) von 107 Teilnehmern an Semiselbsthilfegruppen in einer internistisch-psychosomatischen Praxis wurde untersucht. Dabei wurde die Untergruppe von Teilnehmern, die im Untersuchungszeitraum eine zusätzliche professionelle Psychotherapie erhielt, mit den Teilnehmern, die ausschließlich in den Semiselbsthilfegruppen waren, verglichen. Es zeigte sich, daß bei beiden Gruppen eine Veränderung des Selbstbildes und der Differenz zwischen Selbst- und Idealbild auftrat. Die Teilnehmer beschrieben sich nach der Selbsthilfegruppe als weniger negativ sozial resonant und weniger depressiv. Die Ergebnisse werden mit denen früherer Untersuchungen aus dem deutschsprachigen Raum (Stübinger 1977; Daum 1984) verglichen.

Schlüsselbegriffe: Selbsthilfegruppen, Semiselbsthilfegruppen, Katamnese, Persönlichkeitsveränderungen, Gießen-Test.

Semiselbsthilfegruppen: ein Modell

Semi-Selbsthilfegruppen sind ein von Wesiack (1984) entwickeltes Modell zur Arbeit mit psychosomatisch Kranken in einer internistisch-psychosomatischen Praxis. Ursprünglich entstand dieses Modell aus einer „Notsituation": aus der Diskrepanz zwischen der großen Zahl behandlungssuchender Patienten mit psychosomatischen und funktionellen Krankheitssymptomen und dem begrenzten Angebot von Psychotherapiemöglichkeiten. So waren diese Gruppen anfangs als „Wartegruppen" für eine psychotherapeutische Behandlung (zumeist eine analytische Gruppenpsychotherapie) konzipiert oder aber als „Auffangbecken" für Patienten, für die eine analytische Psychotherapie nicht geeignet erschien.

---

* Diese Studie wurde aus Mitteln der Stiftung für Bildung und Behindertenförderung, Stuttgart, gefördert.

Da die Patienten mit dem Wunsch nach „Behandlung“ in die ärztliche Praxis kamen und die Empfehlung, an einer Selbsthilfegruppe teilzunehmen, oft auch als Abschieben und Kränkung verstanden wurde, entwickelten Wesiack und Mitarbeiter ein mit der psychotherapeutischen Praxis *koordiniertes* Modell. Am Ende jeder Selbsthilfegruppensitzung, die einmal wöchentlich an einem fixen Abend im Warteraum der Praxis für die Dauer von 2 Stunden stattfand, beteiligte sich ein Psychotherapeut für 20 Minuten am Gespräch.
Seine Aufgabe lag v. a. in der *Beratung* der Gruppe bezüglich gruppendynamischer Schwierigkeiten und der Aufnahme neuer Mitglieder in die Gruppe (die Semiselbsthilfegruppen waren in einem recht weitgefaßten Sinn „halb-offen“, so daß die Gruppenarbeit durch eine starke Fluktuation erschwert wurde). Außerhalb der Semiselbsthilfegruppe standen dem einzelnen Teilnehmer *Kurzgesprächstermine zur Krisenintervention* auf seine Anfrage hin bei dem jeweiligen Gruppenberater zur Verfügung.

Die Teilnehmer der Semiselbsthilfegruppen

In einem Zeitraum von 3 1/2 Jahren nahmen insgesamt 107 Personen an diesen Gruppen teil (72 Frauen und 35 Männer). Das Durchschnittsalter lag bei 31 Jahren. Die soziale Schichtzugehörigkeit unterschied sich deutlich von anderen bisher untersuchten Selbsthilfegruppen. Patienten aus der Unterschicht (ungelernte Arbeiter) und unteren Mittelschicht (Facharbeiter, nicht-leitende Angestellte) machten 85% des Kollektivs aus, Akademiker, Ingenieure und Studenten nur 15%. Dies entspricht ungefähr der durchschnittlichen Zusammensetzung in der Gesamtbevölkerung (Tabelle 1).
Wie schon angedeutet, wurde die überwiegende Zahl der Teilnehmer den Semiselbsthilfegruppen „zugewiesen“ (nur eine Teilnehmerin kam mit dem dezidierten

Tabelle 1. Soziale Zusammensetzung und Berufsausbildung der Teilnehmer an Selbsthilfegruppen bei verschiedenen Untersuchungen im deutschsprachigen Raum (gerundete Zahlenangaben)

	Stübinger 1977	Daum 1984	Söllner u. Wesiack 1987
Arbeiter, Angestellte, Lehrlinge	15%	15%	85%
Leitende Angestellte, Akademiker, Studenten	85%	85%	15%

Tabelle 2. Kontaktmodus zu Selbsthilfegruppen: spontane Teilnahme vs. Überweisung

	Stübinger 1977	Daum 1984	Söllner u. Wesiack 1987
Spontane Teilnahme	73%	80%	1%
Überweisung	27%	20%	99%

Wunsch nach einer Selbsthilfegruppe in die Praxis), was ebenfalls in deutlichem Gegensatz zu den meisten bisher untersuchten Selbsthilfegruppen steht (Tabelle 2). 84% der Teilnehmer hatten keine psychotherapeutische Vorerfahrung (Vergleich mit anderen Studien s. Tabelle 3).
Der überwiegende Teil der Teilnehmer nannte als Motivation für den Behandlungswunsch *körperliche Beschwerden* – ebenfalls ein Unterschied zu Gesprächsselbsthilfegruppen mit „spontanen" Teilnehmern, bei denen der psychische Leidensdruck meist im Vordergrund steht (Tabelle 4).

Aus diesen Daten ist ersichtlich, daß es sich bei den von uns untersuchten Semiselbsthilfegruppen in soziologischer Hinsicht um ein anderes Teilnehmerkollektiv handelt als bei den bisherigen Untersuchungen – und daß damit auch das modifizierte Semiselbsthilfemodell zusammenhängt.

Nach psychoanalytischen Diagnosekriterien wies ein unerwartet hoher Anteil der Teilnehmer *schwere psychische und psychosomatische Störungen* (Psychosomatosen, Borderlinestörungen, narzißtische Neurosen) auf (Söllner u. Wesiack 1987). Diese Tatsache ist hier besonders unter dem Aspekt interessant, daß auch Daum (1984) und Troje (1977) bei solchen Gruppen eine stärkere Strukturierung der Arbeit bzw. eine Beratung durch professionelle Therapeuten besonders in der Anfangsphase erwägen. Die Möglichkeit, daß stabilere Teilnehmer den anderen als „Identifikationsfiguren" zur Verfügung stehen, wie es Moeller (1977) für nichtangeleitete Selbsthilfegruppen beschreibt, ist hier in einem viel geringeren Ausmaß gegeben.

Von den 107 Patienten blieben 12 nach nur einmaliger Teilnahme der Semiselbsthilfegruppe fern. Die mittlere Teilnahmehäufigkeit im nachuntersuchten Kollektiv lag bei Frauen bei 26, bei Männern bei 22 Sitzungen (wobei hier auch die „Aussteiger" berücksichtigt sind). Dies entspricht einem durchschnittlichen Teilnahmezeitraum von 1 Jahr. 72 Personen (67%) nahmen an der Nachuntersuchung mittels Fragebogen und Interview teil.

Tabelle 3. Psychotherapeutische Vorerfahrung der Teilnehmer von Selbsthilfeansätzen bei verschiedenen Untersuchungen im deutschsprachigen Raum

	Stübinger 1977	Daum 1984	Söllner u. Wesiack 1987
Therapeutische Vorerfahrung	78%	58%	16%
Keine Vorerfahrung	22%	42%	84%

Tabelle 4. Motivation zur Teilnahme an Selbsthilfeansätzen durch seelischen Leidensdruck oder körperliche Beschwerden (Mehrfachangaben möglich)

	Stübinger 1977	Daum 1984	Söllner u. Wesiack 1987
Psychischer Leidensdruck	73%	79%	42%
Körperliche Beschwerden	27%	40%	60%

Nur sehr wenige Teilnehmer hatten psychotherapeutische Vorerfahrung, was ebenfalls ein Unterschied zu den von Stübinger (1977) und Daum (1984) untersuchten Selbsthilfegruppen ist. 37,4% begaben sich im Untersuchungszeitraum nach oder neben der Semiselbsthilfegruppe in eine professionelle Psychotherapie (psychoanalytische Verfahren, Autogenes Training). Für diese Patienten stellte die Semiselbsthilfegruppe zumeist eine Vorbereitungs- oder Wartephase dar. Interessant ist, daß Patienten mit psychodynamisch schweren Störungen wesentlich seltener eine zusätzliche Psychotherapie erhielten bzw. mitmachten, was aber einer allgemeinen Tendenz zu entsprechen scheint, daß schwerer gestörte Patienten sich einerseits schlechter auf ein verbindlicheres Arbeitsbündnis einlassen können und andererseits von Psychotherapeuten auch wegen der schlechteren Prognose weniger gern in Behandlung genommen werden.

Vergleich der Persönlichkeitsprofile der Selbsthilfegruppenteilnehmer mit und ohne zusätzliche Psychotherapie

Nachdem die medizinischen und psychologischen „Effizienzparameter" (Symptomreduktion, Reduktion von Medikamenteneinnahme und Krankenhausaufenthalten) sowie die Änderung des Selbstbildes und der Differenz zwischen Selbst- und Idealbild im Gießen-Test der Gesamtstichprobe zu erstaunlich guten Ergebnissen geführt hatte (Söllner u. Hörtnagl 1987), könnte man einwenden, daß diese Effizienz auf einer überdurchschnittlich starken Veränderung bei den Teilnehmern mit zusätzlicher Psychotherapie beruhte. Deshalb führten wir einen Vergleich der beiden Untergruppen durch. Die mittels eines eigens entwickelten Fragebogens gemessene Veränderung der Symptome, der Medikamenteneinnahme und der Häufigkeit der Krankenhausaufenthalte wurden an anderer Stelle publiziert (Söllner u. Wesiack 1987).

Die Persönlichkeitsmerkmale und deren Veränderung vor und nach der Teilnahme an der Semiselbsthilfegruppe wurden mit dem Gießen-Test (Beckmann et al. 1983) und mittels eines einstündigen tiefenpsychologisch orientierten Interviews erhoben. Hier sollen nur die Ergebnisse der Selbst- und Idealselbstbilder des Gießen-Tests dargestellt werden, da dies auch die Möglichkeit zum Vergleich mit den Studien von Stübinger (1977) und Daum (1984) bietet.

Auf die methodischen Schwierigkeiten der Evaluation, die in der Natur der Arbeit in Selbsthilfegruppen (hohe Fluktuation, kritische Distanz der Teilnehmer zu professionellen Helfern und Forschern) und in den Rahmenbedingungen vorliegender Untersuchung (unterschiedliche Teilnahmehäufigkeit, unterschiedlicher Abstand zwischen Vor- und Nachuntersuchung bei den einzelnen Teilnehmern) liegen, sei hier im Hinblick auf die Interpretation der Ergebnisse hingewiesen (vgl. auch Söllner u. Kessler 1988).

Ergebnisse

Als – auch für eine Wirksamkeitsbeurteilung – besonders interessante Parameter erscheinen uns das Selbstbild in den 6 Standardskalen des Gießen-Tests sowie die Diskrepanz zwischen Selbst- und Idealselbstbild als Ausdruck der Spannung zwischen Über-Ich und Selbst. Bei beiden Kategorien zeigen sich keine signifikanten Unterschiede zwischen der Gruppe mit und der ohne zusätzliche Psychotherapie, höchstens eine leichte Tendenz der Psychotherapiegruppe in Richtung dominantes Verhalten und soziale Potenz (d. h. bei jener Gruppe von Teilnehmern, für die die Semiselbsthilfegruppe eine „Wartegruppe" darstellt, konnten sich Personen, die sich selbst dominanter und durchsetzungsfähiger sehen, wahrscheinlich eher eine Psychotherapie „einfordern").

Im Vergleich zu einer „Normalstichprobe" fallen die besonders stark ausgeprägte negative soziale Resonanz und Depressivität sowie ein dominanteres, verschlosseneres und sozial weniger durchsetzungsfähiges Selbstbild auf. Im Vergleich zu einer Stichprobe von „unausgelesenen Neurotikern" der Psychosomatischen Klinik in Gießen (Beckmann etal. 1983) fällt ein deutlich höherer depressiver Leidensdruck auf (Tabelle 5, Abb. 1 und 2).

Zusammengefaßt kann dargestellt werden, daß bei beiden Gruppen eine Effizienz der Behandlung – gemessen an den Veränderungen des Selbstbildes und der verminderten Differenz zwischen Selbst- und Idealbild – nachgewiesen werden kann. Die Teilnehmer beschreiben sich nach der Therapie als geachteter und durchsetzungsfähiger (weniger negativ sozial resonant) und weniger ängstlich und bedrückt (weniger depressiv), wobei diese Veränderungen bei der Gruppe mit zusätzlicher Psychotherapie nicht signifikant aber tendenziell etwas stärker ausgeprägt sind.

Tabelle 5. *1:* Mittelwertvergleich der Selbstbilder und der Differenz zwischen Selbst- und Idealbild abgebildet auf den 6 Skalen des Gießen-Tests vor und nach der Therapie. *2:* Mittelwertvergleich der Veränderungen des Selbstbildes und der Differenz zwischen Selbst- und Idealbild bei Semiselbsthilfegruppenteilnehmern mit *(PSTH)* und ohne *(SSHG)* zusätzliche Psychotherapie

	1) Paired-samples-t-Test		2) t-Test für unabhängige Stichproben
Selbstbild	SSHG	PSTH	SSHG vs. PSTH
Soziale Resonanz	0,075	0,025	n.s.
Dominanz	0,1395	0,060	n.s.
Kontrolliertheit	0,04395	0,0625	n.s.
Grundstimmung	0,000**	0,000**	n.s.
Durchlässigkeit	0,318	0,2615	n.s.
Soziale Potenz	0,0835	0,4295	n.s.
Angleichung von Selbst- und Idealbild			
Soziale Resonanz	0,004**	0,000**	n.s.
Dominanz	0,001**	0,017*	n.s.
Kontrolliertheit	0,075	0,637	n.s.
Grundstimmung	0,001**	0,000**	0,045*
Durchlässigkeit	0,377	0,042	n.s.
Soziale Potenz	0,047*	0,515	n.s.

* p < 0,05
** p < 0,01

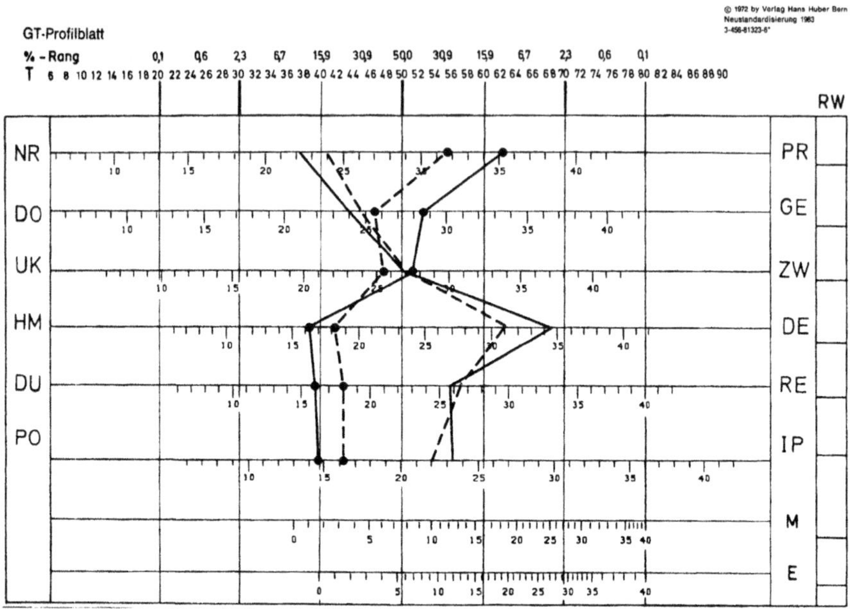

Abb. 1. Selbstbild und Idealselbstbild vor und nach der Teilnahme an Semiselbsthilfegruppen: Teilnehmer *ohne* zusätzliche Psychotherapie:
— Selbstbild vorher; ---- Selbstbild nachher; •—• Idealselbstbild vorher; •----• Idealselbstbild nachher.
NR negativ sozial resonant; *PR* positiv sozial resonant; *DO* dominant; *GE* gewährend; *UK* unterkontrolliert; *ZW* zwanghaft; *HM* hypomanisch; *DE* depressiv; *DU* durchlässig; *RE* retentiv; *PO* sozial potent; *IP* sozial impotent

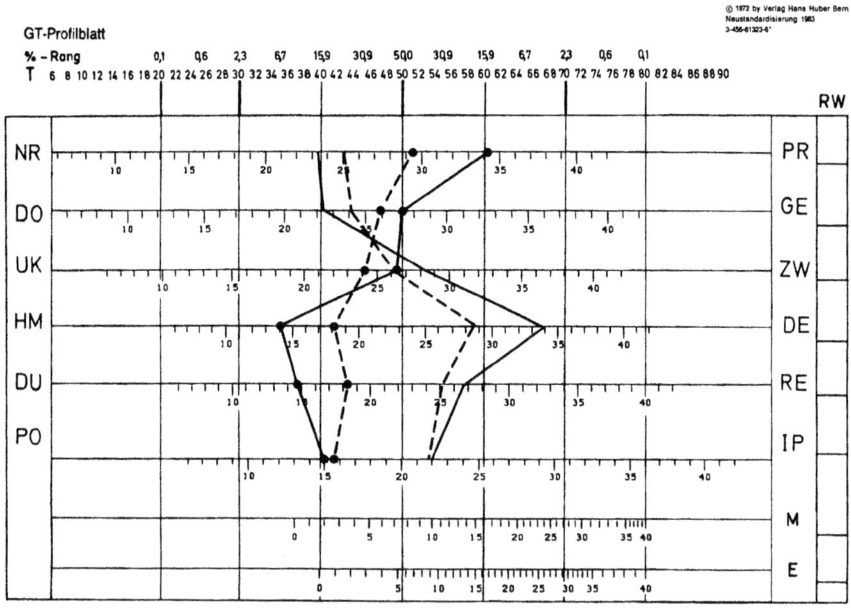

Vor allem aber die Differenz zwischen Selbst- und Idealbild, d. h. der Über-Ich-Druck im Sinne internalisierter unrealistischer sozialer Rollenerwartungen mit nachfolgenden Selbstwertproblemen, ändert sich mehr oder weniger stark ausgeprägt bei beiden Gruppen auf fast allen Skalen, am ausgeprägtesten aber wiederum bei der sozialen Resonanz und der Depressivität.

Ein statistischer Mittelwertsvergleich der Veränderungen des Selbst- und Idealselbstbilds zwischen den beiden Gruppen ergibt lediglich ein signifikant besseres Ergebnis auf der Skala Depressivität bei der Gruppe mit zusätzlicher Psychotherapie. Als Tendenz läßt sich beschreiben, daß Teilnehmer an Semiselbsthilfegruppen ohne Psychotherapie eine Angleichung von Über-Ich-Druck und Selbsteinschätzung im Hinblick auf dominantes und durchsetzungsfähiges Verhalten, Teilnehmer mit zusätzlicher Psychotherapie im Hinblick auf mehr Offenheit entwickeln.

Diskussion

Im deutschsprachigen Raum liegen nur sehr wenige Untersuchungen über die Veränderung von Persönlichkeitsmerkmalen in Selbsthilfegruppen vor. Ein Vergleich unserer Ergebnisse mit denen von Stübinger (1977) und Daum (1984) ist v. a. auch aufgrund des ähnlichen methodischen Vorgehens interessant.

Stübinger (1977) verglich die Gießen-Test-Profile von 74 Teilnehmern an Selbsthilfegruppen mit denen von 45 Teilnehmern an analytischer Gruppentherapie nach einer durchschnittlichen Gruppendauer von 1½ Jahren. Er fand keine signifikanten Unterschiede in den 6 Gießen-Test-Skalen zwischen den beiden Gruppen. Da es sich jedoch um eine Post-hoc-Untersuchung handelte und Ausgangswerte vor der Therapie fehlten, kann daraus nicht sicher geschlossen werden, daß während des Zeitraums des Gruppenbesuchs eine gleichförmige Entwicklung erfolgte. Auf die Effektivität der jeweiligen Gruppentherapie schließt Stübinger aus dem Vegleich zwischen unerfahrenen und erfahrenen Teilnehmern. Wie in unserer Untersuchung, nimmt die Depressivität der Selbsthilfegruppenteilnehmer ab, ohne daß dabei jedoch signifikante Werte erreicht werden; bei den Therapiegruppenteilnehmern besteht daneben auch eine Tendenz zur Erhöhung der Dominanz im Selbstbild. Die Teilnehmer an den Selbsthilfegruppen könnten wegen ihrer hohen psychotherapeutischen Vorerfahrung (78%) am ehesten mit unserer Gruppe mit zusätzlicher Psychotherapie verglichen werden.

Die 2-Punkte-Untersuchung von Daum (1984) geht von einem exakt gleich großen Untersuchungskollektiv aus wie unsere Studie. Auch die Akzeptanz der Nachuntersuchung ist gleich groß. Obwohl dasselbe Untersuchungsinstrumentarium (Gießen-Test) vorliegt, läßt sich wegen der sehr unterschiedlichen Teilnehmerpopulation (sozialer Status, hohe Vorerfahrung in professioneller Psychotherapie, Patienten mit vorwiegend psychischem Leidensdruck) ein Vergleich zwischen

◀

Abb. 2. Selbstbild und Idealselbstbild vor und nach der Teilnahme an Semiselbsthilfegruppen: Teilnehmer *mit* zusätzlicher Psychotherapie (Erklärung der Abkürzungen s. Legende zu Abb. 1). — Selbstbild vorher; ---- Selbstbild nachher; •—• Idealselbstbild vorher; •----• Idealselbstbild nachher

„klassischen", vorwiegend spontan entstandenen Selbsthilfegruppen und Semiselbsthilfegruppen nicht methodisch schlüssig durchführen. Die von Daum beschriebene Tendenz (statistisches 10%-Fehlerniveau) zur Abnahme der depressiven Grundstimmung würde allerdings mit unseren Ergebnissen übereinstimmen. Am interessantesten erscheint uns aber der Vergleich mit Daums Untergruppe „Typ A", den „klassischen Neurotikern", deren Gießen-Test-Profile vor der Therapie am ehesten dem unseres Kollektivs entsprechen. Bei diesem Typ A zeigt sich neben der Tendenz zur Abnahme der Depressivität auch eine tendenzielle Abnahme der sozialen Impotenz.

Obwohl bei unserer Untersuchung im Vergleich zu denen von Stübinger und Daum ein unterschiedliches Selbsthilfemodell vorliegt und sich die Gruppenteilnehmer in soziologischer Hinsicht beträchtlich unterscheiden, zeigt sich eine gemeinsame Tendenz bei der Veränderung der Selbstwahrnehmung im Sinne verminderter Depressivität und negativer sozialer Resonanz und erhöhter sozialer Potenz in allen 3 Studien. Unsere Ergebnisse tragen auch zu einer Erhärtung von Stübingers Hypothese bei, daß Gesprächsselbsthilfegruppen eine mögliche alternative „Bewältigungsstrategie" für Menschen mit psychoneurotischen und psychosomatischen Problemen darstellen.

Wie die Teilnehmer selbst die Semiselbsthilfegruppe sehen

In einem halbstandardisierten Fragebogen gaben die Teilnehmer auf einer kontinuierlichen 5teiligen Skala ihre Zufriedenheit mit der Semiselbsthilfegruppe an. Dabei ergaben sich bei einem Mittelwert von 2,5 keine signifikanten Unterschiede zwischen der Gruppe mit und der ohne zusätzliche Psychotherapie. Obwohl die Mehrzahl der Teilnehmer die Gruppenarbeit für sich als lohnend empfand, wurden im Fragebogen und im Interview konkrete Kritikpunkte an der Form der Gruppenarbeit und am Setting innerhalb der ärztlichen Praxis geäußert:

- Am häufigsten wurde die hohe Fluktuation innerhalb der Gruppen beklagt, die die Entstehung eines intimen Gruppenklimas behinderte und bei vielen Mitgliedern entweder zum Wunsch nach einer professionellen Psychotherapie oder zum Fernbleiben führte.
- In der Gruppe ohne zusätzliche Psychotherapie äußerte ein Drittel der Teilnehmer den Wunsch nach stärkerer Präsenz und Initiative des beratenden Psychotherapeuten.

  Es ist anzunehmen, daß diese Personen eigentlich den Wunsch nach einer professionellen Psychotherapie hatten, und für sie die Teilnahme an den Semiselbsthilfegruppen nur eine Lösung „zweiter Wahl" darstellte.
- Eine Minderheit von 10% äußerte die Meinung, die Gruppenarbeit hätte sich ohne Berater besser entwickelt.
- Häufig wurde kritisiert, daß in den Semiselbsthilfegruppen zu viele Personen mit sehr schweren Erkrankungen und Lebenskonflikten gewesen seien (psychiatrisch Kranke, Suchtkranke), was in der Gruppe ein Gefühl der Angst, Ohnmacht und Bedrückung habe entstehen lassen.

- Gruppenmitglieder, die ihre Funktion in der Semiselbsthilfegruppe als vorwiegend „therapeutisch" für die anderen beschrieben, waren mit der Gruppenarbeit besonders unzufrieden und brachen die Teilnahme oft ab.
- Häufig wurde angegeben, daß die Teilnahme an der Semiselbsthilfegruppe zu Problemen mit den Partnern geführt habe, die sich ausgeschlossen fühlten und Angst hatten, die Gruppe könnte die Partnerschaft gefährden.

Viele teilnehmende Frauen erlebten die Gruppe als Unterstützung bei einem Wunsch und konkreten Schritten nach mehr Eigenständigkeit. Besonders Teilnehmer, die sich in Trennungssituationen befanden, erlebten die Gruppe als hilfreich. Häufig wurden auch nach Beendigung der Teilnahme an der Semiselbsthilfegruppe persönliche Kontakte zu einzelnen Gruppenmitgliedern aufrechterhalten.

Für 12% der Teilnehmer war die Erfahrung in der Semiselbsthilfegruppe Anlaß, sich später an einer anderen, selbstgewählten Selbsthilfeinitiative zu beteiligen (Jugendselbsthilfegruppen, Frauenselbsthilfegruppen, Behindertengruppen, Anonyme Alkoholiker, Paarselbsthilfegruppen, Sportgruppen).

Literatur

Beckmann D, Brähler E, Richter H-E (1983) Der Gießen-Test. Ein Test für Individual- und Gruppendiagnostik, 3 Aufl. Huber, Bern

Daum K-W (1984) Selbsthilfegruppen. Eine empirische Untersuchung von Gesprächs-Selbsthilfegruppen. Psychiatrie Verlag, Rehburg-Loccum

Moeller ML (1977) Wodurch wirken Selbsthilfegruppen? Zu einigen Therapieprinzipien der Gruppenbehandlung. Gruppenpsychol Gruppendyn 8:337–357

Söllner W, Hörtnagl J (1987) Zur Integration von Selbsthilfegruppen in die Arbeit des Allgemeinarztes. Allgemeinmedizin 16:84–89

Söllner W, Kessler F (1988) Methodologic problems in research on the treatment of psychosomatic diseases. Allgemeinmedizin 17:85–89

Söllner W, Wesiack W (1987) Zur Effizienz koordinierter Selbsthilfegruppen in der Behandlung psychosomatischer Störungen. In: Lamprecht F (Hrsg) Spezialisierung und Integration in Psychosomatik und Psychotherapie. Springer, Berlin Heidelberg New York Tokyo, S 71–82

Stübinger D (1977) Psychotherapeutische Selbsthilfe-Gruppen in der BRD. Eine Untersuchung der Sozialstruktur und therapeutischer Prozesse in den Gruppen. Dissertation, Universität Gießen

Troje E (1977) Portrait einer Gruppe. Aus der Praxis einer Selbsthilfegruppe von Studenten. München

Wesiack W (1984) Psychosomatische Medizin in der ärztlichen Praxis. Urban & Schwarzenberg, München, S 215ff

Welchen Sinn haben stationäre Selbsthilfegruppen? Versuch der Widerstandsanalyse eines therapeutischen Teams gegen die Einführung von Selbsthilfegruppen

N. Spangenberg und J. Matzat

Zusammenfassung

Die Einstellung von Psychotherapeuten gegenüber Selbsthilfegruppen ist häufig durch Ambivalenz gekennzeichnet. Diese läßt sich sachlich kaum rechtfertigen, wie verschiedene empirische Studien belegen. Hilfreich kann daher die Analyse einer einzelnen Gruppe sein, um die Ängste und Widerstände von Experten einem gründlicheren Verständnis zuzuführen.

Es wird die Einführung von Selbsthilfegruppen auf einer Psychotherapiestation geschildert. Hier zeigte sich, daß eine familientherapeutische Sichtweise von Patientenproblemen mit der Idee von Selbsthilfegruppen kompatibel ist. Beide sind hilfreich, eine übermäßige Infantilisierung von Patienten zu vermeiden.
Das Abtreten von Verantwortung, Mißtrauen, die Patienten könnten ihre Freiheiten mißbrauchen und im Stationsbetrieb Chaos anrichten, Beunruhigung, wie sehr Patienten uns nicht nur hilfreich, sonderen auch ängstigend erleben, Angst vor Verlust von deren Wertschätzung, Angst, überflüssig zu werden, waren die zentralen Widerstandsmotive von seiten des Teams, die in einem mühsamen Lernprozeß überwunden werden mußten, damit das Gefühl der Bedrohung durch Selbsthilfegruppen dem der Entlastung weichen konnte.
Die Beziehungsängste des Teams gegenüber den Patienten wurden mit denen zwischen Eltern und Adoleszenten verglichen.

Schlüsselbegriffe: Selbsthilfegruppen, Psychotherapie, Familientherapie, Widerstandsanalyse.

Generell schwankt die Einschätzung des therapeutischen Potentials von Selbsthilfegruppen durch Experten immer noch zwischen Enthusiasmus (Moeller 1978, 1981) und zynischer Entwertung (Pohlen 1984; Illich 1983). Über die Gründe dieser Ambivalenz mag man rätseln. Schwierig ist sicher die Bestimmung des „sozialen Ortes" von Selbsthilfegruppen, da sie sich als Phantom der öffentlichen Meinungsbildung irgendwo zwischen Sportvereinen und Bürgerinitiativen einerseits und „angemaßter" Professionalität andererseits ansiedeln. Während im ersten Fall der therapeutische Faktor als zu sehr „verdünnt" erscheint, denn jede Form von Gruppenbildung, die durch ein gemeinsames Interesse begründet ist, wäre dann „im Grunde" auch ein therapeutisches Setting, würden im zweiten Fall Rivalitätsängste und Professionalitätszweifel der Psychoexperten, die sich sowieso

Söllner et al. (Hrsg.) Sozio-psycho-somatik

gegenüber der traditionellen Medizin in einer Außenseiterrolle wähnen, aufgewühlt werden. Diese eher sozialpolitisch bzw. weltanschaulich geführte Diskussion läßt eine kritische Einschätzung dieser Form von Konflikt- und Lebensbewältigung mit spezieller Indikation, Vorzügen und Nachteilen (Halves u. Binder 1981) kaum zu. Sie übersieht die bisher geleisteten empirischen Evaluationsstudien über die therapeutischen Effekte von Selbsthilfegruppen (Stübinger 1977; Asam u. Heck 1983; Daum 1984; Moeller et al. 1984) sowie die Tatsache, daß wahrscheinlich die Mehrzahl der Selbsthilfegruppen unter Mithilfe von Experten gegründet wurde (Borkman 1976; Behrendt et al. 1981). Das Bild einer kreativen Symbiose zwischen Expertenhilfe und Selbsthilfe (Kickbusch 1981) würde einem unbefangenen Beobachter wahrscheinlich am ehesten einleuchten, zumal es sich zeigte, daß Selbsthilfegruppenmitglieder professionelle Dienste keineswegs seltener, jedoch geplanter und zielgerichteter als andere Patienten benützen (Behrendt et al. 1983; Deneke et al. 1981). Zum tieferen Verständnis der irrational erscheinenden Ängste von Experten gegenüber Selbsthilfegruppen scheinen uns Einzelfallstudien, die Auskunft über die Bedingungen des Gelingens einer solchen kreativen Symbiose geben, ein wichtiges Hilfsmittel zu sein, um die Diskussion zu versachlichen.

Im folgenden möchten wir berichten, wie es zur Einführung von Patientenselbsthilfegruppen auf unserer Psychotherapiestation kam und welche Verwirrungen und Ängste dabei Patienten und Personal durchmachten. Wir hoffen, deutlich zu machen, daß eine Deutung der Expertenambivalenz gegenüber Selbsthilfegruppen durch eine Neigung zum Helfersyndrom (Schmidtbauer 1977) zu formelhaft ist. Ein solches „Expertenklischee" würde dem Ernst der inneren Auseinandersetzung, die ein solcher Umdenkprozeß mit sich bringt, nicht gerecht werden. Dennoch, um es vorwegzunehmen, stellen heute diese Selbsthilfegruppen eine Selbstverständlichkeit unseres Stationsalltags dar, so daß es fast ein bißchen schwerfällt, im Nachhinein unsere damalige Beunruhigung und Besorgnis nachzuempfinden, zumal die Praxis inzwischen erwiesen hat, daß diese unbegründet waren.

Wie jede Geschichte, enthält auch die unsrige eine implizite Moral, die wir fairerweise schon vorher preisgeben möchten: Nicht nur Patienten produzieren zum Leidwesen der Therapeuten Widerstände gegen Veränderungen, sondern auch – zum Leidwesen von Patienten – das Team der Therapeuten. Diese Widerstände können nur überwunden werden, wenn beide Seiten bereit sind, voneinander zu lernen, um so wechselseitig zu einem Verständnis ihrer Widerstände zu gelangen. Unsere Ausführungen sind also der Versuch einer nachträglichen Widerstandsanalyse, die für die tiefe Ambivalenz, die Selbsthilfeansätze bei Experten auslösen, exemplarisch erscheint.

Die Kompatibilität einer familientherapeutischen Sichtweise mit der Idee von Selbsthilfegruppen

Was haben Selbsthilfegruppen auf einer Station zu suchen? Zunächst vermutet man sie ja dort, wo kein ausreichendes Expertenangebot vorliegt. Nun ist gerade die stationäre Behandlung eine besonders intensive Therapieform, so daß sich u. a. die Gefahr einer Überversorgung, verbunden mit einer unnötigen Infantilisierung der Patienten, ergibt (Strotzka 1970). Sie könnten vielleicht übersättigt reagieren oder sich „erschlagen“ fühlen, wenn sie einen „Salatteller“ der verschiedensten Angebote „serviert“ bekommen nach dem Motto „großes Angebot hilft viel, kleines Angebot hilft wenig“.

Ein Patient auf unserer Station muß wie fast überall viel über sich ergehen lassen: jeden Morgen Gestaltungstherapie, 3mal pro Woche Gruppentherapie, 2mal pro Woche Visiten durch den Stationsarzt, begleitet vom Stationspersonal, das ihn wie ein Chor aus der griechischen Tragödie „einrahmt“. Hinzu kommen Einzelgespräche, Familienskulpturen usw. Muß er sich dann nicht zunehmend wie ein Kind vorkommen, für das der gesamte Tagesablauf, einschließlich Ausgang und geselliger Teil, vorprogrammiert ist? Aber genau dies – so könnte man entgegenhalten – ist doch gerade die Chance stationärer Therapie, wenn das Team ein „Reizklima“ (Heising u. Möhlen 1980) schafft, das regressionsfördernd ist und dem Patienten die Ausbildung multilateraler Übertragungen ermöglicht, deren Beeinflussung durch Deutung oder das Angebot einer korrigierenden Objektbeziehung ihn zu einer reiferen Bewältigung seiner infantilen Konfliktmuster befähigt.

Die Einführung einer familientherapeutischen Sichtweise (Spangenberg 1986a) hat uns an dieser Behandlungsphilosophie, die wir schlagwortartig als *Kindheitsmodell* stationärer Behandlung (Spangenberg 1986b) bezeichnen möchten, Abstriche nach dem Motto vornehmen lassen, daß weniger mehr helfen kann. Diese Sichtweise zielt darauf ab, die stationäre Behandlung als ein (3monatiges) psychosoziales Moratorium aufzufassen, das dem Patienten und seinen Angehörigen oder seiner Lebensgemeinschaft eine vorübergehende Entlastung verschafft, um sich aus einer für beide unhaltbaren Situation zu befreien und zu neuen konstruktiveren Möglichkeiten der Konfliktaustragung in einem stagnierenden Beziehungskontext der Lebenswelt eines Patienten zu finden. Damit verändert sich das therapeutische Ziel. Es lautet jetzt: Wie können wir einem in einer scheinbar ausweglosen Situation befindlichen Patienten dazu verhelfen, daß er als Motor der in eine Stagnation geratenen Selbsthilfekräfte seiner Lebenswelt auftreten kann? Denn:

> Wenn immer zwei oder mehr Personen in einer nahen Beziehung zueinander stehen, übernehmen sie insgeheim verabredete psychische Funktionen füreinander. Symptomatisches Verhalten ... kann einen verdrängten Familienkonflikt in symbolischer Form ausdrücken (Framo 1973, S. 350).

Als kommunikative Handlung (Haley 1976) stellt es den fehlgeleiteten Versuch dar, eine bestehende Schwierigkeit zu ändern (Haley 1973; Watzlawik et al. 1974). Im Vordergrund steht also die Frage des Transfers von auf der Station gewonnenen Einsichten des Patienten auf die Probleme seiner realen Lebenswelt. Aus diesem Grund erscheint uns eine dosierte Regression wünschenswert (s. Kernberg 1981; Fürstenau 1982; Trimborn 1983), und von den sich entfaltenden Übertragungsbeziehungen sind wir vornehmlich an den konturierteren Formen der sog. Familienübertragung interessiert. Auch die Übertragungswiderstände von Patienten lernten wir mehr und mehr als unaufgelöste Loyalitätsbindungen an seine Angehörigen verstehen (Boszormenyi-Nagy u. Spark 1981). Denn eine zu weitreichende Regression ängstigt die Familienangehörigen, die sich in der Folge von dem Patienten entfremdet fühlen und sich defenisv zur Wehr setzen, so daß sich eine ausgesprochene Rivalität zwischen Station und Familie um die „Gunst" des Patienten ergeben kann. Selbst wenn der Patient sich günstigenfalls für die Station entscheidet, muß er sich nach der Entlassung wie aus dem Nest gefallen fühlen; den feindlichen Angriffen der sich verraten fühlenden Angehörigen ausgesetzt, sehnt er sich häufig nach einer Art Psychotherapieghetto zurück, das kompensatorischen Charakter gegenüber so reichlich erfahrenen Mißhelligkeiten annehmen kann.

Die Probe auf das Gelingen des Transfers stellen die 1–2 familientherapeutischen Sitzungen während der stationären Phase dar, die dazu verhelfen sollen, daß alle gemeinsam, also Patient und Angehörige, sich in die Lage versetzt fühlen, die Verantwortung für das symptomatische Verhalten des Patienten wieder zu übernehmen. Diese familientherapeutischen Sitzungen sind meist die Höhepunkte stationärer Therapie, weil sie die zentrale Arena der Konfliktaustragung darstellen, von deren Gelingen der weitere Verlauf in entscheidender Weise abhängt. Schlagwortartig könnte man diese stationäre Behandlungsphilosophie als *Adoleszenzmodell* kennzeichnen, weil der Patient – unabhängig von dem Schweregrad seiner Störung – Hilfe von außen sucht, um in seiner bisherigen Gemeinschaft als Helfender auftreten zu könen. Er vergleicht die beiden Familien miteinander, die „Stationsfamilie" und seine eigene; sein Verhalten pendelt zwischen regressiven und progressiven Momenten hin und her. Beiden Tendenzen gilt es daher gerecht zu werden: einmal als elternartige Übertragungsfigur, dann als Partner und höchstens Ratgeber, die versuchen, eine neue Sichtweise in den stagnierenden Dialog zwischen den Familienangehörigen einzuführen.

Mit Bedacht haben wir darauf verwiesen, daß der Patient und seine Angehörigen als eine Art Selbsthilfegruppe aufgefaßt werden können, deren Selbsthilfekräfte zum Zusammenbruch gekommen sind. Die familientherapeutische Sichtweise ist also mit der Idee der Selbsthilfe im engeren Sinn kompatibel, um nicht zu sagen artverwandt.

Wie kam es zur Einführung von Selbsthilfegruppen?

Die Idee, den stationären Prozeß mehr nach Selbsthilfeprinzipien zu organisieren, kam von den Patienten. Sie trafen sich spontan zu Nachvisitengruppen, wobei jeder Patient zunächst schülerhaft die ihm häufig befremdlichen Deutungen des Stationsarztes memorierte. Häufig war es dann der Zimmernachbar, der Sinnentstellungen, die der Patient aufgrund seiner Abwehrbedürfnisse vorgenommen hatte, korrigierte und zudem oft noch eigene Erlebnisse im Umgang mit ihm beisteuerte, die die Richtigkeit der Deutungen unterstützten. Die einfachere Sprache und die geringere soziale Distanz des Zimmernachbarn führte oft dazu, daß das, was dieser sagte, eher akzeptiert werden konnte. Wenn keine Einigung erzielt wurde, griffen die Patienten der anderen Zimmer ein, so daß sich die Auseinandersetzung vom ursprünglichen Ausgangspunkt verselbständigte. Uns fiel auf, daß viele in der Gruppentherapie schweigsame Patienten hier sehr aktiv wurden, weil sie sich freier, unbeobachteter und unbelasteter von Autoritätskonflikten mit dem Team oder von Neidproblemen mit Mitpatienten um die Gunst des Teams als Elternsubstituten fühlten. Patienten, die zufällig in einem Einzelzimmer lagen, fühlten sich bei dieser Veranstaltung schwer benachteiligt, weil sie die korrigierende Erfahrung ihres Zimmernachbarn vermissen mußten.

Nun war es ein kleiner Schritt, diese Form von spontaner Selbsthilfe zu institutionalisieren. Die Zimmervisiten wurden zugunsten von *Gruppenvisiten* abgeschafft. Unter der Leitung des Stationsarztes besprach das Team mit jedem einzelnen Patienten den Stand seines therapeutischen Prozesses und die zentralen Beziehungskonflikte im Rahmen seines multilateralen Beziehungsgeflechts. Damit waren alle Patienten auf den gleichen Informationsstand versetzt, um anschließend in einer *zweistündigen Selbsthilfegruppensitzung* das bisher Erfahrene durcharbeiten zu können. Die emotionale Brisanz dieses Entschlusses für das Team ist mit dem von Eltern vergleichbar, die sich zum ersten Mal entschließen, auszugehen und die heranwachsenden Kinder sich selbst zu überlassen. Würde etwa, wenn sie zurückkehren, das ganze Haus in Flammen stehen? Um nicht unverantwortlich zu handeln, schufen wir ein Hintertürchen. Wir schauten den Selbsthilfegruppen durch die Einwegscheibe zu, und zwar mit dem Argument, das im Nachhinein als Rationalisierung unserer eigenen Ängste erscheint, daß wir den Gruppenprozeß dort für unsere therapeutischen Interventionen nutzbar machen wollten. Welche Beruhigung war, dabei zu erfahren, daß die Patienten nicht die Gelegenheit benutzten, um die Klinik in die Luft zu sprengen oder einen Mordanschlag auf uns zu planen. Zweierlei konnten wir dabei lernen: 1) Die Patienten sprachen oft über ihre Ängste vor uns Therapeuten. Wir waren also nicht nur hilfreich, sondern auch angsteinflößend. 2) Ihre Auseinandersetzungen waren oft gerade dann von großer Heftigkeit und Echtheit, wenn die Gruppentherapien durch lähmendes Schweigen gekennzeichnet waren.

Dies wiederum löste heftige Ängste im Team aus. Würden jetzt die Gruppentherapien endgültig emotional verflachen, die Einzelgespräche veröden, weil die Patienten schon allen Dampf woanders „ablassen" würden? Waren wir jetzt völlig überflüssig? Wie sollten wir zudem das, was sich dort abspielte, in die Übertragung nehmen können? Als Leiter der Station kam ich (N. S.) erheblich unter Druck. Das Team fühlte sich von den Patienten entwertet und warf mir vor, nun endgültig den festen Boden der Psychoanalyse verlassen zu haben und daß ich drauf und dran sei, eine gut funktionierende Psychotherapiestation in ein Heim für verwahrloste Jugendliche umzuwandeln. Jetzt könnten ja eigentlich alle Mitarbeiter daheim bleiben und ich mit den Patienten nur noch Selbsthilfe und Familientherapie veranstalten.

Zudem brachten mich die Patienten mit dem Vorwurf unter Druck, ihnen nur halbherzig eine Selbsthilfegruppe zuzugestehen. Wir seien ja doch – wenn zwar unsichtbar – dabei. Sie fühlten sich beobachtet und gehemmt und erhoben die klare Forderung, unbeobachtete Selbsthilfegruppen abhalten zu dürfen. So berechtigt mir diese Forderung vom Verstand her erschien, beschlichen mich Ängste und Beklemmungen, wo das alles noch hinführen könne. Die herbeigezogene Hilfe durch einen Selbsthilfegruppenexperten (J.M.) brachte eigentlich keine neuen Einsichten über die speziellen Gefahren und Risiken von Selbsthilfegruppen, sondern Einsichten über unsere eigene Ambivalenz, unsere Ängste über den damit verbundenen Machtverlust. Aber haben wir nicht auch oft über die schwere Bürde der Verantwortung geklagt, die wir gegenüber Patienten einzunehmen gezwungen sind? Müßte nicht daher ein Teilen der Verantwortung ganz in unserem Sinne sein? Wie sollte das aber gehen: weiterhin für den therapeutischen Prozeß verantwortlich zu sein, indem man die Verantwortung einfach abtritt? Unser Sträuben dagegen hatte aber noch tiefere Gründe: die Angst, von den Patienten nicht mehr wie bisher geliebt und bewundert zu werden, ja sogar den Neid auf die Patienten, so ungezwungen und locker miteinander umgehen zu können, während wir jedes Wort, jede Gefühlsregung zum Wohle der Patienten dosieren, filtern und hinterfragen.

Um zu veranschaulichen, wie wir diese Ängste gemeinsam gemeistert haben, ist der Vergleich von Patienten mit Adoleszenten wiederum hilfreich. Es waren die Patienten, die uns versicherten, daß durch die Selbsthilfegruppen die Beziehung zu uns nicht an Bedeutung verloren hätte, sondern eher das Gegenteil erfolgt sei. Auch spürten wir, daß die Beziehung zu uns nicht liebloser geworden war, sondern wir erfuhren, daß wir gerade wegen des Vertrauens, das wir den Patienten einräumten, auf sie einen ermutigenden Einfluß ausübten, sich nicht als kleine, hilflose, von den Eltern abhängige Kinder zu fühlen. Warum sollte also nicht eine diensthabende Krankenschwester, während die Selbsthilfegruppe tagt, für ihren Ehemann einen Pullover stricken und es genießen, daß ihr für diese Zeit die Patienten mal nicht „auf den Wecker gehen"? Und ist sie dann nicht eher gespannt, wenn die Patienten zurückkehren und einer von ihnen ein Gespräch anmeldet, um das in der Selbsthilfegruppe Erlebte mit ihr gemeinsam zu reflektieren?

Aus dieser stationären Selbsthilfetätigkeit entwickelte sich organisch das Bedürfnis nach einem Zusammensein in Selbsthilfegruppen auch nach der Entlassung (s. hierzu Beitrag Matzat u. Spangenberg in diesem Band: „Selbsthilfegruppen in der Nachsorge nach stationärer psychotherapeutischer Behandlung").

Literatur

Asam WH, Heck M (Hrsg) (1983) Soziale Selbsthilfegruppen in der Bundesrepublik Deutschland. Aktuelle Forschungsergebnisse und Situationsdiagnosen. Minerva, München

Behrendt JU, Deneke C, Itzwerth R, Trojan A (1981) Selbsthilfegruppen vor der Vereinnahmung? Zur Verflechtung von Selbsthilfezusammenschlüssen mit staatlichen und professionellen Sozialsystemen. In: Badura B, Ferber C von (Hrsg) Selbsthilfe und Selbsthilfeorganisationen im Gesundheitswesen. Oldenbourg, München

Behrendt J-U, Deneke C, Estorff A etal. (1983) Arbeitsweise von Gesundheitsselbsthilfegruppen und Anregungen zu ihrer sozialpolitischen Unterstützung. In: Badura B, Ferber C von (Hrsg) Laienpotential, Patientenaktivierung und Gesundheitsselbsthilfe. Oldenbourg, München

Borkman T (1976) Participation patterns and benefits of membership in a self-help organization of stutterers. In: Katz AH, Bender EJ (eds) The strength in us. Self help groups in the modern world. Plenum, New York

Boszormenyi-Nagy I, Spark G (1981) Unsichtbare Bindungen. Die Dynamik familiärer Systeme. Klett, Stuttgart

Daum KW (1984) Selbsthilfegruppen. Psychiatrie-Verlag, Rehburg-Loccum

Deneke C, Kegler R, Slotty A (1981) Selbsthilfegruppen aus der Sicht der Betroffenen. In: Kickbusch I, Trojan A (Hrsg) Gemeinsam sind wir stärker. Selbsthilfegruppen und Gesundheit. Fischer, Frankfurt am Main, S 139

Framo JL (1973) Das Wesen der Symptome aus familientransaktioneller Perspektive. In: Sager C, Kaplan-Singer H (Hrsg) Handbuch der Ehe-, Familien- und Gruppentherapie, Bd 2. Kindler, München, S 329

Fürstenau P (1982) Konsequenzen der systemtheoretischen Orientierung für die psychoanalytische Gruppentherapie. Gruppenpsychother Gruppendyn 18:68–75

Haley J (1973) Uncommon therapy. Norton, New York

Haley J (1976) Problem solving therapy. Jossey Bass, San Francisco

Halves E, Binder M (1981) Psychosoziale Frauenselbsthilfegruppen: Konkurrenz oder Ergänzung professioneller Therapie? In: Kickbusch I, Trojan A (Hrsg) Gemeinsam sind wir stärker. Selbsthilfegruppen und Gesundheit. Fischer, Frankfurt am Main, S 149

Heising G, Möhlen K (1980) Die „Spaltungsübertragung" in der klinischen Psychotherapie. Z Psychother Med Psychol 30:70–76

Illich I (1983) Genus. Zu einer historischen Kritik der Gleichheit. Rowohlt, Reinbek

Kernberg O (1981) Für eine integrative Theorie der Klinikbehandlung. In: Objektbeziehungen und Praxis der Psychoanalyse. Klett, Stuttgart, S 236

Kickbusch I (1981) Von der Zerbrechlichkeit der Sonne. Einige Gedanken zu Selbsthilfegruppen. In: Kickbusch I, Trojan A (Hrsg) Gemeinsam sind wir stärker. Selbsthilfegruppen und Gesundheit. Fischer, Frankfurt am Main, S 11

Moeller ML (1978) Selbsthilfegruppen. Selbstbehandlung und Selbsterkenntnis in eigenverantwortlichen Gruppen. Rowohlt, Reinbek

Moeller ML (1981) Anders helfen. Selbsthilfegruppen und Fachleute arbeiten zusammen. Klett, Stuttgart

Moeller ML, Daum KW, Matzat J (1984) Psychologisch-therapeutische Selbsthilfegruppen. Klett, Stuttgart

Pohlen M (1984) Gruppe als Aktionsfeld. Gruppenpsychother Gruppendyn 19:278–295

Schmidbauer W (1977) Die hilflosen Helfer. Rowohlt, Reinbek

Spangenberg N (1986a) Widerstände in der Einführung einer familientherapeutischen Grundorientierung auf einer psychosomatisch-psychotherapeutischen Station. Mat Psychoanal Anal Orient Psychother 12:131–161

Spangenberg N (1986b) Die Coping Funktion von Behandlungskonzepten am Beispiel eines familientherapeutisch orientierten stationären Settings. Prax Psychother Psychosom 31:240–249

Strotzka H (1970) Regression durch soziale Sicherheit. Prax Psychother Psychosom 15:260–269

Stübinger DK (1977) Psychotherapeutische Selbsthilfegruppen in der BRD. Eine Untersuchung über Sozialstruktur und therapeutische Prozesse in den Gruppen. Med Dissertation, Universität Gießen

Trimborn W (1983) Die Zerstörung des therapeutischen Raumes. Das Dilemma stationärer Psychotherapie bei Borderline-Patienten. Psyche (Stuttg) 3:204–235

Watzlawik P, Weakland J, Fisch R (1974) Change: principles of problem formation and problem resolution. Norton, New York

Selbsthilfegruppen in der Nachsorge nach stationärer psychotherapeutischer Behandlung

J. Matzat und N. Spangenberg

Zusammenfassung

Psychotherapeutisch orientierte Selbsthilfegruppen könnten eine Möglichkeit zur Nachsorge für stationär behandelte Patienten sein. Bisher wurden jedoch noch keine Erfahrungsberichte darüber vorgelegt. In diesem Beitrag wird als eine Art Fallstudie ausschnittweise ein Interview mit einer solchen poststationären Selbsthilfegruppe vorgelegt und kommentiert. Einige „therapeutische Techniken", Effekte und Grenzen dieser Gruppenarbeit werden so v. a. aus der Perspektive der Patienten erkennbar.

Schlüsselbegriffe: Selbsthilfegruppen, psychotherapeutische Nachsorge.

In unserem Beitrag „Welchen Sinn haben stationäre Selbsthilfegruppen?" (Spangenberg u. Matzat in diesem Band) haben wir geschildert, wie sich die Thematisierung des Selbsthilfegruppenansatzes auf einer psychotherapeutischen Station entwickelte und welche Widerstände im Team dabei aktiviert wurden. Hochgradige Ambivalenzen waren zu beobachten, die sich in einer entsprechenden Spaltung der Gruppe ausdrückten: einige wurden zu Sprechern für Hoffnung und Zutrauen in die erwachenden Selbstheilungskräfte der stationär behandelten Patienten; andere wiesen auf die Verantwortung des Teams und auf die weiterhin bestehende Bedürftigkeit der Patienten hin. Im Verlauf spezieller Diskussionsrunden mit einem „Selbsthilfegruppenexperten" an der Klinik wurden diese Bedenken mehr und mehr als Rationalisierungen erkannt, zugleich die eigenen Schwierigkeiten, Patienten loszulassen, und von deren weiteren Entwicklungsprozessen ausgeschlossen zu bleiben, stärker problematisiert. Von der höchst ambivalenten Zwischenlösung einer „beobachteten Selbsthilfegruppe" vor einem Einwegspiegel des Gruppenraums der Station, welche die Patienten wohl eher in eine Double-bind-Situation verstrickte als ihnen eine Unterstützung zu bieten, wurde daraufhin Abstand genommen.

Als es schließlich darum ging, ob man Patienten ermuntern sollte, sich im Anschluß an die stationäre Behandlung zu Nachsorgeselbsthilfegruppen zusammenzuschließen, vielleicht sogar dies zum einzigen, quasi obligatorischen Nachbetreuungsangebot zu erklären, tauchte das gleiche Dilemma auf. Erst die Bereitschaft des in der Zusammenarbeit mit ambulanten Selbsthilfegruppen erfahrenen Kollegen, sich den jetzt evtl. entstehenden poststationären Gruppen bei Bedarf als

Söllner et al. (Hrsg.) Sozio-psycho-somatik

Berater zur Verfügung zu stellen, entlastete das Stationsteam deutlich. Es eröffnete sich die Möglichkeit, die Patienten (bis auf das weiterhin bestehende, aber selten genutzte Angebot von erneuten Paar- oder Familiengesprächen) weitgehend von der Station abzunabeln und dennoch eine minimale Weiterbetreuung von unserer Klinik anzubieten. Man könnte sagen, daß auf diese Weise – quasi in homöopathischer Dosis – eine Überweisung der Patienten an einen nachbetreuenden Kollegen stattfindet. Das Team hat dann das Gefühl, in diesem Punkt die „Regeln der Kunst" eingehalten zu haben, die von stationären Therapeuten ja verlangen, sich über eine ambulante Nachbetreuung ihrer Patienten Gedanken zu machen. Andererseits hat es die Möglichkeit, mit größerer Klarheit die Angebote der Station mit der Entlassung zu beenden, den Patienten für seinen weiteren Weg auf den Gebrauch der erworbenen Erkenntnisse und Fähigkeiten zu verweisen und ihm einen Ort außerhalb der Klinik zu nennen, wo er diese in Gemeinsamkeit mit Schicksalsgefährten weiterentwickeln kann.

Die Beratung der Selbsthilfegruppen durch Mitarbeiter der Station, etwa durch den Stationsarzt und Haupttherapeuten selber, war als eine Möglichkeit diskutiert worden. Sie würde zwar einer „ordentlichen Nachbetreuung" näherkommen, erschien uns jedoch insofern ungünstig, als jede Begegnung mit dem Therapeuten die Übertragungsbeziehung natürlich neu beleben würde. Die regressiven Wünsche, wieder in die Patientenrolle zurückzufallen, würden so mehr stimuliert als die gesunden, ja gesundheitsbildenden Persönlichkeitsanteile, die in ihrer Kombination (nicht nur Addition!) ja das therapeutische Agens einer Selbsthilfegruppe darstellen (Moeller 1979). Im übrigen wäre auch zu erwarten, daß auf den Therapeuten ein enormer Sog wirken würde, sich wieder in die Dynamik der einzelnen Patienten und der gesamten Gruppe einzulassen, sozusagen wieder auf dem Therapeutensessel Platz zu nehmen (Matzat 1983). Eine solche Wiederbelebung des stationären Klimas würde jede weitere Sitzung *ohne* den Therapeuten zusätzlich entwerten. Die Selbsthilfegruppe könnte nicht ihre Eigenart entwickeln, sondern bliebe auf Dauer eine vom Leiter verlassene Therapiegruppe.

Tatsächlich haben sich zunächst überraschend viele der entlassenen Patienten für poststationäre Selbsthilfegruppen interessiert. Die Dauerhaftigkeit dieser Zusammenschlüsse bzw. der Teilnahme jedes einzelnen scheint allerdings nach unseren eher beiläufig gesammelten Informationen ein Problem zu sein. Wenn dem so wäre, würde das die Fachleute der Selbsthilfegruppenarbeit keineswegs überraschen. Bislang ist von allen Forschergruppen in diesem Bereich über relativ hohe und frühzeitige Drop-out-Quoten berichtet (und geklagt) worden. Aber auch während ihres Bestehens haben Selbsthilfegruppen natürlich mit allerlei Problemen zu kämpfen. Einiges davon war Thema eines Gesprächs, das einer der Autoren (J.M.) mit Teilnehmern der ersten poststationären Selbsthilfegruppe führte. Die Videoaufzeichnung gibt Gelegenheit, Arbeitsweise und Schwierigkeiten anhand einiger wörtlicher Passagen darzustellen. Das Interview fand in einem Raum der Psychosomatischen Klinik, jedoch nicht im Stationsgebäude statt. Vier ehemalige Patienten nahmen daran teil; sie sind im Transkript mit A, B, C, D bezeichnet; I steht für den Interviewer.

I: Ich würde das Gespräch gerne damit beginnen, daß Sie die Gruppe ein wenig vorstellen.

B: Wir sind alle ehemalige Patienten von der psychosomatischen Station. Wir waren im Durchschnitt zwischen 10 und 12 Wochen dort. Angefangen haben wir, als wir zwei (A und B) entlassen wurden. Ungefähr mit 5 oder 6 Leuten haben wir die Gruppensitzungen angefangen. Die anderen, die wir gefühlsmäßig mit zu unserer Gruppe in der Klinik gezählt haben, kamen dann jeweils nach ihrer Entlassung dazu. Die letzte, die wir aufgenommen haben, war C. Da waren wir dann 11 Leute. Dann haben wir gesagt, jetzt machen wir die Gruppe zu. Wer jetzt noch entlassen wird, der muß eine neue Gruppe aufmachen. Mittlerweile sind 3 bewußt abgesprungen, 2 Männer und 1 Frau. Wir haben z. Z. überhaupt nur 1 Mann in der Gruppe und 7 Frauen.

I: Und kann ich noch einmal die Zeiten hören: wie lange ist es jetzt her, daß die Gruppe angefangen hat?

B: Angefangen haben wir am 21. Juni.

I: Also ungefähr 5 Monate arbeiten Sie jetzt.

Zwei Probleme werden hier bereits angesprochen, die für Selbsthilfegruppen im psychotherapeutischen Bereich geradzu typisch sind: das relativ frühzeitige Ausscheiden von Mitgliedern und der Frauenüberschuß. Die Schiefe der Geschlechterverteilung ist aus praktisch allen psychotherapeutischen Einrichtungen bekannt und wohl weitgehend auf gesellschaftliche Stereotype zurückzuführen (Rollenverhalten, Krankheitsverteilung, Einstellung zu „Psychokram"). Eine speziellere Hypothese könnte auch dahingehend lauten, daß Männer nach abgeschlossener stationärer Therapie sich (etwa im Sinne einer „instrumentellen Orientierung" nach Ahrens et al. 1979) eher als „repariert" empfinden und möglichst schnell aus der ungeliebten Krankheitsrolle in die Tüchtigkeit des Arbeitslebens zurückdrängen. Die anfangs besonders hohe Drop-out-Rate ist zum einen als Hinweis auf eine Art „Probeteilnahme" zu verstehen, nach der man sich erst für eine längerfristige Teilnahme – oder eben dagegen – entschließen kann. Andererseits weist sie auf eine besondere Gruppenleistung hin, die von *ungeleiteten* Gruppen vollbracht werden muß, nämlich den Bestand ihrer selbst zu garantieren. Die integrierende Funktion eines (zunächst) idealisierten Leiters fehlt ihr ebenso wie symbolische Bindungen (etwa Überweisungsschein, Bezahlung und ähnliches). Das „Agieren mit dem Arrangement" (Moeller 1983a) und schlichtes Fernbleiben bieten sich daher als Widerstandsformen geradezu an.

Wichtigstes Thema zu Beginn der Selbsthilfegruppenarbeit – das versteht sich fast von selbst – war:

B: Was jedem so passiert, wenn er wieder nach Hause kommt, in die alte Umgebung zurück. Da muß es bei manchen ganz schön geknallt haben. Da war eigentlich genug Gesprächsstoff da.

I: Auch der Abstand von der Station und was einem das bedeutet? Was man verliert? Wie man zu Hause in der alten Umgebung einsetzen kann, was man da gelernt hat? Dieses Thema wurde wahrscheinlich immer wieder dadurch aktuell, daß jemand neu dazu kam, der dann berichtete, wie es ihm damit erging. Haben Sie denn viel über die Station geredet?

B: Das war immer so, wenn wieder jemand neu kam nach der Entlassung. Dann hieß es immer: Was macht der, und was macht jener, und wie geht es Dr. S. (dem Stationsarzt, J.M.)?

D: Man hat auch oft gesagt: die Schwester hat einem das gesagt, und der Arzt hat das gesagt. Und danach will man sich ein bißchen richten und merkt, daß das überhaupt nicht klappt. Man hat das noch im Hinterkopf: eigentlich müßtest du das ja so und so machen, aber das gelingt einem gar nicht. Dann rutschte einem so raus: Der Dr. S. hat ja eigentlich das und das gesagt.

I: Was heißt denn das? Ist das nicht so clever, was der gesagt hat, oder was?

D: Nee, nee, man schafft das einfach nicht. Man möchte das gerne so, und man hat im Nachhinein auch eingesehen, daß vieles davon wahr war. In der Klinik ging es mir oft so, daß ich dachte: Wie kann der solche Sachen sagen, das stimmt doch überhaupt nicht. Je länger ich darüber nachgedacht habe, um so klarer wurde mir, daß da etwas Wahres dran ist. Damals wollte ich das nie wahrhaben. Ich habe immer gedacht: Der spinnt, und das ist gar nicht so. Aber viel später ist mir vieles bewußt geworden, oder ich hab' vieles eingesehen und habe gedacht: der hatte recht. Manchmal habe ich mich sogar geärgert, daß der solche Sachen wissen konnte – [Gelächter]. Der hat mich auf Sachen aufmerksam gemacht! Ich bin aus der Klinik gegangen und war mit so vielen Gedanken beschäftigt über Dinge, worüber ich mir noch nie Gedanken gemacht habe. Die haben regelrecht in einem etwas aufgewühlt, womit man nicht fertig wird. So geht es mir jedenfalls. Und vieles ist wirklich so, und ich wußte es bis dahin nicht. Irgendwie ärgert mich das, daß ich schon so alt bin und mir das dort sagen lassen muß und nicht selber so weit gekommen bin.

Hier leistet die Selbsthilfegruppe offenbar ein Stück Aufarbeitung dessen, was während der intensiven Therapiephase auf der Station zwar in Gang gesetzt wurde, aber noch nicht hinreichend von den Patienten angenommen werden konnte. Bei der Integration neu erworbener Erkenntnisse, veränderter Einstellungen und Verhaltensweisen in das Alltagsleben wie bei Auseinandersetzungen mit Bezugspersonen leisten sich die Gruppenmitglieder wichtige gegenseitige Hilfe. Gewiß wäre es in vielen Fällen wünschenswert, wenn dafür eine professionelle psychotherapeutische Nachbehandlung angeboten werden könnte. Aber zum einen gibt es bedauerlicherweise vielerorts kein bedarfsgerechtes Versorgungsangebot, und zum anderen könnte man durchaus diskutieren, ob Selbsthilfegruppen nicht auch einige Vorteile bieten – etwa die größere Alltagsnähe, andere Zugangsvoraussetzungen und Kostenlosigkeit (vgl. z. B. Moeller 1983b).

B: Also, was ich immer ganz wichtig finde, ich habe immer das Gefühl, die Gruppenmitglieder hier sind die einzigen, die überhaupt wissen, wovon ich rede. Im Familienkreis, wenn man da über Ängste spricht oder über Situationen, die man so oder so erlebt, die gucken einen immer alle an, als kommt man vom Mond. Die können das irgendwie nicht verstehen. Die haben die Erfahrung eines stationären Aufenthalts eben nicht gemacht. Ich empfinde eine Grenze des Verstehens zwischen mir und denen, die ich zu Hause um mich habe, die es hier unter uns eigentlich nicht gibt. Wenn ich zu C sage: ich habe Angstzustände, oder: dies und jenes ist mir widerfahren, dann brauch' ich sie nur anzugucken, dann sehe ich in ihren Augen, daß sie weiß, wovon ich spreche. Und das Gefühl habe ich sonst nirgendwo. Und das brauche ich. Das ist auch das, was die Gruppe mir gibt: diese Form miteinander sprechen zu können, die es sonst im täglichen Leben nirgendwo gibt.

I: Würden Sie so weit gehen, zu sagen, daß eigentlich nur jemand, der selber so einen stationären Aufenthalt hinter sich hat, die Möglichkeit zu einem vollen Verständnis hat?

D: Ja.

Das Prinzip der gleichen Betroffenheit bildet also auch für eine solche Nachfolgeselbsthilfegruppe ein konstituierendes Element, so wie wir es von anderen Gruppen etwa aus dem Alkoholismus- (Weiss 1988) oder Krebsbereich (Matzat 1988) kennen. Anders als bei dem verbindenden Stigma bestimmter Erkrankungen kommt hier jedoch die Exklusivität der durchgemachten Psychotherapie hinzu. Die Patienten fühlen sich auch als jemand Besonderer, dessen Sichtweisen von Nicht-Eingeweihten kaum nachzuvollziehen sind.

B: Ich kann mir vorstellen, daß jemand, der diese Vorerfahrung nicht hat und in unsere Gruppe kommt, sich hoffnungslos überfordert sieht. Denn alle anderen, die da sind, haben eine ganz wichtige Erfahrung. Ich glaube nicht, daß er es lange aushalten würde. Wahrscheinlich würde er sich unverstanden fühlen oder hätte das Gefühl: die wissen was, was ich nicht weiß. Die reden von Dingen, die ich nicht kenne. Das würde ich nicht probieren wollen.

Die Gruppe ist sich durchaus dessen bewußt, daß sie durch die vorausgegangene gemeinsame stationäre Psychotherapie in mancher Beziehung günstigere Startchancen hat als andere Selbsthilfegruppen. Gerade in psychologisch-therapeutisch orientierten Gesprächsselbsthilfegruppen finden sich vielfach Menschen mit verschiedenen psychotherapeutischen Vorerfahrungen (vgl. z. B. Daum 1984), die sie natürlich in die Gruppenarbeit einbringen und so gut es geht sich und den anderen Teilnehmern nutzbar machen. In unserem Falle kommen die besondere Homogenität des Erlebten und die bereits bestehenden therapeutischen Beziehungen zueinander als Besonderheit hinzu. Die Phase des Zur-Gruppe-Werdens, sonst schon eine Zeit mit besonders hohem Drop-out-Risiko, mag hier kürzer und weniger schwierig ausfallen:

B: Andererseits haben wir – das habe ich am Anfang oft gesagt – als Selbsthilfegruppe die besten Startchancen, die eine Gruppe haben kann: erstens kennen wir uns alle gut, kennen uns in Situationen, wie uns mitunter der Partner nicht einmal kennt, so schwach und klein und hilflos wie man auf Station oft gewesen ist. Und wir haben die Vorerfahrung schon, was eine Gruppe ist, was in einer Gruppensitzung gemacht wird, was da alles passieren kann.

D: Ich finde, daß man einfach großes Vertrauen zu den Mitpatienten hat, dadurch, daß man sich schon so lange kennt. Ich hatte immer das Gefühl – die erste Zeit jedenfalls – wenn ich da in die Gruppe komme und gar nicht viel sage, da werde ich verstanden, und ich kenne alle, und ich brauche mich vor keinem zu schämen oder zu genieren. Das war für mich ganz wichtig und ist es noch.

C: Ich finde, ein Problem von sich selber in die Gruppe einzubringen, dazu sind wir schon durch die Therapie offener geworden, mir ging es jedenfalls so. Ich hätte vorher nie in einer Gruppe etwas reden können von mir. Ich habe auch heute noch Schwierigkeiten, aber ich glaube, dadurch ist uns allen doch geholfen worden. Und andere ohne solche Erfahrungen müßten sich da erst einarbeiten, was sie überhaupt sagen wollen und können von sich. Die brauchen wahrscheinlich eine viel längere Anlaufzeit als wir.

Nach dem eigenen Erleben von Teilnehmern schneidet die Selbsthilfegruppe im Vergleich zur stationären Gruppenbehandlung nicht schlecht ab (vgl. auch Stübinger 1977):

D: Ich weiß von mir, daß ich hier in der Gruppe mehr sagen kann als in der Klinik, wo ich wußte, da sitzen Leute hinter der Scheibe [gemeint ist das beobachtende Team hinter der Einwegscheibe, J.M.]. Da fiel mir das unheimlich schwer. Da hatte ich immer so viel auf der Zunge und konnte es nicht rausbringen. Ich weiß nicht warum, aber das kann ich hier besser. Zu sagen, was ich denke, ist mir dort sehr, sehr schwergefallen.

I: Also fühlen Sie sich etwas freier ohne die Therapeuten?

D: Ich hatte immer das Gefühl, daß man beobachtet wird. Und wenn man etwas sagt, wird einem das ganz anders ausgelegt als man es gemeint hat. Ich habe oft in den Einzelgesprächen von Schwestern gehört, daß sie merken würden, wie gerne ich etwas dazu sagen würde und wie genau ich das alles verfolgen würde. Ich solle doch freier werden. Aber ich konnte das nicht.

Andererseits:

C: Wo ich aber Schwierigkeiten habe: ich kann eigentlich in einer Selbsthilfegruppe weniger sagen als auf der Station. Dadurch, daß wir jeden Tag zusammen waren, war es doch ein anderes Gefühl als jetzt von Woche zu Woche. Mir kommt das oft fremder vor. Meistens weiß man gar nicht mehr, was letzten Freitag gelaufen ist. Dazwischen passiert ja so viel anderes. Jeder hat einen anderen Kreis. Auf der Station haben wir praktisch alle jeden Tag das gleiche erlebt. Das ist irgendwie ein Bruch, das kriegt man gar nicht mehr zusammen. So kommt mir das jedenfalls vor.

Die Gruppe trifft sich wöchentlich für ca. 2 Stunden, bei Bedarf auch etwas länger. Dies entspricht dem weitverbreiteten Setting von Gesprächsselbsthilfegruppen (Moeller et al. 1984). Ungewöhnlich ist jedoch das Erleben der Gruppenteilnehmer, daß diese Zeitdauer und diese Frequenz für den gewünschten intensiven persönlichen Austausch eigentlich zu gering sei; „naive" Selbsthilfegruppeninteressenten dagegen erschrecken häufig über einen solchen Zeitaufwand. Aber im Vergleich zu der vollversorgenden „Mutter" Station muß eine wöchentliche Sitzung von 2 Stunden ohne Therapeut natürlich als äußerst mager erlebt werden – eine Entwöhnung nicht ohne Frustration.

Besondere Schwierigkeiten bei der Erforschung von Selbsthilfegruppen bereitet die Frage danach, was hier eigentlich die therapeutisch wirksamen Mechanismen sein können. Die mangelnde Anwesenheit eines entsprechenden Experten, der hierzu Auskunft geben könnte, macht es notwendig, sich durch entsprechende Fragebögen (Daum 1984) oder durch Interviews (Moeller et al. 1984) diesem Problem zu nähern. Dabei stellt sich häufig heraus, daß erst erfahrene Selbsthilfegruppen (bzw. -mitglieder) in der Lage sind, über die „therapeutischen Techniken", die sie selber wöchentlich praktizieren, auch bewußt Auskunft geben zu können.

Eine Nachfolgeselbsthilfegruppe stationärer Patienten übernimmt – das ist fast selbstverständlich – einiges von den Vorgehensweisen, die sie während der professionellen Psychotherapie kennengelernt hat. Insofern ist sie nicht direkt vergleichbar mit „naiven" Selbsthilfegruppen. Es müssen von ihr aber Abwandlungen im therapeutischen Prozeß vorgenommen werden, denn der Spezialist steht ja nicht mehr zur Verfügung. Und es werden zudem eigene Selbsthilfegruppenmechanismen, die wir auch von anderen Gruppen kennen, entwickelt:

I: Was mich jetzt interessieren würde: wie hat die Selbsthilfegruppe da nun helfen können? Wie haben Sie sich damit beschäftigt, wenn jemand so etwas erzählt hat?

D: Ich würde sagen, wenn man so reagiert, daß andere ähnliche Probleme erzählt haben, ihre Beispiele. Anhand von Beispielen hat jeder etwas dazu gesagt, wie er so eine Situation oder etwas ähnliches durchgemacht hat.

B: Manchmal haben wir auch so etwas versucht: es gibt ja oft eine Diskrepanz, wenn man etwas äußert, zwischen dem, wie man will, daß es auf die anderen oder auf den Betreffenden wirken soll, und dem, wie es tatsächlich auf ihn wirkt. Wir haben versucht, diese Diskrepanz ein bißchen bewußtzumachen – indem der eine oder andere sagt: das wirkt jetzt so und so auf mich, was du gesagt hast. Kannst du dir nicht vorstellen, daß das auf deinen Partner oder auf deine Eltern oder sonst wen auch ganz anders wirkt, als du das haben willst, und daß deshalb so viele Mißverständnisse entstehen?

Was hier berichtet wird, erinnert zunächst stark an die „identifikatorische Resonanz", die Moeller (1977) als einen zentralen Mechanismus in Selbsthilfegruppen beschrieben hat (vgl. auch van Avort u. van Harberden 1983). Sie wird besonders stimuliert durch das Gefühl der gleichen Betroffenheit. Dabei dürfte Modell-Lernen eine erhebliche Rolle spielen, denn die spontanen Beiträge der anderen Gruppenmitglieder berichten ja auch von Erfolg bzw. Mißerfolg eigener Bewältigungsstrategien. Das zweite deutet hin auf eine Art Feedbacktechnik, wie sie in unterschiedlichen Therapieschulen zur Anwendung kommt und wohl in jedem Gruppenarrangement besonders genutzt wird. Man mag auch Ähnlichkeit zur Konfrontation entdecken.

Ein Erbe der von den Patienten erlebten psychoanalytisch orientierten Behandlung ist in den folgenden Überlegungen aufgehoben:

B: Hier nehmen wir doch auch nicht alles so, wie du es sagst. Hier wird doch auch oft – nicht gerade angegriffen, aber wir versuchen doch auch herauszufinden, was evtl. dahintersteckt. Meint sie es wirklich so, wie sie es jetzt gesagt hat, oder empfindet sie nicht doch etwas anderes? Wir lassen doch nicht jedes Wort gelten, so wie du es sagst.

D: Ich weiß es nicht, woran es liegt. Jedenfalls habe ich immer das Gefühl gehabt: So wie ich es jetzt sage oder meine, so verstehen sie [das Stationsteam, J.M.] es nicht oder wollen es so nicht verstehen. Die sehen gleich etwas anderes darin. Und dieses Gefühl habe ich hier in der Gruppe nicht.

I: Aber was ist nun der Unterschied? Sie sagten ja vorhin, daß das hier in der Selbsthilfegruppe auch so gemacht wird.

D: Vielleicht weil hier kein Arzt ist. Hier sind alles Leute, von denen ich denke: denen geht es genauso wie dir.

B: Keine Autoritätsperson! Im Grunde machen wir doch genau dasselbe, wenn man es sich überlegt.

D: Ich weiß, daß ich in der Klinik vor jeder Visite Angst hatte, unheimliche Angst; am Schluß wäre ich am liebsten weggerannt, wenn ich wußte, die kommen jetzt rein, zu zweit oder zu dritt, und wollen etwas wissen, was ich schon hundertmal gesagt habe. Das empfinde ich hier nicht so schlimm.

I: Das finde ich interessant. Würden Sie sagen: nein, das stimmt nicht, ihr macht das nicht so wie die Therapeuten. Oder würden Sie sagen: das stimmt schon, ihr verhaltet euch ganz ähnlich, aber er ist nicht so schlimm für mich.

D: Ja, das Zweite würde ich sagen.

I: Sie hatten vorhin gesagt: Wir geben uns schon Mühe, es so ähnlich zu machen wie die Therapeuten. Können Sie das noch einmal genauer formulieren? Sie geben sich Mühe, was zu tun? Was versuchen Sie so ähnlich zu machen wie die Therapeuten auf der Station? Was versuchen Sie zu übernehmen?

B: Erstens übernehmen wir, daß man auf den einzelnen, der etwas sagt oder eine wichtige Begebenheit erzählt, eingeht. Ich habe mal irgendwo gelesen, daß es z. B. Gruppen gibt, wo jeder nur sagt, was er sagen will, wo aber keine Rückmeldung erfolgt. Da wird nicht darüber gesprochen, was der erlebt hat. Der kann das nur abladen in der Mitte, und dann soll er selber sehen, wie er damit fertig wird. So ist das bei uns nicht, wir sprechen darüber. Jemand erzählt, was ihm widerfahren ist in der Woche, was ihn gekränkt hat oder wo er Angst hatte. Und dann versuchen wir herauszukriegen, warum er Angst hatte. Wir stellen auch Fragen dazu, ob er es an einem Beispiel erklären kann. [Es folgt als Beispiel ein Angstanfall auf der Autobahn, J.M.] Wir haben dann versucht, das herauszukriegen, warum das jetzt auftritt. Warum auf dieser Strecke? Wie kommt das? Was sind die Gründe dafür? Damit sie irgendwie damit umgehen kann. Dann stellen wir natürlich auch die Frage: warum fährst du dahin? Aus Dankbarkeit? Weil du sie magst? Frag' dich selber, versuch' das rauszukriegen. Und das empfinde ich ähnlich, wie auf der Station. Da erzählte man ja auch nicht nur irgend etwas; da wurde nachgebohrt, warum und weshalb. Das finde ich sehr sinnvoll so.

In diesem Stil des Hinterfragens lassen sich die Spuren der tiefenpsychologischen Arbeit auf der Station unschwer erkennen. Auf jeden Fall geht dieser Selbsthilfegruppentyp in seinem Ansatz weit über die rein kathartische Wirkung des „Abladens" hinaus, wie sie etwa in den Gruppen des Anonymoustyps (worauf die Teilnehmerin anspielte) von besonderer Bedeutung ist; und sie ist alles andere als ein Kaffeekränzchen. Besonders interessant ist dabei, daß dieses Verhalten der Gruppenteilnehmer eher als solidarisch und daher leichter erträglich empfunden wird, während die Experten mitunter als übermächtig, zudringlich, ja beängstigend erlebt wurden. Selbstverständlich ließe sich dies mit Begriffen wie „Übertragung" und „Widerstand" interpretieren; vielleicht ist es aber auch ein interessanter Hinweis auf unterschiedliche Qualität asymmetrischer bzw. symmetrischer Hilfebeziehungen. Hierzu hat Stübinger (1977) bereits Befunde vorgelegt, die er aus einer Vergleichsuntersuchung von Selbsthilfegruppen mit professioneller Gruppenpsychotherapie gewonnen hatte. Danach erlebten die von ihm untersuchten Mitglieder von Selbsthilfegruppen signifikant mehr Offenheit und Vertrauen als solche von Therapiegruppen.
Die Anwendung solcher „therapeutischer Techniken" in Selbsthilfegruppen stellt in der konkreten Situation natürlich eine Aufteilung in Quasitherapeuten und Quasipatienten her.

B: Damit hat man natürlich immer wechselnde Rollen in der Gruppe. Das kann ein Nachteil sein. Irgendeiner muß immer derjenige sein, der fragt.

I: Das ist ja auch eine interessante Frage: gibt es in der Selbsthilfegruppe Spezialisten für das Fragen, oder wechseln die Rollen?

D: Spezialisten.

I: [zu B] Sie zum Beispiel.

(Gelächter)

I: Die Frage ist ja: wie verteilt sich das in Selbsthilfegruppen? Wenn ein Therapeut dabei ist, ist die Rollenverteilung ziemlich klar: der ist der Therapeut, und die anderen sind die Patienten. In einer Selbsthilfegruppe ist ja das Wichtigste, worauf Sie vorhin hingewiesen haben: da hat man das Gefühl, wie sind alle gleich oder betroffen oder in einem Boot, oder wie immer man das sagen will. Wie regelt sich das dann? Und wie ist man zufrieden mit solchen Rollenverteilungen, die dann doch auftauchen? War es z. B. auch schon auf Station so, daß sie [B] besonders viel gesprochen hat?

D: Es ist ja nicht so, daß du besonders viel sprichst. So ist es gar nicht. Ich denke, daß du oft ziemlich ruhig bist; aber wenn dann so etwas mit A. passiert, dann bist du schnell dabei mit Bohren. Nein, Bohren ist falsch gesagt, aber du fragst nach; und man merkt, daß du dich dafür interessierst.

Diese Rollen sind in Selbsthilfegruppen nicht institutionell verfestigt; sie sind prinzipiell und – wie wir aus vielen Gesprächen mit Teilnehmern wissen – auch in der Praxis austauschbar. Wer im Moment oder in der heutigen Sitzung den Therapeuten spielt, kann nächste Woche schon als Patient der Hilfe der anderen bedürfen. Aber die Talente und die Vorerfahrungen der Mitglieder einer Selbsthilfegruppe sind in der Regel höchst unterschiedlich verteilt, und es ist geradezu eine wertvolle Leistung der Gruppe, diese zu entdecken und für alle nutzbar zu machen. In „erfolgreichen" Selbsthilfegruppen läßt sich dementsprechend auch eine Ausdifferenzierung von Spezialistentum über die Teilnehmer hinweg beobachten. Es gibt z. B. informelle (!) Zuständigkeit für Einhaltung des Settings, für Aggressivität und Konfliktfähigkeit, für Trösten und Versöhnen, für Außenkontakte zu anderen Gruppen oder zu Experten usw. In diesem Sinne ist die Herausbildung von Spezialisten für bestimmte Aspekte des Gruppengeschehens keinesfalls gleichzusetzen mit formellen Leitern von Selbsthilfegruppen. Dies gibt es zwar auch, etwa im Bereich der Krebsnachsorge, hat aber gruppendynamisch eine gänzlich andere Bedeutung (Schafft 1981; Matzat 1988).

Im Dialog mit den Gruppenteilnehmerinnen kamen auch einige Schwierigkeiten der Selbsthilfegruppenarbeit zur Sprache:

C: In der therapeutischen Gruppe war mehr Rückmeldung vom Therapeuten da. Das Vertrauen war vielleicht größer mit dem Therapeuten. So geht es mir jedenfalls.

I: Warum! Worauf konnte man da mehr vertrauen?

C: Der war halt eine Autorität, der hat eine Ausbildung und mehr Erfahrung. Bei uns hat halt jeder seine Erfahrungen auf der Station gemacht, aber ob man auch dem anderen helfen kann, wo man doch so voll ist mit eigenen Problemen, ist ja die Frage. Ich habe auch anfangs gar nicht so viel von der Selbsthilfegruppe ohne Therapeut gehalten. Aber dann war es für mich das einzige, wo ich nach der Station hingehen konnte. Und inzwischen finde ich es wirklich gut. Ich würde es bedauern, wenn es auseinanderbrechen würde, weil es doch ein Punkt ist, woran man sich festhalten kann. Anfangs habe ich immer gesagt: ich suche mir eine Gruppe mit Therapeuten, aber dann hat hier die Initiative stattgefunden. Und weil ich in Frankfurt beschäftigt bin, hätte ich dort auch noch einmal von vorne anfangen müssen, die ganzen Probleme auszubreiten. Dazu hatte ich dann nicht die Initiative. Da war das hier die bessere Lösung.

Es ist durchaus nicht so, daß alle Patienten mit fliegenden Fahnen auf den Selbsthilfeweg einschwenken. Viele suchen die sicherheitsgebende Autorität eines qualifizierten Therapeuten und gewiß auch das gesamte schützende Milieu der Klinik. Die Selbsthilfegruppen als „zweiter Weg der Versorgung" werden häufig nur aus einem Mangel an professionellen Angeboten gewählt. Dies dürfte besonders für poststationäre Patienten gelten, die sich ja soeben professionellen Therapeuten anvertraut haben und dabei – hoffentlich – positive Erfahrungen gemacht haben. Ein leiterloses Nachsorgearrangement bedeutet für sie einen doppelten Verlust. Anderen Selbsthilfegruppen schließen sich Menschen eher auch aus einer „Antiexpertenmotivation" an (z. B. Denke 1979).

Es tauchen zumindest zeitweise Gefühle von Mut- und Hoffnungslosigkeit in bezug auf die eigene Problematik auf:

D: Ich habe das Gefühl, daß ich von mir aus nicht mehr will, jedenfalls nicht mehr so wie am Anfang. Ich fand das gut, wenn ich nur hier dabei saß. Ich wußte, das sind alles Leute, denen kann ich etwas anvertrauen, wenn ich will. Und wenn ich etwas sagen will, da kann ich es anbringen, viel besser als sonst irgendwo. Das geht mir seit 3 oder 4 Wochen nicht mehr so. Ich habe gegen niemanden etwas, und ich kann auch nicht sagen: ich brauche das nicht mehr. So ist es auch nicht. Aber irgendwie bin ich in der Beziehung so lustlos geworden. Ich sage mir: wofür denn und weshalb denn, und: das bringt doch sowieso alles nichts.

Und in bezug auf andere Gruppenmitglieder:

C: Wir konnten ihm nicht helfen. Er hatte solche Angst vor seiner neuen Arbeit. Ich hatte da schon so ein schlechtes Gefühl. Nach 2 Tagen hieß es: er hat es nicht gepackt. Wir haben nie darüber gesprochen, aber ich glaube, es ist doch für jeden von uns eine negative Erfahrung, daß die Gruppe ihn nicht so weit stabilisieren konnte.

Für eine gewisse Zeit wird ein Teilnehmer vielleicht – unter Verletzung des Selbsthilfeprinzips – von den anderen in der Patientenrolle festgehalten, wodurch jene sich relative Gesundheit verschaffen können (etwa im Sinne des „helper therapy principle“ nach Riessman 1965):

B: Weißt du, was der für eine Funktion hatte in unserer Gruppe? Der hatte immer etwas zu erzählen. Der hatte so viel zu erzählen, daß man ihn oft bremsen mußte. Der hat für uns die Funktion gehabt: wenn wir mal nichts zu erzählen hatten, dann war immer er da.

D: Dem konnte man immer irgendwie hoch helfen. Zu dem konnte jeder etwas sagen:

I: Das war sozusagen „der Patient“ in der Gruppe, wo alle anderen dann zum Therapeuten wurden.

C: Das kann man vielleicht sogar sagen. Der hat immer viel erzählt von sich.

Das Kardinalproblem aber ist bei dieser Selbsthilfegruppe, wie bei vielen anderen, die Erhaltung ihrer selbst (nicht als Selbstzweck, sondern solange sie gebraucht wird):

B: Was mir noch auf den Nägeln brennt: wie kann man um sich greifende Absprungtendenzen in den Griff kriegen? Der Zusammenhalt ist nicht mehr so, es fehlen oft viele. Letzten Freitag saß ich ganz alleine hier, da haben mich alle im Stich gelassen.

Natürlich wird eine Selbsthilfegruppe sich irgendwann auflösen. Vielleicht nicht unbedingt dann, wenn die „Probleme gelöst“ oder die „Patienten geheilt“ sind, aber dann, wenn sie das Mögliche an Unterstützung geleistet hat, wenn andere Hilfssysteme von den Betroffenen an ihrer Stelle genutzt werden oder wenn reale Lebensveränderungen sie überflüssig machen. Neben einem solchen „erfolgreichen“ Ausgang der Selbsthilfegruppenarbeit, der allerdings von keinem Experten, sondern ausschließlich von den Betroffenen selbst zu beurteilen ist, wäre auch eine Beendigung akzeptabel, wenn deutlich wird, daß ein Teilnehmer von dieser Form der Selbsthilfebehandlung nicht profitiert. Selbsthilfegruppen sind kein Allheilmittel! Weitaus häufiger finden wir jedoch, daß Gruppenmitglieder (nach unserem Expertenurteil) zu ihrem eigenen Schaden zu schnell abbrechen. Dies ist vergleichbar mit dem Drop-out-Problem, wie es auch in der professionellen Psychotherapie bekannt ist. Neben dem vorzeitigen Ausstieg aus der Gruppenarbeit sind andere Formen des „Agierens mit dem Arrangement“ (Moeller 1981; S. 171) als Widerstandsform zu beobachten:

C: Das Interesse läßt nach. Sonst kam ich immer kurz nach halb acht, da war ich die letzte, da saßen schon alle da. Jetzt bin ich manchmal die erste, und es geht um acht Uhr los. Da merkt man doch, daß es nicht mehr so wichtig ist, wenn jeder immer später kommt.

B: Es sind ja auch immer zu wenige da. Was willst du da machen, wenn nur 5 von 8 da sind? Offiziell sind wir ja nur noch 8. Leider nur noch 8, finde ich, denn als wir offiziell 11 waren, kamen wenigstens immer 5 oder 6.

C: Wir haben uns doch überlegt, daß Leute nicht mehr kommen, wenn es ihnen entweder so gut geht, daß sie von der ganzen Sache nichts mehr hören wollen, oder wenn es ihnen so schlecht geht, daß sie es nicht mehr in die Gruppe reinbringen können, daß sie so niedergeschmettert sind.

D: Es ist ja auch einfacher, gar nicht mehr zu kommen, als hier Rede und Antwort zu stehen. Es geht bestimmt keinem so gut, daß er da nicht mehr hinzugehen braucht. Aber man sagt sich, bevor ich denen da lange Auskunft gebe, warum und wieso und weshalb – was er vielleicht selber gar nicht so genau weiß –, bleib ich halt einfach weg. Das ist doch die einfachste Lösung, daß man sich drückt. Und das ist etwas, was ich nicht gut finde. Deshalb bin ich auch heute gekommen.

Nicht immer gelingt es Selbsthilfegruppen, mit diesen Widerstandsformen so umzugehen:

C: Da war einmal ein Konflikt zwischen 2 Mitgliedern, einem Mann und einer Frau. Sie hatte schon einmal gesagt, daß sie oft Konflikte mit Männern hat. Da haben wir auch gesagt: wenn du jetzt nicht mehr kommst, dann drückst du dich davor, diesen Konflikt auszutragen. Darauf sind wir schon eingegangen und haben sie darauf hingewiesen, daß sie nicht deswegen nicht mehr kommt, weil es ihr gut geht, sondern um sich zu drücken. Dann hat sie sich das auch überlegt und es zugegeben.

I: Ist sie dann auch weiter gekommen?

C: Ja, ja.

Die Angst vor dem Zerfall und dem damit verbundenen Verlust bleibt groß:

C: Ich würde es bedauern, wenn es auseinanderbrechen würde, weil es doch ein Punkt ist, woran man sich festhalten kann.

B: Also wenn ich mir vorstelle, daß die Gruppe vielleicht kaputtgeht jetzt und in 3 oder 4 Wochen nichts mehr ist, dann kriege ich echt Angst. Denn die Gruppe ist ja eben das einzige, was mich da rausreißt, was mir Schutz bietet, mich da nicht wieder einfangen zu lassen, was mir hilft, den Durchblick zu bewahren, zu wissen, wo mich wieder jemand einwickeln will und was ehrlich gemeint ist.

C: Mir geht es ja genauso!

Trotz aller Schwierigkeiten, Enttäuschungen und Mutlosigkeit ist die Selbsthilfegruppe ein Ort der Hoffnung geworden. Einige der ursprünglichen Teilnehmer haben sie bereits verlassen (ohne daß man weiß, was dies zur Beurteilung ihres Wertes aussagt); die aber geblieben sind, finden hier augenscheinlich gegenseitig Unterstützung im Umgang mit ihren Problemen und ein Übungsfeld für die (eigen)therapeutischen Fähigkeiten, die sie während der stationären Therapie erworben haben. Daß in einer solchen speziellen Nachsorgeselbsthilfegruppe alle Mitglieder über diese Vorerfahrung verfügen, mag der Gruppe eine ganz besondere therapeutische Potenz verleihen, die über die anderer, naiver Gesprächsselbsthilfegruppen noch hinausgeht.

Diese ersten, recht unsystematisch gewonnenen Erfahrungen mit Selbsthilfegruppen in der Nachsorge nach stationärer Psychotherapie scheinen uns durchaus ermutigend; sie zeigen uns aber auch, daß kein Anlaß zur Idealisierung dieses Selbstbehandlungsansatzes besteht.

Im Umgang mit ihren Schwierigkeiten können Selbsthilfegruppen durchaus von der Beratung mit (nicht nur: durch!) Experten profitieren. Diese sollte v. a. als Reflexionsmöglichkeit über die eigene Gruppenarbeit, aber auch zur Stützung und Ermutigung dienen, nicht jedoch dem direkten Eingriff des Experten in den Gruppenprozeß, etwa durch Deutungen, Handlungsanweisungen, Rollenspiele oder ähnliches. Die Be-Achtung der Autonomie der Selbsthilfegruppe muß oberstes Gebot bleiben. Dies einzuhalten und nicht gemeinsam in die gewohnte Therapeut-Patient-Beziehung zu regredieren (Matzat 1983), ist für beide Seiten gar nicht so einfach, womöglich für manche Therapeuten schwieriger als für viele Patienten.

Die noch junge Kooperation zwischen psychosozialen Selbsthilfegruppen und Fachleuten (Moeller 1981) muß weiterentwickelt werden; auch unsere Erfahrungen mit Nachfolgeselbsthilfegruppen für stationär psychotherapeutisch behandelte Patienten stehen noch ganz am Anfang.

Bei einer Nachbefragung war von einer der Interviewten zu erfahren, daß sich „der harte Kern“ der Gruppe nach dem Gespräch stabilisiert und ca. 2 Jahre im beschriebenen Setting miteinander gearbeitet habe. Danach habe sich die Gruppe aufgelöst; eine Reihe von Freundschaften sei daraus hervorgegangen und hätte bis heute Bestand. Sämtliche Teilnehmer seien zum Zeitpunkt der Auflösung einer Arbeit nachgegangen.

Literatur

Ahrens S, Gyldenfeldt HV, Runde P (1979) Alexithymie, psychosomatische Krankheit und instrumentelle Orientierung. Psychother Med Psychol 29/5:173–177

Avort A van de, Harberden P van (1983) On identification resonance. In: Hatch S, Kickbusch I (eds) Self-help and health in Europe. Weltgesundheitsorganisation, Kopenhagen

Daum K-W (1984) Selbsthilfegruppen. Psychiatrie-Verlag, Rehburg-Loccum

Denke E (1979) Ich bin in einer Selbsthilfegruppe. MMG 4:53–59

Matzat J (1983) Kooperation zwischen Psychologen und Selbsthilfegruppen. In: Fliegel S, Röhrle B, Stark W (Hrsg) Gemeindepsychologische Perspektiven II. DGVT GwG, Tübingen Köln

Matzat J (1988) Selbsthilfe(-gruppen) im Krebsbereich. In: Möhring P (Hrsg) Mit Krebs leben. Springer, Berlin Heidelberg New York Tokyo

Moeller ML (1977) Zum therapeutischen Prozeß in Selbsthilfegruppen. Gruppenpsychother Gruppendyn 12:127–150

Moeller ML (1979) Das demokratische Arbeitsbündnis in Selbsthilfegruppen: Einige Folgen der Deprofessionalisierung für die therapeutische Beziehung. Psychosozial 2:36–66

Moeller ML (1981) Anders helfen. Klett-Cotta, Stuttgart

Moeller ML (1983a) Möglichkeiten, Grenzen und Gefahren psychotherapeutisch arbeitender Selbsthilfegruppen. Psychother Med Psychol 33:69–77

Moeller ML (1983b) Gruppenpsychotherapie und Selbsthilfegruppen. Gruppenpsychother Gruppendyn 19:142–157

Moeller ML, Daum K-W, Matzat J (1984) Psychologisch-therapeutische Selbsthilfegruppen. Kohlhammer, Stuttgart

Riessmann F (1965) The helper therapy principle. Social Work 10/2:27–32

Schafft S (1981) „Ich bin die Kontaktstelle, denn irgendwo müssen die Fäden zusammenlaufen.“ Ein Bericht über Frauenselbsthilfe nach Krebs. In: Kickbusch I, Trojan A (Hrsg) Gemeinsam sind wir stärker. Selbsthilfegruppen und Gesundheit. Fischer, Frankfurt am Main

Stübinger D (1977) Psychotherapeutische Selbsthilfegruppen in der BRD. Med. Dissertation, Gießen

Weiss G (1988) Erfahrungen der Anonymen Alkoholiker (AA). Erfahrungsheilkunde 2:90–97

Sachverzeichnis

GPSR Compliance

The European Union's (EU) General Product Safety Regulation (GPSR) is a set of rules that requires consumer products to be safe and our obligations to ensure this.

If you have any concerns about our products, you can contact us on ProductSafety@springernature.com

In case Publisher is established outside the EU, the EU authorized representative is:

Springer Nature Customer Service Center GmbH
Europaplatz 3
69115 Heidelberg, Germany

Batch number: 10844669

Printed by Printforce, the Netherlands